高等学校教材

# 工程流体力学

## （第4版）

○ 主　编　陈卓如
○ 副主编　王洪杰
○ 参　编　刘全忠　蔡伟华
李德友　韩　磊　宫汝志
付晓龙

中国教育出版传媒集团
高等教育出版社·北京

内容简介

本书是1992年出版的《工程流体力学》一书的第4版，第1版于1995年获国家教委优秀教材一等奖。本书注重基础理论的讲授，注意理论联系实际，力求培养学生运用基本理论分析和解决问题的能力。

全书共分15章，包括绪论、流体静力学、流体运动学、理想流体动力学基础、旋涡理论基础、黏性流体动力学、理想流体平面势流、流动相似原理基础、流体运动阻力与损失、管路的水力计算、黏性流体绕物体流动、可压缩流体的一维流动、可压缩流体的平面流动、流体要素测量、计算流体力学基础等，本书配有电子作业本。

本书各章节内容既相互联系又相对独立，适当取舍组合，可以用作能源动力类、机械类专业本科生教材，也可供建筑环境与能源应用工程、环境工程、化学工程、土木工程、水利工程、船舶与海洋工程等相关专业本科生和有关工程技术人员参考。

**图书在版编目（CIP）数据**

工程流体力学 / 陈卓如主编 ; 王洪杰副主编 . 4版 . -- 北京 : 高等教育出版社, 2025. 6. -- ISBN 978-7-04-063814-1

Ⅰ. TB126

中国国家版本馆CIP数据核字第2024M28G10号

GONGCHENG LIUTI LIXUE

策划编辑 赵向东　　责任编辑 赵向东　　封面设计 裴一丹　　版式设计 明 艳
责任绘图 裴一丹　　责任校对 吕红颖　　责任印制 存 怡

| | | | |
|---|---|---|---|
| 出版发行 | 高等教育出版社 | 网　　址 | http://www.hep.edu.cn |
| 社　　址 | 北京市西城区德外大街4号 | | http://www.hep.com.cn |
| 邮政编码 | 100120 | 网上订购 | http://www.hepmall.com.cn |
| 印　　刷 | 北京市密东印刷有限公司 | | http://www.hepmall.com |
| 开　　本 | 787mm×1092mm　1/16 | | http://www.hepmall.cn |
| 印　　张 | 30 | 版　　次 | 1992年9月第1版 |
| 字　　数 | 630千字 | | 2025年6月第4版 |
| 购书热线 | 010-58581118 | 印　　次 | 2025年6月第1次印刷 |
| 咨询电话 | 400-810-0598 | 定　　价 | 69.00元 |

本书如有缺页、倒页、脱页等质量问题，请到所购图书销售部门联系调换



物 料 号　63814-00

## 新形态教材网使用说明

# 工程流体力学
(第4版)

主　编　陈卓如
副主编　王洪杰

1 计算机访问https://abooks.hep.com.cn/63814或手机微信扫描下方二维码进入新形态教材网。
2 注册并登录后，计算机端进入“个人中心”，点击“绑定防伪码”，输入图书封底防伪码（20位密码，刮开涂层可见），完成课程绑定；或手机端点击“扫码”按钮，使用“扫码绑图书”功能，完成课程绑定。
3 在“个人中心”→“我的学习”或“我的图书”中选择本书，开始学习。

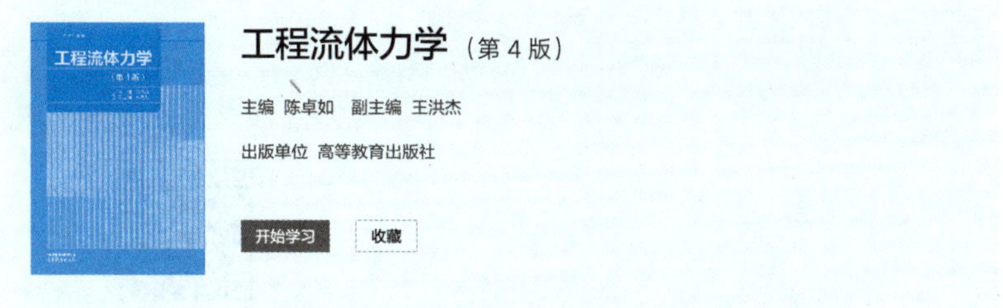


受硬件限制，部分内容可能无法在手机端显示，请按照提示通过计算机访问学习。如有使用问题，请直接在页面点击答疑图标进行咨询。

https://abooks.hep.com.cn/63814

# 电子作业本增值服务使用说明

本书免费提供电子作业本增值服务。所有教材用户均可通过扫描习题二维码查看全部在线试题，提交后即可查看参考答案或部分重点、难点和典型习题的解答提示。

教师通过扫描习题二维码进行实名教师认证后进入“爱习题测评系统”，该系统支持班级管理、作业发布等教学活动；学生通过扫描教师发布的班级二维码可加入班级并完成教师布置的在线作业。教师和学生均可查询答题记录。具体操作步骤可扫描下方的二维码观看。

学生如何使用
电子作业本

教师如何使用
电子作业本

# 第 4 版前言

本书自 1992 年出版以来，历经 2004 年、2013 年两次修订。2017 年以来，为了贯彻落实教育部关于积极推进新工科建设，同时为了适应新质生产力的发展要求，进行了第 4 版修订工作。本次修订按照高等学校机械类、能源动力类工程流体力学课程教学基本要求进行，仍保持了前几版的体系特色，同时加入了数字化资源和电子作业本，方便教与学。

本次修订的内容主要包括以下方面：

1. 丰富了第 14 章“流体要素测量”的内容，增加了最新的测量方法；
2. 修改了第 3 版中的少许笔误；
3. 增加了电子作业本功能。

第 4 版修订分工如下：第 1、2、3、9 章由王洪杰修订；第 10、12 章，第 10、11、12 章例题和习题由刘全忠修订；第 15 章由蔡伟华修订；第 14 章，第 3、4、5 章例题和习题由韩磊修订；第 6、7、8 章例题和习题由官汝志修订；第 9、13 章例题和习题由李德友修订；第 1、2 章例题和习题由付晓龙修订。全书由王洪杰统稿。

本次修订得到了高等学校工程流体力学相关教研组的关心和支持。武汉大学程永光教授认真细致地审阅了本书，提出了许多宝贵的修改意见，在此表示衷心的感谢。

限于作者水平，书中难免存在不足之处，恳望读者指正。反馈的意见或建议请发至 hit_efm_v4@ 163.com。

编者

2024 年 8 月

# 第3版前言

本书自1992年出版以来，得到了有关院校和水力学及流体力学课程教学指导小组专家们的支持和肯定，2004年第一次修订再版，本次是第二次修订。

本次修订仍保持了原书的体系特色，即从建立反映流体运动基本规律的纳维–斯托克斯方程等基本方程出发，讲述该运动方程在多种限制条件下的求解应用，导出流体力学的诸多基本公式。这一体系可使学生在流体力学的学习中，逐渐加深对基本方程的理解和应用；加强了理论基础，有利于学生分析和解决流体力学问题能力的培养。这一体系得到了有关院校多年的教学实践的肯定。

本次修订主要在下述方面作了增删：

1. 鉴于数值计算在流体力学工程应用中的发展和需要，新增了“计算流体力学基础”一章，以为相关专业学生打下相应的基础；

2. 为适应某些专业对叶片式机械相关教学内容的需要，增写了§7–12“叶栅中的库塔–茹科夫斯基升力公式”一节，并对原第6章和第7章顺序做了对调，使内容衔接编排更合理；

3. 由于在相关流体系统和元件中涉及弯管中流体流动的力学本质及其计算应用十分普遍，因此增写了弯管中速度和压强变化等相关内容，并对流体流经弯管的流动力学机理及局部损失原因作了更详尽的分析阐述；

4. 对第10章“管路的水力计算”章节进行了改写，删除了管路计算中的计算机应用内容；

5. 为更直观地分析有压管路水击时水击波在管路中的传播过程，改绘了水击波传播过程的图示；

6. 鉴于卡门涡街脱落的力学现象常在一些工程中引起严重后果，因而对脱落时柱体的受力与引起振动的力学机理作了较深入的分析；

7. 第14章“流体要素测量”中增加了薄壁堰流量计和转子流量计的内容。

此外，还按国家公布的《力学名词》(1993)、《量和单位》(1993)标准对某些量、单位、名词术语、符号表及外国人名进行了修订；对个别例题、习题作了适当增删改写；对个别图进行了改绘；对个别有误之处进行了订正；根据需要，部分表格中增列了一些工程计算中常用的数据。修订中还一如既往地保持了原书重视物理力学概念和现象的表述，并注意叙述的严谨和准确。

本教材按照《高等学校理工科非力学专业力学基础课程教学基本要求》编写，可以作为能源动力类、机械类、建筑环境与能源应用工程、环境工程、化学工程、土木工程、水利工程、船舶与海洋工程等相关专业的本科流体力学教材。全书各章节间既相互联系，又相对独立，各校授课教师可以根据本校特点和相应专业需要选取教学内容。其中绪论、流体静力学、流体运动学、理想流体动力学基础、黏性流体动力学、流动相似原理基础、流体运动阻力与损失、管路的水力计算等章内容适合机械类专业选用，而能源动力类专业可以选用本书的全部内容，其他类专业可根据专业特点适当选取教学内容。

第3版修订分工为：陈卓如修订第4、5、6、7、8、11、13、14章；王洪杰修订第1、2、3、9章及全部例题和习题；刘全忠修订第10、12章；蔡伟华增写第15章。全书由陈卓如主编定稿。

修订稿由刘鹤年教授审阅，他对书稿提出了许多宝贵的修改意见和建议，使书稿质量得到了提高。哈尔滨工业大学流体力学教研室对本次修订给予了热情的支持和帮助，部分研究生协助完成了部分书稿的整理和绘图工作，在此一并表示深切的感谢。

限于作者水平，书中难免存在不足之处，恳望读者指正。

编者<br>2013年6月

# 第 2 版前言

本书自 1992 年出版以来，得到了有关院校和水力学、流体力学课程教学指导组专家们的支持和肯定，1995 年获得了国家教委第三届优秀教材一等奖。

本次修订面临 21 世纪教育改革，正值高等学校专业调整，要求拓宽专业、加强基础，对培养高素质人才提出了新的要求，因此，第 2 版按照课程教学组新编制的高等工业学校机械、能源动力类工程流体力学课程教学基本要求进行。修订中保持了原书的体系特色，即从推导普遍适用的纳维-斯托克斯方程等基本方程出发，讲述该运动方程在多种特殊限制条件下的求解应用，导出流体力学的基本公式，力求加强理论基础，培养学生分析解决问题的能力。这一体系受到了有关院校的欢迎。

修订中注意删除了一些陈旧重复的内容，对某些章节进行了合并和改写。比如删除了§2-5 节，将中学已学过的帕斯卡定律删去，并将液体测压计原理部分内容归入新增加的“流体要素测量”一章中；删去了§2-9 节，将其中浮体的阿基米德原理作为压力体内容的延伸；将原书§3-2 和§3-3 节合写为一节；将§4-4 节删除，并对其余节中的部分内容作了改写，使表述更为准确；将§6-3 和§6-4 节合并，对原书§6-8 绕圆球流动进行了改写，并对圆柱绕流中的马格努斯效应和绕翼型的平顺绕流假设等力学现象作了更为直观的解说；第 9 章中增加了一些常用的管路局部阻力，并列表予以表示；将第 10 章管路水力计算的§10-1～§10-7 节合并，其中短管的水力计算和简单长管的水力计算合并改写为等径无分支管路的水力计算，对枝状管路和网状管路的水力计算重写，对计算机在管路水力计算中的应用采用了更为通用的高级语言；增写了第 14 章流体要素测量，既讲述了压强、流速、流量测量的基本原理，同时介绍了在工程实际和研究中常用的一些近代量测技术。为了增强学生应用流体力学基本理论分析解决问题的能力，修订中还适量增加了例题和习题，使教师和学生有更多选用的余地。

本次修订中按照国家标准对全书的名词术语和符号单位作了修正。在保持原书中重视物理力学概念表述的同时，还注意了文字叙述的严谨和准确，对文字和内容作了进一步斟酌和润色，力图以此对学生产生潜移默化的影响。

全书各章节间既相互联系，又相对独立，因此各校授课教师可以根据学校特点和相应专业需要选取教学内容。其中绪论、流体静力学、流体运动学、理想流体动力学基础、粘性流体动力学、流体运动阻力与损失、管路的水力计算、流动相似原理基础、可压缩流体的一元流动等章内容适合机械类专业选用，并可适当选用流体要素测量的部分内容，而能源动力类专业可以选用本书的全部内容。

第 2 版分工如下：陈卓如修订第 4、5、6、7、8、11、13、14 章；金朝铭修订第 1、3、9、12 章和第 10 章的§10-1、§10-2、§10-4；王成敏修订第 2 章；王洪杰修订全部例题和习题，以及第10章的§10-3。全书由陈卓如主编定稿。

本书的修订,得到了高等学校工科水力学、流体力学课程教学指导组的悉心关怀和指导,兄弟院校在原书使用过程中也曾提出了不少有益的意见和建议,哈尔滨工业大学流体力学教研室对本书的修订给予了热情的支持和帮助,谨在此向他们表示深切的谢意。修订稿由上海交通大学刘桦教授审阅,提出了许多宝贵的修改意见,谨在此表示衷心的感谢。

限于作者水平,书中难免存在不足和谬误之处,恳望读者和专家们指正。

编者

2003年3月

# 第 1 版前言

工程流体力学是动力类各专业及相近有关专业的一门重要技术基础课,它为该类专业主要专业课程的学习打下必要的理论基础。

本书按照高等工业学校工程流体力学课程教学基本要求编写,是动力类各专业的教材,课程时数为 80 学时左右。本书也可作为机械工程类、仪器类等有关专业的参考书。

工程流体力学内容十分广泛,即使同一课程基本要求也可以有不同的讲授体系。在本书编写中,除注重加强理论基础外,注重联系工程实际。从推导普遍适用的纳维-斯托克斯方程等基本方程出发,讲述普遍运动方程在各种特殊限制条件下的求解应用,导出其他公式,力求系统地讲述流体运动的基本规律,使学生了解工程上处理流体力学问题的方法,并在推导过程中注意阐明其物理意义和应用条件。这样做既利于学生系统地学习基本理论,又利于培养学生运用基本理论分析和解决实际问题的能力。这样的讲授体系安排还避免了一些不必要的重复。

本书由陈卓如编写第 4、5、6、7、8、11、13 章和第 13 章习题及部分例题;金朝铭编写第 1、3、9、10 和 12 章,其中第 10 章 § 10-8 由包钢和王洪杰编写;王成敏编写第 2 章;包钢编写除第 13 章习题外的全部习题和大部分例题。全书由陈卓如主编。

山东工业大学孔珑教授审阅了全部书稿,对书稿提出了很多宝贵的修改意见,使书稿的质量得以提高。在本书编写过程中,哈尔滨工业大学流体力学教研室的同志们曾给予了热情的支持和帮助,在此一并表示深切的谢忱。限于作者水平,书中难免存在错误和不足之处,恳望读者指正。

编者

1991 年 11 月

# 符号表

| | |
|---|---|
| $A$ | 面积 |
| $A_c$ | 收缩断面面积 |
| $\mathrm{d}A$ | 微元面积 |
| | 气体对外做功 |
| $a$ | 加速度 |
| | 椭圆长半轴 |
| | 矩形长度 |
| | 等边三角形边长 |
| $B$ | 磁感应强度 |
| $b$ | 宽度 |
| | 椭圆短半轴 |
| | 矩形宽度 |
| $C$ | 常数 |
| | 流量计常数 |
| $C_0$ | 孔口流量因数 |
| $C_\mathrm{D}$ | 绕流阻力因数 |
| $C_\mathrm{e}$ | 入口段效应流量修正因数 |
| $C_\mathrm{f}$ | 摩擦阻力因数 |
| $\Delta C_\mathrm{f}$ | 摩擦阻力因数之差 |
| $C_{\mathrm{f}_\mathrm{L}}$ | 层流边界层摩擦阻力因数 |
| $C_{\mathrm{f}_\mathrm{T}}$ | 湍流边界层摩擦阻力因数 |
| $C_\mathrm{n}$ | 管嘴流量因数 |
| $C_p$ | 压强因数 |
| $Cr$ | 柯朗数 |
| $c$ | 声速 |
| | 水击波传播速度 |
| | 相似比例常数 |
| $c_0$ | 滞止声速 |
| $c_V$ | 比定容热容 |
| $c_\mathrm{cr}$ | 临界声速 |
| $c_p$ | 比定压热容 |
| $D$ | 直径 |
| $d$ | 直径 |
| | 相对密度 |
| $d_\mathrm{e}$ | 当量直径 |
| $E$ | 材料弹性模量 |
| | 恩氏黏度 |
| | 内能 |
| | 电压 |
| $Eu$ | 欧拉数 |
| $e$ | 比内能 |
| | 单位重力流体的总机械能 |
| | 舍入误差 |
| | 偏心量 |
| $\mathrm{d}e$ | 气体内能增量 |
| $F$ | 力 |
| $F_\mathrm{D}$ | 绕流阻力 |
| $F_\mathrm{b}$ | 浮力 |
| $F_\mathrm{f}$ | 摩擦力 |
| $\Delta F_\mathrm{f}$ | 摩擦阻力之差 |
| $F_P$ | 总压力 |
| $F_{Px}$ | 总压力的水平分量 |
| $F_{Pz}$ | 总压力的垂直分量 |
| $F_Q$ | 质量力 |
| $F_{Qx},F_{Qy},F_{Qz}$ | 质量力坐标方向分量 |
| $Fr$ | 弗劳德数 |
| $\overline{F}_P$ | 作用力的共轭 |
| $f$ | 单位质量力 |
| | 变量 |
| $f_\mathrm{d}$ | 多普勒频移 |
| $f_R,f_\theta,f_z$ | 单位质量力的柱坐标分量 |
| $f_R,f_\theta,f_\Phi$ | 单位质量力的球坐标分量 |
| $f_k$ | 卡门涡脱体频率 |
| $f_x,f_y,f_z$ | 单位质量力的坐标分量 |
| $f(x,y,z)$ | 坐标的函数 |
| $G$ | 重力 |
| $g$ | 重力加速度 |
| $H$ | 焓 |

| | | | |
|---|---|---|---|
| | 总能量 | $p$ | 压强 |
| $H_0$ | 滞止焓 | | 动量 |
| $h$ | 高度 | $p_0$ | 滞止压强 |
| | 比焓 | $p_v$ | 气化压强、真空度 |
| $h_w$ | 单位重力流体能量损失 | $p_a$ | 大气压强 |
| $h_v$ | 真空度 | $p_{cr}$ | 临界压强 |
| $h_f$ | 沿程水头损失 | $p_m$ | 计示压强 |
| $h_\zeta$ | 局部水头损失 | $p_x,p_y,p_z$ | 压强的坐标分量 |
| $I$ | 电流 | $p_{xx},p_{yy},p_{zz}$ | 法向压强 |
| | $x$ 方向总网格点数 | $p_\infty$ | 无穷远处压强 |
| $I_x,I_{Cx}$ | 惯性矩 | $\bar{p}$ | 时间平均压强 |
| $I_{xy}$ | 惯性积 | $p'$ | 脉动压强 |
| $i$ | $x$ 方向第 $i$ 个网格点 | $\Delta p'$ | 入口起始段压强损失 |
| $J$ | 旋涡强度 | $q$ | 流量 |
| | $y$ 方向总网格点数 | $dq$ | 传输给气体的热量 |
| $j$ | $y$ 方向第 $j$ 个网格点 | $q_m$ | 质量流量 |
| $K$ | 体积模量 | $q_V$ | 体积流量 |
| | 流量模数 | $q_{cr}$ | 临界流量 |
| | $z$ 方向总网格点数 | $R$ | 气体状态常数 |
| $k$ | $z$ 方向第 $k$ 个网格点 | | 内径 |
| $L$ | 长度 | | 水力半径 |
| | 动量矩 | | 电阻 |
| $l$ | 长度 | $\mathfrak{R}$ | 谐波分量振幅 |
| | 混合长度 | $\mathbb{R}$ | 余量 |
| $M$ | 偶极矩 | $Re$ | 雷诺数 |
| | 作用力矩 | $Re_{cr}$ | 下临界雷诺数 |
| $Ma$ | 马赫数 | $Re'_{cr}$ | 上临界雷诺数 |
| $M_{cr}$ | 量纲一的速度 | $Re_{x_{cr}}$ | 边界层由层流变为 |
| $m$ | 质量 | | 湍流的临界雷诺数 |
| $m_0$ | 流量因数 | $r$ | 半径 |
| $N$ | 基函数 | $r,\theta,z$ | 柱坐标系坐标分量 |
| | 时间轴总网格点数 | $r,\theta,\varphi$ | 球坐标系坐标分量 |
| $Ne$ | 牛顿数 | $s$ | 距离 |
| $n$ | 转数 | | 单位质量流体的熵 |
| | 指数 | $Sr$ | 斯特劳哈尔数 |
| | 时间轴第 $n$ 个网格点 | $T$ | 温度 |
| $P$ | 功率 | | 时间 |
| | 压力函数 | | 水击波的周期 |

| | |
| --- | --- |
| $T_0$ | 滞止温度 |
| $T_{cr}$ | 临界温度 |
| $t$ | 温度 |
| | 时间 |
| $t_0$ | 水击波的波相 |
| $t_k$ | 闸门关闭时间 |
| $U$ | 力的势函数 |
| $u,v,w$ | 相对运动速度分量 |
| $V$ | 断面平均速度 |
| | 体积 |
| | 压力体体积 |
| $V_{cr}$ | 临界速度 |
| $V^*$ | 边界层外势流区中速度 |
| $V_\infty$ | 无穷远来流速度 |
| $\overline{V}$ | 复速度，共轭速度 |
| $v$ | 流速 |
| | 比体积 |
| $v_m$ | 射流截面轴心线上速度 |
| $v_x,v_y,v_z$ | 速度的坐标分量 |
| $v_r,v_\theta,v_z$ | 柱坐标系的速度分量 |
| $v_r,v_\theta,v_\varphi$ | 球坐标系的速度分量 |
| $v_\infty$ | 无穷远来流速度 |
| $\overline{v}$ | 平均速度 |
| $v'$ | 脉动速度 |
| $v'_x,v'_y$ | 脉动速度的坐标分量 |
| $\overline{v'}$ | 脉动速度的时均值 |
| $\overline{v}_*$ | 剪切速度、切应力速度 |
| $W$ | 权函数 |
| $W(z)$ | 复位势函数 |
| $w_f$ | 单位质量流体摩擦阻力做功 |
| $X$ | $x$ 方向总长度 |
| $X_{cr}$ | 边界层长度 |
| $x,y,z$ | 笛卡儿坐标分量 |
| $x_D,y_D$ | 压力中心的坐标分量 |
| $x_T$ | 转折截面至射流极点的距离 |
| $Y$ | $y$ 方向总长度 |
| $y_C$ | 形心的坐标分量 |
| $Z$ | $z$ 方向总长度 |
| $z$ | 复数变量 |
| $\alpha$ | 角度 |
| | 体胀系数 |
| | 角加速度冲角 |
| | 动能修正因数 |
| | 扩散系数 |
| $\alpha_0$ | 动量修正因数 |
| $\beta$ | 角度 |
| | 激波角 |
| $\Gamma$ | 速度环量 |
| $\gamma$ | 角变形速度 |
| | 比热容比 |
| $\gamma_x,\gamma_y,\gamma_z$ | 角变形速度分量 |
| $\Delta$ | 绝对粗糙度 |
| | 增量 |
| $\overline{\Delta}$ | 相对粗糙度 |
| $\delta$ | 边界层厚度 |
| | 黏性底层厚度 |
| | 折转角 |
| $\delta^*$ | 位移厚度，排挤厚度 |
| $\delta^{**}$ | 动量损失厚度 |
| $\varepsilon$ | 相对偏心率 |
| | 孔口断面收缩因数 |
| $\zeta$ | 局部损失因数 |
| | 数值误差 |
| $\eta$ | 效率 |
| $\theta$ | 角度 |
| | 射流极角，射流扩散度 |
| $\kappa$ | 压缩率 |
| | 等熵指数 |
| $\lambda$ | 黏温指数 |
| | 沿程损失因数 |
| | 激光波长 |
| $\lambda_p$ | 压强损失因数 |
| $\lambda'_p$ | 入口段压强损失因数 |
| $\mu$ | 马赫角 |
| | 动力黏度 |
| | 流量因数 |

| | | | |
|---|---|---|---|
| $\nu$ | 运动黏度 | $\Phi$ | 热线散失的热流量 |
| $\xi_e$ | 附加压强损失因数 | $\varphi$ | 速度势函数 |
| $\xi_e'$ | 入口段效应附加压强损失因数 | | 角度 |
| $\pi$ | 圆周率 | $\chi$ | 湿周 |
| | $\pi$ 定理 | $\psi$ | 流函数 |
| $\rho$ | 密度 | $\Omega$ | 平面有界矩形域 |
| $\rho_0$ | 滞止密度 | $\omega$ | 角速度 |
| $\rho_{cr}$ | 临界密度 | $\omega_x,\omega_y,\omega_z$ | 角速度的坐标分量 |
| $\sigma$ | 应力 | $\varsigma$ | 离散误差 |
| | 表面张力系数 | $\infty$ | 无穷远,无穷大 |
| $\sigma_{xx}',\sigma_{yy}',\sigma_{zz}'$ | 附加法向应力 | $\nabla$ | 哈密顿算子 |
| $\tau$ | 切应力 | $\nabla^2$ | 拉普拉斯算子 |
| $\tau'$ | 湍流附加切应力 | | |

# 目　录

## 第6章 黏性流体动力学 …… 109



## 第7章 理想流体平面势流 … 137



## 第8章 流动相似原理基础 … 181



## 第9章 流体运动阻力与损失 …………………… 194

## 第 10 章 管路的水力计算 …… 254



## 第 11 章 黏性流体绕物体流动 …… 274



## 第 12 章 可压缩流体的一维流动 …… 314



## 第 13 章 可压缩流体的平面流动 …… 343

# 第1章 绪论

## §1-1 流体力学研究的内容和方法

流体力学是研究流体平衡和运动规律的一门科学，是力学的一个重要分支。

流体力学的基本任务在于建立描述流体运动的基本方程，确定流体经各种通道及绕流不同物体时速度、压强的分布规律，探求能量转换及各种损失的计算方法，并解决流体与限制其流动的固体壁之间的相互作用问题。

流体力学按其研究内容侧重方面的不同，分为理论流体力学（通称为流体力学）和应用流体力学（通称为工程流体力学）。前者主要采用严密的数学推理方法，力求准确性和严密性。后者则侧重于解决工程实际中出现的问题，而不去追求数学上的严密性。当然，由于流体运动的复杂性，在一定程度上，两种方法都须借助于实验研究，得出经验或半经验的公式。

在实际工程的许多领域里，流体力学一直起着十分重要的作用。无论是水利工程、动力工程、航空工程，还是化学工程、机械工程等都在日益广泛地应用着流体力学。就某种意义而言，也正是在流体力学的研究工作不断取得成就的前提下，才促进了这些领域的大力发展。

流体力学研究的对象包括液体和气体，它们统称为流体。流体力学研究的是流体中大量分子的宏观平均运动规律，而不考虑其具体的分子运动。

工程流体力学主要讲述流体力学的基本概念、基本理论及在工程实际中的应用。本教材是能源动力类和机械类各专业的教学用书，其研究内容以不可压缩流体的流动为主，但对某些专业所涉及的可压缩流体基本理论也作了相应的阐述。

由于在各种热能动力和许多机械设备中采用水、汽、空气、油、烟气等流体作为工作介质，因此，只有掌握了流体的基本运动规律才能真正了解这些设备的性能和运行规律，才能正确地从事设计和运行管理工作。所以，工程流体力学是能源动力类和机械类各专业的主要专业基础课程之一。

流体力学作为一门技术科学，研究方法也遵循“实践-理论-实践”的基本规律。其研究过程可大致分为以下步骤：

（1）对自然界和生产实践中出现的流体力学现象进行观察、研究，从中找出共性问题作为研究课题；

(2) 建立模型:对自然现象和实践问题进行研究、认识,从中找出主要因素,忽略次要因素,建立抽象的数学模型;

(3) 对数学模型进行理论分析和实验研究,总结并验证基本规律,形成理论;

(4) 以得到的基本理论去指导和预言实践,并在实践中检验、修正理论使其完善。

## §1-2　流体力学发展简史

人类为了生存,自远古以来一直持续不断地与自然界进行着不懈的斗争。流体力学同其他自然科学一样,是在长期的生产实践和科学研究中逐渐发展成为自然科学的一个重要分支。

人们最早对流体知识的认识是从治水、供水、灌溉、航行等方面开始的,在远古时代就在诸多方面取得了很大的成就。公元前2000—公元前1000年,古埃及、巴比伦、罗马、希腊和印度等地的水利工程、造船和航海等事业的发展就是很好的例证,说明人们在大量的与自然斗争和生产实践过程中,对水流运动的规律已经有了一定的认识。而我们的祖先于远古时代就在水利工程方面做出过许多杰出的贡献。战国时期,人们为了消除岷江水患和发展生产,在四川灌县修建了著名的都江堰水利工程,将岷江分为内外两江。在枯水期,由内江满足下游的灌溉用水;而在洪水期,由外江泄洪保证下游灌区的安全,由此总结出"深淘滩,低作堰",说明当时我国人民对明渠水流和堰流已经有了一定的认识和掌握。由公元前485年开始修建,直到隋朝才完成的大运河,从杭州到北京长达1 782 km,运河使用的多处船闸,以及各段设置的合理性,充分表明了我国劳动人民在建设水利工程方面的聪明才智。这些工程至今仍在农业生产和交通等方面起着重要的作用。

流体力学作为一门完整的学科发展起来是和历史上许多学者、科学家的努力分不开的。正如奥地利物理学家汉斯·蒂林格在《从牛顿到薛定谔的理论物理学之路》一文中所指的:"每一门科学都是用世世代代研究者无数努力的代价建立起来的大厦。"古今中外许许多多从事流体力学问题研究的学者,如同卓越的建筑师,用自己的聪明才智和辛勤劳动的汗水筑成了日趋完整的流体力学"大厦"。

最早从事流体力学现象系统研究并使之成为学科的学者是古希腊哲学家阿基米德(Archimedes,前287—前212)。他约在公元前250年撰写了《论浮体》一书,书中首次总结并提出了流体静力学的基本理论,奠定了流体静力学的基础。这是由于公元前3世纪古希腊生产力的发展促进了刚体力学和欧几里得几何等方面的发展,同时带动了人们对流体力学现象的研究。

在这以后一段较长的历史时期,没有关于流体力学发展的有关资料的记载。

15世纪末以来,随着欧洲资本主义的兴起,工农业生产得到了很大发展,流体力学也与其他学科一起有了显著的进展。首先是著名的物理学家、艺术家达·芬奇(Leonardo Da Vinci,1452—1519)在米兰附近建造了世界上第一个小型水渠,同时还比较系统地研究了沉浮、孔口出流、物体运动阻力、流体在管路和水渠中流动等问题,从而为水利工程和流体力学问题的研究开辟了一个新的时代。

从达·芬奇时代开始,水力学和流体力学得到了迅速的发展。1586 年斯蒂芬(S. Stevin,1548—1620)发表了《水静力学原理》。1612 年伽利略(G. Galileo,1564—1642)建立了关于物体沉浮的基本原理,使流体静力学有了进一步的完善,他还首先将实验方法引入力学,用以研究运动物体受到的阻力。1650 年帕斯卡(B. Pascal,1623—1662)建立了液体中压强传递的“帕斯卡原理”。

17 世纪中叶至 20 世纪初是流体力学的形成与发展时期,期间逐步建立和发展了流体力学的理论与实验方法,并应用于解决各种流体力学的实际问题。

1643 年托里拆利(E. Torricelli,1608—1647)论证了孔口出流的基本规律。1686 年牛顿(I. Newton,1642—1727)提出了流体黏性的概念,通过实验建立了液体内摩擦力的确定方法——牛顿内摩擦定律,并进一步为建立黏性流体运动方程创造了条件。1738 年伯努利(D. Bernoulli,1700—1782)对孔口出流和管道流动进行了大量的观察和测量研究,建立了理想流体的运动方程——伯努利方程。1775 年欧拉(L. Euler,1707—1783)提出了描述无黏性流体的运动方程——欧拉运动微分方程,他是理论流体力学的奠基人。

这个时期的理论大多是对自然现象在一些假设下的数学推理和实验的总结,但是某些理论和实际之间还存在着较大的差异。1752 年达朗贝尔(d'Alembert,1717—1783)在研究物体在流体中运动受到的阻力时得出,物体在理想流体中运动时不存在对物体运动的阻力,但实验证明这个结论是不正确的,这个被称为“达朗贝尔佯谬”的问题说明了在那个时期解决流体流动问题中所用理论的局限性。

由于理论分析和实验研究两种方法的侧重有所不同,从这个时期起在流体流动问题的研究中出现了两个体系。一个是在某些假设下以严密的数学推理为主,从理论上处理问题,称为“理论流体力学”或“流体力学”;另一个则以实践和实验研究为主,侧重于解决工程实际问题,称为“水力学”。这两个体系的典型代表前者为欧拉,后者为伯努利。

这段时期内,由于工程技术快速发展的需要,人们通过大量的工程实际观察和实验研究,得到了解决各种流体力学实际问题的经验公式。1769 年谢齐(A. Chézy,1718—1798)在总结各种渠道流动的基础上提出了明渠流动流速和流量计算的谢齐公式,为了计算谢齐系数,又总结得到了曼宁(R. Manning,1816—1897)公式和巴甫洛夫斯基公式。为进行流体流动的实验测试,1732 年皮托(H. Pitot,1695—1771)发明了用于流速测量的皮托管,1797 年文丘里(G. B. Venturi)研制了用于流量测量的文丘里管。

随着工业革命的发展,从 19 世纪开始,流体力学理论日趋完善。1823 年纳维(M. Navier,1785—1836)和 1845 年斯托克斯(G. G. Stokes,1819—1903)分别通过不同途径,建立了实际黏性流体运动方程组——纳维-斯托克斯方程(N-S 方程),奠定了黏性流体力学的理论基础,并逐渐发展成为流体力学的一个重要组成部分。

19 世纪末到 20 世纪,现代工农业和航空技术的迅速发展大大促进了流体力学的进展。不断出现的很多新兴工业领域提出了流体力学问题,要求流体力学的学者们研究解决。显然,以纯理论分析为基础的流体力学和以实验研究为主的水力学已不能适应技术发展的需要,因此出现了理论分析和实验研究相结合的趋势,在这种结合的研究中,量纲分析和相似原理起着重要的作用。这一阶段中取得突出成就的代表有:1883 年雷诺(O. Reynolds,1842—1912)通过实验得到的重要结果给出了液体流动的两种流动状态——层流和湍流,并得到了判别流态的雷诺数,从而为流动受到的阻力和能量损失的研究奠定了基础,接着在 1894 年雷诺又提出了湍流流动的基本方程——雷诺方程;瑞利(L. Rayleigh,1842—1919)的量纲分析方法和雷诺的相似理论解决了流体力学问题研究中的理论分析与实验研究的结合;而弗劳德(W. Froude,1810—1879)和雷诺等学者提出的一系列数学模型,为相似理论在流体力学中的应用开辟了更为广阔的途径,1872 年弗劳德应用相似理论第一次建造了船舶拖曳实验用的水池;1891 年兰彻斯特(F. W. Lanchester,1868—1946)提出绕流速度环量产生升力的概念,为升力理论的建立创造了条件,他也是第一个提出有限翼展理论的人;1889 年茹科夫斯基(N. E. Zhoukowski,1847—1921)导出了渗流流动微分方程,奠定了渗流的理论基础;同时,茹科夫斯基及齐奥尔科夫斯基(K. A. Zhiourkowski,1857—1935)、恰普雷金(S. A. Chaplygin,1869—1942)、库塔(W. M. Kutta,1867—1944)等研究了物体绕流和翼栅理论,在 1905 年提出了圆柱绕流的升力定理,奠定了现代空气动力学的基础;1904 年普朗特(L. Prandtl,1875—1953)通过观测流体对固体边壁的绕流,提出了边界层的概念,并通过对层流边界层的研究,形成了层流边界层理论,解决了绕流物体的阻力计算问题,他还在研究湍流流动时提出了著名的混合长理论;1911—1912 年冯·卡门(T. Von Karman,1881—1963)通过水槽中圆柱体绕流的研究发现,在圆柱体后面出现一对从圆柱体两侧交替脱落的涡旋,在尾涡中形成两列有一定间隔、旋转方向相反而又交叉排列的涡列,后被人们称为卡门涡街;20 世纪 30 年代尼古拉兹(J. Nikuradse,1894—1979)对各种人工光滑管和粗糙管的水力摩擦损失因素进行了系统、准确的实验研究和量测,绘制了著名的尼古拉兹曲线图,为管道的沿程损失计算提供了依据;1938 年钱学森(1911—2009)提出了平板可压缩层流边界层的解法(卡门-钱学森解法),并在空气动力学、航空航天等诸多领域做出了许多开创性的贡献;周培源(1902—1993)针对湍流脉动结构复杂,运用统计理论解决剪切湍流问题遇到了极大困难,因此在湍流统计理论研究中提出了均匀各向同性湍流的假说,它有助于理解复杂的湍流机理,已成为现代湍流理论的基础之一;1952 年吴仲华(1917—1992)提出了叶轮机械的三元流理论,并在之后建立了流动的基本方程及其解法,成为很多叶轮机械设计的主要依据。

20 世纪中叶以后,随着人类开始进入太空飞行,以及随着各种科学技术的迅速发展,流体力学的学者们除了对湍流、涡动力学、流动稳定性与过渡和非恒定流动等理论问题继续进行研究外，更主要的是转而研究石油、化工、冶金、能源、环境、生物等领域中的流体力学问题，上述这些研究都取得了丰硕的成果，既促进了生产技术的发展，又大大丰富了流体力学的学科内容。1946 年第一台电子计算机问世后，数值计算技术得到了飞速发展，有限差分法、有限元法、边界元法、有限体积法等计算方法相继派生出来，并且在求解流体力学的问题中得到了广泛的应用，流体力学中的数值计算已成为继理论分析和实验研究之后的第三种重要的研究方法，是目前对于各种复杂的流体流动问题求解压力场、速度场的重要工具。而且可以预见，随着计算机的计算速度和容量的提高，以及计算方法的不断进步，数值计算在复杂的流体力学问题的求解中将发挥越来越重要的作用。

科学技术的高速发展，以及科学技术和工业生产的日趋复杂，使现代流体力学的研究内容有了明显的变化，出现了与相关的邻近学科相互渗透，形成了许多新分支或交叉学科，如计算流体力学、电磁流体力学、生物流体力学、多相流体力学、非牛顿流体力学、流变流体力学、高速气体动力学、稀薄气体动力学、环境流体力学、物理-化学流体力学、流体机械流体力学等。由于流体力学的发展趋向于渗入更为广泛的领域，因而已成为宇宙航行、海洋学、气象学、现代医学、能源、化工、水利技术、流体机械等许多科学技术的重要组成部分。

## §1-3 流体的连续介质模型

流体（牛顿流体）是指易于流动的物体。就其力学行为来讲，流体可以承受很大的压力，但往往几乎不能承受拉力。对于流体而言，在极小的剪力作用下也会产生无休止的变形，即流动，直到剪力停止为止。而固体则既能承受压力又能承受拉力和剪力。固体在外力作用下会产生变形，但在一定范围内，变形将随外力的消失而恢复。由此可以看出，固体有一定的形状，而流体却没有，它取决于盛装流体的容器的形状。

流体分为液体和气体。液体和气体的主要区别之一就是流动性的大小。由于气体远比液体具有更大的流动性，故它总是充满所存在的空间；而液体通常只占据容器体积的一部分，与气体接触处存在自由表面。这种区别的本质在于二者分子间距相差悬殊，气体分子间距大到使彼此间的牵制力显得很小，不足以造成相互间的约束。而液体分子间距较小，彼此的作用力大，使得液体的分子只能在一定的小范围内作无规则运动，不能像气体分子那样，作足以充满空间的自由运动。

液体和气体另一个主要区别在于可压缩性。气体在外力作用下，表现出很大的可压缩性，而液体却不然。例如：水的压强由一个大气压增加到 100 个大气压时，其体积仅减少原体积的 0.5%；而完全气体在等温过程中的体积同绝对压强成反比关系变化。可见两者的可压缩性相差甚远。因此，在研究低速气体（马赫数小于 0.3）流动规律时，将气体看作与液体一样的不可压缩流体处理，但在研究气体的高速流动时，必须考虑气体的压缩性。

从微观角度来看，流体和其他物体一样，也是由大量分子组成的。这些分子总是不停地、杂乱无章地运动着，分子之间存在着间隙。因此，流体实际上并非是连续充满空间的物质。如果从分子运动入手来研究流体流动的规律，显然将十分困难，甚至难以进行。而流体力学是研究在外力（如重力、压力、摩擦力等）作用下流体平衡和运动的规律，所研究的是大量分子的平均行为。另外，流体力学所研究的实际工程尺寸要比分子间距大得无法比拟（通常情况下，1 $mm^3$的空气约有 $2.7\times10^{16}$个分子）。因此，在流体力学的研究中，将实际的由分子组成的结构用一种假想的流体模型——流体微元来代替。流体微元由足够数量的分子组成，连续充满它所占据的空间，彼此间无任何间隙。这就是 1753 年由欧拉首先建立的“连续介质模型”。这样，就不再去研究流体分子的运动，而是去研究模型化了的连续流体介质。研究对象的转变，使我们可以将描述流体流动的一系列参数，如压强、速度、加速度、密度等在绝大多数情况下看成是连续分布的。从而可以把它们看作坐标和时间的连续可微函数，这就使得在流体力学的研究中可以使用微分方程等强有力的数学工具。整个流体力学研究的飞速发展与引入连续介质模型是密切相关的，而从所建立的流体力学基本理论与实际工程应用结果来看，引入连续介质模型是完全合理的，也是完全必要的。

但是，使用连续介质模型也有一定范围。在某些特殊流动的研究中，它并不适用。当所研究的工程实际尺寸与分子的自由行程为相同或相近的数量级时，就不能应用连续介质作为其研究模型了。例如，火箭在空气稀薄的高空中飞行的计算，极近壁（例如离壁面约 $1\times10^{-5}$ mm）处流动的计算等，就必须从微观着手进行研究。

## §1-4 作用在流体上的力

任何物体的平衡和运动都是受力作用的结果。因此，在研究流体的力学规律之前，必须首先分析作用在流体上的力的种类和性质。

作用在流体上的力通常分为两大类。

### 1. 质量力

处于某种力场中的流体，所有质点均受到与质量成正比的力，这个力称为质量力。如重力就是在力学中常见的质量力，它是由重力场所施加的。当所研究的流体作加速运动时，根据达朗贝尔原理虚加于流体质点上的惯性力，和作匀速旋转运动的流体所受到的离心力均属于质量力。为研究方便起见，前者常称为外质量力，后者称为惯性力。

在流体力学中，常采用单位质量力作为分析质量力的基础。单位质量力是指单位质量的流体所受的质量力。显然，单位质量力的数值即为流体质点的加速度值，如 $a,\omega^2 r$。设单位质量力 $\boldsymbol{f}$ 在直角坐标系中三个坐标轴 $x,y,z$ 方向的分量分别为 $f_x,f_y,f_z$，则 $f_x,f_y,f_z$ 就是加速度在三个轴向的分量。如在流体中取体积 $\Delta V$，所含质量为 $\Delta m$，在重力场中（取直角坐标系的 $z$ 轴垂直于水平面）单位质量力的分量为

$$f_x=0$$

$$f_y=0$$

$$f_z=\frac{-\Delta m\cdot g}{\Delta m}=-g$$

式中负号表示所取坐标轴 $z$ 的方向与重力加速度方向相反。

由此可以看出，由流体受力状态很容易确定单位质量力的分量。因此，质量力或单位质量力通常是已知的。采用这种分量形式为流体力学的研究提供了许多方便。

**2. 表面力**

表面力是指作用在所研究流体外表面上与表面积大小成正比的力。

在流体力学的研究中，常常自流体内取出一个分离体作为研究对象。这时，表面力指的是周围流体作用于分离体表面上的力。

表面力与作用面积成正比，单位面积上的表面力称为应力，它是表面力在作用面积上的强度。为研究方便，常将应力分为切应力和**法向应力**。切应力 $\tau$ 是流体相对运动时因黏性内摩擦而产生的，因此，静止流体中不存在切应力，即这时流体作用面积上只有法向力作用；又因为流体几乎不能承受拉力，所以静止流体中的法向力只能沿着流体表面的内法线方向，称为压力，其单位面积上的压力，即法向应力，称为压强。

在所取分离体表面上，取包围某点 $A$ 的面积 $\Delta A$，如图 1-1 所示。作用于 $\Delta A$ 上的总表面力为 $\Delta\boldsymbol{F}$，其法向分量为 $\Delta\boldsymbol{F}_n$，切向分量 $\Delta\boldsymbol{F}_t$。当 $\Delta A$ 向 $A$ 点收缩趋近于零时，得 $A$ 点的应力、压强和切应力为

$$\sigma_A=\lim_{\Delta A\to 0}\frac{\Delta F}{\Delta A}$$

$$p_A=\lim_{\Delta A\to 0}\frac{\Delta F_n}{\Delta A}$$

$$\tau_A=\lim_{\Delta A\to 0}\frac{\Delta F_t}{\Delta A}$$



图 1-1

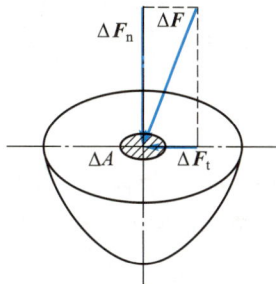

表面张力也是表面力的一种，它是作用在流体自由表面沿作用面法线方向的拉力。

## §1-5 流体的主要物理性质

本节将讨论流体的主要物理性质。在进行流体力学的各种研究和工程计算时，必须首先了解流体的基本物理属性。

### 1. 流体的密度、比体积和相对密度

流体同其他物体一样，具有质量。流体的密度和比体积是流体的重要属性。

(1) 流体的密度

流体的密度以单位体积流体所具有的质量来表示，它表示流体在空间的密集程度，以符号 $\rho$ 标记。

取包围空间某点的微元体积 $\Delta V$，其中所含的流体质量为 $\Delta m$，比值 $\Delta m/\Delta V$ 即为 $\Delta V$ 中的平均密度。若令 $\Delta V\to 0$，即当 $\Delta V$ 向该点收缩趋近于零时，其极限为该点的流体密度，即

$$\rho=\lim_{\Delta V\to 0}\frac{\Delta m}{\Delta V}$$

对空间各点处密度相同的均质流体，其密度为

$$\rho=\frac{m}{V} \tag{1-1}$$

式中 $\rho$——流体的密度，$kg/m^3$；

$m$——流体的质量，kg；

$V$——流体的体积，$m^3$。

(2) 流体的比体积

通常将单位质量流体所占据的空间体积称为比体积，以符号 $v$ 标记。显然，流体的密度与比体积互为倒数，即

$$v=\frac{1}{\rho} \tag{1-2}$$

式中 $v$——流体的比体积，$m^3/kg$。

流体的密度 $\rho$ 和比体积 $v$ 都随着其所处的压强 $p$ 和温度 $T$ 而变化，即 $\rho=\rho(p,T)$，$v=v(p,T)$。又因为压强和温度都是空间点坐标和时间的函数，所以，密度和比体积也都是空间点坐标和时间的函数，即 $\rho=\rho(x,y,z,t)$，$v=v(x,y,z,t)$。

表 1-1 列出了水、空气和水银在不同温度下的密度值。

表 1-1 不同温度下水、空气和水银的密度 $\rho/(\text{kg}\cdot\text{m}^{-3})$

| 流体 | 温度/℃ | | | | | | |
|---|---|---|---|---|---|---|---|
| | 0 | 10 | 20 | 40 | 60 | 80 | 100 |
| 水 | 999.87 | 999.73 | 998.23 | 992.24 | 983.24 | 971.83 | 958.38 |
| 空气 | 1.29 | 1.24 | 1.20 | 1.12 | 1.06 | 0.99 | 0.94 |
| 水银 | 13 600 | 13 570 | 13 550 | 13 500 | 13 450 | 13 400 | 13 350 |

(3) 流体的相对密度

某均质流体的质量与 4 ℃同体积纯水的质量的比称为该流体的相对密度,用符号 $d$ 表示,即

$$d=\frac{\rho V}{\rho_w V}=\frac{\rho}{\rho_w} \tag{1-3}$$

式中 $\rho_w$——4 ℃时纯水的密度,$\text{kg/m}^3$。

显然,$d$ 是量纲为一的因数。

表 1-2 列出了几种常见流体在一个标准大气压下的密度和相对密度。

表 1-2 常见流体的密度和相对密度

| 流体 | 温度/℃ | 密度/$(\text{kg}\cdot\text{m}^{-3})$ | 相对密度 |
|---|---|---|---|
| 空气 | 0 | 1.293 | 0.001 29 |
| 氧 | 0 | 1.429 | 0.001 43 |
| 氮 | 0 | 1.251 | 0.001 25 |
| 一氧化碳 | 0 | 1.250 | 0.001 25 |
| 二氧化碳 | 0 | 1.976 | 0.001 98 |
| 水蒸气 | 0 | 0.804 | 0.000 80 |
| 蒸馏水 | 4 | 1 000 | 1 |
| 海水 | 15 | 1 020~1 030 | 1.02~1.03 |
| 普通汽油 | 15 | 700~750 | 0.70~0.75 |
| 石油 | 15 | 880~890 | 0.88~0.89 |
| 酒精 | 15 | 790~800 | 0.79~0.80 |
| 水银 | 0 | 13 600 | 13.6 |
| 甲醇 | 4 | 810 | 0.81 |
| 煤油 | 15 | 750 | 0.75 |
| 矿物系液压油 | 15 | 850~900 | 0.85~0.90 |

### 2. 流体的压缩性和膨胀性

因为流体的密度是温度和压强的函数，所以流体所占据的体积将随压强、温度的变化而变化。变化的规律通常是：压强增加，体积缩小；温度升高，体积膨胀。流体的这种属性以压缩率和体胀系数来表示。

(1) 体胀系数

体胀系数的定义为：当压强不变而流体温度变化 1 K 时，其体积的相对变化率，以符号 $\alpha$ 标记，即

$$\alpha=\frac{1}{V}\frac{\Delta V}{\Delta T} \tag{1-4}$$

式中 $\alpha$——流体的体胀系数，1/K；

$\Delta T$——流体温度的变化值，K。

水的体胀系数如表 1-3 所示。

表 1-3 水的体胀系数 $\alpha$

| 压强/($10^5$ Pa) | 温度/K | | | | |
|---|---|---|---|---|---|
| | 274~283 | 283~293 | 313~323 | 333~343 | 363~373 |
| 0.981 | $0.14\times10^{-4}$ | $1.50\times10^{-4}$ | $4.22\times10^{-4}$ | $5.56\times10^{-4}$ | $7.19\times10^{-4}$ |
| 98.1 | $0.43\times10^{-4}$ | $1.65\times10^{-4}$ | $4.22\times10^{-4}$ | $5.48\times10^{-4}$ | $7.04\times10^{-4}$ |
| 196.2 | $0.72\times10^{-4}$ | $1.83\times10^{-4}$ | $4.26\times10^{-4}$ | $5.39\times10^{-4}$ | |

(2) 压缩率和体积模量

流体体积随压强变化的属性通常以压缩率或体积模量来表示，分别以符号 $\kappa$，$K$ 来标记。

压缩率定义为：当流体保持温度不变，所受压强改变时，其体积的相对变化率，即

$$\kappa=-\frac{1}{V}\frac{\Delta V}{\Delta p} \tag{1-5}$$

式中 $\kappa$——压缩率，1/Pa；

$V$——压强为 $p$ 时流体体积，$m^3$；

$\Delta V$——压强增加 $\Delta p$ 时流体体积的变化量，$m^3$。

因当 $\Delta p$ 为正值时，$\Delta V$ 总是负值，反之亦然。在计算中总希望 $\kappa$ 为一正值，故引入一个负号。

式(1-5)表明，对于同样的压强变化，$\kappa$ 值大的流体，体积变化率大，即容易压缩；而 $\kappa$ 值小的流体，不容易压缩。由此可见，$\kappa$ 值标志着流体的可压缩性大小。

压缩率的倒数称为体积模量，用符号 $K$ 来标记，即

$$K=\frac{1}{\kappa}=-\frac{V}{\Delta V}\Delta p$$

式中 $K$——体积模量，Pa。

显然，用 $K$ 来表示流体可压缩性的大小将更为方便。$K$ 值大的流体可压缩性小，$K$ 值小的流体可压缩性大。

流体的体积模量也随压强和温度的变化而变化，表 1-4 给出了在不同状态下水的体积模量。

表 1-4 水的体积模量 $K/(10^9\ \text{Pa})$

| 温度/K | 压强/($0.980\ 665\times10^5$ Pa) | | | | |
|---|---|---|---|---|---|
| | 5 | 10 | 20 | 40 | 80 |
| 273 | 1.85 | 1.86 | 1.88 | 1.91 | 1.94 |
| 278 | 1.89 | 1.91 | 1.93 | 1.97 | 2.03 |
| 283 | 1.91 | 1.93 | 1.97 | 2.01 | 2.08 |
| 288 | 1.93 | 1.96 | 1.90 | 2.05 | 2.13 |
| 293 | 1.94 | 1.98 | 2.02 | 2.08 | 2.17 |

(3) 可压缩流体和不可压缩流体

由表 1-4 可以看出，水的可压缩性是很小的，压强每增加一个大气压，其体积变化不到万分之一。工程中常用的其他工作液体，如液压油、机械油等，其体积模量数值也都很大，例如矿物系液压油 $K=1.4\times10^9\sim2.0\times10^9$ Pa，在一般工程计算中，往往可以忽略其可压缩性的影响，将液体看作**不可压缩流体**。

气体的可压缩性与液体相比则大得多。因此，在研究气体的时候，无论温度还是压强对其体积和密度的影响都必须考虑。对于完全气体，其间的关系可以用状态方程表示，即

$$pv=RT \tag{1-6}$$

或

$$\frac{p}{\rho}=RT$$

式中 $p$——气体的绝对压强，Pa；

$v$——气体的比体积，$m^3/kg$；

$R$——气体状态常数，J/(kg·K)，对于空气，$R=287$ J/(kg·K)；

$T$——热力学温度，K。

因此，气体的比体积与绝对压强成反比，而与热力学温度成正比，除了高压和低温状态外，常用气体（如空气、氮、氧、二氧化碳等）基本上都遵循状态方程。

由上述分析可以看出，尽管任何流体都具有可压缩的基本属性，但就其压缩率的大小来看，相差还是十分悬殊的。

在流体力学的研究和实际的工程计算中，若把液体看作不可压缩流体，则可显著地简

化理论分析和计算工作,并在大多数问题的研究中具有足够的精确度。但在某些特殊场合,如在水击现象的研究中,则只有考虑其可压缩性才能得出合理的结论。故对于液体可压缩性的考虑与否也不能一概而论。

最后应指出,在低速(通常取小于 50 m/s)气流中,当压强变化不大时,通常可以忽略可压缩性的影响,按不可压缩流体来处理,其结果也是足够精确的。例如:在一个标准大气压下,当空气流速为 68 m/s 时,不考虑可压缩性所引起的相对误差只有 1%左右。在以后的研究中将会看到,按不可压缩流体来处理低速气体流动问题,可使研究工作大为简化。

### 3. 流体的黏性

**黏性**是流体所具有的重要属性。凡实际流体(无论气体还是液体)都具有黏性。在流体力学问题的研究中,黏性影响所带来的复杂性使无数研究者付出了艰辛的劳动。因而,对流体的这一属性必须给予足够的重视。

(1) 黏性的概念及黏性内摩擦力产生的原因

如图 1-2 所示的装置,在固定扭丝下端悬挂一个圆筒体,其外面放置一个能绕铅垂轴旋转的圆筒形容器。在内、外圆筒体的小缝隙间充以某种液体,水或油均可。当外筒开始旋转时,可以发现内圆筒随之产生同方向的扭转。当外筒转速达到定值 $\omega$ 时,内圆筒将平衡在一定的扭转角度上,一旦外筒停止转动,内圆筒也将随之恢复到原来的位置。

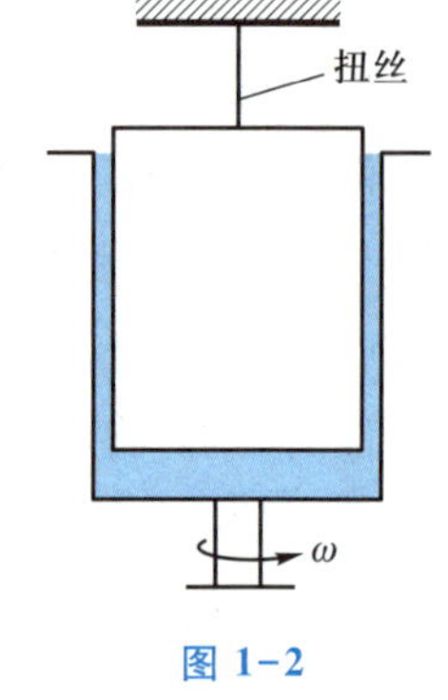

图 1-2

这个实验清楚地说明了在附着于内筒和旋转外筒上的流体之间存在着一种彼此阻碍对方运动的趋势。更多的实验和现象告诉我们,当流体在外力作用下,流体微元间出现相对运动时,随之产生阻抗流体层间相对运动的内摩擦力,流体产生内摩擦力的这种性质称为黏性。

必须注意,只有在流体流动时才会表现出黏性,静止流体不呈现黏性。黏性的作用表现为阻碍流体内部的相对滑动,从而阻碍流体的流动。这种阻碍作用只能延缓相对滑动的过程,而不能消除这种现象。这是黏性的重要特征。

**黏性内摩擦力**或**黏性力**产生的原因,必须从分子的微观运动来加以说明。概括地说,这种阻力是由分子间的相互吸引力和分子不规则运动的动量交换产生的阻力组合而成。

(a) 分子间吸引力产生的阻力:当相邻的两液层要产生相对运动时,必然要破坏原来分子间的平衡状态,引起相邻分子间距的加大。这种间距的加大使分子间的吸引力明显地表现出来,即快速运动的分子层拖动慢速的分子层使其加快运动,而慢速运动的分子层反过来阻滞快速层的运动,这种相互作用的结果,宏观表现为内摩擦力,或称为黏性力。

(b) 分子不规则运动的动量交换产生的阻力:当流体定向或不定向流动时,由于分子总在不规则运动,总会有分子作层与层间的跳跃迁移。这种迁移的结果不可避免地将导致动量交换。设某流体两相邻层的速度差为 $\mathrm{d}v$,分子的质量为 $m$,当快速层分子跃入慢速层时,将动量增量 $m\mathrm{d}v$ 带入慢速层,由于分子运动,必将撞击慢速层分子,结果将本身的动量增量交换给慢速层,使慢速层的分子加速。同理,当慢速层分子跃入快速层时,动量交换的结果将使快速层分子减速。这样,由于分子不规则运动所形成的动量交换也会形成彼此牵制的作用力,宏观表现就是黏性力。

由上述分析进一步得出,对于液体,由于分子间距小,在低速流动时,不规则运动弱,因此黏性力的产生显然将主要取决于分子间的吸引力。但在逐渐转为高速流动时,流体不规则运动逐渐增强,黏性力将逐渐变为由不规则运动的动量交换引起。而对于气体,由于分子间距大,吸引力很小,不规则运动强烈,所以其黏性力产生的原因主要取决于分子不规则运动的动量交换。

(2)牛顿内摩擦定律和黏性的表示方法

流体的黏性,即流动的流体内部所产生的内摩擦力。它如何用定量的数学关系予以表达?这种力的大小取决于哪些条件?这是必须首先解决的问题。

1686 年,牛顿通过实验提出"牛顿内摩擦定律",现在以简图 1-3 说明牛顿实验的内容及其结果。

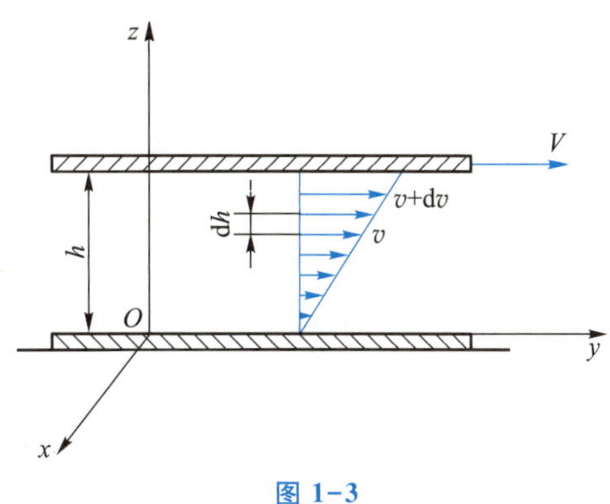


图 1-3

图 1-3 为两块水平放置的平行平板,间距为 $h$,两平板间充满某种液体。使上板以速度 $V$ 向右运动,下板保持不动。由于液体与板之间存在着附着力,故紧邻于上板的流体必以速度 $V$ 随上板一同向右运动;而紧邻于下板的流体依然附着于下板静止不动。两板间的流体作平行于平板的流动,可以看成是许许多多无限薄层的流体作平行运动,实际测得流体的速度为线性分布,如图 1-3 所示。流体的剪力(内摩擦力)就产生在设想的这种有相对运动的薄层之间。

由实验可知,在二维平行直线运动中流层间的剪力(内摩擦力)的大小与流体黏性有关,并与速度梯度$\frac{\mathrm{d}v}{\mathrm{d}h}$和接触面面积 $A$ 成正比,与接触面上的压力无关,即

$$F_{\mathrm{f}}=\mu A\frac{\mathrm{d}v}{\mathrm{d}h} \tag{1-7}$$

单位面积上的剪力,即切应力为

$$\tau=\mu\frac{\mathrm{d}v}{\mathrm{d}h} \tag{1-8}$$

式中 $F_{\mathrm{f}}$——内摩擦力,N;

$A$——接触面面积,$\mathrm{m}^2$;

$\frac{\mathrm{d}v}{\mathrm{d}h}$——速度梯度;

$\mu$——与流体性质有关的系数，称为**动力黏度**（或黏度系数），Pa·s。

考虑到速度梯度的方向，式(1-8)通常写为 $\tau=\pm\mu\frac{\mathrm{d}v}{\mathrm{d}h}$。

式(1-7)和式(1-8)所表示的关系称为**牛顿内摩擦定律**。其物理意义为：流体内摩擦力的大小与流体的速度梯度和接触面积大小成正比，并且与流体的性质即黏性有关。

由式(1-7)可以看出，当 $\mathrm{d}v/\mathrm{d}h=0$ 时，显然 $F_{\mathrm{f}}=0$，即当流体薄层之间或流体微团之间没有速度差时，以及处于静止状态的流体之中时，不存在内摩擦力。

由牛顿内摩擦定律可以看出，流体与固体在摩擦规律上是截然不同的。流体中的摩擦力取决于流体间的相对运动，即其大小与速度梯度成正比；固体间的摩擦力与速度无关，与两固体之间所承受的正压力成正比。

流体的黏性通常以**黏度**来度量，黏度常用以下三种方法表示。

(a) 动力黏度 $\mu$

**动力黏度**也称为绝对黏度，简称黏度，以符号 $\mu$ 表示，它直接来自牛顿内摩擦定律。由式(1-8)得

$$\mu=\frac{\tau}{\mathrm{d}v/\mathrm{d}h}$$

显然，$\mu$ 表示单位速度梯度时内摩擦切应力的大小。

在国际单位制(SI)中，$\mu$ 的单位为 Pa·s。在物理单位制(CGS)中，$\mu$ 的单位为 dyn·s/cm$^2$，称为泊，记为 P。计算中常用泊的百分之一来度量，称为厘泊，记为 cP。其换算关系为

$$1\ \mathrm{P}=100\ \mathrm{cP}=10^{-1}\ \mathrm{Pa\cdot s}$$

$\mu$ 之所以称为动力黏度，是因为在其量纲中存在动力学因素。

(b) 运动黏度 $\nu$

在理论分析和工程计算中，常用动力黏度 $\mu$ 和流体密度 $\rho$ 的比值来度量流体的黏度，称为**运动黏度**，以符号 $\nu$ 标记，即

$$\nu=\frac{\mu}{\rho} \tag{1-9}$$

在 SI 中 $\nu$ 的单位为 m$^2$/s；在 CGS 中为 cm$^2$/s，称为斯托克斯，简称斯，记为 St。常用斯的百分之一作为计量单位，称为厘斯，记为 cSt。

运动黏度没有明确的物理意义，不能像 $\mu$ 那样直接表示黏性切应力的大小。它的引入只是因为在理论分析和工程计算中常常出现 $\mu$ 与 $\rho$ 的比值，引入 $\nu$ 以后可使其分析、计算简便而已。之所以称为运动黏度，是因为在其量纲中仅有运动学因素。

在工程实际中，运动黏度也可以给出比较形象的黏度概念。我国现行的机械油牌号数所表示的即是以厘斯为单位的黏度值。确切点说，是指机械油在 50 ℃时运动黏度的平

均值。例如,20 号机械油表示该种油在 50 ℃时其运动黏度大致为 20 cSt。又因为蒸馏水在 20.2 ℃时,其运动黏度恰好为 1 cSt,所以油的牌号数是代表其运动黏度与水运动黏度的比值,例如 20 号机械油,运动黏度约为水运动黏度的 20 倍。

(c) 相对黏度

相对黏度又称为条件黏度。

尽管在流体力学研究中广泛使用动力黏度和运动黏度,可它们是难以直接测量的。由于流体的黏度是必须掌握的重要属性,因此,经过多年的实践,人们找出了多种直接测量的途径。其中之一是用对比法测量流体的黏度,通常称为相对黏度。目前,由于测量条件不同,各国所用的相对黏度单位也不同,美国采用赛氏黏度,代号为 *SSU*;英国采用雷氏黏度,代号为 *R*;我国和俄罗斯、德国等采用恩氏黏度,代号为°*E*,它们的换算关系可在有关手册中查得。这里,只介绍恩氏黏度的测量和换算方法。

恩氏黏度用恩氏黏度计测量。这种黏度计只适用于液体。恩氏黏度值是指被测液体与水黏度的比较值。其测定方法为,将 200 $cm^3$ 的被测液体装入恩氏黏度计的容器中,测定在温度 $T$ 时通过容器底部小孔(直径为 2.8 mm)流出的时间 $t_1$(s);将 200 $cm^3$ 的蒸馏水,加入容器中,在 20 ℃时测出其流尽所需的时间 $t_2$(s)。时间 $t_1$ 和 $t_2$ 的比值就是该液体在温度 $T$ 时的恩氏黏度值,即

$$°E=\frac{t_1}{t_2} \tag{1-10}$$

$t_2$ 的平均值一般为 51 s。

在实际应用中,须将恩氏黏度换算为运动黏度,其换算关系为经验公式:

$$\nu=0.073\,1°E-\frac{0.063\,1}{°E} \tag{1-11}$$

为运算方便,°$E$ 与 $\nu$ 的换算关系已制成表格和图线,在有关手册中可直接查得。

(3) 压强对流体黏性的影响

由于压强变化对分子动量交换影响甚微,所以气体的黏度随压强变化很小。而压强的加大将使分子间距减小,故压强对液体黏性的影响较大。但在低压下(通常指低于 100 个大气压)压强变化对液体黏度的影响很小,通常予以忽略。例如:在 20 ℃时,当压强由 1 个大气压增至 100 个大气压时,变压器油的动力黏度大约增加 7.6%;而当压强增至 3 400个大气压时,其动力黏度将增大 6 500 倍。水的动力黏度在 $10^5$ 个大气压下较在 1 个大气压下增大到 2 倍。

人们把液体黏度随压强的变化规律总结为下面的经验公式:

$$\mu_p=\mu_0\exp(ap) \tag{1-12}$$

式中 $\mu_p$——压强为 $p$ 时的黏度;

$\mu_0$——压强为 1 个大气压时的黏度;

$a$——黏压系数,取决于液体的物理性质和温度,通常可近似取为$(2\sim3)\times10^{-8}$ 1/Pa。

(4) 温度对流体黏性的影响

当温度升高时,流体的分子间距增大,由前面的分析可知,液体的黏度将显著减小。对气体而言,当温度升高时,分子的不规则运动加剧,使动量交换更加频繁,因此,气体的黏度将随之增大。可见,当温度变化时,气体和液体的黏度变化规律是不同的。表1-5给出了水的黏度随温度的变化值,表1-6为空气的黏度随温度的变化值,图1-4是机械油的黏度随温度变化的关系图。

**表1-5 水的黏度随温度的变化值**

| $t$/℃ | $\mu$/($10^{-3}$Pa·s) | $\nu$/($10^{-6}m^2\cdot s^{-1}$) | $t$/℃ | $\mu$/($10^{-3}$Pa·s) | $\nu$/($10^{-6}m^2\cdot s^{-1}$) |
|---|---|---|---|---|---|
| 0 | 1.792 | 1.792 | 40 | 0.656 | 0.661 |
| 5 | 1.519 | 1.519 | 50 | 0.549 | 0.556 |
| 10 | 1.308 | 1.308 | 60 | 0.469 | 0.477 |
| 15 | 1.140 | 1.140 | 70 | 0.406 | 0.415 |
| 20 | 1.005 | 1.007 | 80 | 0.357 | 0.367 |
| 25 | 0.894 | 0.897 | 90 | 0.317 | 0.328 |
| 30 | 0.801 | 0.804 | 100 | 0.284 | 0.296 |

**表1-6 空气的黏度随温度的变化值**

| $t$/℃ | $\mu$/($10^{-3}$Pa·s) | $\nu$/($10^{-6}m^2\cdot s^{-1}$) | $t$/℃ | $\mu$/($10^{-3}$Pa·s) | $\nu$/($10^{-6}m^2\cdot s^{-1}$) |
|---|---|---|---|---|---|
| 0 | 0.017 2 | 13.7 | 90 | 0.021 6 | 22.9 |
| 10 | 0.017 8 | 14.7 | 100 | 0.021 8 | 23.6 |
| 20 | 0.018 3 | 15.7 | 120 | 0.022 8 | 26.2 |
| 30 | 0.018 7 | 16.6 | 140 | 0.023 6 | 28.5 |
| 40 | 0.019 2 | 17.6 | 160 | 0.024 2 | 30.6 |
| 50 | 0.019 6 | 18.6 | 180 | 0.025 1 | 33.2 |
| 60 | 0.020 1 | 19.6 | 200 | 0.025 9 | 35.8 |
| 70 | 0.020 4 | 20.5 | 250 | 0.028 0 | 42.8 |
| 80 | 0.021 0 | 21.7 | 300 | 0.029 8 | 49.9 |

人们通过大量实验得出了许多表达流体黏度随温度变化的经验公式。例如在20~80℃范围内,机械油黏度随温度变化关系式为

$$\mu_t=\mu_0\exp[-\lambda(t-t_0)] \tag{1-13}$$

式中 $\mu_t$——温度为$t$时的动力黏度;

$\mu_0$——温度为$t_0$时的动力黏度;

$\lambda$——黏温系数,对矿物油系机械油可取

$$\lambda=(1.8\sim3.6)\times10^{-2}\ 1/℃$$

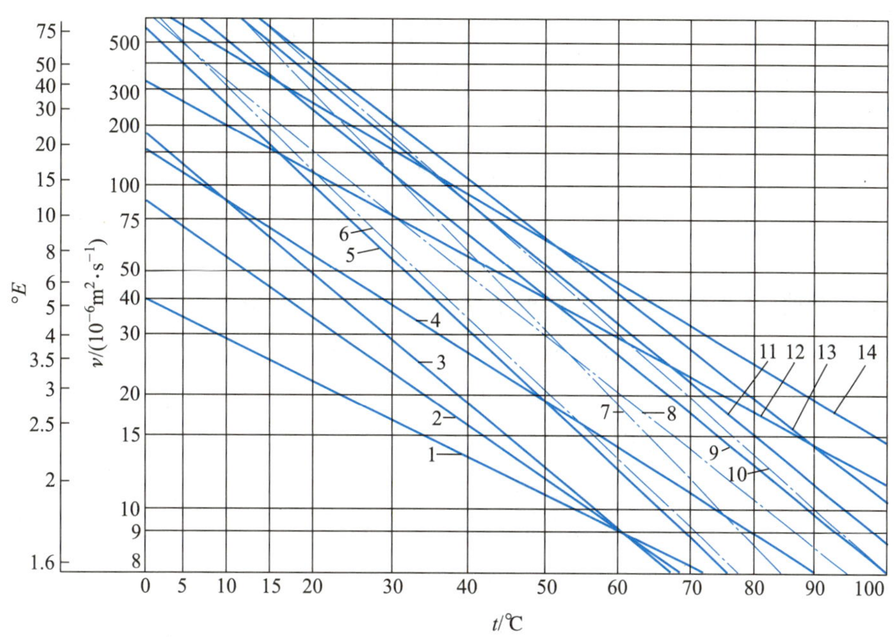


1—10 号航空液压油；2—10 号机械油；3—10 号低凝液压油；4—20 号低凝液压油；5—20 号机械油；6—22 号汽轮机油；7—30 号汽轮机油；8—30 号机械油；9—40 号机械油；10—46 号汽轮机油；11—50 号机械油；12—40 号低凝液压油；13—70 号机械油；14—70 号低凝液压油。

图 1-4

水的动力黏度与温度关系的经验公式为

$$\mu=\frac{\mu_0}{1+0.033\ 7t+0.000\ 221t^2} \tag{1-14}$$

式中 $\mu_0$——水在 0 ℃时的动力黏度；$t$ 的单位为℃。

低压（小于 10 个大气压）时，气体黏度与温度关系的经验公式为

$$\mu=\mu_0\frac{273+C}{T+C}\left(\frac{T}{273}\right)^{2/3} \tag{1-15}$$

式中 $\mu_0$——气体在 0 ℃时的动力黏度；

$T$——气体的温度，K；

$C$——按气体种类确定的常数，对于空气，常取 $C=11$。

常见流体的黏度可以在相应的设计手册中查得。

（5）理想流体

由前面的分析可以看出，一切实际流体都有黏性，而黏性本身是一个十分复杂的问题，影响因素是多方面的。在一定程度上，它给实际流体运动规律的研究带来几乎是不可克服的困难。在实际工程和某些理论研究中，有些时候可以不考虑黏性的影响，即内摩擦作用在这些场合的影响并不明显，或小到微不足道的程度。所以在流体力学的研究中，人们提出了一种假想的没有黏性的流体，称为**理想流体**。当然，理想流体实际上是不存在

的，只是一种假想的物理模型。然而，这种理想化模型的引入，使得流体力学问题的研究大为简化。在某种程度上也可以说，理想流体的引入是流体力学发展的关键性步骤。

在实际流体流动规律的研究中，人们首先按理想流体来进行理论分析和数学推导，得出基本规律，而黏性对流动规律的影响将主要通过实验加以修正。

（6）牛顿流体和非牛顿流体

在流体力学的研究中，凡切应力与速度梯度呈线性关系，即服从牛顿内摩擦定律的流体，称为**牛顿流体**。在图 1-5 所示的坐标系下，可以用通过原点的直线（坐标轴除外）表示的流体是牛顿流体（曲线 $A$）。自然界中的水、空气、其他各种气体和各种成品油都属于牛顿流体。凡切应力与速度梯度间不存在线性关系，即不服从牛顿内摩擦定律的流体，称为**非牛顿流体**。非牛顿流体的种类很多，通常有**塑性流体**（曲线 $B$），**拟塑性流体**（曲线 $C$）和**胀流型流体**（曲线 $D$）等多种。塑性流体有牙膏等，这种流体只有在克服某个不发生剪切变形的初始应力 $\tau_0$ 之后，其切应力才与速度梯度成正比；高分子溶液、纸浆、泥浆等流体属于拟塑性流体，这种流体在速度梯度达到相当值后，其切应力随$\frac{du}{dh}$的增长率逐渐降低；油漆、乳化液等属于胀流型流体，在速度梯度达到相当值后，这种流体的切应力随$\frac{du}{dh}$的增长率逐渐增加。

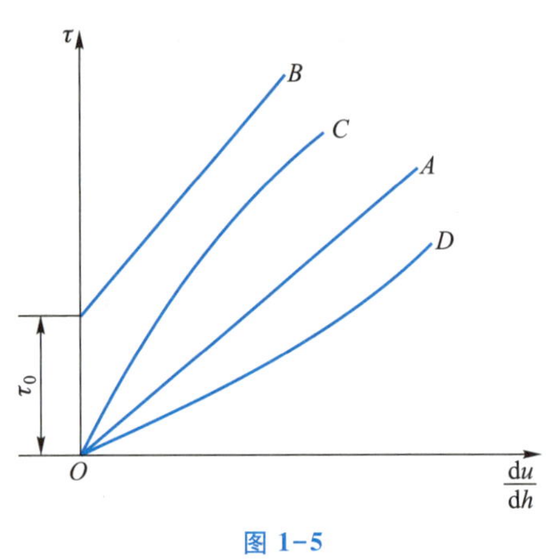

图 1-5

非牛顿流体多数在化工、食品等工业中出现，而本书所研究的仅限于牛顿流体。

## §1-6 表面张力和毛细现象

在日常生活中常常看到水滴悬挂在墙壁上或水龙头出口处，水银在平滑表面上成球形滚动等现象，表明液体自由表面有明显的欲成球形的收缩趋势，引起这种收缩趋势的力称为**表面张力**。

表面张力是由分子的内聚力引起的，其作用结果使液体表面看起来好像是一张均匀受力的弹性膜。不难想象，处于自由表面附近的液体分子所受到周围液体和气体分子的作用力是不相平衡的，气体分子对它的作用力远小于相应距离另一侧液体分子的作用力。因此，这部分分子所受到的合力是将它们拉向液体内部。受这种作用力最大的当然是处于液体自由表面上的分子，随着同自由表面距离的增加，所受到的作用力将逐渐减少。直到一定距离以后，液体周围所施加的力彼此抵消。

若假想在液体自由表面上任取一条线将其分开，则表面张力的作用将使两边彼此吸引，作用方向将与该线相垂直。可见，表面张力实际是一种拉力。将单位长度上所受到的这种拉力定义为表面张力系数，以 $\sigma$ 标记，它的单位是 N/m。

可以想象出，表面张力的数值是很小的，在一般计算中可以不予考虑。只有当流体自由表面的边界尺寸非常小，如很细的玻璃管、很狭的缝隙等时，表面张力的影响才明显，必须计及。

表面张力随温度变化而变化。当温度升高时，表面张力减小。表面张力也因液体自由表面所接触的气体不同而有差异。表 1-7 中给出了在一个标准大气压下，水和空气接触的表面张力系数 $\sigma$ 随温度的变化值。表 1-8 给出了几种常见液体的表面张力系数。

表 1-7 水的表面张力系数 $\sigma$

| 温度/℃ | 0 | 10 | 20 | 30 | 40 | 60 | 80 | 100 |
|---|---|---|---|---|---|---|---|---|
| $\sigma/(10^{-3}\ N\cdot m^{-1})$ | 75.6 | 74.2 | 72.8 | 71.2 | 69.6 | 66.2 | 62.6 | 58.9 |

表 1-8 几种常见液体的表面张力系数 $\sigma$(20 ℃，与空气接触)

| 液体名称 | 酒精 | 苯 | 煤油 | 润滑油 | 原油 | 水 | 水银 |
|---|---|---|---|---|---|---|---|
| $\sigma/(10^{-3}\ N\cdot m^{-1})$ | 22.3 | 28.9 | 27 | 36 | 30 | 72.8 | 465 |

表面张力所引起的附加法向压强可由拉普拉斯公式求得

$$\Delta p=\sigma\left(\frac{1}{r_1}+\frac{1}{r_2}\right) \tag{1-16}$$

式中 $\sigma$——表面张力系数；

$r_1,r_2$——液体曲面在互相垂直的两平面上的曲率半径。

对于球形液滴，$r_1=r_2=r$，附加压强，即液滴内外的压差为

$$\Delta p=2\sigma/r \tag{1-17}$$

当把直径很小、两端开口的细管插入液体中时，表面张力的作用将使管内液体出现升高或下降的现象，称为“**毛细现象**”。这种足以形成毛细现象的细管称为“**毛细管**”。

毛细现象可以由液体分子和管壁分子之间的吸引力(通常称为**附着力**)来说明。当液、固间的附着力大于流体的内聚力时，液体将沿壁面向外伸展，使液面向上弯曲成为凹面(这种现象通常称为“浸润”)。而表面张力的作用将使液面尽量缩小，力图使中间液面上凸成为平面。二者作用的结果使液体上升，直到上升液柱的重力和表面张力的垂直分量平衡为止，当玻璃管插入水中时所出现的这种情况如图 1-6a 所示。当玻璃管插入水银中时，由于水银的内聚力远大于其与玻璃的附着力(这种情况称为“不浸润”)，其结果与上述相反，水银表面向下弯曲形成凸形，水银柱下降，如图 1-6b 所示。

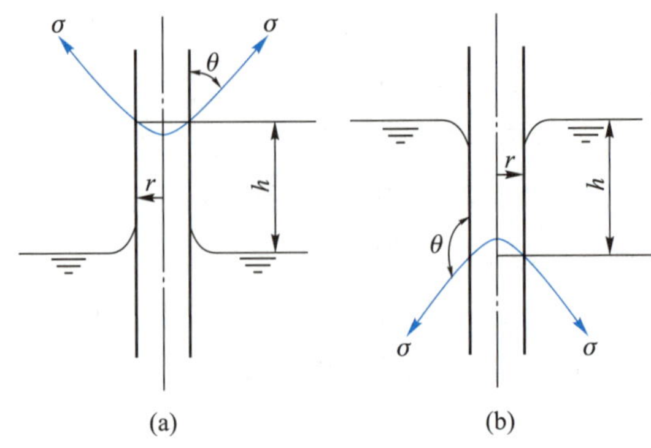


图 1-6

毛细现象中液柱的上升或下降高度可由图 1-6 求得。设液面与管壁的接触交角为 $\theta$,管半径为 $r$,液体密度为 $\rho$,表面张力系数为 $\sigma$,由液柱重力与表面张力垂直分量相平衡,即

$$2\pi r\sigma\cos\theta=\pi r^2 h\rho g$$

可得

$$h=\frac{2\sigma\cos\theta}{\rho g r} \tag{1-18}$$

式中的 $\theta$ 角取决于液、气的种类,管壁材料等因素。通常,对于水和洁净的玻璃 $\theta=0°$,水银和洁净的玻璃 $\theta=140°$。

对于工程中常用的测压管,毛细现象往往造成较大的误差。一般情况下,当测压管径大于 10 mm,误差可以忽略不计。

## 例 题

**例 1-1** 圆柱容器中的某种可压缩流体,当压强为 1 MPa 时体积为1 000 cm$^3$,若将压强升高到 2 MPa 时体积为 995 cm$^3$,试求它的压缩率 $\kappa$。

**解:** 由压缩率定义

$$\kappa=-\frac{1}{V_1}\cdot\frac{\Delta V}{\Delta p}$$

本题中

当 $p_1=1\times10^6$ Pa 时,$V_1=1\ 000$ cm$^3$;

当 $p_2=2\times10^6$ Pa 时,$V_2=995$ cm$^3$。

所以

$$\Delta p=p_2-p_1=1\times10^6\ \text{Pa}$$

$$\Delta V=V_2-V_1=-5\times10^{-6}\ \text{m}^3$$

其压缩率为

$$\kappa=5\times10^{-9}\ 1/\text{Pa}$$

**例 1-2** 一块可动平板与另一块不动平板之间为某种液体，两块板相互平行（如图），它们之间的距离 $h=0.5\ \mathrm{mm}$。若可动平板以 $V=0.25\ \mathrm{m/s}$ 的水平速度向右移动，为了维持这个速度需要单位面积上的作用力为 2 Pa，求这两平板间液体的黏度。

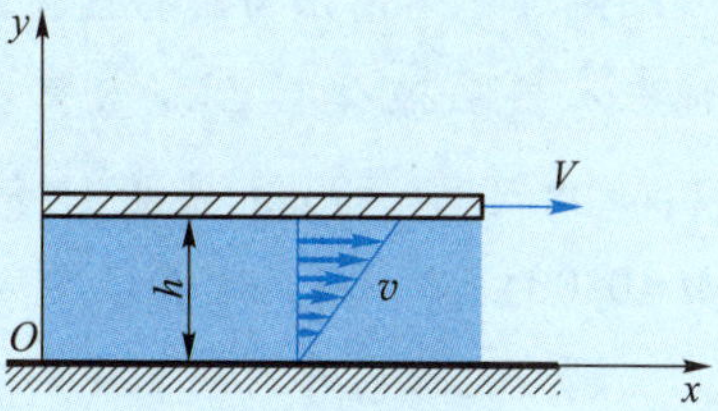

例 1-2 图

**解：** 由牛顿内摩擦定律

$$\tau=\mu\frac{\mathrm{d}v}{\mathrm{d}h}$$

认为两板间液体速度呈线性分布，故

$$\frac{\mathrm{d}v}{\mathrm{d}h}=\frac{V}{h}$$

所以

$$\mu=\tau\bigg/\frac{V}{h}=4\times10^{-3}\ \mathrm{Pa\cdot s}$$

**例 1-3** 用恩氏黏度计测量某种石油的黏度。50 ℃时 200 $\mathrm{cm}^3$ 石油滴出时间为 163.4 s。求该石油的恩氏黏度和运动黏度。

**解：** 由于 20 ℃时纯水自恩氏黏度计滴落时间为 $t_2=52\ \mathrm{s}$，得 50 ℃时该石油的恩氏黏度为

$$^{\circ}E=\frac{t_1}{t_2}\approx3.15$$

其运动黏度为

$$\nu=0.0731\,^{\circ}E-\frac{0.0631}{^{\circ}E}\approx0.2102\ \mathrm{St}$$

**例 1-4** 图示油缸尺寸为 $d=12\ \mathrm{cm}$，$l=14\ \mathrm{cm}$，间隙 $\delta=0.02\ \mathrm{cm}$，所充油的 $\mu=0.65\times10^{-1}\ \mathrm{Pa\cdot s}$。试求当活塞以速度 $V=0.5\ \mathrm{m/s}$ 运动时所需拉力 $F$。

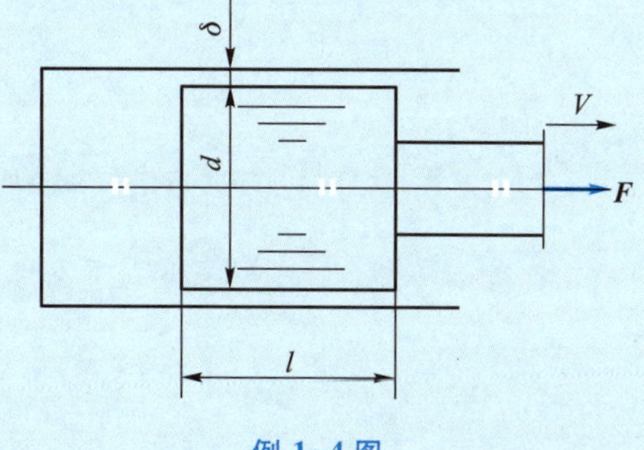

例 1-4 图

**解：** 由牛顿内摩擦定律知

$$F=\mu AV/\delta$$

式中 $A=\pi dl$

由此得 $F=\pi\mu dlV/\delta\approx8.57\ \mathrm{N}$

**例 1-5** 图示为旋转圆筒黏度计，外筒固定，内筒由同步电机带动旋转，内外筒间充入实验液体。已知内筒半径 $r_1 = 1.93\ \text{cm}$，外筒半径 $r_2 = 2\ \text{cm}$，内筒高 $h = 7\ \text{cm}$，实验测得内筒转速 $n = 10\ \text{r/min}$，转轴上扭矩 $M = 0.004\,5\ \text{N}\cdot\text{m}$。试求该实验液体的黏度。

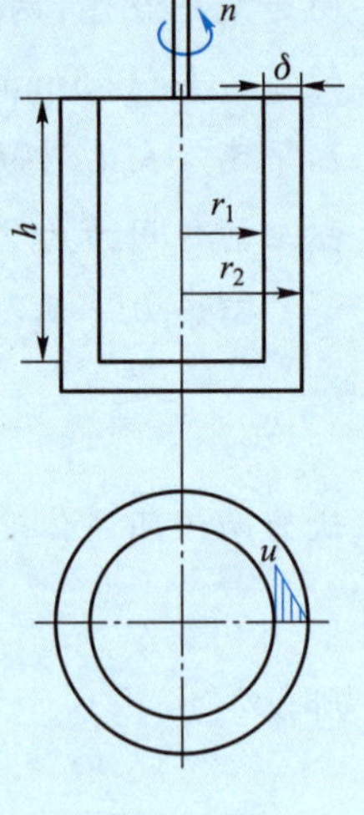

例 1-5 图

**解：** 充入内外筒间隙中的实验液体，在内筒带动下作圆周运动。因间隙很小，速度近似直线分布，不计内筒端面的影响，内筒切应力为

$$\tau = \mu \frac{\mathrm{d}u}{\mathrm{d}y} = \mu \frac{\omega r_1}{\delta}$$

其中内筒旋转角速度 $\omega = \dfrac{2\pi n}{60}$

扭矩 $M = \tau \cdot 2\pi r_1 \cdot h \cdot r_1 = \dfrac{2\pi\mu\omega r_1^3 h}{\delta}$

$$\mu = \frac{M\delta}{2\pi\omega r_1^3 h} = 0.952\ \text{Pa}\cdot\text{s}$$

第 1 章

电子作业本

# 第 2 章 流体静力学

流体静力学研究静止流体平衡的力学规律及其在工程技术上的应用。

应该说,宇宙中并没有完全静止的物体。这里所说的静止流体,是指流体宏观质点之间没有相对运动。因此,流体处于静止状态可包括两种情况:一种情况是流体整体对于地球没有相对运动;另一种情况是流体整体对地球有相对运动,而流体质点间及流体与容器壁之间没有相对运动。一般地,前者称为绝对静止;后者称为相对静止。

因在静止流体内不呈现黏性,所以静力学所讨论的力学规律对理想流体及实际流体均适用。

## §2-1 流体静压强及其特性

当流体处于绝对静止或相对静止状态时,流体中的压强称为流体静压强。

图 2-1 所示为一块处于平衡状态的流体,若用 $BC$ 平面把它分成Ⅰ和Ⅱ两部分,将Ⅰ取走,为保持Ⅱ的平衡,必须有作用力 $F$ 来代替Ⅰ对Ⅱ部分的作用。设被 $BC$ 所截的流体截面面积为 $A$,则流体所受到的平均静压强为

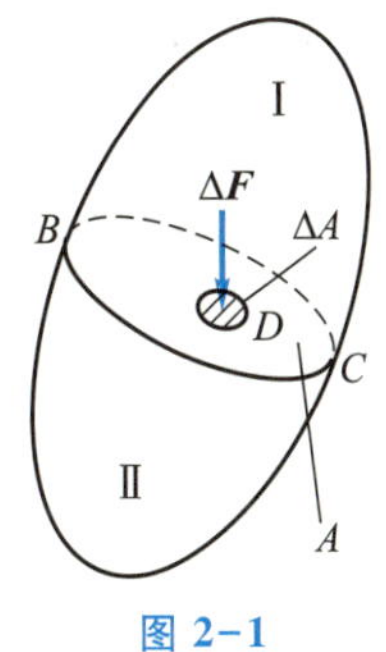

图 2-1

$$p=\frac{F}{A}$$

若面积 $A$ 上各点压力不等,则面积 $A$ 上任意点 $D$ 处的静压强为

$$p_D=\lim_{\Delta A\to 0}\frac{\Delta F}{\Delta A}$$

它的单位为 $N/m^2$ 或 Pa,二者的换算关系为

$$1\ Pa=1\ N/m^2$$

流体静压强有两个重要特性:

(1) 流体静压强的方向沿作用面的内法线方向。

这一特性可直接由流体的性质来说明。由第一章已知,牛顿流体在任何微小剪力的作用下,都将产生连续的变形,所以流体在保持静止状态下就不可能有剪力存在。此外,又根据流体的内聚力很小,几乎不能承受拉力这一特点,可以得出结论:流体静压强的方

向沿作用面的内法线方向。

(2) 流体静压强的数值与作用面在空间的方位无关,即任一点的压强不论来自何方均相等。

为证明这一特性,在静止流体中取出直角边长分别为 $dx$, $dy$, $dz$ 的微小四面体 $OABC$(图2-2)。若作用在 $\triangle BOC$, $\triangle OAC$, $\triangle AOB$ 及 $\triangle ABC$ 四个平面上的流体静压强分别以 $p_x$, $p_y$, $p_z$ 和 $p_n$ 表示,由于所取的是微小四面体,所以可认为各作用面上的静压强 $p_x$, $p_y$, $p_z$ 和 $p_n$ 为对应面上的压强平均值,则作用在各面上的流体总压力应等于各对应面上的压强与其作用面面积的乘积,即

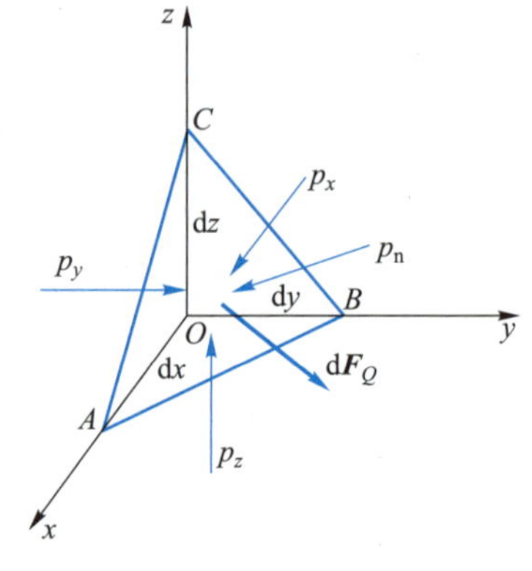


图 2-2

$$F_{Px}=\frac{1}{2}p_x\mathrm{d}y\mathrm{d}z$$

$$F_{Py}=\frac{1}{2}p_y\mathrm{d}z\mathrm{d}x$$

$$F_{Pz}=\frac{1}{2}p_z\mathrm{d}x\mathrm{d}y$$

$$F_{Pn}=p_n\cdot\triangle ABC$$

现在讨论作用在微小四面体上的质量力(体积力)。设单位质量流体的质量力在 $x$, $y$ 和 $z$ 轴上的分量分别为 $f_x$, $f_y$ 和 $f_z$,该微小四面体的体积为 $\frac{1}{6}\mathrm{d}x\mathrm{d}y\mathrm{d}z$,流体密度为 $\rho$,则该四面体的质量 $\mathrm{d}m=\frac{1}{6}\rho\mathrm{d}x\mathrm{d}y\mathrm{d}z$,所以质量力在各坐标轴上的分量为

$$\mathrm{d}F_{Qx}=\frac{1}{6}\rho\mathrm{d}x\mathrm{d}y\mathrm{d}z\,f_x$$

$$\mathrm{d}F_{Qy}=\frac{1}{6}\rho\mathrm{d}x\mathrm{d}y\mathrm{d}z\,f_y$$

$$\mathrm{d}F_{Qz}=\frac{1}{6}\rho\mathrm{d}x\mathrm{d}y\mathrm{d}z\,f_z$$

微小四面体正是在上述各力作用下处于平衡状态,于是可写出微小四面体在 $x$ 轴方向上的**力平衡方程式**为

$$\sum F_x=0$$

即
$$\frac{1}{2}p_x\mathrm{d}y\mathrm{d}z-p_n\triangle ABC\cdot\cos(p_n,x)+\frac{1}{6}\rho\mathrm{d}x\mathrm{d}y\mathrm{d}z f_x=0$$

由于 $\triangle ABC\cdot\cos(p_n,x)=\frac{1}{2}\mathrm{d}y\mathrm{d}z$,即有

$$p_n\triangle ABC\cdot\cos(p_n,x)=\frac{1}{2}p_n\mathrm{d}y\mathrm{d}z$$

于是上式可写成

$$\frac{1}{2}\mathrm{d}y\mathrm{d}z(p_x-p_\mathrm{n})+\frac{1}{6}\rho\mathrm{d}x\mathrm{d}y\mathrm{d}zf_x=0$$

即

$$p_x-p_\mathrm{n}+\frac{1}{3}\rho\ \mathrm{d}xf_x=0$$

因为 d$x$ 是无穷小量,质量力项可以略去,因此得

$$p_x=p_\mathrm{n}$$

同理,由 $\sum F_y=0$, $\sum F_z=0$ 可证得

$$p_y=p_\mathrm{n}$$

$$p_z=p_\mathrm{n}$$

故有

$$p_x=p_y=p_z=p_\mathrm{n} \tag{2-1}$$

由于△$ABC$ 是任取的,所以由式(2-1)可得出结论:从各个方向作用于一点的流体静压强大小相等,即作用在一点上的流体静压强大小与其作用面在空间的方位无关。所以,在流体静力学中,对于一点的压强可以直接写成 $p$ 而不必标明方向,但空间不同点上的静压强则可以是不一样的,即流体静压强应是空间点坐标的函数:

$$p=f(x,y,z)$$

以上特性不仅适用于流体内部,而且也适用于流体与固体接触的表面。无论器壁的形状位置如何,流体的静压强对器壁的作用不仅垂直于作用面,而且其方向总是指向作用面。

## §2-2 流体平衡微分方程式、力函数、等压面

为进一步研究流体平衡规律和压强分布规律,在静止流体中取一边长分别为 d$x$,d$y$,d$z$ 的直角六面体微元(图 2-3)。设该微元体的中心$A(x,y,z)$点处的压强为 $p$,以 $M$,$N$ 分别表示 2-2′-4′-4 面和 1-1′-3′-3 面的形心点。因为压强的分布是空间坐标连续函数 $p=f(x,y,z)$,所以,可按泰勒级数展开并舍去二阶以上微小项,得 $M$,$N$ 点的静压强表达式为

$$p_M=p-\frac{\partial p}{\partial x}\frac{1}{2}\mathrm{d}x$$

$$p_N=p+\frac{\partial p}{\partial x}\frac{1}{2}\mathrm{d}x$$

其中$\frac{\partial p}{\partial x}$为压强 $p$ 在 $x$ 方向上的变化率。因为所取的是微元六面体,所以 $p_M$ 和 $p_N$ 可分别

代表作用在 2-2′-4′-4 面和 1-1′-3′-3 面上的平均压强。这样可以得到这两个面上的表面力为

$$\left(p-\frac{\partial p}{\partial x}\frac{1}{2}\mathrm{d}x\right)\mathrm{d}y\mathrm{d}z \quad 和 \quad \left(p+\frac{\partial p}{\partial x}\frac{1}{2}\mathrm{d}x\right)\mathrm{d}y\mathrm{d}z$$

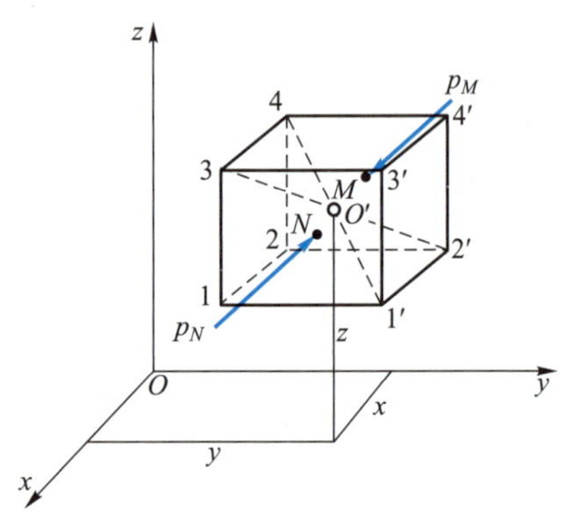


图 2-3

设作用在该六面体上的**单位质量力**在各坐标轴方向上的分量分别为 $f_x$,$f_y$ 和 $f_z$,流体的密度为 $\rho$,微元体的体积 $\mathrm{d}V=\mathrm{d}x\mathrm{d}y\mathrm{d}z$,则六面体沿 $x$ 轴方向的质量力为

$$\mathrm{d}F_{Qx}=\rho\mathrm{d}x\mathrm{d}y\mathrm{d}zf_x$$

因为所研究的流体处于平衡状态,所以作用在该微小六面体流体上的各力在各坐标轴方向上的分力之和等于零。

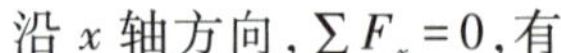

沿 $x$ 轴方向,$\sum F_x=0$,有

$$\left(p-\frac{\partial p}{\partial x}\frac{1}{2}\mathrm{d}x\right)\mathrm{d}y\mathrm{d}z-\left(p+\frac{\partial p}{\partial x}\frac{1}{2}\mathrm{d}x\right)\mathrm{d}y\mathrm{d}z+\rho f_x\mathrm{d}x\mathrm{d}y\mathrm{d}z=0$$

化简得

$$f_x-\frac{1}{\rho}\frac{\partial p}{\partial x}=0$$

同理可得

$$f_y-\frac{1}{\rho}\frac{\partial p}{\partial y}=0 \qquad (2-2)$$

$$f_z-\frac{1}{\rho}\frac{\partial p}{\partial z}=0$$

这就是静止**流体的平衡微分方程式**,它是欧拉于 1755 年首先得出的,所以通常又称为**欧拉平衡微分方程**。以下在讨论静止流体的压强分布规律时,都将以欧拉平衡方程式为基础,所以这一方程式在流体静力学中占有很重要的地位。

式(2-2)的物理意义为:在静止流体中,作用在单位质量流体上的质量力的分量与作用在该流体表面上的表面力的分量相互平衡。

将式(2-2)中各式分别乘以 dx,dy,dz,相加得

$$\rho(f_x\mathrm{d}x+f_y\mathrm{d}y+f_z\mathrm{d}z)=\frac{\partial p}{\partial x}\mathrm{d}x+\frac{\partial p}{\partial y}\mathrm{d}y+\frac{\partial p}{\partial z}\mathrm{d}z \qquad (2-3)$$

因为压强 $p$ 是坐标的函数,即 $p=f(x,y,z)$,所以式(2-3)右边为压强 $p$ 的全微分,即

$$\mathrm{d}p=\frac{\partial p}{\partial x}\mathrm{d}x+\frac{\partial p}{\partial y}\mathrm{d}y+\frac{\partial p}{\partial z}\mathrm{d}z \qquad (2-4)$$

代入式(2-3),得

$$\mathrm{d}p=\rho(f_x\mathrm{d}x+f_y\mathrm{d}y+f_z\mathrm{d}z) \qquad (2-5)$$

对于不可压缩流体，$\rho$=常数。方程式的右边可看成是单位质量力沿某一方向移动微元距离所做的功。若平衡方程组(2-2)中的各式分别对坐标交错求偏导数，得到

$$\frac{\partial f_x}{\partial y}=\frac{\partial f_y}{\partial x}$$

$$\frac{\partial f_y}{\partial z}=\frac{\partial f_z}{\partial y}$$

$$\frac{\partial f_z}{\partial x}=\frac{\partial f_x}{\partial z}$$

这是质量力所做的功与路径无关的充分必要条件，即只与起点和终点的位置有关，这样的质量力场称为势力场，质量力是有势力。若满足上述条件，必存在某一函数 $U(x,y,z)$，该函数对相应坐标的偏导数，等于单位质量力在相应坐标轴上的投影，即

$$\frac{\partial U}{\partial x}=f_x$$

$$\frac{\partial U}{\partial y}=f_y$$

$$\frac{\partial U}{\partial z}=f_z$$

因此，方程式(2-5)的右边是函数 $U(x,y,z)$ 的全微分，即

$$\mathrm{d}p=\rho\left(\frac{\partial U}{\partial x}\mathrm{d}x+\frac{\partial U}{\partial y}\mathrm{d}y+\frac{\partial U}{\partial z}\mathrm{d}z\right)=\rho\mathrm{d}U \tag{2-6}$$

由于函数 $U(x,y,z)$ 与质量力之间存在着上述关系，称函数 $U$ 为力的**势函数**。满足这种关系的力称为**有势力**。

在空间力场中任取一点 $A(x,y,z)$（图 2-4），如果 $A$ 点处的单位质量流体在**有势质量力** $f_x,f_y,f_z$ 的作用下，移动了 $\mathrm{d}l$ 的距离，$\mathrm{d}l$ 在各坐标方向的分量分别为 $\mathrm{d}x,\mathrm{d}y,\mathrm{d}z$，则单位有势质量力所做的功应分别等于 $f_x\mathrm{d}x,f_y\mathrm{d}y,f_z\mathrm{d}z$，它也反映了单位质量流体势能的变化。如在重力场内，重力是有势的质量力，则重力场中力的势函数就表示单位质量流体的位势能。

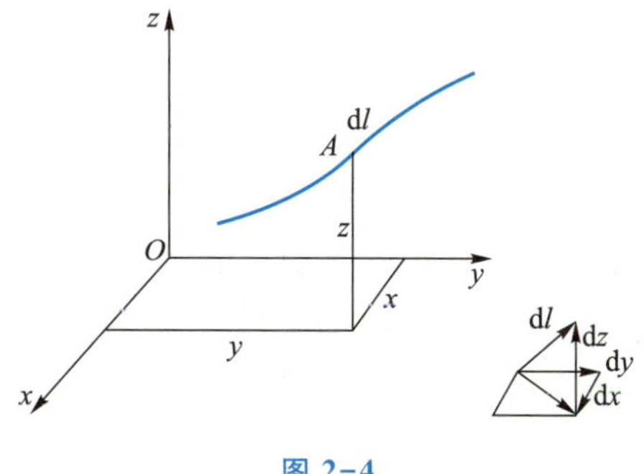


图 2-4

由上述可以得出结论，方程式(2-6)表明，只有在有势质量力的作用下，流体才能保持平衡。

在充满平衡流体的空间，连接压强相等的各点所组成的面称为等压面。等压面具有三个重要的特性。

第一个特性：等压面就是等势面。

因为在等压面上 $p$ 为常数，即 $\mathrm{d}p=0$，根据式(2-5)可得

$$f_x\mathrm{d}x+f_y\mathrm{d}y+f_z\mathrm{d}z=0 \tag{2-7}$$

即

$$\mathrm{d}U=0$$

$$U=C(\text{常数}) \tag{2-8}$$

由此可得出结论：等压面即为等势面。

式(2-7)、式(2-8)称为等压面方程或等势面方程，当取不同的积分常数值时，可得一族等压面。

第二个特性：在平衡的流体中，通过每一质点的等压面必与该点所受的质量力相垂直。这一特性可证明如下：

因为在等压面上有

$$f_x\mathrm{d}x+f_y\mathrm{d}y+f_z\mathrm{d}z=0$$

其中单位质量力的向量为 $\boldsymbol{f}(f_x,f_y,f_z)$，在等压面上取向量 $\mathrm{d}\boldsymbol{l}(\mathrm{d}x,\mathrm{d}y,\mathrm{d}z)$。由矢量代数，两个向量的点积为

$$\boldsymbol{f}\cdot\mathrm{d}\boldsymbol{l}=f_x\mathrm{d}x+f_y\mathrm{d}y+f_z\mathrm{d}z=|\boldsymbol{f}||\mathrm{d}\boldsymbol{l}|\cos(\mathrm{d}\boldsymbol{l},\boldsymbol{f})=0$$

而一般情况下

$$|\boldsymbol{f}|\neq0,\ |\mathrm{d}\boldsymbol{l}|\neq0$$

所以，若上式成立，则必须有

$$\mathrm{d}\boldsymbol{l}\perp\boldsymbol{f}$$

其中 $\mathrm{d}\boldsymbol{l}$ 是在等压面上任选的向量。这一结果也可以解释为质量力沿等压面所做的功为零，所以说质量力必与等压面相垂直。

由等压面这一特性，可根据作用在流体质点上质量力的方向来确定等压面的形状。例如，对于只受重力作用的静止流体，因重力的方向总是铅垂向下的，所以其等压面必是水平面。

第三个特性：两种互不相混的流体，当它们处于平衡状态时，其分界面必为等压面。这一特性简单说明如下：

如果在分界面上任意取两点 $A$ 和 $B$，若两点之间存在着静压差 $\mathrm{d}p$，势差 $\mathrm{d}U$，因为 $A$，$B$ 两点取在分界面上，所以 $\mathrm{d}p$ 和 $\mathrm{d}U$ 同属于两种液体。设其中一种流体的密度为 $\rho_1$，另一种流体的密度为 $\rho_2$，则可分别有关系式：

$$\mathrm{d}p=\rho_1\mathrm{d}U$$

$$\mathrm{d}p=\rho_2\mathrm{d}U$$

因为 $\rho_1 \neq \rho_2$，且都不为零，所以只有当 $\mathrm{d}p$ 和 $\mathrm{d}U$ 均为零时方程式才能成立。由此可见，分界面必为等压面或等势面。

## §2-3 重力作用下流体平衡基本方程式

流体平衡微分方程式(2-5)是平衡流体的普遍规律，它对在任何有势质量力作用下的平衡流体均适用。工程技术上最常见的是质量力只有重力作用下的平衡流体。下面来分析质量力只有重力作用时的静止流体中压强分布规律——流体静压强基本方程式。

### 1. 均质流体

由于一般液体的密度随液体中的压强、温度等力学参数变化很小，所以在工程技术上，通常将液体看作均质流体。

现以容器中处于绝对静止的液体为研究对象，选坐标系如图 2-5 所示。由于液体所受质量力只有重力，所以单位质量流体的质量力在各坐标轴上的分量为

$$f_x=0,\quad f_y=0,\quad f_z=\frac{-mg}{m}=-g$$

式中 $m$ 为流体的质量。将 $f_x, f_y, f_z$ 代入式(2-5)得

$$\mathrm{d}p=-\rho g\mathrm{d}z$$

移项得

$$\rho g\mathrm{d}z+\mathrm{d}p=0$$

对于均质流体，有

$$\mathrm{d}(\rho gz+p)=0$$

积分得

$$\rho gz+p=C \tag{2-9}$$

式中 $C$ 为积分常数，由边界条件确定。若 1,2 是连续均质流体中任意两点，设点 1 的垂直坐标为 $z_1$，静压强为 $p_1$；点 2 的垂直坐标为 $z_2$，静压强为 $p_2$（图 2-5），则式(2-9)可写成

$$\rho gz_1+p_1=\rho gz_2+p_2=C\text{（常数）}$$

或

$$z_1+\frac{p_1}{\rho g}=z_2+\frac{p_2}{\rho g}=C\text{（常数）} \tag{2-10}$$

式(2-9)或式(2-10)就是重力作用下**流体平衡基本方程式**。

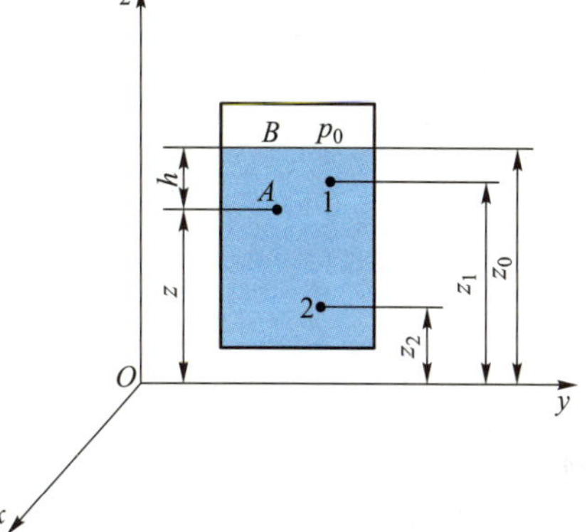

图 2-5

流体平衡基本方程式的适用范围是在重力作用下的连续均质平衡流体。对于分装在互不连通的两个容器内的流体（不满足连续性条件），

以及虽装在同一容器中但密度不同(不满足均质流体条件)的流体,不能应用上式。

将流体平衡基本方程式(2-10)改变一下形式,可得表示流体中任意点压强的静压强分布公式。如图2-5所示,取流体中任意点$A$,其对基准面的高度为$z$,自由表面上的一点$B$的高度为$z_0$,压强为$p_0$。对$A$,$B$两点列出平衡方程式:

$$\rho gz+p=\rho gz_0+p_0$$

整理后可得

$$p=p_0+\rho g(z_0-z)$$

式中$(z_0-z)$为任一点$A$的垂直液体深度,又称淹深,若以$h$表示,可得

$$p=p_0+\rho gh \tag{2-11}$$

式(2-11)表示均质流体在重力作用下压强的分布规律,又称流体静压强基本公式,是流体静力学计算中最常用的公式。对此公式进一步分析可知:

(1) 在重力作用下的均质流体内部的压强随深度$h$按线性关系变化,其斜率大小由密度$\rho$决定。

(2) 重力作用下的流体中任一点的压强由$p_0$和$\rho gh$这两部分组成。$p_0$称为流体自由表面上的静压强,$\rho gh$称为剩余压强或液重压强。

(3) 因为在深度$h$相同的点压强相等,故在重力作用下均质绝对静止流体中,等压面为一族水平面。

### 2. 重力作用下气体的平衡规律

对于气体,若在某些场合下,其密度可视为常数时,则以上所讨论均质流体平衡规律完全适用;而在气体的密度不能看作常数的场合下,在均质流体的前提下所讨论的平衡规律不能适用。以下对变密度气体的平衡规律加以讨论。

若气体处于等温状态,由物理学可知气体的状态方程式:

$$\rho=\frac{p}{RT}$$

式中 $R$——气体常数;

$T$——气体的温度。

将上式和重力作用下单位流体质量力的各分量$f_x=0$,$f_y=0$和$f_z=-g$代入方程式(2-5)中,得

$$\mathrm{d}p=\frac{p}{RT}(-g\mathrm{d}z)$$

$$RT\frac{\mathrm{d}p}{p}=-g\mathrm{d}z$$

或写成

$$RT\frac{\mathrm{d}p}{p}+g\mathrm{d}z=0$$

积分得

$$gz+RT\ln p=C$$

当 $z=z_0$ 时，$p=p_0$，可得出积分常数

$$C=gz_0+RT\ln p_0$$

最后得

$$z-z_0=\frac{RT}{g}\ln\frac{p_0}{p} \tag{2-12}$$

此即等温气体平衡状态下压强的分布规律。

若气体处于绝热状态时，根据气体绝热过程 $pv^\kappa$ 为常数，可知

$$\frac{p}{\rho^\kappa}=\frac{p_0}{\rho_0^\kappa} \quad 或 \quad \frac{p}{v_0^\kappa}=\frac{p_0}{v^\kappa}$$

式中 $v$——气体的比体积；

$\kappa$——等熵指数。

将上式代入式(2-5)得

$$\mathrm{d}p=-\rho_0 g\left(\frac{p}{p_0}\right)^{1/\kappa}\mathrm{d}z$$

或

$$\mathrm{d}z=-\frac{1}{\rho_0 g}\left(\frac{p_0}{p}\right)^{1/\kappa}\mathrm{d}p$$

积分上式，并取 $z=z_0$ 处 $p=p_0$，整理后得

$$z-z_0=\frac{\kappa}{\kappa-1}\frac{p_0}{\rho_0 g}\left[1-\left(\frac{p}{p_0}\right)^{\frac{\kappa-1}{\kappa}}\right] \tag{2-13}$$

此式即为气体在重力作用下绝热平衡时的压强分布规律。

如果将压强与密度的关系式代入式(2-13)，可得

$$z-z_0=\frac{\kappa}{\kappa-1}\frac{p_0}{\rho_0 g}\left[1-\left(\frac{\rho}{\rho_0}\right)^{\kappa-1}\right] \tag{2-14}$$

上式表示气体在重力作用下，绝热平衡时密度的变化规律。若气体处于任意多变过程时，式(2-13)将变为

$$z-z_0=\frac{n}{n-1}\frac{p_0}{\rho_0 g}\left[1-\left(\frac{p}{p_0}\right)^{\frac{n-1}{n}}\right] \tag{2-15}$$

式中 $n$——气体的多变常数。

因为气体的密度 $\rho$ 较小，所以在讨论容器和管道中的气体时，一般都忽略气体密度随高度的变化。

## §2-4 流体中压强的表示方法、平衡基本方程式的物理意义

当度量压强的大小时，在国际单位制中用 $N/m^2$（即 Pa）作为压强单位。此外，过去还常用工程大气压来度量压强的大小。在重力场中表示很小的压强或要精密测定压强的场合下，压强的单位又往往用液柱的高度来表示。

由式（2-11）可知，$h=(p-p_0)/(\rho g)$。在一般情况下，$p_0$ 和 $\rho$ 为已知的常数，所以压强就可用液柱高 $h$ 来表示。如果所用的液体是水银、水或其他液体，压强便可分别表示为 mm 水银柱，mm 或 m 水柱，mm 或 m 某种液柱等。上述各单位之间的变换关系如表 2-1 所示。

根据不同场合，压强的表示形式又有绝对压强、计示压强和真空度之分。

表 2-1 压强单位的换算

| 单位 | 帕 Pa | 巴 bar | 千克力每平方厘米 $kgf/cm^2$ |
|---|---|---|---|
| 互换关系 | 1 | $1\times10^{-5}$ | $1.01972\times10^{-5}$ |
| | $1\times10^{5}$ | 1 | 1.01972 |
| | $9.80665\times10^{4}$ | $9.80665\times10^{-1}$ | 1 |
| | $1.01325\times10^{5}$ | 1.01325 | 1.03323 |
| | 9.80638 | $9.80638\times10^{-5}$ | $9.99972\times10^{-5}$ |
| | $1.33322\times10^{2}$ | $1.33322\times10^{-3}$ | $1.35951\times10^{-3}$ |
| 单位 | 标准大气压 atm | 毫米水柱 $mmH_2O$ | 毫米水银柱 mmHg |
| 互换关系 | $9.86923\times10^{-6}$ | $1.01974\times10^{-1}$ | $7.50064\times10^{-3}$ |
| | $9.86923\times10^{-1}$ | $1.01974\times10^{4}$ | $7.50064\times10^{2}$ |
| | $9.67841\times10^{-1}$ | $1.00003\times10^{4}$ | $7.35561\times10^{2}$ |
| | 1 | $1.03326\times10^{4}$ | $7.60002\times10^{2}$ |
| | $9.67814\times10^{-5}$ | 1 | $7.35541\times10^{-2}$ |
| | $1.31579\times10^{-3}$ | $1.35954\times10$ | 1 |

对于式（2-11）来说，若自由表面的压强为大气压强，即 $p_0=p_a$，则又可写成

$$p=p_a+\rho gh$$

定义

$$p_m=p-p_a=\rho gh$$

式中 $p$——流体的绝对压强；

$p_a$——当地大气压强；

$p_m$——流体的计示压强，因为它通常由压力表直接测得，故可简称为表压强。又因为它是流体的绝对压强与大气压强的差值，所以又可称为相对压强。

对绝对压强、计示压强和真空度的概念进一步说明如下：

（1）绝对压强

绝对压强是指以绝对真空为零点开始计量的压强（图 2-6），以 $p_{ab}$ 表示：

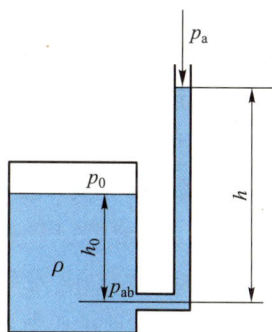

$$p_{ab}=p_0+\rho g h_0=p_a+\rho g h=p_a+p_m$$

$p_{ab}=p_a+\rho gh$
$p_m=p_{ab}-p_a=\rho gh$

图 2-6

在气体状态方程式中，压强就是以绝对压强标记的。

（2）计示压强

计示压强指以大气压为零计量的压强，即为绝对压强与大气压之差（图2-6），以 $p_m$ 表示

$$p_m=p_{ab}-p_a=p_a+\rho gh-p_a=\rho gh$$

在许多工程设备中，由于其内、外各处所受大气压相互抵消而不显示其作用，因而在大多数压力仪表中都是以大气压为起点计量。在开口容器及不可压缩流体的静压强计算问题中，一般都采用表压，以无角标的符号 $p$ 表示。

图 2-7

（3）真空度

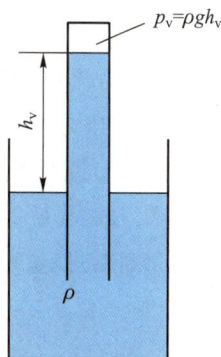

工程上有绝对压强大于大气压的情况，也有绝对压强小于大气压的情况。例如水泵、油泵的吸入管中，风机吸风管内的气体压强，都低于大气压。这些部位的相对压强 $p_{ab}-p_a$ 是负值，绝对压强不足于大气压的差值称为真空度（图 2-7）。所以真空度是指流体的绝对压强小于大气压而形成真空的程度。如用数学式表示，即为

$$p_v=p_a-p_{ab}=\rho g h_v=-p_m$$

如用液柱高来表示，即

$$h_v=\frac{p_v}{\rho g}=\frac{p_a-p_{ab}}{\rho g}$$

例如某容器内流体的绝对压强为 0.03 MPa，则它相应的真空度为

$$p_v=p_a-p_{ab}=0.07\ \text{MPa}$$

或
$$h_v=\frac{p_v}{\rho g}=7.14\ \text{mH}_2\text{O}$$

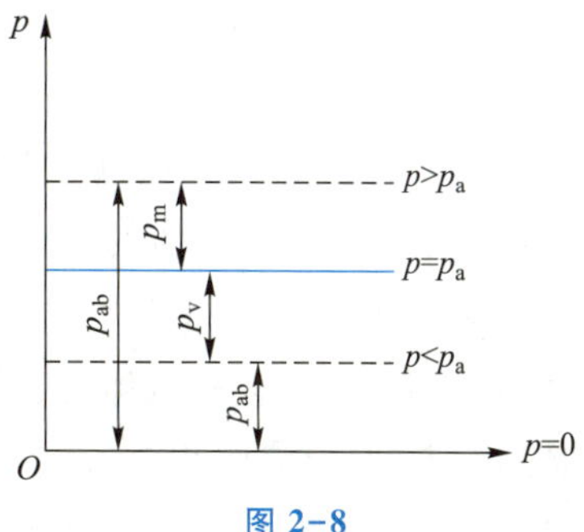

图 2-8

绝对压强、计示压强和真空度相互之间的关系可用图 2-8 表示。从零压线计起的压强为绝对压

强,绝对压强高于大气压强时,计示压强为正值;绝对压强低于大气压强时,计示压强为负值,负的计示压强就是真空度。

上述定义可归纳如下:

绝对压强=大气压+计示压强

计示压强=绝对压强-大气压

绝对压强=大气压-真空度

真空度=大气压-绝对压强

应该注意的是,计示压强=负的真空度。

有了以上一些基本知识,回过头再来看一下平衡基本方程式的意义。

对于式(2-9)的物理意义可进一步分析如下:

图 2-9 表示一封闭容器,其中盛有密度为 $\rho$ 液体,自由液面上的压强为 $p_0$。在距容器底面为 $z$ 的边壁上开一小孔 $C$;设该点压强为 $p$,小孔与一根上端完全封闭且抽成真空的小管相连通。可以发现小管中的液位迅速上升至 $A$ 点,液柱高度为 $h$,恰好等于 $p/(\rho g)$。而 $C$ 点和 $A$ 点处单位重力流体的位能差为 $h$,这说明 $p/(\rho g)$ 代表一种能量,通常称为压力能,而 $z$ 可看成单位重力流体所具有的位能。因此,式(2-9)说明液体中任何一点的压力能与位能之和是一常数,即压力能与位能可以相互转换,但其总和保持不变。式(2-9)可以说是能量守恒定律在流体静力学中的具体体现。

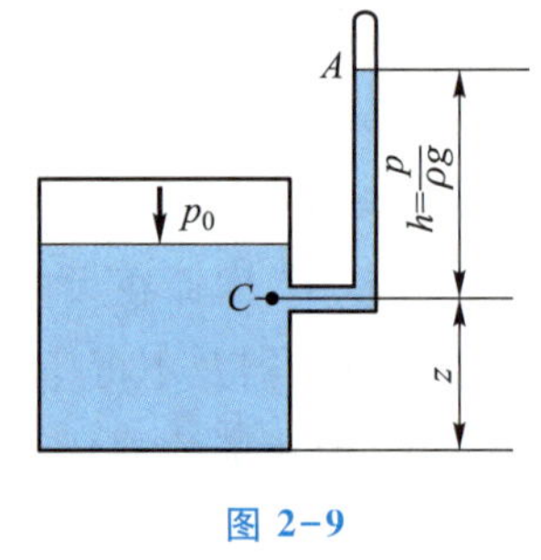


图 2-9

## §2-5 重力和其他质量力同时作用下流体的平衡

在相对平衡的流体中,虽然相对地球存在着运动,但由于流体质点间不存在相对运动,所以流体中仍不显现黏滞力作用。此时流体质点除受重力作用外,另外虚加上与加速运动相对应的惯性力。这样,根据达朗贝尔原理,在相对平衡的流体质点上虚加以相应的惯性力,就可按静力学的方法来研究相对平衡流体,此时,在应用欧拉平衡方程式(2-2)时,其中 $f_x$,$f_y$,$f_z$ 应包含所有质量力(即重力及惯性力)。

以下将讨论流体在重力与定向等值惯性力联合作用下,以及重力与定值离心惯性力联合作用下相对静止流体的平衡规律。

### 1. 等加速直线运动流体的平衡

图 2-10a 为一盛有流体的容器,容器相对地球作匀速直线运动。此时,流体虽相对地球是运动着的,但流体相对容器却是静止的,流体质点间也不发生相对运动。这种情况下,流体的质量力只有重力,只要把坐标系取在容器上,则前面介绍的关于重力作用下绝

对静止流体的平衡规律和特性将完全适用。它们的等压面也是一族水平面。流体内任意一点的压强可以由静力学基本公式求得。

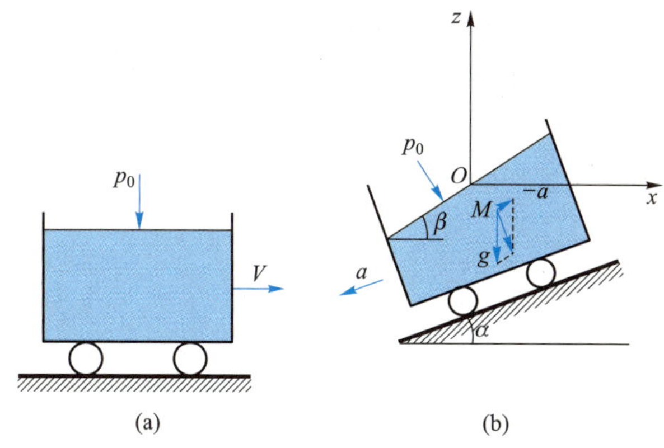


图 2-10

图 2-10b 中表示一盛有液体的容器沿与水平面成 $\alpha$ 角的斜坡以等加速度 $a$ 向下运动,容器内液体在图示的新的状态下达到平衡,液体质点间不存在相对运动。仍将坐标系选在容器上。此时,液体除受有重力作用之外,还要加上一个直线惯性力,就是达朗贝尔力,它的大小为液体质量乘以加速度,方向与加速度相反。现在研究图 2-10b 所示液体的压强分布规律。

液体单位质量所受的质量力在各坐标方向上的分量为

$$f_x=a\cos\alpha,\quad f_y=0,\quad f_z=a\sin\alpha-g$$

将 $f_x$,$f_y$,$f_z$ 分别代入式(2-5)后,相加得

$$\mathrm{d}p=\rho[a\cos\alpha\mathrm{d}x+(a\sin\alpha-g)\mathrm{d}z]\tag{2-16}$$

积分得到

$$p=\rho[a\cos\alpha\cdot x+(a\sin\alpha-g)z]+C$$

当 $x=0$,$z=0$,即在自由表面上时,压强为 $p=p_0$,得到积分常数 $C=p_0$。于是有

$$p=p_0+\rho[a\cos\alpha\cdot x+(a\sin\alpha-g)z]\tag{2-17}$$

式(2-17)即为等加速运动容器中液体的静压强分布公式。公式表明,压强 $p$ 既随坐标 $z$ 变化,又随坐标 $x$ 变化。

在讨论图 2-10b 情况下的液体压强分布时,最有实际应用意义的是研究处于同一铅垂线上(即 $z$ 轴方向)各点的压强分布规律。对于这种情况,由于在 $z$ 轴上各点的 $x$ 坐标并无变化,即 $\mathrm{d}x=0$,因而式(2-16)变为

$$\mathrm{d}p=\rho(a\sin\alpha-g)\mathrm{d}z$$

积分得

$$p=\rho(a\sin\alpha-g)z+C$$

在自由表面 $z=0$ 处,有 $p=p_0$,得积分常数 $C=p_0$,因而得

$$p=p_0+\rho(a\sin\alpha-g)z$$

当设点 $M$ 的淹深 $h=-z$ 时，上式又可写成

$$p=p_0+\rho(g-a\sin\alpha)h$$

这是图 2-10b 所示液体沿液深的压强分布规律，由此式可求出任意水深 $h$ 处的压强。

现在来讨论图 2-10b 所示液体中的等压面方程。由等压面的定义 $\mathrm{d}p=0$，式（2-16）变为

$$a\cos\alpha\mathrm{d}x+(a\sin\alpha-g)\mathrm{d}z=0$$

又可写成

$$\frac{\mathrm{d}z}{\mathrm{d}x}=\frac{a\cos\alpha}{g-a\sin\alpha}$$

式中 $\frac{\mathrm{d}z}{\mathrm{d}x}$ 即为等压面的斜率。由于 $a$，$g$ 及 $\alpha$ 都是常数，所以等压面的斜率是一个定值。令 $\frac{\mathrm{d}z}{\mathrm{d}x}=\tan\beta$，则

$$\tan\beta=\frac{a\cos\alpha}{g-a\sin\alpha} \tag{2-18}$$

这就是等压面的方程式，它说明等压面是一族与水平面成 $\beta$ 角的平行平面，此斜率为一定值。

当液体随容器作水平方向等加速运动时，由于此时 $\alpha=0$，故这种情况下的液体压强分布规律为

$$p=p_0+\rho gh \tag{2-19}$$

等压面方程为

$$\tan\beta=\frac{a}{g} \tag{2-20}$$

当液体随容器在铅垂方向作等加速运动时，$\alpha=\frac{3}{2}\pi$ 或 $\alpha=\frac{1}{2}\pi$，故这种情况下的液体压强分布规律为

$$p=p_0+\rho h(g\pm a) \tag{2-21}$$

等压面为一族水平面。

### 2. 重力与离心力同时作用下流体的平衡

如图 2-11 所示，一盛有液体的容器绕垂直轴 $z$ 以等角速度 $\omega$ 旋转。在开始转动时，由于液体具有黏性，所以液体与容器壁接触表面上因相对运动而产生了黏性力。液体在黏性力作用下，从边壁到中心逐渐都随容器绕 $z$ 轴转动。与此同时，液体由于离心作用而向外甩，这一初始过程结束后，液体将成为一个相对稳定的整体随同容器一起转动，即达到了液体对容器的相对平衡。此时，作用在液体质点上的质量力除重力外，还有一大小等于液体质点的质量乘以向心加速度、方向与向心加速度相反的离心惯性力。

研究图 2-11 所示容器中液体的压强分布规律，选择相对参考坐标系 $Oxyz$ 如图中所示。

此时，单位质量液体所受的质量力为

$$f_x = \omega^2 r\cos\alpha = \omega^2 x$$

$$f_y = \omega^2 r\sin\alpha = \omega^2 y$$

$$f_z = -g$$

式中　$r$——质点到旋转轴的距离，即质点的旋转半径；

$x, y$——$r$ 在两水平坐标轴上的投影。

图 2-11

将单位质量力的坐标分量代入欧拉平衡方程的全微分式（2-5）中，得

$$\mathrm{d}p = \rho(\omega^2 x\mathrm{d}x + \omega^2 y\mathrm{d}y - g\mathrm{d}z) \tag{2-22}$$

积分得

$$p = \rho\left(\frac{\omega^2 x^2}{2} + \frac{\omega^2 y^2}{2} - gz\right) + C$$

$$p = \rho\left(\frac{\omega^2 r^2}{2} - gz\right) + C$$

根据边界条件，当 $r=0$，$z=0$ 时，$p=p_0$，可求得积分常数 $C=p_0$，于是得

$$p = p_0 + \rho g\left(\frac{\omega^2 r^2}{2g} - z\right) \tag{2-23}$$

式（2-23）就是等角速度旋转容器中液体的静压强分布公式。由公式可见，在同一几何高度上，液体的静压强沿径向按半径的二次方增大。

下面研究图 2-11 情况下液体的等压面方程。

将各单位质量力的分量代入等压面方程式（2-7），得

$$\omega^2 x\mathrm{d}x + \omega^2 y\mathrm{d}y - g\mathrm{d}z = 0$$

积分得

$$\frac{\omega^2 x^2}{2} + \frac{\omega^2 y^2}{2} - gz = C$$

或

$$\frac{\omega^2 r^2}{2} - gz = C \tag{2-24}$$

此式即等角速旋转容器中液体的等压面方程。由方程可见，等压面是一族绕 $z$ 轴的旋转抛物面。

在自由表面上，当 $r=0$ 时，$z=0$，可得积分常数 $C=0$。故自由表面方程为

$$\frac{\omega^2 r^2}{2} - gz_0 = 0$$

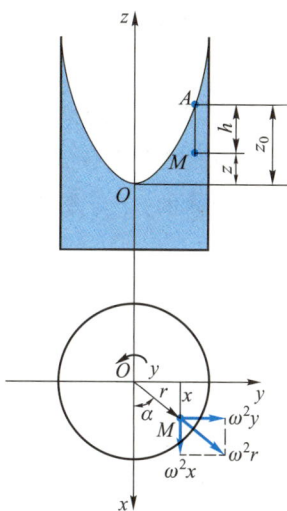

或

$$z_0 = \frac{\omega^2 r^2}{2g} \tag{2-25}$$

若将式(2-25)代入式(2-23),又可得压强分布规律的另一种表达形式:

$$p=p_0+\rho g(z_0-z)=p_0+\rho gh \tag{2-26}$$

由式(2-26)可见,绕垂直轴等角速度旋转容器中液体的静压强分布规律与绝对静止流体中静压强分布公式(2-11)完全相同,即液体内任一点的静压强,等于液面上的压强$p_0$加上液体的$\rho g$与该点淹深$h$的乘积。

## §2-6 静止流体对平面壁的作用力

在工程实际中,常常不仅需要了解流体内部的压强分布规律,还需要知道与流体接触的不同形状、不同几何位置上的固体壁面所受到流体对它作用的总压力,以及这种力的计算方法。

本节中将首先讨论流体在重力作用下对固体平面壁的总作用力及其压力中心。

如图2-12所示,假设$ab$为一块面积为$A$的任意形状的平板,它与液体表面成$\theta$角倾斜放置,设液体自由表面上的压强为$p_0$。

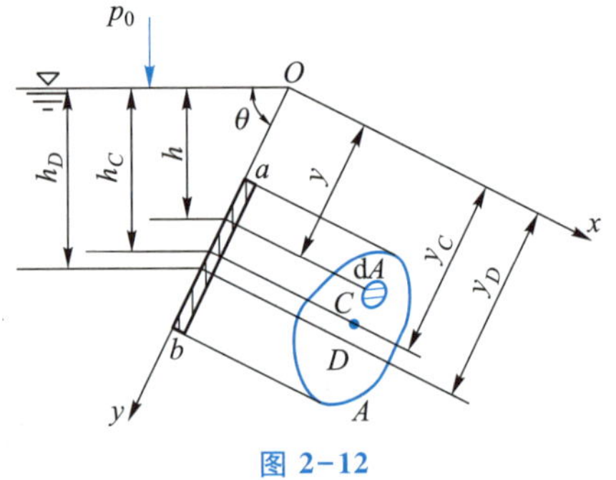

图2-12

为了便于分析作用在平板$ab$上的力,将平板$ab$绕$Oy$轴转动90°,如图2-12所示。在平板上取一微元面积$\mathrm{d}A$,其中心点距自由表面的距离为$h$,作用在$\mathrm{d}A$中心点上的压强为$p$,则$p=p_0+\rho gh$。只要$\mathrm{d}A$取得足够小,就可以认为作用在$\mathrm{d}A$上面的液体压强都为$p$。因此,作用在$\mathrm{d}A$面上的合力应为

$$\mathrm{d}F_P=p\mathrm{d}A=(p_0+\rho gh)\mathrm{d}A=p_0\mathrm{d}A+\rho gy\sin\theta\mathrm{d}A$$

作用在整个平板$ab$上的合力应为

$$F_P=\int_A\mathrm{d}F_P=\int_A p_0\mathrm{d}A+\int_A\rho gy\sin\theta\mathrm{d}A$$

$$=p_0A+\rho g\sin\theta\int_A y\mathrm{d}A$$

式中$\int_A y\mathrm{d}A$为平板面积$A$对于$x$轴的静力矩。若设$C$点为平面$A$的形心,则根据静力矩定理,有

$$\int_A y\mathrm{d}A=Ay_C$$

式中$y_C$为$C$点至$x$轴的垂直距离。这样,又可得

$$F_P=p_0A+\rho gy_C\sin\theta A=(p_0+\rho gh_C)A \tag{2-27}$$

式中$(p_0+\rho gh_C)$为面积$A$的形心点处的静压强。式(2-27)表示静止液体作用在平面壁上

的合力大小，等于平面形心处的静压强与平面面积的乘积。

下面讨论总压力 $F_P$ 的作用点，即压力中心。

设 $D$ 点为平面 $A$ 的压力中心。因为作用在平面 $A$ 上的每一微小面积 $dA$ 上的压强是互相平行的，因此所有微小面积所受的力对 $x$ 轴的静力矩之和应等于作用在面积 $A$ 上的合力对 $x$ 轴的静力矩，即

$$F_P y_D = \int_A y \mathrm{d}F_P$$

式中 $\mathrm{d}F_P$——作用在微小面积 $\mathrm{d}A$ 上的力；

$y$——$\mathrm{d}A$ 的中心到 $x$ 轴的距离；

$y_D$——合力作用中心到 $x$ 轴的距离。

将 $F_P$ 和 $\mathrm{d}F_P$ 的表达式代入上式得

$$(p_0 + \rho g h_C) A y_D = \int_A (p_0 + \rho g y \sin\theta) y \mathrm{d}A$$

或

$$(p_0 + \rho g y_C \sin\theta) A y_D = \int_A p_0 y \mathrm{d}A + \rho g \sin\theta \int_A y^2 \mathrm{d}A \tag{a}$$

式中

$$\int_A p_0 y \mathrm{d}A = p_0 y_C A \tag{b}$$

根据材料力学中惯性矩的定义可得

$$\int_A y^2 \mathrm{d}A = I_x \tag{c}$$

再根据平行移轴定理得

$$I_x = I_{Cx} + y_C^2 A \tag{d}$$

式中 $I_x$——平面 $A$ 对 $x$ 轴的惯性矩；

$I_{Cx}$——平面 $A$ 相对于通过形心 $C$ 并与 $x$ 轴平行的轴的惯性矩。常见平面图形的 $y_C$ 和 $I_C$ 可查表 2-2。

**表 2-2 常见平面图形的 $y_C$ 和 $I_C$**

| 图形名称 | | $y_C$ | $I_C$ |
| --- | --- | --- | --- |
| 半圆 | R C $y_C$ | $\dfrac{4R}{3\pi}$ | $\dfrac{(9\pi^2-64)R^4}{72\pi}$ |

续表

| 图形名称 | | $y_C$ | $I_C$ |
| --- | --- | --- | --- |
| 圆 | 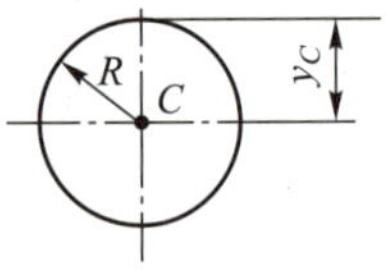 | $R$ | $\frac{\pi R^4}{4}$ |
| 圆环 | 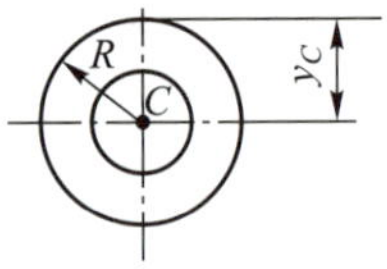 | $R$ | $\frac{\pi(R^4-r^4)}{4}$ |
| 矩形 | 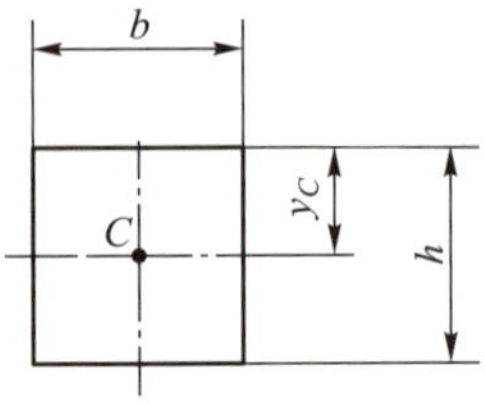 | $\frac{h}{2}$ | $\frac{bh^3}{12}$ |
| 等边梯形 | 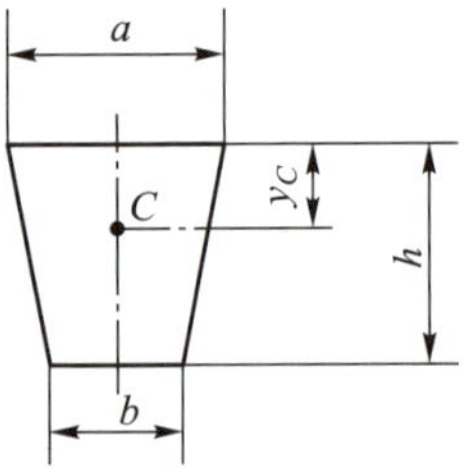 | $\frac{h(a+2b)}{3(a+b)}$ | $\frac{h^3(a^2+4ab+b^2)}{36(a+b)}$ |
| 三角形 | 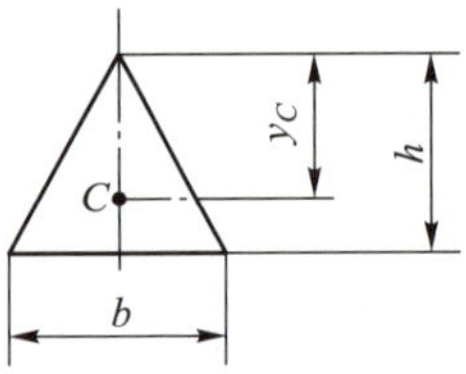 | $\frac{2h}{3}$ | $\frac{bh^3}{36}$ |

将式(b)、(c)、(d)代入式(a)得

$$y_D=\frac{p_0y_CA+\rho g\sin\theta(I_{Cx}+y_C^2A)}{(p_0+\rho gy_C\sin\theta)A}$$

$$=y_C+\frac{I_{Cx}\rho g\sin\theta}{(p_0+\rho gy_C\sin\theta)A} \tag{2-28}$$

当 $p_0=0$ 时,得

$$y_D = y_C + \frac{I_{Cx}}{y_C A} \tag{2-29}$$

因为 $I_{Cx}/(y_C A)$ 恒为正值，故有 $y_D > y_C$，即压力中心 $D$ 永远处于形心 $C$ 的下面，其间的距离为 $I_{Cx}/(y_C A)$。

若平板 $ab$ 在 $x$ 方向不对称，可用与上述相同的方法求得压力中心的 $x$ 坐标为

$$x_D = \frac{I_{xy}}{y_C A}$$

式中　$I_{xy}$——平板对 $x$ 轴和 $y$ 轴的惯性积。

## §2-7　静止流体对曲面壁的作用力、压力体

本节中将着重讨论流体在重力作用下对曲面壁的总作用力。

作用在曲面上各点的流体静压力都垂直于容器壁，但对于曲面壁上不同的点，作用力的大小和方向都发生变化，这就形成了一个复杂的空间力系，求总压力的问题可以看作空间力系的合成问题。工程上常用到二维曲面，下面就以二维曲面为例，来讨论静止流体作用在曲面壁上的合力，从而得出求曲面壁合力的一般方法。

如图 2-13 所示，设有一承受液体压力的二维曲面，其面积为 $A$，且沿宽度方向是对称的。令参考坐标系的 $y$ 轴与二维曲面的母线平行，则曲面在 $Oxz$ 平面上的投影便成为曲线 $ab$。在曲面 $ab$ 上任意取一微小面积 $\mathrm{d}A$，它的淹深为 $h$，则液体作用在它上面的总压力为

$$\mathrm{d}F_P = (p_0 + \rho g h)\mathrm{d}A$$

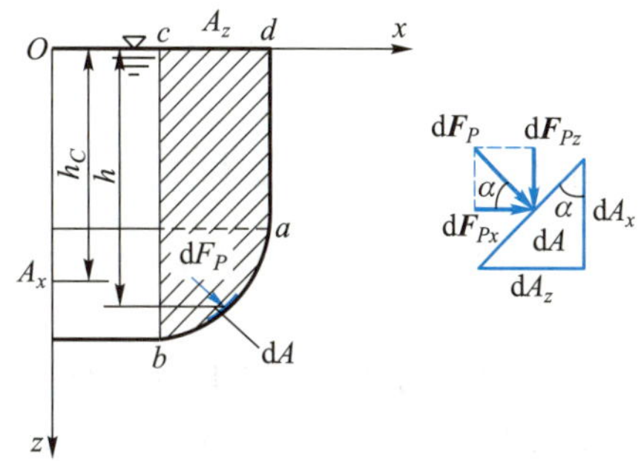


图 2-13

为计算方便，将 $\mathrm{d}F_P$ 分解为水平方向与垂直方向的两个分力 $\mathrm{d}F_{Px}$，$\mathrm{d}F_{Pz}$，并将此两力分别在整个面积 $A$ 上进行积分，这样便可求得作用在曲面上的总压力的水平分力与垂直分力 $F_{Px}$，$F_{Pz}$，并求出总压力的大小、方向及作用点。

### 1. 总压力的水平分力 $F_{Px}$

设 $\alpha$ 为微元面积 $\mathrm{d}A$ 的法线与 $x$ 轴的夹角，则微元水平分力为

$$\mathrm{d}F_{Px} = (p_0 + \rho g h)\mathrm{d}A\cos\alpha$$

其中 $\mathrm{d}A\cos\alpha = \mathrm{d}A_x$，则总压力的水平分力为

$$F_{Px} = \int_A (p_0 + \rho g h)\mathrm{d}A_x = p_0 A_x + \rho g \int_A h \mathrm{d}A_x$$

式中$\int_A h\mathrm{d}A_x = h_C A_x$为面积在 $Oyz$ 坐标面上的投影面积 $A_x$ 对 $y$ 轴的面积矩，故上式可写成

$$F_{Px}=p_0A_x+\rho gh_CA_x=(p_0+\rho gh_C)A_x \tag{2-30}$$

式(2-30)即为流体作用在曲面上的总压力的水平分力计算公式，即液体作用在曲面上的总压力的水平分力，等于流体作用在该曲面对坐标面 $Oyz$ 的投影 $A_x$ 上的总压力。同液体作用在平面上的总压力一样，水平分力 $F_{Px}$的作用点通过 $A_x$ 的压力中心。

**2. 总压力的垂直分力 $F_{Pz}$**

由图 2-13 可见，微元垂直分力为

$$\mathrm{d}F_{Pz}=(p_0+\rho gh)\mathrm{d}A\sin\alpha$$

其中 $\mathrm{d}A\sin\alpha=\mathrm{d}A_z$，得总压力的垂直分力为

$$F_{Pz}=\int_A(p_0+\rho gh)\mathrm{d}A_z=p_0A_z+\rho g\int_A h\mathrm{d}A_z \tag{2-31}$$

不难看出式中$\int_A h\mathrm{d}A_z=V$即曲面 $ab$ 上的体积 $abcd$(图 2-13 的阴影部分)。通常称体积 $V$ 为压力体，这样式(2-31)变成

$$F_{Pz}=p_0A_z+\rho gV \tag{2-32}$$

式(2-32)表明了流体作用在曲面上的垂直分力，等于压力体乘以流体的 $\rho g$ 与表面力作用在该曲面对自由液面的投影 $A_z$ 上的总压力之和。

求出流体对曲面的分力 $F_{Px}$，$F_{Pz}$后，就不难求出流体对曲面的总作用力。总作用力的大小为

$$F_P=\sqrt{F_{Px}^2+F_{Pz}^2} \tag{2-33}$$

总作用力的作用方向与垂线之间的夹角可由下式确定：

$$\tan\theta=\frac{F_{Px}}{F_{Pz}} \tag{2-34}$$

总作用力的作用点可以这样确定：如图 2-14 所示，垂直分力的作用线通过压力体的重心而指向受压面，水平分力的作用线通过 $A_x$ 平面的压力中心而指向受压面，总作用力的作用线必通过两条作用线的交点 $D'$，且与垂线成 $\theta$ 角。这条总作用力的作用线与曲面的交点 $D$ 就是总作用力在曲面上的作用点。

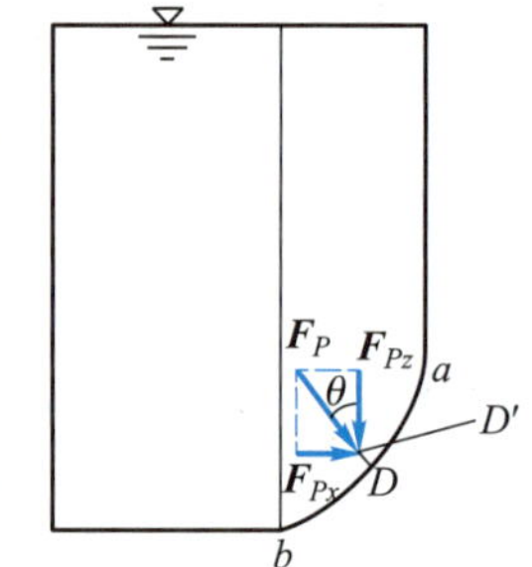

图 2-14

对于求取三维曲面在流体作用下所受总作用力的方法，与以上讨论的二维曲面情况完全相同，即用求总作用力各坐标分量的方法来确定曲面所受的作用力。其中 $x$ 轴方向与 $z$ 轴方向的分力 $F_{Px}$，$F_{Pz}$与以上求取方法完全相同，$y$ 轴方向的分力 $F_{Py}$为

$$F_{Py}=(p_0+\rho gh_C)A_y \tag{2-35}$$

总作用力

$$F_P=\sqrt{F_{Px}^2+F_{Py}^2+F_{Pz}^2} \tag{2-36}$$

### 3. 压力体

在求取流体作用在曲面壁上的垂直分力时，引出了压力体的概念。压力体是从积分式$\int_A h\mathrm{d}A_z$得到的一个体积，这是一个纯数学的概念，即压力体本身并不计较其内是否有流体存在。所以对压力体可进一步定义为：由所研究的曲面，通过曲面周界所作的垂直柱面和流体的自由表面（或其延伸面）所围成的封闭体积叫作压力体 $V$。

流体作用在曲面上的垂直分力在不同情况下是不同的，可能向下，也可能向上。在图 2-15中，不难分辨流体作用在曲面 $A$ 上的力的作用方向，图 a，c 两种情况垂直分力向下，而图 b，d 两种情况垂直分力向上。当以计示压强表示的表面压强 $p_0$ 为零时，曲面 $A$ 上的流体垂直方向作用力大小为

$$F_{Pz}=V\cdot\rho g$$

式中 $V\cdot\rho g$ 从形式上看，它表示具有体积为 $V$ 的流体重力。一般认为重力是向下的，但图 b，d 两种情况流体作用的结果，垂直分力向上。所以又称图 b，d 这种情况的压力体为虚压力体；图 a，c 这两种情况的压力体为实压力体。因此定义：当所讨论的流体作用面为压力体的内表面时，称该压力体为实压力体；而当作用面为压力体的外表面时，称该压力体为虚压力体。

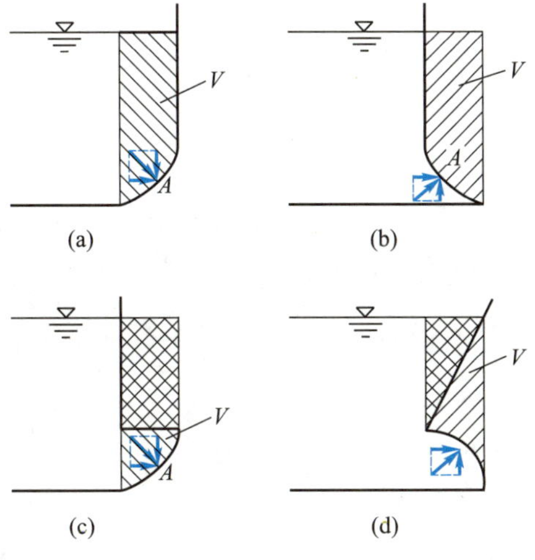


图 2-15

在计算流体对作用面上的总作用力时，在很多场合下（包括液体存在其他质量力的情况），如能灵活运用压力体的概念，会给计算带来很大的方便。

利用压力体这一概念及方法，可以方便地证明阿基米德浮力原理。

液体对潜入其中的物体的作用力称为浮力。阿基米德原理为：沉没在液体中的物体，受到垂直向上的浮力，浮力的大小等于物体所排开的同体积液重。在物理学中，曾采用实验方法证明这一原理。现在用求平面或曲面上的液体总压力的计算方法来加以证明。

假设在静止液体中有一平衡的物体如图 2-16a 所示，因该物体的表面是封闭曲面，不难看出，液体对该物体的水平方向上的作用力相互抵消，即 $F_{P_x}=F_{P_y}=0$。对于垂直方向上的合力，可应用压力体的方法求取。

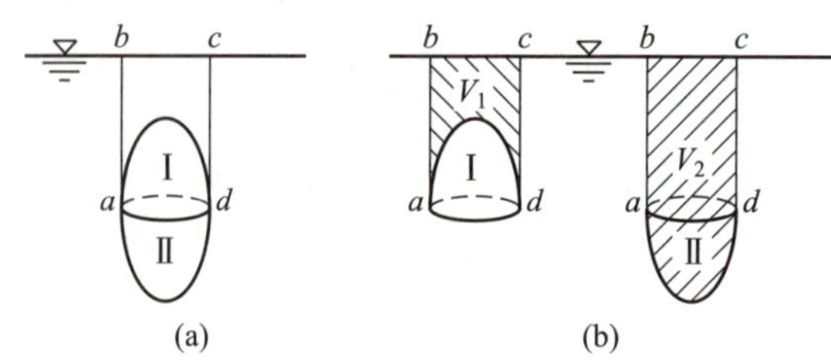


图 2-16

将物体按外表面分割为上凸曲面Ⅰ和下凸曲面Ⅱ两部分。对于上凸曲面，液体在垂直方向上的作用力为

$$F_{z1}=\rho gV_1$$

式中 $V_1$ 为实压力体，$F_{z1}$ 方向向下；对于下凸曲面，液体在垂直方向上的作用力为

$$F_{z2}=\rho gV_2$$

式中 $V_2$ 为虚压力体，$F_{z2}$ 方向向上。液体对整个物体的垂直合力为

$$F_z=F_{z2}-F_{z1}=\rho g(V_2-V_1)=\rho gV$$

式中 $V$ 为物体的体积，$F_z$ 向上，此力即为液体对浸入物体的浮力，从而证明了阿基米德原理。浮力通过物体的几何形心，称之为浮心。

## 例 题

**例 2-1** 用如图所示测压计测量容器 $A$ 中水的压强 $p$。已知 $h=0.5$ m，$h_1=0.2$ m，$h_2=0.25$ m，$h_3=0.22$ m，酒精相对密度 $d_{al}=0.8$，水银相对密度 $d_{me}=13.6$，真空计读数 $p_0=0.25\times10^5$ Pa 真空度。求 $p$。

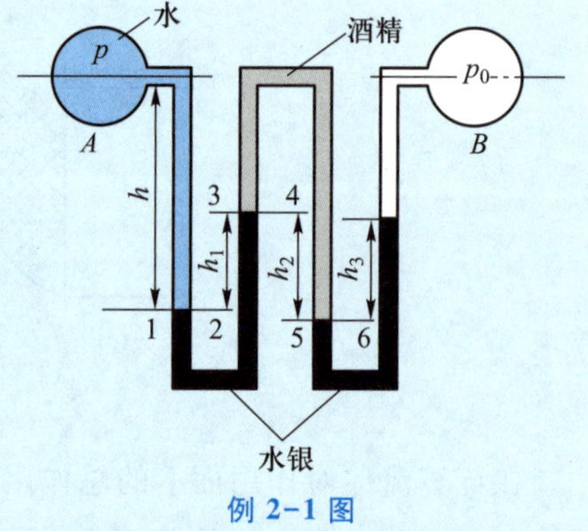


例 2-1 图

**解：** 在绝对静止条件下，对均质连续介质，由1-2，3-4 和 5-6 等压面关系，有

$$p_1=p_2,\quad p_3=p_4,\quad p_5=p_6$$

由重力作用下静止液体中压强分布公式，得如下关系式：

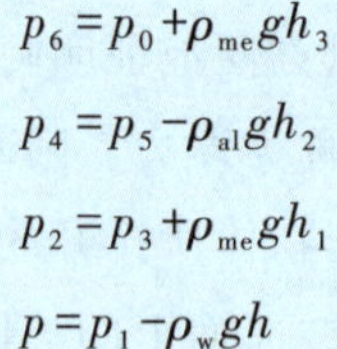

$$p_6=p_0+\rho_{me}gh_3$$

$$p_4=p_5-\rho_{al}gh_2$$

$$p_2=p_3+\rho_{me}gh_1$$

$$p=p_1-\rho_w gh$$

不计空气的重量，联立上述各式，整理得

$$p=p_0+\rho_{me}g(h_3+h_1)-\rho_{al}gh_2-\rho_w gh$$
$$=24\ 167.72\ \text{Pa}$$

**例 2-2** 如图所示一个锅炉烟囱，燃烧时烟气将在烟囱中自由流动排出。已知烟囱高 $h=30$ m，烟囱内烟气的平均温度 $t=300$ ℃，烟气的密度 $\rho_s=(1.27-0.002\ 75t)$ (kg/m$^3$)，当时空气的密度 $\rho_a=1.29$ kg/m$^3$。试确定引起烟气自由流动的压差。

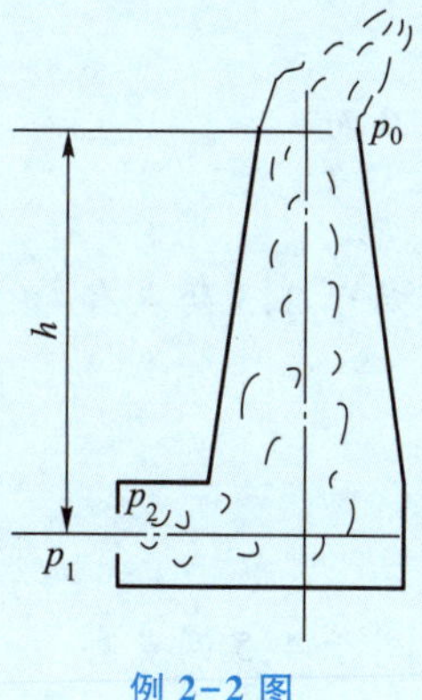

例 2-2 图

**解：** 不计烟气流动产生的效应，认为温度处处相等。令烟囱出口处的压强为 $p_0$，炉门内、外的压强分别为 $p_2$ 和 $p_1$。$p_1$ 是由高度为 $h$ 的空气柱所引起的压强，$p_2$ 是由高度为 $h$ 的烟气柱所引起的压强，即

$$p_1=p_0+\rho_a gh$$
$$p_2=p_0+\rho_s gh$$

因为 $\rho_a>\rho_s$，所以在炉门内外产生压差 $\Delta p$，这就是烟气能自由流动的压差。

$$\Delta p=p_1-p_2=h(\rho_a-\rho_s)g\approx 248.4\ \text{Pa}$$

由此可见烟囱越高，流动情况越好。

**例 2-3** 如图所示，$h_1=1.2$ m，$h_2=1$ m，$h_3=0.8$ m；$h_4=1$ m，$h_5=1.5$ m，大气压强 $p_a=101\ 300$ Pa，酒精的密度 $\rho_1=790$ kg/m$^3$。不计装置内空气的质量，求 1,2,3,4,5,6 各点的绝对压强及 $M_1$，$M_2$，$M_3$ 三个压力表的表压强或真空度。

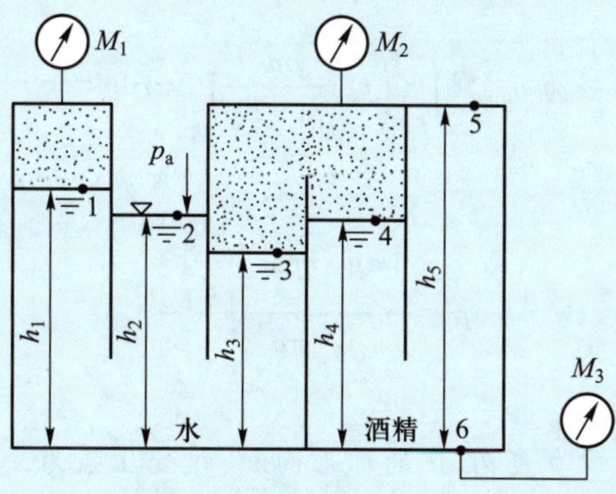

例 2-3 图

解：根据流体静压强基本公式，对于1,2两点有

$$p_2=p_1+\rho g(h_1-h_2)$$

则

$$p_1=p_2-\rho g(h_1-h_2)$$
$$\approx 99\ 338\ \text{Pa}$$

从而

$$p_{M1}=p_a-p_1=1\ 962\ \text{Pa}(\text{真空度})$$
$$p_2=p_a=101\ 300\ \text{Pa}$$

对于2,3两点有

$$p_3=p_2+\rho g(h_2-h_3)\approx 103\ 262\ \text{Pa}$$
$$p_{M2}=p_3-p_a=1\ 962\ \text{Pa}(\text{表压强})$$
$$p_4=p_3=103\ 262\ \text{Pa}$$

对于4,5两点有

$$p_5=p_4-\rho_1 g(h_5-h_4)\approx 99\ 387.05\ \text{Pa}$$

对于4,6两点有

$$p_6=p_4+\rho_1 gh_4\approx 111\ 011.9\ \text{Pa}$$
$$p_{M3}=p_6-p_a=9\ 711.9\ \text{Pa}(\text{表压强})$$

**例 2-4** 如图所示，盛水容器以转速 $n=450$ r/min绕垂直轴旋转。容器尺寸 $D=400$ mm，$d=200$ mm，$h_2=350$ mm，水面高 $h_1+h_2=520$ mm，活塞质量 $m=50$ kg，不计活塞与侧壁的摩擦，求螺栓组 $A$,$B$ 所受的力。

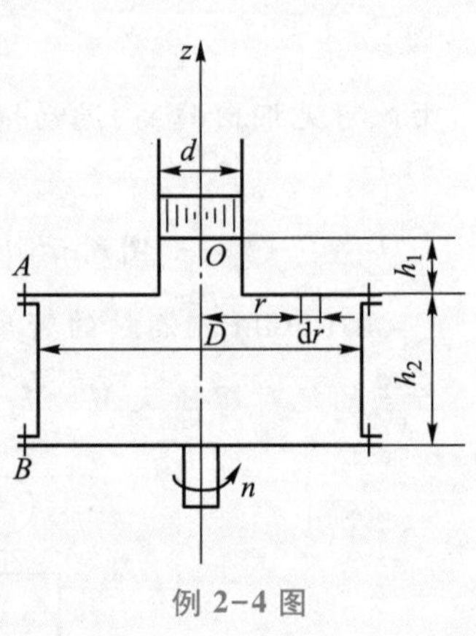

例 2-4 图

解：将坐标原点 $O$ 取在液面处（如图），则液面方程为

$$Z=\frac{\omega^2 r^2}{2g}$$

设液面上 $O$ 点处压强为 $p_0$，则 $\int_0^{d/2}\left(p_0+\frac{\rho\omega^2 r^2}{2}\right)2\pi r\mathrm{d}r=mg$，解得

$$p_0=\frac{4mg-\pi\rho\omega^2\left(\frac{d}{2}\right)^4}{\pi d^2}$$

(1) 求螺栓组 $A$ 受力

在上盖半径为 $r$ 处取宽度为 $\mathrm{d}r$ 的环形面积，该处压强为

$$p=p_0+\left(h_1+\frac{\omega^2 r^2}{2g}\right)\rho g$$

上盖所受总压力为

$$
\begin{aligned}
F_{P1} &= \int_{d/2}^{D/2} p \cdot 2\pi r \mathrm{d}r \\
&= \int_{d/2}^{D/2} \left[ p_0 + \left( h_1 + \frac{\omega^2 r^2}{2g} \right) \rho g \right] \cdot 2\pi r \mathrm{d}r \\
&= \frac{\pi}{4}(D^2-d^2)(p_0+\rho g h_1) + \frac{\pi \rho \omega^2}{64}(D^4-d^4) \\
&\approx 3\ 723\ \mathrm{N}
\end{aligned}
$$

此力方向垂直向上，即螺栓组 $A$ 受的力。

(2) 求螺栓组 $B$ 受力

在下底 $r$ 处压强为

$$
p = p_0 + \left( h_1 + h_2 + \frac{\omega^2 r^2}{2g} \right) \rho g
$$

因此，下底受总作用力

$$
\begin{aligned}
F_{P2} &= \int_0^{D/2} p \cdot 2\pi r \mathrm{d}r \\
&= \int_0^{D/2} \left[ p_0 + \left( h_1 + h_2 + \frac{\omega^2 r^2}{2g} \right) \rho g \right] \cdot 2\ \pi r \mathrm{d}r \\
&= \frac{\pi}{4} D^2 [p_0 + (h_1+h_2)\rho g] + \frac{\pi \rho \omega^2}{64} D^4 \\
&\approx 4\ 697\ \mathrm{N}
\end{aligned}
$$

此即螺栓组 $B$ 所受的力。

此题也可以用压力体的方法求解，读者不妨一试。

**例 2-5** 设有如图所示的容器以加速度 $a$ 向左方运动，尺寸 $l$，$h_1$ 和 $h_2$ 为已知，求隔板不受力时 $a$ 的表达式。

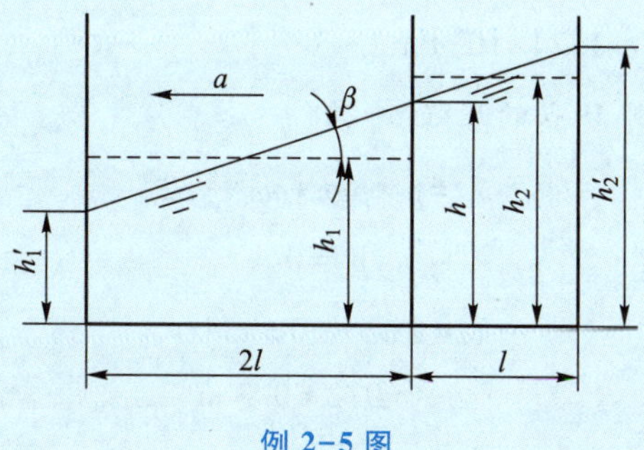


例 2-5 图

**解：** 隔板不受力时前后箱中的液面应形成一条直线，此直线斜率应为

$$\tan\beta=\frac{a}{g}$$

设箱中液面间的关系如例2-5图所示，其中 $h_1'$，$h_2'$和 $h$ 为未知数，由几何关系可得

$$\tan\beta=\frac{h_2'-h_1'}{3l}$$

由液体运动前后体积不变的关系可得

$$h_1=\frac{h_1'+h}{2}$$

$$h_2=\frac{h+h_2'}{2}$$

即

$$h_1'=2h_1-h$$

$$h_2'=2h_2-h$$

将以上关系代入 $\tan\beta$ 的表达式中可得

$$\tan\beta=\frac{a}{g}=\frac{2h_2-h-(2h_1-h)}{3l}$$

于是

$$a=\frac{2g}{3}\frac{h_2-h_1}{l}$$

**例2-6** 浇铸生铁车轮的砂型如图所示，已知 $h=180$ mm，$D=600$ mm，铁水密度 $\rho=7\ 000$ kg/m$^3$，求 $M$ 点压强。为使铸件密实，采用离心铸造，使砂型以 $n=600$ r/min 的速度旋转，则 $M$ 点的压强将是多少？

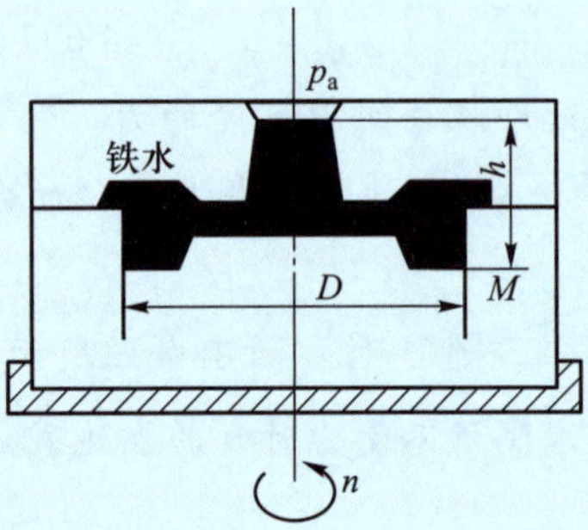

例2-6图

**解：** 不采用离心铸造时 $M$ 点的压强为

$$p_M=p_a+\rho gh$$

此处 $p_a$ 为大气压强，按表压强计算为零。则

$$p_M=\rho gh\approx1.24\times10^4\ \text{Pa}$$

如采用离心铸造，则 $M$ 点的压强 $p_M$ 为

$$p_M=p_a+\rho gh+\rho\omega^2r_M^2/2$$

式中

$$p_a=0$$

$$\omega=2\pi n=20\pi\ \text{rad/s}$$

$$r_M=D/2=0.3\ \text{m}$$

$$h=0.18\ \text{m}$$

代入上式得

$$p_M \approx 1.25\times10^6 \text{ Pa}$$

由计算结果可知，采用离心铸造，可使 $M$ 点上的压强增大约 100 倍，从而使轮缘部分密实耐磨。

**例 2-7** 某水坝用一长方形闸门封住放水孔，闸门高 $h=3$ m，宽 $b=4$ m，闸门两边的水位分别为 $h_1=5$ m，$h_2=2$ m。闸门垂直放置，试确定：

(1) 开启闸门时绳索的拉力 $F$（绳索与水平面夹角为 $\alpha=60°$）。图中 $\Delta h$ 与 $h, h_1, h_2$ 比较很小，计算中忽略不计。

(2) 关闭位置时 $A$ 点处的支承力。

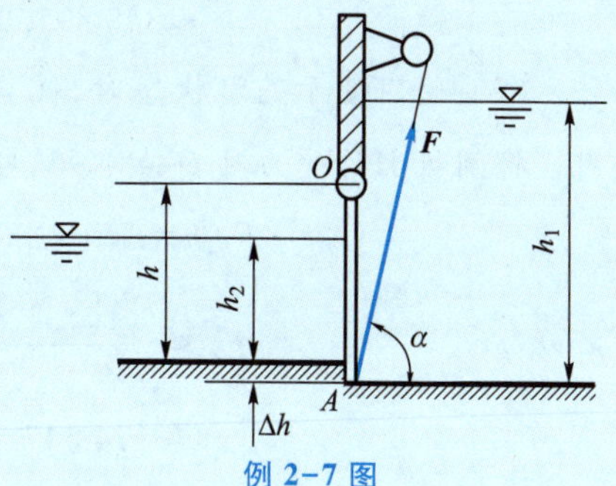


例 2-7 图

**解：**(1) 作用在闸门右侧的总压力为

$$F_{P1}=\rho g y_{C1}A_1=\rho g\left(h_1-\frac{h}{2}\right)hb$$

$$\approx 412\ 020 \text{ N}$$

力 $F_{P1}$ 的作用点

$$y_{D1}=y_{C1}+\frac{I_{C1}}{y_{C1}A_1}$$

$$=\left(h_1-\frac{h}{2}\right)+\frac{\frac{bh^3}{12}}{\left(h_1-\frac{h}{2}\right)hb}=h_1-\frac{h}{2}+\frac{h^2}{12\left(h_1-\frac{h}{2}\right)}$$

$$\approx 3.7 \text{ m}$$

作用在闸门左侧的总压力为

$$F_{P2}=\rho g y_{C2}A_2=\rho g\left(\frac{h_2}{2}\right)h_2 b$$

$$\approx 78\ 480 \text{ N}$$

力 $F_{P2}$ 的作用点

$$y_{D2}=y_{C2}+\frac{I_{C2}}{y_{C2}A_2}=\frac{h_2}{2}+\frac{\frac{bh_2^3}{12}}{\frac{h_2}{2}h_2 b}=\frac{2}{3}h_2$$

$$\approx 1.33 \text{ m}$$

将闸门两侧的总压力及绳索拉力对转轴 $O$ 取矩 $\sum M_O=0$，即

$$F_{P2}[h-(h_2-y_{D2})]+Fh\sin(90°-\alpha)=F_{P1}[y_{D1}-(h_1-h)]$$

得到绳索拉力

$$F=\frac{F_{P1}[y_{D1}-(h_1-h)]-F_{P2}[h-(h_2-y_{D2})]}{h\cdot\cos\alpha}$$

$$\approx 348\ 895.92\ \text{N}$$

(2) 闸门处于关闭状态时，绳索上拉力为零，闸板下端支承于 $A$ 点，有力 $F_{PA}$ 作用。将闸板上的受力对 $O$ 点取矩，即可求得 $F_{PA}$。

$$F_{PA}h=F_{P1}[y_{D1}-(h_1-h)]-F_{P2}[h-(h_2-y_{D2})]$$

所以
$$F_{PA}=\frac{F_{P1}[y_{D1}-(h_1-h)]-F_{P2}[h-(h_2-y_{D2})]}{h}$$

$$\approx 174\ 447.96\ \text{N}$$

**例 2-8** 如图所示，矩形闸门 $AB$，宽 $b=1$ m，左侧油深 $h_1=1$ m，油液密度 $\rho_1=800$ kg/m$^3$，水深 $h_2=2$ m，闸门的倾角 $\alpha=60°$，求作用在闸门上的液体总压力及作用点的位置。

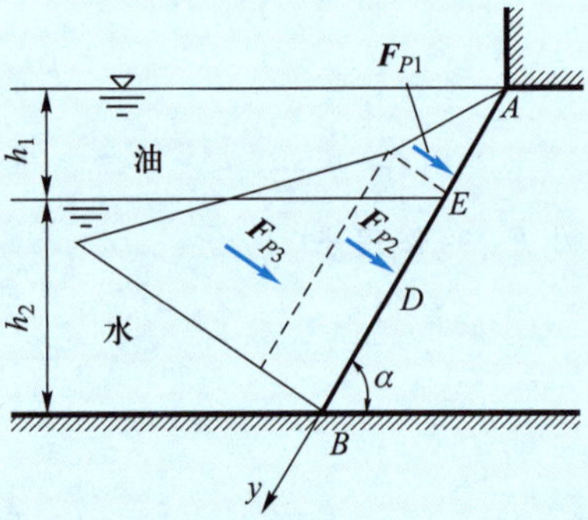

例 2-8 图

**解：** 设闸门上油水分界点为 $E$，总压力的作用点为 $D$，为了便于求作用点的位置，将液体总压力分为 $F_{P1}$，$F_{P2}$，$F_{P3}$ 三部分，如图所示。

$$F_{P1}=\rho_1 gh_{1C}A_1=\rho_1 g\frac{h_1}{2}\frac{h_1}{\sin\alpha}b\approx 4\ 531\ \text{N}$$

$$F_{P2}=\rho_1 gh_1A_2=\rho_1 gh_1\frac{h_2}{\sin\alpha}b\approx 18\ 124\ \text{N}$$

$$F_{P3}=\rho gh_{2C}A_2=\rho g\frac{h_2}{2}\frac{h_2}{\sin\alpha}b\approx 22\ 655\ \text{N}$$

式中 $\rho$ 为水的密度。

由 $F_{P1}$，$F_{P2}$，$F_{P3}$ 可求得液体总压力 $F_P$ 为

$$F_P=F_{P1}+F_{P2}+F_{P3}=45\ 310\ \text{N}$$

总压力的作用点可由合力矩原理求得

$$F_Py_D=F_{P1}y_1+F_{P2}y_2+F_{P3}y_3$$

式中
$$y_1=\frac{2}{3}\frac{h_1}{\sin\alpha}=\frac{4\sqrt{3}}{9}\ \text{m}$$

$$y_2=\left(h_1+\frac{h_2}{2}\right)/\sin\alpha=\frac{4\sqrt{3}}{3}\ \text{m}$$

$$y_3=\frac{h_1}{\sin\alpha}+\frac{2}{3}\frac{h_2}{\sin\alpha}=\frac{14}{9}\sqrt{3}\ \text{m}$$

故

$$y_D=\frac{F_{P1}y_1+F_{P2}y_2+F_{P3}y_3}{F_P}\approx 2.35\ \text{m}$$

$$h_D=y_D\sin\alpha\approx 2.04\ \text{m}$$

**例 2-9** 如图所示，弧形闸门 $AB$，宽度 $b=4$ m，$\alpha=45°$，半径 $R=2$ m，闸门转轴恰好与门顶齐平，求作用在曲面 $AB$ 上的静水总压力。

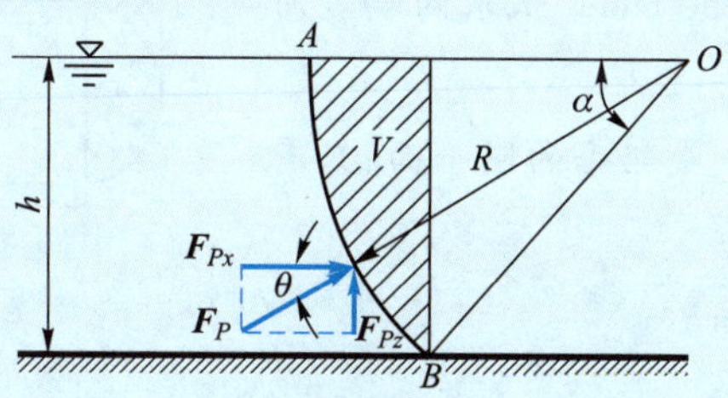


例 2-9 图

**解：** 水平方向的总压力 $F_{Px}$：

$$F_{Px}=\rho g h_C A_x=\frac{1}{2}\rho g R^2 b\sin^2\alpha$$
$$\approx 39\ 240\ \text{N}$$

垂直方向的总压力 $F_{Pz}$：

垂直方向的总压力等于压力体 $V$（见图示）内的水重，该压力体为虚压力体，$F_{Pz}$ 的方向向上。

$$F_{Pz}=\rho g V$$
$$=\rho g\left(\frac{1}{8}\pi R^2-\frac{1}{2}R\sin\alpha R\cos\alpha\right)b$$
$$=\frac{1}{8}\rho g R^2[\pi-2\sin 2\alpha]b$$
$$\approx 22\ 366\ \text{N}$$

作用在曲面 $AB$ 上的总压力 $F_P$ 为

$$F_P=\sqrt{F_{Px}^2+F_{Pz}^2}\approx 45\ 166\ \text{N}$$

设总压力与水平方向的夹角为 $\theta$，则

$$\tan\theta=\frac{F_{Pz}}{F_{Px}}$$

所以 $$\theta=\arctan\frac{F_{Pz}}{F_{Px}}\approx 29.7^\circ$$

因为总压力的作用线与曲面 $AB$ 垂直，故一定通过弧 $AB$ 的圆心，其作用点可由过 $O$ 点与水平面成 $\theta$ 角的直线与圆弧线相交得到。

**例 2-10** 图示一水箱，左端为一半球形端盖，右端为一平板端盖。水箱上部有一加水管，已知 $h=600\ \text{mm}$，$R=150\ \text{mm}$。试求两端盖所受的总压力及其方向。

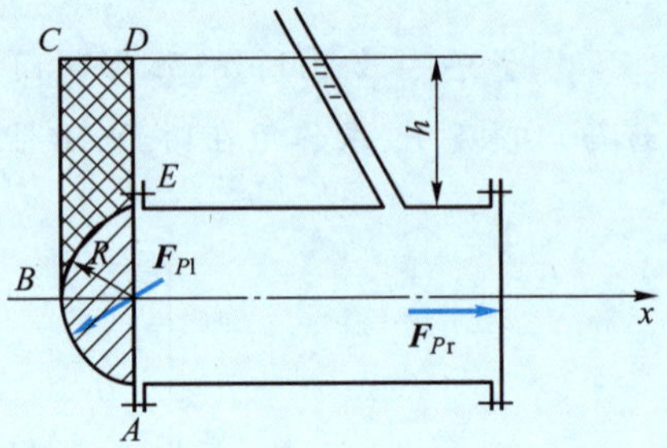

例 2-10 图

**解：**(1) 右端盖是一个铅垂的圆平面，只有 $x$ 方向作用力，其面积为

$$A_r=\pi R^2$$

其上作用的总压力为

$$F_{Pr}=\rho g(h+R)A_r$$
$$\approx 520\ \text{N}$$

方向垂直于端盖，水平向右。

(2) 左端盖为一半球面。由曲面上总压力的求法，将 $F_P$ 分解成三个方向分量 $F_{Px}$，$F_{Py}$，$F_{Pz}$。

$$F_{Px}=\rho g(h+R)A_x=\rho g(h+R)\pi R^2$$
$$\approx 520\ \text{N}$$

方向水平向左。

由于半球面关于 $y$ 轴对称，故有

$$F_{Py}=0$$

$z$ 方向总压力由压力体来求。将半球面分成 $AB$，$BE$ 两部分，$AB$ 部分的压力体为 $ABCDEA$，记为 $V_{ABCDEA}$，它为实压力体，方向向下；$BE$ 部分压力体为 $BCDEB$，记为 $V_{BCDEB}$，为虚压力体，方向向上。因此总压力体为它们的代数和：

$$V=V_{ABCDEA}-V_{BCDEB}$$
$$=V_{ABEA}$$

这正好为半球的体积。所以

$$V=\frac{1}{2}\cdot\frac{4}{3}\pi R^3$$

因此

$$F_{Pz}=\rho gV=\rho g\cdot\frac{2}{3}\pi R^3$$

$$\approx 69.3\ \text{N}$$

方向垂直向下。

所以，总作用力为

$$F_{P1}=\sqrt{F_{Px}^2+F_{Py}^2+F_{Pz}^2}=524.6\ \text{N}$$

合力方向与水平方向夹角为

$$\alpha=\arctan\frac{F_{Pz}}{F_{Px}}=7.6°$$

第 2 章

电子作业本

# 第 3 章 流体运动学

流体运动学是研究流体的运动规律，即速度、加速度、变形等运动参数的变化规律，而不涉及引起运动的力学原因。因而流体运动学所研究的问题及其结论对于理想流体和黏性流体均适用。

## §3-1 研究流体运动的两种方法

连续介质模型的引入告诉我们，流体可以看成是由无数质点组成的，而且流体质点连续地、彼此无间隙地充满空间。因此，流体的运动实际上是大量流体质点运动的总合。流体质点运动的全部空间称为“流场”。

由于流体是连续介质，所以描述流体特征的物理量——运动参数（如速度、加速度等）均为所选坐标的连续函数。

通常，描述流体运动有两种不同的方法。

### 1. 拉格朗日法

拉格朗日法又称为随体法。

拉格朗日法研究流场中每一个流体质点的运动，分析运动参数随时间的变化规律，然后综合所有的流体质点，得到整个流场的运动规律。显然，这个方法可以了解每个流体质点的运动规律。

由于拉格朗日法着眼点在各个流体质点，因此，必须注意研究每一个质点，必须找到一种办法用以区分各流体质点。拉格朗日法选取在某个初始时刻 $t_0$，每个质点的坐标 $a$，$b$，$c$ 来作为它的标记。用 $a$，$b$，$c$ 不同的值来区分不同的流体质点，人们把它叫作“拉格朗日变数”。

尽管拉格朗日变数在初始时刻是每个质点的坐标值，然而它与坐标 $x$，$y$，$z$ 是不同的。因为当流体质点运动时，拉格朗日变数不随时间变化。流体质点运动中每一时刻的位置，由其在该时刻的坐标 $x$，$y$，$z$ 决定，而 $x$，$y$，$z$ 取决于 $a$，$b$，$c$ 和时间 $t$。又由于流体质点连续存在于流场之中，所以拉格朗日变数在流场中也是连续存在的。

综上所述，流体质点在不同时刻，空间位置既随流体质点的不同而不同，又随时间而变化。因此，任何流体质点的坐标 $x$，$y$，$z$ 为

$$\left.\begin{aligned}x&=x(a,b,c,t)\\y&=y(a,b,c,t)\\z&=z(a,b,c,t)\end{aligned}\right\}\tag{3-1}$$

例如，对某流体质点 $a_1,b_1,c_1$，在 $t$ 时刻的坐标为

$$\left.\begin{aligned}x_1&=x_1(a_1,b_1,c_1,t)\\y_1&=y_1(a_1,b_1,c_1,t)\\z_1&=z_1(a_1,b_1,c_1,t)\end{aligned}\right\}$$

而对于另一流体质点 $a_2,b_2,c_2$，在 $t$ 时刻的坐标为

$$\left.\begin{aligned}x_2&=x_2(a_2,b_2,c_2,t)\\y_2&=y_2(a_2,b_2,c_2,t)\\z_2&=z_2(a_2,b_2,c_2,t)\end{aligned}\right\}$$

由此可见，拉格朗日法对不同的流体质点可以用 $a,b,c$ 加以区分。

由前面的分析和式(3-1)，可将任意流体质点的运动速度表示为

$$\left.\begin{aligned}v_x&=\frac{\mathrm{d}x}{\mathrm{d}t}=\frac{\partial x}{\partial t}=\frac{\partial x(a,b,c,t)}{\partial t}=x'(a,b,c,t)\\v_y&=\frac{\mathrm{d}y}{\mathrm{d}t}=\frac{\partial y}{\partial t}=\frac{\partial y(a,b,c,t)}{\partial t}=y'(a,b,c,t)\\v_z&=\frac{\mathrm{d}z}{\mathrm{d}t}=\frac{\partial z}{\partial t}=\frac{\partial z(a,b,c,t)}{\partial t}=z'(a,b,c,t)\end{aligned}\right\}\tag{3-2}$$

因为 $a,b,c$ 不随时间变化，所以$\frac{\mathrm{d}x}{\mathrm{d}t}=\frac{\partial x}{\partial t},\frac{\mathrm{d}y}{\mathrm{d}t}=\frac{\partial y}{\partial t},\frac{\mathrm{d}z}{\mathrm{d}t}=\frac{\partial z}{\partial t}$。而在微分之后将 $a,b,c$ 看成变数，把 $t$ 看成常数，将给出 $t$ 时刻流体质点的速度分布。

同理，加速度可表示为

$$\left.\begin{aligned}a_x&=\frac{\partial v_x}{\partial t}=\frac{\partial^2 x(a,b,c,t)}{\partial t^2}=x''(a,b,c,t)\\a_y&=\frac{\partial v_y}{\partial t}=\frac{\partial^2 y(a,b,c,t)}{\partial t^2}=y''(a,b,c,t)\\a_z&=\frac{\partial v_z}{\partial t}=\frac{\partial^2 z(a,b,c,t)}{\partial t^2}=z''(a,b,c,t)\end{aligned}\right\}\tag{3-3}$$

流体质点的其他运动参数可以类似地表示为$(a,b,c)$和 $t$ 的函数。如

$$\rho=\rho(a,b,c,t)$$
$$p=p(a,b,c,t)$$

由上述各式可以决定任一流体质点的运动。但是可以看出，用拉格朗日法必须首先找出函数关系 $x(a,b,c,t)$，$y(a,b,c,t)$，$z(a,b,c,t)$，$\rho(a,b,c,t)$等。实际上就是要跟踪每

一个流体质点，可见这个办法在方程的建立和数学处理上将是十分困难的，因而在工程上除研究波浪运动等个别情况外很少采用。

### 2. 欧拉法

欧拉法又称局部法。

欧拉法研究某瞬时整个流场内位于不同位置上的流体质点的运动参数，然后综合所有空间点，用以描述整个流体的运动。显然，欧拉法的着眼点不在于个别的流体质点，而在于整个流场各空间点处的状态。

一般情况下，同一时刻，不同空间点上的运动参数是不同的。因此，运动参数是空间点坐标$(x,y,z)$的函数，而在不同时刻，同一空间点上的运动参数也不相同，因而运动参数也是时间的函数，即

$$\left.\begin{aligned} v_x&=v_x(x,y,z,t)\\ v_y&=v_y(x,y,z,t)\\ v_z&=v_z(x,y,z,t)\end{aligned}\right\}\tag{3-4}$$

$$p=p(x,y,z,t)$$

$$\rho=\rho(x,y,z,t)$$

在欧拉法中讨论加速度时，应将上面三个速度分量的表达式分别对时间求导，得到加速度三个分量的表达式，此时，质点本身的位置坐标$(x,y,z)$应看成时间$t$的函数，因而自变量只有$t$。由复合函数导数的求法可求得加速度在$x$方向的分量，写为

$$a_x=\frac{\mathrm{d}v_x}{\mathrm{d}t}=\frac{\partial v_x}{\partial t}+\frac{\partial v_x}{\partial x}\frac{\mathrm{d}x}{\mathrm{d}t}+\frac{\partial v_x}{\partial y}\frac{\mathrm{d}y}{\mathrm{d}t}+\frac{\partial v_x}{\partial z}\frac{\mathrm{d}z}{\mathrm{d}t}$$

质点坐标$(x,y,z)$对时间的导数为该质点的速度分量，即

$$\frac{\mathrm{d}x}{\mathrm{d}t}=v_x,\frac{\mathrm{d}y}{\mathrm{d}t}=v_y,\frac{\mathrm{d}z}{\mathrm{d}t}=v_z$$

所以

$$a_x=\frac{\partial v_x}{\partial t}+v_x\frac{\partial v_x}{\partial x}+v_y\frac{\partial v_x}{\partial y}+v_z\frac{\partial v_x}{\partial z}$$

同理可得

$$\left.\begin{aligned} a_x&=\frac{\partial v_x}{\partial t}+v_x\frac{\partial v_x}{\partial x}+v_y\frac{\partial v_x}{\partial y}+v_z\frac{\partial v_x}{\partial z}\\ a_y&=\frac{\partial v_y}{\partial t}+v_x\frac{\partial v_y}{\partial x}+v_y\frac{\partial v_y}{\partial y}+v_z\frac{\partial v_y}{\partial z}\\ a_z&=\frac{\partial v_z}{\partial t}+v_x\frac{\partial v_z}{\partial x}+v_y\frac{\partial v_z}{\partial y}+v_z\frac{\partial v_z}{\partial z}\end{aligned}\right\}\tag{3-5}$$

其向量表示式为

$$\boldsymbol{a}=\frac{\partial \boldsymbol{v}}{\partial t}+(\boldsymbol{v}\cdot\nabla)\boldsymbol{v}$$

式中 $\nabla=\frac{\partial}{\partial x}\boldsymbol{i}+\frac{\partial}{\partial y}\boldsymbol{j}+\frac{\partial}{\partial z}\boldsymbol{k}$ 称为哈密顿算子。

由上述表达式可以看出,位于空间某点上的流体质点的加速度由两部分组成。第一部分是右边第一项,它表示位于所观察空间点上的流体质点的速度随时间的变化率,通常称为时变加速度或当地加速度。第二部分是右边第二、三、四项,它们表示流体质点所在空间位置的变化所引起的速度变化率,称为位变加速度或迁移加速度。两部分之和即为流体质点的全加速度,又称为质点导数或随体导数。

由上述讨论可以看出,欧拉法研究的是流场中每一个固定空间点上的流动参数的分布及随时间的变化规律。欧拉法研究一般给不出流体个别质点的运动踪迹,看不出每个流体质点的过去和未来。然而,欧拉法给出了某瞬时整个流场的运动参数分布,因此可以用连续函数理论对流场进行有效的理论分析和计算。实际上,在大多数的工程实际问题中,通常并不需要知道每个流体质点自始至终的运动过程,而只需要知道流体质点在通过空间任意固定点时运动要素随时间的变化状况,以及某一时刻流场中各空间固定点上流体质点的运动要素,然后就可以用数学方法对整个流场进行求解计算。再者,用拉格朗日法移动测试仪器来跟踪测量每个流体质点的运动要素,实际上是很难实现的,而用欧拉法将测试点固定在流场中一些指定的空间点上则很容易做到。因此在大多数流体力学理论研究和工程实际问题的研究中,都采用欧拉法。

拉格朗日法描述着眼于流体质点,将运动参数看作随体坐标与时间的函数;欧拉法描述着眼于空间点,将运动参数看作空间坐标和时间的函数,但两者都是描述流体质点的运动参数,因此其表达式之间可以相互转换。

## § 3-2 关于流体运动的一些基本概念

本节主要介绍用欧拉法描述流体运动时所涉及的关于流体运动的一些重要的基本概念。

### 一、恒定流动和非恒定流动

通常情况下,流场中流体的运动参数要随空间点的位置和时间变化,而在工程实际和自然现象中也存在着不同的情况,为研究方便起见,按流体质点通过空间固定点时运动参数是否随时间变化把它分为两类。

#### 1. 恒定流动(又称定常流动)

如果流场中每一空间点上的运动参数不随时间变化,这样的流动称为恒定流动。当然不同空间点的运动参数一般情况下是不同的。

如图 3-1a 中所示，贮水容器侧面装有一泄水短管，水自管中流出。当采用某种方法补充流出的流体，使容器中的液面高度保持不变时，管内的点 $A$，$B$ 处的流速和压强以及流出液流的轨迹都将保持不变，而 $A$，$B$ 两点的参数值可以互不相同。显然，这种流动是恒定流动，此时各点的运动参数可表示为

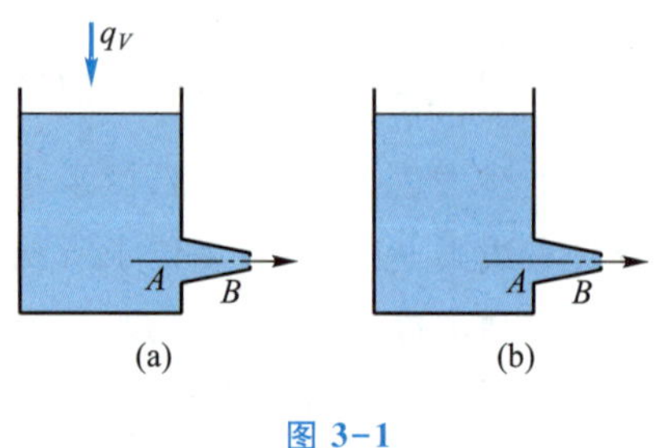

图 3-1

$$\left.\begin{array}{l} v_x = v_x(x,y,z) \\ v_y = v_y(x,y,z) \\ v_z = v_z(x,y,z) \end{array}\right\}$$

$$p = p(x,y,z)$$

在质点加速度表达式中，其时变加速度为零，即

$$\frac{\partial v_x}{\partial t}=0,\quad \frac{\partial v_y}{\partial t}=0,\quad \frac{\partial v_z}{\partial t}=0$$

同理

$$\frac{\partial p}{\partial t}=0,\frac{\partial \rho}{\partial t}=0$$

### 2. 非恒定流动（又称非定常流动）

若流场中运动参数不但随位置改变而改变，而且也随时间而变化，这种流动称为**非恒定流动**。

在图 3-1b 所示实验中，若不往容器中加水，水面将不断下降。这时不但 $A$，$B$ 两点的运动参数不同，而且每点上的运动参数也将随时间而改变，自管中流出的水流轨迹也将不断变化，这种流动即为非恒定流动。某点的运动参数值应表示为

$$\left.\begin{array}{l} v_x = v_x(x,y,z,t) \\ v_y = v_y(x,y,z,t) \\ v_z = v_z(x,y,z,t) \end{array}\right\}$$

$$p = p(x,y,z,t)$$

此时，加速度表达式由时变加速度和位变加速度两部分组成。

## 二、迹线、流线、流管、流束、微小流束

### 1. 迹线

流体质点运动的轨迹称为**迹线**。流场中所有流体质点流动时都有自己的迹线，它可以是直线或任意曲线族。由迹线的形状可以清楚地看出质点的运动情况，从而得出流场的参数分布和变化情况。显然，迹线的研究属于拉格朗日法的内容。

观察迹线并不困难，只要在液流中滴入颜色不同而且不易扩散的液滴，通过对颜色液滴运动的观察即可看出迹线的形状。

### 2. 流线

如图 3-2 所示，流线是某瞬时在流场中所作的一条空间曲线，该瞬时位于曲线上各点的流体质点的速度在该点与曲线相切。

流线形象地给出了流场中的流动状态。通过流线可以清楚地看出某时刻流场中各点的速度方向，由流线的疏密程度也可以比较速度的大小。显然，流线的引入适合欧拉法的研究特点。

可以用下面简单的实验方法观察到流线。在油流中用机械扰动的方法泛起泡沫，并使之成线状，泡沫随油一起流动，某时刻观察到的泡沫图形即为流线形状。图 3-3 即为在此实验中所显示的流线图形。

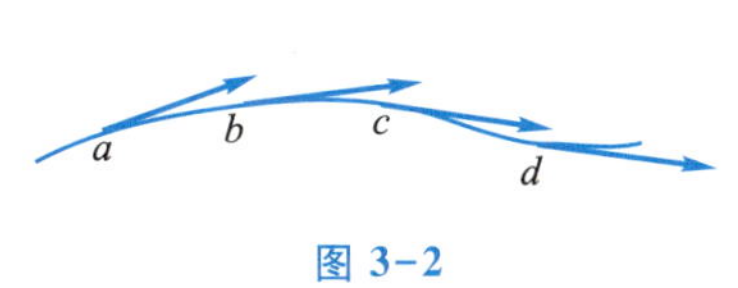


图 3-2

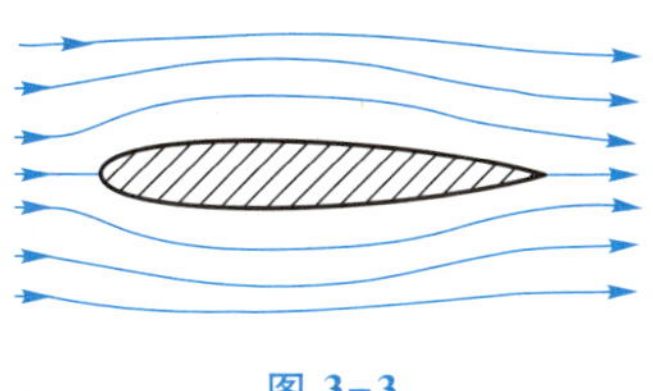

图 3-3

按流线的定义可以作出流场中某瞬时 $t$ 过某点 $A$ 的流线。为此，可先作该瞬时位于 $A$ 点处的流体质点的速度 $\boldsymbol{v}_A$（图 3-4），同一时刻在 $\boldsymbol{v}_A$ 上接近 $A$ 点 $\Delta s$ 处取点 $B$，作位于点 $B$ 上的另一流体质点的速度 $\boldsymbol{v}_B$，仍在同一时刻，在 $\boldsymbol{v}_B$ 上接近 $B$ 点 $\Delta s$ 处取点 $C$，作位于点 $C$ 上的流体质点的速度 $\boldsymbol{v}_C$，依次作下去得到一系列接近的点组成的折线 $A—B—C—D—\cdots$ 当点间距离趋近于零时，折线变为一光滑曲线，即为欲求的流线。

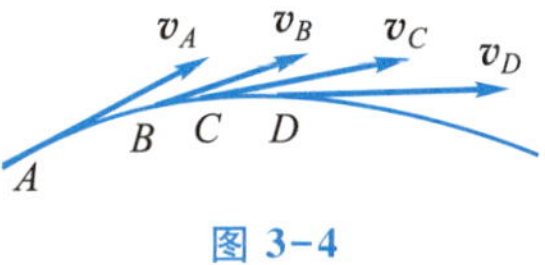


图 3-4

一般情况下（绕流中驻点①等特殊情况除外），流线具有下列几条性质：

（1）在恒定流动中，流线与迹线是同一条曲线，彼此重合；

（2）流线不能彼此相交；

（3）流线不能突然折转，只能平缓过渡。

后两条性质也是显而易见的，因为若流线相交或突然折转，则在交点和转折点处的流体质点应相应有两个速度向量，在一般情况下这是不可能出现的。

由流线的定义很容易推得流线的微分方程式。如图 3-5 所示，某瞬时在流线上任取一点 $M(x,y,z)$，位于 $M$ 点上的流体质点速度为 $v$，其分量为 $v_x,v_y,v_z$。在流线上取无穷小线段 $\mathrm{d}s$，其在三个坐标轴上的投影为 $\mathrm{d}x,\mathrm{d}y,\mathrm{d}z$，由空间几何关系有

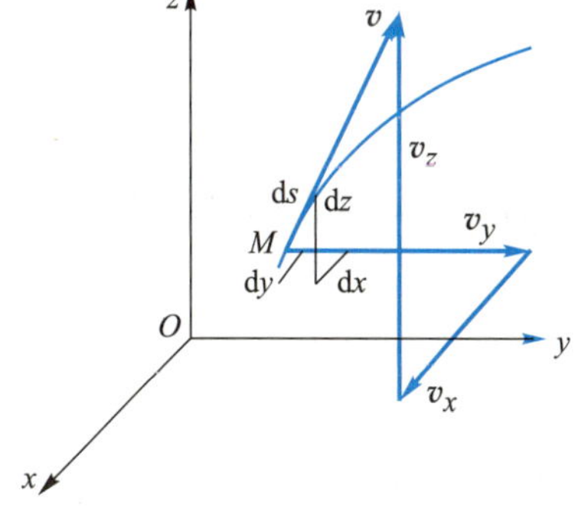


图 3-5

① 流场中流速为零的点称为驻点。

$$\left.\begin{aligned}\frac{v_x}{|\boldsymbol{v}|}&=\cos(\boldsymbol{v},x)\\\frac{v_y}{|\boldsymbol{v}|}&=\cos(\boldsymbol{v},y)\\\frac{v_z}{|\boldsymbol{v}|}&=\cos(\boldsymbol{v},z)\end{aligned}\right\}$$

$$\left.\begin{aligned}\frac{\mathrm{d}x}{|\mathrm{d}\boldsymbol{s}|}&=\cos(\mathrm{d}\boldsymbol{s},x)\\\frac{\mathrm{d}y}{|\mathrm{d}\boldsymbol{s}|}&=\cos(\mathrm{d}\boldsymbol{s},y)\\\frac{\mathrm{d}z}{|\mathrm{d}\boldsymbol{s}|}&=\cos(\mathrm{d}\boldsymbol{s},z)\end{aligned}\right\}$$

由流线定义知，$\boldsymbol{v}$ 和 $\mathrm{d}\boldsymbol{s}$ 的方向一致，即

$$\cos(\boldsymbol{v},x)=\cos(\mathrm{d}\boldsymbol{s},x)$$

$$\cos(\boldsymbol{v},y)=\cos(\mathrm{d}\boldsymbol{s},y)$$

$$\cos(\boldsymbol{v},z)=\cos(\mathrm{d}\boldsymbol{s},z)$$

从而

$$\frac{v_x}{|\boldsymbol{v}|}=\frac{\mathrm{d}x}{|\mathrm{d}\boldsymbol{s}|},\quad \frac{\mathrm{d}x}{v_x}=\frac{|\mathrm{d}\boldsymbol{s}|}{|\boldsymbol{v}|}$$

同样

$$\frac{\mathrm{d}y}{v_y}=\frac{|\mathrm{d}\boldsymbol{s}|}{|\boldsymbol{v}|},\quad \frac{\mathrm{d}z}{v_z}=\frac{|\mathrm{d}\boldsymbol{s}|}{|\boldsymbol{v}|}$$

最后得

$$\frac{\mathrm{d}x}{v_x}=\frac{\mathrm{d}y}{v_y}=\frac{\mathrm{d}z}{v_z} \tag{3-6}$$

该式即为流线的微分方程式。

由式(3-6)可知，当用欧拉法研究流场时，只要给出速度分布规律，便可得出流线形状，进而看出流场的速度分布图形。例如，某流场中速度分布为

$$v_x=\frac{-ky}{x^2+y^2},v_y=\frac{kx}{x^2+y^2}$$

现在分析其流线形状及流动状况。

将速度表达式代入流线微分方程可得

$$\frac{(x^2+y^2)\mathrm{d}x}{-ky}=\frac{(x^2+y^2)\mathrm{d}y}{kx}$$

整理得

$$x\mathrm{d}x+y\mathrm{d}y=0$$

积分此式，得

$$x^2+y^2=C$$

此式即为流线方程，由此方程可知该流动流线为以坐标原点为圆心的同心圆族。不难分析此流动为逆时针方向绕坐标原点运动。

### 3. 流管、流束

在流场中任取一封闭曲线 $l$(非流线),过曲线上各点作流线,所有这些流线构成一管状曲面,称为流管,如图 3-6 所示。由流线定义可知,位于流管表面上的各流体质点的速度与流管方向相切,没有法向速度分量,因而不能穿越流管,即没有流体通过流管向内或向外流动。流管如同真实的固体管壁,将其内部的流体限制在管内流动。

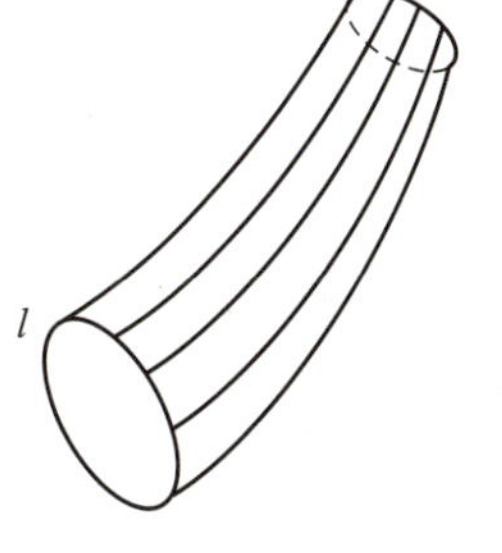

图 3-6

在流体作恒定流动时,流管的形状和空间位置不随时间改变。流管在流场中不能产生也不能中断。

若在流场中取一非流面的曲面 $S$,则过曲面上各点所作流线的总和,称为流束。可见,流束由流管所围成的空间内所有流线所组成。若所取曲面为一无穷小面积 $ds$,则所得流束称为微小流束。微小流束的极限即是流线,通常可以用流线方程来确定微小流束,但须注意两者之间的差别。另外,由于微小流束断面无限小,可以认为其断面上的运动参数均匀分布。

在实际工程中,把管内流动和渠道中的流动看成总的流束,它由无限多微小流束组成,称为总流。

## 三、过流断面、湿周、水力半径、当量直径

在流束或总流中与所有流线都相垂直的横断面称为过流断面或有效断面。如图 3-7 所示,过流断面可能是平面也可能是曲面。

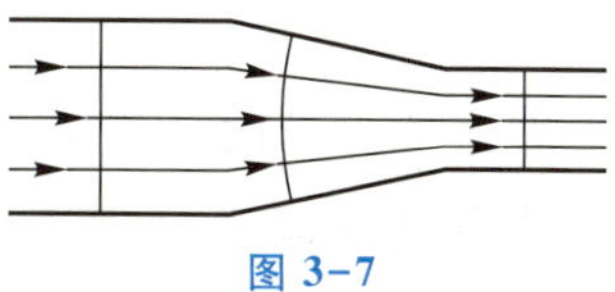
图 3-7

在总流的过流断面上与流体相接触的固体边壁周长称为湿周,用字母 $\chi$ 标记。

总流过流断面面积与湿周之比称为水力半径,用字母 $R$ 标记:

$$R=\frac{A}{\chi} \tag{3-7}$$

总流过流断面面积的 4 倍与湿周之比称为当量直径,用字母 $d_e$ 标记:

$$d_e=\frac{4A}{\chi} \tag{3-8}$$

水力半径和当量直径与通常圆断面的半径和直径是不同的概念,不可混淆,它们在非圆断面管道水力计算中起着十分重要的作用。

图 3-8 中分别标出了全充满圆管、半充满圆管、正方形和长方形断面的湿周、水力半径和当量直径。

## 四、流量、断面平均流速

单位时间内流过总流过流断面的流体量称为流量,流体量可以用体积、质量来表示,

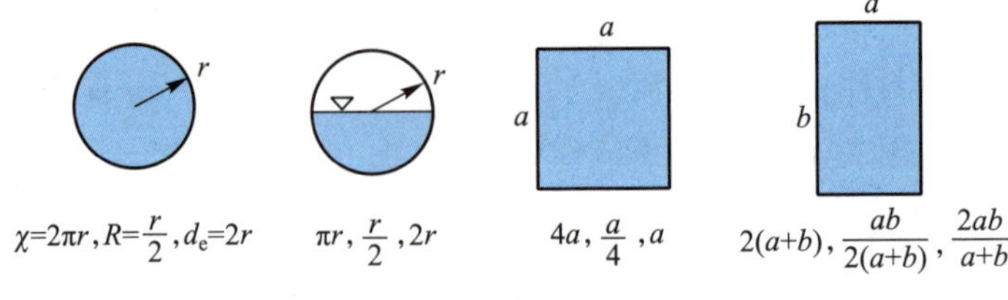


图 3-8

其相应的流量分别称为**体积流量**、**质量流量**，记为 $q_V$ 和 $q_m$。在 SI 中两种流量的单位分别为 $m^3/s$ 和 kg/s。

在图 3-9 中，流过微元面积 $dA$ 的体积流量为

$$dq_V = v dA$$

此处，因 $dA$ 为微元面积，故认为 $v$ 均匀分布。积分此式可得流经整个过流断面 $A$ 的流量为

图 3-9

$$q_V = \int_A v dA \tag{3-9}$$

当所取为任意截面而不是过流断面时，因截面每点速度不与截面垂直，故微元流量为

$$dq_V = v\cos(v,n)dA$$

此处，$\cos(v,n)$ 为速度 $v$ 与 $dA$ 法线方向夹角的余弦。

流过整个截面上的流量应为

$$q_V = \int_A v\cos(v,n)dA$$

在流体力学的某些研究和在大量实际工程计算中，往往不需要知道过流断面上每一点的实际流速，只需要知道该过流断面上流速的平均值就可以了，因此引入平均流速的概念。过流断面的平均流速是一种假想的流速，即过流断面上每一点的平均流速都相同，以平均流速流过过流断面的流量与以实际流速流过的流量相等，若平均流速以 $V$ 标记，则

$$V = \frac{q_V}{A} = \frac{\int_A v dA}{A} \tag{3-10}$$

显然，由于实际流体具有黏性，流速在过流断面上的分布肯定不会是均匀的，以后将会看到其可能为抛物线分布、指数分布等。因此，每点的实际流速可以表示为

$$v = V \pm \Delta v$$

可见，实际流速可能大于也可能小于平均流速。对于整个过流断面，有 $\sum \pm \Delta v = 0$。

断面平均流速的概念十分重要，它使研究和计算大为简化，尤其在工程设计计算中，具有十分重要的实际意义。

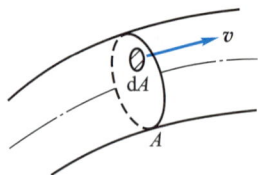

### 五、一元（一维）、二元（二维）、三元（三维）流动

根据确定流体运动参数所需的空间坐标变量的个数，可以将流体运动分为一元流动、二元流动、三元流动，又称为一维流动、二维流动、三维流动。一般情况下，流体都是在空间内流动，流动参数为三个坐标的函数，为三维流动，如风绕过汽车、房屋的流动，流体对扭曲叶片的流动等，这些都是三维流动。虽然随着计算技术和计算机的飞速发展和应用，对一些复杂流体力学问题的求解已成为可能，但是对于运动参数随空间三个坐标方向变化的大多数流体力学工程实际问题，研究分析通常十分困难复杂，几乎不可能精确求解。因此，在流体力学的研究和实际工程技术中，在可能的条件下，应尽量将三维流动简化为二维甚至为一维流动求解。适当地选择坐标或将流动作某些简化，流动参数可表示为两个坐标的函数，称为二维流动。如将某些绕圆柱流动假想看作绕无限长圆柱体的流动，就成为二维流动。流动参数只是一个空间坐标函数的流动称为一维流动。一般情况下管道中的流动，同一过流断面上各点的运动参数实际上是不等的，它是三个空间坐标的函数，但是如果引入断面平均速度，就变为只是曲线坐标的函数，可以将这种管流看作一维流动，使实际流体运动问题大为简化。

## §3-3 连续性方程

在流体力学的研究中，把流体看作连续介质，即使是在运动流体内部，流体质点也连续充满所占据的空间，彼此间不会出现空隙。流体的这种性质称为连续性，用数学形式表达出来就是连续性方程。它是物质不灭定律在流体力学中的具体体现，连续性方程实质上是质量守恒方程。

### 1. 不可压缩流体恒定流动微小流束和总流的连续性方程

这里只讨论不可压缩流体作恒定一维流动的情况。在流场中既无源也无汇（无源、无汇指流场中流体不产生也不消失）。

对于如图 3-10 所示的微小流束，根据定义，流体质点不能穿过其侧表面，而在微小流束内流体连续，没有间隙。因此，$\mathrm{d}t$ 时间内自 $\mathrm{d}A_1$ 流入的流体体积应等于自 $\mathrm{d}A_2$ 流出的流体体积，因所研究的是微小流束，则 $\mathrm{d}A_1$，$\mathrm{d}A_2$ 面上的流速 $v_1$，$v_2$ 可认为均匀分布，所以

$$v_1\mathrm{d}A_1\mathrm{d}t=v_2\mathrm{d}A_2\mathrm{d}t$$

得

$$v_1\mathrm{d}A_1=v_2\mathrm{d}A_2 \tag{3-11}$$



图 3-10

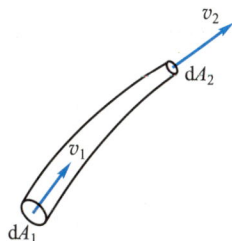

式(3-11)为不可压缩流体微小流束连续性方程。方程对恒定流动任何时刻都成立，而对于非恒定流动只成立于某一瞬时。

对于图 3-11 所示由 $A_1$，$A_2$ 断面所限定的流束段，其连续性方程可由对微小流束连续

性方程(3-11)在 $A_1$,$A_2$ 面上积分得到,即

$$\int_{A_1} v_1 \mathrm{d}A_1 = \int_{A_2} v_2 \mathrm{d}A_2$$

如 $V_1$,$V_2$ 为 $A_1$,$A_2$ 面上的平均流速,则得

$$V_1A_1 = V_2A_2$$

依此,对流束的各过流断面有

$$V_1A_1 = V_2A_2 = \cdots = V_nA_n = q_V \tag{3-12}$$

式(3-12)为流束的连续性方程。此方程给出了流量、平均流速和过流断面面积之间的关系,即流束的断面平均流速与过流断面面积成反比。如果流量一定,由式(3-12)可见,过流断面大,则流速小;而过流断面小则流速大。

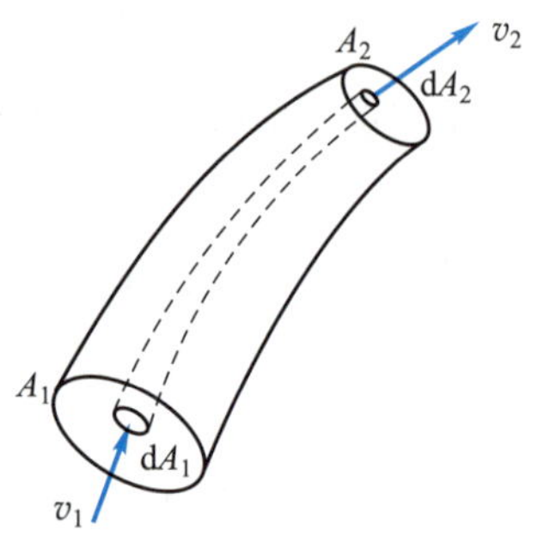


图 3-11

显然,由连续性方程可以证明前面的论断:流管在流场中不能中断或产生,因为流管中断或产生,流出流入流束的流量将不等。

### 2. 直角坐标系中的连续性微分方程

在空间流场中取一固定的直角六面体微小空间,边长为 dx,dy,dz,所取坐标如图 3-12 所示。中心为 $A(x,y,z)$ 点,该点速度分量为 $v_x$,$v_y$,$v_z$,密度为 $\rho(x,y,z,t)$。

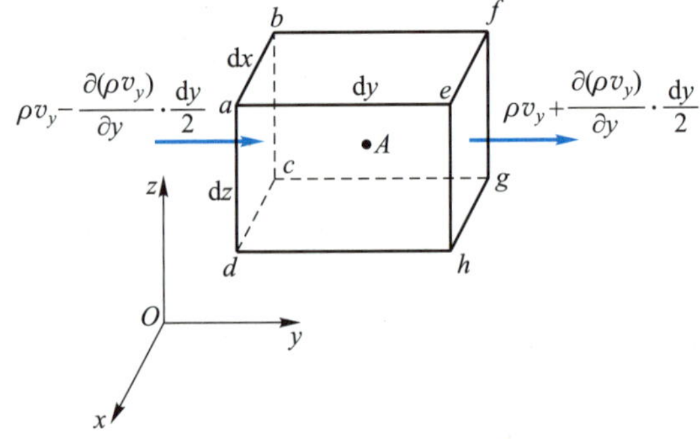


图 3-12

计算在 d$t$ 时间内流入、流出该六面体的流体质量。

首先讨论沿 $y$ 方向的质量变化。由于速度和密度是坐标的连续函数,因此由 $abcd$ 面流入的质量为

$$\left[\rho v_y - \frac{1}{2}\frac{\partial(\rho v_y)}{\partial y}\mathrm{d}y\right]\mathrm{d}x\mathrm{d}z\mathrm{d}t$$

由 $efgh$ 面流出的质量为

$$\left[\rho v_y + \frac{1}{2}\frac{\partial(\rho v_y)}{\partial y}\mathrm{d}y\right]\mathrm{d}x\mathrm{d}z\mathrm{d}t$$

因此,在 d$t$ 时间内,自垂直于 $y$ 轴的两个面流出、流入的流体质量差为

$$\Delta m_y=\left[\rho v_y+\frac{1}{2}\frac{\partial(\rho v_y)}{\partial y}\mathrm{d}y\right]\mathrm{d}x\mathrm{d}z\mathrm{d}t-\left[\rho v_y-\frac{1}{2}\frac{\partial(\rho v_y)}{\partial y}\mathrm{d}y\right]\mathrm{d}x\mathrm{d}z\mathrm{d}t=\frac{\partial(\rho v_y)}{\partial y}\mathrm{d}x\mathrm{d}y\mathrm{d}z\mathrm{d}t$$

同样道理可得 d$t$ 时间内，分别自垂直于 $x$，$z$ 轴的平面流出、流入的流体质量差为

$$\Delta m_x=\frac{\partial(\rho v_x)}{\partial x}\mathrm{d}x\mathrm{d}y\mathrm{d}z\mathrm{d}t$$

$$\Delta m_z=\frac{\partial(\rho v_z)}{\partial z}\mathrm{d}x\mathrm{d}y\mathrm{d}z\mathrm{d}t$$

由此，在 d$t$ 时间内流出、流入整个六面体的流体质量差为

$$\Delta m_x+\Delta m_y+\Delta m_z=\left[\frac{\partial(\rho v_x)}{\partial x}+\frac{\partial(\rho v_y)}{\partial y}+\frac{\partial(\rho v_z)}{\partial z}\right]\mathrm{d}x\mathrm{d}y\mathrm{d}z\mathrm{d}t$$

对于可压缩流体，在 d$t$ 时间内，密度也将发生变化，流体密度的变化同样引起六面体内流体质量的改变。以 $\Delta m_t$ 表示质量随时间的增量，设 $t$ 时刻流体密度为 $\rho$，$t$+d$t$ 时刻流体密度为 $\rho+\frac{\partial\rho}{\partial t}\mathrm{d}t$，则

$$\Delta m_t=\frac{\partial\rho}{\partial t}\mathrm{d}x\mathrm{d}y\mathrm{d}z\mathrm{d}t$$

由质量守恒条件可知

$$\Delta m_x+\Delta m_y+\Delta m_z=-\Delta m_t$$

由于式中（$\Delta m_x+\Delta m_y+\Delta m_z$）为流出与流入六面体流体质量的差值，而 $\Delta m_t$ 为 d$t$ 时间内六面体内流体质量由于密度变化而产生的增量，故该式右端加一负号。整理上式可得

$$\left[\frac{\partial(\rho v_x)}{\partial x}+\frac{\partial(\rho v_y)}{\partial y}+\frac{\partial(\rho v_z)}{\partial z}\right]\mathrm{d}x\mathrm{d}y\mathrm{d}z\mathrm{d}t=-\frac{\partial\rho}{\partial t}\mathrm{d}x\mathrm{d}y\mathrm{d}z\mathrm{d}t$$

化简得

$$\frac{\partial\rho}{\partial t}+\frac{\partial(\rho v_x)}{\partial x}+\frac{\partial(\rho v_y)}{\partial y}+\frac{\partial(\rho v_z)}{\partial z}=0 \tag{3-13}$$

式(3-13)为**连续性微分方程**。

由于

$$\frac{\partial(\rho v_x)}{\partial x}=\rho\frac{\partial v_x}{\partial x}+v_x\frac{\partial\rho}{\partial x}$$

$$\frac{\partial(\rho v_y)}{\partial y}=\rho\frac{\partial v_y}{\partial y}+v_y\frac{\partial\rho}{\partial y}$$

$$\frac{\partial(\rho v_z)}{\partial z}=\rho\frac{\partial v_z}{\partial z}+v_z\frac{\partial\rho}{\partial z}$$

而

$$\frac{\mathrm{d}\rho}{\mathrm{d}t}=\frac{\partial\rho}{\partial t}+v_x\frac{\partial\rho}{\partial x}+v_y\frac{\partial\rho}{\partial y}+v_z\frac{\partial\rho}{\partial z}$$

全部代入式(3-13)得

$$\frac{\mathrm{d}\rho}{\mathrm{d}t}+\rho\left(\frac{\partial v_x}{\partial x}+\frac{\partial v_y}{\partial y}+\frac{\partial v_z}{\partial z}\right)=0$$

或

$$\frac{1}{\rho}\frac{\mathrm{d}\rho}{\mathrm{d}t}+\left(\frac{\partial v_x}{\partial x}+\frac{\partial v_y}{\partial y}+\frac{\partial v_z}{\partial z}\right)=0 \tag{3-14}$$

式(3-14)为连续性微分方程的另一形式。写成向量表达式为

$$\frac{1}{\rho}\frac{\mathrm{d}\rho}{\mathrm{d}t}+\nabla\cdot\boldsymbol{v}=0 \tag{3-15}$$

对于恒定流动，$\frac{\partial\rho}{\partial t}=0$，则式(3-13)变为

$$\frac{\partial(\rho v_x)}{\partial x}+\frac{\partial(\rho v_y)}{\partial y}+\frac{\partial(\rho v_z)}{\partial z}=0$$

或

$$\nabla\cdot(\rho\boldsymbol{v})=0$$

对于不可压缩流体 $\rho$=常数，式(3-14)变为

$$\frac{\partial v_x}{\partial x}+\frac{\partial v_y}{\partial y}+\frac{\partial v_z}{\partial z}=0 \tag{3-16}$$

或

$$\nabla\cdot\boldsymbol{v}=0$$

即速度 $v$ 的散度为零。

### 3. 圆柱坐标系中的连续性微分方程

在图 3-13 中引用圆柱坐标系 $r,\theta,z$。取空间微元体积12341′2′3′4′为研究对象。速度 $v_r,v_\theta,v_z$ 和密度 $\rho$ 都是空间坐标和时间的连续函数。

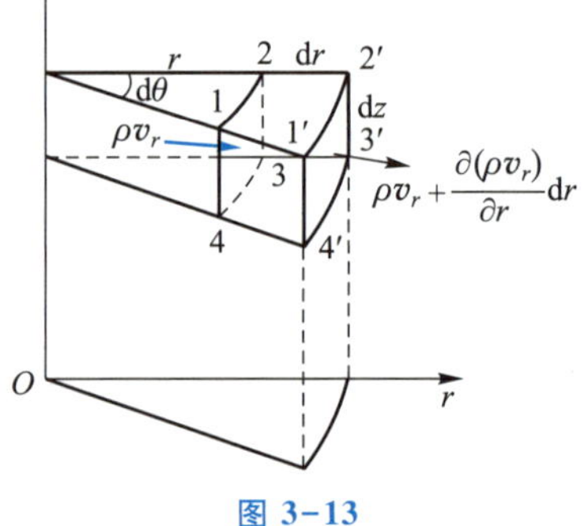

图 3-13

计算 $\mathrm{d}t$ 时间内流入、流出该微元体积的流体质量。

通过1234，22′3′3 和 33′4′4 各面流入的流体质量分别为

$$\rho v_r r\mathrm{d}\theta\mathrm{d}z\mathrm{d}t$$

$$\rho v_\theta \mathrm{d}r\mathrm{d}z\mathrm{d}t$$

$$\rho v_z r\mathrm{d}\theta\mathrm{d}r\mathrm{d}t$$

通过1′2′3′4′，11′4′4 和 11′2′2 各面流出的流体质量分别为

$$\left[\rho v_r+\frac{\partial(\rho v_r)}{\partial r}\mathrm{d}r\right](r+\mathrm{d}r)\,\mathrm{d}\theta\mathrm{d}z\mathrm{d}t$$

$$\left[\rho v_\theta+\frac{\partial(\rho v_\theta)}{\partial\theta}\mathrm{d}\theta\right]\mathrm{d}r\mathrm{d}z\mathrm{d}t$$

$$\left[\rho v_z+\frac{\partial(\rho v_z)}{\partial z}\mathrm{d}z\right]r\mathrm{d}\theta\mathrm{d}r\mathrm{d}t$$

由此，在 $\mathrm{d}t$ 时间内流出、流入所研究微元体积的流体质量差为（略去高阶小量）

$$\Delta m_r+\Delta m_\theta+\Delta m_z=\left[\rho v_r+r\frac{\partial(\rho v_r)}{\partial r}+\frac{\partial(\rho v_\theta)}{\partial\theta}+r\frac{\partial(\rho v_z)}{\partial z}\right]\mathrm{d}r\mathrm{d}\theta\mathrm{d}z\mathrm{d}t$$

同前述，$\mathrm{d}t$ 时间内由密度变化引起的流体质量增量 $\Delta m_t$ 为

$$\Delta m_t=\frac{\partial\rho}{\partial t}r\mathrm{d}\theta\mathrm{d}r\mathrm{d}z\mathrm{d}t$$

由质量守恒有

$$\Delta m_r+\Delta m_\theta+\Delta m_z=-\Delta m_t$$

即

$$\left[\rho v_r+r\frac{\partial(\rho v_r)}{\partial r}+\frac{\partial(\rho v_\theta)}{\partial\theta}+r\frac{\partial(\rho v_z)}{\partial z}\right]\mathrm{d}r\mathrm{d}\theta\mathrm{d}z\mathrm{d}t=-\frac{\partial\rho}{\partial t}r\mathrm{d}\theta\mathrm{d}r\mathrm{d}z\mathrm{d}t$$

由于

$$\mathrm{d}r\neq0,\quad \mathrm{d}\theta\neq0,\quad \mathrm{d}z\neq0,\quad \mathrm{d}t\neq0$$

所以

$$\frac{\partial\rho}{\partial t}+\frac{\rho v_r}{r}+\frac{\partial(\rho v_r)}{\partial r}+\frac{1}{r}\frac{\partial(\rho v_\theta)}{\partial\theta}+\frac{\partial(\rho v_z)}{\partial z}=0 \tag{3-17}$$

式(3-17)即为柱坐标系中的连续性微分方程。

对于不可压缩流体，$\rho$ 为常数，式(3-17)变为

$$\frac{v_r}{r}+\frac{\partial v_r}{\partial r}+\frac{1}{r}\frac{\partial v_\theta}{\partial\theta}+\frac{\partial v_z}{\partial z}=0 \tag{3-18}$$

### 4. 球坐标系中的连续性微分方程

在图 3-14 中采用球坐标系，$r$ 为径距；$\theta$ 为纬度；$\varphi$ 为经度。用上述类同的方法可推得连续性微分方程为

$$\frac{\partial\rho}{\partial t}+\frac{1}{r\sin\theta}\frac{\partial(\rho v_\theta\sin\theta)}{\partial\theta}+\frac{1}{r\sin\theta}\frac{\partial(\rho v_\varphi)}{\partial\varphi}+\frac{1}{r^2}\frac{\partial(\rho v_r r^2)}{\partial r}=0 \tag{3-19}$$

对于不可压缩流体，式(3-19)变为

$$\frac{1}{r\sin\theta}\frac{\partial(v_\theta\sin\theta)}{\partial\theta}+\frac{1}{r\sin\theta}\frac{\partial v_\varphi}{\partial\varphi}+\frac{1}{r^2}\frac{\partial(v_r r^2)}{\partial r}=0 \tag{3-20}$$

此处推导过程省略，其中 $v_r, v_\theta, v_\varphi$ 为速度在球坐标轴上的分量。

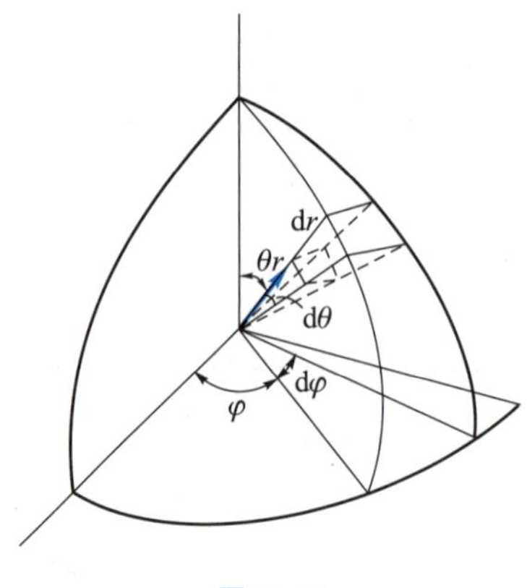


图 3-14

## § 3-4 流体微元的运动分析

本节研究具有微小体积的流体块——流体微元运动的分析。

在理论力学中，刚体的运动可以分解为随基点的平移和绕基点转动两种。如图 3-15 所示，刚体 $V$ 中任一点 $M$ 的速度可以由随基点 $A$ 的平移速度和对基点 $A$ 的瞬时轴的转动速度两部分组成，即

$$\boldsymbol{v}_M=\boldsymbol{v}_A+\boldsymbol{v}_r$$

流体的易流动性决定了它在流动的过程中除了与刚体相类似的平移和转动外，必将伴随变形运动。因此，通常情况下，流体微元的运动可以分解为平移、转动和变形三种。

图 3-15

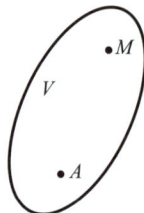

流体微元的运动分解可以由下述**柯西-亥姆霍兹（Cauchy-Helmholtz）定理**确定：在一般情况下，任意流体微元的运动可以分解为三个运动：随同任意基点的平移，对于通过这个基点的瞬时轴的旋转运动以及变形运动。

下面来证明这个定理。

某瞬时 $t$ 在流场中取出一边长为 $dx, dy, dz$ 的长方体微元 $AM$，如图 3-16 所示。

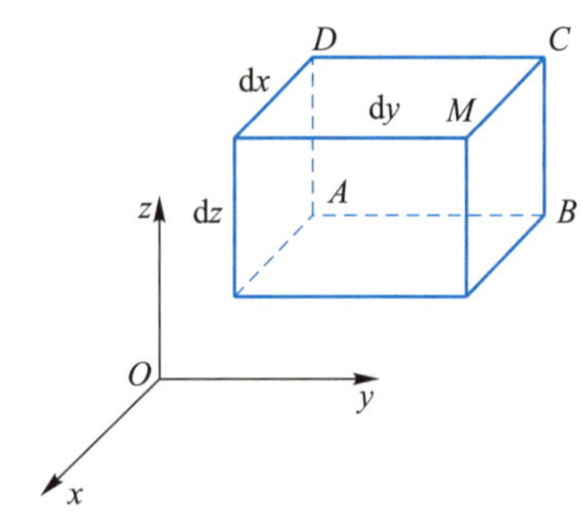


图 3-16

在 $t$ 时刻顶点 $A(x,y,z)$ 的速度为

$$\left.\begin{aligned}v_x&=v_x(x,y,z,t)\\v_y&=v_y(x,y,z,t)\\v_z&=v_z(x,y,z,t)\end{aligned}\right\}$$

在同一时刻 $t$，顶点 $M(x+dx,y+dy,z+dz)$ 的速度为

$$\left.\begin{aligned}v_{Mx}&=v_{Mx}(x+\mathrm{d}x,y+\mathrm{d}y,z+\mathrm{d}z,t)\\v_{My}&=v_{My}(x+\mathrm{d}x,y+\mathrm{d}y,z+\mathrm{d}z,t)\\v_{Mz}&=v_{Mz}(x+\mathrm{d}x,y+\mathrm{d}y,z+\mathrm{d}z,t)\end{aligned}\right\}$$

由于速度是坐标和时间的多元连续函数，故 $M$ 点的速度可以用泰勒级数展开，当略去二阶以上微量时可以表示为

$$\left.\begin{aligned}v_{Mx}&=v_x+\frac{\partial v_x}{\partial x}\mathrm{d}x+\frac{\partial v_x}{\partial y}\mathrm{d}y+\frac{\partial v_x}{\partial z}\mathrm{d}z\\v_{My}&=v_y+\frac{\partial v_y}{\partial x}\mathrm{d}x+\frac{\partial v_y}{\partial y}\mathrm{d}y+\frac{\partial v_y}{\partial z}\mathrm{d}z\\v_{Mz}&=v_z+\frac{\partial v_z}{\partial x}\mathrm{d}x+\frac{\partial v_z}{\partial y}\mathrm{d}y+\frac{\partial v_z}{\partial z}\mathrm{d}z\end{aligned}\right\}\tag{3-21}$$

为简化讨论，取平面运动（或理解为取单位厚度流体微元的运动）进行分析。由于流体微元上各点的速度不同，经过 d$t$ 时间，该流体微元的位置、形状都将发生变化，现在来分析这些变化是哪些运动所导致的。

为此，将作平面运动的流体微元上的 $ABCD$ 各点的速度标示在图 3-17a 中。

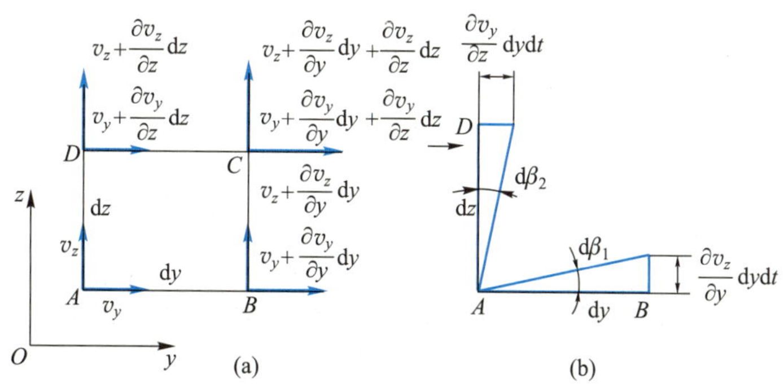


图 3-17

由图可见微元中各点的运动可以进行如下分解：

**1. 随基点 $A$ 的平移，即各质点随同基点的平移**

若只考虑平移运动，d$t$ 时间内各点的平移距离为 $v_y\mathrm{d}t$，$v_z\mathrm{d}t$，其移动方向由 $A$ 点 $t$ 时刻的速度方向所确定。

**2. 线变形运动**

流体微元上各点由于所在坐标位置的不同将在坐标轴方向产生速度差，该速度差将使流体微元在 d$t$ 时间内产生沿坐标轴方向的线变形，即各边伸长或缩短。如图所示，$A$ 和 $B$ 及 $A$ 和 $D$ 点间的速度差值分别为 $\frac{\partial v_y}{\partial y}\mathrm{d}y$ 和 $\frac{\partial v_z}{\partial z}\mathrm{d}z$。所以 $AB$，$AD$ 在 d$t$ 时间的线变形为

$$\frac{\partial v_y}{\partial y}\mathrm{d}y\mathrm{d}t,\quad\frac{\partial v_z}{\partial z}\mathrm{d}z\mathrm{d}t$$

### 3. 角变形运动和旋转运动

现在只考虑 $B$ 相对于 $A$ 和 $D$ 相对于 $A$ 分别在 $z$ 方向和 $y$ 方向的速度差值所引起的变形运动。

由图 3-17b 所示，$B$ 点与 $A$ 点在 $z$ 方向速度差为 $\frac{\partial v_z}{\partial y}\mathrm{d}y$，所以在 $\mathrm{d}t$ 时间内 $B$ 点比 $A$ 点在 $z$ 方向多移动 $\frac{\partial v_z}{\partial y}\mathrm{d}y\mathrm{d}t$ 的距离。由图示几何关系可知，变形角度 $\mathrm{d}\beta_1$ 为

$$\tan \mathrm{d}\beta_1=\frac{\frac{\partial v_z}{\partial y}\mathrm{d}y\mathrm{d}t}{\mathrm{d}y}=\frac{\partial v_z}{\partial y}\mathrm{d}t$$

考虑到 $\mathrm{d}\beta_1$ 为一微小角度，故

$$\frac{\partial v_z}{\partial y}\mathrm{d}t\approx \mathrm{d}\beta_1$$

同理，$D$ 相对于 $A$ 移动所形成的 $\mathrm{d}\beta_2$ 角为

$$\tan \mathrm{d}\beta_2=\frac{\frac{\partial v_y}{\partial z}\mathrm{d}z\mathrm{d}t}{\mathrm{d}z}=\frac{\partial v_y}{\partial z}\mathrm{d}t$$

$$\frac{\partial v_y}{\partial z}\mathrm{d}t\approx \mathrm{d}\beta_2$$

规定以角 $BAD$ 的平分线的位置变化来看流体微元是否旋转；角变形由 $BAD$ 整个角度值的变化来衡量。

在一般情况下，旋转和角变形会出现如图 3-18 所示的五种情况。对这五种情况分析如下：

（a）$\mathrm{d}\beta_1=\mathrm{d}\beta_2$，这时流体微元只有变形而无旋转，角平分线的旋转角 $\mathrm{d}\theta_x=0$；

（b）$\mathrm{d}\beta_1=-\mathrm{d}\beta_2=\mathrm{d}\theta_x$，这时流体微元只有旋转而无变形；

（c）$\mathrm{d}\beta_1=0,\mathrm{d}\beta_2\neq 0,\mathrm{d}\theta_x=-\frac{1}{2}\mathrm{d}\beta_2$，这时流体微元既有旋转又有变形；

（d）$\mathrm{d}\beta_2=0,\mathrm{d}\beta_1\neq 0,\mathrm{d}\theta_x=\frac{1}{2}\mathrm{d}\beta_1$，这时流体微元既有旋转又有变形；

（e）$\mathrm{d}\beta_1\neq 0,\mathrm{d}\beta_2\neq 0,\mathrm{d}\theta_x=\frac{1}{2}(\mathrm{d}\beta_1-\mathrm{d}\beta_2)$，这时流体微元既有旋转又有变形；这种情况显然代表普遍的运动状态。

下面就第五种情况来讨论流体微元的变形和旋转运动。由

$$\mathrm{d}\beta_1=\frac{\partial v_z}{\partial y}\mathrm{d}t,\quad \mathrm{d}\beta_2=\frac{\partial v_y}{\partial z}\mathrm{d}t$$

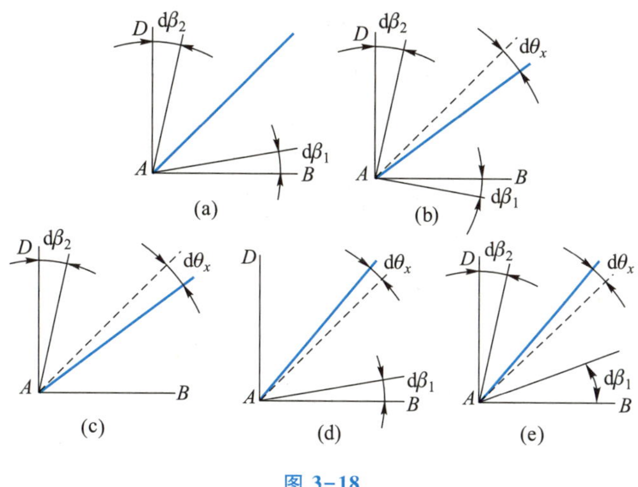


图 3-18

得其旋转角度为

$$d\theta_x=\frac{1}{2}\left(\frac{\partial v_z}{\partial y}-\frac{\partial v_y}{\partial z}\right)dt$$

单位时间旋转角度,即旋转角速度为

$$\omega_x=\frac{d\theta_x}{dt}=\frac{1}{2}\left(\frac{\partial v_z}{\partial y}-\frac{\partial v_y}{\partial z}\right)$$

同理可得 $\omega_y$,$\omega_z$,所以流体微元的旋转角速度分量为

$$\left.\begin{aligned}\omega_x&=\frac{1}{2}\left(\frac{\partial v_z}{\partial y}-\frac{\partial v_y}{\partial z}\right)\\\omega_y&=\frac{1}{2}\left(\frac{\partial v_x}{\partial z}-\frac{\partial v_z}{\partial x}\right)\\\omega_z&=\frac{1}{2}\left(\frac{\partial v_y}{\partial x}-\frac{\partial v_x}{\partial y}\right)\end{aligned}\right\}\tag{3-22}$$

合成旋转角速度为

$$\omega=\sqrt{\omega_x^2+\omega_y^2+\omega_z^2}$$

向量表示为

$$\boldsymbol{\omega}=\frac{1}{2}\nabla\times v$$

由前面的分析,$BAD$ 的角变形为

$$d\beta_x=d\beta_1+d\beta_2$$

为使角变形速度的表达式与旋转角速度具有类同的形式,定义角变形速度为

$$\gamma_x=\frac{1}{2}\frac{d\beta_x}{dt}$$

所以

$$\gamma_x=\frac{1}{2}\frac{(\mathrm{d}\beta_1+\mathrm{d}\beta_2)}{\mathrm{d}t}=\frac{1}{2}\left(\frac{\partial v_z}{\partial y}+\frac{\partial v_y}{\partial z}\right)$$

同理可得 $\gamma_y$,$\gamma_z$。故流体微元的角变形速度分量为

$$\left.\begin{aligned}\gamma_x&=\frac{1}{2}\left(\frac{\partial v_z}{\partial y}+\frac{\partial v_y}{\partial z}\right)\\\gamma_y&=\frac{1}{2}\left(\frac{\partial v_x}{\partial z}+\frac{\partial v_z}{\partial x}\right)\\\gamma_z&=\frac{1}{2}\left(\frac{\partial v_y}{\partial x}+\frac{\partial v_x}{\partial y}\right)\end{aligned}\right\}\tag{3-23}$$

根据平面运动分析所得到的表达式,对式(3-21)$M$ 点的速度分量进行进一步变换。

由式(3-22)和式(3-23)的第三式得

$$\gamma_z-\omega_z=\frac{\partial v_x}{\partial y}$$

由式(3-22)和式(3-23)的第二式得

$$\gamma_y+\omega_y=\frac{\partial v_x}{\partial z}$$

将这两个关系式代入式(3-21)的第一式可得

$$\begin{aligned}v_{Mx}&=v_x+\frac{\partial v_x}{\partial x}\mathrm{d}x+\frac{\partial v_x}{\partial y}\mathrm{d}y+\frac{\partial v_x}{\partial z}\mathrm{d}z\\&=v_x+\frac{\partial v_x}{\partial x}\mathrm{d}x+(\gamma_z-\omega_z)\mathrm{d}y+(\gamma_y+\omega_y)\mathrm{d}z\\&=v_x+\left(\frac{\partial v_x}{\partial x}\mathrm{d}x+\gamma_z\mathrm{d}y+\gamma_y\mathrm{d}z\right)+(\omega_y\mathrm{d}z-\omega_z\mathrm{d}y)\end{aligned}$$

同理可得 $v_{My}$,$v_{Mz}$。则有

$$\left.\begin{aligned}v_{Mx}&=v_x+\left(\frac{\partial v_x}{\partial x}\mathrm{d}x+\gamma_y\mathrm{d}z+\gamma_z\mathrm{d}y\right)+(\omega_y\mathrm{d}z-\omega_z\mathrm{d}y)\\v_{My}&=v_y+\left(\frac{\partial v_y}{\partial y}\mathrm{d}y+\gamma_z\mathrm{d}x+\gamma_x\mathrm{d}z\right)+(\omega_z\mathrm{d}x-\omega_x\mathrm{d}z)\\v_{Mz}&=v_z+\left(\frac{\partial v_z}{\partial z}\mathrm{d}z+\gamma_x\mathrm{d}y+\gamma_y\mathrm{d}x\right)+(\omega_x\mathrm{d}y-\omega_y\mathrm{d}x)\end{aligned}\right\}\tag{3-24}$$

由式(3-24)可以看出,$M$ 点的速度分量由三部分组成。第一项为跟随 $A$ 点的平移速度分量;第二部分中的第一项为流体微元的线变形速度分量,第二、三项为流体微元的角变形速度分量,因此第二部分总和为流体微元的变形速度分量;第三部分为流体微元绕 $A$ 点的旋转速度分量。

由此证明了亥姆霍兹关于微元的运动分解定理。

# § 3-5 有旋运动和无旋运动

按流场中每一个流体微元是否旋转可以将流动分为两大类:有旋运动和无旋运动。

有旋运动,即 $\boldsymbol{\omega}\neq\mathbf{0}$ 或 $\nabla\times\boldsymbol{v}\neq\mathbf{0}$。

对于无旋运动,$\boldsymbol{\omega}=\mathbf{0}$ 或 $\nabla\times\boldsymbol{v}=\mathbf{0}$。由式(3-22)可知,无旋运动流场中各流体微元应满足

$$\left.\begin{array}{l}\omega_x=0,\dfrac{\partial v_z}{\partial y}=\dfrac{\partial v_y}{\partial z}\\ \omega_y=0,\dfrac{\partial v_x}{\partial z}=\dfrac{\partial v_z}{\partial x}\\ \omega_z=0,\dfrac{\partial v_y}{\partial x}=\dfrac{\partial v_x}{\partial y}\end{array}\right\}\tag{3-25}$$

由式(3-25)可以看出,由流场的流速分布可以判断流体流动有旋或无旋。

无旋流动也称为有势流动。

流体作有旋运动或无旋运动仅取决于每个流体微元本身是否旋转,与整个流体运动和流体微元运动的轨迹无关。

例如,在图 3-19a 所示的流动中,流体微元沿圆周运动而微元本身并不旋转,故此流动为无旋即有势流动。以后将会看到,在感生速度场中将出现 $vr=C$ 的速度分布,这种流动就是无旋运动。这可以用图 3-19a 做定性解释:感生速度场中速度分布决定了微元作顺时针方向转动,而 $\omega$ 将使其作逆时针转动,二者相抵消,结果使流体微元本身并不旋转。

图 3-19b 所示为另一种流动情况,整个流场中的流体作类似于刚性旋转,这时各流体微元本身将产生旋转,这种流动为有旋运动。

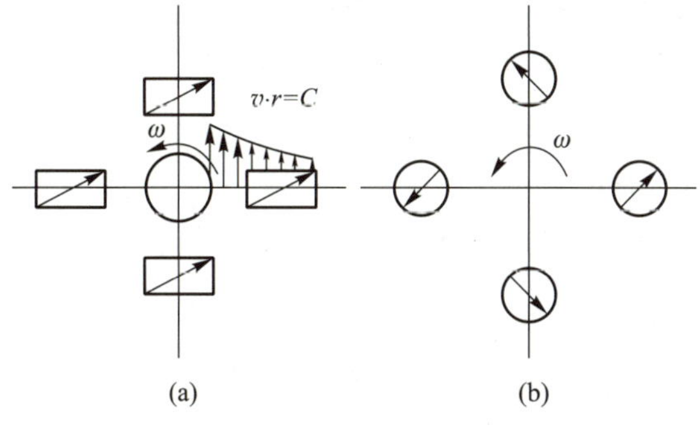


图 3-19

因为无旋运动在运动分析和工程计算中较有旋运动简便得多,因此在工程实际中常将不少问题简化为无旋运动来处理。

## 例 题

**例3-1** 已知不可压缩流体运动速度$\boldsymbol{v}$在$x,y$两个坐标轴方向的分量为

$$v_x=2x^2+y, v_y=2y^2+z$$

且在$z=0$处,有$v_z=0$。试求$z$轴方向的速度分量$v_z$。

解:对不可压缩流体,连续性方程为

$$\frac{\partial v_x}{\partial x}+\frac{\partial v_y}{\partial y}+\frac{\partial v_z}{\partial z}=0$$

将已知条件代入上式,有

$$4x+4y+\frac{\partial v_z}{\partial z}=0$$

即

$$\frac{\partial v_z}{\partial z}=-4x-4y$$

积分可得

$$v_z=-4(x+y)z+f(x,y)$$

又由已知条件对任意$x,y$,当$z=0$时,$v_z=0$。故有

$$f(x,y)=0$$

因此

$$v_z=-4(x+y)z$$

**例3-2** 已知流场中某流体质点的迹线方程为

$$x=A\cos(Kt),\quad y=B\sin(Kt),\quad z=Ct$$

求该质点的速度和加速度。

解:由迹线方程可得

$$v_x=\frac{\partial x}{\partial t}=-AK\sin(Kt)$$

$$v_y=\frac{\partial y}{\partial t}=BK\cos(Kt)$$

$$v_z=\frac{\partial z}{\partial t}=C$$

$$a_x=\frac{\partial v_x}{\partial t}=-AK^2\cos\ (Kt)$$

$$a_y=\frac{\partial v_y}{\partial t}=-BK^2\sin\ (Kt)$$

$$a_z=\frac{\partial v_z}{\partial t}=0$$

**例 3-3** 已知 $u_x=x^2y+y^2$，$u_y=x^2-y^2x$，试求此流场中在 $x=1$，$y=2$ 点处的线变率、角变率和角速度。

**解：** 线变率 $\varepsilon_{xx}=\frac{\partial u_x}{\partial x}=2xy,\quad \varepsilon_{yy}=\frac{\partial u_y}{\partial y}=-2xy$

角变率 $\varepsilon_{xy}=\varepsilon_{yx}=\frac{1}{2}\left(\frac{\partial u_y}{\partial x}+\frac{\partial u_x}{\partial y}\right)=\frac{1}{2}(2x-y^2+x^2+2y)$

角速度 $\omega_z=\frac{1}{2}\left(\frac{\partial u_y}{\partial x}-\frac{\partial u_x}{\partial y}\right)=\frac{1}{2}(2x-y^2-x^2-2y)$

在 $x=1$，$y=2$ 点处：$\varepsilon_{xx}=4\ \mathrm{s^{-1}}$；$\varepsilon_{yy}=-4\ \mathrm{s^{-1}}$；$\varepsilon_{xy}=1.5\ \mathrm{rad/s}$；$\omega_z=-3.5\ \mathrm{rad/s}$。

**例 3-4** 某平面流场速度分布为

$$v_x=x+t,\ v_y=-y+t$$

试求在 $t=0$ 时过 $(-1,-1)$ 点的流线和迹线方程。

**解：** 将速度代入流线微分方程

$$\frac{\mathrm{d}x}{x+t}=\frac{\mathrm{d}y}{-y+t}$$

积分得 $$\ln\ (x+t)=-\ln\ (y-t)+C$$

即 $$\ln\ [\ (x+t)(y-t)\ ]=C$$

由 $t=0$ 时过 $(-1,-1)$ 点得 $C=0$，所求流线方程为

$$xy=1$$

可知流线为双曲线。

由迹线微分方程得

$$\frac{\mathrm{d}x}{\mathrm{d}t}=v_x=x+t,\quad \frac{\mathrm{d}y}{\mathrm{d}t}=v_y=-y+t$$

此方程通解为

$$x=C_1\mathrm{e}^t-t-1,\ y=C_2\mathrm{e}^{-t}+t-1$$

由 $t=0$ 时 $x=-1$，$y=-1$ 可得 $C_1=C_2=0$，于是迹线方程为

$$\begin{cases} x=-t-1 \\ y=t-1 \end{cases}$$

消去 $t$ 得

$$x+y=-2$$

可见，在非恒定流动中迹线为直线。

若流动恒定，则速度为 $v_x=x, v_y=-y$。可求得流线方程仍为 $xy=1$。由迹线方程得

$$\frac{\mathrm{d}x}{\mathrm{d}t}=v_x=x,\frac{\mathrm{d}y}{\mathrm{d}t}=v_y=-y$$

即

$$\frac{\mathrm{d}x}{x}=-\frac{\mathrm{d}y}{y}$$

积分得

$$\ln\ (xy)=C_3$$

由过(-1,-1)点得 $C_3=0$，则迹线方程为

$$xy=1$$

可以看出，当流动恒定时流线和迹线重合。

**例 3-5** 在直径为 $d$ 的圆形风管断面上，用以下方法选定五个点来测量局部风速。设想用与管轴同心，但不同半径的圆周，将全部断面分为中间是圆，其他是圆环的五个面积相等的部分，如图所示。测点即位于等分此部分面积的圆周上。这样测得的各点流速，分别代表相应断面的平均流速。试计算各测点到管轴的距离，以直径的倍数表示；若各点流速分别为 $u_1, u_2, u_3, u_4, u_5$，空气密度为 $\rho$，试求质量流量 $Q_m$。

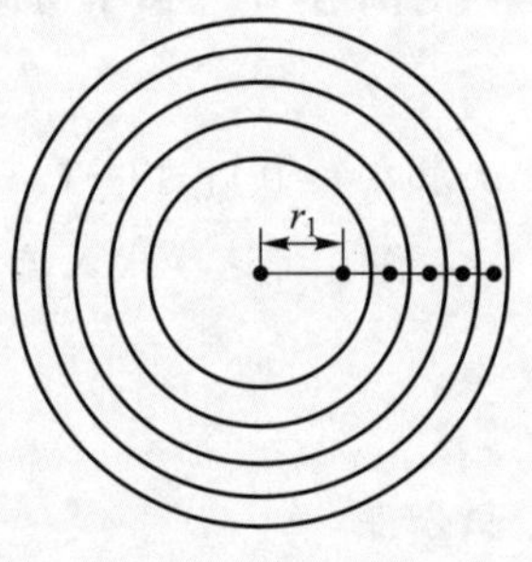

例 3-5 图

**解**：根据题意先将总圆面积五等分，再将每一等份面积用同心圆划分为相等的两部分。这样，由内到外的同心圆所包围的面积，分别为总圆面积的 1/10、3/10、5/10、7/10、9/10，相应的半径即为测点到管轴的距离。因此，

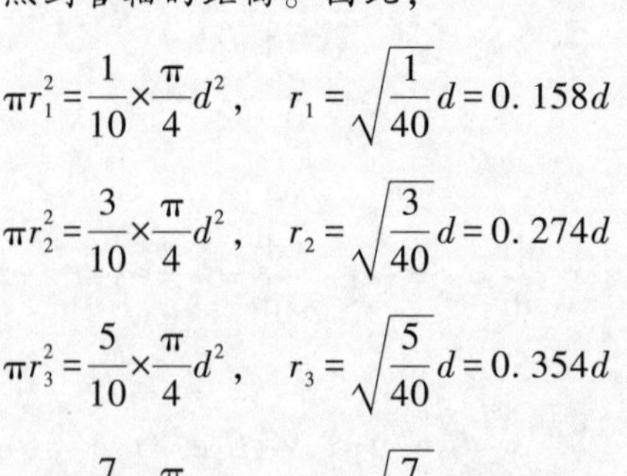

$$\pi r_1^2=\frac{1}{10}\times\frac{\pi}{4}d^2,\quad r_1=\sqrt{\frac{1}{40}}d=0.158d$$

$$\pi r_2^2=\frac{3}{10}\times\frac{\pi}{4}d^2,\quad r_2=\sqrt{\frac{3}{40}}d=0.274d$$

$$\pi r_3^2=\frac{5}{10}\times\frac{\pi}{4}d^2,\quad r_3=\sqrt{\frac{5}{40}}d=0.354d$$

$$\pi r_4^2=\frac{7}{10}\times\frac{\pi}{4}d^2,\quad r_4=\sqrt{\frac{7}{40}}d=0.418d$$

$$\pi r_5^2=\frac{9}{10}\times\frac{\pi}{4}d^2,\quad r_5=\sqrt{\frac{9}{40}}d=0.474d$$

等份面积 $A=\frac{1}{10}\times\frac{\pi}{4}d^2=\frac{\pi d^2}{40}$，质量流量为

$$Q_m=\rho Q=\rho\left(\frac{\pi}{20}d^2u_1+\frac{\pi}{20}d^2u_2+\frac{\pi}{20}d^2u_3+\frac{\pi}{20}d^2u_4+\frac{\pi}{20}d^2u_5\right)$$

$$=\rho\frac{\pi}{20}d^2(u_1+u_2+u_3+u_4+u_5)$$

第 3 章

电子作业本

# 第 4 章 理想流体动力学基础

流体运动学只研究流体运动本身，如运动速度、加速度等参数，不涉及这些运动量与力之间的关系，因而既适用于理想流体，也适用于黏性流体。理想流体动力学，研究流体运动参量与所受的力和动量之间的关系，讨论的流体介质是无黏性的理想流体。

工程实际中的流体是有黏性的，并不存在理想流体。但在很多情况下，流体的黏滞力的作用与其他力相比较很小，可以忽略。这样，将使流体动力学的研究大为简化，容易得到流体运动的基本规律。这样做不仅对解决工程中的流体运动规律有普遍指导意义，而且对解决某些可以忽略黏性的流体运动问题有实际意义。

本章将首先用微元体积法导出理想流体欧拉运动微分方程，然后变换成力学意义更为明显的葛罗米柯形式，并在特殊条件下积分得到能量关系式。

## §4-1 理想流体运动微分方程式

理想流体运动微分方程式是研究流体运动的基本微分方程式，它是在牛顿第二定律基础上推导得到的。

在流场中，取一个直角六面体微元，边长为 $dx,dy,dz$，如图 4-1 所示。在某瞬时 $t$，中心点 $A(x,y,z)$ 处的压强为 $p(x,y,z,t)$，流体的密度为 $\rho(x,y,z,t)$。因为是理想流体，六面体所有表面上仅作用有法线方向的压强，微元中心 $A$ 点的速度为 $v_x,v_y,v_z$。

与 $y$ 轴垂直的两个面上作用的表面力如图所示，$\dfrac{\partial p}{\partial y}$是压强沿 $y$ 轴的变化率。

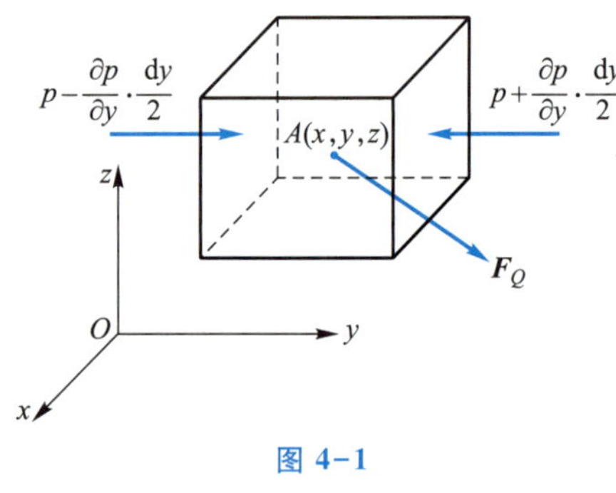


图 4-1

作用在微元直角六面体上的质量力 $\boldsymbol{F}_Q$，在三个坐标轴方向的投影为

$$\left.\begin{aligned}F_{Qx}&=f_x\rho\mathrm{d}x\mathrm{d}y\mathrm{d}z\\F_{Qy}&=f_y\rho\mathrm{d}x\mathrm{d}y\mathrm{d}z\\F_{Qz}&=f_z\rho\mathrm{d}x\mathrm{d}y\mathrm{d}z\end{aligned}\right\}$$

式中 $f_x, f_y, f_z$ 分别为单位质量力在 $x, y, z$ 方向的投影。

在表面力和质量力作用下，六面体流体微元产生加速度 $a$，由牛顿第二定律

$$\sum F_y = ma_y$$

有

$$\left(\rho f_y - \frac{\partial p}{\partial y}\right) \mathrm{d}x\mathrm{d}y\mathrm{d}z = \rho \mathrm{d}x\mathrm{d}y\mathrm{d}z \frac{\mathrm{d}v_y}{\mathrm{d}t}$$

方程两边除以微元六面体的质量 $\rho\mathrm{d}x\mathrm{d}y\mathrm{d}z$，得到单位质量流体运动规律的数学表达式：

$$f_y - \frac{1}{\rho}\frac{\partial p}{\partial y} = \frac{\mathrm{d}v_y}{\mathrm{d}t}$$

同理可推得 $x, z$ 方向上表达式，于是有

$$\left.\begin{aligned} f_x - \frac{1}{\rho}\frac{\partial p}{\partial x} &= \frac{\mathrm{d}v_x}{\mathrm{d}t} \\ f_y - \frac{1}{\rho}\frac{\partial p}{\partial y} &= \frac{\mathrm{d}v_y}{\mathrm{d}t} \\ f_z - \frac{1}{\rho}\frac{\partial p}{\partial z} &= \frac{\mathrm{d}v_z}{\mathrm{d}t} \end{aligned}\right\} \tag{4-1}$$

其向量表达式为

$$\boldsymbol{f} - \frac{1}{\rho}\nabla p = \frac{\mathrm{d}\boldsymbol{v}}{\mathrm{d}t} \tag{4-2}$$

式(4-1)可以写成如下形式：

$$\left.\begin{aligned} f_x - \frac{1}{\rho}\frac{\partial p}{\partial x} &= \frac{\partial v_x}{\partial t} + v_x\frac{\partial v_x}{\partial x} + v_y\frac{\partial v_x}{\partial y} + v_z\frac{\partial v_x}{\partial z} \\ f_y - \frac{1}{\rho}\frac{\partial p}{\partial y} &= \frac{\partial v_y}{\partial t} + v_x\frac{\partial v_y}{\partial x} + v_y\frac{\partial v_y}{\partial y} + v_z\frac{\partial v_y}{\partial z} \\ f_z - \frac{1}{\rho}\frac{\partial p}{\partial z} &= \frac{\partial v_z}{\partial t} + v_x\frac{\partial v_z}{\partial x} + v_y\frac{\partial v_z}{\partial y} + v_z\frac{\partial v_z}{\partial z} \end{aligned}\right\} \tag{4-3}$$

向量表达式为

$$\boldsymbol{f} - \frac{1}{\rho}\nabla p = \frac{\partial \boldsymbol{v}}{\partial t} + (v \cdot \nabla)\boldsymbol{v} \tag{4-4}$$

式(4-3)就是理想流体运动微分方程式，它表达了作用在单位质量流体上的力与流体运动加速度之间的关系，它是从动力学角度考虑必须满足的条件，是流体动力学的基本方程式。此方程由欧拉首先推出，故又称为欧拉运动微分方程。方程推导过程中对流体密度 $\rho$ 未加限制，因此式(4-3)对不可压缩和可压缩流体都适用。

若$\frac{\mathrm{d}\boldsymbol{v}}{\mathrm{d}t}=\boldsymbol{0}$，方程（4-3）变为流体平衡微分方程式（2-2），所以流体平衡微分方程是流体运动方程的特例。

式（4-3）中，单位质量力 $f_x, f_y, f_z$ 通常是已知的，三个方程，五个未知数 $v_x, v_y, v_z, p, \rho$ 不能求解，需要与连续性方程等联立求解。

对不可压缩流体，$\rho$ = 常数，联立连续性方程，方程组封闭可解。

对可压缩流体，$\rho = f(p, T)$，这时，连续性方程为

$$\frac{1}{\rho}\frac{\mathrm{d}\rho}{\mathrm{d}t}+\nabla\cdot\boldsymbol{v}=0$$

状态方程为

$$\frac{p}{\rho}=RT$$

式中 $R$ 为气体常数，$T$ 为热力学温度。对于密度只与压强有关，而与温度无关的正压流体，$\rho = f(p)$，方程组在理论上可解。但即使是这样，由于一般情况下的运动边界条件和起始条件难以用数学表达式给出，解析计算仍然十分困难。

为了求解方程，常将方程进行某些变换，并在工程允许的条件下，作一些特殊的限制。

## §4-2 运动微分方程式的葛罗米柯-兰姆形式

因为流体运动速度 $v^2=v_x^2+v_y^2+v_z^2$，所以

$$\left.\begin{aligned}
\frac{\partial}{\partial x}\left(\frac{v^2}{2}\right)&=\frac{\partial}{\partial x}\left(\frac{v_x^2+v_y^2+v_z^2}{2}\right)\\
&=v_x\frac{\partial v_x}{\partial x}+v_y\frac{\partial v_y}{\partial x}+v_z\frac{\partial v_z}{\partial x}\\
\frac{\partial}{\partial y}\left(\frac{v^2}{2}\right)&=v_x\frac{\partial v_x}{\partial y}+v_y\frac{\partial v_y}{\partial y}+v_z\frac{\partial v_z}{\partial y}\\
\frac{\partial}{\partial z}\left(\frac{v^2}{2}\right)&=v_x\frac{\partial v_x}{\partial z}+v_y\frac{\partial v_y}{\partial z}+v_z\frac{\partial v_z}{\partial z}
\end{aligned}\right\}$$

将式（4-3）的两边分别减去上式，得

$$\left.\begin{aligned}
f_x-\frac{1}{\rho}\frac{\partial p}{\partial x}-\frac{\partial}{\partial x}\left(\frac{v^2}{2}\right)&=\frac{\partial v_x}{\partial t}+v_z\left(\frac{\partial v_x}{\partial z}-\frac{\partial v_z}{\partial x}\right)-v_y\left(\frac{\partial v_y}{\partial x}-\frac{\partial v_x}{\partial y}\right)\\
&=\frac{\partial v_x}{\partial t}+2\omega_y v_z-2\omega_z v_y\\
f_y-\frac{1}{\rho}\frac{\partial p}{\partial y}-\frac{\partial}{\partial y}\left(\frac{v^2}{2}\right)&=\frac{\partial v_y}{\partial t}+2\omega_z v_x-2\omega_x v_z\\
f_z-\frac{1}{\rho}\frac{\partial p}{\partial z}-\frac{\partial}{\partial z}\left(\frac{v^2}{2}\right)&=\frac{\partial v_z}{\partial t}+2\omega_x v_y-2\omega_y v_x
\end{aligned}\right\}\tag{4-5}$$

方程的向量表达式为

$$\boldsymbol{f}-\frac{1}{\rho}\nabla p-\nabla\left(\frac{v^2}{2}\right)=\frac{\partial \boldsymbol{v}}{\partial t}+2\boldsymbol{\omega}\times\boldsymbol{v}\tag{4-6}$$

为了便于求解方程,对作用于流体的质量力和流体本身的性质作一些限制性的假设。

(1) 假设作用于流体上的质量力是有势力。则必存在力函数 $U(x,y,z,t)$,且有

$$f_x=\frac{\partial U}{\partial x},\quad f_y=\frac{\partial U}{\partial y},\quad f_z=\frac{\partial U}{\partial z}$$

(2) 假设密度只是压强的函数,即 $\rho=f(p)$。为了计算方便,引入由下式定义的压力函数 $P(x,y,z,t)$

$$P=\int\frac{\mathrm{d}p}{f(p)}\tag{4-7}$$

对上式微分有

$$\mathrm{d}P=\frac{1}{\rho}\mathrm{d}p$$

将式中的全微分展开

$$\begin{aligned}
&\frac{\partial P}{\partial x}\mathrm{d}x+\frac{\partial P}{\partial y}\mathrm{d}y+\frac{\partial P}{\partial z}\mathrm{d}z+\frac{\partial P}{\partial t}\mathrm{d}t\\
&=\frac{1}{\rho}\frac{\partial p}{\partial x}\mathrm{d}x+\frac{1}{\rho}\frac{\partial p}{\partial y}\mathrm{d}y+\frac{1}{\rho}\frac{\partial p}{\partial z}\mathrm{d}z+\frac{1}{\rho}\frac{\partial p}{\partial t}\mathrm{d}t
\end{aligned}$$

因为 $\mathrm{d}x,\mathrm{d}y,\mathrm{d}z$ 都是任意的,故有

$$\frac{\partial P}{\partial x}=\frac{1}{\rho}\frac{\partial p}{\partial x},\quad \frac{\partial P}{\partial y}=\frac{1}{\rho}\frac{\partial p}{\partial y},\quad \frac{\partial P}{\partial z}=\frac{1}{\rho}\frac{\partial p}{\partial z}$$

对于不可压缩流体,$\rho$ 为常数,则

$$P=\frac{1}{\rho}p$$

对于等温变化($T=T_0$)的可压缩流体,$p/\rho=RT_0=C$,则

$$P=\int\frac{C\mathrm{d}p}{p}=C\ln p$$

对于等熵变化的可压缩流体，$p/\rho^{\kappa}=C$，则

$$P=\int\left(\frac{C}{p}\right)^{\frac{1}{\kappa}}\mathrm{d}p=\frac{\kappa}{\kappa-1}\frac{p}{\rho}$$

在上述假设条件下，方程(4-5)变为

$$\left.\begin{aligned}\frac{\partial}{\partial x}\left(U-P-\frac{v^2}{2}\right)&=\frac{\partial v_x}{\partial t}+2(\omega_y v_z-\omega_z v_y)\\\frac{\partial}{\partial y}\left(U-P-\frac{v^2}{2}\right)&=\frac{\partial v_y}{\partial t}+2(\omega_z v_x-\omega_x v_z)\\\frac{\partial}{\partial z}\left(U-P-\frac{v^2}{2}\right)&=\frac{\partial v_z}{\partial t}+2(\omega_x v_y-\omega_y v_x)\end{aligned}\right\}\tag{4-8}$$

方程组可以用行列式表示为

$$\left.\begin{aligned}\frac{\partial}{\partial x}\left(U-P-\frac{v^2}{2}\right)&=\frac{\partial v_x}{\partial t}+2\begin{vmatrix}\omega_y&\omega_z\\v_y&v_z\end{vmatrix}\\\frac{\partial}{\partial y}\left(U-P-\frac{v^2}{2}\right)&=\frac{\partial v_y}{\partial t}+2\begin{vmatrix}\omega_z&\omega_x\\v_z&v_x\end{vmatrix}\\\frac{\partial}{\partial z}\left(U-P-\frac{v^2}{2}\right)&=\frac{\partial v_z}{\partial t}+2\begin{vmatrix}\omega_x&\omega_y\\v_x&v_y\end{vmatrix}\end{aligned}\right\}\tag{4-9}$$

式(4-8)和式(4-9)就是葛罗米柯-兰姆(Gromeco-Lamb)形式的理想流体运动方程式，它实质上与欧拉运动微分方程相同，差别仅在于形式上的改变，而且在变换过程中，附加了两个限制条件。

但是，葛罗米柯-兰姆方程十分清楚地显示了流体微元运动的速度分量，因而可以从方程中直接区分性质完全不同的有旋与有势流动，这样，就能更方便地分析流动的性质，容易看出在何种情况下可以积分，使方程更为实用。

## §4-3 恒定有旋运动中沿流线的伯努利积分

理想流体运动微分方程，只在几种特殊的条件下才能积分求解，恒定流动的伯努利积分和非恒定有势流动的拉格朗日积分是其中典型的两种。这里引入了如下的假设限制条件：

（1）流体是理想的，流体作恒定流动；

（2）作用在流体上的质量力有势；

（3）流体的密度只与压强有关，为正压流体；

（4）沿流线积分。

由限制条件（1），流动恒定，有

$$\frac{\partial v_x}{\partial t}=\frac{\partial v_y}{\partial t}=\frac{\partial v_z}{\partial t}=0,\quad \frac{\partial \rho}{\partial t}=0$$

葛罗米柯方程本身已包含了条件（2）和（3）。于是，葛罗米柯-兰姆方程变为

$$\left.\begin{aligned}\frac{\partial}{\partial x}\left(U-P-\frac{v^2}{2}\right)&=2(\omega_y v_z-\omega_z v_y)\\\frac{\partial}{\partial y}\left(U-P-\frac{v^2}{2}\right)&=2(\omega_z v_x-\omega_x v_z)\\\frac{\partial}{\partial z}\left(U-P-\frac{v^2}{2}\right)&=2(\omega_x v_y-\omega_y v_x)\end{aligned}\right\}\tag{4-10}$$

对于恒定流动，流线和迹线重合，因此，条件（4）沿流线积分就是沿迹线积分。流体质点沿流线运动时，有 $\mathrm{d}\boldsymbol{l}=\boldsymbol{v}\mathrm{d}t$（图 4-2）。

因为 $\mathrm{d}x,\mathrm{d}y,\mathrm{d}z$ 不是任意的坐标分量，而是沿某一流线的坐标增量，所以有

$$\mathrm{d}x=v_x\mathrm{d}t$$

$$\mathrm{d}y=v_y\mathrm{d}t$$

$$\mathrm{d}z=v_z\mathrm{d}t$$

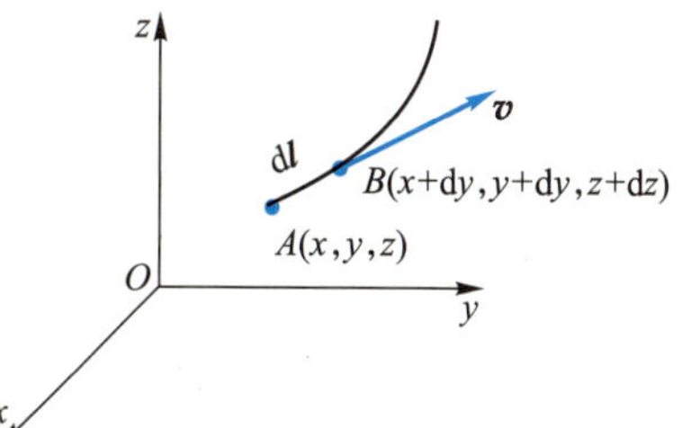


图 4-2

将方程组（4-10）的各式左边分别乘 $\mathrm{d}x,\mathrm{d}y,\mathrm{d}z$，右边分别乘 $v_x\mathrm{d}t,v_y\mathrm{d}t,v_z\mathrm{d}t$，然后相加，方程右边之和为零，于是

$$\frac{\partial}{\partial x}\left(U-P-\frac{v^2}{2}\right)\mathrm{d}x+\frac{\partial}{\partial y}\left(U-P-\frac{v^2}{2}\right)\mathrm{d}y+\frac{\partial}{\partial z}\left(U-P-\frac{v^2}{2}\right)\mathrm{d}z=0$$

恒定流动各运动参数与时间 $t$ 无关，因此

$$\mathrm{d}\left(U-P-\frac{v^2}{2}\right)=0$$

积分得到

$$U-P-\frac{v^2}{2}=C_1\tag{4-11}$$

式（4-11）就是伯努利积分。只要理想流体在有势质量力作用下作恒定流动，无论流体运动有旋或有势，沿同一流线上任意各点单位质量流体的势能、压力能和动能之和为一

常数。方程中的常数 $C_1$ 对不同流线有不同的数值,式中有势质量力不同,将会有不同的伯努利方程形式。

## §4-4 非恒定有势运动中的拉格朗日积分

假设流体所受的质量力有势,流体的密度只与压强有关,且流体作无旋运动。

因为流体作无旋运动,即

$$\omega_x=0,\frac{\partial v_z}{\partial y}=\frac{\partial v_y}{\partial z}$$

$$\omega_y=0,\frac{\partial v_x}{\partial z}=\frac{\partial v_z}{\partial x}$$

$$\omega_z=0,\frac{\partial v_y}{\partial x}=\frac{\partial v_x}{\partial y}$$

运动无旋,存在速度势函数 $\varphi$($\varphi$ 在第 7 章详述),有

$$v_x=\frac{\partial\varphi}{\partial x},v_y=\frac{\partial\varphi}{\partial y},v_z=\frac{\partial\varphi}{\partial z}$$

因为导数值与求导的顺序无关,得

$$\left.\begin{aligned}\frac{\partial v_x}{\partial t}=\frac{\partial}{\partial t}\left(\frac{\partial\varphi}{\partial x}\right)=\frac{\partial}{\partial x}\left(\frac{\partial\varphi}{\partial t}\right)\\\frac{\partial v_y}{\partial t}=\frac{\partial}{\partial t}\left(\frac{\partial\varphi}{\partial y}\right)=\frac{\partial}{\partial y}\left(\frac{\partial\varphi}{\partial t}\right)\\\frac{\partial v_z}{\partial t}=\frac{\partial}{\partial t}\left(\frac{\partial\varphi}{\partial z}\right)=\frac{\partial}{\partial z}\left(\frac{\partial\varphi}{\partial t}\right)\end{aligned}\right\}$$

将上述各式代入式(4-8)得

$$\left.\begin{aligned}\frac{\partial}{\partial x}\left(U-P-\frac{v^2}{2}-\frac{\partial\varphi}{\partial t}\right)=0\\\frac{\partial}{\partial y}\left(U-P-\frac{v^2}{2}-\frac{\partial\varphi}{\partial t}\right)=0\\\frac{\partial}{\partial z}\left(U-P-\frac{v^2}{2}-\frac{\partial\varphi}{\partial t}\right)=0\end{aligned}\right\}$$

式中 $U,P,v,\varphi$ 都是 $x,y,z,t$ 的函数,但是三个公式分别对 $x,y,z$ 的偏导数等于零,说明其各项之和$\left(U-P-\frac{v^2}{2}-\frac{\partial\varphi}{\partial t}\right)$与 $x,y,z$ 无关,只可能是时间 $t$ 的函数,即

$$U-P-\frac{v^2}{2}-\frac{\partial\varphi}{\partial t}=f(t) \tag{4-12}$$

上式称为拉格朗日积分(或柯西积分),$f(t)$是由问题条件决定的时间 $t$ 的函数。

不可压缩流体作非恒定无旋运动,上式变为

$$U-\frac{p}{\rho}-\frac{v^2}{2}-\frac{\partial\varphi}{\partial t}=f_1(t) \tag{4-13}$$

若不可压缩流体作恒定无旋运动,表示各物理量不仅与 $x,y,z$ 无关,而且与时间 $t$ 无关,$f(t)$只能是一个常数,即

$$U-\frac{p}{\rho}-\frac{v^2}{2}=C \tag{4-14}$$

公式中的常数 $C$ 与伯努利积分中的常数 $C_1$ 不同。常数 $C$ 对整个流场中的所有各点都相同,即对于不可压缩的正压性理想流体,只要在有势质量力作用下作恒定有势流动,运动场中的任意流体微元的三项能量之和等于常数。常数 $C_1$ 则适用于流体的有旋运动,只对同一条流线上的各点才保持相同的数值。

## §4-5 重力作用下的伯努利方程

伯努利积分和拉格朗日积分在不可压缩流体作恒定流动时,具有相同形式:

$$U-\frac{p}{\rho}-\frac{v^2}{2}=C$$

但是,两个积分具有不同的适用条件。

若作用在流体上的质量力只有重力,即 $f_x=0,f_y=0,f_z=-g$,则力势函数 $U=-gz$,于是,积分变为

$$-gz-\frac{p}{\rho}-\frac{v^2}{2}=C$$

或

$$z+\frac{p}{\rho g}+\frac{v^2}{2g}=C \tag{4-15}$$

这是重力作用下(绝对运动),理想不可压缩流体恒定流动伯努利方程,对有旋流场,仅沿流线适用,而在有势流动情况下,则对整个流场都适用。

伯努利方程本身很简单,但却是流体力学中十分重要的基本方程之一,应用中必须注意下列假设限制条件:

(1) 理想流体。

（2）流体不可压缩。

（3）恒定流动。

（4）作用于流体上的质量力仅有重力。

（5）对有旋运动，仅适用于同一流线；对无旋运动，整个流场都适用。

## §4-6 伯努利方程的意义

重力作用下，不可压缩理想流体恒定流动的伯努利方程为

$$z+\frac{p}{\rho g}+\frac{v^2}{2g}=C$$

**1. 几何意义**

伯努利方程每一项的量纲与长度相同，它表示单位重力流体所具有的水头（能头）。

（1）$z$ 表示所研究点相对某一基准面的几何高度，称为位置水头；

（2）$\frac{p}{\rho g}$表示所研究点处压强大小的高度，因它具有长度量纲，所以表示与该压强相当的液柱高度，称为测压管高度，或称为压强水头；

（3）$\frac{v^2}{2g}$表示所研究点处速度大小的高度，也具有长度量纲，所以称为测速管高度，或称为速度水头。

因此，伯努利方程表明对重力作用下的理想流体恒定流动，几何高度、测压管高度和测速管高度之和为一常数，称为水力高度或总水头。如果流动无旋，流场中任意各点的三项之和相等，因此，连接所有三项之和的各点为一相对某一基准面的水平面。如果流动有旋，则沿同一条流线上各点的三项之和连线为一水平线，不同的流线上各点具有不同的水力高度。

在流体静力学中，$z+\frac{p}{\rho g}=C$；但是在流体动力学中，由于流速的存在，测压管水头线不再是一条水平线，它随各点流动速度而变，可能上升，也可能下降。

**2. 能量意义**

伯努利方程的每一项表示单位重力流体具有的能量。

（1）$z$ 表示单位重力流体对某一基准面具有的位置势能。

（2）$\frac{p}{\rho g}$表示单位重力流体具有的压力能，即由于流体压强的存在，可以使流体上升至一定高度，称为压力位能。因此，流体的压强实际上是一种潜在的能量。

(3) $\frac{v^2}{2g}$——表示单位重力流体具有的**动能**。

(4) $z+\frac{p}{\rho g}$——表示单位重力流体具有的**总位能**。

(5) $\left(z+\frac{p}{\rho g}+\frac{v^2}{2g}\right)$表示单位重力流体具有的位能和动能之和,称为**总机械能**。

因此,式(4-15)表示单位重力流体的总机械能为一常数。对于有旋流动,同一条流线上各点的单位重力流体的总机械能相同,不同的流线上的流体具有不同的总机械能。如果流动无旋,则对流场的任意各点,单位重力流体的总机械能均相同。

位能、压力能和动能既然是一种能量,就可以相互转换。流速变小时,动能转变为压力能,压力能将增加;反之,压力能也可转变为动能。对于理想流体恒定流动,三项能量之和为一常数,表示任意流体微元运动过程中的位能、压力能和动能之和保持不变。因此,对于理想流体,伯努利方程又是流体力学中的**能量守恒定律**。

## §4-7 相对运动中的伯努利方程

流体在很多流体机械中的流动,例如在水泵、风机和水轮机中的流动,常常不是绝对恒定流动,而是以相对恒定流动出现。

如图 4-3 所示,叶轮以恒定角速度 $\omega$ 旋转。若将直角坐标系 $Oxy$ 固定在叶轮上,与叶轮一起作同步旋转运动,则坐标系相对于地球作等速旋转运动。这时,若人站在叶轮上观察流体流动,得到液体质点相对于叶片作相对恒定流动。

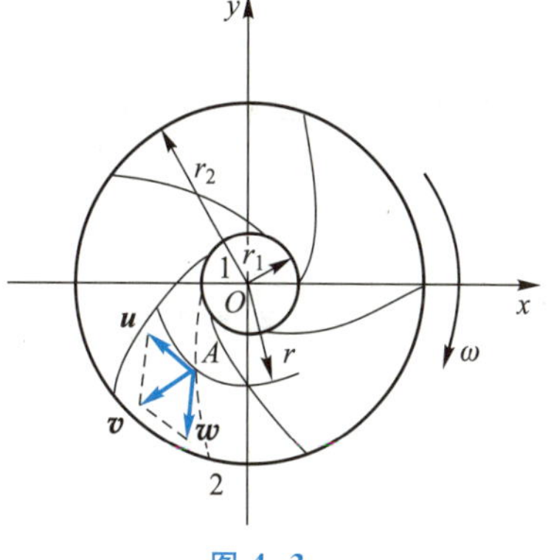

图 4-3

这种运动与上述绝对运动不同之处在于:

(1) 人观察到的是流体质点的**相对速度**,而不是绝对速度;

(2) 作用于流体上的质量力除重力外,还有**离心力**。

若取流线 1-2,流体沿 1-2 流动。因为流动恒定,所以 1-2 就是流体质点运动的迹线。这时,流线上的流体质点 $A$,一方面跟随叶轮以速度 $u=\omega r$ 作牵连运动,同时,又对圆盘以速度 $w$ 作相对运动。因此,伯努利积分为

$$U-P-\frac{v^2}{2}=C_1$$

当坐标系固定在叶轮上时,式中 $v=w$。

单位质量流体质点上作用的离心力为 $\omega^2 r$，于是

$$f_x=\omega^2 x, f_y=\omega^2 y, f_z=-g$$

所以

$$\begin{aligned} \mathrm{d}U&=f_x\mathrm{d}x+f_y\mathrm{d}y+f_z\mathrm{d}z \\ &=\omega^2 x\mathrm{d}x+\omega^2 y\mathrm{d}y-g\mathrm{d}z \end{aligned}$$

$$\begin{aligned} U&=\frac{\omega^2 x^2}{2}+\frac{\omega^2 y^2}{2}-gz+C_2 \\ &=\frac{\omega^2 r^2}{2}-gz+C_2 \end{aligned}$$

伯努利积分变为

$$\frac{\omega^2 r^2}{2}-gz-P-\frac{w^2}{2}=C_3 \tag{4-16}$$

对不可压缩流体，$\rho$ 不变，压力函数

$$P=\frac{p}{\rho}$$

得到

$$\frac{\omega^2 r^2}{2}-gz-\frac{p}{\rho}-\frac{w^2}{2}=C_3 \tag{4-17}$$

又因为流体质点跟随叶轮的牵连速度 $u=\omega r$，若将各项除以 $g$，对单位重力流体有

$$z+\frac{p}{\rho g}+\frac{w^2}{2g}-\frac{u^2}{2g}=C \tag{4-18}$$

对流线上的任意1,2两点，有

$$z_1+\frac{p_1}{\rho g}+\frac{w_1^2}{2g}+\frac{u_2^2-u_1^2}{2g}=z_2+\frac{p_2}{\rho g}+\frac{w_2^2}{2g} \tag{4-19}$$

式(4-19)称为理想流体微小流束相对恒定流动伯努利方程式，与绝对运动伯努利方程比较，多了由于离心力引起的$\frac{u_2^2-u_1^2}{2g}$项，它表示离心力对单位质量液体所做的功。

工作轮转动中，每个液体质点将受离心力作用，方向从旋转轴向外。若流体质点运动时 $r$ 不变，离心力不做功；$r$ 值改变时，离心力做功。单位重力液体质点从 $r_1$ 运动至 $r_2$ 时，离心力做的功为

$$\int_{r_1}^{r_2}\frac{\omega^2 r\mathrm{d}r}{g}=\frac{u_2^2-u_1^2}{2g}$$

若设

$$e_1=z_1+\frac{p_1}{\rho g}+\frac{w_1^2}{2g}$$

$$e_2=z_2+\frac{p_2}{\rho g}+\frac{w_2^2}{2g}$$

则有

$$e_2-e_1=\frac{u_2^2-u_1^2}{2g}$$

当 $r_1<r_2$ 时，流体沿离心方向运动，离心力做正功，称为水泵工况。

当 $r_1>r_2$ 时，流体沿离心力反向运动，离心力做负功，这是典型的水轮机工况。

## §4-8 非恒定有旋流动中的伯努利积分

假设流体正压，密度只是压强的函数，即 $\rho=f(p)$，且流体作非恒定有旋流动，有 $\frac{\partial \boldsymbol{v}}{\partial t}\neq \boldsymbol{0}$，$\boldsymbol{\omega}\neq\boldsymbol{0}$，则葛罗米柯方程变为

$$\left.\begin{aligned}\frac{\partial}{\partial x}\left(U-P-\frac{v^2}{2}\right)-\frac{\partial v_x}{\partial t}=2(\omega_y v_z-\omega_z v_y)\\ \frac{\partial}{\partial y}\left(U-P-\frac{v^2}{2}\right)-\frac{\partial v_y}{\partial t}=2(\omega_z v_x-\omega_x v_z)\\ \frac{\partial}{\partial z}\left(U-P-\frac{v^2}{2}\right)-\frac{\partial v_z}{\partial t}=2(\omega_x v_y-\omega_y v_x)\end{aligned}\right\}$$

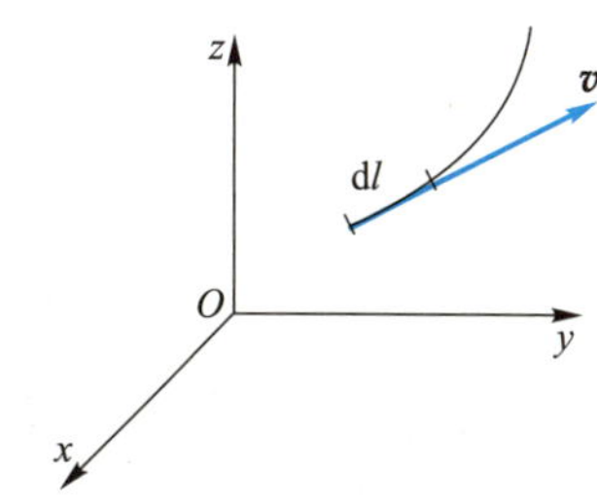

图 4-4

设在某瞬时 $t$，沿着流线取一微元线段 $\mathrm{d}l$（图 4-4），根据流线的特性有

$$\mathrm{d}x=\mathrm{d}l\cos(\mathrm{d}l,x)=\mathrm{d}l\cos(v,x)$$

所以

$$\mathrm{d}x=\mathrm{d}l\frac{v_x}{|v|}$$

同理

$$\mathrm{d}y=\mathrm{d}l\frac{v_y}{|v|}$$

$$\mathrm{d}z=\mathrm{d}l\frac{v_z}{|v|}$$

将葛罗米柯三个方程的左边分别乘以 $\mathrm{d}x,\mathrm{d}y,\mathrm{d}z$，右边分别乘以 $v_x\frac{\mathrm{d}l}{|v|}$，$v_y\frac{\mathrm{d}l}{|v|}$，$v_z\frac{\mathrm{d}l}{|v|}$，

然后将三个方程相加,得

$$\frac{\partial}{\partial x}\left(U-P-\frac{v^2}{2}\right)\mathrm{d}x+\frac{\partial}{\partial y}\left(U-P-\frac{v^2}{2}\right)\mathrm{d}y+\frac{\partial}{\partial z}\left(U-P-\frac{v^2}{2}\right)\mathrm{d}z$$

$$=\frac{\partial v_x}{\partial t}\mathrm{d}x+\frac{\partial v_y}{\partial t}\mathrm{d}y+\frac{\partial v_z}{\partial t}\mathrm{d}z$$

对于某个瞬时而言,方程中各项运动要素仅是坐标的函数。因此,方程的左端可写成全微分:

$$\mathrm{d}\left(U-P-\frac{v^2}{2}\right)=\frac{\partial v_x}{\partial t}\mathrm{d}x+\frac{\partial v_y}{\partial t}\mathrm{d}y+\frac{\partial v_z}{\partial t}\mathrm{d}z$$

方程的右端作如下变换:

$$\frac{\partial v_x}{\partial t}\mathrm{d}x+\frac{\partial v_y}{\partial t}\mathrm{d}y+\frac{\partial v_z}{\partial t}\mathrm{d}z=\frac{\mathrm{d}l}{v}\left(v_x\frac{\partial v_x}{\partial t}+v_y\frac{\partial v_y}{\partial t}+v_z\frac{\partial v_z}{\partial t}\right)$$

$$=\frac{\mathrm{d}l}{v}\left[\frac{1}{2}\frac{\partial}{\partial t}(v_x^2+v_y^2+v_z^2)\right]=\frac{\partial v}{\partial t}\mathrm{d}l$$

于是得到

$$\mathrm{d}\left(U-P-\frac{v^2}{2}\right)=\frac{\partial v}{\partial t}\mathrm{d}l$$

在该瞬时,上式沿流线从断面 1 到 2 积分:

$$\int_1^2\mathrm{d}\left(U-P-\frac{v^2}{2}\right)=\int_1^2\frac{\partial v}{\partial t}\mathrm{d}l$$

或

$$\left(U_2-P_2-\frac{v_2^2}{2}\right)-\left(U_1-P_1-\frac{v_1^2}{2}\right)=\int_1^2\frac{\partial v}{\partial t}\mathrm{d}l \tag{4-20}$$

式中 $U$ 为任意的有势质量力,若流体只受重力作用,$U=-gz$,并注意对不可压缩流体有 $P=\frac{p}{\rho}$,则对单位重力流体,上式可写成

$$z_1+\frac{p_1}{\rho g}+\frac{v_1^2}{2g}=z_2+\frac{p_2}{\rho g}+\frac{v_2^2}{2g}+\frac{1}{g}\int_1^2\frac{\partial v}{\partial t}\mathrm{d}l \tag{4-21}$$

上式为不可压缩流体非恒定流动某瞬时沿微小流束的伯努利方程。与恒定流动伯努利方程的不同在于增加了 $h_{\mathrm{j}}=\frac{1}{g}\int_1^2\frac{\partial v}{\partial t}\mathrm{d}l$ 项,它是由流动的非恒定性所造成的,称为惯性能头,表示当地加速度 $\frac{\partial v}{\partial t}$ 所具有的惯性力对单位重力流体所做的功,或单位质量流体由 1 断面向 2 断面流动时克服当地加速度惯性力做功所需的能量。

应用中注意 $h_{\mathrm{j}}$ 可以为正,也可以为负,由 $\frac{\partial v}{\partial t}$ 决定。对于过流断面面积不变的流束,沿

流动方向在任意瞬时都有相同的当地加速度，即

$$\frac{\partial v}{\partial t}=a$$

则

$$h_{\mathrm{j}}=\frac{1}{g}\int_{1}^{2}\frac{\partial v}{\partial t}\mathrm{d}l=\frac{a}{g}l$$

所以式(4-21)变为

$$z_1+\frac{p_1}{\rho g}+\frac{v_1^2}{2g}=z_2+\frac{p_2}{\rho g}+\frac{v_2^2}{2g}+\frac{a}{g}l \tag{4-22}$$

式中 1-1 断面与 2-2 断面间流束长度为 $l=l_2-l_1$。

## 例　　题

**例 4-1**　理想不可压缩流体在重力作用下作恒定流动，已知速度分量为

$$v_x=-4x,\quad v_y=4y,\quad v_z=0$$

试求流体运动微分方程式。若坐标原点取在液流的自由表面上，求处于流体表面以下 1 m 深处点 $A(2,2)$ 的压强，设流体为 20 ℃的水，自由表面处压强 $p_0=9.81\times10^4$ Pa。

**解：** 理想流体欧拉运动微分方程式为

$$\left.\begin{aligned}f_x-\frac{1}{\rho}\frac{\partial p}{\partial x}&=\frac{\partial v_x}{\partial t}+v_x\frac{\partial v_x}{\partial x}+v_y\frac{\partial v_x}{\partial y}+v_z\frac{\partial v_x}{\partial z}\\ f_y-\frac{1}{\rho}\frac{\partial p}{\partial y}&=\frac{\partial v_y}{\partial t}+v_x\frac{\partial v_y}{\partial x}+v_y\frac{\partial v_y}{\partial y}+v_z\frac{\partial v_y}{\partial z}\\ f_z-\frac{1}{\rho}\frac{\partial p}{\partial z}&=\frac{\partial v_z}{\partial t}+v_x\frac{\partial v_z}{\partial x}+v_y\frac{\partial v_z}{\partial y}+v_z\frac{\partial v_z}{\partial z}\end{aligned}\right\}$$

根据已知条件，流体作恒定流动，$\frac{\partial v_x}{\partial t}=\frac{\partial v_y}{\partial t}=\frac{\partial v_z}{\partial t}=0$，速度分量 $v_z=0$；流体所受质量力只有重力，$f_x=0$，$f_y=0$，$f_z=-g$。于是微分方程化为

$$\left.\begin{aligned}-\frac{1}{\rho}\frac{\partial p}{\partial x}&=16x\\ -\frac{1}{\rho}\frac{\partial p}{\partial y}&=16y\\ -g-\frac{1}{\rho}\frac{\partial p}{\partial z}&=0\end{aligned}\right\}$$

将三个方程分别乘以 dx，dy，dz 后相加，得

$$-g\mathrm{d}z-\frac{1}{\rho}\mathrm{d}p=16x\mathrm{d}x+16y\mathrm{d}y$$

积分得

$$-gz-\frac{p}{\rho}=8x^2+8y^2+C$$

由边界条件确定积分常数 $C$，当 $x=0, y=0, z=0$ 时，$p=p_0$，所以 $C=-\frac{p_0}{\rho}$。因此$\frac{p}{\rho}=-gz+\frac{p_0}{\rho}-8x^2-8y^2$，即

$$p=p_0-\rho(8x^2+8y^2+gz)$$

对 20 ℃的水，查表得 $\rho=993.23\ \mathrm{kg/m^3}$，所以，在点 $A(2,2,-1)$ 有

$$p_A=10.78\times10^4\ \mathrm{Pa}$$

**例 4-2**　20 ℃的水通过虹吸管从水箱吸至 $B$ 点。虹吸管直径 $d_1=60$ mm，出口 $B$ 处喷嘴直径 $d_2=30$ mm。当 $h_1=2$ m，$h_2=4$ m 时，在不计水头损失条件下，试求流量和 $C$ 点的压强。

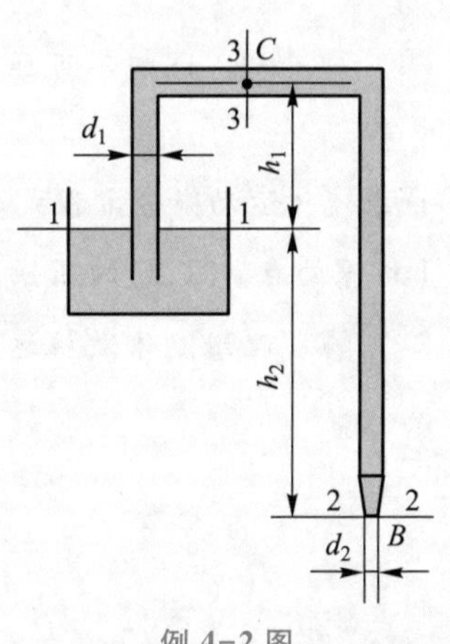

例 4-2 图

**解：** 以 2-2 断面为基准，对 1-1 和 2-2 断面列伯努利方程，用计示压强计算时，有

$$h_2+0+\frac{v_1^2}{2g}=0+0+\frac{v_2^2}{2g}$$

式中 $v_1\approx0$，于是

$$v_2=\sqrt{2gh_2}=8.86\ \mathrm{m/s}$$

因此，通过虹吸管的流量为

$$q_V=v_2\frac{\pi d_2^2}{4}=0.006\ 26\ \mathrm{m^3/s}$$

为求 $C$ 点压强，以 2-2 断面为基准，对 3-3 和 2-2 断面列伯努利方程：

$$(h_1+h_2)+\frac{p_C}{\rho g}+\frac{v_3^2}{2g}=0+0+\frac{v_2^2}{2g}$$

由连续性方程得

$$v_3=v_2\left(\frac{d_2}{d_1}\right)^2=2.215\ \mathrm{m/s}$$

所以

$$p_C=\left[\left(\frac{v_2^2-v_3^2}{2g}\right)-(h_1+h_2)\right]\rho g=-22\ 003.3\ \text{Pa}$$

负号表示 $C$ 处的压强低于一个大气压，处于真空状态。正是由于这一真空，才可将水箱中的水吸起 $h_1$ 的高度。

**例 4-3** 图示一自来水龙头将水从水箱中放出，设水龙头直径 $d=12$ mm，图示压力表当水龙头关闭时读数为 $p=0.28$ MPa，打开水龙头后读数为 $p'=0.06$ MPa，求自来水龙头流出的流量，不计损失。

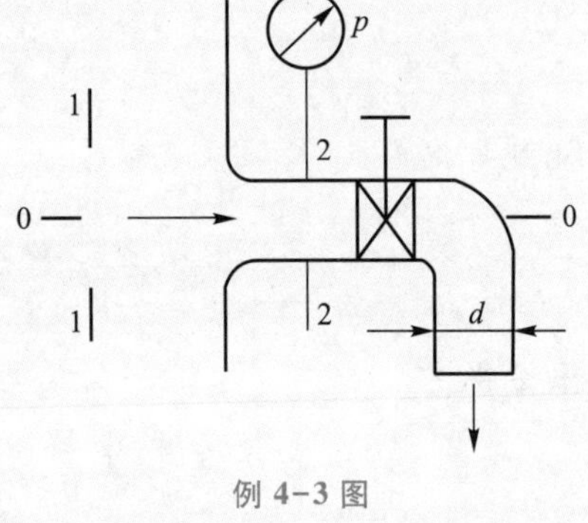

例 4-3 图

**解**：不计损失，可采用理想流体能量方程。以水龙头处管中心线 0-0 为基准，对水箱中假想断面 1-1（如图示）和压力表安装断面 2-2 列能量方程得

$$0+\frac{p}{\rho g}+0=0+\frac{p'}{\rho g}+\frac{v^2}{2g}$$

解得

$$v=\sqrt{\frac{2}{\rho}(p-p')}$$

于是流量为

$$q_V=\frac{\pi d^2}{4}v=\frac{\pi d^2}{4}\sqrt{\frac{2}{\rho}(p-p')}\approx 2.37\times 10^{-3}\ \text{m}^3/\text{s}$$

**例 4-4** 一长为 $l$，直径为 $d$ 的等径直管连于大水箱底部如图所示。设作用水头为 $h_0$。不计流体黏性，试确定管端闸门突然全部开放时起到管内流动达到恒定过程中管内流速和时间的函数关系，并计算过渡过程所需的时间和过渡过程中流出的流体体积。

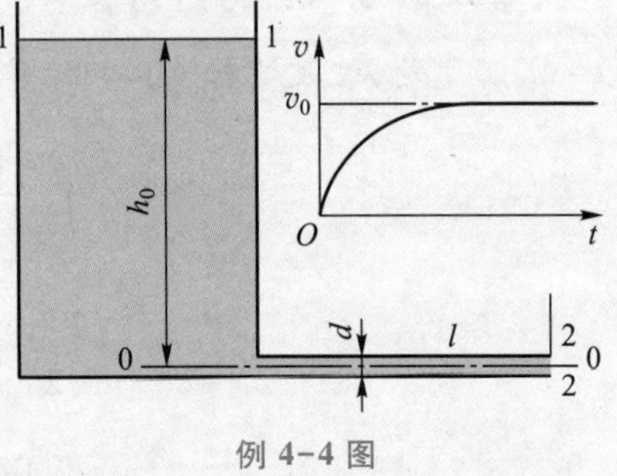

例 4-4 图

**解**：由题意，不计黏性且为水平放置的等径直管，可选用理想流体非恒定流动的能量方程式(4-22)，对某瞬时有 $a=\mathrm{d}v/\mathrm{d}t$。以管轴线 0-0 为基准，对自由液面 1-1 和管端 2-2列方程得

$$h_0=\frac{v^2}{2g}+\frac{l}{g}\frac{\mathrm{d}v}{\mathrm{d}t}$$

设达到恒定流动后有

$$h_0=v_0^2/(2g)$$

则

$$\frac{v_0^2}{2g}=\frac{v^2}{2g}+\frac{l}{g}\frac{\mathrm{d}v}{\mathrm{d}t}$$

由此可得

$$\mathrm{d}t=\frac{2l\mathrm{d}v}{v_0^2-v^2}$$

积分得

$$t=\frac{l}{v_0}\ln\frac{v_0+v}{v_0-v}+C$$

由 $t=0$ 时，$v=0$ 得 $C=0$，所以

$$t=\frac{l}{v_0}\ln\frac{v_0+v}{v_0-v}$$

由上式解得

$$v=v_0\frac{\mathrm{e}^{\frac{t}{t_0}}-1}{\mathrm{e}^{\frac{t}{t_0}}+1}=v_0\,\mathrm{th}\frac{t}{2t_0}$$

式中 $t_0=\frac{l}{v_0}=\frac{l}{\sqrt{2gh_0}}$，上式即为 $v=f(t)$ 的函数关系，如图中右上曲线所示。

若以 $v=0.96v_0$ 为达到基本恒定的标准，则由 $v=f(t)$ 可得过渡过程所需时间为 $t=4t_0$。于是，过渡过程流出的流体体积为

$$V=\int_0^{4t_0}\frac{\pi d^2}{4}v\mathrm{d}t=\frac{\pi d^2}{4}v_0\int_0^{4t_0}\mathrm{th}\frac{t}{2t_0}\mathrm{d}t$$

$$=\frac{\pi d^2}{2}v_0t_0\ln\left(\mathrm{ch}\frac{t}{2t_0}\right)\bigg|_0^{4t_0}=\frac{\pi d^2}{4}v_0t_0\ln(\mathrm{ch}\,2)$$

$$\approx 2.08d^2v_0t_0$$

**例 4-5** 水力发电功率估算。

**解：** 水力发电站如图所示，上游的水库液面相对高度为 $H_1$（位置水头），通过水轮机的流量为 $Q$，下游排水道出口平均速度为 $V_2$，全部泄入下游河道上方，如果忽略一切损失，流动定常，则可以把伯努利方程式用在上游水库液面 1 处与下游出口 2 处。考虑到 $V_1=0$，$p_1=p_2=p_a$（大气压），则有

$$H_1-H=\frac{V_2^2}{2g}$$

或

$$H=H_1-\frac{V_2^2}{2g}$$

水轮机能产生的理论总功率 $P$ 为

$$P=\rho gQH=\rho Q\left(gH_1-\frac{1}{2}V_2^2\right)$$

从上式可见，要使功率大，有两条途径：一是流量要大，二是上游水头要高。另外，要尽量减小下游排水速度。

第 4 章

电子作业本

# 第 5 章 旋涡理论基础

由流体微元运动速度分解得到，任意流体微元的运动由平移、变形和旋转三部分组成。流体微元的平均旋转角速度为

$$\left.\begin{aligned}\omega_x&=\frac{1}{2}\left(\frac{\partial v_z}{\partial y}-\frac{\partial v_y}{\partial z}\right)\\ \omega_y&=\frac{1}{2}\left(\frac{\partial v_x}{\partial z}-\frac{\partial v_z}{\partial x}\right)\\ \omega_z&=\frac{1}{2}\left(\frac{\partial v_y}{\partial x}-\frac{\partial v_x}{\partial y}\right)\end{aligned}\right\}$$

即

$$\boldsymbol{\omega}=\frac{1}{2}\ \nabla\times\boldsymbol{v}=\frac{1}{2}\mathrm{rot}\ \boldsymbol{v}$$

若 $\omega_x=\omega_y=\omega_z=0$，称为无旋运动或有势运动。若 $\boldsymbol{\omega}\neq\mathbf{0}$，就为有旋运动或旋涡运动。在自然界中，龙卷风、旋风、水流过桥墩时的旋涡等，都是有旋运动。

本章讲述理想流体有旋运动的理论基础，重点是速度环量及表征通过环量和旋涡强度间关系的斯托克斯(Stokes)定理。

## §5-1 涡线、涡管、涡束和旋涡强度

涡线是在某瞬时涡量场中所作的一条空间曲线，在该瞬间，位于涡线上的所有流体质点的旋转角速度向量 $\boldsymbol{\omega}$ 均与该线相切。因此，涡线是给定瞬时曲线上所有流体质点的转动轴线(图 5-1)。

学习中应注意涡线的瞬时性，涡线的形状及在空间的位置都随时间而不断变化。但在恒定流动中，涡线的形状保持不变。

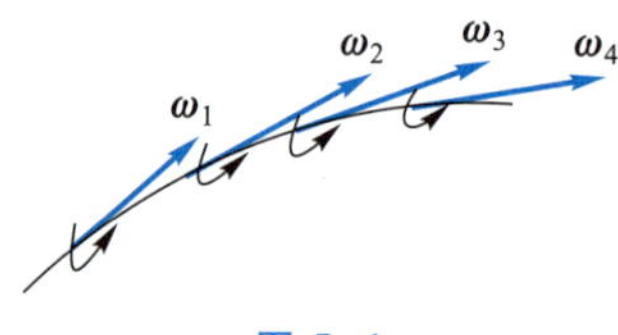

图 5-1

一般情况下，涡线与流线不重合，而与流线相交。与流线方程类同，可以得到涡线微分方程：

$$\frac{\mathrm{d}x}{\omega_x(x,y,z,t)}=\frac{\mathrm{d}y}{\omega_y(x,y,z,t)}=\frac{\mathrm{d}z}{\omega_z(x,y,z,t)} \tag{5-1}$$

显然，由于涡线的瞬时性，$t$ 应该是涡线方程的一个参变量。

给定瞬时，在涡量场中，过任意封闭围线（不是涡线）上各点，作涡线所形成的管状表面，称为涡管。若涡管中充满着旋转运动的流体质点，就称为涡束。

旋转角速度 $\omega$ 沿涡束长度改变，但在微小涡束的每一个截面上，流体质点以同一角速度旋转。

旋涡在流场中对周围流体的影响，以及沿涡束的变化，取决于旋转角速度向量 $\boldsymbol{\omega}$ 和涡束所包含流体的多少（用截面面积 $A$ 来表示）。

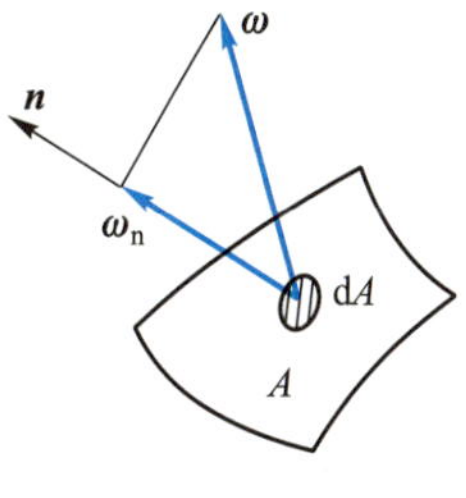

图 5-2

在涡量场中取一微元面积 $\mathrm{d}A$（图 5-2），$\mathrm{d}A$ 中流体质点的旋转角速度向量为 $\boldsymbol{\omega}$，$\boldsymbol{n}$ 为 $\mathrm{d}A$ 的法线方向，定义

$$\mathrm{d}J=\omega\cos\ (\boldsymbol{\omega},\boldsymbol{n})\,\mathrm{d}A=\omega_{\mathrm{n}}\mathrm{d}A \tag{5-2}$$

称为任意微元面积 $\mathrm{d}A$ 上的旋涡强度。

任意面积 $A$ 上的旋涡强度为

$$\begin{aligned} J &= \int_A \omega\cos\ (\boldsymbol{\omega},\boldsymbol{n})\,\mathrm{d}A \\ &= \int_A \omega_{\mathrm{n}}\mathrm{d}A \end{aligned} \tag{5-3}$$

如果面积 $A$ 是涡束的某一横截面面积，则 $J$ 称为涡束旋涡强度，它也是旋转角速度矢量 $\boldsymbol{\omega}$ 的通量，称为旋涡通量。旋涡强度不仅取决于 $\omega_{\mathrm{n}}$，而且取决于 $A$。

## §5-2 速度环量、斯托克斯定理

流体质点的旋转角速度向量无法直接测量，所以旋涡强度不能直接计算。但是，旋涡强度与它周围的速度密切相关，旋涡强度越大，即或者角速度越大，或者涡束的截面面积越大，对周围流体速度的影响也就越大。因此，这里引入与旋涡周围速度场有关的速度环量的概念，建立速度环量与旋涡强度之间的计算关系。这样，通过计算涡束周围的速度场，就可以得到旋涡强度。

假设某一瞬时 $t$，在流动空间中取任意曲线 $AB$（图 5-3），在 $AB$ 线上 $M$ 点处取微元线段 $\mathrm{d}\boldsymbol{l}$，$M$ 点处速度为 $\boldsymbol{v}$，$\boldsymbol{v}$ 与 $\mathrm{d}\boldsymbol{l}$ 的夹角为 $\alpha$，则称

$$\mathrm{d}\Gamma=\boldsymbol{v}\cdot\mathrm{d}\boldsymbol{l}=v\cos\alpha\mathrm{d}l=v_l\mathrm{d}l \tag{5-4}$$

为沿线段 $\mathrm{d}\boldsymbol{l}$ 的速度环量。

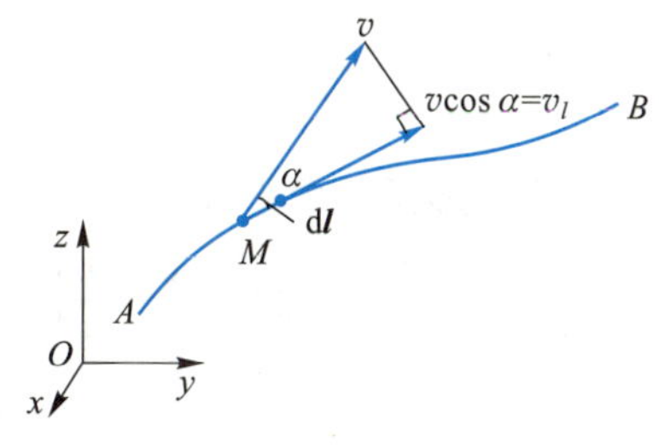

图 5-3

于是，沿 $AB$ 曲线的速度环量为

$$\Gamma_{AB}=\int_{A}^{B} v\cos\alpha \mathrm{d}l \tag{5-5}$$

沿任意封闭围线 $L$ 的速度环量为

$$\Gamma_{L}=\oint_{L}\boldsymbol{v}\cdot \mathrm{d}\boldsymbol{l}=\oint_{L} v\cos\alpha\ \mathrm{d}l \tag{5-6}$$

若 $\mathrm{d}x,\mathrm{d}y,\mathrm{d}z$ 为 $\mathrm{d}\boldsymbol{l}$ 在坐标轴上的投影，则

$$\boldsymbol{v}\cdot \mathrm{d}\boldsymbol{l}=v_x\mathrm{d}x+v_y\mathrm{d}y+v_z\mathrm{d}z$$

所以

$$\Gamma_{AB}=\int_{A}^{B}(v_x\mathrm{d}x+v_y\mathrm{d}y+v_z\mathrm{d}z) \tag{5-7}$$

$$\Gamma_{L}=\oint_{L}(v_x\mathrm{d}x+v_y\mathrm{d}y+v_z\mathrm{d}z) \tag{5-8}$$

速度环量为标量，规定积分线路采用逆时针方向，速度方向与积分线路方向同向（或锐角）时为正，反向时为负。

对非恒定流动，速度环量是一个瞬时的概念，应根据同一瞬时曲线上各点的速度计算，积分时 $t$ 为参变量。

关于速度环量与旋涡强度的**斯托克斯定理**：沿任意封闭周线 $L$ 的速度环量，等于穿过该周线所包围面积的旋涡强度的 2 倍，即

$$\Gamma_{L}=2J=2\int_{A}\omega_{\mathrm{n}}\mathrm{d}A \tag{5-9}$$

显然，如果周线上所有各点的速度与周线垂直，那么，沿该周线的速度环量等于零。

这一定理将旋涡强度与速度环量联系起来，给出了通过速度环量计算旋涡强度的方法。

下面首先证明沿微元封闭围线的斯托克斯定理，然后推广至有限大小的周线。

### 1. 无限小矩形面积的斯托克斯定理

流场中，在 $Oxy$ 坐标平面上，取一微元矩形周线 $ABCD$（图 5-4），四边分别平行坐标轴，对应两边分别为 $\mathrm{d}x,\mathrm{d}y$。矩形面积 $\mathrm{d}A=\mathrm{d}x\mathrm{d}y$，设 $A$ 点处流体质点速度的坐标方向分量为 $v_x,v_y$。则根据泰勒级数展开，忽略高阶微量，可以得到 $B,C,D$ 各点处的速度分量如图 5-4 所示。因此，沿微元矩形周线的速度环量为

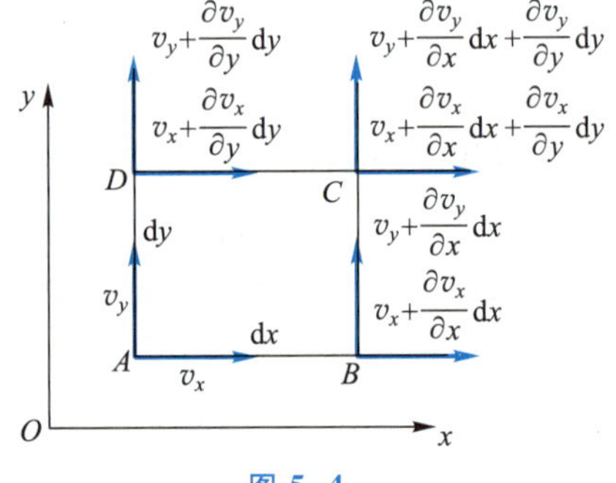

图 5-4

$$\mathrm{d}\Gamma_{ABCDA}=\mathrm{d}\Gamma_{AB}+\mathrm{d}\Gamma_{BC}+\mathrm{d}\Gamma_{CD}+\mathrm{d}\Gamma_{DA}$$

因为矩形无限微小，故沿各边求环量，可用始、末端点速度的平均值计算，于是

$$\mathrm{d}\Gamma_{ABCDA}=\frac{1}{2}\left[v_x+\left(v_x+\frac{\partial v_x}{\partial x}\mathrm{d}x\right)\right]\mathrm{d}x+\frac{1}{2}\left[\left(v_y+\frac{\partial v_y}{\partial x}\mathrm{d}x\right)+\right.$$

$$\left.\left(v_y+\frac{\partial v_y}{\partial x}\mathrm{d}x+\frac{\partial v_y}{\partial y}\mathrm{d}y\right)\right]\mathrm{d}y-$$

$$
\begin{aligned}
&\frac{1}{2}\left[\left(v_x+\frac{\partial v_x}{\partial x}\mathrm{d}x+\frac{\partial v_x}{\partial y}\mathrm{d}y\right)+\left(v_x+\frac{\partial v_x}{\partial y}\mathrm{d}y\right)\right]\mathrm{d}x-\\
&\frac{1}{2}\left[\left(v_y+\frac{\partial v_y}{\partial y}\mathrm{d}y\right)+v_y\right]\mathrm{d}y\\
&=\left(\frac{\partial v_y}{\partial x}-\frac{\partial v_x}{\partial y}\right)\mathrm{d}x\mathrm{d}y\\
&=2\omega_z\mathrm{d}A
\end{aligned}
\tag{5-10}
$$

所以

$$
\mathrm{d}\Gamma_{ABCDA}=2\mathrm{d}J \tag{5-11}
$$

可见,沿微小矩形周线的速度环量等于穿过这一周线所包围面积旋涡强度的 2 倍,证明了斯托克斯定理。

**2. 有限面积单连通域的斯托克斯定理**

现在将上面证得的结果推广到有限大周线围成的面积中去。

与数学中类似,存在单连通域和复连通域两种情况。如果周线区域内所作的任意围线,都可以连续地收缩至一点而不越出边界,称为单连通域,否则就称为复连通域。流体绕流任意形状固体时,包含固体在内的周线区域都是复连通域。

图 5-5 所示周线 $L$ 中的面积,用两组互相垂直的直线,将该面积划分为无限多个微元矩形,对任意微元矩形都有

$$
\mathrm{d}\Gamma_i=2\omega_{ni}\mathrm{d}A_i
$$

所以

$$
\sum\mathrm{d}\Gamma_i=\sum 2\omega_{ni}\mathrm{d}A_i
$$

对任意微元矩形的内周界,都是两次计算速度环量,大小相等,方向相反,互相抵消,剩下的只有沿微元面积的外周界的环量之和,当微元矩形的数目趋于无限多时,其外周界之和就是封闭曲线 $L$,于是

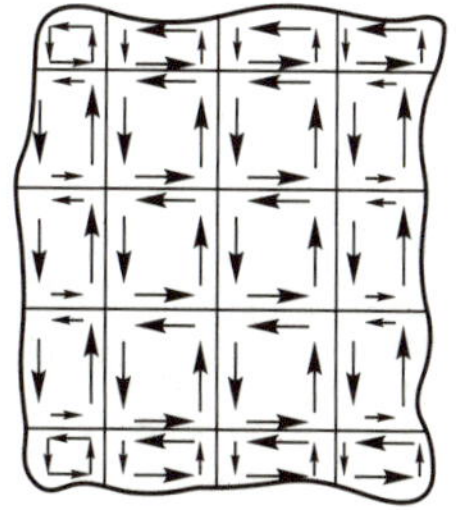

图 5-5

$$
\Gamma_L=\sum\mathrm{d}\Gamma_i=2\int_A\omega_n\mathrm{d}A \tag{5-12}
$$

这就是有限大小面积单连通域斯托克斯定理的表达式,沿任意有限大小单连通域周线上的速度环量,等于通过该周线所包围面积上旋涡强度代数和的 2 倍。

显然,这一结论很容易推广到任意空间曲面上,斯托克斯定理同样成立。

**3. 有限面积复连通域的斯托克斯定理**

当流体绕流某个不可穿透物体时,包围该物体的任意周线所围的区域是复连通域。自然界和工程中,如流体绕机翼、桥墩、电线等的流动,都是复连通域的情况。

图 5-6 所示为由围线包围一个二维物体所形成的复连通域,利用两根几乎重合的平行线 $aa'$ 和 $cc'$ 切开面积,得到由新围线 $abcc'b'a'a$ 所围成的单连通域。这样,就可以利用上

面单连通域的斯托克斯定理，得到

$$\Gamma_{abcc'b'a'a} = 2\int_A \omega_n \mathrm{d}A$$

式中的 $A$ 为由围线 $abc$ 和物体周线 $a'b'c'$ 所包围的面积，沿围线的速度环量按下式计算：

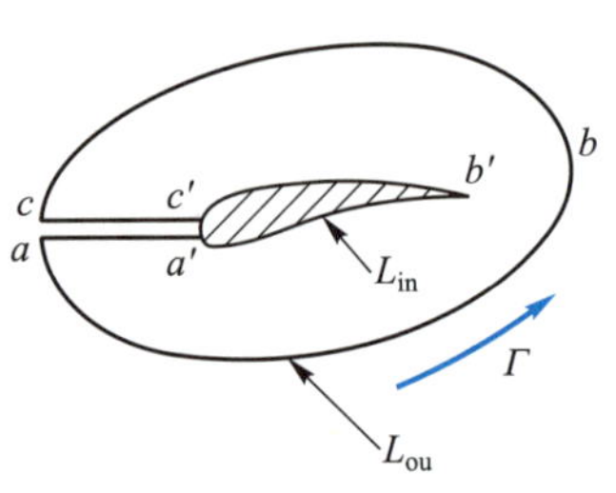

图 5-6

$$\Gamma_{abcc'b'a'a} = \Gamma_{abc} + \Gamma_{cc'} + \Gamma_{c'b'a'} + \Gamma_{a'a}$$

因为

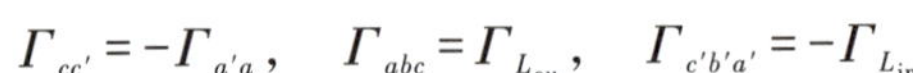

$$\Gamma_{cc'} = -\Gamma_{a'a}, \quad \Gamma_{abc} = \Gamma_{L_{ou}}, \quad \Gamma_{c'b'a'} = -\Gamma_{L_{in}}$$

所以

$$\Gamma_{L_{ou}} - \Gamma_{L_{in}} = 2\int_A \omega_n \mathrm{d}A \tag{5-13}$$

由式(5-13)可以得出结论，对于复连通域，沿内外周线上的速度环量之差，等于通过此二周界所包围面积上旋涡强度代数和的 2 倍。通过上式，可以用环量来度量旋涡强度，并将面积分问题变为线积分问题求解。

如果在围线所包围面积中的流体运动无旋，有 $\omega_n = 0$，则得到

$$\Gamma_{L_{ou}} = \Gamma_{L_{in}}$$

即沿内外周界的速度环量相等。

应用斯托克斯定理，通过计算速度环量，可以确定封闭围线所包围的面积中全部旋涡的强度。

## §5-3 速度环量保持不变的汤姆孙定理

**汤姆孙(Thomson)定理**：在有势质量力的作用下，在理想的正压性流体中，沿任意封闭流体围线的速度环量不随时间变化，即

$$\frac{\mathrm{d}\Gamma}{\mathrm{d}t} = 0 \tag{5-14}$$

现在证明这一定理。进行积分的封闭围线始终由相同的流体质点组成。在某瞬时 $t$，由流体质点组成封闭围线 $L$，这一围线跟随流体一起运动，经 $\mathrm{d}t$ 时间后，运动到新位置的封闭围线仍由这些流体质点组成(图 5-7)。

在瞬时 $t$，沿任意封闭围线 $L$ 的速度环量为

$$\Gamma = \oint_L (v_x \mathrm{d}x + v_y \mathrm{d}y + v_z \mathrm{d}z)$$

环量随时间的变化率为

$$\frac{\mathrm{d}\Gamma}{\mathrm{d}t} = \oint_L \frac{\mathrm{d}}{\mathrm{d}t}(v_x \mathrm{d}x + v_y \mathrm{d}y + v_z \mathrm{d}z) \tag{5-15}$$

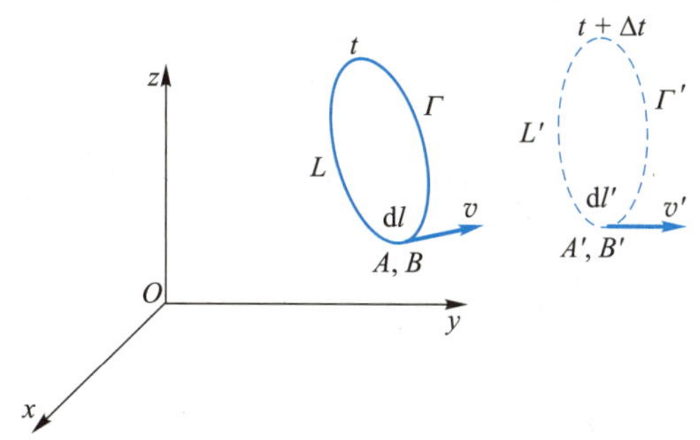


图 5-7

经 $\mathrm{d}t$ 时间，围线 $L$ 运动至 $L'$，微元段 $\mathrm{d}l$ 变成 $\mathrm{d}l'$，因为始终由相同质点组成，所以

$$\frac{\mathrm{d}}{\mathrm{d}t}(v_x\mathrm{d}x)=\frac{\mathrm{d}v_x}{\mathrm{d}t}\mathrm{d}x+v_x\frac{\mathrm{d}}{\mathrm{d}t}(\mathrm{d}x)$$

$\mathrm{d}x$ 为流体围线 $L$ 上微元长度 $\mathrm{d}l$ 在 $x$ 轴上的投影长度。由于 $\mathrm{d}l$ 的两个端点上速度的 $x$ 轴向分量不等，运动过程中引起 $\mathrm{d}x$ 变化，因此，$\mathrm{d}x$ 对时间的全导数 $\frac{\mathrm{d}}{\mathrm{d}t}(\mathrm{d}x)$ 表示 $\mathrm{d}x$ 长度随时间的变化速度，即表示线段 $\mathrm{d}l$ 的起点和终点速度 $x$ 轴向分量 $v_x$ 的差值。所以沿 $\mathrm{d}l$ 移动时分速度 $v_x$ 的增量为 $\mathrm{d}v_x$，于是得到

$$\frac{\mathrm{d}}{\mathrm{d}t}(\mathrm{d}x)=\mathrm{d}v_x$$

因此
$$\frac{\mathrm{d}}{\mathrm{d}t}(v_x\mathrm{d}x)=\frac{\mathrm{d}v_x}{\mathrm{d}t}\mathrm{d}x+v_x\mathrm{d}v_x$$

同理
$$\frac{\mathrm{d}}{\mathrm{d}t}(v_y\mathrm{d}y)=\frac{\mathrm{d}v_y}{\mathrm{d}t}\mathrm{d}y+v_y\mathrm{d}v_y$$

$$\frac{\mathrm{d}}{\mathrm{d}t}(v_z\mathrm{d}z)=\frac{\mathrm{d}v_z}{\mathrm{d}t}\mathrm{d}z+v_z\mathrm{d}v_z$$

所以

$$\frac{\mathrm{d}\Gamma}{\mathrm{d}t}=\oint_L\left(\frac{\mathrm{d}v_x}{\mathrm{d}t}\mathrm{d}x+\frac{\mathrm{d}v_y}{\mathrm{d}t}\mathrm{d}y+\frac{\mathrm{d}v_z}{\mathrm{d}t}\mathrm{d}z\right)+\oint_L(v_x\mathrm{d}v_x+v_y\mathrm{d}v_y+v_z\mathrm{d}v_z)$$

对于理想流体，有欧拉运动微分方程

$$\frac{\mathrm{d}v_x}{\mathrm{d}t}=f_x-\frac{1}{\rho}\frac{\partial p}{\partial x}$$

因为在有势质量力作用下有

$$f_x\mathrm{d}x+f_y\mathrm{d}y+f_z\mathrm{d}z=\mathrm{d}U(x,y,z)$$

对于正压流体又有

$$P=\int\frac{\mathrm{d}p}{\rho}$$

$$\frac{\partial P}{\partial x}=\frac{1}{\rho}\frac{\partial p}{\partial x}$$

且
$$v_x \mathrm{d}v_x+v_y \mathrm{d}v_y+v_z \mathrm{d}v_z=\mathrm{d}\left(\frac{v_x^2+v_y^2+v_z^2}{2}\right)=\mathrm{d}\frac{v^2}{2}$$

所以
$$\frac{\mathrm{d}\Gamma}{\mathrm{d}t}=\oint_L \mathrm{d}\left(U-P+\frac{v^2}{2}\right)=\left(U-P+\frac{v^2}{2}\right)\Bigg|_A^B$$

因为沿封闭围线速度环量对时间的微分等于同一瞬时围线两端$\left(U-P+\frac{v^2}{2}\right)$的变化，$U,P,\frac{v^2}{2}$都是空间点的单值连续函数，故对于封闭围线$L$，即对始点$A$与终点$B$重合的情况下，有

$$\left(U-P+\frac{v^2}{2}\right)\Bigg|_A^B=0 \tag{5-16}$$

所以
$$\frac{\mathrm{d}\Gamma}{\mathrm{d}t}=0 \quad (\Gamma\text{ 为常数})$$

这样，就证明了汤姆孙定理。

由汤姆孙定理可以得出，如果理想流体从静止状态（$\Gamma=0$）开始运动，且始终沿相同流体质点组成的封闭围线运动，它的速度环量始终等于零。根据斯托克斯定理，旋涡强度由速度环量度量。因此，在有势质量力的作用下，理想不可压缩流体中，若初始没有旋涡，旋涡不可能在流动过程中自己产生；或者相反，若初始有旋涡，流动中也不会自行消失。如果从静止开始的流动，由于某种原因产生了旋涡，则在该瞬时必然会产生一个环量大小相等方向相反的旋涡，保持环量为零。实际上，只有存在着黏性的真实流体，旋涡才会产生和消失，因而，不能应用汤姆孙定理。但当黏性影响较小，且时间比较短的情况下，真实流体也可以应用汤姆孙定理。

## §5-4 涡管特性的亥姆霍兹三定理

亥姆霍兹第一定理：在同一瞬时沿涡管长度，旋涡强度保持不变。

如图5-8所示，研究两个任意截面Ⅰ，Ⅱ间的一段涡管。

对Ⅰ断面 $\Gamma_{\mathrm{I}}=2\int_{A_1}\omega_n \mathrm{d}A=2J_{\mathrm{I}}$

对Ⅱ断面 $\Gamma_{\mathrm{II}}=2\int_{A_2}\omega_n \mathrm{d}A=2J_{\mathrm{II}}$

即需要证明沿涡管长度上有

$$\Gamma_{\mathrm{I}}=\Gamma_{\mathrm{II}}=\Gamma(\text{常数})$$

在涡管表面上，取任意两根几乎重合的平行线 $aa'$和 $cc'$切开表面。因为由 $abcc'b'a'a$ 所围成的涡管表面没有涡线穿过，所以根据斯托克斯定理，沿这条封闭围线的速度环量等于零，即

$$\Gamma_{abcc'b'a'a}=0$$

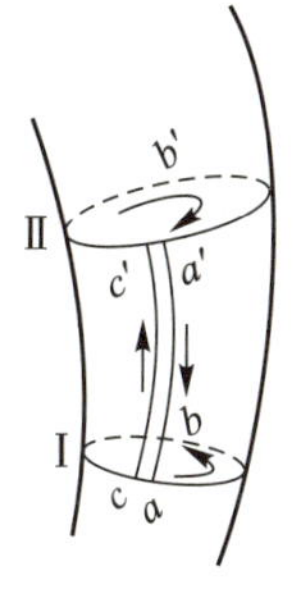


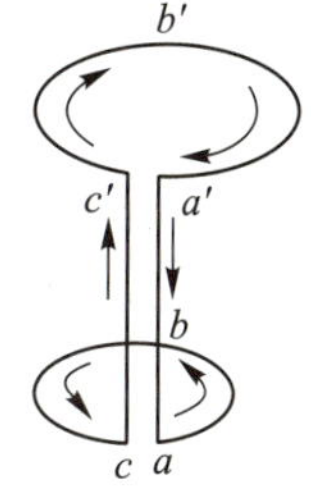


图 5-8

又因为

$$\Gamma_{abcc'b'a'a}=\Gamma_{abc}+\Gamma_{cc'}+\Gamma_{c'b'a'}+\Gamma_{a'a}=\Gamma_{\mathrm{I}}-\Gamma_{\mathrm{II}}=0$$

所以 $\Gamma_{\mathrm{I}}=\Gamma_{\mathrm{II}}$。

根据斯托克斯定理，速度环量等于穿过封闭围线所包围截面积旋涡强度的 2 倍。因为Ⅰ，Ⅱ是任取的截面，所以沿涡管长度旋涡强度保持不变。

这一定理说明，流动空间中的涡管，既不能突然中断，也不能突然产生。同样，涡管也不能以尖端形式出现，因为当 $A\to0$ 时，必须有 $\omega_{\mathrm{n}}\to\infty$，而这是不可能的，所以流体中的旋涡不能以尖端发生或告终。亥姆霍兹第一定理决定了在流动过程中涡管存在的形式，它只能自成封闭管圈，或者涡管的两端附在边界上（图 5-9）。

对于真实流体，由于黏性摩擦力消耗能量，涡管将在运动中逐渐消失。

**亥姆霍兹第二定理**：在有势质量力作用下的正压性理想流体中，涡管永远保持相同的流体质点组成而不被破坏。

在图 5-10 所示的涡管侧表面上，任取一个由流体质点组成的流动封闭围线 $L$，因为涡管表面上不可能有涡线通过，根据斯托克斯定理，沿封闭围线 $L$ 的环量 $\Gamma_L=0$。又由汤姆孙定理，环量不随时间而变化，所以沿封闭围线 $L$ 上环量保持为零。这说明在任何时候，都不可能有涡线穿过任何围线所包围的面积，所以，随时间变化，虽然涡管的形状会不断变化，但组成涡管的流体质点永远在涡管上，涡管能够保持不变而不被破坏。

**亥姆霍兹第三定理**：在有势质量力作用下的正压性理想流体中，涡管的旋涡强度不随时间变化。

如图 5-11 所示，作任意封闭围线 $L$ 包围涡管。根据斯托克斯定理，沿封闭围线 $L$ 的速度环量等于通过该围线所围面积上旋涡强度的 2 倍，即 $\Gamma_L=2J$。又根据汤姆孙定理，环量 $\Gamma_L$ 不随时间而变化，因此涡管的旋涡强度不随时间变化。

亥姆霍兹第一定理说明同一瞬时沿涡管长度旋涡强度保持不变，它是斯托克斯定理的推论，说明同一瞬间空间上旋涡的变化情况，这是个运动学的问题，对理想或黏性流体都成立。第二、第三定理说明涡管的旋涡强度不随时间改变，它由斯托克斯定理和汤姆孙定理加以证明。对于真实流体，黏性摩擦消耗能量会使旋涡强度逐渐减弱，因此，第二、第三定理只适用于理想的正压流体。

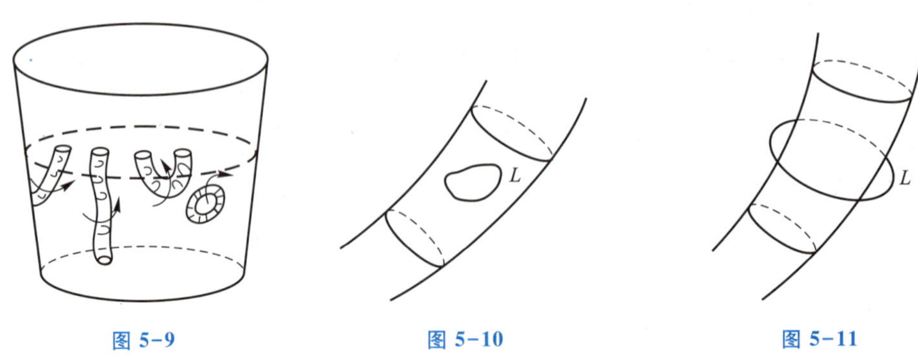


图 5-9　　图 5-10　　图 5-11

## §5-5　二维旋涡的速度和压强分布

由流体微元形成的旋涡，可看作一个如同刚体那样转动的涡核。涡核(线)在静止流体中旋转时，由于流体的黏性作用，将带动周围的流体围绕涡核作圆周运动。显然，刚开始时，由于速度梯度大，存在比较大的黏性作用，以后逐渐减小，当周围运动稳定后，黏性作用就变得很小，这时流体黏性作用可以略去不计，看作理想流体。

涡核在周围的流体中感生出速度，使在整个流域形成感生速度场(这种感生的流场是二维流动，流体只有由涡核感生的圆周运动)，所以流场内某点($r>r_0$)的速度为

$$\left.\begin{aligned}&v_r=0\\&v_\theta=\frac{\Gamma}{2\pi r}\text{(沿绕涡核任意封闭围线 }\Gamma=2\pi rv_\theta\text{ 计算得到)}\end{aligned}\right\}$$

这是一种无旋运动。当涡核旋转角速度一定时，感生流场作恒定运动，当略去质量力后，旋涡外任意点的压强可由拉格朗日积分式(4-14)确定，有

$$p+\frac{\rho v^2}{2}=C \tag{5-17}$$

式中 $v$ 即为 $v_\theta$。

常数 $C$ 对流场中任意点都相同，可以由边界条件决定。当 $r=\infty$ 时，$v_\infty=0$，$p=p_\infty$，得 $C=p_\infty$，于是式(5-17)变为

$$p=p_\infty-\frac{\rho v^2}{2} \tag{5-18}$$

可见，越接近涡核，速度 $v$ 按双曲线规律增长，压强 $p$ 按抛物线规律降低，涡核边界上压强为

$$p_0=p_\infty-\frac{\rho v_0^2}{2} \tag{5-19}$$

涡核外部的压强分布如图 5-12 所示。

现在转而讨论涡核区内的速度和压强分布。

涡核内流体作有旋运动,不能应用拉格朗日积分。旋涡区内流线是以原点为圆心的同心圆族,可以沿流线应用伯努利方程,但这一方程不能解出不同流线间的压强分布,因此,这里直接采用欧拉运动微分方程积分求解。

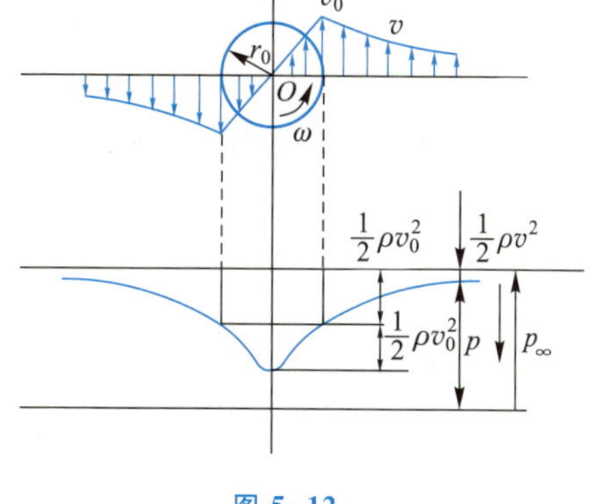


图 5-12

对于二维流动,欧拉运动微分方程(略去质量力)为

$$\left.\begin{aligned}v_x\frac{\partial v_x}{\partial x}+v_y\frac{\partial v_x}{\partial y}=-\frac{1}{\rho}\frac{\partial p}{\partial x}\\ v_x\frac{\partial v_y}{\partial x}+v_y\frac{\partial v_y}{\partial y}=-\frac{1}{\rho}\frac{\partial p}{\partial y}\end{aligned}\right\}$$

在旋涡区内旋转角速度 $\omega$ = 常数,所以对任意点有

$$v_x=-\omega y,v_y=\omega x \tag{5-20}$$

于是有

$$\frac{\partial v_x}{\partial x}=0,\ \frac{\partial v_x}{\partial y}=-\omega,\frac{\partial v_y}{\partial x}=\omega,\ \frac{\partial v_y}{\partial y}=0$$

欧拉运动微分方程变为

$$\left.\begin{aligned}\omega^2x=\frac{1}{\rho}\frac{\partial p}{\partial x}\\ \omega^2y=\frac{1}{\rho}\frac{\partial p}{\partial y}\end{aligned}\right\}$$

上两式分别乘以 $dx,dy$,相加后积分得到

$$p=\frac{\rho\omega^2}{2}(x^2+y^2)+C=\frac{\rho\omega^2r^2}{2}+C=\frac{\rho v^2}{2}+C$$

在涡核边界上有

$$p_0=\frac{\rho v_0^2}{2}+C$$

得到积分常数

$$C=p_0-\frac{\rho v_0^2}{2}$$

因此得到旋涡中任意点的压强为

$$p=p_0+\frac{\rho v^2}{2}-\frac{\rho v_0^2}{2} \tag{5-21}$$

或由式(5-19)代入得另一形式：

$$p=p_{\infty}+\frac{\rho}{2}(v^2-2v_0^2) \tag{5-22}$$

设在涡核中心处压强 $p=p_c, v_c=0$，故

$$p_c=p_{\infty}-\rho v_0^2 \tag{5-23}$$

$$p_c=p_0-\frac{\rho v_0^2}{2} \tag{5-24}$$

这样就有

$$p_{\infty}-p_0=p_0-p_c=\frac{1}{2}\rho v_0^2 \tag{5-25}$$

上面得到的结果说明，涡核中心处的压强比无穷远处静止流体中的压强减小了，它们的差值为涡核边界上速度头的2倍，而旋涡区外势流区的压强降等于旋涡内的压强降，旋涡内外的压强分布均按抛物线规律变化，整个流场的压强分布如图5-12所示。由图可见，在旋涡区内逐渐靠近中心，压强 $p$ 急剧降低，因此在旋涡中心处产生一个很大的吸力，对旋涡区外的流体具有抽吸作用的结果。自然界的龙卷风中心可以将数以吨计的重物吸上天空移动很远的距离就是这种抽吸作用的结果。热能工程中，常常应用旋转气流的这种特性，做成旋风燃烧室、离心式雾化器、离心式分离器等设备。

## 例 题

**例5-1** 已知某流场的速度为 $v_\theta=cr, v_r=0, v_z=0$，其中 $c$ 为常数，$r=\sqrt{x^2+y^2}$。求：

(1) 沿曲线 $x^2+y^2=a^2$ 的速度环量 $\Gamma$；

(2) 通过上述封闭围线所包围的圆面积的旋涡强度 $J$。

**解：**(1) 由速度环量定义，有

$$\Gamma=\oint_L \boldsymbol{v}\cdot \mathrm{d}\boldsymbol{l}=\int_0^{2\pi} v_\theta a\mathrm{d}\theta=\int_0^{2\pi} caa\mathrm{d}\theta$$
$$=2\pi ca^2$$

(2) 其流场在直角坐标系下速度为

$$v_x=-cy, v_y=cx, v_z=0$$

所以，旋转角速度为

$$\omega_x=\omega_y=0$$

$$\omega_z=\frac{1}{2}\left(\frac{\partial v_y}{\partial x}-\frac{\partial v_x}{\partial y}\right)=\frac{1}{2}2c=c$$

再由旋涡强度的定义

$$J=\int_A \boldsymbol{\omega}\cdot \mathrm{d}\boldsymbol{A}=\int_A \omega_{\mathrm{n}}\mathrm{d}A=\int_A c\mathrm{d}A=cA$$

$$=c\pi a^2$$

可见，$\Gamma=2J$，与斯托克斯定理是一致的。

**例 5-2** 有一流场，在 $r>a$ 时，$v_x=-\dfrac{r}{2\pi}\cdot\dfrac{y}{x^2+y^2}$，$v_y=\dfrac{r}{2\pi}\dfrac{x}{x^2+y^2}$，$v_z=0$；在 $r\leqslant a$ 时，$v_x=-\omega y$，$v_y=\omega x$，$v_z=0$，求沿图所示曲线 $l_1$，$l_2$，$l_3$ 和 $l_4$（$l_3$ 和 $l_4$ 的半径相等）的速度环量。$l_4$ 的半径为 $r_0$。

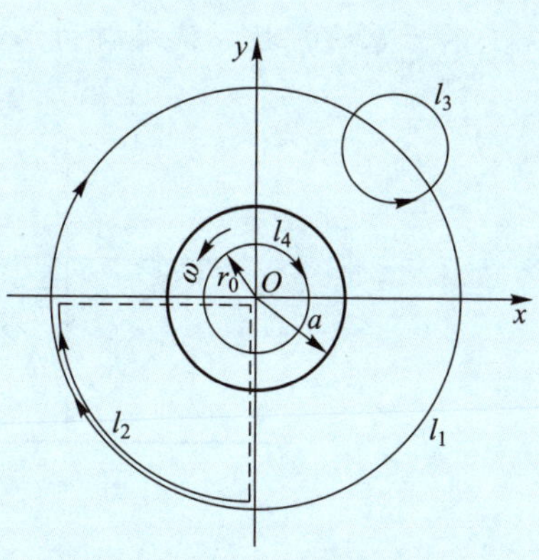

例 5-2 图

**解：** 当 $r>a$ 时，

$$\omega_x=\frac{1}{2}\left[0-\frac{\partial}{\partial z}\left(\frac{r}{2\pi}\cdot\frac{x}{x^2+y^2}\right)\right]$$
$$=0$$

$$\omega_y=\frac{1}{2}\left[\frac{\partial}{\partial z}\left(-\frac{r}{2\pi}\cdot\frac{y}{x^2+y^2}\right)\right]$$
$$=0$$

$$\omega_z=\frac{1}{2}\left[\frac{\partial}{\partial x}\left(\frac{r}{2\pi}\cdot\frac{x}{x^2+y^2}\right)-\frac{\partial}{\partial y}\left(-\frac{r}{2\pi}\cdot\frac{y}{x^2+y^2}\right)\right]=0$$

所以在 $r>a$ 的流场内流动是无旋的。

当 $r\leqslant a$ 时，

$$\omega_x=\frac{1}{2}\left[0-\frac{\partial}{\partial z}(\omega x)\right]=0$$

$$\omega_y=\frac{1}{2}\left[\frac{\partial}{\partial z}(-\omega y)-0\right]=0$$

$$\omega_z=\frac{1}{2}\left[\frac{\partial}{\partial x}(\omega x)-\frac{\partial}{\partial y}(-\omega y)\right]=\omega$$

所以在 $r\leqslant a$ 的范围内，流动是有旋的。

根据速度环量的斯托克斯定理，沿封闭周线的速度环量等于穿过封闭周线所包围面积旋涡强度的 2 倍，因而有

$$\Gamma_{l_1}=-2\omega A_1=-2\pi a^2\omega$$

$$\Gamma_{l_2}=-2\omega A_2=-\frac{\pi}{2}a^2\omega$$

$$\Gamma_{l_3}=0$$

$$\Gamma_{l_4}=-2\omega A_4=-2\pi r_0^2\omega$$

所得到的 $\Gamma$ 为负值。若将图中 $l$ 的走向反过来,将得到 $\Gamma$ 为正值。

**例 5-3**　水桶中水从桶底中心小孔流出时,常在孔口上面形成旋转流动,水面成一漏斗形,如图 a 所示。流速场在平面内,如图 b 所示,可表达为 $u=u_\varphi=\dfrac{k}{\rho}$,$u_\rho=0$,$k$ 是不为零的常数。试求自由水面曲线的方程式。

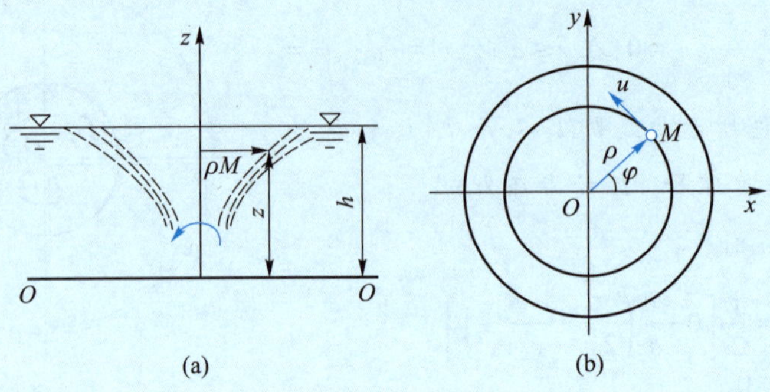


例 5-3 图

**解:** 该流动除原点($\rho=0$)外,是有势流,适用于理想流体恒定流伯努利方程。

当 $\rho\to\infty$ 时,水面高度为 $h$,在自由表面任意取一点 $M$,对上述两点列伯努利方程,有

$$h=z+\frac{u_M^2}{2g}=z+\frac{u_\varphi^2}{2g}=z+\frac{k^2}{2g\rho^2}$$

$$z=h-\frac{k^2}{2g\rho^2}$$

上式即为自由水面曲线方程式。

第5章

电子作业本

# 第 6 章 黏性流体动力学

前几章中，采用理想流体的假设，以简化的数学模型研究了许多流体力学的理论问题。对于黏性流体在大雷诺数情况下离边壁一定距离处的流动，将它看作理想流体，得到了与实际流体流动很接近的满意结果。实际上，自然界中的真实流体都存在黏性，但在大雷诺数情况下，求解作用于被绕流物体上的升力等问题时，除壁面处很薄的边界层外，黏性的作用不显著，适当处理后可以用理想流体研究解决。而当研究边界层、管道中流动损失的机理和计算等问题时，黏性作用是它们存在的根本原因，这时若再忽略黏性，将会导致“达朗贝尔佯谬”问题的出现。

## §6-1 黏性流体运动微分方程式

### 1. 黏性流体中的应力分析

理想流体没有黏性作用，流动中流体间或流体与固体间不存在切应力。实际流体是有黏性的，它阻抗流体微元的形状改变。因此，黏性流体中切应力的存在，不仅出现了阻碍运动的摩擦力，而且也影响了法向应力的性质。

在流场中取直角六面体流体微元 $ABCD$（图 6-1），三条边长为 $dx$，$dy$，$dz$，分别平行 $x$，$y$，$z$ 轴，$A$ 点的坐标为$(x,y,z)$。因为所取的六面体无限微小，可以认为同一作用面上各点具有相同的应力。

由于黏性的存在，六个面上的表面力与作用面不垂直，每个面上任意点的表面力可以分解为法向应力和切向应力。假设法向应力以外法线方向为正，而过 $A$ 点的三个平面上的切向应力方向与坐标轴方向相反，其他三个面上与坐标轴方向相同。在直角坐标中，垂直于 $x$ 轴的作用面 $AC$ 上任意点处的应力可以分解为

$$\sigma_{xx},\quad \tau_{xy},\quad \tau_{xz}$$

垂直于 $y$ 和 $z$ 轴的作用面上任意点处的应力分解为

$$\tau_{yx},\quad \sigma_{yy},\quad \tau_{yz}$$

$$\tau_{zx},\quad \tau_{zy},\quad \sigma_{zz}$$

法向应力 $\sigma$ 和切向应力 $\tau$ 的角标，第一个表示与该应力的作用面相垂直的坐标轴；第二个表示与该应力的作用线相平行的坐标轴。这样，六个面上共 18 个应力。

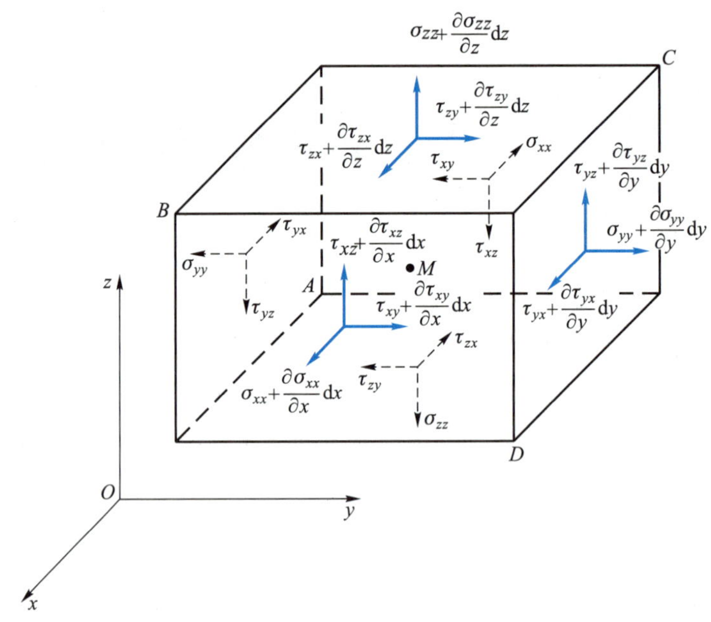


图 6-1

若将六面体向 $A$ 点无限缩小，这时，三个作用面上的 9 个应力就表示为 $A$ 点的应力。因此，黏性流体中一点的应力状态，由过该点 3 个相互正交作用面上的 9 个应力分量确定。

这里讨论受力的六面体处于任意运动状态。将作用于六面体微元上的所有应力，对过六面体中心点 $M$ 而与 $x$ 轴平行的轴线取力矩，由于所有各面上的法向应力通过六面体中心，对 $M$ 点取矩为零。质量力通过中心点 $M$，不产生力矩。所取的力矩若以逆时针方向为正，顺时针方向为负，则表面力对该轴的力矩之和为

$$\sum M=\tau_{yz}\mathrm{d}x\mathrm{d}z\frac{\mathrm{d}y}{2}+\left(\tau_{yz}+\frac{\partial\tau_{yz}}{\partial y}\mathrm{d}y\right)\mathrm{d}x\mathrm{d}z\frac{\mathrm{d}y}{2}-$$

$$\tau_{zy}\mathrm{d}x\mathrm{d}y\frac{\mathrm{d}z}{2}-\left(\tau_{zy}+\frac{\partial\tau_{zy}}{\partial z}\mathrm{d}z\right)\mathrm{d}x\mathrm{d}y\frac{\mathrm{d}z}{2}$$

根据转动定律

$$\sum M=J\alpha$$

式中　$J$——物体的转动惯量，对长方体 $J=\rho\mathrm{d}x\mathrm{d}y\mathrm{d}z(\mathrm{d}r)^2$，$\mathrm{d}r$ 为转动惯量半径；

$\alpha$——角加速度。

所以

$$(\tau_{yz}-\tau_{zy})\mathrm{d}x\mathrm{d}y\mathrm{d}z+\left(\frac{\partial\tau_{yz}}{\partial y}\mathrm{d}y-\frac{\partial\tau_{zy}}{\partial z}\mathrm{d}z\right)\frac{\mathrm{d}x\mathrm{d}y\mathrm{d}z}{2}=\rho\mathrm{d}x\mathrm{d}y\mathrm{d}z(\mathrm{d}r)^2\alpha$$

若略去方程中四阶和五阶微量，有

$$(\tau_{yz}-\tau_{zy})\mathrm{d}x\mathrm{d}y\mathrm{d}z=0$$

则得

$$\tau_{yz}=\tau_{zy}$$

同理

$$\tau_{zx}=\tau_{xz},\tau_{xy}=\tau_{yx} \tag{6-1}$$

因此,黏性流体中一点上的应力可以用 6 个独立应力分量表示,其中 3 个法向应力、3 个切向应力。

### 2. 以应力形式表示的运动微分方程

如图 6-1 所示,分析六面体各作用面沿 $x$ 方向的应力分量。由于应力连续分布,作用于六面体不包含 $A$ 点的三个面上的应力按泰勒级数展开,并略去二阶以上的微量,这样,六个作用面上沿 $x$ 轴向的应力可如下计算:

(1) 表面力

在 $AB$,$CD$ 面上

$$\left(\tau_{yx}+\frac{\partial\tau_{yx}}{\partial y}\mathrm{d}y\right)\mathrm{d}x\mathrm{d}z-\tau_{yx}\mathrm{d}x\mathrm{d}z=\frac{\partial\tau_{yx}}{\partial y}\mathrm{d}x\mathrm{d}y\mathrm{d}z$$

在 $AC$,$BD$ 面上

$$\left(\sigma_{xx}+\frac{\partial\sigma_{xx}}{\partial x}\mathrm{d}x\right)\mathrm{d}y\mathrm{d}z-\sigma_{xx}\mathrm{d}y\mathrm{d}z=\frac{\partial\sigma_{xx}}{\partial x}\mathrm{d}x\mathrm{d}y\mathrm{d}z$$

在 $AD$,$BC$ 面上

$$\left(\tau_{zx}+\frac{\partial\tau_{zx}}{\partial z}\mathrm{d}z\right)\mathrm{d}x\mathrm{d}y-\tau_{zx}\mathrm{d}x\mathrm{d}y=\frac{\partial\tau_{zx}}{\partial z}\mathrm{d}x\mathrm{d}y\mathrm{d}z$$

于是微元表面上沿 $x$ 轴方向的合力为

$$\left(\frac{\partial\sigma_{xx}}{\partial x}+\frac{\partial\tau_{yx}}{\partial y}+\frac{\partial\tau_{zx}}{\partial z}\right)\mathrm{d}x\mathrm{d}y\mathrm{d}z$$

(2) 质量力

用 $f_x$,$f_y$,$f_z$ 表示单位质量流体上所受的质量力沿 $x$,$y$,$z$ 轴方向的分力,则六面体流体微元在 $x$ 方向的质量力为

$$F_{Qx}=f_x\rho\mathrm{d}x\mathrm{d}y\mathrm{d}z$$

(3) 惯性力

设六面体微元沿 $x$ 轴方向的加速度为 $\frac{\mathrm{d}v_x}{\mathrm{d}t}$,所以微小六面体在 $x$ 方向的惯性力为

$$-\frac{\mathrm{d}v_x}{\mathrm{d}t}\rho\mathrm{d}x\mathrm{d}y\mathrm{d}z$$

根据牛顿第二定律 $\sum F_x=ma_x$,沿 $x$ 轴向的运动微分方程为

$$f_x\rho\mathrm{d}x\mathrm{d}y\mathrm{d}z+\left(\frac{\partial\sigma_{xx}}{\partial x}+\frac{\partial\tau_{yx}}{\partial y}+\frac{\partial\tau_{zx}}{\partial z}\right)\mathrm{d}x\mathrm{d}y\mathrm{d}z=\frac{\mathrm{d}v_x}{\mathrm{d}t}\rho\mathrm{d}x\mathrm{d}y\mathrm{d}z$$

整理后得到

$$f_x+\frac{1}{\rho}\left(\frac{\partial\sigma_{xx}}{\partial x}+\frac{\partial\tau_{yx}}{\partial y}+\frac{\partial\tau_{zx}}{\partial z}\right)=\frac{\mathrm{d}v_x}{\mathrm{d}t}$$

同理可得沿 $y$ 轴和 $z$ 轴方向的运动微分方程。于是有

$$\left.\begin{aligned} f_x+\frac{1}{\rho}\left(\frac{\partial\sigma_{xx}}{\partial x}+\frac{\partial\tau_{yx}}{\partial y}+\frac{\partial\tau_{zx}}{\partial z}\right)=\frac{\mathrm{d}v_x}{\mathrm{d}t}\\ f_y+\frac{1}{\rho}\left(\frac{\partial\tau_{xy}}{\partial x}+\frac{\partial\sigma_{yy}}{\partial y}+\frac{\partial\tau_{zy}}{\partial z}\right)=\frac{\mathrm{d}v_y}{\mathrm{d}t}\\ f_z+\frac{1}{\rho}\left(\frac{\partial\tau_{xz}}{\partial x}+\frac{\partial\tau_{yz}}{\partial y}+\frac{\partial\sigma_{zz}}{\partial z}\right)=\frac{\mathrm{d}v_z}{\mathrm{d}t} \end{aligned}\right\} \tag{6-2}$$

式(6-2)是以应力形式表示的黏性流体运动微分方程。对于不可压缩流体,$\rho=C$,且质量力通常是已知的,上面 3 个方程有 9 个未知数,加上连续性方程也只有 4 个方程,不能求解,必须寻找应力与变形速度间关系的补充方程。

### 3. 应力与变形速度的关系

(1) 切应力与角变形速度的关系

黏性流体运动时,由于流体微元上各点的速度不同,运动过程中必然发生变形,引起切应力。切应力大小由牛顿内摩擦定律给出,即

$$\tau=\mu\frac{\mathrm{d}v}{\mathrm{d}n}$$

在运动流体中取一正方形的无限小流体微元 $abcd$(图 6-2),微元的 $ad$ 与 $bc$ 上下两层(间隔 $\mathrm{d}n$)流动速度不等,运动过程中 $ab$ 和 $cd$ 边转角 $\mathrm{d}\beta$,因为 $\mathrm{d}\beta$ 很微小,所以有

$$\tan\,\mathrm{d}\beta=\frac{\mathrm{d}v\mathrm{d}t}{\mathrm{d}n}\approx\mathrm{d}\beta$$

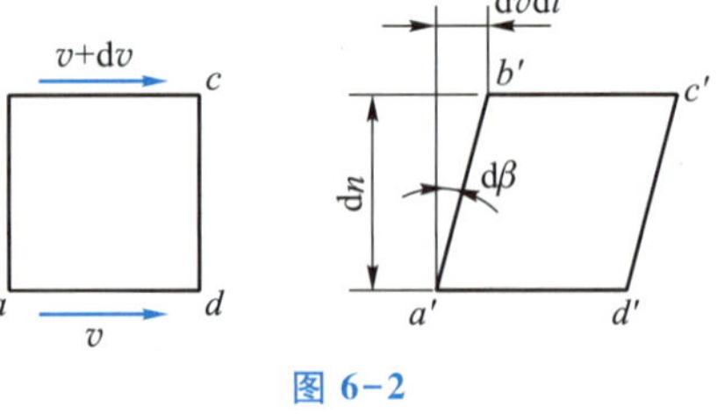

图 6-2

于是角变形速度为

$$\frac{\mathrm{d}\beta}{\mathrm{d}t}=\frac{\mathrm{d}v}{\mathrm{d}n} \tag{6-3}$$

即流体微元的角变形速度等于垂直于流动方向上的速度梯度。所以牛顿内摩擦定律变为

$$\tau=\mu\frac{\mathrm{d}\beta}{\mathrm{d}t} \tag{6-4}$$

上式表明,相邻两流体层间的切应力 $\tau$ 与角变形速度 $\frac{\mathrm{d}\beta}{\mathrm{d}t}$ 成正比,但这只是一维流动的最简单情况。

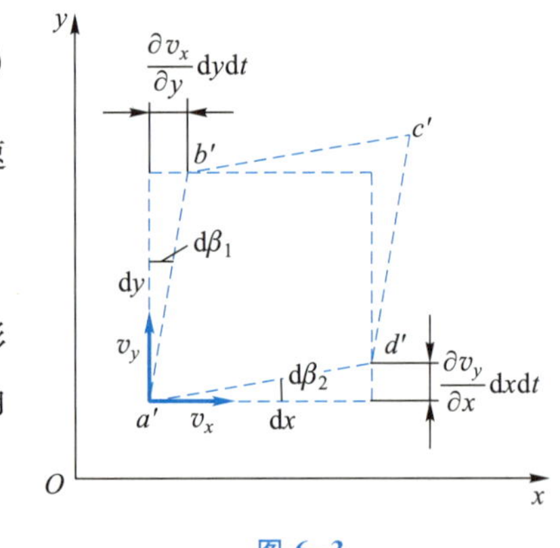

图 6-3

若考虑与 $z$ 轴垂直的二维流动(图6-3),正方形微元经 $\mathrm{d}t$ 时间运动变形为菱形 $a'b'c'd'$,四边形的角变形速度根据 § 3-4 中式(3-23)有

$$\frac{\mathrm{d}\beta_z}{\mathrm{d}t}=\frac{\mathrm{d}\beta_1}{\mathrm{d}t}+\frac{\mathrm{d}\beta_2}{\mathrm{d}t}=\frac{\partial v_x}{\partial y}+\frac{\partial v_y}{\partial x}=2\gamma_z$$

假定流体的黏性在各个方向上都相同，于是得到切应力与角变形速度关系的广义牛顿内摩擦定律：

$$\left.\begin{aligned}\tau_{xy}=\tau_{yx}=\mu\left(\frac{\partial v_x}{\partial y}+\frac{\partial v_y}{\partial x}\right)=2\mu\gamma_z\\\tau_{yz}=\tau_{zy}=\mu\left(\frac{\partial v_z}{\partial y}+\frac{\partial v_y}{\partial z}\right)=2\mu\gamma_x\\\tau_{zx}=\tau_{xz}=\mu\left(\frac{\partial v_z}{\partial x}+\frac{\partial v_x}{\partial z}\right)=2\mu\gamma_y\end{aligned}\right\}\tag{6-5}$$

上式说明，切应力等于动力黏度与 2 倍角变形速度的乘积。式(6-5)的 3 个方程使式(6-2)的未知数还剩下 6 个。

(2) 法向应力

在理想流体中，不存在切应力，因此任何一点的法向应力与作用面的方位无关，同一点各方向上的应力相等，即

$$\sigma_{xx}=\sigma_{yy}=\sigma_{zz}=p$$

但是对于黏性流体，流体微元除了产生引起切应力的角变形外，同时还发生直线变形，使流体拉伸或缩短，法线方向上的变形引起附加的法向应力。由于线变形速度不同，使各个方向上的法向应力不相等。因此，黏性流体中的法向应力为

$$\left.\begin{aligned}\sigma_{xx}=-p+\sigma'_{xx}\\\sigma_{yy}=-p+\sigma'_{yy}\\\sigma_{zz}=-p+\sigma'_{zz}\end{aligned}\right\}\tag{6-6}$$

式中 $\sigma'_{xx},\sigma'_{yy},\sigma'_{zz}$——由于线变形而产生的各坐标轴方向上法向应力的附加增量；

$p$——黏性流体中的动水压强。前面的负号是因为动水压强为压应力。

线变形引起的附加法向应力，可以仿照切应力的广义牛顿内摩擦定律给出，附加法向应力等于动力黏度 $\mu$ 与 2 倍线变形速度的乘积，即

$$\left.\begin{aligned}\sigma'_{xx}=\mu\left(\frac{\partial v_x}{\partial x}+\frac{\partial v_x}{\partial x}\right)=2\mu\frac{\partial v_x}{\partial x}\\\sigma'_{yy}=\mu\left(\frac{\partial v_y}{\partial y}+\frac{\partial v_y}{\partial y}\right)=2\mu\frac{\partial v_y}{\partial y}\\\sigma'_{zz}=\mu\left(\frac{\partial v_z}{\partial z}+\frac{\partial v_z}{\partial z}\right)=2\mu\frac{\partial v_z}{\partial z}\end{aligned}\right\}\tag{6-7}$$

将式(6-7)代入式(6-6)得

$$\left.\begin{aligned}\sigma_{xx}&=-p+2\mu\frac{\partial v_x}{\partial x}\\\sigma_{yy}&=-p+2\mu\frac{\partial v_y}{\partial y}\\\sigma_{zz}&=-p+2\mu\frac{\partial v_z}{\partial z}\end{aligned}\right\}\tag{6-8}$$

式(6-5)和式(6-8)是反映不可压缩黏性流体应力与应变速度关系的**本构方程**。它是在牛顿黏性内摩擦定律的基础上，假设流体的黏性在各个方向上都相同，得出广义牛顿内摩擦定律之后推导得到的，凡满足本构方程的流体就是牛顿流体。

将式(6-8)中的3个方程相加，得

$$\sigma_{xx}+\sigma_{yy}+\sigma_{zz}=-3p+2\mu\left(\frac{\partial v_x}{\partial x}+\frac{\partial v_y}{\partial y}+\frac{\partial v_z}{\partial z}\right)$$

对不可压缩流体，有连续性方程

$$\frac{\partial v_x}{\partial x}+\frac{\partial v_y}{\partial y}+\frac{\partial v_z}{\partial z}=0$$

所以

$$p=\frac{-(\sigma_{xx}+\sigma_{yy}+\sigma_{zz})}{3}\tag{6-9}$$

将 $p$ 定义为黏性流体中的流体动压强，它等于给定点上任意3个相互垂直微元面上法向应力的算术平均值。若微小六面体的 $\mathrm{d}x,\mathrm{d}y,\mathrm{d}z$ 趋近于零，这时 $\sigma_{xx},\sigma_{yy},\sigma_{zz}$ 变成黏性流体中 $A$ 点上的3个法向应力，它们各不相等，但其算术平均值的动压强 $p$ 则不随方向而变，即黏性流体中的动压强只是空间坐标和时间的函数。

对于平行流动（流动方向沿一个坐标轴方向），$\frac{\partial v_x}{\partial x}=0,\frac{\partial v_y}{\partial y}=0,\frac{\partial v_z}{\partial z}=0$，所以有

$$\sigma_{xx}=\sigma_{yy}=\sigma_{zz}=-p$$

#### 4. 纳维-斯托克斯(Navier-Stokes)方程

对于不可压缩黏性流体，若满足牛顿内摩擦定律，将已得到的式(6-5)和式(6-8)代入式(6-2)，得

$$f_x+\frac{1}{\rho}\left\{\frac{\partial}{\partial x}\left[-p+2\mu\frac{\partial v_x}{\partial x}\right]+\frac{\partial}{\partial y}\left[\mu\left(\frac{\partial v_x}{\partial y}+\frac{\partial v_y}{\partial x}\right)\right]+\frac{\partial}{\partial z}\left[\mu\left(\frac{\partial v_z}{\partial x}+\frac{\partial v_x}{\partial z}\right)\right]\right\}=\frac{\mathrm{d}v_x}{\mathrm{d}t}$$

假设动力黏度不变，则上式变为

$$f_x+\frac{1}{\rho}\left\{-\frac{\partial p}{\partial x}+2\mu\frac{\partial^2 v_x}{\partial x^2}+\mu\frac{\partial^2 v_y}{\partial x\partial y}+\mu\frac{\partial^2 v_x}{\partial y^2}+\mu\frac{\partial^2 v_z}{\partial x\partial z}+\mu\frac{\partial^2 v_x}{\partial z^2}\right\}=\frac{\mathrm{d}v_x}{\mathrm{d}t}$$

或

$$f_x-\frac{1}{\rho}\frac{\partial p}{\partial x}+\frac{\mu}{\rho}\left\{\left[\frac{\partial^2 v_x}{\partial x^2}+\frac{\partial^2 v_x}{\partial y^2}+\frac{\partial^2 v_x}{\partial z^2}\right]+\frac{\partial}{\partial x}\left[\frac{\partial v_x}{\partial x}+\frac{\partial v_y}{\partial y}+\frac{\partial v_z}{\partial z}\right]\right\}=\frac{\mathrm{d}v_x}{\mathrm{d}t}$$

对不可压缩流体,有连续性方程

$$\frac{\partial v_x}{\partial x}+\frac{\partial v_y}{\partial y}+\frac{\partial v_z}{\partial z}=0$$

同时,利用拉普拉斯算子 $\nabla^2=\frac{\partial^2}{\partial x^2}+\frac{\partial^2}{\partial y^2}+\frac{\partial^2}{\partial z^2}$,得

$$\left.\begin{aligned}
f_x-\frac{1}{\rho}\frac{\partial p}{\partial x}+\nu\nabla^2 v_x=\frac{\mathrm{d}v_x}{\mathrm{d}t}\\
f_y-\frac{1}{\rho}\frac{\partial p}{\partial y}+\nu\nabla^2 v_y=\frac{\mathrm{d}v_y}{\mathrm{d}t}\\
f_z-\frac{1}{\rho}\frac{\partial p}{\partial z}+\nu\nabla^2 v_z=\frac{\mathrm{d}v_z}{\mathrm{d}t}
\end{aligned}\right\}\tag{6-10}$$

式(6-10)为不可压缩黏性流体的运动微分方程,又称纳维-斯托克斯方程(简称 N-S 方程)。

N-S 方程写成向量形式为

$$\boldsymbol{f}-\frac{1}{\rho}\nabla p+\nu\nabla^2\boldsymbol{v}=\frac{\mathrm{d}\boldsymbol{v}}{\mathrm{d}t}\tag{6-11}$$

流体力学问题的解决,其难易程度与坐标系的选取恰当与否很有关系。例如在求解流体绕圆柱体和球体的流动时,采用柱坐标系($r,\theta,z$)和球坐标系($r,\theta,\varphi$),比直角坐标系更为简单方便,因此,这里给出圆柱坐标系和球坐标系的 N-S 方程,但不作变换推导。

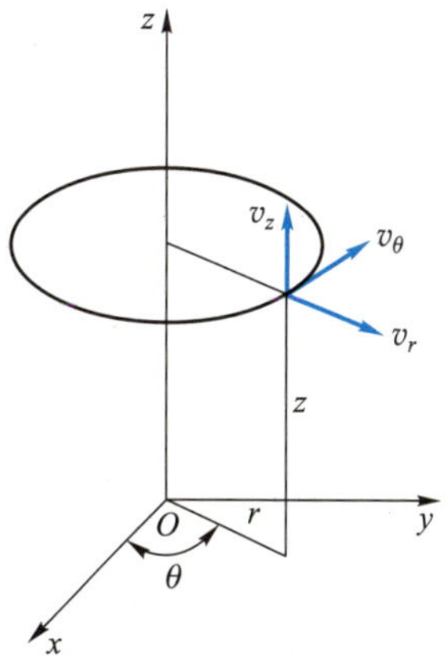

图 6-4

柱坐标系的 N-S 方程组(图 6-4):

$$\left.\begin{aligned}
&\frac{\partial v_r}{\partial t}+v_r\frac{\partial v_r}{\partial r}+\frac{v_\theta}{r}\frac{\partial v_r}{\partial\theta}+v_z\frac{\partial v_r}{\partial z}-\frac{v^2}{r}\\
&=f_r-\frac{1}{\rho}\frac{\partial p}{\partial r}+\nu\left(\frac{\partial^2 v_r}{\partial r^2}+\frac{1}{r}\frac{\partial v_r}{\partial r}+\frac{1}{r^2}\frac{\partial^2 v_r}{\partial\theta^2}+\frac{\partial^2 v_r}{\partial z^2}-\frac{2}{r^2}\frac{\partial v_\theta}{\partial\theta}-\frac{v_r}{r^2}\right)\\
&\frac{\partial v_\theta}{\partial t}+v_r\frac{\partial v_\theta}{\partial r}+\frac{v_\theta}{r}\frac{\partial v_\theta}{\partial\theta}+v_z\frac{\partial v_\theta}{\partial z}+\frac{v_r v_\theta}{r}\\
&=f_\theta-\frac{1}{\rho r}\frac{\partial p}{\partial\theta}+\nu\left(\frac{\partial^2 v_\theta}{\partial r^2}+\frac{1}{r}\frac{\partial v_\theta}{\partial r}+\frac{1}{r^2}\frac{\partial^2 v_\theta}{\partial\theta^2}+\frac{\partial^2 v_\theta}{\partial z^2}+\frac{2}{r^2}\frac{\partial v_r}{\partial\theta}-\frac{v_\theta}{r^2}\right)\\
&\frac{\partial v_z}{\partial t}+v_r\frac{\partial v_z}{\partial r}+\frac{v_\theta}{r}\frac{\partial v_z}{\partial\theta}+v_z\frac{\partial v_z}{\partial z}\\
&=f_z-\frac{1}{\rho}\frac{\partial p}{\partial z}+\nu\left(\frac{\partial^2 v_z}{\partial r^2}+\frac{1}{r}\frac{\partial v_z}{\partial r}+\frac{1}{r^2}\frac{\partial^2 v_z}{\partial\theta^2}+\frac{\partial^2 v_z}{\partial z^2}\right)
\end{aligned}\right\}\tag{6-12}$$

柱坐标系不可压缩流体的连续性方程为

$$\frac{\partial v_r}{\partial r}+\frac{v_r}{r}+\frac{1}{r}\frac{\partial v_\theta}{\partial \theta}+\frac{\partial v_z}{\partial z}=0 \tag{6-13}$$

式中$f_r,f_\theta,f_z$分别为单位质量的质量力沿坐标轴$(r,\theta,z)$的分量。

切向应力和法向应力与变形速度的关系为

$$\left.\begin{aligned}
\tau_{r\theta}=\tau_{\theta r}&=\mu\left[r\frac{\partial}{\partial r}\left(\frac{v_\theta}{r}\right)+\frac{1}{r}\frac{\partial v_r}{\partial \theta}\right]\\
\tau_{\theta z}=\tau_{z\theta}&=\mu\left[\frac{\partial v_\theta}{\partial z}+\frac{1}{r}\frac{\partial v_z}{\partial \theta}\right]\\
\tau_{zr}=\tau_{rz}&=\mu\left[\frac{\partial v_r}{\partial z}+\frac{\partial v_z}{\partial r}\right]
\end{aligned}\right\} \tag{6-14}$$

$$\left.\begin{aligned}
\sigma_{rr}&=-p+2\mu\frac{\partial v_r}{\partial r}\\
\sigma_{\theta\theta}&=-p+2\mu\left(\frac{1}{r}\frac{\partial v_\theta}{\partial \theta}+\frac{v_r}{r}\right)\\
\sigma_{zz}&=-p+2\mu\frac{\partial v_z}{\partial z}
\end{aligned}\right\} \tag{6-15}$$

球坐标系$(r,\theta,\varphi)$的N-S方程组(图6-5)为

$$\left.\begin{aligned}
&\frac{\partial v_r}{\partial t}+v_r\frac{\partial v_r}{\partial r}+\frac{v_\theta}{r}\frac{\partial v_r}{\partial \theta}+\frac{v_\varphi}{r\sin\theta}\frac{\partial v_r}{\partial \varphi}-\frac{v_\theta^2+v_\varphi^2}{r}\\
&=f_R-\frac{1}{\rho}\frac{\partial p}{\partial r}+\nu\left(\frac{\partial^2 v_r}{\partial r^2}+\frac{2}{r}\frac{\partial v_r}{\partial r}+\frac{\cot\theta}{r^2}\frac{\partial v_r}{\partial \theta}+\right.\\
&\frac{1}{r^2}\frac{\partial^2 v_r}{\partial \theta^2}+\frac{1}{r^2\sin^2\theta}\frac{\partial^2 v_r}{\partial \varphi^2}-\frac{2v_r}{r^2}-\frac{2\cot\theta}{r^2}v_\theta-\\
&\left.\frac{2}{r^2}\frac{\partial v_\theta}{\partial \theta}-\frac{2}{r^2\sin\theta}\frac{\partial v_\varphi}{\partial \varphi}\right)\\
&\frac{\partial v_\theta}{\partial t}+v_r\frac{\partial v_\theta}{\partial r}+\frac{v_\theta}{r}\frac{\partial v_\theta}{\partial \theta}+\frac{v_\varphi}{r\sin\theta}\frac{\partial v_\theta}{\partial \varphi}-\frac{v_\varphi^2}{r}\cot\theta+\frac{v_r v_\theta}{r}\\
&=f_\theta-\frac{1}{\rho r}\frac{\partial p}{\partial \theta}+\nu\left(\frac{\partial^2 v_\theta}{\partial r^2}+\frac{2}{r}\frac{\partial v_\theta}{\partial r}+\frac{\cot\theta}{r^2}\frac{\partial v_\theta}{\partial \theta}+\frac{1}{r^2}\frac{\partial^2 v_\theta}{\partial \theta^2}+\right.\\
&\left.\frac{1}{r^2\sin^2\theta}\frac{\partial^2 v_\theta}{\partial \varphi^2}-\frac{v_\theta}{r^2\sin^2\theta}+\frac{2}{r^2}\frac{\partial v_r}{\partial \theta}-\frac{2\cos\theta}{r^2\sin^2\theta}\frac{\partial v_\varphi}{\partial \varphi}\right)\\
&\frac{\partial v_\varphi}{\partial t}+v_r\frac{\partial v_\varphi}{\partial r}+\frac{v_\theta}{r}\frac{\partial v_\varphi}{\partial \theta}+\frac{v_\varphi}{r\sin\theta}\frac{\partial v_\varphi}{\partial \varphi}+\frac{v_r v_\varphi}{r}+\frac{v_\theta v_\varphi}{r}\cot\theta\\
&=f_\Phi-\frac{1}{\rho r\sin\theta}\frac{\partial p}{\partial \varphi}+\nu\left(\frac{\partial^2 v_\varphi}{\partial r^2}+\frac{2}{r}\frac{\partial v_\varphi}{\partial r}+\frac{\cot\theta}{r^2}\frac{\partial v_\varphi}{\partial \theta}+\right.\\
&\frac{1}{r^2}\frac{\partial^2 v_\varphi}{\partial \theta^2}+\frac{1}{r^2\sin^2\theta}\frac{\partial^2 v_\theta}{\partial \varphi^2}-\frac{v_\varphi}{r^2\sin^2\theta}+\\
&\left.\frac{2}{r^2\sin\theta}\frac{\partial v_r}{\partial \varphi}+\frac{2\cos\theta}{r^2\sin^2\theta}\frac{\partial v_\theta}{\partial \varphi}\right)
\end{aligned}\right\} \tag{6-16}$$

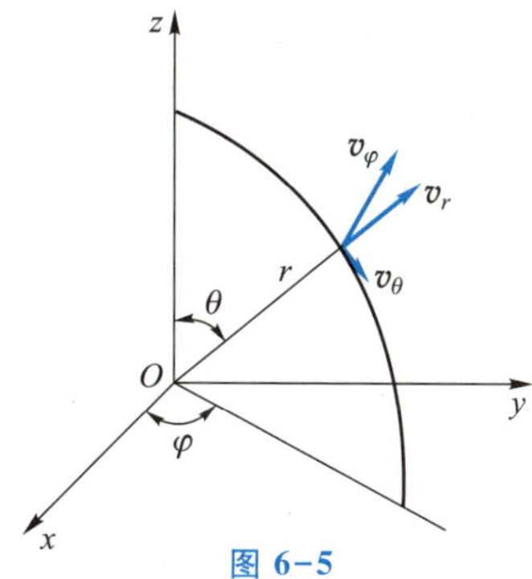

图 6-5

式中 $f_R$,$f_\theta$,$f_\Phi$ 分别为单位质量的质量力沿坐标轴($r,\theta,\varphi$)的分量。

球坐标系不可压缩流体的连续性方程为

$$\frac{1}{r^2}\frac{\partial(r^2v_r)}{\partial r}+\frac{1}{r\sin\theta}\frac{\partial(\sin\theta v_\theta)}{\partial\theta}+\frac{1}{r\sin\theta}\frac{\partial v_\varphi}{\partial\varphi}=0 \tag{6-17}$$

切向应力和法向应力与变形速度的关系为

$$\left.\begin{aligned}\tau_{r\theta}&=\tau_{\theta r}=\mu\left(\frac{1}{r}\frac{\partial v_r}{\partial\theta}+\frac{\partial v_\theta}{\partial r}-\frac{v_\theta}{r}\right)\\ \tau_{\theta\varphi}&=\tau_{\varphi\theta}=\mu\left(\frac{1}{r\sin\theta}\frac{\partial v_\theta}{\partial\varphi}+\frac{1}{r}\frac{\partial v_\varphi}{\partial\theta}-\frac{v_\varphi\cot\theta}{r}\right)\\ \tau_{\varphi r}&=\tau_{r\varphi}=\mu\left(\frac{\partial v_\varphi}{\partial r}+\frac{1}{r\sin\theta}\frac{\partial v_r}{\partial\varphi}-\frac{v_\varphi}{r}\right)\end{aligned}\right\} \tag{6-18}$$

$$\left.\begin{aligned}\sigma_{rr}&=-p+2\mu\frac{\partial v_r}{\partial r}\\ \sigma_{\theta\theta}&=-p+2\mu\left(\frac{1}{r}\frac{\partial v_\theta}{\partial\theta}+\frac{v_r}{r}\right)\\ \sigma_{\varphi\varphi}&=-p+2\mu\left(\frac{1}{r\sin\theta}\frac{\partial v_\varphi}{\partial\varphi}+\frac{v_r}{r}+\frac{v_\theta\cot\theta}{r}\right)\end{aligned}\right\} \tag{6-19}$$

N-S 方程是流体力学中具有普遍意义的微分方程,有几点说明:

(1) 对于没有黏性的理想流体,$\nu=0$,N-S 方程变为理想流体的欧拉运动微分方程;对静止流体,$\frac{\mathrm{d}\boldsymbol{v}}{\mathrm{d}t}=\boldsymbol{0}$,又变为欧拉平衡方程。

(2) 式(6-10)、式(6-12)和式(6-16)仅适用于不可压缩流体。

(3) N-S 方程仅适用于满足牛顿内摩擦定律的牛顿流体。

(4) 对层流或湍流状态时的真实流场,N-S 方程都可应用,但对湍流的时均流场,N-S方程演变为雷诺方程。

对黏性流体求解 N-S 方程是流体力学的一项重要任务，方程有 $v_x$，$v_y$，$v_z$ 和 $p$ 四个未知数，补充连续性方程后原则上已经可以求解，但 N-S 方程是一个二阶非线性的偏微分方程，加之边界条件难以用数学方程表达，即使采用电子计算机，企图求得一般情况下的普遍解仍然极为困难。

但是，对许多流动问题，如圆管、平行平板、平行圆盘、同心圆环间的层流流动，以及边界层等问题，根据 N-S 方程每一项的物理意义，针对不同情况，略去惯性项或黏性项后，可以精确求解。

## §6-2 黏性流体的葛罗米柯-斯托克斯方程

为了便于看出微分方程在什么情况下可以积分，并使方程具有更明显的力学含义，将 N-S 方程变换为葛罗米柯-斯托克斯（G-S）形式的微分方程。这样，再引入一些附加条件后，有可能将三个偏微分方程变成常微分方程，使之便于积分求解。

假设流体所受的质量力有势，则必存在力的势函数 $U(x,y,z,t)$，并有

$$f_x=\frac{\partial U}{\partial x},f_y=\frac{\partial U}{\partial y},f_z=\frac{\partial U}{\partial z}$$

可以对 N-S 方程的惯性项作如下变换：

$$\frac{\mathrm{d}v_x}{\mathrm{d}t}=\frac{\partial v_x}{\partial t}+\frac{\partial}{\partial x}\left(\frac{v^2}{2}\right)+2(\omega_y v_z-\omega_z v_y)$$

$$\frac{\mathrm{d}v_y}{\mathrm{d}t}=\frac{\partial v_y}{\partial t}+\frac{\partial}{\partial y}\left(\frac{v^2}{2}\right)+2(\omega_z v_x-\omega_x v_z)$$

$$\frac{\mathrm{d}v_z}{\mathrm{d}t}=\frac{\partial v_z}{\partial t}+\frac{\partial}{\partial z}\left(\frac{v^2}{2}\right)+2(\omega_x v_y-\omega_y v_x)$$

式中角速度分量为

$$\omega_x=\frac{1}{2}\left(\frac{\partial v_z}{\partial y}-\frac{\partial v_y}{\partial z}\right)$$

$$\omega_y=\frac{1}{2}\left(\frac{\partial v_x}{\partial z}-\frac{\partial v_z}{\partial x}\right)$$

$$\omega_z=\frac{1}{2}\left(\frac{\partial v_y}{\partial x}-\frac{\partial v_x}{\partial y}\right)$$

将上式代入 N-S 方程，得到不可压缩黏性流体的葛罗米柯-斯托克斯方程（G-S）：

$$\left.\begin{aligned}\frac{\partial}{\partial x}\left(U-\frac{p}{\rho}-\frac{v^2}{2}\right)+\nu\nabla^2 v_x=\frac{\partial v_x}{\partial t}+2(\omega_y v_z-\omega_z v_y)\\ \frac{\partial}{\partial y}\left(U-\frac{p}{\rho}-\frac{v^2}{2}\right)+\nu\nabla^2 v_y=\frac{\partial v_y}{\partial t}+2(\omega_z v_x-\omega_x v_z)\\ \frac{\partial}{\partial z}\left(U-\frac{p}{\rho}-\frac{v^2}{2}\right)+\nu\nabla^2 v_z=\frac{\partial v_z}{\partial t}+2(\omega_x v_y-\omega_y v_x)\end{aligned}\right\}\qquad(6-20)$$

式(6-20)与 N-S 方程的适用范围相同,而角速度 $\omega$ 的引入,使之更容易从力学角度看出方程积分求解的条件,应用起来更为方便。

## § 6-3 葛罗米柯-斯托克斯方程的伯努利积分

这里讨论不可压缩黏性流体的恒定流动。假定作用在流体上的质量力有势。

对恒定流动有

$$\frac{\partial v_x}{\partial t}=0,\frac{\partial v_y}{\partial t}=0,\frac{\partial v_z}{\partial t}=0$$

因此 G-S 方程变为

$$\begin{aligned}\frac{\partial}{\partial x}\left(U-\frac{p}{\rho}-\frac{v^2}{2}\right)+\nu\nabla^2 v_x=2(\omega_y v_z-\omega_z v_y)\\ \frac{\partial}{\partial y}\left(U-\frac{p}{\rho}-\frac{v^2}{2}\right)+\nu\nabla^2 v_y=2(\omega_z v_x-\omega_x v_z)\\ \frac{\partial}{\partial z}\left(U-\frac{p}{\rho}-\frac{v^2}{2}\right)+\nu\nabla^2 v_z=2(\omega_x v_y-\omega_y v_x)\end{aligned}$$

为了进一步简化方程,注意到对于恒定流动,流线和迹线重合,在 $\mathrm{d}t$ 时间内沿着同一流线(或微小流束)有 $\mathrm{d}l=v\mathrm{d}t$(图 6-6),因此沿流线的坐标增量为

$$\mathrm{d}x=v_x\mathrm{d}t,\mathrm{d}y=v_y\mathrm{d}t,\mathrm{d}z=v_z\mathrm{d}t$$

方程组的左边分别乘以 $\mathrm{d}x,\mathrm{d}y,\mathrm{d}z$,右边分别乘以 $v_x\mathrm{d}t,v_y\mathrm{d}t,v_z\mathrm{d}t$,然后将三个方程相加,注意方程右边各项之和等于零,于是得

$$\mathrm{d}\left(U-\frac{p}{\rho}-\frac{v^2}{2}\right)+\nu(\nabla^2 v_x\mathrm{d}x+\nabla^2 v_y\mathrm{d}y+\nabla^2 v_z\mathrm{d}z)=0\qquad(6-21)$$

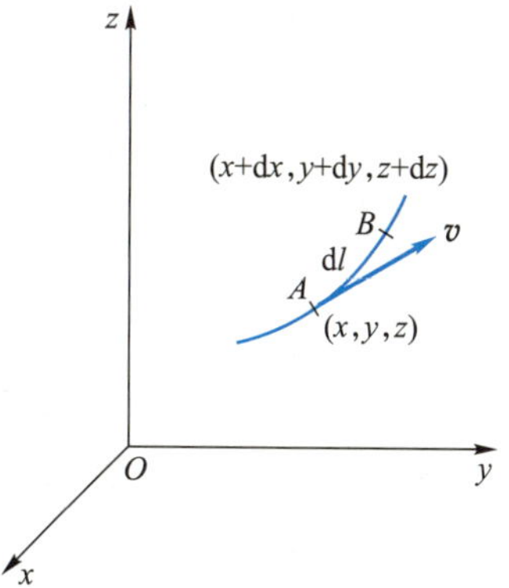

图 6-6

式中 $\nu\nabla^2 v_x,\nu\nabla^2 v_y,\nu\nabla^2 v_z$ 是单位质量流体上的**黏性切应**

力在相应坐标轴方向的投影。实际上方程式的第二项表示单位质量流体沿流线微小移动中切应力所做的功。将第二项移至方程的右边,因为方程左边是全微分,因此方程右边也必须是某一函数的全微分。在黏性流体运动中,切应力的合力表示为阻滞流体运动的摩擦力,合力的方向总是指向流体运动的反向,即

$$\nu(\nabla^2 v_x \mathrm{d}x + \nabla^2 v_y \mathrm{d}y + \nabla^2 v_z \mathrm{d}z) = -\mathrm{d}\int F_{\mathrm{f}} \mathrm{d}l = -\mathrm{d}w_{\mathrm{f}} \tag{6-22}$$

式中沿流线的微元线段 $\mathrm{d}l=\sqrt{(\mathrm{d}x)^2+(\mathrm{d}y)^2+(\mathrm{d}z)^2}$,$F_{\mathrm{f}}$ 为摩擦力,于是式(6-21)变为

$$\mathrm{d}\left(U-\frac{p}{\rho}-\frac{v^2}{2}-w_{\mathrm{f}}\right)=0$$

沿流线积分得到

$$U-\frac{p}{\rho}-\frac{v^2}{2}-w_{\mathrm{f}}=C \tag{6-23}$$

对同一流线上的所有各点,常数 $C$ 相等,对不同的流线则有不同的 $C$ 值。式(6-23)称为黏性流体沿流线的伯努利积分,该式在有势质量力作用下,不可压缩黏性流体作恒定流动时沿着流线成立。对于同一流线上的任意两点有

$$U_1-\frac{p_1}{\rho}-\frac{v_1^2}{2}-w_{\mathrm{f1}}=U_2-\frac{p_2}{\rho}-\frac{v_2^2}{2}-w_{\mathrm{f2}} \tag{6-24}$$

与理想流体的伯努利积分类似,流体上作用的质量力不同,将会得到不同的伯努利方程。

## §6-4 重力作用下实际流体微小流束伯努利方程

当黏性不可压缩流体上质量力只有重力作用时,力势函数为

$$U=-gz$$

因此式(6-23)变为

$$gz+\frac{p}{\rho}+\frac{v^2}{2}+w_{\mathrm{f}}=C \tag{6-25}$$

对同一流线上的任意两点有

$$gz_1+\frac{p_1}{\rho}+\frac{v_1^2}{2}+w_{\mathrm{f1}}=gz_2+\frac{p_2}{\rho}+\frac{v_2^2}{2}+w_{\mathrm{f2}} \tag{6-26}$$

令 $w_{\mathrm{f2}}-w_{\mathrm{f1}}=gh'_{\mathrm{w}}$,$gh'_{\mathrm{w}}$ 是单位质量流体流动时摩擦阻力所做的功,因为摩擦阻力做功随着流动长度的增加而增大,所以 $gh'_{\mathrm{w}}$ 总为正,故可得到单位质量流体的能量为

$$gz_1+\frac{p_1}{\rho}+\frac{v_1^2}{2}=gz_2+\frac{p_2}{\rho}+\frac{v_2^2}{2}+gh'_{\mathrm{w}} \tag{6-27}$$

式(6-27)就是黏性流体微小流束的伯努利方程。

若将方程的每一项除以 $g$,得到

$$z_1+\frac{p_1}{\rho g}+\frac{v_1^2}{2g}=z_2+\frac{p_2}{\rho g}+\frac{v_2^2}{2g}+h'_w \tag{6-28}$$

式中的三项分别表示单位重力流体所具有的位置能头、压强能头和速度能头,这三项的力学意义与理想流体伯努利方程的对应各项相同。$w_{f2}-w_{f1}$ 表示在恒定流动下,流体微元沿着流线从点 1 运动至点 2 的过程中,对单位质量流体产生的摩擦阻力所做的功。$h'_w$ 则表示当流体微元沿着流线从点 1 运动到点 2 时,对单位质量流体的摩擦阻力所做的功,这是黏性流体从点 1 到点 2 流动时由于阻力所损失的机械能。$h'_w$ 具有长度的量纲。从式(6-28)可以看出,总的机械能水头线已不再是一条水平直线,而是一条沿流动方向下降的斜线。克服黏性流体运动中摩擦阻力所消耗的机械能,转变成了热能。

## §6-5 缓变流动及其特性

微小流束是从流动的流体中抽象取出的流体束,通常并不知道它的运动要素;而且每个微小流束的运动要素都不相同,也难以从流体中分出微小流束,所以无法用于解决工程问题。但它却为推导总流伯努利方程奠定了基础,并使我们了解了方程中每一项的力学意义。

无限多个微小流束的总和称为**总流**,实际上就是具有有限过流断面面积的流体流束。为了推导总流伯努利方程,需要对流动作一些限制和简化。

缓变流动:若某过流断面上的流线几乎是相互平行的直线,则此过流断面称为**缓变断面**,过流断面上的流动称为**缓变流动**。

由上面的定义可见,缓变流动有两个特征:

(1) 流线之间的夹角很小,流线间几乎是平行的;

(2) 流线具有很大的曲率半径,因此作缓变流动时流体的向心加速度$\frac{\omega^2}{r}$很小,即流体只有不大的离心惯性力,可以认为,质量力只有重力作用。

若设缓变流动方向与 $x$ 轴方向重合,于是 $v_x=v, v_y=v_z=0$,因此 N-S 方程变为

$$\left.\begin{aligned}f_x-\frac{1}{\rho}\frac{\partial p}{\partial x}+\nu\nabla^2 v_x&=\frac{\mathrm{d}v_x}{\mathrm{d}t}\\f_y-\frac{1}{\rho}\frac{\partial p}{\partial y}&=0\\f_z-\frac{1}{\rho}\frac{\partial p}{\partial z}&=0\end{aligned}\right\} \tag{6-29}$$

从式(6-29)可见,方程组中的第二、第三个方程与流体静力学的平衡微分方程相同,说明流体作缓变流动时,$Oyz$ 平面上各点的压强遵循重力作用下静力学的分布规律,而缓变断面就在 $Oyz$ 坐标面中,因此,在缓变流动过流断面上流体动压强按静压强规律分布,即 $z+\dfrac{p}{\rho g}=C$,但必须指出,如图6-7所示,流体动压强的这种分布规律仅限于同一缓变断面。在流动方向上,对于不同过流断面上的点,由于流动中存在能量损失,以及过流断面面积不同,常数 $C$ 具有不同的数值。

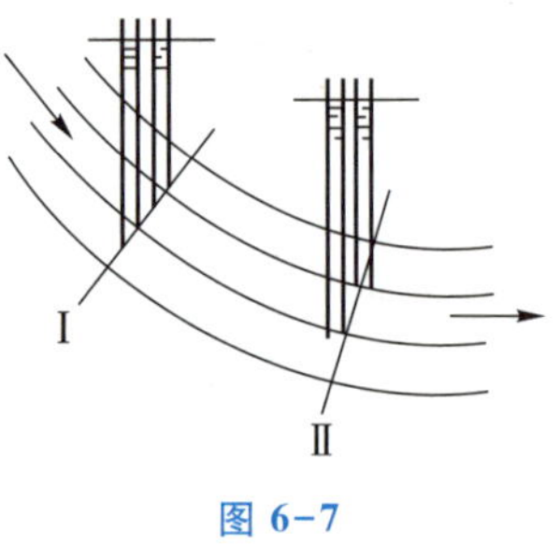

图 6-7

## §6-6 动能和动量修正因数

管道中过流断面上每一点的速度都不相同,但在工程技术问题中,没有必要求出过流断面每一点的真实速度,因此引入了过流断面上流体平均流速的概念,这将使流动特性的计算和研究大为简化。

应用平均流速计算某一断面的流量,与用真实流速计算的流量相同。但是,以引入的平均流速计算单位时间内通过某一断面的动量和动能,与用真实流速计算通过该断面的动量和动能有差异,因此,这里引入动量和动能修正因数,以修正与实际的偏差。

### 1. 动能修正因数

**动能修正因数** $\alpha$ 为用真实流速计算的动能与平均流速计算的动能间的比值。

令动能修正因数(不可压缩流体)

$$\alpha=\frac{\int_A \frac{\rho v^3}{2}\mathrm{d}A}{\frac{\rho V^3}{2}A}=\frac{\int_A v^3\,\mathrm{d}A}{V^3 A} \tag{6-30}$$

图 6-8

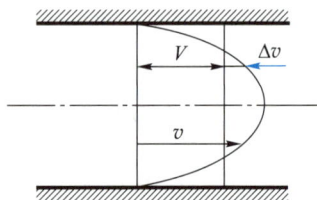

式中 $v$ 表示过流断面上的真实流速,$V$ 为平均流速(图6-8),则

$$v=V\pm\Delta v$$

于是

$$\int_A v^3\,\mathrm{d}A=\int_A (V\pm\Delta v)^3\,\mathrm{d}A$$

$$=V^3\int_A \mathrm{d}A+3V^2\int_A(\pm\Delta v)\,\mathrm{d}A+3V\int_A(\Delta v)^2\,\mathrm{d}A+\int_A(\pm\Delta v)^3\,\mathrm{d}A$$

因此

$$\alpha=\frac{1}{A}\left\{\int_A \mathrm{d}A \pm 3\int_A \frac{\Delta v}{V}\mathrm{d}A+3\int_A\left(\frac{\Delta v}{V}\right)^2\mathrm{d}A \pm \int_A\left(\frac{\Delta v}{V}\right)^3\mathrm{d}A\right\} \tag{6-31}$$

式中 $\pm\int_A\left(\frac{\Delta v}{V}\right)^3\mathrm{d}A$ 为高阶小量,且有正有负互相抵消一部分,可以略去不计。

又因为

$$q_V=\int_A v\mathrm{d}A=\int_A (V\pm\Delta v)\mathrm{d}A=\int_A V\mathrm{d}A \pm \int_A \Delta v\mathrm{d}A$$
$$=q_V \pm \int_A \Delta v\mathrm{d}A$$

得到

$$\pm\int_A \Delta v\mathrm{d}A=0$$

所以

$$\alpha=1+3\frac{1}{A}\int_A\left(\frac{\Delta v}{V}\right)^2\mathrm{d}A=1+3\eta$$

因为$\eta=\frac{1}{A}\int_A\left(\frac{\Delta v}{V}\right)^2\mathrm{d}A>0$,所以$\alpha>1$。这说明按平均流速计算的动能小于按真实流速计算的动能。

$\alpha$ 的大小取决于过流断面上的流速分布均匀程度,以及断面的形状和大小。分布越不均匀,$\alpha$ 越大。除层流等个别情况外,$\alpha$ 只能由实验确定。

$\alpha$ 还与流动状态有关,对圆管层流 $\alpha=2$,湍流 $\alpha=1.01\sim1.15$,常用 $\alpha=1.03\sim1.06$。对一般工业管道 $\alpha=1.05\sim1.1$,在缓变流动情况下,可以取 $\alpha\approx1$。

### 2. 动量修正因数

**动量修正因数** $\alpha_0$ 是用真实流速计算的动量与以平均流速计算的动量间的比值。

令动量修正因数(不可压缩流体)

$$\alpha_0=\frac{\int_A \rho v^2\mathrm{d}A}{\rho V^2 A}=\frac{\int_A v^2\mathrm{d}A}{V^2 A} \tag{6-32}$$

式中

$$\int_A v^2\mathrm{d}A=\int_A (V\pm\Delta v)^2\mathrm{d}A=V^2\int_A \mathrm{d}A\pm 2V\int_A \Delta v\mathrm{d}A+\int_A(\Delta v)^2\mathrm{d}A$$

所以

$$\alpha_0=1+\frac{\int_A(\Delta v)^2\mathrm{d}A}{V^2 A}=1+\eta \tag{6-33}$$

同样,$\alpha_0>1$。因此,按平均流速计算的动量小于按真实流速计算的动量。影响动量修正因数 $\alpha_0$ 的因素与影响动能修正因数的因素相同。对圆管层流 $\alpha_0=1.33$,湍流 $\alpha_0=1.005\sim1.05$。对一般工业管道 $\alpha_0=1.02\sim1.05$,若计算中不要求很高精度,为计算方便,常取 $\alpha_0=1$。

## §6-7　黏性流体恒定总流的伯努利方程

前面由 G-S 方程积分得到了重力作用下黏性流体微小流束伯努利方程,但实际工程的管路或渠道中的流动,都是有限断面的总流。因此,应该将沿微小流束的伯努利方程推广到总流中去。

图 6-9 所示为黏性流体的总流,1-1 和 2-2 为两个缓变的过流断面。任取微小流束 $i$,当黏性流体作恒定流动,且质量力只有重力作用时,对微小流束 $i$ 的 1-1 和 2-2 断面列伯努利方程,得单位重力流体的总能量

$$z_{1i}+\frac{p_{1i}}{\rho g}+\frac{v_{1i}^2}{2g}=z_{2i}+\frac{p_{2i}}{\rho g}+\frac{v_{2i}^2}{2g}+h'_{\mathrm{w}} \tag{6-34}$$

单位时间内流过微小流束过流断面 1-1 和 2-2 流体的能量为

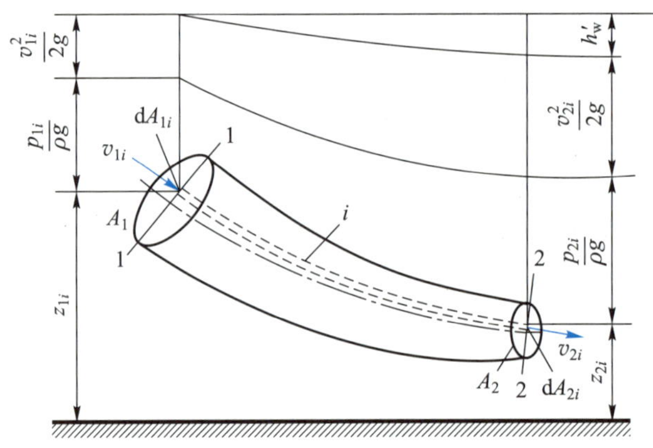

图 6-9

$$\left(z_{1i}+\frac{p_{1i}}{\rho g}+\frac{v_{1i}^2}{2g}\right)v_{1i}\mathrm{d}A_{1i}\rho g=\left(z_{2i}+\frac{p_{2i}}{\rho g}+\frac{v_{2i}^2}{2g}+h'_{\mathrm{w}}\right)v_{2i}\mathrm{d}A_{2i}\rho g \tag{6-35}$$

单位时间内总流流经过流断面 1-1 和 2-2 流体的总能量为

$$\int_{A_1}\left(z_{1i}+\frac{p_{1i}}{\rho g}+\frac{v_{1i}^2}{2g}\right)\rho g v_{1i}\mathrm{d}A_{1i}=\int_{A_2}\left(z_{2i}+\frac{p_{2i}}{\rho g}+\frac{v_{2i}^2}{2g}\right)\rho g v_{2i}\mathrm{d}A_{2i}+\int_{A_2}h'_{\mathrm{w}}\rho g v_{2i}\mathrm{d}A_{2i} \tag{6-36}$$

为了计算积分,有必要对流动作进一步的限制。

设所研究的两个过流断面上的流动为缓变流动。在缓变断面上,所有各点的压强分

布遵循静压强的分布规律，即 $z+\frac{p}{\rho g}$ 为常数，于是，在所取的过流断面为缓变流动的条件下，积分得

$$\int_A \left(z+\frac{p}{\rho g}\right)\rho g v \mathrm{d}A=\int_{q_V}\left(z+\frac{p}{\rho g}\right)\rho g \mathrm{d}q_V=\left(z+\frac{p}{\rho g}\right)\rho g q_V \tag{6-36a}$$

若以平均流速 $V$ 计算单位时间内通过过流断面的流体动能，则

$$\int_A \frac{v^2}{2g}\rho g v \mathrm{d}A=\frac{\alpha V^2}{2g}\rho g q_V \tag{6-36b}$$

式中 $\alpha$ 为动能修正因数。

单位时间内流体克服摩擦阻力消耗的能量 $\int_{q_V} h'_{\mathrm{w}}\rho g \mathrm{d}q_V$ 中，$h'_{\mathrm{w}}$ 为无规律变化的值，无法积分，但可令

$$\frac{\int_{q_V} h'_{\mathrm{w}}\rho g \mathrm{d}q_V}{\rho g q_V}=h_{\mathrm{w}} \tag{6-36c}$$

$h_{\mathrm{w}}$ 为总流从 1-1 断面到 2-2 断面流动中单位重力流体的平均能量损失，实验证明，这样处理符合实际情况。

将式(6-36a)、式(6-36b)、式(6-36c)代入式(6-36)且注意到流量连续，有

$$\left(z_1+\frac{p_1}{\rho g}+\frac{\alpha_1 V_1^2}{2g}\right)\rho g q_V=\left(z_2+\frac{p_2}{\rho g}+\frac{\alpha_2 V_2^2}{2g}\right)\rho g q_V+h_{\mathrm{w}}\rho g q_V$$

等式两边同除 $\rho g q_V$，得到重力作用下不可压缩黏性流体恒定总流的伯努利方程

$$z_1+\frac{p_1}{\rho g}+\frac{\alpha_1 V_1^2}{2g}=z_2+\frac{p_2}{\rho g}+\frac{\alpha_2 V_2^2}{2g}+h_{\mathrm{w}} \tag{6-37}$$

黏性流体总流伯努利方程每一项的能量意义与微小流束伯努利方程的相同，流动中为了克服黏性摩擦阻力，总流的机械能沿流程不断减小，因此总水头线逐渐降低（图 6-9）。

总流伯努利方程是在一定条件下导出的，所以应用这一方程时要满足以下限制条件：

（1）流动恒定，即 $\frac{\partial v_x}{\partial t}=\frac{\partial v_y}{\partial t}=\frac{\partial v_z}{\partial t}=0$；

（2）流体上作用的质量力只有重力，即 $U=-gz$；

（3）流体不可压缩，$\rho$ 为常数；

（4）沿总流流束流量连续，$q_V$ 为常数，若沿流束存在流束分支或合流时，应分段以全部流体总能量守恒列出伯努利方程；

（5）列伯努利方程的过流断面上的流动必须是缓变流动，而两个断面之间有无急变流动都可以。

## §6-8 动量方程

这一节里,主要解决液流与限制其流动的固体壁面间的相互总作用力问题。

讲述运动微分方程时,在流场中取一个流体微元,分析微元的受力、变形以及在力作用下的运动,对黏性流体得到 N-S 方程。但是,除了一些特殊的流动情况外,一般情况下,由于起始、边界条件难以建立数学表达式,求解十分困难。因此,这里从分析有限体积内流体质点的运动出发,用积分方法建立方程,得到流体运动规律及与边界的相互作用。

关于系统和控制体:这里利用控制体积法来研究流体质点系统。有限体积的流体质点的集合称为系统。不管流体怎样运动,且运动中系统的表面可以不断变形,但流体质点的集合不变,所含有的质量不变。取流场中某一确定的空间区域,这个空间区域称为控制体,控制体的周界称为控制面。

根据牛顿运动定律,当质量为 $m$ 的质点系受到外力 $\sum \boldsymbol{F}$ 作用时,运动速度 $v$ 就将发生变化,$\boldsymbol{p}=m\boldsymbol{v}$ 称为质点系的动量。

动量定理:在 d$t$ 时间内作用于质点系的外力,等于同一时间间隔内该质点系在力作用方向上的动量改变率,即

$$\sum \boldsymbol{F}=\frac{\mathrm{d}m\boldsymbol{v}}{\mathrm{d}t} \tag{6-38}$$

如图 6-10 所示,瞬时 $t$ 流体质点系统占有的空间体积为 $R$,它与所选的控制体重合。在稍后的 $t+\Delta t$ 瞬时,质点系统所占有的空间体积为 $R'+O$。$R'$是在 $t+\Delta t$ 瞬时质点系统所占有的空间与 $t$ 瞬时所占的空间相重合的部分。不管质点系统怎样运动,控制体始终不变。在 $\Delta t$ 时间间隔内,一部分体积的流体质点 $O$ 从控制体 $R$ 中流出,而另一部分体积的流体质点 $I$ 则流入控制体 $R$,以取代已流出的流体。

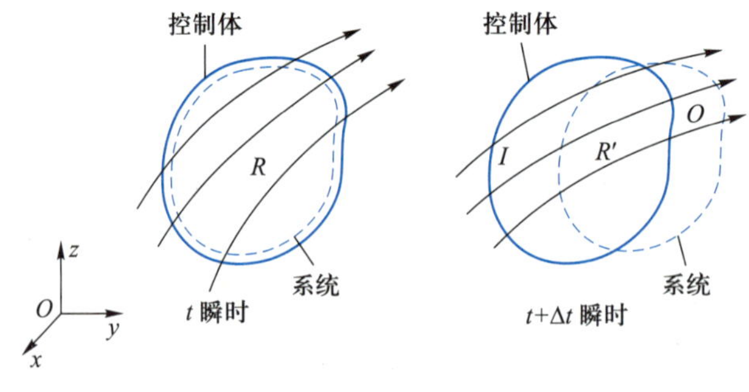


图 6-10

在 $t$ 到 $t+\Delta t$ 的时间间隔中,质点系统内的流体所具有的动量的增量为

$$\left(\int_{R'} \boldsymbol{v}\rho \mathrm{d}V + \int_{O} \boldsymbol{v}\rho \mathrm{d}V\right)_{t+\Delta t} - \left(\int_{R} \boldsymbol{v}\rho \mathrm{d}V\right)_{t}$$

式中 $\mathrm{d}V$ 为微元体积。

于是，由质点系的动量定理有

$$\begin{aligned}\sum \boldsymbol{F} &= \lim_{\Delta t\to 0}\frac{\left(\int_{R'}\rho\boldsymbol{v}\mathrm{d}V + \int_{O}\rho\boldsymbol{v}\mathrm{d}V\right)_{t+\Delta t} - \left(\int_{R}\rho\boldsymbol{v}\mathrm{d}V\right)_{t}}{\Delta t}\\ &= \lim_{\Delta t\to 0}\left\{\frac{\left[\left(\int_{R'}\rho\boldsymbol{v}\mathrm{d}V + \int_{I}\rho\boldsymbol{v}\mathrm{d}V\right)_{t+\Delta t} - \left(\int_{R}\rho\boldsymbol{v}\mathrm{d}V\right)_{t}\right]}{\Delta t} + \frac{\left[\left(\int_{O}\rho\boldsymbol{v}\mathrm{d}V\right)_{t+\Delta t} - \left(\int_{I}\rho\boldsymbol{v}\mathrm{d}V\right)_{t+\Delta t}\right]}{\Delta t}\right\}\end{aligned} \tag{6-39}$$

考虑到 $R=R'+I$，所以式中

$$\begin{aligned}&\lim_{\Delta t\to 0}\frac{\left[\left(\int_{R'}\rho\boldsymbol{v}\mathrm{d}V + \int_{I}\rho\boldsymbol{v}\mathrm{d}V\right)_{t+\Delta t} - \left(\int_{R}\rho\boldsymbol{v}\mathrm{d}V\right)_{t}\right]}{\Delta t}\\ &= \lim_{\Delta t\to 0}\frac{\left(\int_{R}\rho\boldsymbol{v}\mathrm{d}V\right)_{t+\Delta t} - \left(\int_{R}\rho\boldsymbol{v}\mathrm{d}V\right)_{t}}{\Delta t}\\ &= \frac{\partial}{\partial t}\int_{R}\rho\boldsymbol{v}\mathrm{d}V = \frac{\partial}{\partial t}\int_{\mathrm{CV}}\rho\boldsymbol{v}\mathrm{d}V\end{aligned} \tag{6-40}$$

式中 $\int_{\mathrm{CV}}$ 表示对控制体的积分。$\left(\int_{O}\rho\boldsymbol{v}\mathrm{d}V\right)_{t+\Delta t}$ 项是 $\Delta t$ 时间内，从控制体 $R$ 内流出的流体所具有的动量，除以 $\Delta t$，表示单位时间内流出控制体的流体动量的平均值；$\left(\int_{I}\rho\boldsymbol{v}\mathrm{d}V\right)_{t+\Delta t}$ 项是 $\Delta t$ 时间内流入控制体 $R$ 的流体所具有的动量，除以 $\Delta t$，表示单位时间内流入控制体的流体动量的平均值。

如图 6-11 所示，取控制面上流入和流出部分的微元面积为 $\mathrm{d}\boldsymbol{A}$（指微元面积 $\mathrm{d}A$ 与其法向单位向量 $\boldsymbol{e}_n$ 的乘积），微元面积上的流速为 $\boldsymbol{v}$，则单位时间内从微元面积流出流体的动量为 $\boldsymbol{v}(\rho\boldsymbol{v}\cdot\mathrm{d}\boldsymbol{A})$，于是单位时间内从控制面经面积 $A_O$ 处流出控制体的流体的动量为

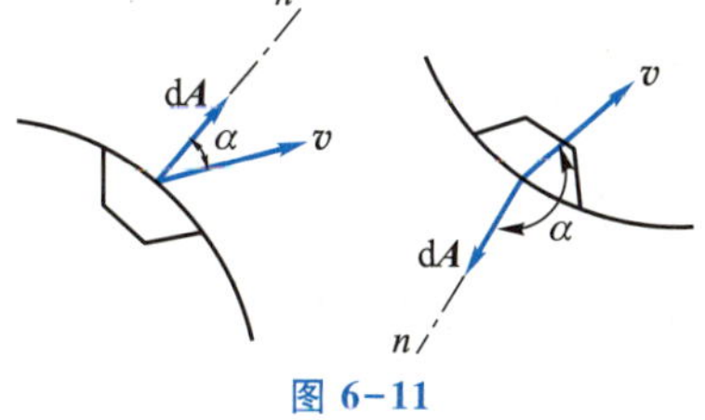

图 6-11

$$\lim_{\Delta t\to 0}\frac{\left(\int_{O}\boldsymbol{v}\rho\mathrm{d}V\right)_{t+\Delta t}}{\Delta t} = \int_{A_O}\boldsymbol{v}(\rho\boldsymbol{v}\cdot\mathrm{d}\boldsymbol{A})$$

单位时间内从控制面经面积 $A_I$ 处流入控制体的流体的动量为

$$\lim_{\Delta t\to 0}\frac{\left(\int_I \boldsymbol{v}\rho\,\mathrm{d}V\right)_{t+\Delta t}}{\Delta t}=-\int_{A_I}\boldsymbol{v}(\rho\boldsymbol{v}\cdot\mathrm{d}\boldsymbol{A})$$

所加的负号是因为流入时 $\boldsymbol{v}$ 与 $\boldsymbol{e}_n$ 反向，$\alpha>\dfrac{\pi}{2}$，$\cos\alpha$ 为负值。

通常在工程问题中，控制面将包括固体边界，在这部分控制面上，没有流体流入和流出。于是，整个控制面上流入和流出的流体动量为

$$\begin{aligned}&\lim_{\Delta t\to 0}\frac{\left(\int_O \boldsymbol{v}\rho\,\mathrm{d}V\right)_{t+\Delta t}-\left(\int_I \boldsymbol{v}\rho\,\mathrm{d}V\right)_{t+\Delta t}}{\Delta t}\\&=\int_{A_O}\boldsymbol{v}(\rho\boldsymbol{v}\cdot\mathrm{d}\boldsymbol{A})+\int_{A_I}\boldsymbol{v}(\rho\boldsymbol{v}\cdot\mathrm{d}\boldsymbol{A})\\&=\int_{\mathrm{CS}}\boldsymbol{v}(\rho\boldsymbol{v}\cdot\mathrm{d}\boldsymbol{A})\end{aligned}\tag{6-41}$$

式中 $\int_{\mathrm{CS}}$ 表示对控制面的积分。综上，式(6-39)为

$$\begin{aligned}\sum\boldsymbol{F}&=\frac{\partial}{\partial t}\int_{\mathrm{CV}}\rho\boldsymbol{v}\mathrm{d}V+\int_{\mathrm{CS}}\boldsymbol{v}(\rho\boldsymbol{v}\cdot\mathrm{d}\boldsymbol{A})\\&=\frac{\partial}{\partial t}\int_{\mathrm{CV}}\rho\boldsymbol{v}\mathrm{d}V+\int_{\mathrm{CS}}\boldsymbol{v}(\rho v\cos\alpha\,\mathrm{d}A)\end{aligned}\tag{6-42}$$

因此，**流体质点系统**的动量变化率由两部分表达：控制体积内流体动量随时间的变化率，加上单位时间内流出和流入控制面的流体动量差。前者是在同一地点（控制体积内）由于时间变化而产生的力，又称为**瞬态力**，相当于当地导数；后者是由于流体质点流入流出控制面，所处的空间地点变化而产生的力，又称为**稳态力**，相当于迁移导数。瞬态力与控制体积和时间有关，稳态力则与所取的控制面有关。

流体作恒定流动时，瞬态力

$$\frac{\partial}{\partial t}\int_{\mathrm{CV}}\rho\boldsymbol{v}\mathrm{d}V=\boldsymbol{0}$$

即在恒定流动情况下，整个系统的动量变化只与通过控制面的流动有关，即

$$\sum\boldsymbol{F}=\int_{\mathrm{CS}}\rho\boldsymbol{v}v_n\mathrm{d}A=\int_{\mathrm{CS}}\rho\boldsymbol{v}\mathrm{d}q_V\tag{6-43}$$

在坐标轴方向的投影为

$$\begin{aligned}\sum F_x&=\int_{\mathrm{CS}}\rho v_x v_n\mathrm{d}A=\int_{\mathrm{CS}}\rho v_x\mathrm{d}q_V\\\sum F_y&=\int_{\mathrm{CS}}\rho v_y v_n\mathrm{d}A=\int_{\mathrm{CS}}\rho v_y\mathrm{d}q_V\\\sum F_z&=\int_{\mathrm{CS}}\rho v_z v_n\mathrm{d}A=\int_{\mathrm{CS}}\rho v_z\mathrm{d}q_V\end{aligned}\tag{6-44}$$

对于管道中的流体流动（图6-12），取管道的壁面和过流断面为控制面，并以平均流

速进行计算，则**动量方程**为

$$\sum F_x=\rho_2 q_{V_2}\alpha_{02}V_{2x}-\rho_1 q_{V_1}\alpha_{01}V_{1x}$$

$$\sum F_y=\rho_2 q_{V_2}\alpha_{02}V_{2y}-\rho_1 q_{V_1}\alpha_{01}V_{1y}$$

$$\sum F_z=\rho_2 q_{V_2}\alpha_{02}V_{2z}-\rho_1 q_{V_1}\alpha_{01}V_{1z}$$

或

$$\sum \boldsymbol{F}=\rho_2 q_{V_2}\alpha_{02}\boldsymbol{V}_2-\rho_1 q_{V_1}\alpha_{01}\boldsymbol{V}_1 \qquad (6-45)$$

若流体不可压缩，流量连续，上式可写成

$$\sum \boldsymbol{F}=\rho q_V(\alpha_{02}\boldsymbol{V}_2-\alpha_{01}\boldsymbol{V}_1) \qquad (6-46)$$

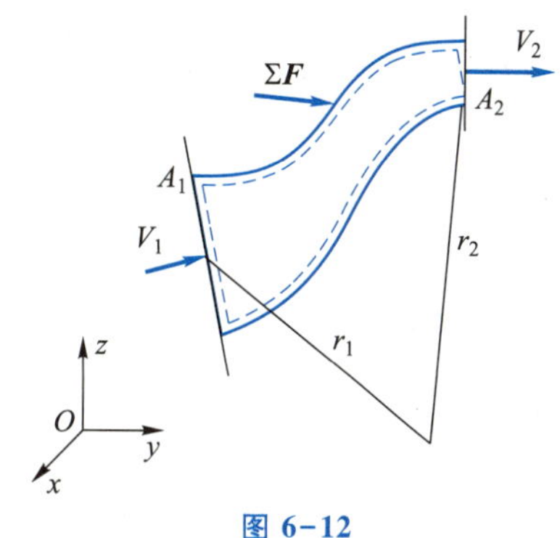

图 6-12

应用动量方程解题时需要注意下列几点：

(1) 动量方程不同于连续性方程和伯努利方程，它是一个向量方程，所以应用时，将上式向指定方向投影，即可得到某指定方向上的动量方程，由此求出外力在该方向上的分量；

(2) $V_1$，$V_2$ 为平均流速，$\alpha_{01}$，$\alpha_{02}$ 为动量修正因数，一般工程计算中，对湍流流动，取 $\alpha_{01}=\alpha_{02}=1$；

(3) 要特别注意正确地选取控制面，控制面应恰好完全包含受所求总作用力影响的全部流体，应该完整地表达出作用在控制体和控制面上的外力，并注意流动方向和投影的正负。

将流入断面 1 的流体动量和流出断面 2 的流体动量对某点取矩，就可得到恒定流动的**动量矩方程**，即

$$L=\rho q_V\ \alpha_{02}V_{20}r_2-\rho q_V\ \alpha_{01}V_{10}r_1 \qquad (6-47)$$

式中　$V_{20}$，$V_{10}$——$\boldsymbol{V}_2$ 和 $\boldsymbol{V}_1$ 在以 $r_2$ 和 $r_1$ 为半径的圆周上的切向分量。

动量方程与动量矩方程，在求解叶片式流体机械中流体与固体间的相互作用力和力矩时十分有用，但控制体的正确选取有时并不十分容易。

## 例　　题

**例 6-1**　文丘里流量计可以测量流量 $q_V$，已知流量计的尺寸 $D=0.2$ m，$d=75$ mm，$l=0.5$ m，并与水平面成 $\alpha=30°$ 角放置。压差计读数 $h=0.6$ m，水银密度 $\rho_2=13.6\times10^3$ kg/m$^3$，测量的液体为水 $\rho_1=10^3$ kg/m$^3$，不计任何损失，求流量 $q_V$。

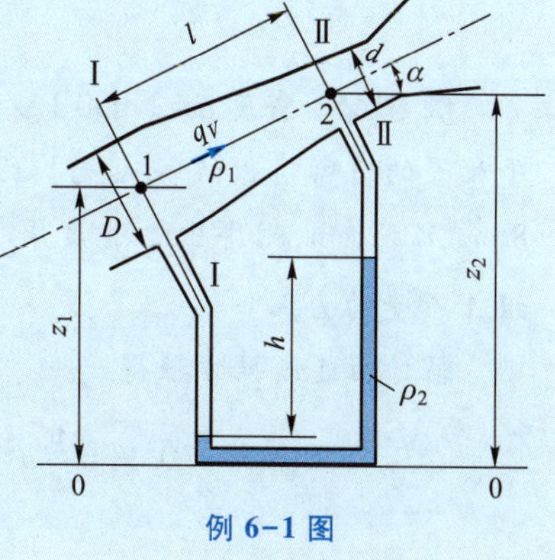

例 6-1 图

**解：** 对缓变过流断面Ⅰ-Ⅰ和Ⅱ-Ⅱ上的 1，2 两点以 0-0 为基准列伯努利方程，不计损失，有

$$z_1+\frac{p_1}{\rho_1 g}+\frac{\alpha_1 V_1^2}{2g}=z_2+\frac{p_2}{\rho_1 g}+\frac{\alpha_2 V_2^2}{2g}$$

取 $\alpha_1=\alpha_2=1$，则上式可整理成

$$(z_1-z_2)+\frac{p_1-p_2}{\rho_1 g}=\frac{V_2^2-V_1^2}{2g} \quad ①$$

由几何关系有

$$z_1-z_2=-l\sin\alpha \quad ②$$

又由静力学，有

$$p_1-p_2=\rho_1 gl\sin\alpha+(\rho_2-\rho_1)gh \quad ③$$

由连续性方程

$$V_1\frac{\pi}{4}D^2=V_2\frac{\pi}{4}d^2$$

即

$$V_2=\left(\frac{D}{d}\right)^2 V_1 \quad ④$$

将式②、③、④代入式①，得

$$-l\sin\alpha+\frac{1}{\rho_1 g}[\rho_1 gl\sin\alpha+(\rho_2-\rho_1)gh]=\frac{\left(\frac{D}{d}\right)^4 V_1^2-V_1^2}{2g}$$

整理得

$$V_1=\sqrt{2\left(\frac{\rho_2}{\rho_1}-1\right)gh\Big/\left[\left(\frac{D}{d}\right)^4-1\right]}$$

所以，流量为

$$q_V=\frac{\pi}{4}D^2V_1=\frac{\pi}{4}D^2\sqrt{2gh\left(\frac{\rho_2}{\rho_1}-1\right)\Big/\left[\left(\frac{D}{d}\right)^4-1\right]}$$

$$=0.054\ 3\ \mathrm{m^3/s}$$

由上式可见，$q_V$ 与 $\alpha$ 无关，即流量计倾斜放置对流量的测量无影响。

**例 6-2** 密度 $\rho=1\ 000\ \mathrm{kg/m^3}$ 的水从图示水平放置的喷嘴喷出流入大气。已知喷嘴尺寸 $D=8\ \mathrm{cm}$，$d=2\ \mathrm{cm}$，测得出口速度 $V_2=15\ \mathrm{m/s}$，求螺栓组 $A$ 所受的力。

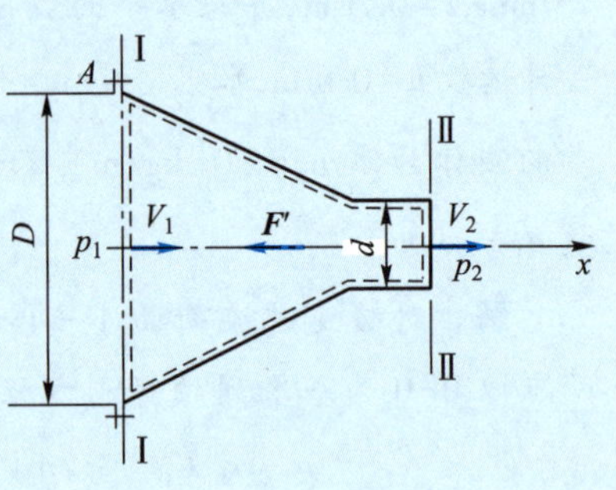

例 6-2 图

**解：** 由连续性方程得

$$q_V=\frac{\pi}{4}D^2V_1=\frac{\pi}{4}d^2V_2 \quad ①$$

所以

$$V_1=\left(\frac{d}{D}\right)^2 V_2 \tag{②}$$

对缓变过流断面Ⅰ-Ⅰ及Ⅱ-Ⅱ列伯努利方程，不计损失，且取 $\alpha_1=\alpha_2=1$，有

$$z_1+\frac{p_1}{\rho g}+\frac{V_1^2}{2g}=z_2+\frac{p_2}{\rho g}+\frac{V_2^2}{2g}$$

由于喷嘴水平放置，故 $z_1=z_2$。而出流大气中 $p_2=0$。所以上式变为

$$p_1=\frac{\rho}{2}(V_2^2-V_1^2)$$

将式②代入，得

$$p_1=\frac{\rho}{2}\left[1-\left(\frac{d}{D}\right)^4\right]V_2^2 \tag{③}$$

用动量方程求受力。取控制体ⅠⅠⅡⅡ，则控制体内流体在 $x$ 方向受压力 $\frac{\pi}{4}D^2p_1$，方向沿 $x$ 轴正向；喷嘴对控制体内流体的作用力 $F'$，方向逆 $x$ 方向。因此有

$$\sum F_x=p_1\frac{\pi}{4}D^2-F'$$

沿 $x$ 方向列动量方程，且取 $\alpha_{01}=\alpha_{02}=1$，有

$$\frac{\pi}{4}D^2p_1-F'=\rho q_V(V_2-V_1)$$

整理并将式①、②、③代入，有

$$\begin{aligned}F'&=\frac{\pi}{4}D^2p_1-\rho q_V(V_2-V_1)\\&=\frac{\pi}{4}D^2\frac{\rho}{2}\left[1-\left(\frac{d}{D}\right)^4\right]V_2^2-\rho\frac{\pi}{4}d^2V_2\left[V_2-\left(\frac{d}{D}\right)^2V_2\right]\\&=\frac{\pi\rho V_2^2D^2}{8}\left(1-\frac{d^2}{D^2}\right)^2\\&=497\ \text{N}\end{aligned}$$

由牛顿第三定律，螺栓 $A$ 受力

$$F=-F'=-497\ \text{N}$$

其中负号表示 $F$ 与 $F'$ 方向相反，即 $F$ 沿 $x$ 轴正向。

**例 6-3** 如图所示，来自喷嘴的射流垂直射向挡板。已知射流速度为 $V_0$，流量为 $q_V$，密度为 $\rho$，射流上的压强均为大气压，求挡板所受射流作用力。

**解:** 选取控制体如图所示,设挡板对射流的作用力为 $F'_S$,列水平方向上的动量方程得

$$\sum F_x = -F'_S = \rho q_V(0 - V_0) = -\rho q_V V_0$$

$$F'_S = \rho q_V V_0$$

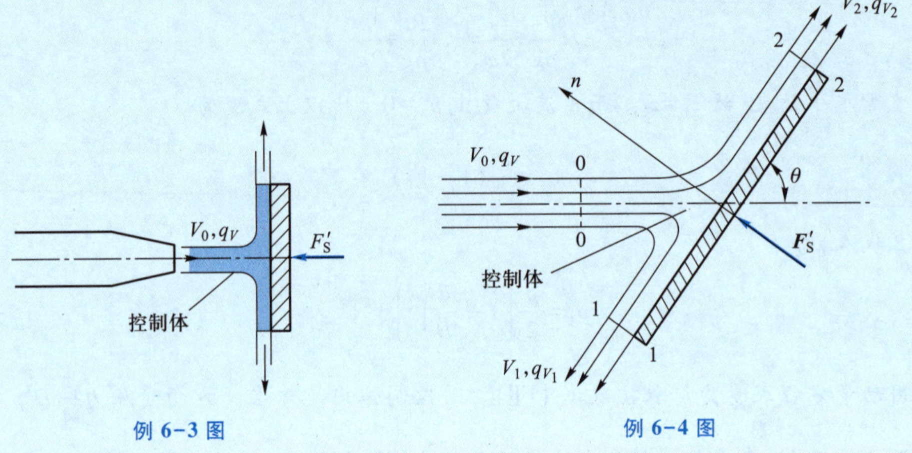


例 6-3 图　　例 6-4 图

挡板受射流作用力 $F_S$ 与 $F'_S$ 等值反向,垂直指向挡板,其大小为

$$F_S = \rho q_V V_0$$

**例 6-4** 一股水平方向上的射流冲击一斜置的光滑平板。已知射流来流速度为 $V_0$,流量为 $q_V$,密度为 $\rho$,平板倾角为 $\theta$。不计重力及流动损失,求射流对平板的作用力及分流流量 $q_{V_1}$,$q_{V_2}$。

**解:** 取控制体如图所示,控制面包含过流断面 0-0,1-1,2-2。设平板对液流的作用力为 $F'_S$,因忽略流动损失,即液流与平板间的摩擦力略去不记,则 $F'_S$ 必垂直于板面。又由于不计重力和流动损失,由液流的能量关系式可知 $V_1 = V_2 = V_0$。列平板法线方向上的动量方程可得

$$\sum F_n = F'_S = \rho q_V[0 - (-V_0 \sin\theta)] = \rho q_V V_0 \sin\theta$$

平板受射流作用力 $F_S$ 垂直指向平板,其大小为

$$F_S = \rho q_V V_0 \sin\theta$$

沿平板方向列动量方程,可得

$$\rho q_{V_2} V_2 - \rho q_{V_1} V_1 - \rho q_V V_0 \cos\theta = 0$$

由 $V_2 = V_1 = V_0$ 得

$$q_{V_2} - q_{V_1} - q_V \cos\theta = 0$$

又

$$q_{V_1}+q_{V_2}=q_V$$

联立上两式解得

$$q_{V_1}=\frac{q_V}{2}(1-\cos\theta),q_{V_2}=\frac{q_V}{2}(1+\cos\theta)$$

**例 6-5** 一水平放置的渐缩弯管如图所示，已知管内液流密度为 $\rho$，流量为 $q_V$，弯管进出口内径分别为 $d_1$ 和 $d_2$，$d_1$ 处压强为 $p_1$，弯管弯转角度为 $\theta$。不计流动损失，求弯管所受液流作用力。

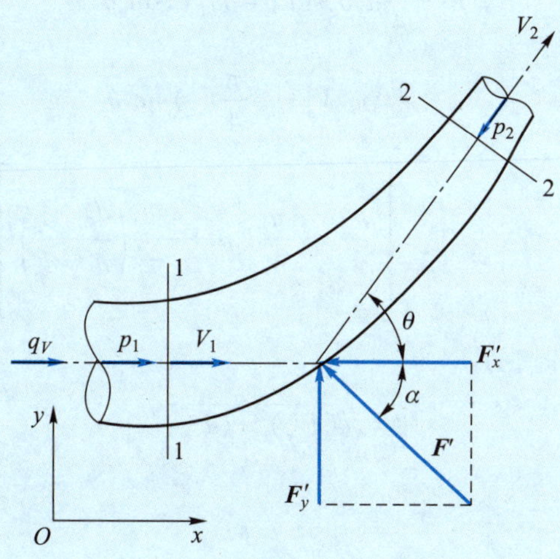


例 6-5 图

**解：** 取断面 1-1，2-2 列伯努利方程，并注意到弯管水平放置，有 $z_1=z_2$，不计流动损失，取 $\alpha_1=\alpha_2=1$，可得

$$\frac{p_1}{\rho g}+\frac{V_1^2}{2g}=\frac{p_2}{\rho g}+\frac{V_2^2}{2g} \quad ①$$

断面 1-1，2-2 上的平均速度为

$$V_1=\frac{q_V}{\frac{\pi}{4}d_1^2},V_2=\frac{q_V}{\frac{\pi}{4}d_2^2} \quad ②$$

将式②代入式①中，可解得 $p_2$ 为

$$p_2=p_1+\frac{8\rho q_V^2}{\pi^2}\left(\frac{1}{d_1^4}-\frac{1}{d_2^4}\right) \quad ③$$

选取 1122 为控制体，设弯管壁对控制体液流的作用力为 $F'$。取 $\alpha_{01}=\alpha_{02}=1$，列 $x$ 方向的动量方程，可得

$$\frac{\pi}{4}d_1^2p_1-\frac{\pi}{4}d_2^2p_2\cos\theta-F'_x=\rho q_V(V_2\cos\theta-V_1)$$

$$F'_x=\frac{\pi}{4}d_1^2p_1-\frac{\pi}{4}d_2^2p_2\cos\theta-\rho q_V(V_2\cos\theta-V_1)$$

将式①、②、③代入上式整理可得

$$F'_x=\frac{\pi}{4}(d_1^2-d_2^2\cos\theta)p_1-\frac{2\rho q_V^2}{\pi}\cos\theta\left(\frac{d_2^2}{d_1^4}-\frac{1}{d_2^2}\right)+\frac{4\rho q_V^2}{\pi}\frac{1}{d_1^2} \tag{④}$$

同理，由 $y$ 方向动量方程可得

$$F'_y-\frac{\pi}{4}d_2^2p_2\sin\theta=\rho q_VV_2\sin\theta$$

$$F'_y=(\rho q_VV_2+p_2\frac{\pi}{4}d_2^2)\sin\theta$$

$$=\left[\frac{\rho q_V^2}{\frac{\pi}{4}d_2^2}+\frac{\pi}{4}d_2^2p_1+\frac{2\rho q_V^2}{\pi}\left(\frac{d_2^2}{d_1^4}-\frac{1}{d_2^2}\right)\right]\sin\theta \tag{⑤}$$

管壁对液流的总作用力 $F'$ 为

$$F'=\sqrt{(F'_x)^2+(F'_y)^2}$$

作用方向为

$$\tan\alpha=\frac{F'_y}{F'_x}$$

弯管受液流作用力 $F$ 与 $F'$ 大小相等，方向相反。

由式④、⑤可以讨论任意弯角 $\theta$ 下的 $F'_x$ 和 $F'_y$，如当 $\theta=0$ 时，有

$$F'_x=p_1\frac{\pi}{4}(d_1^2-d_2^2)-\frac{2\rho q_V^2}{\pi}\left(\frac{d_2^2}{d_1^4}-\frac{1}{d_2^2}\right)+\frac{4\rho q_V^2}{\pi}\frac{1}{d_1^2}$$

$$F'_y=0$$

当 $\theta=\pi/2$ 时

$$F'_x=\frac{\pi}{4}d_1^2p_1+\frac{4\rho q_V^2}{\pi}\frac{1}{d_1^2}$$

$$F'_y=\frac{\rho q_V^2}{\frac{\pi}{4}d_2^2}+\frac{\pi}{4}d_2^2p_1+\frac{2\rho q_V^2}{\pi}\left(\frac{d_2^2}{d_1^4}-\frac{1}{d_2^2}\right)$$

当 $\theta=\pi$ 时

$$F'_x=\frac{\pi}{4}(d_1^2+d_2^2)p_1+\frac{2\rho q_V^2}{\pi}\left(\frac{d_2^2}{d_1^4}-\frac{1}{d_2^2}\right)+\frac{4\rho q_V^2}{\pi}\frac{1}{d_1^2}$$

$$F'_y=0$$

**例 6-6** 一水平方向射流射向水平位置上的小车左侧壁面上，已知射流的密度为 $\rho$，速度为 $V_0$，过流断面为 $A_0$，小车在射流作用下以速度 $v$ 向右行走。求：(1) 小车受射流作用力 $F$；(2) 当小车运动速度 $v$ 为何值时，可由射流获得最大功率。

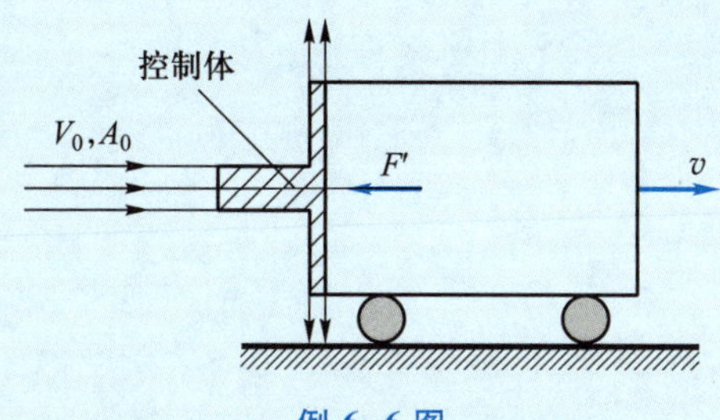


例 6-6 图

**解：** (1) 取动坐标系下的控制体如图所示。控制体的入流速度为相对速度 $v_r=V_0-v$，流量为相对流量 $q_{V_r}=v_rA=(V_0-v)A$，控制面上的压强除壁面外均为大气压强。设小车给射流的作用力为 $F'$，列水平方向动量方程，可得

$$\sum F=-F'=-\rho q_{V_r}v_r=-\rho A(V_0-v)^2$$

$$F'=\rho A(V_0-v)^2$$

小车受射流作用力 $F=-F'$，方向向右，其大小为

$$F=\rho A(V_0-v)^2$$

(2) 小车由射流获得的功率为

$$P=Fv=\rho A(V_0-v)^2v$$

上式对 $v$ 求导并令其为零，有

$$\frac{dP}{dv}=\rho A(V_0^2-4V_0v+3v^2)=0$$

即

$$V_0^2-4V_0v+3v^2=0$$

解得

$$v_1=V_0, v_2=\frac{1}{3}V_0$$

舍去 $v_1=V_0$，得出当 $v=\frac{1}{3}V_0$ 时，$P=P_{max}$

$$P_{\max}=\rho A\left(V_0-\frac{1}{3}V_0\right)^2\cdot\frac{1}{3}V_0$$

$$=\frac{4}{27}\rho A V_0^3$$

第 6 章

电子作业本

# 第7章 理想流体平面势流

流动场中，若任意流体质点的角速度向量 $\boldsymbol{\omega}=\mathbf{0}$，这种流动称为有势流动或无旋流动。

流体质点的速度向量都在相互平行的平面内，位于同一垂直线上的各流体质点的运动情况完全相同的流体流动称为平面流动。若流体质点在相互平行的平面内作有势流动，称该流动为平面有势流动。

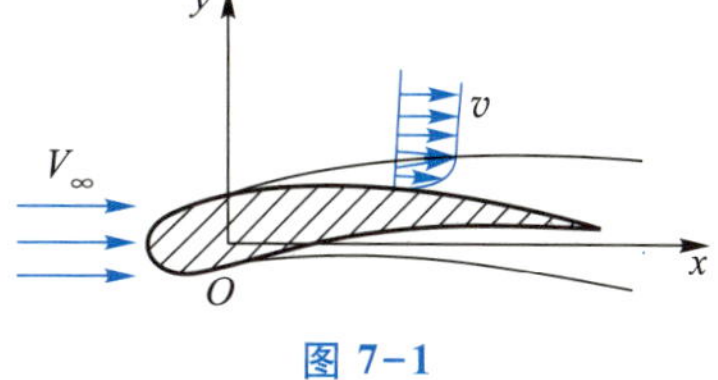

图 7-1

自然界并不存在完全的平面流动。但流体对足够长圆柱体或机翼绕流时（图7-1），与柱体长度相垂直的每一个平面内的流动情况都近似相同，可以看作平面流动。

## §7-1 速度势和流函数

本节将利用解析的方法，引入特殊函数速度势和流函数，将求三个速度 $v_x$，$v_y$ 和 $v_z$ 的问题变为求解特殊函数，并由此确定流体的速度和压强分布。

### 1. 速度势函数

由数学分析知道，若函数 $P(x,y,z)$，$Q(x,y,z)$，$R(x,y,z)$，及其一阶偏导数在单连通域中单值连续，则

$$\left.\begin{aligned}\frac{\partial P}{\partial y}=\frac{\partial Q}{\partial x}\\\frac{\partial Q}{\partial z}=\frac{\partial R}{\partial y}\\\frac{\partial R}{\partial x}=\frac{\partial P}{\partial z}\end{aligned}\right\}\tag{7-1}$$

的成立，是 $P\mathrm{d}x+Q\mathrm{d}y+R\mathrm{d}z$ 为某个函数 $\varphi(x,y,z)$ 全微分存在的必要充分条件，即

$$\mathrm{d}\varphi=P\mathrm{d}x+Q\mathrm{d}y+R\mathrm{d}z\tag{7-2}$$

且有

$$\frac{\partial\varphi}{\partial x}=P,\frac{\partial\varphi}{\partial y}=Q,\frac{\partial\varphi}{\partial z}=R\tag{7-3}$$

现在讨论流体的运动。如果流体作无旋运动，即 $\boldsymbol{\omega}=\mathbf{0}$，则有

$$\left.\begin{aligned}\omega_x&=\frac{1}{2}\left(\frac{\partial v_z}{\partial y}-\frac{\partial v_y}{\partial z}\right)=0\\\omega_y&=\frac{1}{2}\left(\frac{\partial v_x}{\partial z}-\frac{\partial v_z}{\partial x}\right)=0\\\omega_z&=\frac{1}{2}\left(\frac{\partial v_y}{\partial x}-\frac{\partial v_x}{\partial y}\right)=0\end{aligned}\right\}$$

得到

$$\left.\begin{aligned}\frac{\partial v_z}{\partial y}&=\frac{\partial v_y}{\partial z}\\\frac{\partial v_x}{\partial z}&=\frac{\partial v_z}{\partial x}\\\frac{\partial v_y}{\partial x}&=\frac{\partial v_x}{\partial y}\end{aligned}\right\}\tag{7-4}$$

由上述数学分析可知，式(7-4)三个微分关系的存在，是 $v_x\mathrm{d}x+v_y\mathrm{d}y+v_z\mathrm{d}z$ 成为某函数 $\varphi(x,y,z,t)$ 全微分的必要充分条件，即

$$\mathrm{d}\varphi=v_x\mathrm{d}x+v_y\mathrm{d}y+v_z\mathrm{d}z\tag{7-5}$$

对有势运动必定存在式(7-5)。

在某瞬时，多元函数 $\varphi(x,y,z,t)$ 的全微分为

$$\mathrm{d}\varphi=\frac{\partial\varphi}{\partial x}\mathrm{d}x+\frac{\partial\varphi}{\partial y}\mathrm{d}y+\frac{\partial\varphi}{\partial z}\mathrm{d}z\tag{7-6}$$

于是，由式(7-5)和式(7-6)得到

$$\frac{\partial\varphi}{\partial x}=v_x,\ \frac{\partial\varphi}{\partial y}=v_y,\ \frac{\partial\varphi}{\partial z}=v_z\tag{7-7}$$

称 $\varphi(x,y,z,t)$ 为**速度势函数**，简称**速度势**。由式(7-7)可知，速度势函数可以相差任意常数而不影响流体运动，表示成向量形式为

$$\boldsymbol{v}=\nabla\varphi=\mathrm{grad}\ \varphi=\boldsymbol{i}\frac{\partial\varphi}{\partial x}+\boldsymbol{j}\frac{\partial\varphi}{\partial y}+\boldsymbol{k}\frac{\partial\varphi}{\partial z}\tag{7-8}$$

对于可压缩流体或不可压缩流体，只要作无旋运动，就必定存在速度势函数 $\varphi$。反之，只要存在速度势函数 $\varphi$，就一定是无旋运动。由于速度势函数与速度 $v_x,v_y,v_z$ 存在式(7-7)的关系，于是，将求速度场的问题简化为求标量函数 $\varphi$，解得 $\varphi$ 后，速度分布就可得到，反之亦然。

因此，研究有势流动时，可以用速度势函数 $\varphi$ 来表示速度场，一定的 $\varphi$ 对应一定的有势速度场，同时，由于 $\varphi$ 的特性，使得更容易研究流体的运动。

对恒定流动，$\varphi=f(x,y,z)$；对非恒定流动，$\varphi=f(x,y,z,t)$。

下面讨论速度势函数 $\varphi$ 的特性。

(1) 速度势函数在任意 $\boldsymbol{l}$ 方向的偏导数等于速度在该方向的投影，即 $v_l=\dfrac{\partial\varphi}{\partial l}$。

在有势流场中，任意曲线 $l$ 上某点的速度为 $\boldsymbol{v}$（图 7-2），对有势流动，存在速度势函数 $\varphi$，根据数学中方向导数的定义有

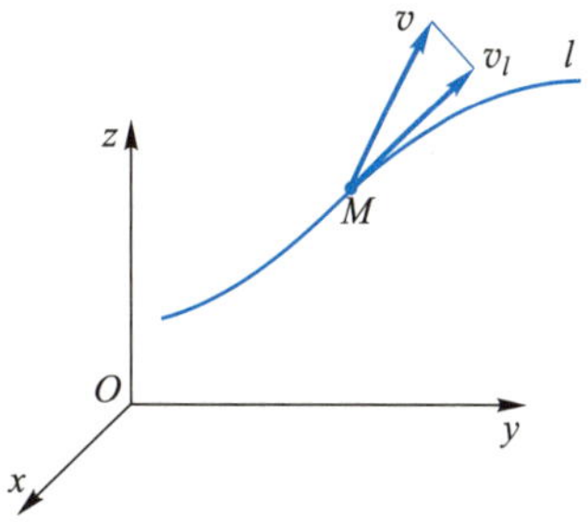

$$\frac{\partial\varphi}{\partial l}=\frac{\partial\varphi}{\partial x}\frac{\mathrm{d}x}{\mathrm{d}l}+\frac{\partial\varphi}{\partial y}\frac{\mathrm{d}y}{\mathrm{d}l}+\frac{\partial\varphi}{\partial z}\frac{\mathrm{d}z}{\mathrm{d}l}$$

图 7-2

式中

$$\frac{\partial\varphi}{\partial x}=v_x=v\cos(\boldsymbol{v},x)$$

$$\frac{\partial\varphi}{\partial y}=v_y=v\cos(\boldsymbol{v},y)$$

$$\frac{\partial\varphi}{\partial z}=v_z=v\cos(\boldsymbol{v},z)$$

所以

$$\begin{aligned}\frac{\partial\varphi}{\partial l}&=v\left[\cos(\boldsymbol{v},x)\frac{\mathrm{d}x}{\mathrm{d}l}+\cos(\boldsymbol{v},y)\frac{\mathrm{d}y}{\mathrm{d}l}+\cos(\boldsymbol{v},z)\frac{\mathrm{d}z}{\mathrm{d}l}\right]\\&=v[\cos(\boldsymbol{v},x)\cos(\boldsymbol{l},x)+\cos(\boldsymbol{v},y)\cos(\boldsymbol{l},y)+\\&\quad\cos(\boldsymbol{v},z)\cos(\boldsymbol{l},z)]=v\cos(\boldsymbol{v},\boldsymbol{l})\end{aligned}$$

即

$$\frac{\partial\varphi}{\partial l}=v_l \tag{7-9}$$

根据这一结果，可以写出柱坐标系 $(r,\theta,z)$ 中的速度分量（图 7-3）：

$$v_r=\frac{\partial\varphi}{\partial r},\quad v_\theta=\frac{1}{r}\frac{\partial\varphi}{\partial\theta},\quad v_z=\frac{\partial\varphi}{\partial z} \tag{7-10}$$

对于球坐标系 $(r,\theta,\beta)$

$$v_r=\frac{\partial\varphi}{\partial r},v_\theta=\frac{1}{r}\frac{\partial\varphi}{\partial\theta},v_\beta=\frac{1}{r\sin\theta}\frac{\partial\varphi}{\partial\beta} \tag{7-11}$$

(2) 不可压缩流体的有势流动，速度势函数 $\varphi$ 满足拉普拉斯方程。

不可压缩流体有连续性方程

$$\frac{\partial v_x}{\partial x}+\frac{\partial v_y}{\partial y}+\frac{\partial v_z}{\partial z}=0$$

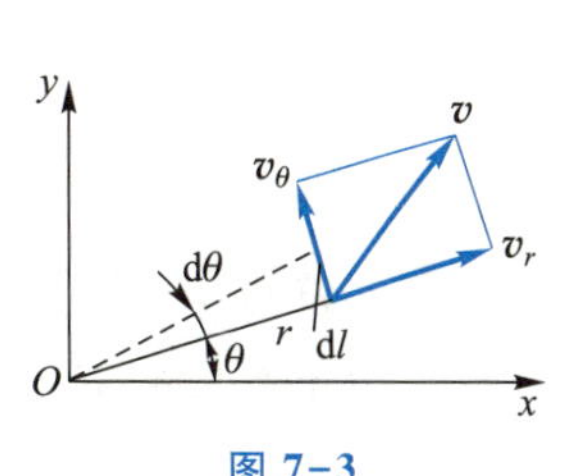

图 7-3

对有势流动存在

$$\frac{\partial\varphi}{\partial x}=v_x,\frac{\partial\varphi}{\partial y}=v_y,\frac{\partial\varphi}{\partial z}=v_z$$

上式代入连续性方程得

$$\frac{\partial^2\varphi}{\partial x^2}+\frac{\partial^2\varphi}{\partial y^2}+\frac{\partial^2\varphi}{\partial z^2}=0 \tag{7-12}$$

即

$$\nabla^2\varphi=0$$

式中拉普拉斯算子

$$\nabla^2=\frac{\partial^2}{\partial x^2}+\frac{\partial^2}{\partial y^2}+\frac{\partial^2}{\partial z^2} \tag{7-13}$$

式(7-12)是拉普拉斯方程,速度势函数 $\varphi$ 满足拉普拉斯方程,因而是调和函数。显然,有势流动中,拉普拉斯方程实质上是连续性方程的一种特殊形式。这样,解有势流动的问题,变成了解满足一定边界条件的拉普拉斯方程。

(3) 沿任意曲线上的速度环量等于曲线两端点上的速度势之差,而与曲线形状无关。

沿任意曲线 $AB$ 的环量为

$$\begin{aligned}\Gamma_{AB}&=\int_A^B(v_x\mathrm{d}x+v_y\mathrm{d}y+v_z\mathrm{d}z)\\&=\int_A^B\left(\frac{\partial\varphi}{\partial x}\mathrm{d}x+\frac{\partial\varphi}{\partial y}\mathrm{d}y+\frac{\partial\varphi}{\partial z}\mathrm{d}z\right)\\&=\int_A^B\mathrm{d}\varphi=\varphi_B-\varphi_A\end{aligned} \tag{7-14}$$

对任意封闭曲线,若 $A,B$ 点重合,且当有势流场中速度势函数 $\varphi$ 为单值时,例如对于无旋流中的单连通域,沿封闭曲线的环量 $\Gamma_{AB}=0$。

### 2. 流函数

不可压缩流体平面流动,速度场一定满足连续性方程

$$\frac{\partial v_x}{\partial x}+\frac{\partial v_y}{\partial y}=0$$

即

$$\frac{\partial v_x}{\partial x}=-\frac{\partial v_y}{\partial y} \tag{7-15}$$

平面流动中流线的微分方程为

$$\frac{\mathrm{d}x}{v_x}=\frac{\mathrm{d}y}{v_y},\text{即 } v_x\mathrm{d}y-v_y\mathrm{d}x=0 \tag{7-16}$$

由数学分析知,式(7-15)的存在,是式(7-16)的左端为某函数 $\psi(x,y,t)$ 在某时刻 $t$ 对坐标全微分的充分必要条件,即

$$\mathrm{d}\psi=v_x\mathrm{d}y-v_y\mathrm{d}x=0 \tag{7-17}$$

由多元函数全微分法则得

$$d\psi=\frac{\partial\psi}{\partial x}dx+\frac{\partial\psi}{\partial y}dy \tag{7-18}$$

比较式(7-17)和式(7-18)得

$$\frac{\partial\psi}{\partial x}=-v_y,\frac{\partial\psi}{\partial y}=v_x \tag{7-19}$$

由式(7-17)可知,在同一条流线上,$d\psi=0$,积分后得 $\psi=C$,表示某条流线 $\psi(x,y)=C$ 是平面流动中流线方程的解,因此称函数 $\psi(x,y,t)$ 为流函数。如果令流函数 $\psi=c$,就可画出流线;或者说给定一个 $\psi$ 值,就能得到一条流线。

不可压缩流体的平面流动,无论其有势或有涡,或流体有无黏性,均存在流函数。

将式(7-19)代入式(7-15)得

$$\frac{\partial^2\psi}{\partial y\partial x}=\frac{\partial^2\psi}{\partial x\partial y}$$

流函数 $\psi$ 永远满足连续性方程。

流函数具有下列特性:

(1) 不可压缩流体平面有势流动的流函数满足拉普拉斯方程。对有势流动有

$$\omega_z=\frac{1}{2}\left(\frac{\partial v_y}{\partial x}-\frac{\partial v_x}{\partial y}\right)=0$$

不可压缩流体平面流动存在

$$v_y=-\frac{\partial\psi}{\partial x},v_x=\frac{\partial\psi}{\partial y}$$

代入上式得

$$\frac{\partial^2\psi}{\partial x^2}+\frac{\partial^2\psi}{\partial y^2}=0,\ \nabla^2\psi=0 \tag{7-20}$$

因此在平面有势流场中,流函数 $\psi$ 满足拉普拉斯方程,所以流函数 $\psi$ 也是调和函数。这样,解平面有势流动问题也可变为解满足一定初始边界条件的流函数的拉普拉斯方程。解得 $\psi$,整个流场的速度、压强分布就可得到。显然,$\psi$ 和 $\varphi$ 满足数学上的柯西-黎曼条件,因此 $\psi,\varphi$ 为共轭调和函数,若已知 $\varphi,\psi$ 中的一个,就可积分求得另一个。

(2) 平面流动中两条流线间通过的流体流量,等于两条流线的流函数之差。这也正是流函数的物理意义。

如图 7-4 所示,在两流线间作任意曲线 $AB$,则通过单位厚度微小面积的流量为

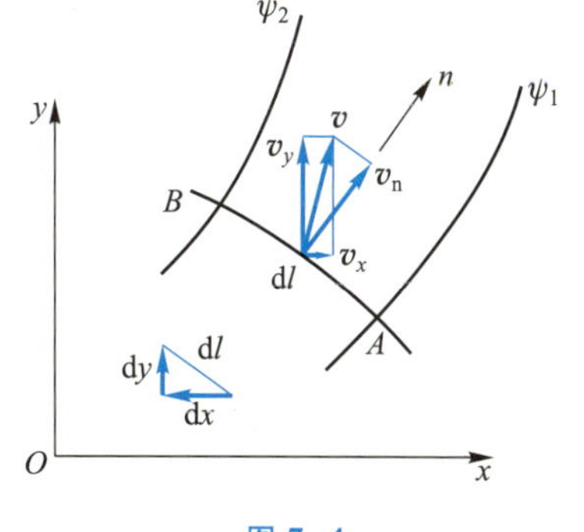

图 7-4

$$dq = v_n dl \cdot 1 = v_n dl$$

$$v_n = v_x \cos(n,x) + v_y \cos(n,y)$$

而

$$\cos(n,x) = \frac{dy}{dl}$$

$$\cos(n,y) = -\frac{dx}{dl}$$

所以

$$dq = [v_x \cos(n,x) + v_y \cos(n,y)]dl$$

$$= \left(\frac{\partial\psi}{\partial y}\frac{dy}{dl} + \frac{\partial\psi}{\partial x}\frac{dx}{dl}\right)dl = d\psi$$

流量

$$q = \int_A^B dq = \int_A^B d\psi = \psi_B - \psi_A \tag{7-21}$$

因为流线上各点的流函数为一常数，所以沿流线长度上两流线间的流量保持不变。或流经任意单位厚度曲线 $AB$ 的流量，等于曲线两端点上流函数值之差，而与曲线的形状无关。若 $A$,$B$ 两点重合为一封闭曲线，则当 $\psi$ 为单值函数时，流量 $q=0$。

(3) 在不可压缩流体的平面有势流场中，流线族和等势线族相互正交。

由

$$v_x = \frac{\partial\varphi}{\partial x} = \frac{\partial\psi}{\partial y}$$

$$v_y = \frac{\partial\varphi}{\partial y} = -\frac{\partial\psi}{\partial x}$$

两式交叉相乘得到

$$\frac{\partial\varphi}{\partial x}\frac{\partial\psi}{\partial x} + \frac{\partial\varphi}{\partial y}\frac{\partial\psi}{\partial y} = 0 \tag{7-22}$$

这是等势线族 $\varphi(x,y)=C$ 和流线族 $\psi(x,y)=C$ 相互正交的条件。因此在平面有势流场中，流线族和等势线族组成正交网络，称为流网。这是流函数和速度势函数的重要性质，利用这一性质可以用图解法近似地解平面势流问题。

## §7-2 几种简单的平面势流

很多较复杂的平面势流可以由简单的平面势流叠加组成，由此导出势函数 $\varphi$ 或流函数 $\psi$ 的解析式，利用解析法求解，因此必须熟悉几种典型的简单平面势流。

### 1. 均匀平行流

定义：深度和宽度很大的流体流过平面时的流动，流场中每一点的速度大小相等、方向相同，流体作均匀直线流动。

设均匀流与 $x$ 轴成 $\alpha$ 角，速度为 $v_0$，沿 $x$，$y$ 方向的分速度为 $v_x$，$v_y$，则

$$v_x=v_0\cos\alpha,v_y=v_0\sin\alpha$$

因为 $\omega_z=\frac{1}{2}\left(\frac{\partial v_y}{\partial x}-\frac{\partial v_x}{\partial y}\right)=0$，所以流动有势。

由于

$$\frac{\partial\varphi}{\partial x}=v_x=v_0\cos\alpha$$

$$\frac{\partial\varphi}{\partial y}=v_y=v_0\sin\alpha$$

$$\begin{aligned}\mathrm{d}\varphi&=\frac{\partial\varphi}{\partial x}\mathrm{d}x+\frac{\partial\varphi}{\partial y}\mathrm{d}y\\&=v_0\cos\alpha\mathrm{d}x+v_0\sin\alpha\mathrm{d}y\end{aligned}$$

积分得速度势

$$\varphi=v_0x\cos\alpha+v_0y\sin\alpha+c_1=v_0(x\cos\alpha+y\sin\alpha)+c_1$$

同理得

$$\psi=v_0y\cos\alpha-v_0x\sin\alpha+c_2=v_0(y\cos\alpha-x\sin\alpha)+c_2$$

常数 $c_1$，$c_2$ 对流动图形没有影响，可以舍去。所以

$$\varphi=v_0(x\cos\alpha+y\sin\alpha)\tag{7-23}$$

$$\psi=v_0(y\cos\alpha-x\sin\alpha)\tag{7-24}$$

令 $\varphi=C$，$\psi=C$，得到流线为一组平行直线，与 $x$ 轴的夹角满足 $\tan\alpha=\frac{v_y}{v_x}$，等势线（虚线）与流线相互垂直（图 7-5）。

若流动平行 $x$ 轴，有 $\alpha=0$ 或 $\pi$，则

$$\varphi=\pm v_0x$$

$$\psi=\pm v_0y$$

若流动平行 $y$ 轴，有 $\alpha=\frac{\pi}{2}$ 或 $\frac{3\pi}{2}$，则

$$\varphi=\pm v_0y$$

$$\psi=\pm v_0x$$

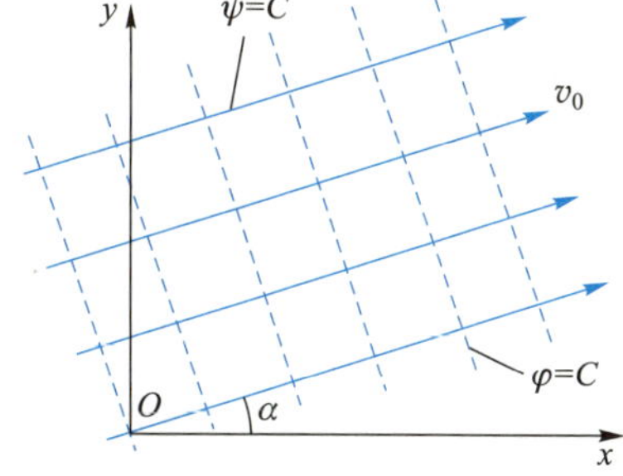


图 7-5

### 2. 点源和点汇

定义：流体从一点径向均匀地向外流出，流动完全对称，流线是由 $O$ 点发出的直线，这种流动称为点源，这个点称为源点（图 7-6a）。如果流体径向直线均匀地流向一点，这种流动称为点汇，这个点称为汇点（图 7-6b）。

由于流动是径向的，根据流动连续原理，在极坐标系中，通过任意圆柱面的流量为 $q$，则源（汇）的强度为

$$q=\pm2\pi r\ v_r$$

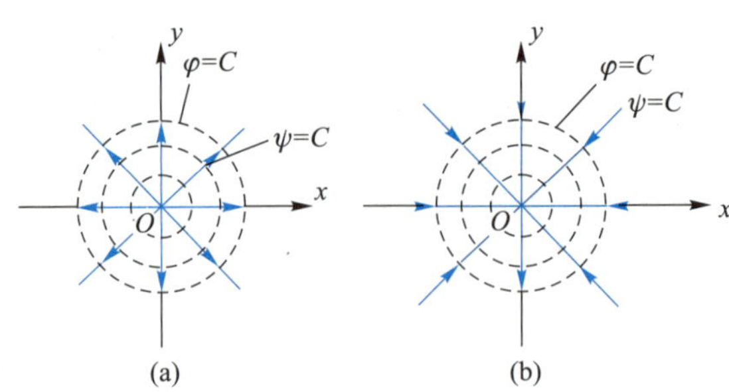


图 7-6

径向速度为
$$v_r = \pm\frac{q}{2\pi r} \tag{7-25}$$

点源取正号,点汇取负号。流场中某点的速度大小与该点到中心的距离成反比。$r\to0$ 时,$v_r\to\infty$,在数学上称源点为**奇点**。在该点处的流动没有意义,必须排除在所考虑的流场之外。

当为点源时

$$\frac{\partial\varphi}{\partial r}=v_r=\frac{q}{2\pi r}$$

$$v_\theta=\frac{1}{r}\frac{\partial\varphi}{\partial\theta}=0,\quad 有\quad \frac{\partial\varphi}{\partial\theta}=0$$

$$\mathrm{d}\varphi=\frac{\partial\varphi}{\partial r}\mathrm{d}r+\frac{\partial\varphi}{\partial\theta}\mathrm{d}\theta=v_r\mathrm{d}r+v_\theta r\mathrm{d}\theta$$

所以
$$\mathrm{d}\varphi=\frac{q}{2\pi}\frac{\mathrm{d}r}{r}$$

式中
$$r=\sqrt{x^2+y^2}$$

积分得
$$\varphi=\frac{q}{2\pi}\ln r+c_1=\frac{q}{2\pi}\ln\sqrt{x^2+y^2}+c_1$$

同理
$$\mathrm{d}\psi=-v_y\mathrm{d}x+v_x\mathrm{d}y=-\frac{\partial\varphi}{\partial y}\mathrm{d}x+\frac{\partial\varphi}{\partial x}\mathrm{d}y$$

式中
$$\frac{\partial\varphi}{\partial x}=\frac{\partial\varphi}{\partial r}\frac{\partial r}{\partial x}=\frac{q}{2\pi}\frac{x}{x^2+y^2}$$

$$\frac{\partial\varphi}{\partial y}=\frac{q}{2\pi}\frac{y}{x^2+y^2}$$

所以
$$\mathrm{d}\psi=\frac{q}{2\pi}\left(\frac{-y\mathrm{d}x+x\mathrm{d}y}{x^2+y^2}\right)=\frac{q}{2\pi}\left[\frac{\mathrm{d}\left(\frac{y}{x}\right)}{1+\frac{y^2}{x^2}}\right]$$

积分得

$$\psi=\frac{q}{2\pi}\int\frac{\mathrm{d}\left(\frac{y}{x}\right)}{1+\left(\frac{y}{x}\right)^2}=\frac{q}{2\pi}\arctan\left(\frac{y}{x}\right)+c_2$$

由于积分常数 $c_1$ 和 $c_2$ 不影响流动图形，可以舍去，于是源流的速度势函数和流函数为

$$\varphi=\frac{q}{2\pi}\ln r \tag{7-26}$$

$$\psi=\frac{q}{2\pi}\arctan\left(\frac{y}{x}\right)=\frac{q}{2\pi}\theta,\theta=\arctan\left(\frac{y}{x}\right) \tag{7-27}$$

所以，当 $r$ 为常数时，得到等势线为一系列半径不同的同心圆；$\theta$ 为常数，得到流线为一系列从原点发出的放射线，等势线与流线正交。因为流函数 $\psi$ 并不单值，因此，流经包含有点源和点汇的封闭曲线的流量不等于零。

同理可得点汇的速度势函数和流函数为

$$\varphi=-\frac{q}{2\pi}\ln r \tag{7-28}$$

$$\psi=-\frac{q}{2\pi}\theta \tag{7-29}$$

将式(7-26)、式(7-27)、式(7-28)、式(7-29)分别代入拉普拉斯算子，很容易证明 $\varphi$ 和 $\psi$ 均满足拉普拉斯方程，所以都是调和函数，证明了点源和点汇确是有势流动。

### 3. 点涡和环流

涡束的半径 $r\to 0$ 时，变成一条涡线，垂直于无限长直涡线的各平行平面中的流动称为点涡，又称为自由涡。由于在涡束中 $r\to 0$ 时，$v_0\to\infty$，所以涡点是一个奇点。

若绕包围点涡的任意封闭围线的速度环量为 $\Gamma$，则速度分量为

$$v_r=\frac{\partial\varphi}{\partial r}=0$$

$$v_\theta=\frac{\Gamma}{2\pi r}=\frac{1}{r}\frac{\partial\varphi}{\partial\theta},\frac{\partial\varphi}{\partial\theta}=\frac{\Gamma}{2\pi}$$

称 $\Gamma$ 为点涡的强度，$\Gamma=2\pi r v_\theta$。

速度势函数的全微分为

$$\mathrm{d}\varphi=\frac{\partial\varphi}{\partial r}\mathrm{d}r+\frac{\partial\varphi}{\partial\theta}\mathrm{d}\theta=\frac{\Gamma}{2\pi}\mathrm{d}\theta$$

积分得

$$\varphi=\frac{\Gamma}{2\pi}\theta \tag{7-30}$$

式中

$$\theta=\arctan \frac{y}{x}$$

因为

$$\frac{\partial \psi}{\partial x}=-\frac{\partial \varphi}{\partial y}=\frac{-\Gamma}{2\pi} \frac{x}{x^2+y^2}$$

$$\frac{\partial \psi}{\partial y}=\frac{\partial \varphi}{\partial x}=\frac{-\Gamma}{2\pi} \frac{y}{x^2+y^2}$$

所以流函数的全微分

$$\begin{aligned} \mathrm{d}\psi &=\frac{\partial \psi}{\partial x}\mathrm{d}x+\frac{\partial \psi}{\partial y}\mathrm{d}y=\frac{-\Gamma}{2\pi} \frac{(x\mathrm{d}x+y\mathrm{d}y)}{x^2+y^2} \\ &=\frac{-\Gamma}{2\pi} \frac{1}{2} \frac{\mathrm{d}(x^2+y^2)}{(x^2+y^2)}=-\frac{\Gamma}{2\pi} \frac{1}{2} \frac{\mathrm{d}r^2}{r^2} \end{aligned}$$

积分得

$$\psi=-\frac{\Gamma}{2\pi}\ln r \tag{7-31}$$

令 $r=c$,得到流线为以坐标原点为圆心的同心圆族。

$\theta=c$ 的等势线是从原点出发与流线正交的径向线,这正好与源(或汇)相反。环量 $\Gamma>0$ 时,环流为逆时针方向;$\Gamma<0$,环流为顺时针方向。

点涡的强度 $\Gamma$ 完全取决于旋涡的强度:

$$\Gamma=2\int_A \omega_{\mathrm{n}}\mathrm{d}A$$

若取任意半径 $r=r_0$ 处的一条流线作固体边界,变成一个转动着的无限长圆柱体,由于流体质点不能穿过流线,这样做并不破坏流动的特性。这时圆周外的流动,是由无限长柱体带动旋转的纯环状流动,这也就是二维旋涡内外的流动。

## §7-3 简单势流的叠加

研究势流的目的在于求解反映运动特征的速度势函数 $\varphi$ 和流函数 $\psi$,但当流动情况较为复杂时,要根据流动直接求 $\varphi$ 或 $\psi$ 往往十分困难,因此常将一些简单势流经适当组合叠加得到较复杂的流动。

设有两个势流的 $\varphi_1,\varphi_2,\psi_1$ 和 $\psi_2$,满足拉普拉斯方程,即

$$\frac{\partial^2 \varphi_1}{\partial x^2}+\frac{\partial^2 \varphi_1}{\partial y^2}=0$$

$$\frac{\partial^2 \varphi_2}{\partial x^2}+\frac{\partial^2 \varphi_2}{\partial y^2}=0$$

令新的速度势函数 $\varphi=\varphi_1+\varphi_2$，则

$$\frac{\partial^2(\varphi_1+\varphi_2)}{\partial x^2}+\frac{\partial^2(\varphi_1+\varphi_2)}{\partial y^2}=\frac{\partial^2\varphi_1}{\partial x^2}+\frac{\partial^2\varphi_2}{\partial x^2}+\frac{\partial^2\varphi_1}{\partial y^2}+\frac{\partial^2\varphi_2}{\partial y^2}=0$$

即

$$\frac{\partial^2\varphi}{\partial x^2}+\frac{\partial^2\varphi}{\partial y^2}=0$$

$\varphi$ 满足拉普拉斯方程，所以叠加得到的流动也是一个有势流动。任意几个简单势流叠加后的速度势函数 $\varphi$ 同样满足拉普拉斯方程，即

$$\nabla^2\varphi=\nabla^2\varphi_1+\nabla^2\varphi_2+\nabla^2\varphi_3+\cdots \tag{7-32}$$

简单势流叠加后的流函数 $\psi$ 也满足拉普拉斯方程，有

$$\nabla^2\psi=\nabla^2\psi_1+\nabla^2\psi_2+\cdots \tag{7-33}$$

将函数 $\varphi$ 对 $x$ 或 $y$ 取偏导数，得到速度场：

$$\frac{\partial\varphi}{\partial x}=v_x=\frac{\partial\varphi_1}{\partial x}+\frac{\partial\varphi_2}{\partial x}+\cdots=v_{1x}+v_{2x}+\cdots$$

$$\frac{\partial\varphi}{\partial y}=v_y=\frac{\partial\varphi_1}{\partial y}+\frac{\partial\varphi_2}{\partial y}+\cdots=v_{1y}+v_{2y}+\cdots$$

也即得到

$$v=v_1+v_2+\cdots \tag{7-34}$$

由此可以得到下面结论：几个有势流动叠加，得到一个新的有势流动，其速度势函数 $\varphi$ 和流函数 $\psi$ 分别等于原有几个有势流动的速度势函数和流函数的代数和。而新的有势流场中的速度，等于原先几个有势场流动速度的几何和。

研究势流叠加原理的意义在于，将复杂的势流分解成一些简单势流，将求得的这些简单流动的解叠加起来，就得到复杂流动的解。

### 1. 点源与点涡叠加的流动——源环流

设强度为 $q$ 的点源与强度为 $\Gamma$ 的点涡同置于坐标原点，叠加后组合流动的速度势函数和流函数为

$$\varphi=\varphi_1+\varphi_2=\frac{1}{2\pi}(q\ln r+\Gamma\theta) \tag{7-35}$$

$$\psi=\psi_1+\psi_2=\frac{1}{2\pi}(q\theta-\Gamma\ln r) \tag{7-36}$$

令 $\varphi=c$，有

$$q\ln r+\Gamma\theta=2\pi c$$

由此得组合流动的等势线为

$$r=C_1\exp\left(\frac{-\Gamma}{q}\theta\right) \tag{7-37}$$

令 $\psi=C$，有

$$q\theta-\Gamma\ln r=2\pi C$$

流线为

$$r=C_2\exp\left(\frac{q}{\Gamma}\theta\right) \tag{7-38}$$

式中 $C_1$ 和 $C_2$ 为常数，流线和等势线为相互正交的对数螺旋线族（图7-7），称为源环流或螺旋流。

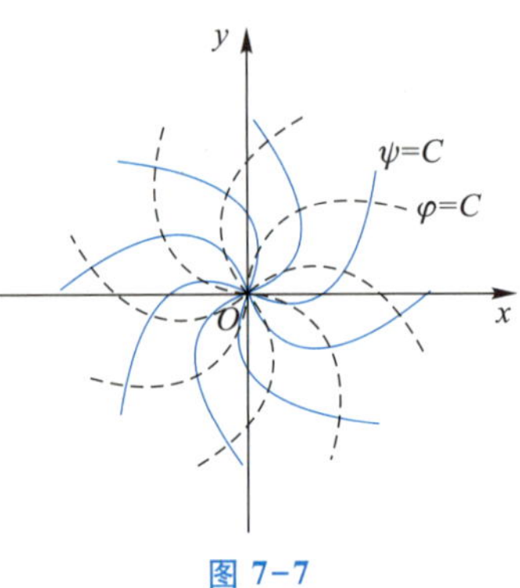


图 7-7

水泵压水室（涡壳）内的流动是点源和点涡叠加得到的源环流。

### 2. 点汇与点涡叠加的流动——汇环流

将点源改为强度为$-q$的点汇，叠加流动的速度势函数和流函数为

$$\varphi=\frac{1}{2\pi}(\Gamma\theta-q\ln r) \tag{7-39}$$

$$\psi=\frac{-1}{2\pi}(q\theta+\Gamma\ln r) \tag{7-40}$$

等势线方程

$$\Gamma\theta-q\ln r=C$$

$$r=c_1\exp\left(\frac{\Gamma}{q}\theta\right) \tag{7-41}$$

流线方程

$$q\ \theta+\Gamma\ln r=C$$

$$r=c_2\exp\left(-\frac{q}{\Gamma}\theta\right) \tag{7-42}$$

可见，点汇和点涡叠加流动的等势线和流线也是相互正交的对数螺旋线族。它与源环流的不同在于，源环流从中心向外流，而汇环流则是按对数螺旋线从四周向中心流动。

水轮机的引水室（蜗壳）、旋风燃烧室、离心式喷油嘴和离心式除尘器等设备中，流体自外面沿圆周切向流入，从中心处不断流出。为减小流动损失，应使流体的引入符合对数螺旋线形状。

## §7-4 偶 极 流

设强度为 $q$ 的源位于点$(-\varepsilon,0)$，强度为$-q$ 的汇位于点$(\varepsilon,0)$，放入同一平面内，两点间的距离为 $2\varepsilon$，流体从源点流出散开，然后向点汇集中。

如图 7-8 所示，任意点 $P(x,y)$ 距 $A,B$ 两点分别为 $r_1$ 和 $r_2$，$r_1,r_2$ 与 $x$ 轴的夹角分别为 $\theta_1,\theta_2$。

对 $P$ 点，叠加后流场的速度势函数为源与汇的速度势函数之和，即

$$\varphi=\varphi_1+\varphi_2=\frac{q}{2\pi}(\ln r_1-\ln r_2)$$

$$=\frac{q}{2\pi}\ln\frac{r_1}{r_2} \tag{7-43}$$

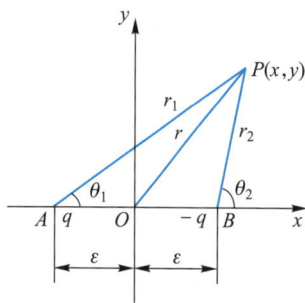



图 7-8

由图得到

$$r_1=\sqrt{(x+\varepsilon)^2+y^2}$$

$$r_2=\sqrt{(x-\varepsilon)^2+y^2}$$

所以

$$\varphi=\frac{q}{2\pi}\ln\sqrt{\frac{(x+\varepsilon)^2+y^2}{(x-\varepsilon)^2+y^2}}=\frac{q}{4\pi}\ln\frac{(x+\varepsilon)^2+y^2}{(x-\varepsilon)^2+y^2}$$

$$=\frac{q}{4\pi}\ln\left[1+\frac{4x\varepsilon}{(x-\varepsilon)^2+y^2}\right] \tag{7-44}$$

当图示的源和汇无限接近，即 $\varepsilon\to0$ 时，得到偶极流动。但这时若源与汇为强度等于常值的简单叠加，源发出的流体立即为汇所吸收，不能形成流动。只有当它们间的距离逐渐缩小，源与汇的强度逐渐增大，$2\varepsilon\to0$ 时，$q$ 逐渐增强至无限大，使 $2q\varepsilon$ 的极限趋近于某一个有限常数 $M$，即 $\lim\limits_{\substack{2\varepsilon\to0\\ q\to\infty}}2q\varepsilon=M$，这种情况下所形成的流动，称为**偶极流**。称 $M$ 为偶极流的**偶极矩**，这是一个向量，方向从点源到点汇。

根据上述，可推得偶极流的速度势函数，设

$$Z=\frac{4x\varepsilon}{(x-\varepsilon)^2+y^2}$$

则

$$\ln\left[1+\frac{4x\varepsilon}{(x-\varepsilon)^2+y^2}\right]=\ln(1+Z)$$

将上式用级数展开

$$\ln(1+Z)=Z-\frac{Z^2}{2}+\frac{Z^3}{3}\cdots$$

当 $\varepsilon$ 为无限小量时，级数中的高次项为高阶小量略去不计，即 $\ln(1+Z)\approx Z$，于是速度势函数为

$$\varphi=\lim_{\substack{2\varepsilon\to0\\ q\to\infty}}\left[\frac{q}{4\pi}\ln\left(1+\frac{4x\varepsilon}{(x-\varepsilon)^2+y^2}\right)\right]$$

$$=\lim_{\substack{2\varepsilon\to0\\ q\to\infty}}\frac{q}{4\pi}\frac{4x\varepsilon}{(x-\varepsilon)^2+y^2}$$

$$=\frac{M}{2\pi}\frac{x}{x^2+y^2} \tag{7-45}$$

偶极流的流函数为

$$\psi=\psi_1+\psi_2=\frac{q}{2\pi}(\theta_1-\theta_2) \tag{7-46}$$

由图得

$$\tan\ \theta_1=\frac{y}{x+\varepsilon},\tan\ \theta_2=\frac{y}{x-\varepsilon}$$

利用三角函数恒等式

$$\tan\ (\theta_1-\theta_2)=\frac{\tan\ \theta_1-\tan\ \theta_2}{1+\tan\ \theta_1\ \tan\ \theta_2}=\frac{y(x-\varepsilon)-y(x+\varepsilon)}{x^2-\varepsilon^2+y^2}$$

$$=\frac{-2y\varepsilon}{x^2+y^2-\varepsilon^2}$$

所以流函数为

$$\psi=\frac{q}{2\pi}\arctan\ \frac{-2y\varepsilon}{x^2+y^2-\varepsilon^2}$$

设 $Z=\frac{-2y\varepsilon}{x^2+y^2-\varepsilon^2}$，将 arctan $Z$ 按幂级数展开：

$$\arctan\ Z=Z-\frac{Z^3}{3}+\frac{Z^5}{5}\cdots$$

当 $\varepsilon$ 为无限小量时，略去高阶小量，得 arctan $Z\approx Z$，于是

$$\psi=\lim_{\substack{2\varepsilon\to0\\q\to\infty}}\left(\frac{q}{2\pi}\arctan\ \frac{-2y\varepsilon}{x^2+y^2-\varepsilon^2}\right)$$

$$=\lim_{\substack{2\varepsilon\to0\\q\to\infty}}\left(\frac{-q}{2\pi}\ \frac{2y\varepsilon}{x^2+y^2-\varepsilon^2}\right)$$

$$=-\frac{M}{2\pi}\ \frac{y}{x^2+y^2} \tag{7-47}$$

偶极流的流线方程为

$$\psi=-\frac{M}{2\pi}\ \frac{y}{x^2+y^2}=C_1$$

即

$$x^2+y^2+\frac{M}{2\pi C_1}\ y=0$$

经配方变换得到

$$x^2+\left(y+\frac{M}{4\pi C_1}\right)^2=\left(\frac{M}{4\pi C_1}\right)^2 \tag{7-48}$$

可见，偶极流的流线是半径为$\frac{M}{4\pi C_1}$、圆心在 $y$ 轴上$\left(0,-\frac{M}{4\pi C_1}\right)$的圆周族，在坐标原点

处这些圆与 $x$ 轴相切。因为当 $y=0$ 时，$x=0$，所以所有的流线都通过偶极流的中心，流体从偶极流的中心由 $x$ 的负方向出发，沿圆周又流入偶极流中心，这时，$x$ 轴是流线的对称轴，称为偶极轴。

同理由式(7-45)可以得到等势线方程：

$$\left(x-\frac{M}{4\pi C_2}\right)^2+y^2=\left(\frac{M}{4\pi C_2}\right)^2 \tag{7-49}$$

上式表明等势线族是半径为 $\frac{M}{4\pi C_2}$、圆心在 $\left(\frac{M}{4\pi C_2},0\right)$ 点的圆周族，在坐标原点处这些圆与 $y$ 轴相切，等势线与流线正交。图 7-9 为点源与点汇叠加的流线和势线，图 7-10 给出了偶极流的流线与等势线图形。

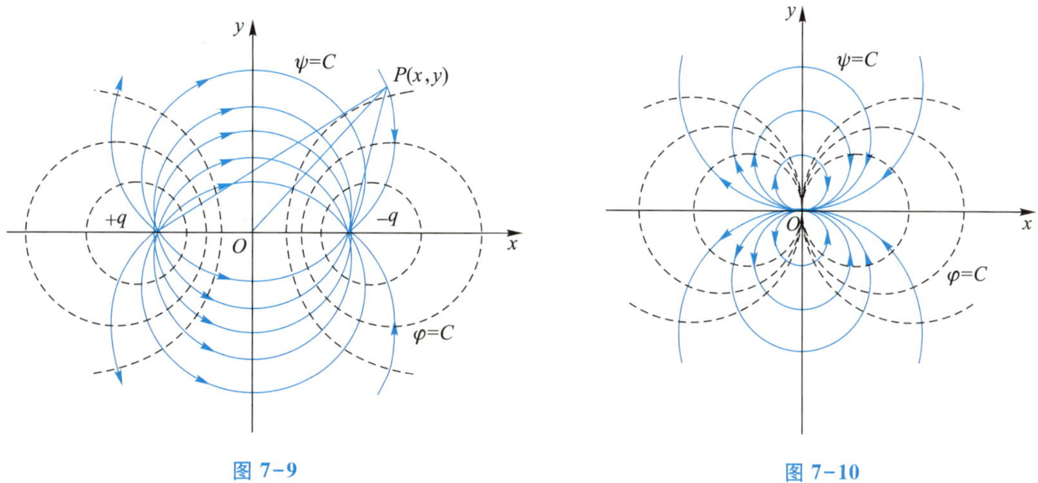


图 7-9　　图 7-10

## §7-5　流体对圆柱体的无环量绕流

可求解的理想不可压缩流体的平面势流问题主要是绕流问题，其中平行流绕圆柱流动是最基本的问题之一，这一流动由平行流和偶极流叠加而成。

### 1. 流函数和速度势函数

设有一平行于 $x$ 轴的均匀直线流动，在无穷远处的速度为 $V_\infty$，其速度势函数和流函数分别为

$$\varphi_1=V_\infty x,\psi_1=V_\infty y$$

中心位于坐标原点的偶极流的速度势函数和流函数为

$$\varphi_2=\frac{M}{2\pi}\frac{x}{x^2+y^2},\psi_2=\frac{-M}{2\pi}\frac{y}{x^2+y^2}$$

平行流与偶极流叠加流动的速度势函数和流函数为

$$\varphi=V_{\infty}x+\frac{M}{2\pi}\frac{x}{x^2+y^2} \tag{7-50}$$

$$\psi=V_{\infty}y-\frac{M}{2\pi}\frac{y}{x^2+y^2} \tag{7-51}$$

**2. 速度场**

为了分析流动特点和速度的变化规律，求得流场速度为

$$v_x=\frac{\partial\varphi}{\partial x}=V_{\infty}-\frac{M}{2\pi}\frac{x^2-y^2}{(x^2+y^2)^2} \tag{7-52}$$

$$v_y=\frac{\partial\varphi}{\partial y}=-\frac{M}{2\pi}\frac{2xy}{(x^2+y^2)^2} \tag{7-53}$$

叠加流场中速度为零的点称为**驻点**，即在驻点处应有 $v_x=0, v_y=0$。

由式(7-53)可见，当 $x=0$ 和 $y=0$ 时，都存在 $v_y=0$。假设 $x=0$ 的点为**驻点**，则有 $v_x=0$，由式(7-52)得到

$$V_{\infty}+\frac{M}{2\pi y^2}=0$$

所以

$$y=\sqrt{-\frac{M}{2\pi V_{\infty}}}$$

$y$ 为虚数，不可能存在。说明 $x=0$ 时，虽然 $v_y=0$，但因为 $v_x$ 不可能为零，所以流场中 $x=0$ 的点不能满足驻点的条件。

当 $y=0$ 时，由式(7-52)有

$$v_x=V_{\infty}-\frac{M}{2\pi x^2}$$

若 $v_x=0$，得到

$$V_{\infty}-\frac{M}{2\pi x^2}=0$$

即

$$x=\pm\sqrt{\frac{M}{2\pi V_{\infty}}}$$

因此得到，在点$\left(y=0, x=\sqrt{\frac{M}{2\pi V_{\infty}}}\right)$和点$\left(y=0, x=-\sqrt{\frac{M}{2\pi V_{\infty}}}\right)$处，存在 $v_x=0, v_y=0$，所以在 $x$ 轴上的这两点应为叠加后流场的驻点。

由式(7-51)有流线方程

$$V_{\infty}y-\frac{M}{2\pi}\frac{y}{x^2+y^2}=C$$

选取不同的 $C$ 值,可得到如图 7-11 所示的流动图形。定义:$\psi=0$ 的流线为**零流线**。于是有零流线方程

$$y\left(V_{\infty}-\frac{M}{2\pi}\frac{1}{x^2+y^2}\right)=0$$

即

$$y=0,x^2+y^2=\frac{M}{2\pi V_{\infty}}$$

由此可知,零流线是 $x$ 轴和圆心在坐标原点、半径为 $r_0=\sqrt{\dfrac{M}{2\pi V_{\infty}}}$ 的圆周。

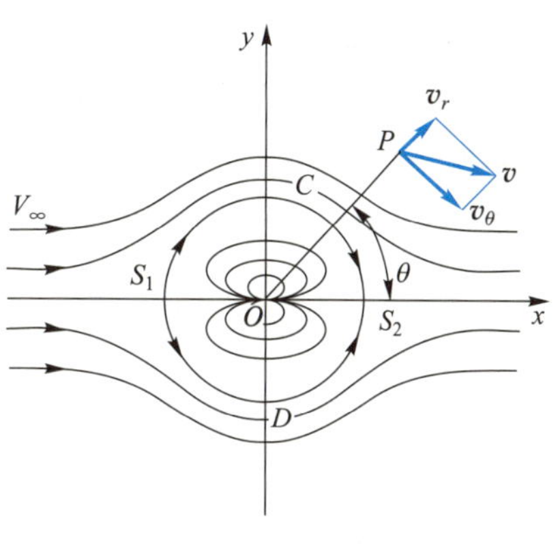

图 7-11

在 $y=0,x=\pm\sqrt{\dfrac{M}{2\pi V_{\infty}}}=\pm r_0$ 处有 $v_x=0,v_y=0$,因此,零流线圆周上 $y=0$ 的点是驻点,图中 $S_1$ 为前驻点,$S_2$ 为后驻点。流线在速度为零的前驻点处分成两股,沿上、下圆柱面流到后驻点 $S_2$ 汇合。

由于流体不能从里面或外面穿过零流线,因此可以把零流线看作固体边界,即用半径为 $r_0$ 的圆柱体代替零流线,在理想流体流动的情况下,圆柱体外的流场将保持流动的原状而不受影响,因此,上述叠加得到的流动为理想流体绕圆柱流动。

若以柱坐标形式表示,对任意点 $P(r,\theta)$,速度势函数和流函数为

$$\varphi=V_{\infty}r\cos\theta+\frac{M}{2\pi}\frac{r\cos\theta}{r^2}=V_{\infty}\left(1+\frac{r_0^2}{r^2}\right)r\cos\theta \tag{7-54}$$

$$\psi=V_{\infty}r\sin\theta-\frac{M}{2\pi}\frac{r\sin\theta}{r^2}=V_{\infty}\left(1-\frac{r_0^2}{r^2}\right)r\sin\theta \tag{7-55}$$

速度分量为

$$v_r=\frac{\partial\varphi}{\partial r}=V_{\infty}\left(1-\frac{r_0^2}{r^2}\right)\cos\theta \tag{7-56}$$

$$v_\theta=\frac{1}{r}\frac{\partial\varphi}{\partial\theta}=-V_{\infty}\left(1+\frac{r_0^2}{r^2}\right)\sin\theta \tag{7-57}$$

在圆柱面上 $r=r_0$ 时,得

$$\left.\begin{aligned}&v_r=0\\&v_\theta=-2V_{\infty}\sin\theta\end{aligned}\right\} \tag{7-58}$$

上式说明,沿圆柱体表面流体只有切线方向的速度,没有径向速度,即组合流动紧贴圆柱表面,既没有流体穿入,也没有脱离圆柱面。

对前驻点 $S_1:\theta=\pi,v_\theta=0$;对后驻点 $S_2:\theta=0,v_\theta=0$。

在圆柱面 $\theta=\pm\dfrac{\pi}{2}$处,$v_{\theta\max}=\mp2V_{\infty}$,即在该处的速度达到最大值,等于无穷远处速度的

2倍，该值与圆柱体的半径无关。负号表示流动速度方向与 $\theta$ 角反向。

圆柱体表面上任意点流动速度的绝对值为

$$v=v_{\theta}=2V_{\infty}\left|\sin\theta\right|$$

沿圆柱体表面的速度分布表示在图7-12中。

沿包围圆柱体的任意周线的速度环量为

$$\Gamma=\oint v_{\theta}\mathrm{d}l=\int_{0}^{2\pi}-V_{\infty}\left(1+\frac{r_0^2}{r^2}\right)r\sin\theta\mathrm{d}\theta=0$$

所以平行流与偶极流叠加得到的流动为无环量绕圆柱流动。

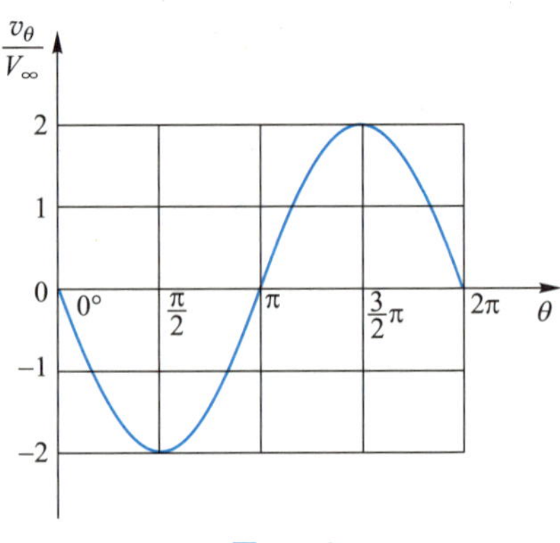

图 7-12

### 3. 压强分布

对于有势流动，沿圆柱表面的压强分布规律由伯努利方程求得。设无穷远处流体的速度为 $V_{\infty}$，压强为 $p_{\infty}$，柱体表面任意点的速度为 $v_{\theta}$，压强为 $p_{\theta}$，则有

$$p_{\infty}+\frac{\rho V_{\infty}^2}{2}=p_{\theta}+\frac{\rho v_{\theta}^2}{2}$$

得

$$p_{\theta}=p_{\infty}+\frac{\rho V_{\infty}^2}{2}(1-4\sin^2\theta) \tag{7-59}$$

工程中常以量纲为一的压强因数表示圆柱体上任意点处的压强，而压强因数分布规律不受 $V_{\infty}$ 和 $p_{\infty}$ 的影响，其定义为

$$C_p=(p_{\theta}-p_{\infty})\Big/\left(\frac{\rho}{2}V_{\infty}^2\right)=1-4\sin^2\theta \tag{7-60}$$

由式(7-60)可见，压强因数既与圆柱体的半径无关，也与 $V_{\infty}$ 和 $p_{\infty}$ 无关，而仅与 $\theta$ 角有关。当 $\theta=0$（$S_2$ 点处）和 $\theta=\pi$（$S_1$ 点处）时，$C_p=1$，这时压强具有最大值，即 $p_{S_1}=p_{S_2}=p_{\infty}+\rho V_{\infty}^2/2$；当 $\theta=\pi/2$ 或 $3\pi/2$ 时，$C_p=-3$，此时压强具有最小值，即 $p_C=p_D=p_{\infty}-\frac{3}{2}\rho V_{\infty}^2$。沿圆柱表面压强因数 $C_p$ 的分布表示在图7-13中，$\theta$ 从后驻点 $S_2$ 算起沿逆时针方向增加。其中虚线表示亚临界的（subcritical），点划线表示超临界的（supercritical）。在柱体表面上速度和压强的上述变化情况，可以用伯努利方程动能与压能的相互转化加以解释。

从上面分析可知，压强沿圆柱体对称分布，流体在圆柱体表面上压强合力等于零，下面给予证明。

如图7-14所示，作用在单位长度柱体表面微小面积 $\mathrm{d}S=r_0\mathrm{d}\theta$ 上总压力为

$$\mathrm{d}F=p_{\theta}r_0\mathrm{d}\theta$$

$\mathrm{d}F$ 沿 $x$ 和 $y$ 轴向的分量为

$$\mathrm{d}F_x=-p_{\theta}r_0\cos\theta\mathrm{d}\theta \tag{7-61}$$

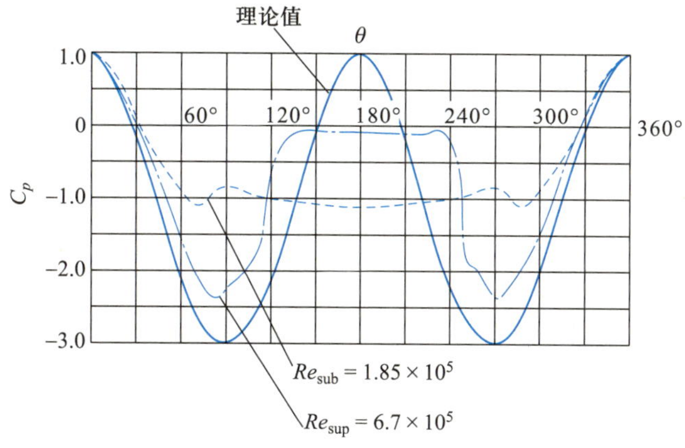


图 7-13

$$dF_y=-p_\theta r_0\sin\theta d\theta \tag{7-62}$$

式中的负号是考虑当 $\cos\theta$, $\sin\theta$ 为正时, $dF_x$ 和 $dF_y$ 正好与 $x$ 和 $y$ 轴的方向相反。

将式(7-59)代入上两式,分别得到总压力沿着 $x$ 和 $y$ 轴方向的分量为

$$F_D=F_x=-\int_0^{2\pi}\left[p_\infty+\frac{1}{2}\rho V_\infty^2(1-4\sin^2\theta)\right]r_0\cos\theta d\theta=0 \tag{7-63}$$

$$F_L=F_y=-\int_0^{2\pi}\left[p_\infty+\frac{1}{2}\rho V_\infty^2(1-4\sin^2\theta)\right]r_0\sin\theta d\theta=0 \tag{7-64}$$

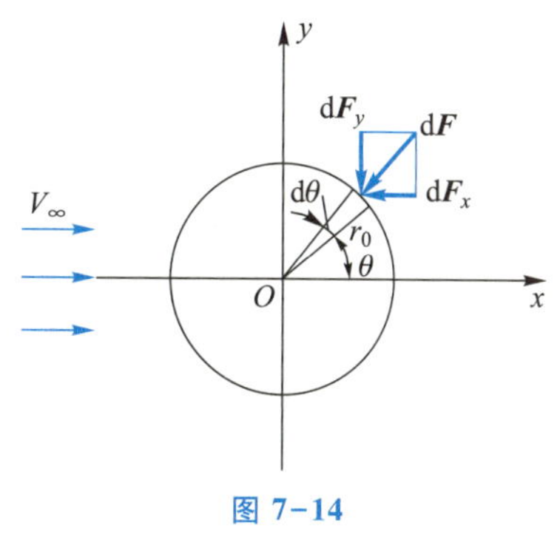


图 7-14

由此可见,流体作用在圆柱表面上的压强合力为零,即圆柱体上既无平行于来流方向的阻力作用,也无垂直于来流方向的升力作用。只要势流流经物体时不形成旋涡或分离,这一结论可以推广到任意物体的绕流。因此,假使在理想流体的均匀恒定流动中放置任一物体,而流过此物体时既不分离,也没有形成环量,则流体作用在物体上的压强合力应等于零,即该物体在流场中不受阻力作用。这一理论推得的结果与观察实验得到的结果有很大矛盾,1750 年法国科学家达朗贝尔首先发现了这一矛盾,称为**达朗贝尔佯谬**。

理想流体的假定引起了这一矛盾。实际上,当流体绕流物体时,由于实际流体或大或小都有黏性,紧贴柱面处存在边界层,固体边壁附近摩擦阻力的影响不能忽略,不应再看成理想流体。另外,一般在后半个柱面处,流体不再贴着柱体而发生分离,在柱体后面形成旋涡区,对柱体产生阻力。

## §7-6 流体对圆柱体的有环量绕流

### 1. 速度势函数和流函数

平行流对圆柱体的有环量绕流，由流体对圆柱体的无环量绕流与点涡感生的纯环流叠加而成。当流体绕物体的流动有环量时，速度和压强的对称性被破坏，将出现压强的合力，环量的生成是产生合力的根源。

平行流对圆柱体有环量绕流的速度势函数为

$$\varphi=\varphi_1+\varphi_2=V_\infty r\left(1+\frac{r_0^2}{r^2}\right)\cos\theta-\frac{\Gamma}{2\pi}\theta \tag{7-65}$$

速度环量以顺时针方向为负，逆时针方向为正。

流函数为

$$\psi=\psi_1+\psi_2=V_\infty r\left(1-\frac{r_0^2}{r^2}\right)\sin\theta+\frac{\Gamma}{2\pi}\ln r \tag{7-66}$$

当 $r=r_0$ 时，$v_r=\dfrac{\partial\varphi}{\partial r}=0$，即沿着 $r=r_0$ 的圆周只有切线方向的速度。而这时 $\psi=\dfrac{\Gamma}{2\pi}\ln r_0=C$，即 $r=r_0$ 的圆周是一条流线，没有流体从流线流入或穿出，将这条流线作为圆柱体周线时，满足平行流绕圆柱流动的边界条件。

当 $r=\pm\infty$ 时，$v_x=\dfrac{\partial\varphi}{\partial x}=V_\infty$，$v_y=\dfrac{\partial\varphi}{\partial y}=0$，说明虽是有环量绕流，但在无穷远处仍然保持原来的平行流，也满足了在无穷远处的边界条件。

由于在圆柱面上和无穷远处，边界条件都得到了满足，所以函数 $\varphi$ 和 $\psi$ 就是所研究问题的解。

### 2. 速度场

在流场中任意点有

$$v_r=\frac{\partial\varphi}{\partial r}=V_\infty\left(1-\frac{r_0^2}{r^2}\right)\cos\theta \tag{7-67}$$

$$v_\theta=\frac{1}{r}\frac{\partial\varphi}{\partial\theta}=-V_\infty\left(1+\frac{r_0^2}{r^2}\right)\sin\theta-\frac{\Gamma}{2\pi r} \tag{7-68}$$

当 $r=r_0$ 时，在圆柱面上得到

$$\left.\begin{aligned}&v_r=0\\&v_\theta=-2V_\infty\sin\theta-\frac{\Gamma}{2\pi r_0}\end{aligned}\right\} \tag{7-69}$$

由式(7-69)可知,在图示流动方向和顺时针方向环量下,在圆柱体上部,平行流绕圆柱体的速度方向与环流的速度方向相同,叠加后上部速度增加,而圆柱体下部,平行流与环流速度方向相反,叠加后速度降低。

令 $v_\theta=0$,求得速度为零的驻点的相位角为

$$\sin\theta_S=-\frac{\Gamma}{4\pi r_0 V_\infty} \tag{7-70}$$

可见,当 $\Gamma=0$ 时,$\theta_S=0$ 和 $\pi$,即驻点为 $x$ 轴与圆柱面的两个交点 $S_1$ 和 $S_2$,这是平行流对圆柱体的无环量绕流;

当 $0<\Gamma<4\pi r_0 V_\infty$ 时,$|\sin\theta_S|<1$,即有 $\theta_S=-\theta$ 和 $\theta_S=(\pi+\theta)$ 两个驻点,两个驻点在柱面上且对称于 $y$ 轴,位于第三和第四象限中(如图 7-15a 所示的 $S_1$ 和 $S_2$ 点)。在 $V_\infty$ 不变的情况下,随环量 $\Gamma$ 的增加,$S_1$ 和 $S_2$ 点逐渐靠近;

当 $\Gamma=4\pi r_0 V_\infty$ 时,$\sin\theta_S=-1$,两个驻点重合为一点,位于 $y$ 轴上$(0,-r_0)$处,如图 7-15b所示;

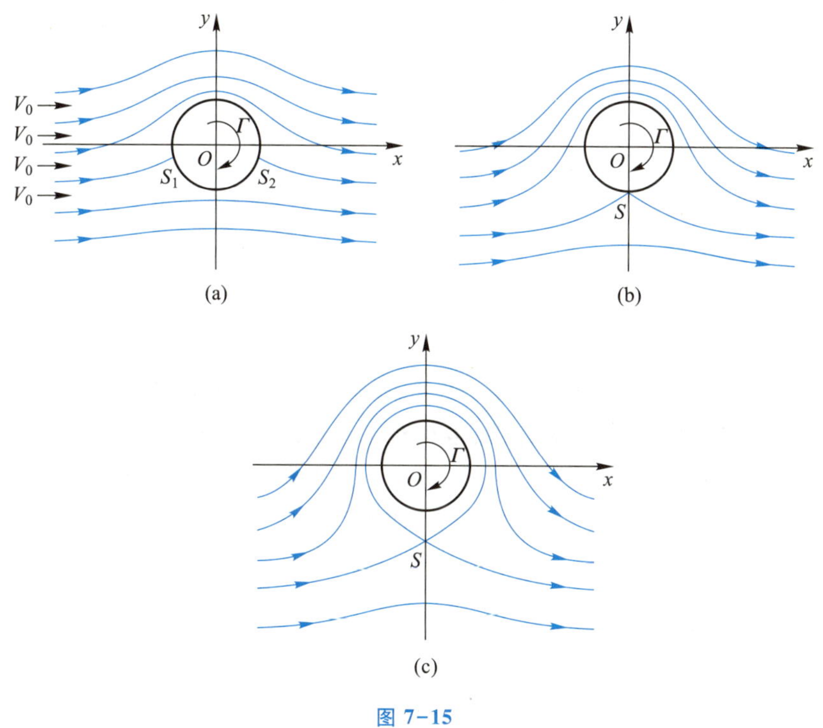


图 7-15

当 $\Gamma>4\pi r_0 V_\infty$ 时,$|\sin\theta_S|>1$,$\theta_S$ 没有解,即圆柱面上不存在驻点。这表明驻点已离开了圆柱表面,位于圆柱面外 $y$ 轴上的某一点(图 7-15c)。若令式(7-67)和式(7-68)的 $v_r=0$和 $v_\theta=0$,可以得到位于 $y$ 轴上的两个驻点,一个在圆柱体外,另一个在圆柱体内。但圆柱体内的驻点对所讨论的绕圆柱流动没有意义,绕流流场由经过圆柱外驻点 $S$ 的闭合

流线划分为内、外两个区域,外部区域为平行流绕圆柱的有环量绕流的流动,而在闭合流线和圆柱面之间的绕流,则自成闭合环流。

由上述讨论可见,驻点的位置取决于 $\Gamma/(4\pi r_0 V_\infty)$,而在圆柱体半径 $r_0$ 和无穷远来流速度给定的情况下,驻点的位置只取决于环量的大小,随 $\Gamma$ 增加,驻点逐渐下移。

### 3. 压强分布

因为流体是有势流动,由拉格朗日积分,在整个流场中有

$$\rho gz+p+\frac{\rho v^2}{2}=C$$

质量力忽略不计时,对无穷远处和圆柱体表面上两点列伯努利方程得

$$\begin{aligned}p_\theta &=p_\infty+\frac{\rho V_\infty^2}{2}-\frac{\rho v_\theta^2}{2}\\&=p_\infty+\frac{\rho V_\infty^2}{2}-\frac{\rho}{2}\left(4V_\infty^2\sin^2\theta+2V_\infty\frac{\Gamma}{\pi r_0}\sin\theta+\frac{\Gamma^2}{4\pi r_0^2}\right)\\&=p_\infty+\frac{\rho V_\infty^2}{2}\left[1-\left(2\sin\theta+\frac{\Gamma}{2\pi r_0 V_\infty}\right)^2\right]\end{aligned}\tag{7-71}$$

柱体表面上的压强分布规律为

$$C_p=\frac{p_\theta-p_\infty}{\rho V_\infty^2/2}=1-\left(2\sin\theta+\frac{\Gamma}{2\pi r_0 V_\infty}\right)^2\tag{7-72}$$

由式(7-71)和式(7-72)可知,圆柱体上的压强及其分布,不仅取决于无穷远来流速度 $V_\infty$ 和 $\theta$ 角,还与环量 $\Gamma$ 的大小和方向有关,对顺时针方向的环量,圆柱体上半部各点的压强小于下半部各点的压强。

### 4. 作用在圆柱体上的合力

因为是理想流体绕流,圆柱体表面上没有黏滞阻力,而只有流体动压强作用。加上点涡环流后,破坏了流动对 $x$ 轴的对称性,但相对于 $y$ 轴的对称性没有被破坏,所以作用于圆柱体表面上 $x$ 方向的阻力为零,$y$ 方向的升力不等于零。

作用于单位长度圆柱体微元面积 $\mathrm{d}A$ 上的压力为 $p_\theta r_0\mathrm{d}\theta$,所以沿整个圆柱体表面上的阻力为

$$\begin{aligned}F_x=F_\mathrm{D}&=\int_0^{2\pi}-p_\theta r_0\cos\theta\mathrm{d}\theta\\&=\int_0^{2\pi}\left\{p_\infty+\frac{\rho V_\infty^2}{2}\left[1-\left(2\sin\theta+\frac{\Gamma}{2\pi r_0 V_\infty}\right)^2\right]\right\}r_0\cos\theta\mathrm{d}\theta=0\end{aligned}\tag{7-73}$$

升力为

$$\begin{aligned}F_y=F_\mathrm{L}&=-\int_0^{2\pi}p_\theta r_0\sin\theta\mathrm{d}\theta\\&=-\int_0^{2\pi}\left\{p_\infty+\frac{\rho V_\infty^2}{2}\left[1-\left(2\sin\theta+\frac{\Gamma}{2\pi r_0 V_\infty}\right)^2\right]\right\}r_0\sin\theta\mathrm{d}\theta\end{aligned}$$

$$=-r_0\left(p_\infty+\frac{\rho V_\infty^2}{2}-\frac{\rho\Gamma^2}{8\pi^2 r_0^2}\right)\int_0^{2\pi}\sin\theta\mathrm{d}\theta+$$

$$\frac{\rho V_\infty\Gamma}{\pi}\int_0^{2\pi}\sin^2\theta\mathrm{d}\theta+2r_0\rho V_\infty^2\int_0^{2\pi}\sin^3\theta\mathrm{d}\theta$$

$$=\frac{\rho V_\infty\Gamma}{\pi}\left[\frac{1}{2}\theta-\frac{1}{4}\sin(2\theta)\right]_0^{2\pi}$$

$$=\rho V_\infty\Gamma \tag{7-74}$$

式(7-74)就是著名的库塔-茹科夫斯基(Kutta-Zhoukowski)升力公式。上面的计算结果表明,理想流体对圆柱体作有环量绕流时,流体作用在圆柱体上的阻力等于零;而作用在单位长度圆柱体上的升力等于流体密度、无穷远来流速度和速度环量三者的乘积。当 $V_\infty$ 不变时,环量 $\Gamma$ 越大,升力就越大,反之亦然。

升力 $\boldsymbol{F}_L$ 的方向由下述方法确定:将来流速度 $\boldsymbol{V}_\infty$ 的方向沿逆速度环量方向转 90°所指的方向就是升力方向(图 7-16)。

飞机能够在空中飞行,是由于机翼上所产生的升力作用。无论圆柱体或机翼,产生升力的根本原因都在于绕流流动的不对称性。

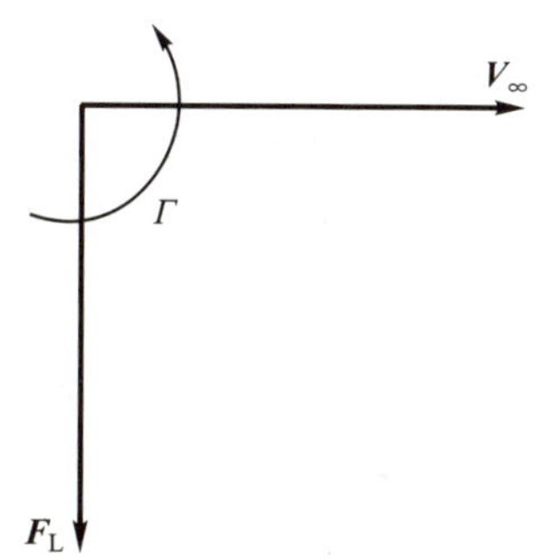

图 7-16

绕流圆柱体的不对称流动由圆柱体的旋转引起,圆柱的旋转作用产生速度环量 $\Gamma$。早在 1852 年马格努斯(G. Magnus)就在实验中发现了这一侧向的升力,它使圆柱体产生横向运动,因此这一现象又称为马格努斯效应。在日常生活和体育运动中有很多属于这种现象的例子。训练有素的乒乓球运动员可以打出具有强烈旋转的"弧圈球"和"侧旋球",使球的运动路线"怪异",就是利用了这一原理。足球运动员踢出强烈旋转的"香蕉球",使球的飞行轨迹为曲线,绕过人墙后飞入球门,也是应用了这一原理。

绕机翼流动的不对称性是由无环量绕流流动与一个产生环量的旋涡运动叠加的结果。绕机翼无环量流动的图形如图 7-17a 所示,流体沿翼型的上、下表面流动,沿下表面流动的流体绕过后缘点,与沿上表面流动的流体会合形成后驻点。一般情况下,理想流体绕流后缘尖端时,由于该点的曲率半径等于零,后缘点处的速度将为无穷大。若在机翼外面叠加一个如图 7-17b 所示的旋涡环流运动,就能够得到流体绕流机翼时的平滑流动,即绕机翼流动可看作机翼的无环量绕流与一个旋涡运动的叠加(图 7-17c)。以这种理论得到的理论机翼所算出的理论升力和实际升力在平滑绕流时符合得很好。

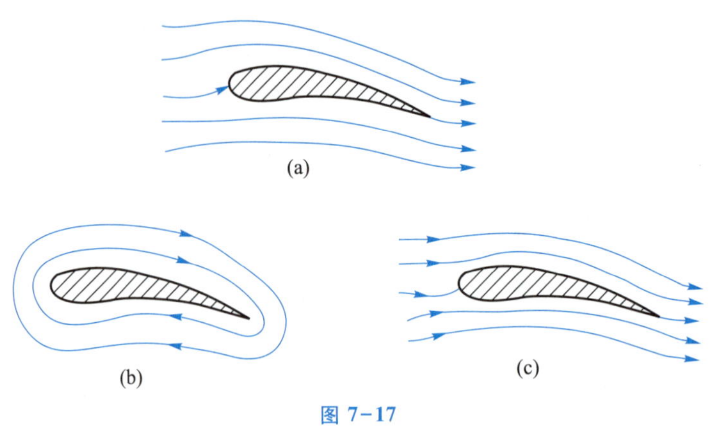


图 7-17

## §7-7　绕圆球流动

流体绕球体的流动是一个空间流动问题。但是，圆球运动中存在旋转对称轴线，而所有包含旋转对称轴线的平面内的流动完全相同，因此，可以将空间流动问题转化为包含旋转对称轴线的平面流动，使绕球体流动的求解简化。

曾谈及坐标系的合理选取能够简化问题的求解。这里选用球坐标系，取球心为坐标原点，并使 $z$ 轴与无穷远来流速度平行，这样做可以减少变量，简化方程。这时，变量与经度角无关，使绕流问题变成对 $z$ 轴的对称流动。

### 1. 空间点源、点汇和偶极流

若在坐标原点放置一点源，向四方放射状流动，流量为 $q$，则在半径为 $R$ 的球面上，有

$$q=4\pi R^2 v_R \tag{7-75}$$

对于理想流体的轴对称有势流动，在球坐标系中，点源流动为

$$\left.\begin{aligned}v_R&=\frac{\partial\varphi}{\partial R}=\frac{q}{4\pi R^2}\\ v_\theta&=\frac{1}{R}\frac{\partial\varphi}{\partial\theta}=0\end{aligned}\right\} \tag{7-76}$$

速度势函数 $\varphi$ 只是坐标 $R$ 的函数，所以

$$\mathrm{d}\varphi=\frac{q}{4\pi R^2}\mathrm{d}R$$

积分得

$$\varphi=-\frac{q}{4\pi R} \tag{7-77}$$

对于点源流动为$+q$,因此速度势函数为

$$\varphi=-\frac{q}{4\pi R}$$

对于点汇流动为$-q$,因此速度势函数为

$$\varphi=\frac{q}{4\pi R}$$

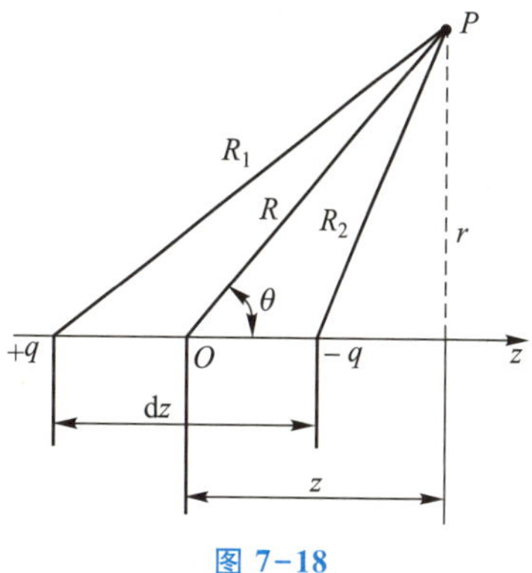

图 7-18

若将空间点源置于$-z$轴上,点汇置于$+z$轴上(图 7-18),得叠加流动的速度势函数为

$$\varphi=-\frac{q}{4\pi}\left(\frac{1}{R_1}-\frac{1}{R_2}\right)$$

式中$R_1,R_2$为流场中任意点$P$到点源和点汇的距离。

设点源和点汇间距离为dz,当$dz\to0$时,若$q\to\infty$,参照平面偶极流的情形,令

$$\lim_{\substack{dz\to0\\q\to\infty}}q\,dz=M$$

为一有限值,就能够得到类似于平面势流的**空间偶极流**,称常数$M$为空间偶极流的偶极矩。当$dz\to0$时,$R_1$与$R_2$接近为$R$,则

$$\varphi=-\frac{q}{4\pi}\left[-d\left(\frac{1}{R}\right)\right]=\frac{q}{4\pi}\frac{d\left(\frac{1}{R}\right)}{dz}dz$$

式中$R=\sqrt{r^2+z^2}$,所以

$$\frac{d}{dz}\left(\frac{1}{R}\right)=\frac{d}{dz}(r^2+z^2)^{-\frac{1}{2}}=\frac{\cos\theta}{R^2}$$

因而得到位于坐标原点,其方向指向负$z$轴方向(从汇到源),强度为$M$的空间偶极流产生流动的速度势函数为

$$\varphi=\lim_{\substack{dz\to0\\q\to\infty}}\left(\frac{q}{4\pi}\frac{\cos\theta}{R^2}dz\right)=\frac{M}{4\pi R^2}\cos\theta \tag{7-78}$$

一般空间流动中不存在流函数,但绕球体的轴对称流动类同于平面流动,存在流函数。可以用与平面势流类似的方法,由轴对称流动的连续性方程,得到流函数与速度势函数的关系为

$$\frac{\partial\psi}{\partial R}=-\sin\theta\frac{\partial\varphi}{\partial\theta},\frac{\partial\psi}{\partial\theta}=R^2\sin\theta\frac{\partial\varphi}{\partial R}$$

即

$$\frac{\partial\psi}{\partial R}=\sin^2\theta\frac{M}{4\pi R^2},\frac{\partial\psi}{\partial\theta}=-\sin\theta\cos\theta\frac{M}{2\pi R}$$

对上面的方程组积分，并令积分常数等于零，得到偶极流的流函数为

$$\psi=-\frac{M\sin^2\theta}{4\pi R} \tag{7-79}$$

### 2. 平行势流与空间偶极流的叠加——绕球体流动

设无穷远平行来流速度 $V_\infty$ 与 $z$ 轴平行（图 7-19）。

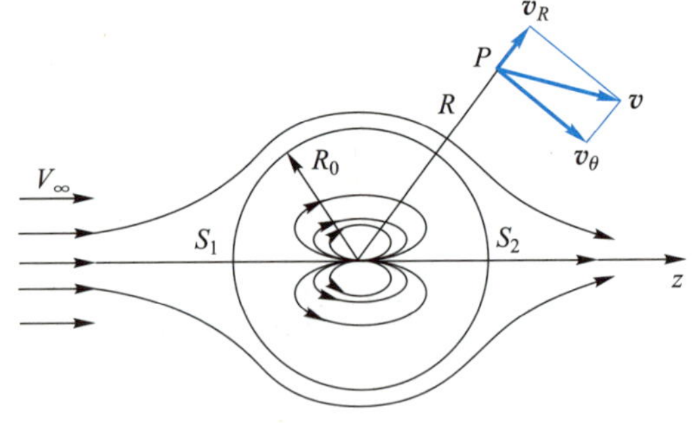

图 7-19

在球坐标系中，平行流

$$v_R=\frac{\partial\varphi}{\partial R}=V_\infty\cos\theta=\frac{1}{R^2\sin\theta}\frac{\partial\psi}{\partial\theta}$$

$$v_\theta=\frac{1}{R}\frac{\partial\varphi}{\partial\theta}=-V_\infty\sin\theta=-\frac{1}{R\sin\theta}\frac{\partial\psi}{\partial R}$$

积分上面的方程组，得到平行流的流函数

$$\psi=\frac{1}{2}V_\infty R^2\sin^2\theta \tag{7-80}$$

将平行流与偶极流叠加，得到流函数

$$\begin{aligned}\psi&=\frac{1}{2}V_\infty R^2\sin^2\theta-\frac{M}{4\pi R}\sin^2\theta\\&=\left(\frac{1}{2}V_\infty R^2-\frac{M}{4\pi R}\right)\sin^2\theta\end{aligned} \tag{7-81}$$

与绕圆柱平面势流相同，令 $\psi=0$，得到零流面方程

$$\psi=\left(\frac{1}{2}V_\infty R^2-\frac{M}{4\pi R}\right)\sin^2\theta=0$$

零流面是球面方程

$$\frac{1}{2}V_\infty R^2-\frac{M}{4\pi R}=0$$

$$R=\sqrt[3]{\frac{M}{2\pi V_\infty}}=R_0$$

以及 $Oz$ 轴方程，$\sin^2\theta=0$，即 $\theta=0,\pi$。

$R_0$ 为球面半径。显然，偶极流的偶极矩为

$$M=2\pi V_\infty R_0^3$$

同样，平行流与偶极流叠加得到的速度势函数为

$$\varphi=V_\infty z+\frac{M}{4\pi R^2}\cos\theta=\left(V_\infty R+\frac{M}{4\pi R^2}\right)\cos\theta \tag{7-82}$$

因此流场中任意点处的速度为

$$v_R=\frac{\partial\varphi}{\partial R}=\left(V_\infty-\frac{M}{2\pi R^3}\right)\cos\theta \tag{7-83}$$

$$v_\theta=\frac{1}{R}\frac{\partial\varphi}{\partial\theta}=-\frac{1}{R}\left(V_\infty R+\frac{M}{4\pi R^2}\right)\sin\theta$$

$$=-V_\infty\left(1+\frac{M}{4\pi V_\infty R^3}\right)\sin\theta \tag{7-84}$$

对于 $R=R_0$ 的球面(零流面),在任意 $\theta$ 角处均有 $v_R=0$,即没有流体从球体内、外穿过球面流出或流入。因此将 $R=R_0$ 的球面当作固体壁面时,不会影响整个流场的流动,这样,证明了平行流与空间偶极流叠加得到的是平行流绕球体流动。

若将偶极矩代入式(7-81)中,得到绕半径为 $R_0$ 的球体流动的流函数

$$\psi=\frac{1}{2}V_\infty R^2\left[1-\left(\frac{R_0}{R}\right)^3\right]\sin^2\theta \tag{7-85}$$

速度势函数

$$\varphi=V_\infty R\left[1+\frac{1}{2}\left(\frac{R_0}{R}\right)^3\right]\cos\theta=V_\infty z\left[1+\frac{1}{2}\left(\frac{R_0}{R}\right)^3\right] \tag{7-86}$$

流场中任意点的速度

$$v_R=V_\infty\left[1-\left(\frac{R_0}{R}\right)^3\right]\cos\theta \tag{7-87}$$

$$v_\theta=-V_\infty\left[1+\frac{1}{2}\left(\frac{R_0}{R}\right)^3\right]\sin\theta \tag{7-88}$$

当 $R=R_0$,得到球面上的速度分布规律为

$$v_R=0$$

$$v_\theta=-\frac{3}{2}V_\infty\sin\theta$$

当 $R\to\infty$ 时,有

$$v_R=V_\infty\cos\theta,v_\theta=-V_\infty\sin\theta$$

因此,绕球体流动流场中的速度分布可以看成由两部分组成:一部分是未受球体扰动的平行直线流动;另一部分是速度分布式中的后半部分,它是由偶极流所表示的球体对平行直线流的扰动。显然,随 $R$ 增加,即远离球体,扰动速度就迅速减小,它与距离的立方成反比。

在球面上,$v_\theta=0$ 的点是驻点,得到驻点 $S_2$ 和 $S_1$ 的相位角为

$$\theta=0,\pi$$

当 $\theta=\pm\frac{\pi}{2}$时,得到球面上最大速度为

$$(v_\theta)_{\max}=\mp\frac{3}{2}V_\infty$$

可以看到,球面上的最大速度只为来流速度的$\frac{3}{2}$倍,而在平面绕圆柱流动情况下,最大速

度为来流速度的 2 倍。

球面上的压强分布，根据伯努利方程，有

$$p_\theta=p_\infty+\frac{\rho}{2}(V_\infty^2-v_\theta^2)$$

因此，球面上压强因数为

$$C_p=\frac{p_\theta-p_\infty}{\frac{1}{2}\rho V_\infty^2}=1-\left(\frac{v_\theta}{V_\infty}\right)^2=1-\frac{9}{4}\sin^2\theta \tag{7-89}$$

在 $\theta=0°,\pi$ 处，是驻点 $S_1,S_2$，得

$$C_p=1$$

$\theta=\pm\frac{\pi}{2}$时，有

$$C_p=-\frac{5}{4}$$

由上面可以看出，理想流体绕流球体时，球体表面上压强分布对称，因此圆球在理想流体中作等速运动时没有任何阻力作用，这就是在绕圆柱流动中谈及的著名的达朗贝尔佯谬。

## §7-8　复位势和复速度

在不可压缩平面势流中，存在速度势函数 $\varphi(x,y,t)$ 和流函数 $\psi(x,y,t)$，共轭调和函数 $\varphi$ 和 $\psi$ 间存在下面关系：

$$\left.\begin{aligned}\frac{\partial\varphi}{\partial x}&=\frac{\partial\psi}{\partial y}\\ \frac{\partial\varphi}{\partial y}&=-\frac{\partial\psi}{\partial x}\end{aligned}\right\} \tag{7-90}$$

式(7-90)在复变函数理论中称为柯西-黎曼条件(Cauchy-Riemann，简称C-R条件)。若将实变函数 $\varphi$ 和 $\psi$ 组成复数式

$$W(z)=\varphi+\mathrm{i}\psi \tag{7-91}$$

则 $W$ 是复变数 $z=x+\mathrm{i}y$ 的解析函数，即

$$W=f(z)=\varphi+\mathrm{i}\psi=f(x+\mathrm{i}y)$$

称函数 $W$ 为平面有势运动的特征函数，又称为复位势。

引入 $W$ 使确定两个实变函数 $\varphi$ 和 $\psi$ 的问题，简化为确定一个复位势函数 $W$，只要分开 $W$ 的实部和虚部，就能得到 $\varphi$ 和 $\psi$。

因为 $W$ 是 $z=x+\mathrm{i}y$ 的解析函数，函数 $f(z)$ 在流域内每一点上均有确定的导数，且导数与微分的方向无关，因此

$$\begin{aligned}\frac{\mathrm{d}W}{\mathrm{d}z}&=\frac{\partial W}{\partial x}=\frac{\partial\varphi}{\partial x}+\mathrm{i}\frac{\partial\psi}{\partial x}=v_x-\mathrm{i}v_y=\frac{\partial W}{\partial y}\\&=v(\cos\theta-\mathrm{i}\sin\theta)\\&=|v|\mathrm{e}^{-\mathrm{i}\theta}=\overline{V}\end{aligned}\tag{7-92}$$

称 $\overline{V}$ 为**复速度**，它是速度 $\overline{v}=v_x+\mathrm{i}v_y$ 的**共轭复数**。$\overline{V}$ 与 $\overline{v}$ 大小相同，辐角大小相等但符号相反，即 $\overline{V}$ 与 $\overline{v}$ 对称于 $x$ 轴（图 7-20）。另外，$W$ 可相差一个任意常数而不影响速度的计算。

$$\left|\frac{\mathrm{d}W}{\mathrm{d}z}\right|=|v|,\arg\frac{\mathrm{d}W}{\mathrm{d}z}=-\theta\tag{7-93}$$

根据解析函数的性质，它的导数也是解析函数，所以复速度也是解析函数。

采用一个复变量函数 $z$ 代替 $(x+\mathrm{i}y)$，可以使运算大为简化。若流动确定，即得到了 $\varphi$ 和 $\psi$，则 $W$ 完全确定；或者反之，若确定了复位势函数 $W$，则流动也就完全确定。由 $W$ 求出的是复速度 $\overline{V}$，但由 $\overline{V}$ 可求得 $\overline{v}$。

下面讨论复速度积分的意义。

如图 7-21 所示，在流动空间取一曲线 $L$，沿 $L$ 的线积分为

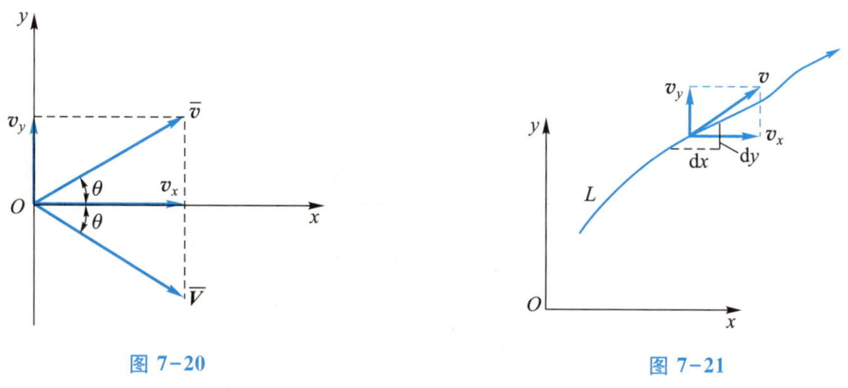


图 7-20

图 7-21

$$\begin{aligned}\int_L\left(\frac{\mathrm{d}W}{\mathrm{d}z}\right)\mathrm{d}z&=\int_L(v_x-\mathrm{i}v_y)(\mathrm{d}x+\mathrm{i}\mathrm{d}y)\\&=\int_L(v_x\mathrm{d}x+v_y\mathrm{d}y)+\mathrm{i}\int_L(v_x\mathrm{d}y-v_y\mathrm{d}x)\\&=\Gamma+\mathrm{i}q\end{aligned}\tag{7-94}$$

由式(7-94)可知，复速度沿某一曲线段 $L$ 的线积分，实部为沿线段 $L$ 的速度环量，虚部为通过此曲线的流量。因此，今后只要作此线积分，然后分开实部和虚部，就可分别得到 $\Gamma$ 和 $q$。

对于任意封闭围线 $L$，设其内部没有源和汇，也没有点涡，则对于不可压缩流体，得

$$\oint_L\left(\frac{\mathrm{d}W}{\mathrm{d}z}\right)\mathrm{d}z=\oint_L\left[\left(v_x\mathrm{d}x+v_y\mathrm{d}y\right)+\mathrm{i}\left(v_x\mathrm{d}y-v_y\mathrm{d}x\right)\right]=0$$

若 $L$ 中存在转动的旋涡，线积分等于 $\Gamma$；若 $L$ 中没有旋涡，仅有点源或点汇，则线积分等于放出或吸收的流量。

下面用复位势表示已讨论过的平面势流。

（1）均匀平行流

$$\varphi=v_xx+v_yy,\psi=v_xy-v_yx$$
$$W=\varphi+\mathrm{i}\psi=(v_xx+v_yy)+\mathrm{i}(v_xy-v_yx)$$
$$=(v_x-\mathrm{i}v_y)(x+\mathrm{i}y)$$
$$W=\overline{V}z \tag{7-95}$$

（2）点源与点汇

$$\varphi=\pm\frac{q}{2\pi}\ln r,\qquad \psi=\pm\frac{q}{2\pi}\theta$$
$$W=\varphi+\mathrm{i}\psi=\pm\frac{q}{2\pi}(\ln r+\mathrm{i}\theta)$$
$$=\pm\frac{q}{2\pi}(\ln r+\ln \mathrm{e}^{\mathrm{i}\theta})=\pm\frac{q}{2\pi}\ln(r\mathrm{e}^{\mathrm{i}\theta})$$
$$W=\pm\frac{q}{2\pi}\ln z \tag{7-96}$$

（3）点涡

$$\varphi=\frac{\Gamma}{2\pi}\theta,\qquad \psi=-\frac{\Gamma}{2\pi}\ln r$$
$$W=\varphi+\mathrm{i}\psi=\frac{\Gamma}{2\pi}(\theta-\mathrm{i}\ln r)=\frac{\Gamma}{2\pi\mathrm{i}}(\ln r+\mathrm{i}\theta)$$
$$W=\frac{\Gamma}{2\pi\mathrm{i}}\ln z \tag{7-97}$$

（4）偶极流

$$\varphi=\frac{M}{2\pi}\frac{x}{x^2+y^2},\psi=-\frac{M}{2\pi}\frac{y}{x^2+y^2}$$
$$W=\varphi+\mathrm{i}\psi=\frac{M}{2\pi}\frac{1}{x^2+y^2}(x-\mathrm{i}y)$$
$$=\frac{M}{2\pi}\frac{x-\mathrm{i}y}{(x-\mathrm{i}y)(x+\mathrm{i}y)}$$
$$W=\frac{M}{2\pi}\frac{1}{z} \tag{7-98}$$

(5) 源环流与汇环流

$$\varphi=\pm\frac{q}{2\pi}\ln r+\frac{\Gamma}{2\pi}\theta,\quad \psi=\pm\frac{q}{2\pi}\theta-\frac{\Gamma}{2\pi}\ln r$$

$$W=\varphi+\mathrm{i}\psi=\pm\frac{q}{2\pi}\ln r+\frac{\Gamma}{2\pi}\theta\pm\frac{\mathrm{i}q}{2\pi}\theta-\frac{\mathrm{i}\Gamma}{2\pi}\ln r$$

$$=\pm\frac{q}{2\pi}\ln z+\frac{\Gamma}{2\pi\mathrm{i}}\ln z$$

$$W=\frac{\pm q-\mathrm{i}\Gamma}{2\pi}\ln z \tag{7-99}$$

(6) 无环量绕圆柱流动

它是平行流与偶极流的叠加,则

$$W=V_\infty z+\frac{M}{2\pi z} \tag{7-100}$$

因为偶极矩 $M=2\pi V_\infty r_0^2$,所以 $W=V_\infty\left(z+\frac{r_0^2}{z}\right)$。

(7) 有环量绕圆柱流动

它是平行流、偶极流与点涡的叠加,则

$$W=V_\infty\left(z+\frac{r_0^2}{z}\right)+\frac{\Gamma\mathrm{i}}{2\pi}\ln z \tag{7-101}$$

## §7-9 作用力与作用力矩的布拉休斯公式

如图 7-22 所示,给出一个任意形状的无限长柱体,在 $x,y$ 平面上的周线为 $L$,设流体对此柱体作二维无分离绕流。

### 1. 作用力

在单位长度柱体壁面上取微元面积 $\mathrm{d}l\times1$,所受作用力为 $\mathrm{d}F_P=p\mathrm{d}l\times1$,将 $\mathrm{d}F_P$ 投影至 $x$ 和 $y$ 轴,然后分别进行积分,即

$$\left.\begin{aligned}\mathrm{d}F_{P_x}&=-p\mathrm{d}l\sin\theta=-p\mathrm{d}y\\ \mathrm{d}F_{P_y}&=p\mathrm{d}l\cos\theta=p\mathrm{d}x\end{aligned}\right\}$$

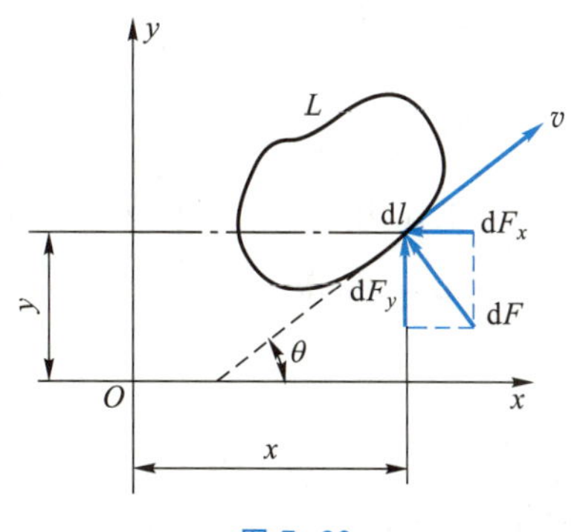

图 7-22

式中 $\theta$——$\mathrm{d}l$ 的切线方向(速度 $\boldsymbol{v}$ 方向)与 $x$ 轴夹角;

$p$——作用在柱体表面上的压强。

于是

$$\left.\begin{aligned} F_{Px} &= \oint_L -p\mathrm{d}y \\ F_{Py} &= \oint_L p\mathrm{d}x \end{aligned}\right\} \tag{7-102}$$

在复平面中,作用力 $F_P$ 及其共轭值 $\overline{F}_P$ 分别由下面两式定义:

$$F_P = F_{Px} + \mathrm{i}F_{Py} \tag{7-103}$$

$$\overline{F}_P = F_{Px} - \mathrm{i}F_{Py} = -\mathrm{i}\oint_L p(\mathrm{d}x - \mathrm{id}y) \tag{7-104}$$

物体表面上微元线段 d$l$ 的复数表示式为

$$\mathrm{d}z = \mathrm{d}x + \mathrm{id}y = \mathrm{d}l \cdot \mathrm{e}^{\mathrm{i}\theta}, \mathrm{d}\bar{z} = \mathrm{d}x - \mathrm{id}y = \mathrm{d}l \cdot \mathrm{e}^{-\mathrm{i}\theta}$$

所以

$$\mathrm{d}\bar{z} = \mathrm{d}z\mathrm{e}^{-2\mathrm{i}\theta}$$

柱体外面流体是平面势流,柱体表面上沿着流线应用伯努利方程有

$$p + \frac{\rho v^2}{2} = C \quad 或 \quad p = C - \frac{\rho v^2}{2}$$

于是式(7-104)变为

$$\overline{F}_P = -\mathrm{i}\oint_L \left(C - \frac{\rho v^2}{2}\right)(\mathrm{d}x - \mathrm{id}y)$$

因为

$$\mathrm{i}\oint_L C\mathrm{d}x = 0, \quad -\oint_L C\mathrm{d}y = 0$$

所以

$$\overline{F}_P = \mathrm{i}\frac{\rho}{2}\oint_L [v^2\mathrm{e}^{-2\mathrm{i}\theta}]\,\mathrm{d}z$$

即

$$\overline{F}_P = \frac{\mathrm{i}\rho}{2}\oint_L \left(\frac{\mathrm{d}W}{\mathrm{d}z}\right)^2 \mathrm{d}z \tag{7-105}$$

式(7-105)称为计算作用力的布拉休斯(Blasius)公式。只要找到特征函数 $W$,就可以由上式求得合力的共轭值 $\overline{F}_P$,将实部和虚部分开,便可得到作用力在 $x$ 和 $y$ 轴上的投影 $F_{Px}$ 和 $F_{Py}$。

### 2. 作用力矩

为求作用在无限长柱体上的力对坐标原点的力矩,将微元面积 d$l$×1 上的作用力对原点取微元力矩,得

$$\mathrm{d}M = \mathrm{d}F_{Py}x - \mathrm{d}F_{Px}y = p(x\mathrm{d}x + y\mathrm{d}y)$$

$$M = \oint_L p(x\mathrm{d}x + y\mathrm{d}y)$$

因为

$$z\mathrm{d}\bar{z} = (x + \mathrm{i}y)(\mathrm{d}x - \mathrm{id}y) = (x\mathrm{d}x + y\mathrm{d}y) + \mathrm{i}(y\mathrm{d}x - x\mathrm{d}y)$$

所以$(x\mathrm{d}x+y\mathrm{d}y)$是$z\mathrm{d}\bar{z}$的实部。

对平面势流，由伯努利方程得$p=C-\dfrac{\rho v^2}{2}$，于是

$$M=\oint_L\left(C-\frac{\rho v^2}{2}\right)(x\mathrm{d}x+y\mathrm{d}y)$$

因为

$$\oint_L C(x\mathrm{d}x+y\mathrm{d}y)=C\oint_L \mathrm{d}\left(\frac{x^2+y^2}{2}\right)=0$$

所以

$$\begin{aligned}M&=-\frac{\rho}{2}\oint_L v^2(x\mathrm{d}x+y\mathrm{d}y)\\&=\mathrm{Re}\left[-\frac{\rho}{2}\oint_L v^2\mathrm{e}^{-2\mathrm{i}\theta}z\mathrm{d}z\right]\\&=\mathrm{Re}\left[-\frac{\rho}{2}\oint_L\left(\frac{\mathrm{d}W}{\mathrm{d}z}\right)^2 z\mathrm{d}z\right]\end{aligned}\tag{7-106}$$

式(7-106)是计算作用力矩的布拉休斯公式。Re[ ]符号表示取运算结果的实部。

现以有环量绕圆柱流动为例，说明式(7-105)和式(7-106)的应用。

对有环量绕圆柱流动，复位势为

$$W=V_\infty\left(z+\frac{r_0^2}{z}\right)+\frac{\Gamma\mathrm{i}}{2\pi}\ln z$$

$$\frac{\mathrm{d}W}{\mathrm{d}z}=V_\infty\left(1-\frac{r_0^2}{z^2}\right)+\frac{\Gamma\mathrm{i}}{2\pi z}$$

式中$r_0$为圆柱体半径。

上式代入式(7-105)，得

$$\begin{aligned}\overline{F}_P&=\frac{\mathrm{i}\rho}{2}\oint_L\left[V_\infty\left(1-\frac{r_0^2}{z^2}\right)+\frac{\Gamma\mathrm{i}}{2\pi z}\right]^2\mathrm{d}z\\&=\frac{\mathrm{i}\rho}{2}\oint_L\left[V_\infty^2\left(1-\frac{2r_0^2}{z^2}+\frac{r_0^4}{z^4}\right)-\frac{\Gamma^2}{4\pi^2z^2}+\frac{V_\infty\Gamma\mathrm{i}}{\pi z}-\frac{V_\infty r_0^2\Gamma\mathrm{i}}{\pi z^3}\right]\mathrm{d}z\end{aligned}$$

因为上面积分式中只有包含$\dfrac{1}{z}$的项，才给出相对于极点$z=0$的留数，因此有

$$\overline{F}_P=\frac{\mathrm{i}\rho}{2}\cdot 2\pi\mathrm{i}\cdot\frac{V_\infty\Gamma\mathrm{i}}{\pi}=-\mathrm{i}\rho V_\infty\Gamma\tag{7-107}$$

又因为

$$\overline{F}_P=F_{Px}-\mathrm{i}F_{Py}$$

所以

$$F_{Px}=0, F_{Py}=\rho V_\infty \Gamma$$

将$\frac{\mathrm{d}W}{\mathrm{d}z}$代入式(7-106),得作用力矩为

$$M=\mathrm{Re}\left[-\frac{\rho}{2}\oint_L\left(V_\infty^2 z+V_\infty^2\frac{r_0^4}{z^3}-\frac{\Gamma^2}{4\pi^2 z}-2V_\infty^2\frac{r_0^2}{z}+V_\infty\frac{\Gamma \mathrm{i}}{\pi}-V_\infty\frac{\Gamma \mathrm{i}}{\pi}\frac{r_0^2}{z^2}\right)\mathrm{d}z\right]$$

由留数定理得到

$$M=\mathrm{Re}\left[\frac{\rho}{2}\cdot 2\pi \mathrm{i}\left(\frac{\Gamma^2}{4\pi^2}+2V_\infty^2 r_0^2\right)\right]$$

因为括号中的式子是一个虚数,对所要求的实部为$M=0$,因此可以得出:作用在圆柱体上的合力$F_P$必定通过坐标原点,因此对坐标原点取矩得$M=0$。

## §7-10 库塔-茹科夫斯基定理

这一定理将绕圆柱有环量流动的圆柱体受力推广到任意形状的柱体。

设理想不可压缩流体作恒定平面有势流动,无穷远处流速为$V_\infty$,求绕流任意形状柱体时作用于柱体的升力和阻力。

设物体周线$L$内任意点为坐标原点,作一圆周$C$包围物体。则$\frac{\mathrm{d}W}{\mathrm{d}z}$在$L$外部的整个流动域内都为变数$z$的解析函数,式(7-105)右边的积分可沿任意包含$L$在内的$C$围线进行。于是,函数$\frac{\mathrm{d}W}{\mathrm{d}z}$可在$C$上及$C$以外的整个流域内展开成只含$z$的负整数幂项的洛朗级数,有

$$\frac{\mathrm{d}W}{\mathrm{d}z}=\overline{V}=A_0+\frac{A_1}{z}+\frac{A_2}{z^2}+\cdots$$

当$z\to\infty$时,式中的常数项显然是无穷远处的共轭速度$A_0=\overline{V}_\infty$。

由于流体不可压缩,通过围线$L$的体积流量为零,即

$$\oint_L\left(\frac{\mathrm{d}W}{\mathrm{d}z}\right)\mathrm{d}z=\Gamma_C$$

$\Gamma_C$以逆时针方向积分为正。将复速度$\frac{\mathrm{d}W}{\mathrm{d}z}$代入上式,并根据留数定理可求出$A_1, A_2,\cdots, A_n,\cdots$,于是

$$\Gamma_C = \oint_L \left( A_0 + \frac{A_1}{z} + \frac{A_2}{z^2} + \cdots \right) dz = 2\pi i A_1$$

所以

$$A_1 = \frac{\Gamma_C}{2\pi i}$$

将 $A_0, A_1$ 代入原级数得

$$\frac{dW}{dz} = \overline{V}_\infty + \frac{\Gamma_C}{2\pi i z} + \frac{A_2}{z^2} + \cdots \tag{7-108}$$

将式(7-108)代入式(7-105)有

$$\overline{F}_P = i\frac{\rho}{2}\oint_C \left( \overline{V}_\infty + \frac{\Gamma_C}{2\pi i z} + \frac{A_2}{z^2} + \cdots \right)^2 dz$$

$$= \frac{i\rho}{2}\oint_C \left( \overline{V}_\infty^2 - \frac{\Gamma_C^2}{4\pi^2 z^2} + \frac{A_2^2}{z^4} + \cdots + \frac{\overline{V}_\infty \Gamma_C}{\pi i z} + \frac{2\overline{V}_\infty A_2}{z^2} + \frac{\Gamma_C A_2}{\pi i z^3} + \cdots \right) dz$$

根据留数定理得到

$$\overline{F}_P = 2\pi i \left[ i\frac{\rho}{2} \frac{\overline{V}_\infty \Gamma_C}{\pi i} \right]$$

所以

$$\overline{F}_P = i\rho \overline{V}_\infty \Gamma_C, F_P = -i\rho V_\infty \Gamma_C \tag{7-109}$$

式(7-109)中的-i 说明力的方向由逆速度环量方向将 $V_\infty$ 转过 $\pi/2$ 得到，若 $x$ 方向与 $V_\infty$ 方向相同，则由

$$F_P = F_{Px} + iF_{Py} = -i\rho V_\infty \Gamma_C$$

分开实部和虚部得到

$$F_{Px} = 0, F_{Py} = -\rho V_\infty \Gamma_C \tag{7-110}$$

所以

$$|F_P| = |\rho V_\infty \Gamma_C|$$

式(7-109)和式(7-110)称为库塔-茹科夫斯基定理，即理想流体对任意形状柱体的作用力与无限远来流速度垂直，大小为 $\rho V_\infty \Gamma_C$。

由定理可知，在一定的来流情况下，作用力 $F_P$ 只与绕物体的速度环量大小有关，而且如用一强度为 $\Gamma_C$ 的无限长直涡束来代替物体(翼型)，从作用力的观点来看，结果完全相同。另外，动力学问题依附于运动学问题，若能求出速度分布、$dW/dz$ 和 $\Gamma_C$ 等表征运动学的参数，那么动力学问题也就解决了。

## §7-11 环量 $\Gamma$ 的确定、翼型后缘无分离绕流的假设

动力工程中，如压气机、风机、水泵、汽轮机和水轮机等流体机械中，广泛地采用着各种形状的叶片。它的横截面形状沿用机翼剖面的定义，称为翼型。翼型一般都设计成圆头尖尾微有弯曲的流线形(图7-23)。翼型所有内切圆心的连线称为翼型的中线，中线与翼型周线的交点分别称为前缘点和后缘点，连接前缘和后缘的直线 $l$ 称为翼弦。

最感兴趣的是流体绕流翼型时相互间力的作用特性，即在某一来流下，作用在翼型上的阻力和升力特性，称为翼型的动力特性。无穷远来流速度 $V_\infty$ 的方向与翼弦之间的夹角 $\alpha$ 称为冲角(图7-24)。对给定的翼型，冲角和来流速度 $V_\infty$ 的大小，对动力特性有重要影响。

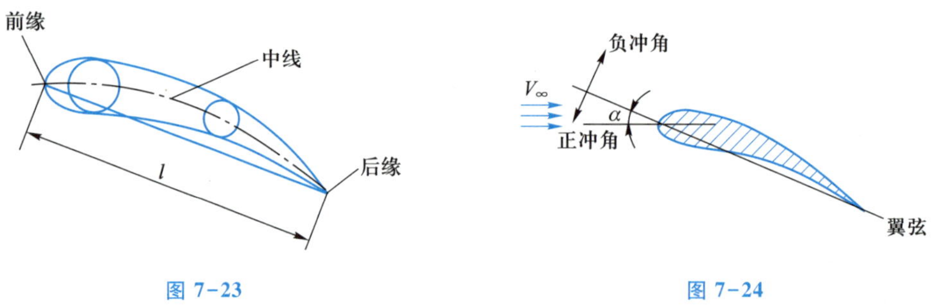


图7-23　　图7-24

如图7-17a所示，理想流体无穷远来流以一定冲角绕流翼型时，在翼型的前驻点分成两股，沿翼型上、下表面流向后缘。这时，根据冲角的不同，或者沿下表面的流体绕过后缘点，在上表面与沿上表面流动的流体在后驻点汇合；或者沿上表面流动的流体绕过后缘点，在下表面与沿下表面流动的流体在后驻点汇合；或者沿上、下表面流动的流体在后缘汇合，后缘点就是后驻点，在该点处流体速度为有限值，这时流体平顺地离开后缘，没有分离现象。在前两种绕流的情况下，由于后缘点的曲率半径等于零，流体绕过尖点时，在后缘点处形成无限大的速度，根据伯努利方程，该点处的压强将变成负无穷大的低压，这在物理上是不可能的。实际上，这种现象是不可能发生的，因为流体绕流后缘点时必然会发生分离，形成旋涡。

对于前两种绕流，在一定的来流下，改变冲角至某一值，可以做到使后驻点与后缘点重合，这时，流体平顺地流过后缘点，不发生分离。但是，符合这一条件的冲角只有一个，冲角变大或变小，都将引起分离。因此，这种理想的无环量绕流，不能在一定的冲角范围内保持平顺绕流。在实际绕流中，能否在一定冲角范围内保持稳定的平顺绕流呢？实际上，对翼型的绕流是一种有环量绕流，平行流与环流叠加的结果，使后驻点移向后缘点，从

而实现平顺绕流。

茹科夫斯基-恰普雷金假定：对于每一个有圆头、尖端后缘的翼型，在某一冲角范围内，流体绕流翼型表面时，将平顺地离开后缘点，速度为有限值。

这一假定已由实验证明。只有在有环量绕流的情况下，才可能有这样的平顺绕流。库塔-茹科夫斯基提出了升力与环量 $\Gamma$ 的关系，而恰普雷金和库塔则解决了确定环量 $\Gamma$ 的平顺流动条件，由此可以单值地确定环量 $\Gamma$ 的数值。

在流体静止的情况下，绕翼型不可能存在环流。理想流体开始时只能是无环量绕过翼型流动，但是从前驻点分流沿翼型上、下两股流体在后缘汇合时，因所经的路线不同，使两股流体有不同的速度，上、下两层流体形成间断面（图7-25a），即间断面处速度有跳跃式的变化。翼型尾部的这种间断面是不稳定的，只要遇到某种微弱的扰动，间断面就会波动，使流体作曲线运动，并以两层流体的平均速度（图 7-25a 中虚线所示）前进。假设动坐标设在此虚线上，动坐标系以此速度移动，而间断面的波也以这个速度运动，所以波峰和波谷相对于动坐标系保持静止。从图 7-25b 可见，相对于该坐标系，上面那层流体向右流动，下面的流体向左流动。

图 7-25

对于恒定流动，在每一边的流体波峰处增压（图 7-25b 中以+表示），在波谷处减压（图中以-号表示）。即间断面两侧波峰和波谷相互对应，存在压强差，使波动起伏有增强的趋势，增压区中的流体趋向邻近的减压区运动，致使间断面波动起伏越来越大，而两层流体的反向相对运动更加剧了这一波动，最后断裂成一个个旋涡，称为起动涡（图 7-26）。所形成的起动涡将立即脱离翼型并被主流带走。

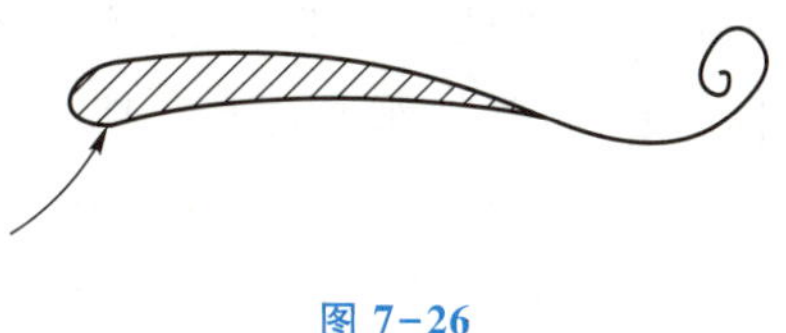
图 7-26

起动涡改变了翼型剖面周围的速度场，使绕翼型剖面任意周线的环量不再为零（图7-27），其值等于每个瞬时起动涡的环量，正是由于这一环流，使得驻点与后缘点重合，形成满足恰普雷金假定的平顺绕流。若任取一个包围翼型剖面和起动涡在内的封闭周线 $L_{ABCD}$，由于运动初始时是无旋运动，沿 $L_{ABCD}$ 周线速度环量等于零，即 $\Gamma_{L_{ABCD}}=0$，根据环量保持不变的汤姆孙定理，沿封闭周线的速度环量将始终保持为零。当后缘点处形成环量为 $+\Gamma$ 的起动涡时（$\Gamma_{L_2}\neq 0$），为了保持沿封闭周线 $L$ 的总环量为零，必然绕翼型产生一个与起动涡的环量大小相等而方向相反的环流 $-\Gamma$，使 $\Gamma_{L_2}=\Gamma_{L_1}$，这一环流可以用环量等于 $\Gamma$ 的旋涡代替。起动涡不断脱离后缘被主流带走，但绕翼型的顺时针环流却使翼型上部速度增加，压强减小，使翼型下部速度减小，压强增大，由翼型上下的压力差形成升力。同时，这一环流的作用，使驻点向后缘点移动，在驻点尚未到达后缘点之前，不断有旋涡形成并脱落被主流带走，而翼型上的环流也不断加强，直至驻点移至后缘点，获得茹科夫斯基-恰普雷金假定的平顺绕流。显然，可以应用茹科夫斯基-恰普雷金的平顺绕流假定，单值地确定环量值，这样计算得到的升力值与实验结果符合得很好。

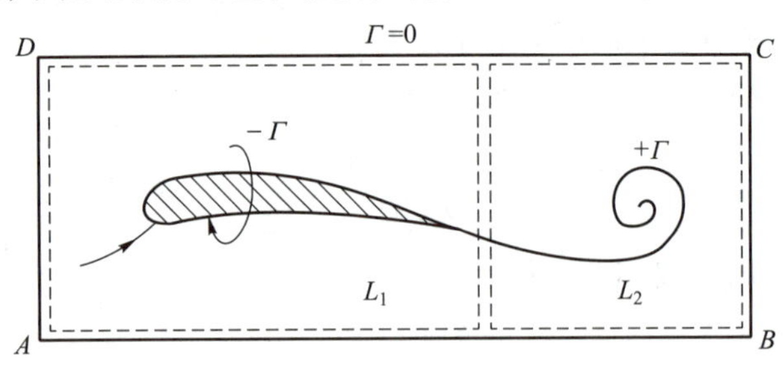


图 7-27

在实际流体绕流翼型时，由于流体的黏性，在物体壁面上形成一层很薄的边界层，边界层流体由无数旋涡组成，称为附着涡，利用附着涡代替实际流体边界层中的旋涡之和。在边界层外的流域中流动是有势的，用附着涡代替边界层后，可以将绕物体的有环量的流动看成有势流动，所以应该沿边界层外的任意封闭周线计算环量，根据斯托克斯定理，它等于附着涡强度的 2 倍。显然，流体的黏滞性是绕流物体时环量形成和产生升力的根源。

## §7-12 叶栅中的库塔-茹科夫斯基升力公式

叶片式机械通过流体与叶轮的相互作用进行能量转换，叶轮上沿圆周均匀分布形状相同的叶片，其剖面类同于翼型，叶轮上这种叶片的组合称为叶栅。本节将讨论叶栅中叶片与流体间的相互作用力。

轴流式叶轮机械（汽轮机、水轮机、水泵等）中，流体的流动平行于转轴，如果用一个圆柱面切叶片，就在圆柱面上得到由相同翼型等距排列的图形，将其在平面上展开，称为平面叶栅或翼栅。如果流体先径向流入叶轮，在流道中逐渐转为轴向流出叶轮，由这些叶片组成的叶栅称为空间叶栅。空间叶栅中的流动为较复杂的三维流动，本节不予讨论。

如图 7-28 所示一平面叶栅，为简化流动分析，将坐标系固定在叶栅上，这样通过叶栅的流动就是恒定流动。

叶栅中对翼型的定义与 §7-11 中相同，两相邻翼型上对应点之间的距离称为栅距 $t$。设绕流叶栅的很远处来流速度 $V_1$ 与 $x$ 轴夹角为 $\alpha_1$，流出叶栅的很远处流体速度与 $x$ 轴夹角为 $\alpha_2$。在叶栅流动中围绕一个翼型取一单位厚度的控制体 $ABCDA$，$AB$ 和 $DC$ 为该翼型两相邻流道中的流线，直线 $AD$ 与 $BC$ 平行且远离翼型，其长度等于栅距 $t$，翼型的周线为

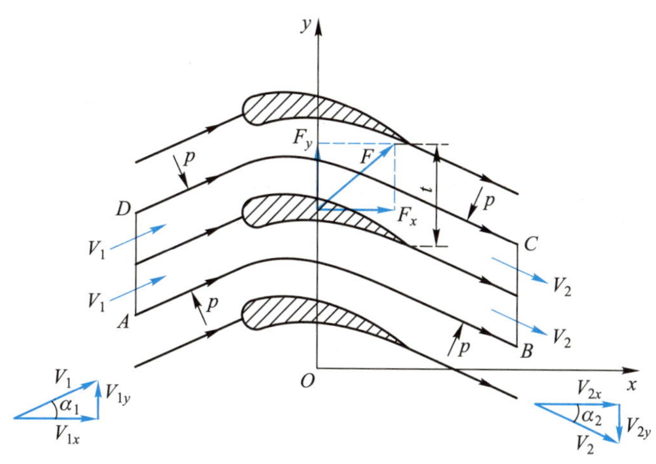


图 7-28

控制体的内边界。显然,$AD$ 和 $BC$ 上均匀作用有压强 $p_1$ 和 $p_2$,流体作用在单位厚度叶片上的作用力为 $F$,叶片作用于控制体上的力为$-F$,又因为 $AB$ 和 $DC$ 为流线,在这两个面上没有流体流入和流出,于是对于不可压缩流体,由动量方程有

$$-F_x+(p_1-p_2)t=\rho(V_{2x}^2t-V_{1x}^2t)$$

$$-F_y=\rho(-V_{2x}tV_{2y}-V_{1x}tV_{1y})$$

由连续性方程

$$V_{1x}t=V_{2x}t=q_V$$

得

$$V_{1x}=V_{2x}=V_x$$

于是动量方程变为

$$F_x=(p_1-p_2)t \tag{7-111}$$

$$F_y=\rho V_x(V_{1y}+V_{2y})t \tag{7-112}$$

若忽略质量力,则由伯努利方程

$$p_1+\frac{1}{2}\rho V_1^2=p_2+\frac{1}{2}\rho V_2^2$$

有

$$p_1-p_2=\frac{1}{2}\rho(V_{2y}^2-V_{1y}^2)=\frac{1}{2}\rho(V_{2y}+V_{1y})(V_{2y}-V_{1y}) \tag{7-113}$$

将上式代入式(7-111)可得

$$F_x=-\frac{1}{2}\rho(V_{1y}+V_{2y})(V_{1y}-V_{2y})t \tag{7-114}$$

这里引入平均流速

$$V=\frac{1}{2}(V_1+V_2)$$

于是

$$\left.\begin{aligned} V_x &= \frac{1}{2}(V_{1x}+V_{2x}) \\ V_y &= \frac{1}{2}[V_{1y}+(-V_{2y})] = \frac{1}{2}(V_{1y}-V_{2y}) \end{aligned}\right\} \tag{7-115}$$

计算沿控制面周线 $ABCDA$ 的速度环量：

$$\Gamma = \Gamma_{AB}+\Gamma_{BC}+\Gamma_{CD}+\Gamma_{DA}$$

因为流线 $AB$ 与 $CD$ 上的速度分布相同，$\Gamma_{AB}$ 与 $\Gamma_{CD}$ 大小相等，方向相反，互相抵消，因此

$$\Gamma = \Gamma_{BC}+\Gamma_{DA} = -V_{2y}t-V_{1y}t = -(V_{1y}+V_{2y})t \tag{7-116}$$

考虑式(7-115)和式(7-116)，可以得到

$$F_x = \rho V_y \Gamma \tag{7-117}$$

$$F_y = -\rho V_x \Gamma \tag{7-118}$$

$$F = \sqrt{F_x^2+F_y^2} = \rho V \Gamma \tag{7-119}$$

式(7-119)就是叶栅中的库塔-茹科夫斯基升力公式，它说明作用于单个翼型的升力公式同样可用于叶栅中的一个翼型上，只是式中的速度既不是栅前的速度，也不是栅后的速度，而是叶栅出入口速度的平均值 $V=\sqrt{V_x^2+V_y^2}$。

如果流体通过叶栅时加速，$V_2>V_1$，压强降低，即叶栅流道断面从进口到出口是收缩的，称为收敛叶栅，水轮机、汽轮机叶轮属于这种叶栅；若流体通过叶栅时减速，$V_2<V_1$，压强增加，即叶栅流道断面从进口到出口是扩张的，称为扩压叶栅，轴流式水泵和压气机叶轮属于这种叶栅。

## 例　　题

**例 7-1**　已知平面势流的速度势函数 $\varphi=4(x^2-y^2)$，试求速度和流函数。

**解：** 由速度势函数的定义，得 $x,y$ 方向的分速度分别为

$$v_x=\frac{\partial\varphi}{\partial x}=8x,\quad v_y=\frac{\partial\varphi}{\partial y}=-8y$$

所以，合速度为 $v=\sqrt{v_x^2+v_y^2}=8\sqrt{x^2+y^2}$，且 $v$ 与水平方向的夹角为

$$\theta=\arctan\frac{v_y}{v_x}=\arctan\left(-\frac{y}{x}\right)$$

又由 $\frac{\partial\psi}{\partial y}=v_x=8x$，积分得 $\psi=8xy+f(x)$，故

$$\frac{\partial\psi}{\partial x}=8y+f'(x)=-v_y=8y$$

所以 $f'(x)=0$，即 $f(x)=C$，于是

$$\psi=8xy+C$$

式中 $C$ 为任意常数，它的数值不会影响流动图形，故可令 $C=0$，最后得

$$\psi=8xy$$

流线是一组双曲线。

**例 7-2** 有两个流动，其速度势函数分别为

$$\varphi_1=3x-4y,\varphi_2=\frac{x}{x^2+y^2}$$

试求合成流动的速度势函数、流函数、复位势和在 $x=\pi,y=\pi$ 点上的速度值。

**解：** 合成流动的速度势函数为

$$\varphi=\varphi_1+\varphi_2=3x-4y+\frac{x}{x^2+y^2}$$
$$=\frac{3x^3-4x^2y+3xy^2-4y^3+x}{x^2+y^2}$$

既可以由 $\varphi$ 求 $\psi$，也可以分别由 $\varphi_1,\varphi_2$ 求出 $\psi_1,\psi_2$ 后再叠加求 $\psi$。

求 $\psi_1$：

因为
$$\frac{\partial\psi_1}{\partial y}=\frac{\partial\varphi_1}{\partial x}=3$$

所以
$$\psi_1=3y+f_1(x)$$

又
$$\frac{\partial\psi_1}{\partial x}=f'_1(x)=-\frac{\partial\varphi_1}{\partial y}=4$$

所以
$$f_1(x)=4x+C_1$$

故
$$\psi_1=3y+4x+C_1$$

求 $\psi_2$：

因为
$$\frac{\partial\psi_2}{\partial y}=\frac{\partial\varphi_2}{\partial x}=\frac{y^2-x^2}{(x^2+y^2)^2}$$

所以
$$\psi_2=\int\frac{y^2}{(x^2+y^2)^2}\mathrm{d}y-\int\frac{x^2}{(x^2+y^2)^2}\mathrm{d}y$$
$$=\frac{-y}{2(x^2+y^2)}+\frac{1}{2x}\arctan\frac{y}{x}-\frac{x^2y}{2x^2(x^2+y^2)}-$$
$$\frac{x^2}{2x^3}\arctan\frac{y}{x}+f_2(x)$$
$$=f_2(x)-\frac{y}{x^2+y^2}$$

又因为
$$\frac{\partial\psi_2}{\partial x}=f'_2(x)+\frac{2xy}{(x^2+y^2)^2}=-\frac{\partial\varphi_2}{\partial y}=\frac{2xy}{(x^2+y^2)^2}$$

所以
$$f'_2(x)=0$$

即
$$f_2(x)=C_2$$

于是
$$\psi_2=-\frac{y}{x^2+y^2}+C_2$$

故
$$\psi=\psi_1+\psi_2=4x+3y+C_1-\frac{y}{x^2+y^2}+C_2$$
$$=4x+3y-\frac{y}{x^2+y^2}+C$$

式中常数 $C$ 的数值不影响流动图形，因此令 $C=0$，最后得
$$\psi=4x+3y-\frac{y}{x^2+y^2}$$

复位势为
$$W=\varphi+\mathrm{i}\psi=(3x-4y)+\frac{x}{x^2+y^2}+\mathrm{i}\left(3y+4x-\frac{y}{x^2+y^2}\right)$$

求速度：
$$\frac{\mathrm{d}W}{\mathrm{d}z}=\frac{\partial\varphi}{\partial x}+\mathrm{i}\frac{\partial\psi}{\partial x}=v_x-\mathrm{i}v_y$$
$$=3+\frac{y^2-x^2}{(x^2+y^2)^2}+\mathrm{i}\left[4+\frac{2xy}{(x^2+y^2)^2}\right]$$

故
$$v_x=3+\frac{y^2-x^2}{(x^2+y^2)^2},v_y=-\left[4+\frac{2xy}{(x^2+y^2)^2}\right]$$

所以
$$v=\sqrt{v_x^2+v_y^2}=\sqrt{\left[3+\frac{y^2-x^2}{(x^2+y^2)^2}\right]^2+\left[4+\frac{2xy}{(x^2+y^2)^2}\right]^2}$$

当 $x=\pi,y=\pi$ 时，代入得
$$v=5.04\ \mathrm{m/s}$$

**例 7-3** 试讨论由复位势 $W=a(1-\mathrm{i})z$ 所确定的流动，并求在 $|z|=\sqrt{2}$ 处的流体运动速度。

**解**：复位势可以改写为
$$W=a(1-\mathrm{i})z=a(1-\mathrm{i})(x+\mathrm{i}y)$$
$$=a(x+y)-a(x-y)\mathrm{i}$$

故得：$\varphi=a(x+y)$，等势线为直线；$\psi=a(y-x)$，流线也为直线。

速度为

$$v_x=\frac{\partial\varphi}{\partial x}=a,v_y=\frac{\partial\varphi}{\partial y}=a$$

故

$$v=\sqrt{2}a$$

当 $a$ 给定后，速度场为常数值，故 $|z|=\sqrt{2}$ 处的流体速度为 $\sqrt{2}a$。

**例 7-4** 已知某二维不可压缩流场速度分布为

$$v_x=x^2+4x-y^2,v_y=-2xy-4y$$

试确定：

(1) 流动是否连续；

(2) 流场是否有旋；

(3) 速度为零的驻点位置。

(4) 速度势函数 $\varphi$ 和流函数 $\psi$。

**解：**(1) 由

$$\frac{\partial v_x}{\partial x}+\frac{\partial v_y}{\partial y}=2x+4-2x-4=0$$

判断可知流动连续。

(2) 因为

$$\frac{\partial v_x}{\partial y}=-2y=\frac{\partial v_y}{\partial x}$$

所以流场无旋。

(3) 由驻点处 $v_x=0,v_y=0$，解方程

$$\begin{cases}x^2+4x-y^2=0\\-2xy-4y=0\end{cases}$$

得驻点为

$$\begin{cases}x_1=0\\y_1=0\end{cases},\quad\begin{cases}x_2=-4\\y_2=0\end{cases}$$

(4) 由速度势函数定义，可知

$$\frac{\partial\varphi}{\partial x}=v_x=x^2+4x-y^2$$

积分得

$$\varphi=\frac{1}{3}x^3+2x^2-y^2x+f(y)$$

又由

$$v_y=-2xy-4y$$

$$v_y=\frac{\partial\varphi}{\partial y}=-2xy+f'(y)$$

得 $f'(y)=-4y$，即 $f(y)=-2y^2+C$。

令 $C=0$ 得速度势函数为

$$\varphi=\frac{1}{3}x^3+2x^2-y^2x-2y^2$$

由流函数定义，可知

$$\frac{\partial\psi}{\partial y}=v_x=x^2+4x-y^2$$

积分得

$$\psi=x^2y+4xy-\frac{1}{3}y^3+f(x)$$

$$\frac{\partial\psi}{\partial x}=2xy+4y+f'(x)$$

又

$$\frac{\partial\psi}{\partial x}=-v_y=2xy+4y$$

得 $f'(x)=0$，即 $f(x)=C$。

令 $C=0$ 得流函数为

$$\psi=x^2y+4xy-\frac{1}{3}y^3$$

第7章

电子作业本

# 第 8 章 流动相似原理基础

前面已经得出了理想和黏性流体运动的微分方程,对于一些可以用理想流体处理的工程问题,以及对于像圆管、平行平板间等有限的几种层流流动,可以得到精确求解的方法。

对于大多数黏性流体流动的工程问题,由于流体流动内在结构的复杂性,难以用微分方程加以描述,或者即使能够建立微分方程,却由于初始条件和边界条件不能用数学方法给定,目前还无法求得其精确解。

流体力学的很多基本规律都是在某些简化的前提条件下得到的,求解具体问题时,只能根据具体情况,作出一些假设和推断,保留主要项,忽略次要项,求得问题的近似解。但是,这些前提假设,理论分析的运动情况以及由此求得的解是否合理,只能依靠实验验证。最初,人们用直接实验的方法,解决了一些用数学方法难以解决的流动问题,但结果只能应用于与实验条件相同的流动现象,有很大的局限性。

随着工业的发展,热能动力装置单机容量已达(60~100)$\times10^4$ kW,船舶已达 50$\times10^4$ t 以上,飞机已成为空中交通工具。这些涉及流体动力的整机和部件,不少设计方法都依据于实验获得,但又无法用实物直接进行实验研究。对一些正欲建造的大型新设备,设计理论本身就是个需要探索的问题,不可能对大型实物提供实验研究。实验总是在人为的某些条件下进行的,通过实验掌握流动规律,得到一些解决问题的经验公式或设计方法,然后将特定条件下的实验结果推广到其他类似的流动过程或设计中去。

所有这些,都需要采用以相似原理为基础的模型实验方法。在流动相似原理的基础上,按一定原则把实物原型缩小或放大,选取合适的流动介质,制成模型实验装置。根据实验测定的参数,整理实验数据,得出模型实验的流体流动规律,然后依据相似原理,将这些结果推广到与实验模型相似的各种实际设备上去。为此必须解决:

(1) 如何根据实物确定实验模型?怎样选择流动介质?

(2) 实验过程中需要测量哪些物理量,怎样整理实验数据才能正确反映实际工程的情况,才能得到流动的规律性?

(3) 怎样将模型实验的观察、测量和整理结果还原至实物,并进行应用推广?

上述各项需要在不同工作条件的模型与实物之间能够相互换算,这种换算比例关系的基础,就是流体的力学相似。

相似原理与模型实验研究方法不仅广泛应用于流体力学,而且广泛地应用于传热、燃烧过程机理等的研究中。

## §8-1 流动力学相似条件

只有在几何相似的基础上,才能实现两个流动现象的力学相似。因此,两个流动现象的力学相似,必须满足下面三个条件。

### 1. 几何相似

模型液流与实物液流有相似的边界条件,一切对应的特征尺寸成同一比值,且对应角相等。

图 8-1 给出了两个液流图形,实物液流用下标 t 表示,模型用下标 m 表示,若两个液流几何相似,对应的几何长度为

$$\frac{l_t}{l_m}=\frac{D_t}{D_m}=C_l \tag{8-1}$$

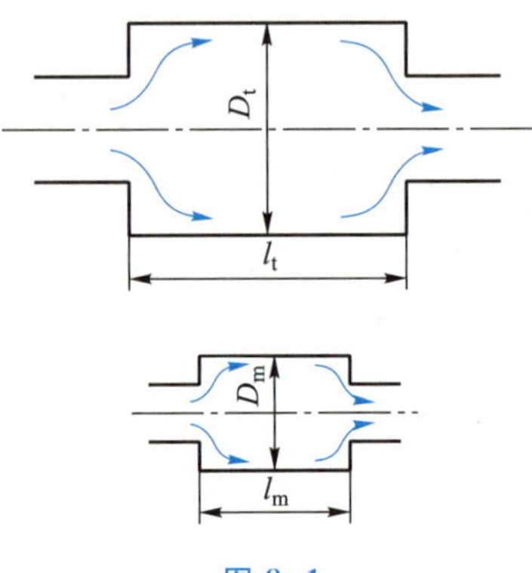

图 8-1

两个液流几何相似时,对应的面积和体积应满足

$$C_A=\frac{A_t}{A_m}=\frac{l_t^2}{l_m^2}=C_l^2 \tag{8-2}$$

$$C_V=\frac{V_t}{V_m}=\frac{l_t^3}{l_m^3}=C_l^3 \tag{8-3}$$

式中 $C_l$ 是相似比例常数,只有满足上述条件,液流才能几何相似。

### 2. 运动相似

满足几何相似的两个液流中,若在对应瞬时,所有对应点上的速度方向一致,大小成同一比例,则两个液流运动相似。

要满足上述条件,两个液流中各对应点流动状态参数变化的时间间隔应具有同一比例常数,即

$$\frac{t_{t1}}{t_{m1}}=\frac{t_{t2}}{t_{m2}}=\frac{t_{t3}}{t_{m3}}=C_t \tag{8-4}$$

运动相似液流中对应点处的速度和加速度满足

$$C_v=\frac{v_{t1}}{v_{m1}}=\frac{v_{t2}}{v_{m2}}=\frac{v_t}{v_m}=\frac{l_t/t_t}{l_m/t_m}=\frac{C_l}{C_t} \tag{8-5}$$

$$C_a=\frac{a_{t1}}{a_{m1}}=\frac{a_{t2}}{a_{m2}}=\frac{a_t}{a_m}=\frac{C_l}{C_t^2} \tag{8-6}$$

显然,两个运动相似的液流中,同一瞬时对应的流线应当相似,对恒定流动,对应流体质点的运动轨迹几何相似,且通过对应迹线的时间成同一比例。

### 3. 动力相似

两个运动相似的液流中,在对应瞬时,对应点上受相同性质力的作用,力的方向相同,且各对应的同名力成同一比例,则两个液流动力相似。

若一个液流中某流体质点上只受重力和离心力作用,另一液流对应点上也必须只受重力和离心力的作用,且对应流体质点上所受的重力之比应等于离心力之比。因此,动力相似应满足

$$C_F=\frac{F_{t1}}{F_{m1}}=\frac{F_{t2}}{F_{m2}}=\frac{F_t}{F_m} \tag{8-7}$$

又由牛顿定律

$$C_F=\frac{F_t}{F_m}=\frac{M_t a_t}{M_m a_m}=\frac{\rho_t V_t a_t}{\rho_m V_m a_m}=C_\rho C_l^2 C_v^2$$

即

$$\frac{C_F}{C_\rho C_l^2 C_v^2}=1$$

有

$$\frac{F_t}{\rho_t l_t^2 v_t^2}=\frac{F_m}{\rho_m l_m^2 v_m^2}=Ne \tag{8-8}$$

这一量纲为一的数称为牛顿数。牛顿数相等是两个流动力学相似的必要条件,是判别液流是否动力相似的判据,称为牛顿判据。

由上述相似条件得到,几何相似是运动相似的必要条件,运动相似是动力相似的必要条件,且当两流动对应点处的流体质点上作用着同名力,各同名力间有同一比例,并存在相似的初始和边界条件时,称该两流动力学相似。

## §8-2 黏性流体流动的力学相似准数

任何相似的现象都是属于同一种类的现象,在两个力学相似流动的对应点处,流体运动的所有物理量遵循同一微分方程,各量间的比值彼此相互约束。应该从黏性流体流动的微分方程出发,寻求流体流动的一般相似判据。

设有实物和模型两个力学相似的不可压缩黏性流体流动,对于实物流动,通过给定点的任意流体质点有运动方程:

$$\left.\begin{aligned}
f_{xt}-\frac{1}{\rho_t}\frac{\partial p_t}{\partial x_t}+\nu_t\nabla^2 v_{xt}&=\frac{\partial v_{xt}}{\partial t_t}+v_{xt}\frac{\partial v_{xt}}{\partial x_t}+v_{yt}\frac{\partial v_{xt}}{\partial y_t}+v_{zt}\frac{\partial v_{xt}}{\partial z_t}\\
f_{yt}-\frac{1}{\rho_t}\frac{\partial p_t}{\partial y_t}+\nu_t\nabla^2 v_{yt}&=\frac{\partial v_{yt}}{\partial t_t}+v_{xt}\frac{\partial v_{yt}}{\partial x_t}+v_{yt}\frac{\partial v_{yt}}{\partial y_t}+v_{zt}\frac{\partial v_{yt}}{\partial z_t}\\
f_{zt}-\frac{1}{\rho_t}\frac{\partial p_t}{\partial z_t}+\nu_t\nabla^2 v_{zt}&=\frac{\partial v_{zt}}{\partial t_t}+v_{xt}\frac{\partial v_{zt}}{\partial x_t}+v_{yt}\frac{\partial v_{zt}}{\partial y_t}+v_{zt}\frac{\partial v_{zt}}{\partial z_t}
\end{aligned}\right\}\tag{8-9}$$

对于模型流动，通过对应点的任意流体质点有运动方程：

$$\left.\begin{aligned}
f_{xm}-\frac{1}{\rho_m}\frac{\partial p_m}{\partial x_m}+\nu_m\nabla^2 v_{xm}&=\frac{\partial v_{xm}}{\partial t_m}+v_{xm}\frac{\partial v_{xm}}{\partial x_m}+v_{ym}\frac{\partial v_{xm}}{\partial y_m}+v_{zm}\frac{\partial v_{xm}}{\partial z_m}\\
f_{ym}-\frac{1}{\rho_m}\frac{\partial p_m}{\partial y_m}+\nu_m\nabla^2 v_{ym}&=\frac{\partial v_{ym}}{\partial t_m}+v_{xm}\frac{\partial v_{ym}}{\partial x_m}+v_{ym}\frac{\partial v_{ym}}{\partial y_m}+v_{zm}\frac{\partial v_{ym}}{\partial z_m}\\
f_{zm}-\frac{1}{\rho_m}\frac{\partial p_m}{\partial z_m}+\nu_m\nabla^2 v_{zm}&=\frac{\partial v_{zm}}{\partial t_m}+v_{xm}\frac{\partial v_{zm}}{\partial x_m}+v_{ym}\frac{\partial v_{zm}}{\partial y_m}+v_{zm}\frac{\partial v_{zm}}{\partial z_m}
\end{aligned}\right\}\tag{8-10}$$

由于两个流动几何相似和运动相似，根据相似条件有

$$x_t=C_l x_m,\ y_t=C_l y_m,\ z_t=C_l z_m;\ t_t=C_t t_m$$

$$v_{xt}=\frac{C_l}{C_t}v_{xm}=C_v v_{xm},\ v_{yt}=\frac{C_l}{C_t}v_{ym}=C_v v_{ym}$$

$$v_{zt}=\frac{C_l}{C_t}v_{zm}=C_v v_{zm}$$

即有 $v_t=C_v v_m$。

对于力学相似的两个液流，对应点处的同名力满足：

$$p_t=C_p p_m$$

$$f_{xt}=C_F f_{xm},f_{yt}=C_F f_{ym},f_{zt}=C_F f_{zm}$$

同时，在所讨论的力学相似的流动中，流体的密度和黏度在对应点处满足下述关系：

$$\rho_t=C_\rho \rho_m,\nu_t=C_\nu \nu_m$$

上述分析引入了两个流动各物理量的相似常数 $C_l,C_v,C_t,C_p,C_\rho,C_F$ 和 $C_\nu$ 等，这些常数与所选取的坐标和时间无关，在流动的物理量变化过程中，在对应瞬时的对应点上应予满足。这些常数决定于所研究流动的初始条件、边界条件及这些流动中流体的力学性质。

显然，由于两个相似流动的各物理量必须满足同一运动微分方程，因此各对应量的比值互相制约，相似倍数不能任意选取。

将各物理量的相似常数代入实物流动的运动方程中，得到

$$\begin{aligned}
&C_F f_{xm}-\frac{C_p}{C_\rho C_l}\frac{1}{\rho_m}\frac{\partial p_m}{\partial x_m}+\frac{C_\nu C_v}{C_l^2}\nu_m\nabla^2 v_{xm}\\
&=\frac{C_v}{C_t}\frac{\partial v_{xm}}{\partial t_m}+\frac{C_v^2}{C_l}\left(v_{xm}\frac{\partial v_{xm}}{\partial x_m}+v_{ym}\frac{\partial v_{xm}}{\partial y_m}+v_{zm}\frac{\partial v_{xm}}{\partial z_m}\right)
\end{aligned}\tag{8-11}$$

这样处理后,方程中的参数变成了模型流动中的参数,与模型流动微分方程的各项参数只是系数不同。由流体动力相似得到:两个力学相似流动中,对应点上各同名力的比值相等,于是

$$C_F=\frac{C_p}{C_\rho C_l}=\frac{C_\nu C_v}{C_l^2}=\frac{C_v}{C_t}=\frac{C_v^2}{C_l} \tag{8-12}$$

上述各项分别表示两个力学相似的实物流动与模型流动中,各对应点上作用在单位质量流体上的质量力之比、压强之比、黏性力之比和惯性力之比。若将上式各项除以 $C_v^2/C_l$,有

$$\frac{C_F C_l}{C_v^2}=\frac{C_p}{C_\rho C_v^2}=\frac{C_\nu}{C_l C_v}=\frac{C_l}{C_t C_v}=1 \tag{8-13}$$

由此,求得黏性不可压缩流体流动的相似准数,即

(1) $\dfrac{C_v C_t}{C_l}=1$

得

$$\frac{v_t t_t}{l_t}=\frac{v_m t_m}{l_m}=\frac{vt}{l}=Sr \tag{8-14}$$

式中 $Sr$(不变数)——**斯特劳哈尔(Strouhal)数**。

若两液流相应的斯特劳哈尔数相等,则液流对非恒定流动惯性力而言是力学相似的。对非恒定的周期运动,反映其周期性相似。对恒定流动,不必考虑 $Sr$。

(2) $\dfrac{C_l C_v}{C_\nu}=1$

得

$$\frac{v_t l_t}{\nu_t}=\frac{v_m l_m}{\nu_m}=\frac{vl}{\nu}=Re \tag{8-15}$$

式中 $Re$(不变数)——**雷诺数**,它表征液流中惯性力和黏性力之比。

若两液流对应点上的雷诺数相等,则液流对黏性力而言是力学相似的。因此,很容易理解,不论何种液体,在几何相似的大小不同的圆管中流动,它们的临界雷诺数都相等,其原因是对黏性力而言处于流动力学相似状态。当 $Re$ 很大时,流动进入湍流阻力平方区,这时惯性力起主导作用,黏性力可以忽略不计,力学相似已不再要求雷诺数相等,因此,$Re$ 不必考虑。

(3) $\dfrac{C_p}{C_\rho C_v^2}=1$

得

$$\frac{p_t}{\rho_t v_t^2}=\frac{p_m}{\rho_m v_m^2}=\frac{p}{\rho v^2}=Eu \tag{8-16}$$

式中 $Eu$(不变数)——**欧拉数**,它表征液流中压强与惯性力之比。

因为流体中的压强或压差往往取决于其他参数，而并不是流体固有的物理性质，所以欧拉数不是独立的相似准数，而可以是其他相似准数的函数，即它不是相似条件而是相似的结果，因此，只要主要的相似准则数得到满足，欧拉数就一定相等。

（4）$\dfrac{C_v^2}{C_F C_l}=1$

得

$$\frac{v_t^2}{F_t l_t}=\frac{v_m^2}{F_m l_m}=\frac{v^2}{Fl}=Fr \tag{8-17}$$

式中 $Fr$（不变数）——弗劳德（Froude）数

若流体所受的质量力只有重力，$F_t=F_m=g$，则

$$Fr=\frac{v^2}{gl}$$

$Fr$ 相等，表示了流动现象的重力作用相似，它反映了重力对流体的作用。

另外，对可压缩流体的流动，声速为

$$c^2=\frac{\partial p}{\partial \rho}$$

在模型和实物流动中，流体质点上的相似比例常数为

$$C_c^2=\frac{c_t^2}{c_m^2}=\frac{\partial p_t/\partial \rho_t}{\partial p_m/\partial \rho_m}=\frac{C_p}{C_\rho}$$

又因为

$$\frac{C_p}{C_\rho C_v^2}=\frac{C_c^2}{C_v^2}=1$$

得

$$\frac{v_t}{c_t}=\frac{v_m}{c_m}=\frac{v}{c}=Ma \tag{8-18}$$

式中 $Ma$（不变数）——马赫（Mach）数。

因为 $c^2=\dfrac{\partial p}{\partial \rho}$，所以声速 $c$ 实质上为流体单位密度变化所需要的压强变化，反映了流体的压缩性，因此马赫数反映流体的压缩性大小，$Ma$ 相等就是压缩性相似。

如果黏性不可压缩流体的两个流动力学相似，那么，满足边界条件和初始条件相似的 $Sr$，$Eu$，$Re$ 和 $Fr$ 应当相等，这就是相似准则，称 $Sr$，$Re$，$Eu$ 和 $Fr$ 为相似准数。两个流动的相似准数相同，表示了对应点处单位质量流体上作用的力多边形几何相似。

利用同样的方法，可以建立黏性不可压流体时均紊流的相似准数。

## § 8-3 决定性相似准数

上述得到的相似准数，是任意两个力学相似的流动应当满足的条件。在实际的液流中，液体上总有重力、黏性力、压力和惯性力等同时作用。但是，由实验和分析知道，在流体流动的力学现象中，通常只有一到两种力起着主要作用，决定力学现象的本质，另一些力则属于次要地位，因而在任何流动现象中，都存在着决定现象本质的主要作用力。

由于实际流动的复杂性，要同时满足四个相似准数十分困难，且有些相似准数要同时满足也是不可能的，因此，在流体力学的相似理论中，一般采用近似的力学相似，即只需求得主要作用力的力学相似，其他对流动现象不起主要作用的力则忽略不计。

两个力学相似的流动，由初始和边界条件所给定的物理量组成的相似准数，称为决定性相似准数，这些相似准数决定流动的性质，如 $Re$，$Fr$ 等，$Eu$ 因不是独立的相似准数，所以它不是决定性相似准数。在近似模化实验中，通常选择对流动起主导作用的决定性相似准数，而忽略影响较小的相似准数。实际上，工程实际中起主导作用的决定性相似准数通常较少超过两个，只要保证所研究流动的主要方面相似，通常就能够满足实际问题所要求的精度。

实践证明，两个流动一般很难实现同时满足 $Re$ 和 $Fr$ 相等。

若两种不同流体的流动力学相似，满足 $Re$ 相等，即

$$\frac{v_t l_t}{\nu_t}=\frac{v_m l_m}{\nu_m}$$

有

$$\frac{v_t}{v_m}=\frac{1}{C_l}\frac{\nu_t}{\nu_m}$$

若同时满足 $Fr$ 相等，并令 $g_t=g_m$，则

$$\frac{l_t}{v_t^2}=\frac{l_m}{v_m^2}$$

有

$$\frac{v_t}{v_m}=\sqrt{C_l}$$

于是

$$C_l^{3/2}=\frac{\nu_t}{\nu_m}$$

若实物尺寸为 10 m，现以 $l=1$ m 的模型进行实验，$C_l=10$，则

$$\nu_m=\frac{\nu_t}{31.6}$$

如果实物实验的工作介质为水，必须选用黏度是水的1/31.6的流体做模型实验。在工程实际中，很难找到黏度相差这样大的两种流体，为此，必须增大模型尺寸，但这又失去了模型实验的优点。

显然，决定性相似准数的选择十分重要，选择不当，设计的模型实验甚至会得到与实际完全不同的结果，所以必须在对实际流动充分观察和分析的基础上，选取决定性相似准数。所选取的相似准数越少，实施中越容易满足。若描述流动所需力的个数越多，在设计动力相似系统时，独立的选择就越少。

上述四个相似准数中，$Eu$ 通常不是独立的，它是其他相似准数的函数，即

$$Eu=f(Re,Sr,Fr)$$

从上述可见，当同时满足两个相似准则设计实验时，模型中流体介质的选择要受模型尺寸选择的限制。当选用更多的相似准则时，将因为流体的物理量间互相制约而难以进行模型设计。因此，通常都选用决定性相似准则进行近似的模型设计和实验。

在恒定有压流动情况下，不可压缩黏性流体通常还具有自模性和稳定性两种特性，在这两个特性下的模化条件还可进一步简化。

(1) 自模性(或自模化)

对于有压流动，起决定性作用的是 $Re$ 准则，而 $Fr$ 准则通常可以忽略。流动有层流状态、过渡状态和湍流状态三种，它由临界雷诺数 $Re_c$ 决定。当实验在 $Re<Re_c$(称为第一临界值)范围内时，流动处于层流状态，这时模型与实物管路中的断面上的流速分布彼此相似，不再与 $Re$ 有关，称这种现象为自模性。当 $Re>Re_c$ 时，流动转变为湍流状态。在最初，随 $Re$ 增加，流动的紊乱程度和断面上的流速分布变化较大，随 $Re$ 继续增大，这种变化逐渐减小；当 $Re$ 大于某一值(第二临界值)时，紊乱程度和流速分布已不再随 $Re$ 的增加而变化。在以后的 $Re$ 范围内，管道中的流速分布彼此相似，且不再与 $Re$ 有关，这时流动又处于自模化状态。一般将 $Re$ 小于第一临界值的范围称为第一自模化区，而将 $Re$ 大于第二临界值的范围称为第二自模化区。当实物原型与模型都处于同一种自模化区内时，模型实验的 $Re$ 可不必与原型中的 $Re$ 相等。显然，这给模型设计和实验带来很大方便。实践证明，设备的通道形状越复杂，通道内被其他物体填充的程度越大，就越早进入第二自模化区。实际上第二自模化区就是阻力平方区，沿程损失因数已不再随 $Re$ 变化，$Eu$ 也不再变化，因此，实验中若发现 $Eu$ 不再随 $Re$ 变化时，就说明流动已进入第二自模化区。

(2) 稳定性

黏性流体在管道中流动时，不管入口处速度分布如何，必须经一定的入口段长度后，流速分布才固定下来，黏性流体流动的这种特性称为稳定性。由于稳定性的存在，模化时，只要在模型入口前有一段几何相似的稳定段，就能保证进口速度分布的相似。同样，出口速度分布的相似，也只要保证出口通道几何相似就可以了。

# §8-4 量纲分析方法

流动的各种物理现象常受到多种因素的影响，对于简单的现象可以通过简化，建立运动微分方程，求得精确解。而对大量复杂的流动现象，理论分析本身就比较困难，由于流动边界条件的复杂性，往往难以用数学形式准确表达和求解，因此，必须结合实验，才能使理论分析深入进行。但是如果没有正确的理论指导，不知需要测定哪些物理量和应该如何整理实验数据，那么，虽然能获取大量数据，却无法找出影响现象本质的因素，使实验带有盲目性。通过量纲分析，能将影响物理现象的各种变量合理组合，可以使问题简化。

自然界的物理力学现象所建立的方程，不管采用哪一种单位制，都必须满足方程两边量纲的齐次性。通过量纲分析，求得一个含有待定系数的通式，待定系数的函数关系指示了实验的方向，从复杂的实验数据分析得出普遍规律，通过实验来确定待定系数。

任何物理量都是有单位的，但是量纲与单位不同。例如长度的单位可以是 m，cm 或 mm，但它的量纲都是 L；时间的单位可以是 min 或 s，但它的量纲都是 T；速度的单位可以是 m/min 或 cm/s，但它的量纲都是 $LT^{-1}$。即所有这些不同的单位，都可以由某些不能用其他量纲导出的基本量纲组成。在不同的单位制中，有不同的基本量纲。国际单位制中的基本量纲：长度为 L，时间为 T，质量为 M，温度为 Θ。任意物理量 $Q$ 的量纲表示为 $\dim Q$。

利用量纲分析确定物理力学过程的函数关系时，可按下面的步骤进行：

(1) 列出所有与该物理现象有关的变量。它取决于对现象过程的了解、观察和分析，和对现象物理本质的了解程度。对现象有重要影响的变量不可丢掉，但可以略去一些次要变量。

(2) 将这些变量的量纲用基本量纲 L，T，M 表示出来。

(3) 将变量组成某种由基本量纲表示的量纲一致的函数关系（通常为各变量指数乘积关系）。

(4) 将各量的量纲代入上面的指数乘积关系。

(5) 利用关系式量纲的齐次性，对各基本量纲的指数列出代数方程，联立求解方程，将解得的指数代入函数中，得到函数的具体形式。

(6) 实验确定所引入的量纲一的常数。

下面介绍量纲分析方法中广泛应用的白金汉（E. Buckingham）$\pi$ 定理。

设有一个未知函数关系

$$N=f(n_1,n_2,n_3,\cdots,n_k) \tag{8-19}$$

在 $N$ 和 $n_1,n_2,n_3,\cdots,n_k$ 共 $k+1$ 个物理量中，可能有常数，有变数。但是，这样的函数关系式与所选用的单位制无关，不同单位制只是数值不同，函数关系式不变。

为此，在所有这些变量中，首先确定出三个物理量 $n_1, n_2, n_3$ 为基本变量，作为基本量纲的代表，因此要求其在量纲上是独立的，其余 $k+1-3$ 个物理量的量纲都可以表示为这三个基本物理量量纲的指数形式。

根据物理方程两边量纲的齐次性，可以确定指数 $x, y, z$ 和 $x_i, y_i, z_i$。这样，就可以将原来函数关系式中 $k+1-3$ 个物理量变为量纲一的量，这些量纲一的量与原来的变量之间相差量纲一的因数 $\pi$ 或 $\pi_i$，即

$$N = \pi n_1^x n_2^y n_3^z \tag{8-20}$$

$$n_i = \pi_i n_1^{x_i} n_2^{y_i} n_3^{z_i} \tag{8-21}$$

或

$$\pi = \frac{N}{n_1^x n_2^y n_3^z} \tag{8-22}$$

$$\pi_i = \frac{n_i}{n_1^{x_i} n_2^{y_i} n_3^{z_i}} \tag{8-23}$$

$\pi$ 及 $\pi_i$ 分别是 $N$ 和 $n_i$ 以 $n_1, n_2, n_3$ 为基本量纲下的数值，于是，在新的基本量纲下，原来的函数关系式变为

$$\frac{N}{n_1^x n_2^y n_3^z} = f\left(1,1,1,\frac{n_4}{n_1^{x_4} n_2^{y_4} n_3^{z_4}},\cdots,\frac{n_k}{n_1^{x_k} n_2^{y_k} n_3^{z_k}}\right)$$

即

$$\pi = f(1,1,1,\pi_4,\cdots,\pi_k) \tag{8-24}$$

$\pi$ 和 $\pi_i$ 为量纲一的因数，因此上式右边也必定为量纲一的因数，故式中右边的指数可以由分子与分母的量纲相等原则确定。

这就是 $\pi$ 定理。经过上述变换，将原来 $k+1$ 个物理量 $N$ 和 $n_i$ 间的函数关系式，变成 $k+1-3$ 个量纲一的因数 $\pi$ 和 $\pi_i$ 之间的关系式。

利用 $\pi$ 定理，能够指导人们从大量的实验数据中分析得出普遍规律的途径，指出实验的正确方向，从而有目的地指导实验工作的进行。一定要在大量实验的基础上，了解影响某物理量的主次因素，否则将不可能利用量纲分析得出正确的结果。

对于一些较复杂的流动现象，当只靠数学分析无法求解，或者暂时还难以找到确切的方程加以描述时，$\pi$ 定理提供了利用量纲分析结合实验研究的解决方法，$\pi$ 定理和前面得到的相似准数是模型实验研究的理论基础。

现举例说明 $\pi$ 定理的应用。

有一直径为 $d$ 的圆球，在黏度为 $\mu$、密度为 $\rho$ 的液体中以等速度 $v$ 下降，试求圆球受到的阻力 $F_D$。

显然，阻力 $F_D$ 与 $d, \mu, \rho, v$ 等因素间的函数关系，可以写为

$$F_D = f(v, \rho, \mu, d)$$

首先应该将上面的函数关系写成量纲一的关系式。

讨论的问题中独立变量有 $v,\rho,\mu$ 和 $d$ 共四个，即 $k=4$。选用 M，L，T 为基本量纲。

各变量的量纲都可以用基本量纲加以表示：

$$\dim F_D=\frac{ML}{T^2},\dim v=\frac{L}{T},\dim d=L,\dim \rho=\frac{M}{L^3},\dim \mu=\frac{M}{LT}$$

选择 $\rho,v,d$ 为三个基本变量，则其余 $k+1-3=2$ 个变量 $F_D$ 和 $\mu$ 的量纲可以表示为三个基本物理量量纲的指数形式，即

$$F_D=\pi\rho^x v^y d^z$$

$$\mu=\pi_1\rho^{x_1}v^{y_1}d^{z_1}$$

由此可以列出两个量纲一的因数 $\pi$ 和 $\pi_1$，把各个量的量纲代入，得量纲一的因数 $\pi$ 为

$$\pi=\frac{F_D}{\rho^x v^y d^z}$$

故

$$\dim \pi=\frac{ML}{T^2}\left(\frac{M}{L^3}\right)^{-x}\left(\frac{L}{T}\right)^{-y}(L)^{-z}=M^0L^0T^0$$

由等式两边量纲相等的原则，可列出指数的方程为

$$M:-x+1=0$$

$$T:y-2=0$$

$$L:3x-y-z+1=0$$

解上面代数方程组得 $x=1,y=2,z=2$。于是得到

$$\pi=\frac{F_D}{\rho v^2 d^2}$$

同样对于 $\pi_1$ 有

$$\pi_1=\frac{\mu}{\rho^{x_1}v^{y_1}d^{z_1}}$$

故

$$\dim \pi_1=\frac{M}{LT}\left(\frac{M}{L^3}\right)^{-x_1}\left(\frac{L}{T}\right)^{-y_1}(L)^{-z_1}=M^0L^0T^0$$

可列出指数的方程为

$$M:-x_1+1=0$$

$$T:y_1-1=0$$

$$L:3x_1-y_1-z_1-1=0$$

解上面代数方程组得 $x_1=1,y_1=1,z_1=1$。所以

$$\pi_1=\frac{\mu}{\rho vd}=\frac{\nu}{vd}=\frac{1}{Re}$$

于是，原来的函数关系式变为

$$\frac{F_{\mathrm{D}}}{\rho v^2 d^2}=f\left(1,1,1,\frac{1}{Re}\right)=f\left(\frac{1}{Re}\right)=f_1(Re)$$

这样,就能够按上面的关系式进行实验。显然,经过应用量纲分析的 $\pi$ 定理得到的关系式,简化并指明了实验的方向。本来为了确定所要求的阻力 $F_{\mathrm{D}}$ 与四个变量 $\rho,v,\mu,d$ 的关系,必须分别在四个变量中逐次将三个量在不变的情况下,用改变另一个量的不同值进行实验测定,如先将 $\rho,\mu,d$ 设为定值,变化不同的 $v$ 进行一组实验测定,然后将 $\rho,\mu,v$ 设为定值,变化不同的 $d$ 进行实验测定,这样,若对每个变量给出 10 个值进行实验,总共就需要作 $10^4$ 次的实验测定,工作量十分浩大。但是,当采用量纲分析的 $\pi$ 定理后,原来五个量之间的关系就简化为上面量纲一的关系式,实验中只要改变 10 个 $Re$ 值测定对应的 $\frac{F_{\mathrm{D}}}{\rho v^2 d^2}$ 值就可以了。实际上要使 $Re$ 变化,只需要用一个球,在一种温度的水中($\rho,\mu,d$ 保持不变的情况下),改变圆球下降速度(或圆球固定不动,改变与圆球运动方向相反的水流速度)$v$ 就可以完成实验测定,从而大大简化了实验方法,缩短了实验时间,量纲分析的方法显示了明显的优越性。

## 例　题

**例 8-1** 欲用一文丘里流量计测量的空气($\nu=1.57\times10^{-5}\ \mathrm{m^2/s}$)流量为 $q_{V_{\mathrm{t}}}=2.78\ \mathrm{m^3/s}$,该流量计的尺寸为 $D_{\mathrm{t}}=450\ \mathrm{mm}$,$d_{\mathrm{t}}=225\ \mathrm{mm}$,现设计模型文丘里流量计用 $t_{\mathrm{m}}=10\ ℃$ 的水做实验,测得流量 $q_{V_{\mathrm{m}}}=0.102\ 8\ \mathrm{m^3/s}$,这时水与空气的流动动力相似。试确定文丘里流量计模型的尺寸。

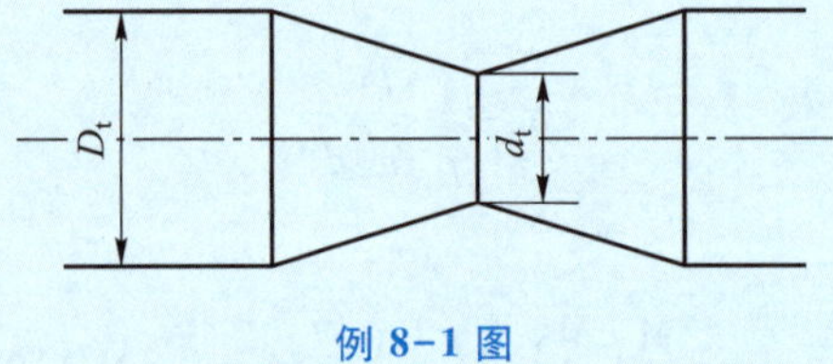


例 8-1 图

**解:** 影响这一流动的主要作用力是黏性阻力,因此,为使所设计的模型和实物中的流动力学相似,决定性相似准数是雷诺数,即应有

$$Re=\frac{v_{\mathrm{t}}d_{\mathrm{t}}}{\nu_{\mathrm{t}}}=\frac{v_{\mathrm{m}}d_{\mathrm{m}}}{\nu_{\mathrm{m}}}$$

或

$$\frac{q_{V_{\mathrm{t}}}}{\nu_{\mathrm{t}}d_{\mathrm{t}}}=\frac{q_{V_{\mathrm{m}}}}{\nu_{\mathrm{m}}d_{\mathrm{m}}}$$

查表得 10 ℃水的运动黏度 $\nu_{\mathrm{m}}=1.31\times10^{-6}\ \mathrm{m^2/s}$,所以模型尺寸为

$$d_{m}=d_{t}\frac{\nu_{t}}{\nu_{m}}\frac{q_{V_{m}}}{q_{V_{t}}}\approx 99.7\ \mathrm{mm}$$

相似的模型和实物对应线性尺寸成同一比例，即

$$C_{l}=\frac{D_{t}}{D_{m}}=\frac{d_{t}}{d_{m}}$$

故

$$D_{m}=\frac{D_{t}d_{m}}{d_{t}}\approx 199.4\ \mathrm{mm}$$

**例 8-2** 600 ℃的烟气以速度 $v_{t}=8\ \mathrm{m/s}$ 在热风炉中流动，通过热风炉产生的压降为 120 Pa，现在建立模型用 10 ℃的水进行研究，模型与实物的几何长度之比为 1 : 10，试问

(1) 为了保证流动相似，水在模型中的运动速度应为多少？

(2) 模型中压降为多少？

600 ℃烟气的密度 $\rho_{t}=0.4\ \mathrm{kg/m^{3}}$，运动黏度为 $\nu_{t}=0.9\ \mathrm{cm^{2}/s}$。

**解：** 影响这一流动的主要作用力是黏性阻力和压降，所以其决定性相似准数是雷诺数，欧拉数则应自动满足。

(1) 由两个流动雷诺数相等，得

$$Re=\frac{v_{t}d_{t}}{\nu_{t}}=\frac{v_{m}d_{m}}{\nu_{m}}$$

查表得到 10 ℃水的运动黏度 $\nu_{m}=0.013\,1\ \mathrm{cm^{2}/s}$，从而得到模型中水的流速为

$$v_{m}=v_{t}\frac{\nu_{m}}{\nu_{t}}\frac{d_{t}}{d_{m}}=1.16\ \mathrm{m/s}$$

(2) 两个流动中的压降必须满足欧拉数相等，即

$$Eu=\frac{\Delta p_{t}}{\rho_{t}v_{t}^{2}}=\frac{\Delta p_{m}}{\rho_{m}v_{m}^{2}}$$

$$\Delta p_{m}=\Delta p_{t}\frac{\rho_{m}}{\rho_{t}}\cdot\frac{v_{m}^{2}}{v_{t}^{2}}=6\,307.5\ \mathrm{Pa}$$

第 8 章

电子作业本

# 第 9 章 流体运动阻力与损失

本章研究的中心问题是总流伯努利方程中水头损失 $h_w$ 项。本章将从流动的物理、力学本质说明 $h_w$ 产生的原因，并研究不同流动状态和不同阻力类型的水头损失计算方法。

如前所述，水头损失（或称能量损失）是由流体的黏性引起的，它实质上是流体流动过程中克服流体内部微元或液层间摩擦阻力所做的功。这部分能量不可逆地变为热，这种转变的结果使流体沿流程机械能不再守恒。由于能量损失研究的复杂性，除对于推导损失问题的普遍规律之外，历来的研究者进行了大量的实验研究，用实验结果补充、完善工程计算中所必需的计算公式，弥补理论研究的不足。在这一章中还将重点介绍某些基本的实验及其结果，作为工程计算的参考和依据。

## §9-1 流动阻力的两种类型

在图 9-1 所示的实验装置中，当实际的黏性流体以一定速度自管中流出时，可绘出图示能头线。由图可以看出，按能头线的变化规律，阻力可以分为两种类型。

**1. 沿程阻力**

流体沿流动路程所受到的阻碍称为沿程阻力。沿程阻力的影响使图中能头线倾斜。

这种阻力来源于沿流程各流体微元或流体层之间以及流体与固体壁之间的摩擦力。对于不同的流动状态将有不同的分析和计算方法，以后将给予具体讨论。

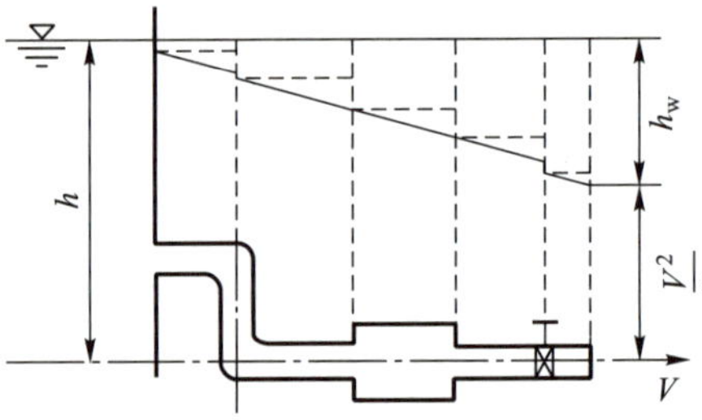

由沿程阻力所引起的能量损失称为沿程损失。由图 9-1 可以看出，沿程损失沿流程均匀分布，其大小与流体的流程长度成正比。


图 9-1

单位重力流体的沿程损失，通常以 $h_f$ 标记。

**2. 局部阻力**

局部阻力指流体流经各种局部障碍（如阀门、弯头、变断面管等）时，由于水流变形、方向变化、速度重新分布，质点间剧烈动量交换而产生的阻力。由图 9-1 可以看出，当流体流经管断面突然扩大或突然缩小、阀门、弯管等处时，由于受到局部阻力的影响，能头线在这些局部地区发生突然变化。

由局部阻力所引起的能量损失称为局部损失。单位重力流体的局部损失以符号 $h_\zeta$ 来标记。

显然,局部损失是由于各种阻碍破坏了流体的正常流动所引起的,其大小必然取决于各种阻碍的类型,$h_\zeta$ 的特点是集中在一段较短的流程上。在通常的计算中,为简化起见,看作集中在流程的一点上。

### 3. 总能量损失

流体在实际装置中流动时,不可避免地出现沿程和局部两种类型的能量损失。在实际流体总流伯努利方程中,$h_w$ 项应包括单位重力流体在所取两断面间的所有能量损失,即

$$h_w = \sum h_f + \sum h_\zeta \tag{9-1}$$

由此可见,掌握沿程损失和局部损失的规律和计算方法,对于研究流体力学问题,尤其对于工程问题的计算是十分必要的。

## §9-2 黏性流体的两种运动状态

在不同的边界条件下,黏性流体质点的运动会出现两种不同的运动状态,一种是所有流体质点作定向有规则的运动;另一种是作无规则、不定向的混杂运动。可想而知,在同样条件下,这两种运动状态所受到的阻力是不相同的。因此,在讨论能量损失的计算之前,必须对流动状态进行研究并加以区别。

### 1. 雷诺实验

1883 年英国物理学家雷诺用实验证明了两种流态的存在,确定了流态的判别方法及其与能量损失的关系。

图 9-2 所示为雷诺实验装置。在尺寸足够大的水箱 1 中装有保证水位恒定的溢流板 7,实验用玻璃管 2 与水箱连接。为避免进口扰动,将玻璃管插入水箱并将入口管端做成圆滑喇叭口形状,玻璃管另一端装有阀门 3,用以调节管中水的流速,流出的流量由量桶 4 来测定。水箱上方装有颜色水瓶 5,其中装有与水密度相近的有色液体,引出的细管对准玻璃管中心,颜色水流量由小阀门 6 控制。

实验分为以下四个过程:

(1) 阀门 3 微开,水以低速流过玻璃管 2,打开阀门 6,有色液体流入玻璃管,观察到的颜色水线为稳定的细直线,如图 9-3a 所示。这种现象表明,颜色水不与周围的水相混杂,作沿轴线的直线流动。它说明管中的流体质点无横向运动,只是沿着管轴线在各自的流层中作各层间无相互混杂的直线流动,这种运动状态称为层流。

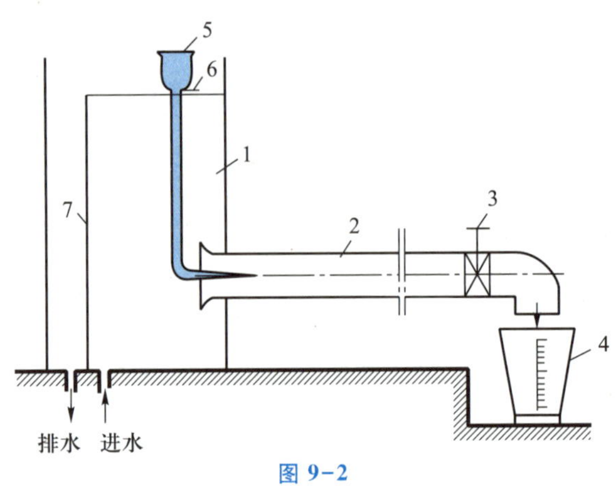

图 9-2

(2) 缓慢开大阀门 3,增加管内的水流速度,可以看到,在一定的范围内仍保持层流运动状态。当速度增加到某一数值时,颜色水线出现波纹,而且局部地方出现中断现象,如图 9-3b 所示。可以看出,这时管中水的质点出现了横向运动,管内水层之间出现了不稳定的振荡现象。

(3) 继续开大阀门 3 增加流速;或者同时用某种干扰来振动玻璃管,颜色水线迅速加大波动和断裂,随后颜色水完全掺混到水流中去,如图 9-3c 所示。这说明管内流体质点完全处于无规则运动状态,这种流动称为“紊流”或“湍流”。阀门 3 继续开大,管中水流将一直处于这种状态。

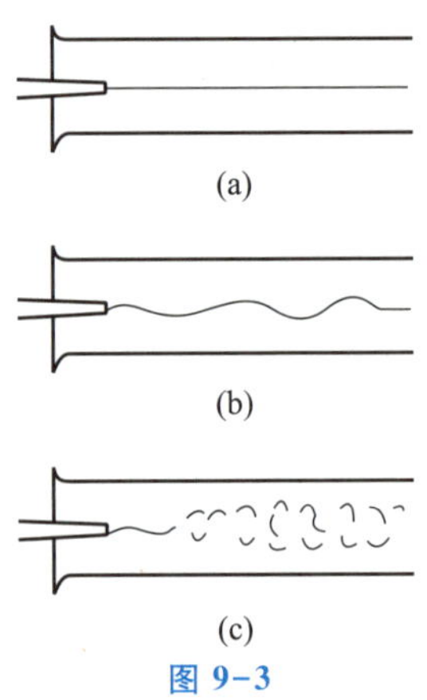

图 9-3

(4) 逐渐关闭阀门 3 时,管中流体又从湍流状态逐渐转变为层流状态。

雷诺实验说明,当流速不同时,流体质点会出现两种不同的运动状态。当流速小于某一值时,流体质点作定向而不相互混杂的层状流动,即层流运动。而当流速大于某一数值时,流体质点在向前运动的同时,出现了无规则的横向脉动运动,即湍流运动。介于两者之间的较小范围变化叫作过渡状态。

### 2. 流态的判别

上述实验说明,当流速增大时,流动状态由层流转变为湍流是在某一定流速时发生的,这个流速称为上临界速度,以符号 $V'_{cr}$标记。而当流速减小到某一流速时,流动状态又由湍流转变为层流,这个速度称为下临界速度,记为 $V_{cr}$,由实验测得 $V'_{cr}>V_{cr}$。

由此可知,流动状态可以按管中速度值分为以下三种情况:

(1) 当 $V>V'_{cr}$时,管中流动为湍流状态;

(2) 当 $V<V_{cr}$时,管中流动为层流状态;

(3) 当 $V_{cr}<V<V'_{cr}$时,管中液流既可能是湍流状态也可能是层流状态,在这个范围内

流动处于不稳定的过渡状态。

对临界速度的大量实验研究总结出这样的规律：临界速度的大小取决于过流断面的几何尺寸（对于圆管为直径 $d$）和所研究流体的黏度 $\nu$。其规律为：$\nu$ 增加，$V_{cr}$ 增加，$\nu$ 减小，$V_{cr}$ 减小；$d$ 增加，$V_{cr}$ 减小，$d$ 减小，$V_{cr}$ 增加。

这个结论可以从直观的物理概念来理解。流体的黏性越大，流体质点彼此牵制和约束的力越大，流动过程的摩擦阻力也越大，流体质点湍动更加困难。因此，自层流变化为湍流所需的临界速度必然增大，反之亦然。另外，管壁是限制流动的外边界，在同样流速下，过流断面越大，即管径越大，速度梯度越小，因此对流体的黏性作用越小，流体质点运动容易紊乱，使临界速度减小，而管径越小，对流体的黏性作用就越大，临界速度必然增高。

根据上述结论和量纲分析，人们发现，临界速度是 $d,\mu,\rho$ 的函数，即

$$V_{cr}=f(d,\mu,\rho)$$

根据物理方程两边量纲的齐次性条件，总有

$$V_{cr}=Re_{cr}\frac{\mu}{\rho d}$$

所以

$$Re_{cr}=\frac{V_{cr}d}{\nu}$$

$Re$ 为量纲一的因数，由雷诺首先得到，称为雷诺数。

对应于上、下临界速度有

$$Re'_{cr}=\frac{V'_{cr}d}{\nu}\quad（上临界雷诺数）$$

$$Re_{cr}=\frac{V_{cr}d}{\nu}\quad（下临界雷诺数）$$

对于任意平均速度有

$$Re=\frac{Vd}{\nu}$$

这样，用平均速度 $V$ 与临界速度 $V'_{cr}$ 和 $V_{cr}$ 相比较来判断流态，转为以相应的雷诺数 $Re'_{cr}$ 和 $Re_{cr}$ 与 $Re$ 的比较决定流动状态，即

$Re<Re_{cr}$　流动为层流；

$Re_{cr}<Re<Re'_{cr}$　流动为不稳定的过渡状态；

$Re>Re'_{cr}$　流动为湍流状态。

由此可见，雷诺数的引入，使对流态的判别大大简化。大量的实验和理论分析得出这样的结论：对于过流断面几何相似的流动，不论选用何种液体，也不论过流断面的几何尺寸大小如何变化，其临界雷诺数 $Re_{cr}$ 始终保持为一个常数。实质上，雷诺数就是上一章对

力学相似流动导出的相似准数。因此,对于几何相似的液流,可以对各种尺寸的过流断面和各种不同流体计算对应于不同速度下的雷诺数,与临界雷诺数相比较,由此判定其流动状态。

对圆管进行的大量实验得出的雷诺数经验数值为

$$Re_{cr}=\frac{V_{cr}d}{\nu}=2\ 320$$

由于过渡区流动的复杂性,人们在进行损失计算时,通常按湍流状态来处理。

因为上临界雷诺数很不稳定,因此按不同的实验条件得出的数值差异很大。例如在管壁十分光滑且消除外界扰动的条件下,实验得到 $Re_{cr}'=5\times10^4$,因而上临界雷诺数在工程计算中意义不大。一般为使计算结果安全起见,在工程实际中以下临界雷诺数作为层流和湍流的流态判别准则,即

$$Re<Re_{cr}\quad 按层流计算$$

$$Re>Re_{cr}\quad 按湍流计算$$

上述研究采用圆管作为对象,以直径 $d$ 来表示其断面的大小,但所得的结论对于任意形状过流断面均适用,其雷诺数计算仍采用类似公式:

$$Re=\frac{VL}{\nu}$$

式中 $L$ 为过流断面的某一线性尺寸。当然,在流态判别中,对于待判别的流动,必须选用适当的线性尺寸来计算雷诺数。对于矩形、长方形等断面,常以当量直径 $d_e$ 进行计算。

### 3. 损失与平均流速的关系

在雷诺实验装置的玻璃管上,间距为 $l$ 处开两个测压小孔,安装两个测压管,对两个测压管所在断面列能量方程:

$$z_1+\frac{p_1}{\rho g}+\frac{\alpha_1V_1^2}{2g}=z_2+\frac{p_2}{\rho g}+\frac{\alpha_2V_2^2}{2g}+h_f$$

由于管路水平放置,故 $z_1=z_2$;试验管为等径直管,故

$$\frac{\alpha_1V_1^2}{2g}=\frac{\alpha_2V_2^2}{2g}$$

因此

$$h_f=\frac{p_1-p_2}{\rho g}$$

即测压管测得的压差为 $l$ 长管段内的水头损失。不断改变管中的流速可得到一系列相应的水头损失。整理实验结果,得到如图9-4所示的关系曲线。

由实验曲线可以看出,当管中流速逐渐增大时,水头损失增加。其变化规律为:层流时水头损失对数函数为与横轴成 $\theta_1$ 角的一条直线;湍流时为与横轴成 $\theta_2$ 角的另一直线(实验曲线采用对数坐标)。当流速增加时,流态由层流变为湍流,实验点按 $ABK_2C$ 变化。当流速减小,流态由湍流转变为层流时,实验点按 $CK_2K_1A$ 变化。在 $K_1K_2$ 范围内为过渡

区域。

由实验曲线测得

对于层流区 $\lg h_f=\lg K_1+\tan\theta_1 \lg V$

即 $h_f=K_1V^{\tan\theta_1}$

其中 $\theta_1$ 实测为 45°，因此

$$h_f=K_1V$$

该式说明，当流动处于层流状态时，沿程水头损失与平均速度的一次方成正比。

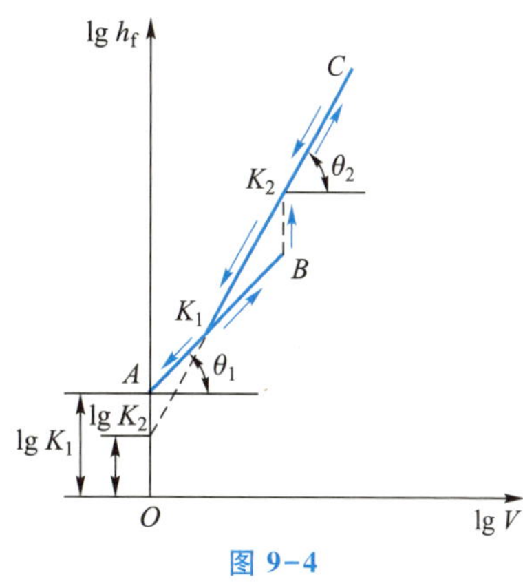

图 9-4

对于湍流区 $\lg h_f=\lg K_2+\tan\theta_2\lg V$

即 $h_f=K_2V^{\tan\theta_2}$

$\theta_2$ 实测为 60°12′～63°26′，因此

$$\tan\theta_2=1.75\sim2$$

$$h_f=K_2V^{1.75\sim2} \tag{9-2}$$

可以看出，当流动处于湍流状态时，沿程水头损失与平均速度的 1.75～2 次方成正比。

从以上分析可以看出，流动状态不同，流动的损失与速度之间的关系有很大差别。因此，在计算任意具体的液流损失时，必须首先判别其流态，然后由所确定的流态按不同的规律进行计算。

上面的实验结果指出，在流动阻力和损失的计算中，必须按层流和湍流分别加以研究，找出各自不同的速度分布规律和损失计算方法。

## §9-3 圆管中的层流运动

**层流运动**是流体质点的一种简单的运动形式，作层流运动的流体内部摩擦切应力严格遵从牛顿内摩擦定律。所以，层流运动中速度分布、流量、损失等参数都可以从理论上用严密的数学方法推得，结果为准确的数学表达式。层流运动的研究又为湍流规律的探讨提供了方向。

图 9-5 所示为水平放置的等径圆管，某种不可压缩流体在管内作恒定的层流流动。取直角坐标系如图所示，$y$ 轴与管轴重合。列出沿 $y$ 轴方向的 N-S 方程：

图 9-5

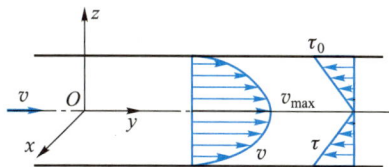

$$f_y-\frac{1}{\rho}\frac{\partial p}{\partial y}+\nu\left(\frac{\partial^2 v_y}{\partial x^2}+\frac{\partial^2 v_y}{\partial y^2}+\frac{\partial^2 v_y}{\partial z^2}\right)=\frac{\partial v_y}{\partial t}+\frac{\partial v_y}{\partial x}v_x+\frac{\partial v_y}{\partial y}v_y+\frac{\partial v_y}{\partial z}v_z$$

因为流体质点作只有轴向流动而无横向流动的层流运动，所以由所选取的坐标系知

$$v_x = v_z = 0, v_y = v$$

因质量力只有重力，而且对于有压管路重力可以忽略，所以

$$f_x = 0, f_y = 0, f_z = 0$$

所研究的流动为恒定流动，因此

$$\frac{\partial v_x}{\partial t} = \frac{\partial v_y}{\partial t} = \frac{\partial v_z}{\partial t} = 0$$

对于不可压缩流体，其连续性微分方程为

$$\frac{\partial v_x}{\partial x} + \frac{\partial v_y}{\partial y} + \frac{\partial v_z}{\partial z} = 0$$

可以得出

$$\frac{\partial v_y}{\partial y} = 0$$

将上述条件代入 N-S 方程可得

$$\left.\begin{aligned} &\frac{1}{\rho}\frac{\partial p}{\partial y} = \nu\left(\frac{\partial^2 v_y}{\partial x^2} + \frac{\partial^2 v_y}{\partial z^2}\right) \\ &\frac{1}{\rho}\frac{\partial p}{\partial x} = 0 \\ &\frac{1}{\rho}\frac{\partial p}{\partial z} = 0 \end{aligned}\right\}$$

由第二、第三个方程可见，压强与 $x$,$z$ 坐标无关，因此

$$\frac{\partial p}{\partial y} = \frac{\mathrm{d}p}{\mathrm{d}y}$$

由于忽略了重力的影响，流体在等径管中作轴对称流动，因此速度仅是半径 $r$ 的函数，而且沿 $y$ 轴方向不变。所以，选用柱坐标 $r$,$\theta$,$z$，将更便于方程的积分，在柱坐标系中

$$x^2 + z^2 = r^2, x = r\cos\theta, z = r\sin\theta$$

对前两式分别求导得

$$2r\frac{\partial r}{\partial x} = 2x$$

$$\frac{\partial r}{\partial x} = \frac{x}{r} = \cos\theta$$

$$\frac{\partial x}{\partial x} = \frac{\partial}{\partial x}(r\cos\theta) = \cos\theta \cdot \frac{\partial r}{\partial x} - r\sin\theta \cdot \frac{\partial \theta}{\partial x}$$

$$= \cos^2\theta - r\sin\theta \cdot \frac{\partial \theta}{\partial x} = 1$$

得

$$\frac{\partial \theta}{\partial x} = -\frac{\sin\theta}{r}$$

又

$$\frac{\partial \theta}{\partial r}=\frac{\partial \theta}{\partial x}\frac{\partial x}{\partial r}=-\frac{\sin\,\theta}{r}\frac{1}{\cos\,\theta}$$

所以

$$\begin{aligned}\frac{\partial^2 v}{\partial x^2}&=\frac{\partial}{\partial x}\left(\frac{\partial v}{\partial x}\right)=\frac{\partial}{\partial x}\left(\frac{\partial v}{\partial r}\frac{\partial r}{\partial x}\right)=\frac{\partial}{\partial r}\left(\frac{\partial v}{\partial r}\frac{\partial r}{\partial x}\right)\frac{\partial r}{\partial x}\\&=\left[\frac{\partial r}{\partial x}\frac{\partial^2 v}{\partial r^2}+\frac{\partial v}{\partial r}\frac{\partial}{\partial r}\left(\frac{\partial r}{\partial x}\right)\right]\frac{\partial r}{\partial x}\\&=\left(\frac{\partial r}{\partial x}\right)^2\frac{\partial^2 v}{\partial r^2}+\frac{\partial v}{\partial r}\frac{\partial}{\partial r}(\cos\,\theta)\frac{\partial r}{\partial x}\\&=\left(\frac{\partial r}{\partial x}\right)^2\frac{\partial^2 v}{\partial r^2}+\frac{\partial v}{\partial r}(-\sin\,\theta)\frac{\partial \theta}{\partial r}\frac{\partial r}{\partial x}\\&=\cos^2\theta\frac{\partial^2 v}{\partial r^2}+\frac{\partial v}{\partial r}(-\sin\,\theta)\left(-\frac{\sin\,\theta}{r}\frac{1}{\cos\,\theta}\right)\cos\,\theta\\&=\cos^2\,\theta\frac{\partial^2 v}{\partial r^2}+\frac{\sin^2\,\theta}{r}\frac{\partial v}{\partial r}\end{aligned}$$

同理可得

$$\frac{\partial^2 v}{\partial z^2}=\sin^2\,\theta\frac{\partial^2 v}{\partial r^2}+\frac{\cos^2\,\theta}{r}\frac{\partial v}{\partial r}$$

因此

$$\frac{\partial^2 v}{\partial x^2}+\frac{\partial^2 v}{\partial z^2}=\frac{\partial^2 v}{\partial r^2}+\frac{1}{r}\frac{\partial v}{\partial r}$$

代入简化的 N-S 方程第一式，得到

$$\frac{\partial^2 v}{\partial r^2}+\frac{1}{r}\frac{\partial v}{\partial r}=\frac{1}{\mu}\frac{\partial p}{\partial y}$$

由于 $v$ 仅是 $r$ 的函数，而 $p$ 仅是 $y$ 的函数，因此可将方程写为

$$\frac{\mathrm{d}^2 v}{\mathrm{d}r^2}+\frac{1}{r}\frac{\mathrm{d}v}{\mathrm{d}r}=\frac{1}{\mu}\frac{\mathrm{d}p}{\mathrm{d}y}$$

若设管长 $l$ 上的压降为 $\Delta p$，则

$$\frac{\mathrm{d}p}{\mathrm{d}y}=-\frac{\Delta p}{l}$$

式中“-”号表明压强增量 $\mathrm{d}p$ 沿管中流动方向为负值。代入方程得

$$\frac{\mathrm{d}^2 v}{\mathrm{d}r^2}+\frac{1}{r}\frac{\mathrm{d}v}{\mathrm{d}r}=-\frac{1}{\mu}\frac{\Delta p}{l}$$

$$\frac{1}{r}\frac{\mathrm{d}}{\mathrm{d}r}\left(r\frac{\mathrm{d}v}{\mathrm{d}r}\right)=-\frac{1}{\mu}\frac{\Delta p}{l}$$

积分可得

$$r\frac{\mathrm{d}v}{\mathrm{d}r}=-\frac{1}{\mu}\frac{\Delta p}{l}\frac{r^2}{2}+C_1$$

$$\frac{\mathrm{d}v}{\mathrm{d}r}=-\frac{1}{\mu}\frac{\Delta p}{l}\frac{r}{2}+\frac{C_1}{r}$$

再次积分可得

$$v=-\frac{\Delta p}{4\mu l}r^2+C_1\ln r+C_2$$

由管轴 $r=0$ 处，流速 $v$ 为有限值，可得 $C_1=0$；管壁 $r=r_0$ 处，$v=0$，得 $C_2=\frac{\Delta p}{4\mu l}r_0^2$。最后得

$$v=\frac{\Delta p}{4\mu l}(r_0^2-r^2) \tag{9-3}$$

式(9-3)即为流体沿等径圆管作恒定层流运动时的速度分布规律。可以看出，各点速度与所在半径 $r$ 成抛物线关系(图 9-5)，称为**抛物线速度分布规律**。

显然，最大流速在管轴线上，即 $r=0$ 时，有

$$v_{\max}=\frac{\Delta p}{4\mu l}r_0^2 \tag{9-4}$$

为计算流量，在图 9-6 所示过流断面上半径 $r$ 处取宽度为 $\mathrm{d}r$ 的微元环形面积。通过该面积的流量为

$$\mathrm{d}q_V=v\mathrm{d}A=2\pi rv\mathrm{d}r$$

由此可得通过整个过流断面流量

$$q_V=\int \mathrm{d}q_V=\int_0^{r_0}2\pi rv\mathrm{d}r$$

$$=\int_0^{r_0}\left[2\pi r\frac{\Delta p}{4\mu l}(r_0^2-r^2)\right]\mathrm{d}r$$

$$=\frac{\pi\Delta p}{2\mu l}\int_0^{r_0}[(r_0^2-r^2)r]\mathrm{d}r$$

图 9-6

积分得

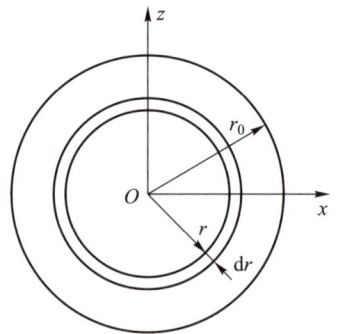

$$q_V=\frac{\pi\Delta p}{8\mu l}r_0^4 \tag{9-5}$$

或

$$q_V=\frac{\pi d^4}{128\mu l}\Delta p \tag{9-6}$$

该式为圆管层流时广泛采用的流量计算公式，通常称为**哈根-泊肃叶**(Hagen-Poiseuille)**公式**。此式说明，作层流运动时，圆管中的流量与管径的四次方成正比。可见，管径对流量的影响很大，人们常用直径很小的短管来节流，其道理就在于此。

由式(9-5)及断面平均流速定义，可求得流体作恒定层流时的平均流速为

$$V=\frac{q_V}{A}=\frac{q_V}{\pi r_0^2}=\frac{\pi r_0^4}{8\mu l}\frac{\Delta p}{\pi r_0^2}$$

即

$$V=\frac{r_0^2}{8\mu l}\Delta p \tag{9-7}$$

比较式(9-7)和式(9-4)可得

$$V=\frac{1}{2}v_{\max} \tag{9-8}$$

即断面平均流速为管轴上最大流速的一半。

由式(9-3)和式(9-7)可计算在圆管层流时动量修正因数和动能修正因数为

$$\alpha_0=\frac{\int_A v^2\mathrm{d}A}{V^2A}=\frac{\int_0^{r_0}\left[\frac{\Delta p}{4\mu l}(r_0^2-r^2)\right]^2 2\pi r\mathrm{d}r}{\left(\frac{\Delta p}{8\mu l}r_0^2\right)^2\pi r_0^2}=\frac{4}{3}\approx 1.33$$

$$\alpha=\frac{\int_A v^3\mathrm{d}A}{V^3A}=\frac{\int_0^{r_0}\left[\frac{\Delta p}{4\mu l}(r_0^2-r^2)\right]^3 2\pi r\mathrm{d}r}{\left(\frac{\Delta p}{8\mu l}r_0^2\right)^3\pi r_0^2}\approx 2$$

由牛顿内摩擦定律可得流体中的应力分布规律为

$$\tau=-\mu\frac{\mathrm{d}v}{\mathrm{d}r}=-\mu\frac{\mathrm{d}}{\mathrm{d}r}\left[\frac{\Delta p}{4\mu l}(r_0^2-r^2)\right]=\frac{\Delta p}{2l}r$$

式中“-”号是因为 $\mathrm{d}r$ 为正时,$\mathrm{d}v$ 为负值,为使 $\tau$ 为正值而引入的。

在管壁 $r=r_0$ 处切应力有最大值:

$$\tau_0=\frac{\Delta p}{2l}r_0$$

两式相比得

$$\frac{\tau}{\tau_0}=\frac{r}{r_0}$$

或

$$\tau=\frac{r}{r_0}\tau_0 \tag{9-9}$$

式(9-9)表明,流体中切应力沿半径方向成线性规律分布(图 9-5)。

下面计算流体的沿程能量损失。由式(9-7)得

$$\Delta p=\frac{8\mu l}{r_0^2}V$$

对水平放置圆管中的均匀层流运动,可以很容易得到其水头损失为

$$h_{\mathrm{f}}=\frac{\Delta p}{\rho g}=\frac{8\mu lV}{\rho g r_0^2}=\frac{32\mu lV}{\rho g d^2} \tag{9-10}$$

将式(9-10)作以下变换:

$$h_{\mathrm{f}}=\frac{64\mu}{\rho Vd}\frac{l}{d}\frac{V^2}{2g}=\frac{64}{Re}\frac{l}{d}\frac{V^2}{2g}$$

令

$$\lambda=\frac{64}{Re}$$

则
$$h_f=\lambda\frac{l}{d}\frac{V^2}{2g}\tag{9-11}$$

式(9-11)即为能量损失计算公式,称为达西(Darcy)公式。$\lambda$ 为沿程损失因数,大小取决于雷诺数 $Re$。可以看出,因数 $\lambda$ 的确定是沿程损失计算的关键。

由式(9-10)可以看出,在层流运动中,损失与速度的一次方成比例,此结论与雷诺实验的结果相一致。

当损失用压差表示时,可以写为

$$\Delta p=\lambda\frac{l}{d}\frac{\rho V^2}{2}=\lambda_p\frac{\rho V^2}{2}$$

式中 $\lambda_p=\frac{64}{Re}\frac{l}{d}$称为压强损失因数。

最后必须说明,这里讨论的只是充分发展了的层流运动,对于考虑管入口影响的未充分发展的层流运动,以后予以讨论。

## §9-4 间隙中的层流运动

本节讨论液体在微小间隙中的流动,研究液体在间隙中流动时流速的分布、流量计算和损失计算等。

间隙流动的主要特征为:流动状态为层流,对于较短的间隙,进口起始段效应影响较大,在实际工程计算中必须加以修正。

在间隙流动的研究中,假设:

(1) 研究对象为不可压缩流体,即 $\rho$ 为常数;

(2) 一般情况下,流体质点的运动惯性力和质量力均忽略不计;

(3) 流体的黏度认为是不变的(当然,因间隙中压强和温度的变化较大,实际上流体的黏度是有一定变化的,这种变化对计算结果的影响可在专门的研究中查阅);

(4) 因间隙高度很小,可以近似地看作一维流动,即流体质点沿壁面作平行流动,沿高度方向速度分量为零。

下面重点讨论平行平板间隙流动和圆柱环形间隙流动。

### 1. 平行平板间隙流动

平行平板间隙流动是实际工程中经常遇到的问题,如齿轮泵齿顶与泵壳间的流动,静压导轨缝隙中的流动等。

现在研究图 9-7 所示两壁面间的液体流动,假设流动为充分发展了的层流运动。认为板宽 $b$ 和长度 $L$ 远大于高度 $h$,所以可将流动看作一维平面流动。选取直角坐标系如图所示。

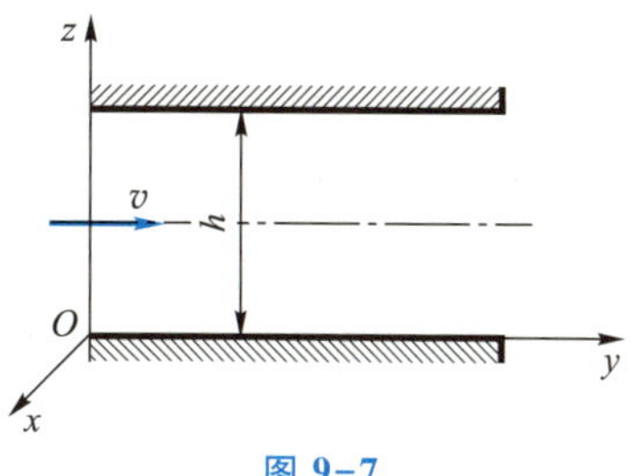

图 9-7

按流动特点简化 N-S 方程：

对匀速流动，质量力只有重力，所以

$$f_x=0,f_y=0,f_z=-g$$

对于恒定流动

$$\frac{\partial v_x}{\partial t}=\frac{\partial v_y}{\partial t}=\frac{\partial v_z}{\partial t}=0$$

由平行于 $y$ 轴的平行流动得知

$$v_z=v_x=0,v_y=v$$

于是由不可压缩流体连续性方程

$$\frac{\partial v_x}{\partial x}+\frac{\partial v_y}{\partial y}+\frac{\partial v_z}{\partial z}=0$$

得

$$\frac{\partial v_y}{\partial y}=0,\ \frac{\partial^2 v_y}{\partial y^2}=0$$

说明沿 $y$ 轴 $v_y=v$ 为定值。

按板宽 $b$ 远大于 $h$ 的假设，有

$$\frac{\partial v}{\partial x}=0,\ \frac{\partial^2 v}{\partial x^2}=0$$

由上述分析可知，$v$ 仅为 $z$ 的函数。将上述分析代入 N-S 方程可得

$$\left.\begin{aligned}-\frac{1}{\rho}\frac{\partial p}{\partial y}+\nu\frac{\partial^2 v}{\partial z^2}=0\\ -\frac{1}{\rho}\frac{\partial p}{\partial x}=0\\ -g-\frac{1}{\rho}\frac{\partial p}{\partial z}=0\end{aligned}\right\}$$

对于微小间隙均匀层流运动，质量力 $g$ 可以忽略，故压强 $p$ 仅为 $y$ 的函数，即

$$\frac{\partial p}{\partial y}=\frac{\mathrm{d}p}{\mathrm{d}y}$$

由前面分析有

$$\frac{\partial^2 v}{\partial z^2}=\frac{\mathrm{d}^2 v}{\mathrm{d}z^2}$$

则第一个方程为

$$\frac{\mathrm{d}^2 v}{\mathrm{d}z^2}=\frac{1}{\mu}\frac{\mathrm{d}p}{\mathrm{d}y}$$

将该式积分两次，并注意到对于均匀层流其压降$\dfrac{\mathrm{d}p}{\mathrm{d}y}$为常数，可得

$$v=\frac{1}{2\mu}z^{2}\frac{\mathrm{d}p}{\mathrm{d}y}+Az+B \tag{9-12}$$

该式为平行平板间隙流动中速度分布的通用表达式，其中积分常数 $A$，$B$ 需按具体流动的边界条件确定。

下面分三种情况讨论：

（1）固定平板间隙流动

这种情况下，上下平板均固定不动，流体在缝隙两端压差作用下运动，故又称为压差流动。

由边界条件

$$z=0 \text{ 时}, v=0$$

$$z=h \text{ 时}, v=0$$

得积分常数

$$B=0, A=-\frac{h}{2\mu}\frac{\mathrm{d}p}{\mathrm{d}y}$$

代入式（9-12）得

$$v=\frac{1}{2\mu}z(z-h)\frac{\mathrm{d}p}{\mathrm{d}y} \tag{9-13}$$

因此流量

$$q_V=\int_0^h vb\mathrm{d}z=\int_0^h \frac{b}{2\mu}z(z-h)\frac{\mathrm{d}p}{\mathrm{d}y}\mathrm{d}z$$

得

$$q_V=-\frac{bh^3}{12\mu}\frac{\mathrm{d}p}{\mathrm{d}y} \tag{9-14}$$

对于均匀层流

$$\frac{\mathrm{d}p}{\mathrm{d}y}=\frac{p_2-p_1}{L}=-\frac{\Delta p}{L}$$

式中 $p_2$，$p_1$ 为缝隙出、入口的压强。代入式（9-13）和式（9-14）得

$$v=\frac{\Delta p}{2\mu L}z(h-z) \tag{9-15}$$

$$q_V=\frac{bh^3}{12\mu L}\Delta p \tag{9-16}$$

由式（9-15）可以看出，在压差间隙流动中，速度分布呈抛物线规律（图9-8）。最大速度位于间隙中间，即 $z=\frac{h}{2}$ 处，此时

$$v_{\max}=\frac{h^2}{8\mu L}\Delta p$$

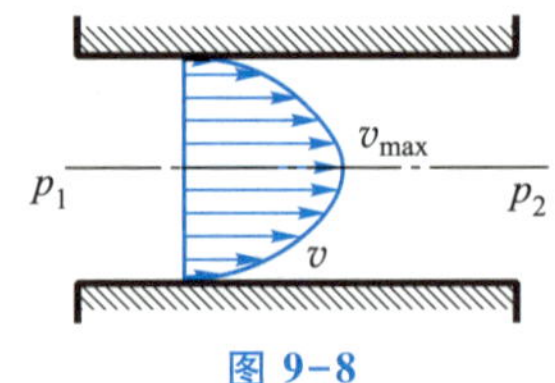

图 9-8

当应用式（9-16）于短通道的进口起始段时，其值须加以

修正，即

$$q_V=\frac{1}{C_e}\frac{bh^3}{12\mu L}\Delta p$$

式中 $C_e$ 为修正因数。

(2) 剪切流动

当图 9-7 中缝隙两端压强相等，而下板(或上板)以速度 $V_0$ 向右(或向左)运动时，缝隙中的液体仍将作平行流动，称为剪切流动。

此时边界条件为

$$z=0\text{ 时},\quad v=V_0$$
$$z=h\text{ 时},\quad v=0$$

由式(9-12)定出积分常数为

$$A=-\frac{V_0}{h},\quad B=V_0$$

代入式(9-12)得

$$v=\left(1-\frac{z}{h}\right)V_0 \tag{9-17}$$

于是流量

$$q_V=\int_0^h vb\mathrm{d}z=\int_0^h\left(1-\frac{z}{h}\right)V_0b\mathrm{d}z$$

得

$$q_V=\frac{bh}{2}V_0 \tag{9-18}$$

由式(9-17)可以看出，剪切流动中速度沿 $z$ 方向呈线性分布(图9-9)。

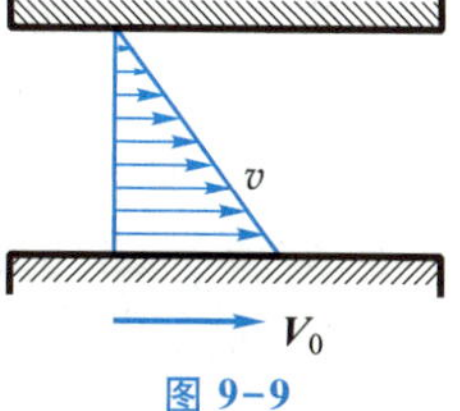

图 9-9

(3) 压差、剪切共同作用下的间隙流动

在图 9-7 中，若 $p_1\neq p_2$，而且其中一板固定，另一板以 $V_0$ 运动，此时间隙中液体的流动是在剪切和压差共同作用下形成的。

不难想象，在这种运动中，流速分布与流量计算应为纯压差流动和纯剪切流动的叠加。其结果为

$$v=\frac{\Delta p}{2\mu L}z(h-z)\pm\left(1-\frac{z}{h}\right)V_0 \tag{9-19}$$

$$q_V=\frac{bh^3}{12\mu L}\Delta p\pm\frac{bh}{2}V_0 \tag{9-20}$$

式中的正、负号依压差与板运动的相对方向而定。

### 2. 圆柱环形间隙流动

现在讨论在两个圆柱面所形成的缝隙中流体沿轴线方向的流动规律。按两圆柱面是否同心将其分为同心圆柱环形间隙流动和偏心圆柱环形间隙流动。

在实际工程中，这种流动形式非常普遍，如圆柱滑阀阀芯与阀孔间隙中的流动，各种活塞与缸体间的泄漏流动等。

(1) 同心圆柱环形间隙流动

图 9-10 所示为一同心圆柱环形间隙，其间隙高度 $h$ 与直径 $d$ 相比为一微小量，液体在间隙中沿轴向流动。这种情况可以简单地按板宽为 $b=\pi d$ 的平行平板间隙流动来处理，即将圆柱环形间隙展开，使其成为平行平板间隙。

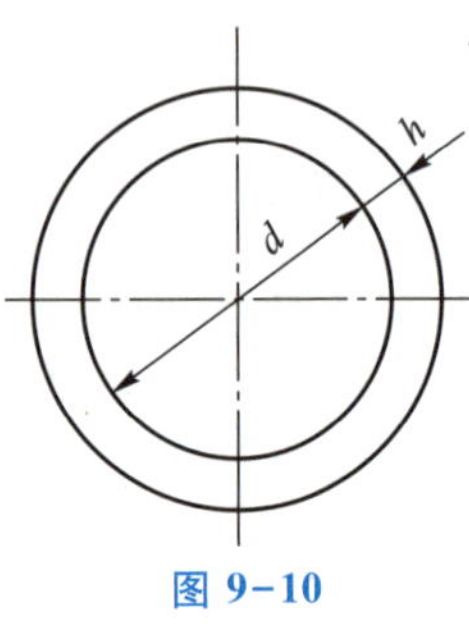


图 9-10

按式(9-20)可得同心圆柱环形间隙流动的流量公式为

$$q_V=\frac{\pi d h^3}{12\mu L}\Delta p\pm\frac{\pi d h}{2}V_0 \tag{9-21}$$

式中 $V_0$ 为内柱或外孔壁沿轴线移动的速度，正、负号的意义与平板间隙流动相同。

若 $V_0=0$，即内柱和外孔壁均固定不动，则为纯压差流动，其流量为

$$q_V=\frac{\pi d h^3}{12\mu L}\Delta p \tag{9-22}$$

若间隙高度 $h$ 与直径 $d$ 相比不是一微小量，其流速分布和流量计算公式需另行推导，读者可查阅有关资料。

(2) 偏心圆柱环形间隙流动

在实际工作中，在各种力的影响下，圆柱环形间隙大都处于偏心工作状态，因此，必须考虑由于内柱与外孔的相对偏心所引起的流量变化。

图 9-11

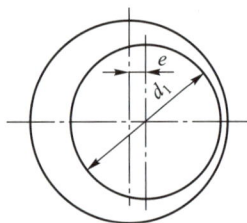

如图 9-11 所示，当偏心量为 $e$ 时流量计算公式为(此处推导从略)

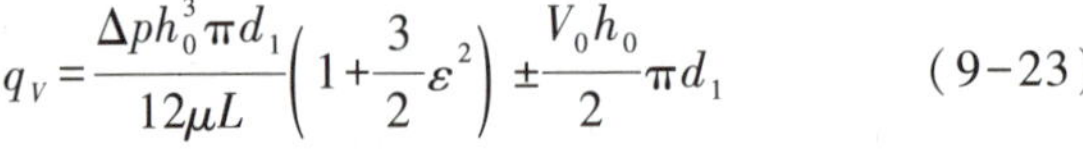

$$q_V=\frac{\Delta p h_0^3\pi d_1}{12\mu L}\left(1+\frac{3}{2}\varepsilon^2\right)\pm\frac{V_0 h_0}{2}\pi d_1 \tag{9-23}$$

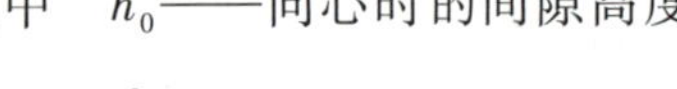

式中 $h_0$——同心时的间隙高度；

$\varepsilon=\dfrac{e}{h_0}$——相对偏心率；

$d_1$——内圆柱直径。

当内柱、外孔均固定不动，即 $V_0=0$ 时流量为

$$q_V=\frac{\Delta p h_0^3\pi d_1}{12\mu L}\left(1+\frac{3}{2}\varepsilon^2\right) \tag{9-24}$$

比较式(9-22)和式(9-24)可以看出，偏心的存在使通过圆柱环形间隙的流量增大，其比值为

$$\frac{q_{V_e}}{q_{V_c}}=1+\frac{3}{2}\varepsilon^2$$

# §9-5　圆管中的湍流运动

流体在作湍流运动时，质点的运动杂乱无章，相互混杂，流体的运动参数如流速、压强等均随时间不停地变化，因此，湍流运动实质上是一种非恒定流动，运动参数的变化，称为脉动现象。脉动现象使流体湍流的研究与层流有着根本的区别，层流研究中所采用的严密的数学推导，无法在湍流中应用。湍流的研究只能借助于一些半经验理论和实验，即在一定的假设前提下进行实验，分析实验结果，参照层流运动得出半经验的规律。

本节将引进新的数学物理模型，在实验研究的基础上，得出工程计算中适用的湍流流动的基本关系式和能量损失的计算方法。

### 1. 时间平均流速

图 9-12 为湍流流动流场中某空间点 $M$ 上的速度随时间的变化曲线。可以看出，尽管速度的大小随时间不停地变化，但空间任意点上的速度始终围绕某一“平均”值波动，人们根据这一实测结果采用了运动参数的时间平均值作为研究对象，从而使湍流运动的研究找到了切实可行的办法。

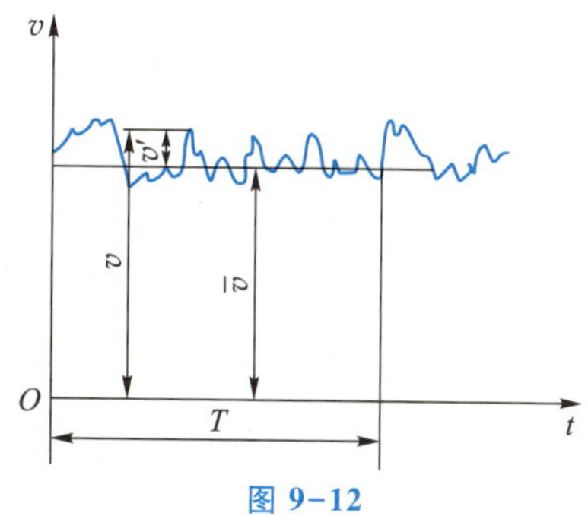

图 9-12

由图 9-12 可以看出，若湍流中某点的时间平均速度为 $\bar{v}$，则该点某瞬时的速度可以表示为

$$v=\bar{v}+v' \tag{9-25}$$

式中 $v'$为时间平均速度 $\bar{v}$ 与真实瞬时速度 $v$ 的差值，称为**脉动速度**。

在湍流状态下，流体质点将在基本流动方向不变的情况下作杂乱无章的脉动运动，其脉动速度 $v'$有正、有负（图 9-12），所以在一定的时间间隔内，脉动速度的平均值必然为零，即

$$\sum v'=0$$

由图 9-12 也可以将时间平均流速定义为：在一定的时间 $T$ 内，以真实流速流过空间某一微小过流断面 $\mathrm{d}A$ 的流体体积，等于以不随时间改变的平均流速在同一时间间隔 $T$ 内流过同一微小过流断面 $\mathrm{d}A$ 的流体体积，即

$$\bar{v}T\mathrm{d}A=\int_0^T v\mathrm{d}A\mathrm{d}t$$

消去 $\mathrm{d}A$ 得

$$\bar{v}=\frac{1}{T}\int_0^T v\mathrm{d}t \tag{9-26}$$

式(9-26)的物理含义为：时间平均流速的引入是以 $T,\bar{v}$ 为边的矩形面积代替了真实速度 $v$ 在 $T$ 内的积分。

同理，可以引入其他运动参数的时间平均值，如**时间平均压强**

$$\bar{p}=\frac{1}{T}\int_0^T p\mathrm{d}t$$

$$p=\bar{p}+p'$$

这里，引进了湍流研究中的几个重要概念：

(1) **瞬时速度** $v$，**瞬时压强** $p$，表示在某时刻湍流流场中某点速度、压强的真实值。

(2) **时间平均速度** $\bar{v}$，**时间平均压强** $\bar{p}$，表示在一定的时间段内，湍流流场中某空间点上速度、压强的时间平均值。但要注意，在过流断面上不同点有不同的时间平均值。

(3) **脉动速度** $v'$，**脉动压强** $p'$，表示在某一空间点上速度、压强的真实值与时间平均值的差值。

(4) **断面平均流速** $V$，表示过流断面上所有点的时间平均流速(层流时即为真实流速)对断面的平均值，断面上所有各点具有相同的 $V$ 值。

运动参数时间平均值的引入使研究工作大为简化，所讨论的对象由真实的脉动运动参数变为时间平均运动参数，即以湍流运动的时间平均运动参数代替了湍流真实流动的运动参数，建立了以时间平均运动参数描述的“模型场”。

实际上，以真实运动参数研究湍流运动是十分复杂的。在实际工程计算中，每个流体质点的实际运动情况，尤其是脉动状态并无实际意义，所需要求解的速度、压强分布、能量损失计算等均指其时间平均值。一般用测速计、压强计等量测仪表所测得的也只能是时间平均值。

在以下湍流运动的研究中，所有概念都将以时间平均值来定义。例如，湍流流场中流线定义为在时间平均速度场中所作的曲线，在给定瞬时位于该曲线上的所有流体质点的时间平均速度向量都与曲线相切。湍流运动的分类也以时间平均值的概念来划分，当湍流流场中每一空间点上的运动参数时间平均值，例如时间平均速度、时间平均压强等不随时间变化时，称为**恒定湍流运动**，或称为准恒定湍流流动。而当流场中每一空间点上的运动参数时间平均值随时间变化时，称为**非恒定湍流运动**。

由此可见，以时间平均参数代替真实的运动参数，就需要使前面所引用的基本概念和运动分类以及前面推得的恒定流动基本方程(如能量方程、动量方程等)均适用于湍流运动，从而使湍流运动的研究大大简化。

应该指出，时间平均化的概念只是人为建立的一种研究模型，其目的仅在于使研究过程和方法简化。当研究涉及湍流物理本质的问题时，就必须考虑流体质点相互混杂的影响，否则将出现很大的误差。例如，在研究湍流流动能量损失时就不能应用牛顿内摩擦定律，必须考虑流体质点湍动、混杂的影响。

### 2. 湍流流动中的动量交换和附加切应力

在湍流运动中，流体质点的速度大小和方向都在不停地变化，在流体质点沿流动方向向前运动的同时，还存在向各个方向的脉动，使某一层中的流体质点将脉动速度分量带入另一层。显然，这种脉动的结果将产生对流动的附加阻力，这种阻力的确定是湍流运动研究的一个重要内容。

现在以圆管中的准恒定湍流流动为对象，应用动量交换理论，研究附加应力产生的原因和湍流运动中流速分布、阻力计算等问题。

图 9-13 所示为水平放置的等径直圆管，流体在管内作恒定湍流运动。取管轴为 $x$ 轴，半径方向为 $y$ 轴。在图示 $M$ 点处，取微元面积 $dA_1$ 垂直于 $x$ 方向，它位于微元环形截面上；取微元面积 $dA_2$ 垂直于 $y$ 轴，它位于 $M$ 点所在的圆柱面上。

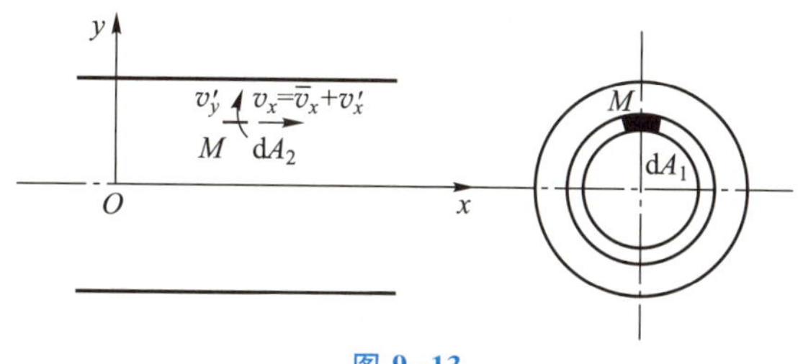


图 9-13

当忽略流体重力时，流动对称于 $x$ 轴。因此，在 $x$ 方向和 $y$ 方向的实际速度为

$$v_x=\bar{v}_x+v'_x,v_y=v'_y$$

即在 $x$ 方向有时间平均速度 $\bar{v}_x$，同时也有脉动速度 $v'_x$；而在 $y$ 方向其时间平均速度 $\bar{v}_y=0$，只存在脉动速度 $v'_y$。

首先计算通过 $dA_1$ 的动量。$dt$ 时间通过 $dA_1$ 的流体质量为 $\rho v_x dA_1 dt$。在 $dt$ 时间内通过 $dA_1$ 传递的动量为 $\rho v_x^2 dA_1 dt$，由 $v_x=\bar{v}_x+v'_x$ 得

$$\rho v_x^2 dA_1 dt=\rho(\bar{v}_x+v'_x)^2 dA_1 dt=\rho\bar{v}_x^2 dA_1 dt+2\rho\bar{v}_x v'_x dA_1 dt+\rho v'^2_x dA_1 dt$$

将此式中的各项在时间 $T$ 内取时间平均值得

$$\frac{1}{T}\int_0^T\rho v_x^2 dA_1 dt=\frac{1}{T}\int_0^T\rho\bar{v}_x^2 dA_1 dt+\frac{1}{T}\int_0^T 2\rho\bar{v}_x v'_x dA_1 dt+\frac{1}{T}\int_0^T\rho v'^2_x dA_1 dt$$

讨论限于不可压缩流体准恒定流动，所以 $\rho=$常数，$\bar{v}_x=$常数。由此，上式各项为

$$\frac{1}{T}\int_0^T\rho v_x^2 dA_1 dt=\rho dA_1\frac{1}{T}\int_0^T v_x^2 dt=\rho\overline{v_x^2}dA_1$$

$$\frac{1}{T}\int_0^T\rho\bar{v}_x^2 dA_1 dt=\rho dA_1\bar{v}_x^2\frac{1}{T}\int_0^T dt=\rho\bar{v}_x^2 dA_1$$

$$\frac{1}{T}\int_0^T 2\rho\bar{v}_x v'_x dA_1 dt=2\rho\bar{v}_x dA_1\int_0^T v'_x dt=0$$

$$\frac{1}{T}\int_0^T\rho v'^2_x dA_1 dt=\rho dA_1\frac{1}{T}\int_0^T v'^2_x dt=\rho\overline{v'^2_x}dA_1$$

这里，$\overline{v_x'^2}$是纵向脉动速度平方的时均值，应注意与$\overline{v_x'}$，即脉动速度时均值的区别，前者不为零。

将上述关系代回原方程得

$$\rho\,\overline{v_x^2}\mathrm{d}A_1=\rho(\bar{v}_x)^2\mathrm{d}A_1+\rho\,\overline{v_x'^2}\mathrm{d}A_1$$

消去 $\mathrm{d}A_1$ 得

$$\rho\,\overline{v_x^2}=\rho(\bar{v}_x)^2+\rho\,\overline{v_x'^2} \tag{9-27}$$

式(9-27)各项的含义为：$\rho\,\overline{v_x^2}$表示在单位时间内，通过垂直于 $x$ 轴的单位面积以真实速度传递的动量；$\rho(\bar{v}_x)^2$ 表示在同一时间，通过同一面积以时间平均速度传递的动量；$\rho\,\overline{v_x'^2}$表示在同一时间，通过同一面积以脉动速度传递的动量。由动量定理可知，通过 $\mathrm{d}A_1$ 的动量传递必然是一定作用力引起的结果，因此，式(9-27)中各项表示单位面积上的作用力，即应力，应力方向为 $x$ 轴方向。所以式(9-27)可以表示为

真实应力的时均值=时均运动引起的正应力+纵向脉动引起的附加正应力

当流体在等径直管中作湍流运动时，若以时间平均速度描述其速度场，则速度方向总是平行于 $x$ 轴。对各过流断面而言，速度分布相同，所以，沿流程各处附加的正应力均相同，即

$$\frac{\partial\left[\rho\,\overline{v_x'^2}\right]}{\partial x}=0$$

该式表明，在圆管湍流中，附加湍流正应力不引起能量损失，所以，在计算中不予考虑。

下面计算通过 $\mathrm{d}A_2$ 的动量交换。由前面的分析可知，在湍流运动中，在管的径向存在脉动速度 $v_y'$。因此，在 $M$ 点的附近也有流体质点在 $y$ 方向的脉动，必然引起流体质量交换，具有不同速度的质量间的交换，将产生动量交换。

设 $M$ 点处径向脉动速度为 $v_y'$，在 $\mathrm{d}t$ 时间内通过 $\mathrm{d}A_2$ 脉动出去的流体质量为 $\rho v_y'\mathrm{d}A_2\mathrm{d}t$。原来这部分流体具有轴向速度 $v_x=\bar{v}_x+v'_x$，因此，因脉动通过 $\mathrm{d}A_2$ 传递过去的在 $x$ 方向的动量为

$$\rho v_y'\mathrm{d}A_2\mathrm{d}t v_x=\rho v_y'\mathrm{d}A_2\mathrm{d}t\,\bar{v}_x+\rho v_y'\mathrm{d}A_2\mathrm{d}t v'_x$$

将该式在 $T$ 时间内进行时均计算，可以得到在单位时间内通过 $\mathrm{d}A_2$ 传递的在 $x$ 方向的动量：

$$\frac{1}{T}\int_0^T\rho v'_y\mathrm{d}A_2\mathrm{d}t v_x=\frac{1}{T}\int_0^T\rho\,\bar{v}_x v'_y\mathrm{d}A_2\mathrm{d}t+\frac{1}{T}\int_0^T\rho v'_x v'_y\mathrm{d}A_2\mathrm{d}t$$

式中各项为

$$\frac{1}{T}\int_0^T\rho v'_y\mathrm{d}A_2\mathrm{d}t v_x=\rho\mathrm{d}A_2\frac{1}{T}\int_0^T v'_y v_x\mathrm{d}t=\rho(\overline{v'_y v_x})\mathrm{d}A_2$$

$$\frac{1}{T}\int_0^T\rho\,\bar{v}_x v'_y\mathrm{d}A_2\mathrm{d}t=\rho\,\bar{v}_x\mathrm{d}A_2\int_0^T v'_y\mathrm{d}t=0$$

$$\frac{1}{T}\int_0^T \rho v'_x v'_y \mathrm{d}A_2 \mathrm{d}t = \rho \mathrm{d}A_2 \frac{1}{T}\int_0^T v'_x v'_y \mathrm{d}t = \rho(\overline{v'_x v'_y})\mathrm{d}A_2$$

将各项代入原方程得

$$\rho(\overline{v'_y v_x}) = \rho(\overline{v'_x v'_y}) \tag{9-28}$$

式(9-28)说明，当流体在圆管中作湍流运动时，在单位时间内，通过圆柱面上单位面积所传递的沿 $x$ 方向的动量为 $\rho(\overline{v'_x v'_y})$。因此，该单位面积上必将受到沿 $x$ 方向的作用力，其大小等于 $\rho(\overline{v'_x v'_y})$，因这个力作用在圆柱面上而且沿轴线方向故称为切应力。又因为这个切应力是由于流体质点的横向脉动产生的，所以又称附加切应力，记为 $\tau'$，即

$$\tau' = \rho(\overline{v'_x v'_y})$$

附加切应力的产生似乎与流体黏性的产生原因相类同，都是分子的动量交换，但两者有着本质的区别，前者是流体微元脉动的结果，而后者是流体分子无规则运动碰撞造成的。

综合以前的分析可以看出，在湍流流动的任意过流断面上，切应力 $\tau$ 应为黏性摩擦切应力与附加切应力之和，即

$$\tau = \mu\frac{\mathrm{d}\bar{v}_x}{\mathrm{d}y} + \tau'$$

或

$$\tau = \mu\frac{\mathrm{d}\bar{v}_x}{\mathrm{d}y} + \rho(\overline{v'_x v'_y}) \tag{9-29}$$

在圆管层流运动的研究中，由切应力表达式可以直接用数学方法推导出速度分布规律。由此启发，在湍流流动中，若能找出式(9-29)中 $\rho(\overline{v'_x v'_y})$ 与 $\bar{v}_x$ 和 $y$ 之间的函数关系，则湍流流动中的应力分布也就可以确定了。

由于湍流运动的复杂性，完全从严密的数学推导解决问题是不可能的。历来的研究者从不同的角度引用一定的假设，基本上使问题得到了解决。现在介绍其中的一种方法——普朗特混合长理论。

### 3. 普朗特(Prandtl)混合长理论

普朗特混合长理论主要用来解决湍流运动中附加切应力 $\tau'$ 和时间平均流速 $\bar{v}_x$ 间的关系，实质上是确定脉动速度 $v'_x$，$v'_y$ 的大小。

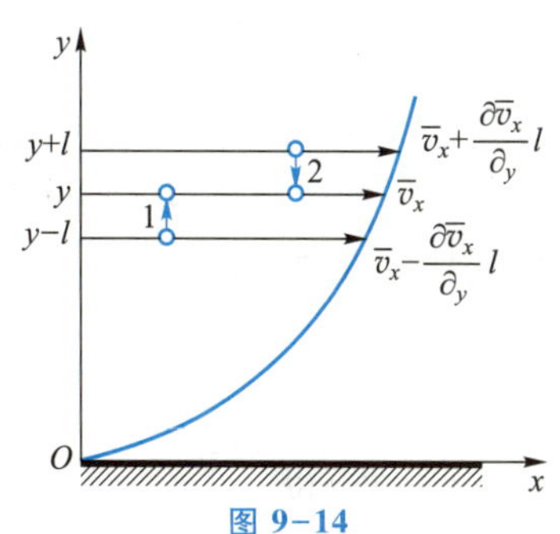

图 9-14

图 9-14 曲线表示沿径向时间平均流速 $\bar{v}_x$ 的分布，其中坐标轴 $x$ 选取在管壁上，$y$ 轴沿管直径方向。

普朗特认为，流体质点在 $y$ 方向脉动的结果，由一个流体层跃入另一层，脉动过程经过一段不与其他流体质点相碰撞的距离 $l$，以它原来的动量和新位置周围的质点混合，完成动量交换，$l$ 称为混合长度或自由行程。

在这个基础上普朗特提出两个假设：

（1）流体质点的纵向脉动速度 $v'_x$ 等于两层流体时均速度的差值，即 $v'_x=\frac{\mathrm{d}\bar{v}_x}{\mathrm{d}y}l$。即当流体质点从 $y+l$ 层脉动到 $y$ 层上时，相当于在 $y$ 层上引起了大小为$\frac{\mathrm{d}\bar{v}_x}{\mathrm{d}y}l$ 的纵向脉动。

（2）横向脉动速度 $v'_y$与纵向脉动速度 $v'_x$ 成正比。即 $v'_y$与 $v'_x$ 的数值大小为同一数量级。

第二个假设可以用图 9-15 所示流体质点的脉动模型来说明。设有两个流体质点 1，2 分别自 $y-l$ 层和 $y+l$ 层同时跃入 $y$ 层。由第一个假设可知，质点 1 的时均速度比 $y$ 层的流体质点慢 $v'_{x_1}=\frac{\mathrm{d}\bar{v}_x}{\mathrm{d}y}l$，而质点 2 的时均速度比 $y$ 层的流体质点快 $v'_{x_2}=\frac{\mathrm{d}\bar{v}_x}{\mathrm{d}y}l$。若如图 9-15a 所示质点 2 位于质点 1 的前方，则两质点在 $y$ 层上将以速度 $v'_{x_1}+v'_{x_2}$彼此分开，在 $y$ 层上产生空隙致使 $y$ 层两侧相邻位置上的流体质点向 $y$ 层脉动，填补质点 1，2 分开后留下的空隙，其脉动速度为 $v'_y$。若质点 1 位于质点 2 之前如图 9-15b 所示，则两质点将以速度 $v'_{x_1}+v'_{x_2}$靠近，致使 $y$ 层上 1，2 两点间的流体质点被排挤到 $y$ 层两侧，其脉动速度也为 $v'_y$。可以看出，质点的横向脉动是由纵向脉动引起的，其数值大小必定彼此相关，即两者数量级相同，可表示为

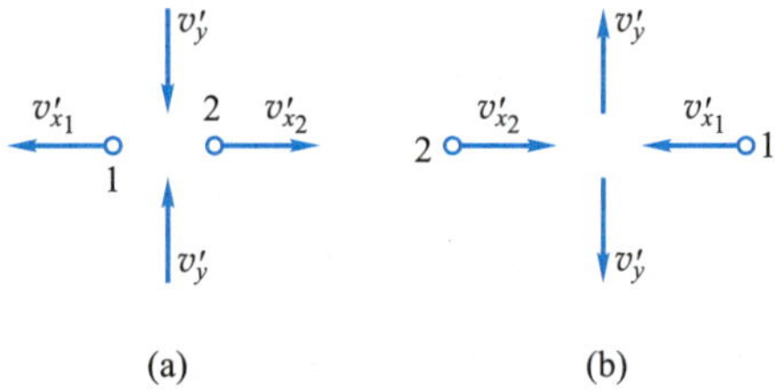

图 9-15

$$v'_y=cv'_x=c\left(\frac{\mathrm{d}\bar{v}_x}{\mathrm{d}y}l\right)$$

由普朗特混合长理论确定了 $v'_x$，$v'_y$与时均速度的关系，故附加切应力 $\tau'$可以确定为

$$\tau'=\rho(\overline{v'_xv'_y})=\rho\frac{1}{T}\int_0^T v'_xv'_y\mathrm{d}t$$

$$=\rho\frac{1}{T}\int_0^T c\left(\frac{\mathrm{d}\bar{v}_x}{\mathrm{d}y}\right)^2 l^2\mathrm{d}t=\rho cl^2\left(\frac{\mathrm{d}\bar{v}_x}{\mathrm{d}y}\right)^2$$

考虑到相邻两层附加切应力的方向不同，并把比例系数 $c$ 并入尚未确定的混合长度 $l$ 中得到附加切应力为

$$\tau'=\rho l^2\left|\frac{\mathrm{d}\bar{v}_x}{\mathrm{d}y}\right|\frac{\mathrm{d}\bar{v}_x}{\mathrm{d}y}\tag{9-30}$$

代入式（9-29）得

$$\tau=\mu\frac{\mathrm{d}\bar{v}_x}{\mathrm{d}y}+\rho l^2\left|\frac{\mathrm{d}\bar{v}_x}{\mathrm{d}y}\right|\frac{\mathrm{d}\bar{v}_x}{\mathrm{d}y}\tag{9-31}$$

由式(9-30)可以看出,湍流附加切应力的作用方向始终使速度分布更趋于均匀。

由式(9-31)可以看出,在整个湍流过流断面上切应力可以有三种情况,在靠近边壁的层流区域中,由于黏性作用显著,流体质点的脉动几乎不存在,因此 $\tau=\mu\frac{\mathrm{d}\bar{v}_x}{\mathrm{d}y}$,即只有黏性摩擦切应力;在湍流中心部分,流体质点脉动剧烈,黏性摩擦切应力与湍流附加切应力相比很小,可以忽略,其切应力为 $\tau=\rho l^2\left|\frac{\mathrm{d}\bar{v}_x}{\mathrm{d}y}\right|\frac{\mathrm{d}\bar{v}_x}{\mathrm{d}y}$;在湍流中心区与边壁层流区之间的过渡区域内,黏性摩擦切应力和湍流附加切应力相比,二者数量级相同,均不可以忽略,其切应力为

$$\tau=\mu\frac{\mathrm{d}\bar{v}_x}{\mathrm{d}y}+\rho l^2\left|\frac{\mathrm{d}\bar{v}_x}{\mathrm{d}y}\right|\frac{\mathrm{d}\bar{v}_x}{\mathrm{d}y}$$

### 4. 圆管内湍流流动的速度分布、黏性底层、水力光滑管和水力粗糙管

(1) 湍流结构分析

由前面的分析知道,流体在管内作层流运动时,过流断面上的速度按抛物线规律分布。

流体在圆管中作湍流运动时,速度分布不同于层流,这是因为湍流运动中流体质点的横向脉动使速度分布趋于均匀。显然,雷诺数越大,流体质点相互混杂得越剧烈,其速度分布越趋于均匀。图 9-16 给出了由实验资料得到的湍流过流断面的流速分布。

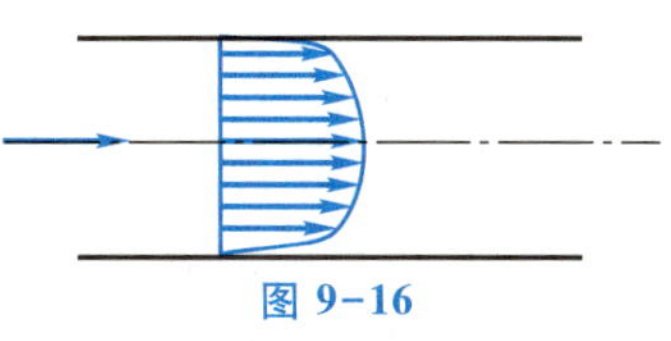

图 9-16

由图 9-16 可以看出,过流断面上的流速分布大致可分为三个区域,在靠近管壁处有一薄层流体,受管壁的影响,在流体黏性作用下流速急剧下降,在管壁处速度降为零。显然,在这个小范围内,沿径向存在较大的速度梯度,这一层流体称为**黏性底层**,或称为**近壁层流层**。

由于湍流脉动动量交换的结果,离边壁不远处到中心的绝大部分区域流速分布比较均匀,这部分流体处于湍流运动状态,称为**湍流核心区**。

在湍流核心区与黏性底层之间存在着范围很小的过渡区域。

黏性底层的厚度取决于流体运动速度的大小。流速越高,其质点混杂的能力越强,黏性底层越薄,反之越厚。由分析、推导和实验得到厚度 $\delta$ 与雷诺数 $Re$ 的关系为

$$\delta=32.8\frac{d}{Re\sqrt{\lambda}} \tag{9-32}$$

式中 $d$——管道直径;

$\lambda$——湍流运动沿程损失因数。

由式(9-32)可以看出,黏性底层的厚度是很薄的,通常大约只有几分之一毫米。

尽管黏性底层的厚度很小,但它对湍流流动的影响却很大,尤其是在沿程损失计算中

更为明显。

通常管壁表面粗糙凸出的平均高度称为管壁的绝对粗糙度，记为 $\Delta$，把绝对粗糙度 $\Delta$ 与管径 $d$ 的比值 $\Delta/d$ 称为相对粗糙度，记为$\overline{\Delta}$，常用管壁的 $\Delta$ 值列于表 9-1。

**表 9-1　常用管的绝对粗糙度**

| 管壁情况 | $\Delta$/mm | 管壁情况 | $\Delta$/mm |
|---|---|---|---|
| 干净的铜管、铅管 | 0.001 5~0.01 | 污秽的金属管 | 0.75~0.90 |
| 新无缝钢管 | 0.04~0.17 | 干净玻璃管 | 0.001 5~0.01 |
| 使用一年后的钢管 | 0.12 | 橡皮软管 | 0.01~0.03 |
| 普通钢管 | 0.19 | 水管道 | 0.25~1.25 |
| 精制镀锌钢管 | 0.25 | 纯水泥表面 | 0.25~1.25 |
| 普通镀锌钢管 | 0.39 | 混凝土槽 | 0.80~9.0 |
| 普通新铸铁管 | 0.25~0.42 | 刨平木板制成的木槽 | 0.25~2.0 |
| 旧的锈钢管 | 0.60 | | |

按 $\Delta$ 和 $\delta$ 的大小，将管道分为两种类型：

(a) 当 $\delta>\Delta$ 时，如图 9-17a 所示，管壁的粗糙凸出部分完全淹没在黏性底层中。此时，黏性底层以外的湍流区域完全不受管壁粗糙度的影响，流体就好像在理想的完全光滑管中流动，这种情况的管内湍流流动称为水力光滑管或简称为光滑管。

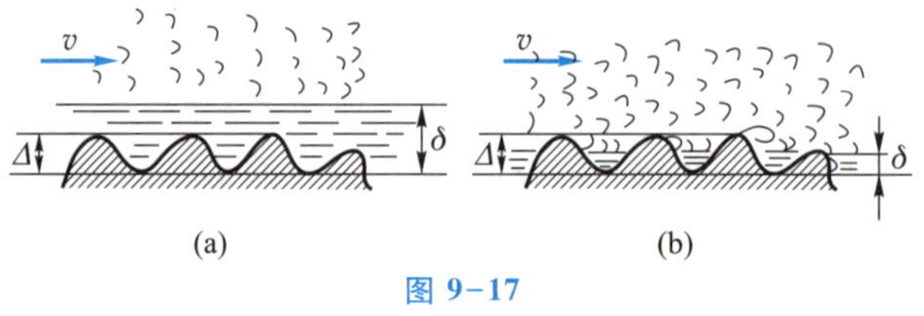


图 9-17

(b) 当 $\delta<\Delta$ 时，如图 9-17b 所示，管壁的粗糙突起暴露在湍流区内。此时，湍流区中的流体流过管壁粗糙凸出部分时将会引起旋涡，造成附加的能量损失，即管壁粗糙度对湍流流动产生影响，这种情况的管内湍流流动称为水力粗糙管或简称为粗糙管。

由前面的分析及式(9-32)可以看出，黏性底层的厚度 $\delta$ 是雷诺数 $Re$ 的函数，因此，湍流流动究竟属于光滑管还是粗糙管取决于 $\Delta$ 和 $Re$ 的大小。对同一绝对粗糙度 $\Delta$ 的管道，在小于某一雷诺数时其黏性底层厚度 $\delta$ 大于绝对粗糙度 $\Delta$，属于光滑管；而当 $Re$ 增加时，$\delta$ 必然减小，当 $\delta$ 减至小于 $\Delta$ 时，就属于粗糙管了。

(2) 圆管内湍流的速度分布

现在讨论圆管湍流过流断面上的速度分布规律。

由切应力分布规律式(9-31)和湍流速度分布结构可以看出，在黏性底层中，湍流附加切应力可以忽略，只有黏性切应力，即式(9-31)右端只存在第一项。在湍流核心区内，切应力主要是附加切应力，即式(9-31)右端只存在第二项。只在极小的过渡区中两者数量级相同均需考虑，但由于此区范围甚小，通常并入湍流区。

由此，分析集中在湍流核心区，其切应力为

$$\tau=\rho l^2\left(\frac{\mathrm{d}\bar{v}_x}{\mathrm{d}y}\right)^2 \tag{9-33}$$

可以看出，由于混合长度 $l$ 不确定，所以无法从该式直接求得速度分布规律，必须引进一定的假设。

由式(9-33)可得

$$\frac{\mathrm{d}\bar{v}_x}{\mathrm{d}y}=\frac{1}{l}\sqrt{\frac{\tau}{\rho}} \tag{9-34}$$

式中 $\sqrt{\frac{\tau}{\rho}}$ 具有速度的量纲，记为 $\sqrt{\frac{\tau}{\rho}}=\bar{v}_{\mathrm{cut}}$，称为**剪切速度**。可见，为由微分方程解得 $\bar{v}_x$，必须首先给出 $l$ 和 $\tau$。为此，引入如下假设：对于光滑管壁，按实验所得结果可以假设 $l=\kappa y$，其中 $\kappa$ 为常数；同时假设 $\tau$ 与 $y$ 无关，并设管壁处的切应力为 $\tau_0$。实验证明，这个假设对于平板是正确的，对于圆管有一定的误差，可以用实验予以校正。

由假设可知，在积分式(9-34)时，$\bar{v}_{\mathrm{cut}}$ 可作常数处理。积分可得

$$\bar{v}_x=\bar{v}_{\mathrm{cut}}\left(\frac{1}{\kappa}\ln y+C\right) \tag{9-35}$$

积分常数 $C$ 由边界条件确定。显然，若取 $y=0$ 则 $\bar{v}_x=-\infty$，实际上 $y=0$ 处 $\bar{v}_x=0$，因此这是不合理的。其原因在于，当 $y$ 趋近于 0 时，流动已进入黏性底层内，湍流区的微分方程(9-34)不适用，因此，其边界条件应从黏性底层边界处选取。为使问题简化，忽略过渡区，假定流动从黏性底层直接转入湍流核心区，在黏性底层外边界处，流速等于湍流核心区在该点的速度，而在极薄的黏性底层中，速度可以看作直线分布，即

$$\frac{\mathrm{d}\bar{v}_x}{\mathrm{d}y}=\frac{\bar{v}_x}{y}$$

在黏性底层中

$$\tau_0=\mu\frac{\mathrm{d}\bar{v}_x}{\mathrm{d}y}=\mu\frac{\bar{v}_x}{y}$$

由此式得

$$\bar{v}_x=\frac{\tau_0}{\mu}y=\frac{\tau_0 y}{\rho\nu}=\bar{v}_{\mathrm{cut}}^2\frac{y}{\nu}$$

或

$$\frac{\bar{v}_x}{\bar{v}_{\mathrm{cut}}}=\frac{\bar{v}_{\mathrm{cut}}y}{\nu}$$

该式为黏性底层中的流速分布规律。若黏性底层厚度为 $\delta$，则在其边界上的表达式为

$$\frac{\bar{v}_{x\delta}}{\bar{v}_{\mathrm{cut}}}=\frac{\bar{v}_{\mathrm{cut}}\delta}{\nu} \tag{a}$$

由湍流核心区速度表达式(9-35)可知,在 $y=\delta$ 处速度为

$$\frac{\bar{v}_{x\delta}}{\bar{v}_{cut}}=\frac{1}{\kappa}\ln\ \delta+C \tag{b}$$

引入黏性底层的雷诺数 $Re=\dfrac{\bar{v}_{x\delta}\delta}{\nu}$,由式(a)可得

$$\frac{\bar{v}_{x\delta}}{\bar{v}_{cut}}=\frac{\bar{v}_{x\delta}\delta}{\nu}\cdot\frac{\bar{v}_{cut}}{\bar{v}_{x\delta}}=Re\,\frac{\bar{v}_{cut}}{\bar{v}_{x\delta}}$$

因此

$$\frac{\bar{v}_{x\delta}}{\bar{v}_{cut}}=\sqrt{Re}$$

代入式(b)得

$$\begin{aligned}C&=\frac{\bar{v}_{x\delta}}{\bar{v}_{cut}}-\frac{1}{\kappa}\ln\ \delta=\sqrt{Re}-\frac{1}{\kappa}\ln\ \frac{\bar{v}_{x\delta}\nu}{\bar{v}_{cut}^{2}}\\&=\frac{1}{\kappa}\ln\ \frac{\bar{v}_{cut}}{\nu}+\sqrt{Re}-\frac{1}{\kappa}\ln\ \frac{\bar{v}_{x\delta}}{\bar{v}_{cut}}\\&=\frac{1}{\kappa}\ln\ \frac{\bar{v}_{cut}}{\nu}+\sqrt{Re}-\frac{1}{\kappa}\ln\sqrt{Re}\end{aligned}$$

代入式(9-35)得

$$\frac{\bar{v}_{x}}{\bar{v}_{cut}}=\frac{1}{\kappa}\ln\ y+\frac{1}{\kappa}\ln\ \frac{\bar{v}_{cut}}{\nu}+\sqrt{Re}-\frac{1}{\kappa}\ln\sqrt{Re}$$

令

$$C_1=\sqrt{Re}-\frac{1}{\kappa}\ln\sqrt{Re}$$

整理得

$$\frac{\bar{v}_{x}}{\bar{v}_{cut}}=\frac{1}{\kappa}\ln\ \frac{\bar{v}_{cut}y}{\nu}+C_1$$

引入 $B=\kappa C_1$,最后得

$$\frac{\bar{v}_{x}}{\bar{v}_{cut}}=\frac{1}{\kappa}\left(\ln\ \frac{\bar{v}_{cut}y}{\nu}+B\right) \tag{9-36}$$

该式即为圆管内湍流流动的速度分布规律,所引入的常数 $C_1$,$\kappa$ 由实验确定。

由式(9-36)可以看出,圆管湍流运动中过流断面上流速分布为对数规律。尼古拉兹对水力光滑管湍流流动进行大量实验,得出

$$C_1=5.5,\kappa=0.40$$

代入式(9-36),得

$$\frac{\bar{v}_{x}}{\bar{v}_{cut}}=2.5\ln\ \frac{\bar{v}_{cut}y}{\nu}+5.5 \tag{9-37}$$

式(9-36)和式(9-37)所表示的圆管湍流速度分布与实验结果十分符合,除黏性底层

外可近似用于整个过流断面。

人们由实验总结出湍流速度分布的另一个较为简单的规律——指数规律，其表达式为

$$\frac{\bar{v}_x}{\bar{v}_{cut}}=8.7\left(\frac{\bar{v}_{cut}y}{\nu}\right)^n \tag{9-38}$$

实验得知，随 $Re$ 的增加 $n$ 的变化范围在 $\frac{1}{10}\sim\frac{1}{6}$ 之间。当 $Re=1.1\times10^5$ 时，$n=\frac{1}{7}$，称为 $\frac{1}{7}$ 次方指数律，由卡门（Von Karman）推得。于是

$$\frac{\bar{v}_x}{\bar{v}_{cut}}=8.7\left(\frac{\bar{v}_{cut}y}{\nu}\right)^{1/7}$$

由式（9-36）和式（9-38）可以看出，无论湍流速度分布为对数规律还是指数规律，其结果都表示流速分布趋于均匀，这是因为在湍流状态下，液体质点间相互剧烈混杂，质点间发生大量的动量交换，使过流断面上各点的时均流速趋于平均化。由计算和实验测量可以得出，层流断面平均流速为最大速度的一半，即 $V=0.5\ v_{max}$；对于湍流，断面平均速度为最大速度的 0.82 倍，即 $V=0.82\ v_{max}$。

表 9-2 列出由实验测得的 $n$，$V/v_{max}$ 和 $Re$ 之间的关系。此表为湍流研究提供了一定的方便，只要测得管轴上的最大流速，便可由该表求出平均流速和流量。

**表 9-2　$n$，$V/v_{max}$ 和 $Re$ 的关系**

| $Re$ | $4.0\times10^3$ | $2.3\times10^4$ | $1.1\times10^5$ | $1.1\times10^6$ | $2.0\times10^6$ | $3.2\times10^6$ |
|---|---|---|---|---|---|---|
| $n$ | 1/6.0 | 1/6.6 | 1/7.0 | 1/8.8 | 1/10 | 1/10 |
| $V/v_{max}$ | 0.791 | 0.808 | 0.817 | 0.849 | 0.865 | 0.865 |

## § 9-6　圆管内均匀湍流的沿程损失

本节采用量纲分析方法来确定圆管内均匀湍流的沿程损失计算表达式。

由大量实验可知，作湍流运动的流体沿程损失的大小与断面平均流速 $V$，流体密度 $\rho$，动力黏度 $\mu$ 及管路直径 $d$，长度 $l$，绝对粗糙度 $\Delta$ 有关，其函数关系可表示为

$$\rho gh_f=\Delta p=f(V,\rho,\mu,d,l,\Delta) \tag{9-39}$$

采用幂次表示为

$$\rho gh_f=\kappa V^a\rho^b d^c l^e\mu^f\Delta^g$$

选用法定单位制的基本量纲 L，M，T，则 $\rho gh_f$ 的量纲为

$$\mathrm{M/L^3\cdot L/T^2\cdot L=L^{-1}MT^{-2}}$$

代入幂次表达式得

$$
\begin{aligned}
\mathrm{L}^{-1}\mathrm{MT}^{-2} &= \kappa(\mathrm{LT}^{-1})^{a}(\mathrm{ML}^{-3})^{b}(\mathrm{L})^{c}(\mathrm{L})^{e}(\mathrm{L}^{-1}\mathrm{MT}^{-1})^{f}(\mathrm{L})^{g} \\
&= \kappa(\mathrm{L})^{a-3b+c+e-f+g}(\mathrm{M})^{b+f}(\mathrm{T})^{-a-f}
\end{aligned}
$$

由量纲齐次性原则得

$$
\begin{aligned}
&\mathrm{L}: -1=a-3b+c+e-f+g \\
&\mathrm{M}: 1=b+f \\
&\mathrm{T}: -2=-a-f
\end{aligned}
$$

上面三个方程包含六个未知数,为求得最终表达式,令其中 $e,f,g$ 为待定值,可以解得

$$
\begin{aligned}
a &= 2-f \\
b &= 1-f \\
c &= -(e+f+g)
\end{aligned}
$$

代入幂次方程并整理得

$$
\begin{aligned}
\rho g h_{\mathrm{f}} &= \kappa V^{2-f}\rho^{1-f}d^{-(e+f+g)}l^{e}\mu^{f}\Delta^{g} \\
&= \kappa\left(\frac{\mu}{V\rho d}\right)^{f}\left(\frac{\Delta}{d}\right)^{g}\left(\frac{l}{d}\right)^{e}\rho V^{2} \\
&= \kappa\left(\frac{1}{Re}\right)^{f}\left(\frac{\Delta}{d}\right)^{g}\left(\frac{l}{d}\right)^{e}\rho V^{2}
\end{aligned}
$$

参照圆管层流沿程能量损失计算公式

$$
h_{\mathrm{f}}=\lambda\ \frac{l}{d}\frac{V^{2}}{2g}
$$

令

$$
\lambda=2\ \kappa\left(\frac{1}{Re}\right)^{f}\left(\frac{\Delta}{d}\right)^{g}
$$

称为沿程损失因数。

由实验确定 $e=1$,最后得

$$
h_{\mathrm{f}}=\lambda\ \frac{l}{d}\frac{V^{2}}{2g} \tag{9-40}
$$

该式为圆管内均匀湍流的沿程能量损失计算公式。

式(9-40)就其形式来看与圆管层流流动能量损失计算公式相同,其区别仅在于沿程能量损失因数 $\lambda$ 的确定。由前面的分析可以看出,对于层流运动,$\lambda$ 仅为雷诺数的函数,即

$$
\lambda=f(Re)
$$

对于湍流运动,$\lambda$ 为雷诺数 $Re$ 和相对粗糙度 $\bar{\Delta}=\dfrac{\Delta}{d}$ 的函数,即

$$
\lambda=f(Re,\bar{\Delta})
$$

由上面的分析可以看出,对于圆管湍流流动,因数 $\lambda$ 不能由严密的数学推导得出,必

须借助于实验予以确定。

下面简单介绍借助于实验推导水力光滑管、湍流粗糙管及其过渡区的计算损失因数 $\lambda$ 半经验公式的基本方法。

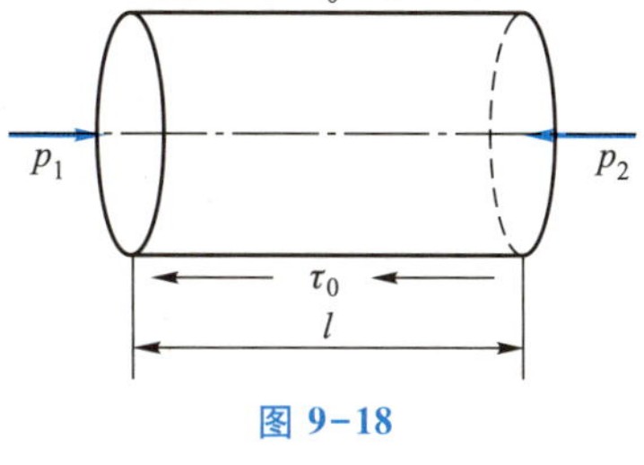

图 9-18

在作湍流运动的等径直圆管中取长为 $l$ 的管段如图 9-18 所示，设其直径为 $d$，管壁处切应力为 $\tau_0$，两端压强分别为 $p_1$，$p_2$。由所受轴向力平衡

$$(p_1-p_2)\frac{\pi d^2}{4}=\tau_0\pi dl$$

得

$$\tau_0=\frac{(p_1-p_2)d}{4l}=\frac{d}{4l}\Delta p$$

又由式(9-40)，有

$$\Delta p=\rho gh_f=\lambda\ \frac{l}{d}\frac{\rho V^2}{2}$$

联立上述两式得

$$V^2=\frac{\tau_0}{\rho}\frac{8}{\lambda}$$

由于

$$\frac{\tau_0}{\rho}=\bar{v}_{cut}^2$$

最后得

$$\frac{V}{\bar{v}_{cut}}=\sqrt{\frac{8}{\lambda}}\ \text{或}\ \bar{v}_{cut}=V\sqrt{\frac{\lambda}{8}} \tag{9-41}$$

为了找出平均速度 $V$ 与损失因数 $\lambda$ 之间的关系，首先借助于式(9-37)建立 $V$ 与 $\bar{v}_{cut}$ 之间的关系。

由简单的对数换底计算，可将式(9-37)改写为

$$\frac{\bar{v}_x}{\bar{v}_{cut}}=5.75\ \lg\left(\frac{\bar{v}_{cut}y}{\nu}\right)+5.5$$

选取图 9-19 所示坐标，式(9-37)可表示为

$$\frac{\bar{v}_x}{\bar{v}_{cut}}=5.75\ \lg\left[\frac{\bar{v}_{cut}(r_0-r)}{\nu}\right]+5.5$$

由 $\bar{v}_x$ 可求得过半径为 $r_0$ 的圆面积的总流量为

$$q_V=\int_0^{r_0}\bar{v}_x\,2\pi r\mathrm{d}r$$

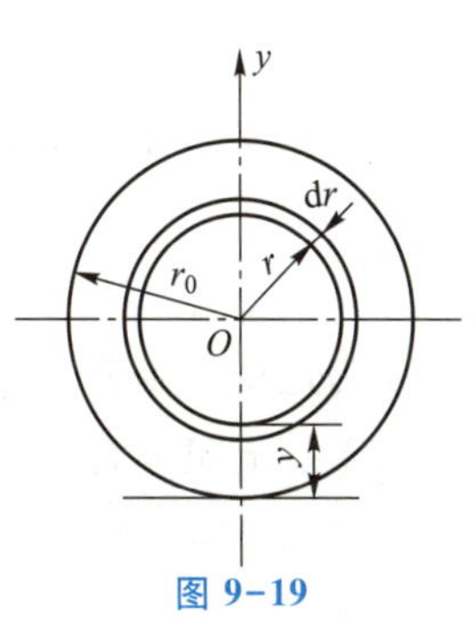

图 9-19

$$= \int_0^{r_0} \bar{v}_{\text{cut}} 2\pi r \left\{ 5.75 \lg \left[ \frac{\bar{v}_{\text{cut}}(r_0 - r)}{\nu} \right] + 5.5 \right\} dr$$

$$= \pi r_0^2 \bar{v}_{\text{cut}} \left[ 5.75 \lg \left( \frac{\bar{v}_{\text{cut}} r_0}{\nu} \right) + 1.75 \right]$$

由此可得断面平均流速为

$$V = \frac{q_V}{\pi r_0^2} = \bar{v}_{\text{cut}} \left[ 5.75 \lg \left( \frac{\bar{v}_{\text{cut}} r_0}{\nu} \right) + 1.75 \right] \tag{9-42}$$

式(9-37)与式(9-42)相减得

$$\frac{\bar{v}_x - V}{\bar{v}_{\text{cut}}} = 5.75 \lg \left( \frac{y}{r_0} \right) + 3.75$$

将式(9-41)代入得

$$\frac{\bar{v}_x - V}{V\sqrt{\lambda}} = 2.031 \lg \left( \frac{y}{r_0} \right) + 1.33$$

该式为由平均速度 $V$ 和损失因数 $\lambda$ 表达的速度 $\bar{v}_x$ 的分布规律。该式与实验结果略有出入,由实验修正可得

$$\frac{\bar{v}_x - V}{V\sqrt{\lambda}} = 2.151 \lg \left( \frac{y}{r_0} \right) + 1.43 \tag{9-43}$$

显然,使 $y = r_0$,即可得到中心处的最大速度为

$$\frac{\bar{v}_{x\max}}{V} = 1.43\sqrt{\lambda} + 1$$

为求得 $\lambda$ 与 $V$ 的直接关系可将式(9-41)代入式(9-42),得

$$V = V\sqrt{\frac{\lambda}{8}} \left[ 5.75 \lg \left( \frac{V r_0 \sqrt{\lambda}}{\nu\sqrt{8}} \right) + 1.75 \right]$$

整理得

$$\frac{1}{\sqrt{\lambda}} = 2.023 \lg \left( \frac{Vd}{\nu}\sqrt{\lambda} \right) - 0.91$$

其中
$$\frac{Vd}{\nu} = Re$$

各项因数由实验加以修正,最后得

$$\frac{1}{\sqrt{\lambda}} = 2 \lg (Re\sqrt{\lambda}) - 0.8 \tag{9-44}$$

该式即为适用于湍流水力光滑管的 $\lambda$-$V$ 关系式,称为**卡门-普朗特方程**。

对于湍流粗糙管(指阻力平方区)由实验得到半经验速度分布为

$$\frac{\bar{v}_x}{\bar{v}_{\text{cut}}} = 5.75 \lg \left( \frac{y}{\Delta} \right) + 8.5$$

用与上述相同的推演过程并借助于实验修正可得 $\lambda$ 值计算公式为

$$\frac{1}{\sqrt{\lambda}}=2\ \lg\left(\frac{r_0}{\Delta}\right)+1.74$$

或

$$\lambda=\frac{1}{\left(2\ \lg\dfrac{r_0}{\Delta}+1.74\right)^2}=\frac{1}{\left(2\ \lg\dfrac{d}{2\Delta}+1.74\right)^2} \tag{9-45}$$

式(9-45)通常称为尼古拉兹公式。

由式(9-44)和式(9-45)可以看出对于湍流光滑管区，损失因数 $\lambda$ 取决于雷诺数 $Re$；而对于湍流粗糙管区，$\lambda$ 仅取决于相对粗糙度$\dfrac{\Delta}{r_0}$。可想而知，对于两者之间的过渡区，$\lambda$ 将取决于 $Re$ 和$\dfrac{\Delta}{r_0}$，这些完全符合量纲分析的结果。对于过渡区 $\lambda$ 的计算公式，科尔布鲁克(Colebrook)和怀特(F. M. White)在尼古拉兹实验的基础上，针对商用管道，将光滑管和粗糙管的 $\lambda$ 计算式合并得到

$$\frac{1}{\sqrt{\lambda}}=2\ \lg\ (Re\sqrt{\lambda})-0.80+2\ \lg\frac{3.7\ d}{\Delta}=-2\ \lg\left(\frac{2.51}{Re\sqrt{\lambda}}+\frac{\Delta}{3.7\ d}\right)$$

或

$$\frac{1}{\sqrt{\lambda}}=1.74-2\ \lg\left(\frac{\Delta}{r_0}+\frac{18.7}{Re\sqrt{\lambda}}\right) \tag{9-46}$$

该式已为实验所证实。显然，当 $Re$ 很大，即流动为粗糙管区时，式(9-46)中$\dfrac{18.7}{Re\sqrt{\lambda}}\to 0$，即变为式(9-45)；而当$\dfrac{\Delta}{r_0}$远小于$\dfrac{18.7}{Re\sqrt{\lambda}}$时，式(9-46)又变为式(9-44)。对于过渡区，两者都必须计及。

应注意，以上的讨论和所涉及的实验都是针对完全发展了的均匀湍流而言。在管道入口，即起始段中，由于包括了动量改变所引起的较大的壁面切应力等因素，其压降必高于均匀流动中的压降，因而实际测得的 $\lambda$ 值将增大。

## §9-7 沿程损失因数的实验研究

对于层流，已经用数学推演方法找到了 $\lambda$ 的准确表达式，并且已为实验所证实。而对于湍流，用量纲分析得到因数的函数关系，指出了实验方向。就湍流运动的复杂机理而

言，$\lambda$ 只能借助于实验以求得经验或半经验的公式。

现在来介绍确定 $\lambda=f(Re,\bar{\Delta})$ 的尼古拉兹实验(1933—1934)。从这个实验中可以看出管壁相对粗糙度 $\bar{\Delta}$ 和雷诺数 $Re$ 对沿程损失因数的影响。下面介绍不同范围的 $\lambda$ 值计算的经验公式。

尼古拉兹实验的基本原理如图 9-20 所示，在水平放置的等径直管上，相距 $l$ 处装两支测压管，测压管高度差即对应某一定相对粗糙度 $\bar{\Delta}$ 的管子，在某一流速 $V$ 下，或者在某一定雷诺数下的沿程损失 $h_f$。由公式

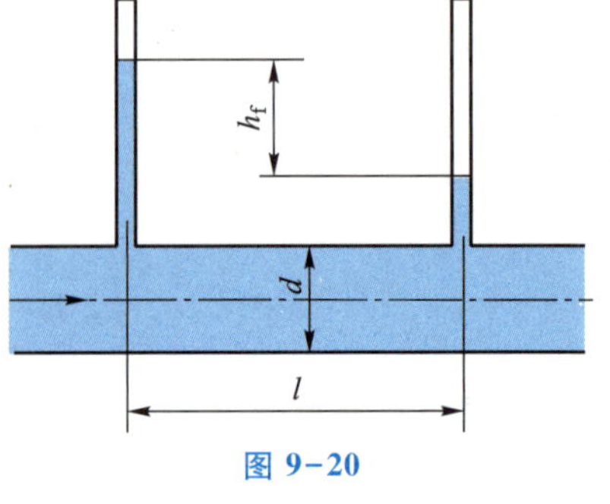


图 9-20

$$h_f=\lambda\frac{l}{d}\frac{V^2}{2g}$$

即可求得相应的 $\lambda$ 值

$$\lambda=\frac{h_f}{\frac{l}{d}\frac{V^2}{2g}}$$

用改变流量 $q_V$ 的方法改变流速，可以得到在某一相对粗糙度 $\bar{\Delta}$ 下的 $\lambda=f(Re)$ 关系曲线。

为求得 $\lambda=f\left(Re,\frac{\Delta}{d}\right)$ 的关系，尼古拉兹在实验中采用人工方法，把不同直径的粒度均匀的砂子分别粘到不同的管壁上，得到所谓“人工粗糙管”，它具有人为确定的相对粗糙度。在这个实验中，选用各种不同的$\frac{\Delta}{d}$值，最后得到 $\lambda=f\left(Re,\frac{\Delta}{d}\right)$ 的关系曲线，称为尼古拉兹曲线，如图 9-21 所示。

尼古拉兹实验中对人工相对粗糙度选用了六种数值，即

$$\bar{\Delta}=\frac{\Delta}{d}=\frac{1}{30},\frac{1}{61.2},\frac{1}{120},\frac{1}{252},\frac{1}{504},\frac{1}{1\ 014}$$

雷诺数的实验范围选为

$$Re=600\sim10^6$$

尼古拉兹将所得到的六条曲线画在同一对数坐标中，称为尼古拉兹曲线图。

从尼古拉兹曲线图可以看出，沿程损失因数 $\lambda$，管壁相对粗糙度 $\bar{\Delta}$ 和流动雷诺数之间的关系是比较复杂的，不存在描述它的统一的数学表达式，下面分为五个区域分别讨论。

Ⅰ区，图中 $ab$ 直线段。其雷诺数较小，大致范围为 $Re<2\ 320$。在这一区域，六条实验曲线重合于一条直线。这个结果说明，在这一范围内损失因数 $\lambda$ 与管壁相对粗糙度 $\bar{\Delta}$ 无关，只是雷诺数的函数，即 $\lambda=f(Re)$，数值关系为

$$\lambda=\frac{64}{Re}$$

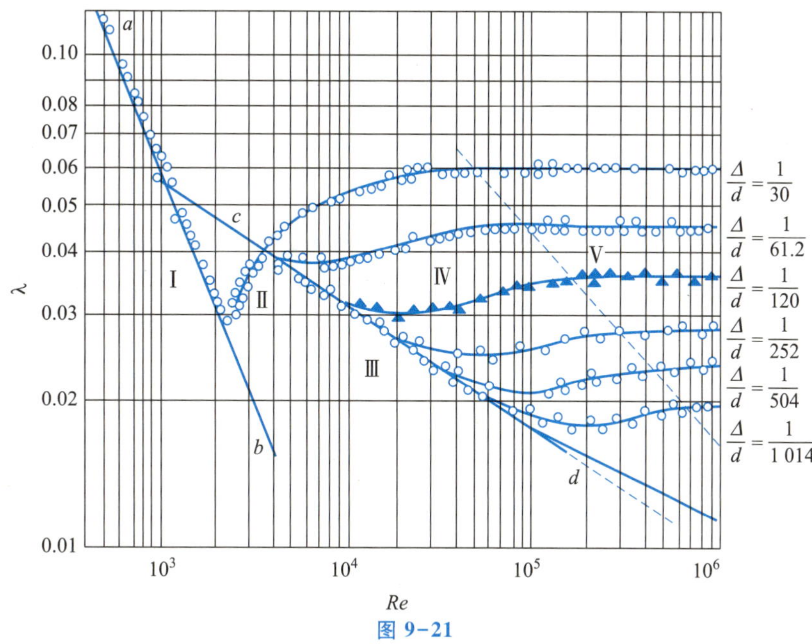


图 9-21

可见，Ⅰ区内损失规律服从前面推得的层流流动规律，故称为层流区。这个结果本身也说明了在圆管层流的研究中所得到的结论是正确的。

Ⅱ区，这个区域的范围为 $2\,320<Re<4\,000$。在这一区内实验点开始分散，但由于该区域范围狭小，故通常看作从层流向湍流过渡的不稳定区域，称为过渡区，通常在能量损失计算中按第Ⅲ区处理。

Ⅲ区，该区指直线 $cd$ 所示的范围。可以看出，不同相对粗糙度的曲线，自 $Re=4\,000$ 开始进入该区，而在该区存在的范围却各不相同。其趋势为：相对粗糙度越大的曲线越早离开该区。具体范围大小可由下面的经验公式确定：

$$4\,000<Re<80\frac{1}{\bar{\Delta}}$$

不同粗糙度的实验曲线在该区位于一条直线上，说明在该区域内损失只是雷诺数 $Re$ 的函数，与管的相对粗糙度 $\bar{\Delta}$ 无关。该直线斜率为 $-\frac{1}{4}$，表明在该区 $\lambda$ 与 $Re$ 的四分之一次方成反比。

上述分析说明，位于该区的流动已为湍流状态，但管壁粗糙度为黏性底层所淹没，对湍流没有影响，故常称为湍流光滑管区，又称为 1.75 次方阻力区。

该区内常用的计算经验公式为

$$\lambda=\frac{0.316\,4}{Re^{0.25}} \quad (\text{当 } Re<10^5 \text{ 时}) \tag{9-47}$$

该式称为布拉休斯(H. Blasius)公式。

当 $Re>10^5$ 时，采用卡门-普朗特公式

$$\frac{1}{\sqrt{\lambda}}=2\lg\left(Re\sqrt{\lambda}\right)-0.8$$

当 $10^5<Re<3\times10^6$ 时，采用尼古拉兹公式

$$\lambda=0.0032+0.221\,Re^{-0.237}$$

Ⅳ区，随着雷诺数的增加，各不同相对粗糙度的实验曲线自 $cd$ 曲线的不同位置开始离开，损失因数 $\lambda$ 逐渐增大，当 $Re$ 增至图中虚线位置时，各实验曲线开始与 $\lg Re$ 轴平行。$cd$ 曲线与虚线中间的区域为第Ⅳ区。该区范围对不同相对粗糙度的实验曲线是不同的，其划分为

$$80\frac{1}{\bar{\Delta}}<Re<4\,160\left(\frac{1}{2\bar{\Delta}}\right)^{0.85}$$

由图可见，在该区内流动损失因数 $\lambda$ 与雷诺数和相对粗糙度均有关系，即 $\lambda=f(Re,\bar{\Delta})$。此时管壁的粗糙凸出已部分暴露在湍流区内，流动出现由水力光滑管发展为湍流粗糙管的趋势，该区称为湍流过渡区。

通常，$\lambda$ 在该区内可用科尔布鲁克公式计算，即

$$\frac{1}{\sqrt{\lambda}}=-2\lg\left(\frac{\Delta}{3.7\,d}+\frac{2.51}{Re\sqrt{\lambda}}\right)$$

Ⅴ区，雷诺数继续增大超过图示虚线位置，即

$$Re>4\,160\left(\frac{1}{2\,\bar{\Delta}}\right)^{0.85}$$

这时，沿程损失因数 $\lambda$ 与雷诺数 $Re$ 无关，只取决于相对粗糙度 $\bar{\Delta}$，即 $\lambda=f(\bar{\Delta})$。在该区内，能量损失与流速平方成正比，故该区称为湍流粗糙管区或阻力平方区。由相似理论可知，此区内黏性力自动相似，人们又称它为自动模拟区。

该区内 $\lambda$ 的计算可用尼古拉兹经验公式，即

$$\lambda=\frac{1}{\left[1.74+2\lg\left(\frac{d}{2\,\Delta}\right)\right]^2}$$

上面对尼古拉兹图的分析归纳为：

（1）当 $Re<2\,320$ 时，属于层流区；

（2）当 $2\,320<Re<80\dfrac{1}{\bar{\Delta}}$ 时，属于湍流光滑管区，它包括过渡区在内；

（3）当 $80\dfrac{1}{\bar{\Delta}}<Re<4\,160\left(\dfrac{1}{2\,\bar{\Delta}}\right)^{0.85}$ 时，属于湍流过渡区；

（4）当 $Re>4\,160\left(\dfrac{1}{2\,\bar{\Delta}}\right)^{0.85}$ 时，属于湍流阻力平方区。

相对于各区在各种资料中都有若干 $\lambda$ 的计算公式，上面只举出其中的几个以供参考。

尼古拉兹曲线图是尼古拉兹实验的实测结果，从中可以清楚地看出沿程损失因数 $\lambda$ 随雷诺数 $Re$ 和相对粗糙度 $\bar{\Delta}$ 的变化规律，同时，它可以作为流动损失计算的依据。

在尼古拉兹实验中所用的粗糙管壁是用人工方法制成的。工程实际中所用的管道壁面粗糙度不可能如此均匀，这种管称为工业用管。要把尼古拉兹的实验结果直接应用于工业用管必须首先按能量损失相同的原则，用实验方法把工业用管换算为等价的人工粗糙管。表 9-1 中所给出的各种常用管 $\Delta$ 值即为其等价值。

对于实际的工业用管，为应用方便，其 $\lambda=f(Re,\bar{\Delta})$ 关系绘制成图 9-22 所示的曲线，称为**穆迪**(L. F. Moody)**曲线**。与尼古拉兹曲线图相对比可以看出，其 Ⅰ，Ⅲ，Ⅴ 区的变化规律相同。在离开光滑区以后，$\lambda-Re$ 曲线没有回升部分，而是 $\lambda$ 随着 $Re$ 的增加而逐渐减小，一直到粗糙管区为止。

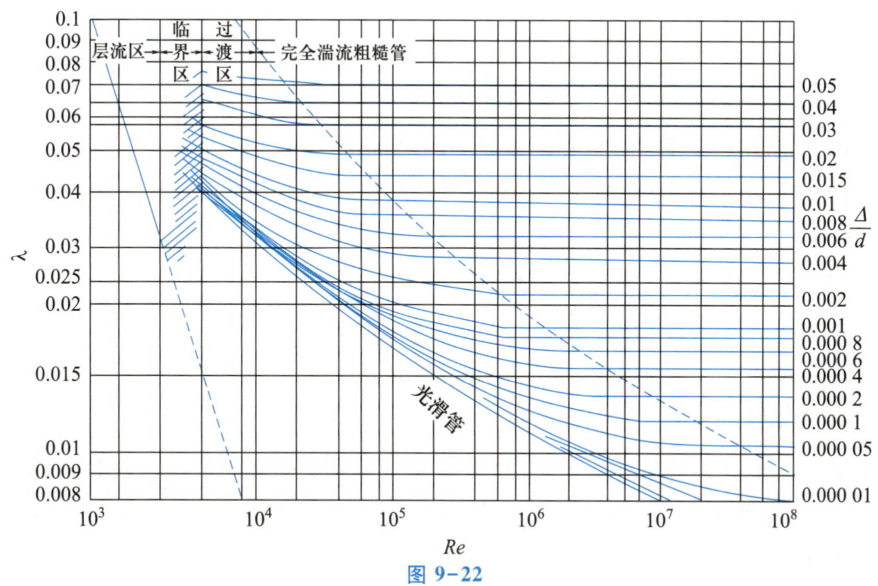

图 9-22

在工程设计计算中，求取沿程损失因数 $\lambda$ 的方法通常可归纳为以下三种途径：

(1) 图线法。按工程选用的管道，由表 9-1 查找其相对应的绝对粗糙度 $\Delta$，按设计给定的 $\dfrac{\Delta}{d}$ 和雷诺数 $Re$，在尼古拉兹曲线或穆迪曲线中查取。

(2) 图表法。在工程应用的有关手册中，往往给出人们预制的 $\Delta, V, d, \nu, Re, \lambda$ 等参数之间的关系图表，可按所指示的查找方法由设计数据查得。

(3) 计算法。按本节所分析的方法，分区选用相应的公式计算。

## §9-8 几种非圆形断面管中的流动

在实际工程,特别是热能工程和通风、除尘工程中,用来输送流体的管道并非全是采用圆形断面。按工程需要也常选用非圆形截面管,如同心环形断面、椭圆形断面、矩形断面等,如在输送烟气、空气的管道中大多采用矩形截面管。

当流体沿非圆形管道作均匀流动时,其沿程损失的计算公式和雷诺数计算公式与沿圆管流动相同,只是其中圆管直径 $d$ 用非圆断面的当量直径 $d_e$ 代替,即

$$Re=\frac{Vd_e}{\nu}$$

$$h_f=\lambda\ \frac{L}{d_e}\frac{V^2}{2g}$$

上述公式在湍流光滑管范围内使用,席勒(Schile)和尼古拉兹用实验结果说明了它的正确性,压头损失 $\Delta p$,流量 $q_V$ 都可以采用圆管的计算方法。

当截面形状越接近圆形时,用 $d_e$ 计算的结果误差越小;反之,则越大。这是由于沿壁面切应力分布不均匀造成的。由图 9-23 所示矩形截面管内的等速线可以看出,管道角上的速度小于中心处的速度,因此造成切应力由中心向角部逐渐减小的趋势。所以,用当量直径 $d_e$ 为参数进行计算时,矩形截面管的长边与短边相差不应太大,通常,其比值不应大于 8,否则将造成较大的误差。

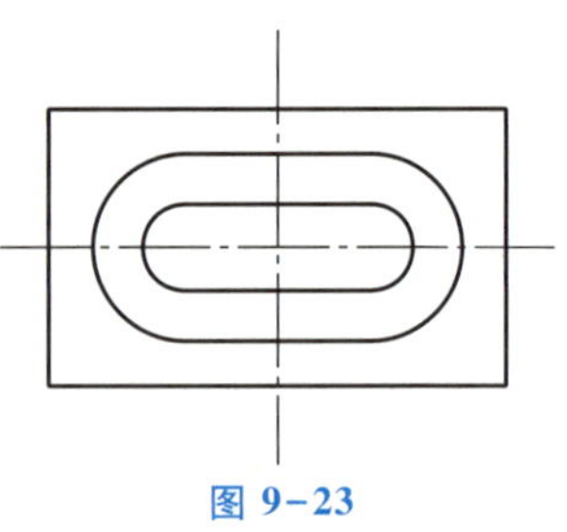

图 9-23

在湍流情况下非圆管道中流动的沿程损失可用当量直径计算。在层流运动状态下(应用当量直径计算有较大误差),可以用类似于圆管层流的研究方法,借助于边界条件,采用数学推演得到。下面列出图 9-24 所示几种非圆形截面管道中层流运动的流速分布和流量计算公式。

(1) 圆环形断面(图 9-24a)

当量直径为

$$d_e=\frac{4(\pi r_2^2-\pi r_1^2)}{2\pi r_1+2\pi r_2}=2(r_2-r_1)$$

流速分布规律为

$$v=-\frac{\Delta p}{4\mu l}\left(r^2-\frac{r_2^2-r_1^2}{\ln\dfrac{r_2}{r_1}}\ln\ r-\frac{r_1^2\ln\ r_2-r_2^2\ln\ r_1}{\ln\dfrac{r_2}{r_1}}\right) \tag{9-48}$$

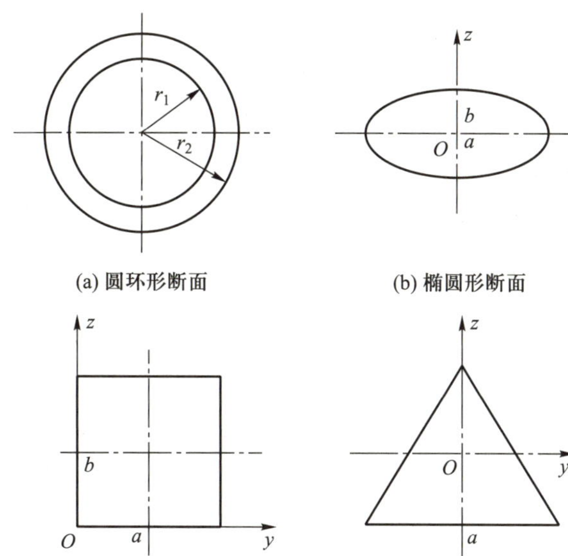


(a) 圆环形断面 (b) 椭圆形断面

(c) 矩形断面 (d) 等边三角形断面

图 9-24

流量计算公式为

$$q_V=\frac{\pi\Delta p}{8\mu l}\left[r_2^4-r_1^4-\frac{(r_2^2-r_1^2)^2}{\ln\frac{r_2}{r_1}}\right] \tag{9-49}$$

式中 $r_1, r_2$——圆环形断面内、外半径；

$l$——管道长度；

$\Delta p$——压差。

（2）椭圆形断面（图 9-24b）

当量直径为

$$d_e=\frac{4\pi ab}{\pi[1.5(a+b)-\sqrt{ab}]}=\frac{4\ ab}{1.5(a+b)-\sqrt{ab}}$$

流速分布规律为

$$v=\frac{\Delta p a^2 b^2}{2\mu l(a^2+b^2)}\left(1-\frac{y^2}{a^2}-\frac{z^2}{b^2}\right) \tag{9-50}$$

流量公式为

$$q_V=\frac{\pi\Delta p}{4\mu l}\frac{a^3b^3}{a^2+b^2} \tag{9-51}$$

式中 $a$——椭圆长半轴；

$b$——椭圆短半轴。

（3）矩形断面（图 9-24c）

当量直径为

$$d_e=\frac{4\ ab}{2(a+b)}=\frac{2\ ab}{a+b}$$

流速分布规律为

$$v=-\frac{\Delta p}{2\mu l}y(y-a)+\sum_{m=1}^{\infty}\sin\left(\frac{m\pi y}{a}\right)\left(A_m\ \mathrm{ch}\ \frac{m\pi z}{a}+B_m\ \mathrm{sh}\ \frac{m\pi z}{a}\right) \tag{9-52}$$

其中

$$A_m=\frac{a^2\Delta p}{\mu m^3\pi^3 l}[\cos\ (m\pi)-1]$$

$$B_m=-\frac{A_m\left[\mathrm{ch}\left(\frac{mb}{a}\pi\right)-1\right]}{\mathrm{sh}\left(\frac{mb}{a}\pi\right)}$$

流量公式为

$$q_V=\frac{\Delta p}{24\mu l}ab(a^2+b^2)-\frac{8\Delta p}{\pi^5\mu l}\sum_{n=1}^{\infty}\frac{1}{(2n-1)^5}\left[a^4\ \mathrm{th}\left(\frac{2n-1}{2a}\pi b\right)+b^4\mathrm{th}\left(\frac{2n-1}{2b}\pi a\right)\right] \tag{9-53}$$

式中 $a$——矩形长边；

$b$——矩形短边。

计算常采用如下近似公式：

$$q_V=\frac{ab^3\Delta p}{12\mu l}\left(1-\frac{192b}{\pi^5 a}\mathrm{th}\ \frac{\pi a}{2b}\right) \tag{9-54}$$

或者

$$q_V=f\left(\frac{a}{b}\right)\frac{a^2b^2\Delta p}{64\mu l} \tag{9-55}$$

式中 $f\left(\frac{a}{b}\right)$ 可由表 9-3 查得。

表 9-3 $f\left(\frac{a}{b}\right)-\frac{a}{b}$ 关系

| $\frac{a}{b}$ | 1.0 | 1.2 | 1.5 | 2 | 3 | 4 | 5 | 10 |
|---|---|---|---|---|---|---|---|---|
| $f\left(\frac{a}{b}\right)$ | 2.25 | 2.2 | 2.08 | 1.83 | 1.4 | 1.12 | 0.93 | 0.5 |

(4) 等边三角形断面(图 9-24d)

当量直径为

$$d_e=\frac{4\ \frac{a}{2}\ \frac{a}{2}\tan\ 60°}{3a}=\frac{\sqrt{3}}{3}a$$

流速分布规律为

$$v=\frac{\sqrt{3}\,\Delta p}{6\mu al}\left(z-\frac{a}{2\sqrt{3}}\right)\left(z+\sqrt{3}\,y-\frac{a}{\sqrt{3}}\right)\left(z-\sqrt{3}\,y-\frac{a}{\sqrt{3}}\right) \tag{9-56}$$

流量公式为

$$q_V=\frac{a^4\Delta p}{185\mu l}$$

下面以圆环形断面管为例，推导其层流流动时流速、流量表达式。

取图 9-25 所示一段圆环形断面管，选柱坐标系 $r,\theta,x$ 如图示。

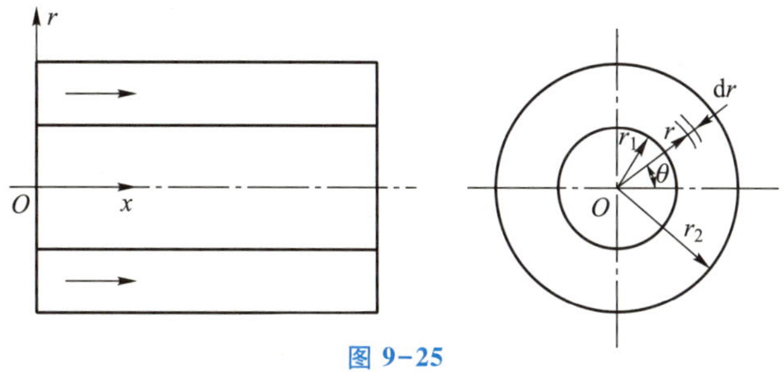


图 9-25

由于所研究的是沿 $x$ 轴的恒定层流流动，因此

$$\frac{\partial}{\partial t}=0;\ v_r=0,v_\theta=0,v_x=v;\ \frac{\partial v}{\partial \theta}=\frac{\partial v}{\partial x}=0$$

于是，柱坐标系的 N-S 方程式(6-12)，在不计质量力时变为

$$\begin{cases}\dfrac{\partial p}{\partial r}=0\\[2ex]\dfrac{\partial p}{\partial \theta}=0\\[2ex]\dfrac{1}{\rho}\dfrac{\partial p}{\partial x}=\nu\left(\dfrac{1}{r}\dfrac{\partial v}{\partial r}+\dfrac{\partial^2 v}{\partial r^2}\right)\end{cases}$$

由前两式可知，$p$ 仅为 $x$ 的函数，因此，$\dfrac{\partial p}{\partial x}=\dfrac{\mathrm{d}p}{\mathrm{d}x}$，而 $v$ 仅为 $r$ 的函数，故$\dfrac{\partial v}{\partial r}=\dfrac{\mathrm{d}v}{\mathrm{d}r}$，则第三式变为

$$\frac{\mathrm{d}p}{\mathrm{d}x}=\mu\left(\frac{1}{r}\frac{\mathrm{d}v}{\mathrm{d}r}+\frac{\mathrm{d}^2 v}{\mathrm{d}r^2}\right)$$

即

$$\frac{\mathrm{d}p}{\mathrm{d}x}=\mu\,\frac{1}{r}\frac{\mathrm{d}}{\mathrm{d}r}\left(r\,\frac{\mathrm{d}v}{\mathrm{d}r}\right)$$

可得

$$d\left(r\frac{dv}{dr}\right)=\frac{r}{\mu}\frac{dp}{dx}dr$$

其中，$\frac{dp}{dx}$与 $r$ 无关，积分此式可得

$$r\frac{dv}{dr}=\frac{r^2}{2\mu}\frac{dp}{dx}+C_1$$

$$dv=\left(\frac{r}{2\mu}\frac{dp}{dx}+\frac{C_1}{r}\right)dr$$

再次积分得

$$v=\frac{r^2}{4\mu}\frac{dp}{dx}+C_1\ln r+C_2$$

由边界条件

$$r=r_1 \text{ 和 } r=r_2 \text{ 时 } v=0$$

代入，得

$$0=\frac{r_1^2}{4\mu}\frac{dp}{dx}+C_1\ln r_1+C_2$$

$$0=\frac{r_2^2}{4\mu}\frac{dp}{dx}+C_1\ln r_2+C_2$$

联立解得

$$C_1=\frac{-1}{\ln\frac{r_2}{r_1}}\frac{1}{4\mu}\frac{dp}{dx}(r_2^2-r_1^2),\ C_2=\frac{-1}{\ln\frac{r_2}{r_1}}\frac{1}{4\mu}\frac{dp}{dx}(r_1^2\ln r_2-r_2^2\ln r_1)$$

代回原方程，注意到$\frac{dp}{dx}=-\frac{\Delta p}{l}$，可得

$$v=\frac{\Delta p}{4\mu l}\left(\frac{r_1^2\ln r_2-r_2^2\ln r_1}{\ln\frac{r_2}{r_1}}+\frac{r_2^2-r_1^2}{\ln\frac{r_2}{r_1}}\ln r-r^2\right)$$

此式即为式(9-48)。

取微元环形面积，有

$$dq_V=v\cdot 2\pi r dr$$

积分此式得

$$q_V=\int_{r_1}^{r_2}dq_V=\frac{2\pi\Delta p}{4\mu l}\int_{r_1}^{r_2}\left(\frac{r_1^2\ln r_2-r_2^2\ln r_1}{\ln\frac{r_2}{r_1}}+\frac{r_2^2-r_1^2}{\ln\frac{r_2}{r_1}}\ln r-r^2\right)r dr$$

$$=\frac{\pi\Delta p}{8\mu l}\left[r_2^4-r_1^4-\frac{(r_2^2-r_1^2)^2}{\ln\dfrac{r_2}{r_1}}\right]$$

此式即为式(9-49)。

## §9-9 局部阻力与损失计算

由阻力的分类知道,当流体流经各种局部障碍(例如转弯、断面突变和各种闸门)时,液流将突然发生变形,产生阻碍流体运动的力,这种力称为局部阻力。由此引起的能量损失,称为局部损失,通常以 $h_\zeta$ 表示单位重力流体的局部损失水头。

下面分别讨论局部阻力产生的原因、计算方法及其减小措施。

### 1. 局部阻力产生的原因

在上述局部障碍区域,流动遇到流道形状、大小或方向突然改变等局部阻碍时,流体中将产生涡流、液流变形、速度重新分布的加速或减速现象及流体质点间剧烈碰撞的动量交换,由此引起局部阻力。下面以突然扩大、缩小及转弯等为例作简单说明。

图 9-26 所示为管道突然扩大时,管内流动的实际状况。可以想象,当管断面突然扩大时,由于流体的惯性作用,流体质点的运动不可能依管壁形状而突然改变运动方向,即流线只能如图所示平缓、圆滑地过渡。在流束扩大部分外表面和管壁之间存在着一部分不随主流向前流动的流体。由于靠近主流流束表面的流体质点在黏性作用下将沿主流流动方向运动,同时主流区流束断面不断扩大,流速逐渐降低,压强沿流动方向增加,出现正向压强梯度。随流速的减小,离管壁扩大起始的某一距离处,在边壁处受黏性作用较大的液流的动能不足以克服压差和摩阻而向前流动,在前后压差的作用下,该区内流体出现沿管壁逆主流方向的运动趋势,压差和摩阻共同作用的结果使这部分流体不停地、剧烈地在该区内作旋涡运动,因此,这个区域常称为旋涡区。由于黏性作用,流体作旋涡运动时将消耗流动的能量,产生能量损失。旋涡区中的流体质点不断地被主流带走,而同时,随流动扩大,主流区将不断有流体逆向流入该区,这一过程势必引起撞击和摩擦损失。另外,管壁断面扩大必然引起流束的扩张,由此势必产生径向速度分量,这个分量在流束扩大结束时在碰撞的过程中消失,完成速度的重新分布,显然,这个过程也将消耗流动的能量,引起能量损失。

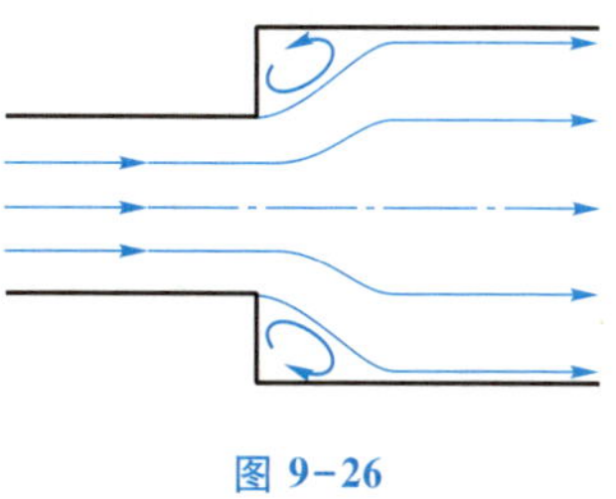

图 9-26

上述几种原因产生的能量损失集中在流体进入突然扩大管路的局部区域内,经过较短的距离以后，流动又重新稳定下来，流动所受的各种阻碍也将随之消失。

图9-27所示为流体在突然收缩管道中的流动状态。由该图可以看出，流体在收缩部位邻近的下方将出现一个收缩的趋势，形成所谓的“颈缩”现象。

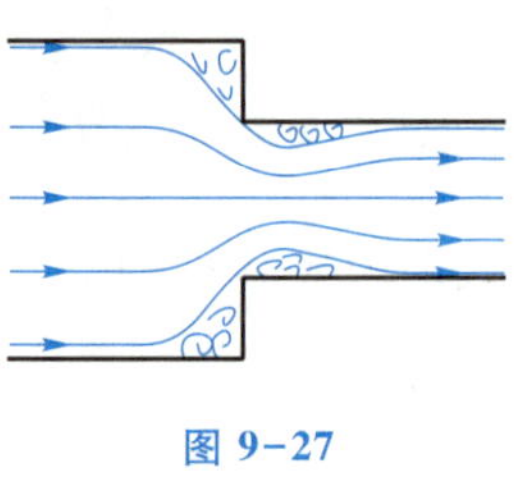
图9-27

显然，在这种流动情况下，将出现如图所示的两个旋涡区，上面对突然扩大流动状态分析得到的各种损失原因仍然适用于这种流动，这是因为在收缩部分的“颈缩”及随后出现的扩大同样造成剧烈的流体质点转向、撞击和动量交换，由此引起能量损失。

图9-28a所示为流体流经弯管时的流动状态。如图9-28b所示，当流体进入弯管时，流线将随弯管成曲线状，设弯管曲率半径为 $r$，即流线 $DD'$ 的曲率半径为 $r$，在流线上 $M$ 点处沿弯管径向取一柱形流体微元，径向高度为 $\mathrm{d}r$，端面面积为 $\mathrm{d}A$，微元柱体质量为 $\mathrm{d}m$。若取曲率半径向外方向为正，则作用于柱体两端面上的轴向作用力分别为 $-(p+\mathrm{d}p)\mathrm{d}A$ 和 $p\mathrm{d}A$，作用于柱体上重力的轴向投影为 $-\mathrm{d}mg\cos\theta$。

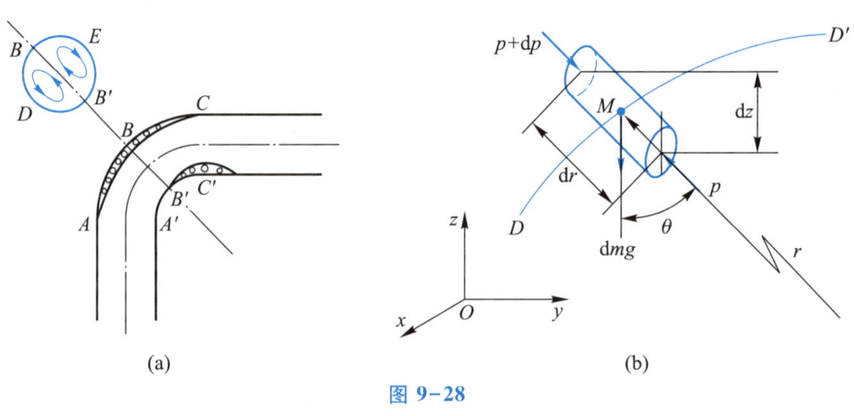

图9-28

若 $M$ 点处流体运动速度为 $v$，向心加速度为 $\frac{v^2}{r}$，根据牛顿第二定律有

$$p\mathrm{d}A-(p+\mathrm{d}p)\mathrm{d}A-\mathrm{d}mg\cos\theta=-\mathrm{d}m\ \frac{v^2}{r}$$

将 $\mathrm{d}m=\rho\mathrm{d}r\mathrm{d}A$ 和 $\cos\theta=\mathrm{d}z/\mathrm{d}r$ 代入上式，经整理得

$$\frac{\mathrm{d}}{\mathrm{d}r}\left(z+\frac{p}{\rho g}\right)=\frac{v^2}{gr}$$

假设忽略流体黏性，将伯努利方程（$z+\frac{p}{\rho g}+\frac{v^2}{2g}$为常数）对 $r$ 求导得到

$$\frac{\mathrm{d}}{\mathrm{d}r}\left(z+\frac{p}{\rho g}\right)=-\frac{v}{g}\frac{\mathrm{d}v}{\mathrm{d}r}$$

由上两式相等得到

$$\frac{\mathrm{d}v}{\mathrm{d}r}=-\frac{v}{r}$$

积分可得

$$vr=C$$

可见，流体沿弯曲流道流动时，流速随曲率半径的增大而降低。

现有流体流经如图 9-28a 所示的弯管，流体进入弯管前和弯管后的过流断面上流速相同，但当流体进入弯管时，外侧曲率半径大，流体沿 $ABC$ 流动，流速先降低再逐渐增大，内侧流体沿 $A'B'C'$流动，流速先增加再逐渐减小。因此，在弯管外侧由 $A$ 到 $B$ 压强逐渐增高，出现逆向压差，又由于边壁处黏性力作用使流体减速，最终导致流体脱离边壁形成旋涡区，造成旋涡损失。流体由 $B$ 到 $C$ 流动时，流速逐渐增大恢复到入口时的流速。在弯管内侧，由 $A'$到 $B'$流速逐渐增大，压强减小，而由 $B'$到 $C'$流速又逐渐减小，压强逐渐增大形成逆向压差，致使 $B'$到 $C'$处也出现流体脱离边壁的现象，从而形成了旋涡区。

流经弯管造成局部损失的另一个重要原因是形成了二次流。流体在弯管中流动时存在离心惯性力，管壁对流体的黏滞作用使两侧管壁 $D$ 和 $E$ 处流体速度低于管子中心处的流速，所以中心处流体的离心惯性力大于管壁两侧处流体，因此流体在中心处由内侧 $B'$向外侧 $B$ 流动，致使外侧 $B$ 处压强增大，内侧 $B'$处压强减小，在压差作用下，又形成了 $BDB'$和 $BEB'$的流动，从而形成了 $BDB'B$ 和 $BEB'B$ 的一对涡旋流，称为二次流。显然上面分析的 $B$ 与 $B'$间的压差更加强了二次流现象。二次流发生在与主流方向垂直的截面内，二次流和主流叠加一起，又使弯管内流体形成双螺旋流动。圆管在湍流情况下，这一流动的持续距离将达到 50~100 倍管子直径，双螺旋流动过程中流体质点将发生激烈碰撞和速度重组剪切，因此，一般流经弯管一半的损失由弯管后直管中双螺旋流动引起。显然，管子弯曲半径变小，内外侧压差将增大；管子直径大，由二次流与主流形成的双螺旋流影响范围会加大，其结果都将使局部能量损失增加。值得注意的是，双螺旋流还将引起啸叫和振动，当振动频率与管子的固有频率相近时会引发谐振，经过一定时间，可能会引起管子断裂的严重后果。

图 9-29 所示为流经阀门时的流动状态，不难看出，阀门对流动所造成损失的原因与上述几种情况相似。

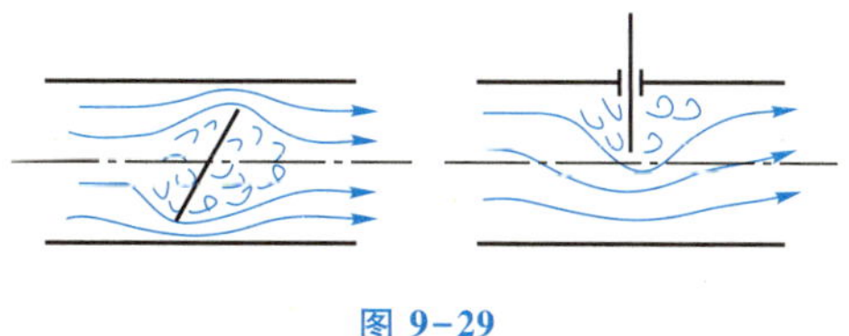

图 9-29

由上述可见，尽管造成局部阻力的形式是各种各样的，但其产生阻力、形成能量损失的本质基本相同。由于各种局部装置和流道的变化情况不同，所引起的旋涡区大小及速度重新分布不同，所产生的局部损失大小也不同。

**2. 局部损失的计算**

由上面的分析可以看出，局部阻力产生的原因是十分复杂的，因此，只有在极少数的情况下可以通过一定的假设由理论分析进行计算，而绝大多数情况下都要通过实验确定。

首先研究液流流过突然扩大管时的能量损失计算。这种局部损失是一种典型的情况,是目前唯一可以由理论研究得出计算公式的一种局部损失。随后,根据局部损失本质相同这一特点,将得出的结论推广到其他局部损失的计算中。

图 9-30 所示为一水平放置的突然扩大管路,管路面积分别为 $A_1$,$A_2$。取图示 1-1 和 2-2 两个过流断面,1-1 为管断面突然变化处,2-2 为流动扩大结束位置,这两个断面可看作缓变过流断面。设流动在 1-1 断面处流速为 $V_1$,压强为 $p_1$;在 2-2 断面处为 $V_2$,$p_2$。并设流动处于湍流阻力平方区,动能修正因数 $\alpha=1$,由于两断面间的距离很短,沿程损失可以忽略。以轴线为基准对 1-1 和 2-2 断面列能量方程得

图 9-30

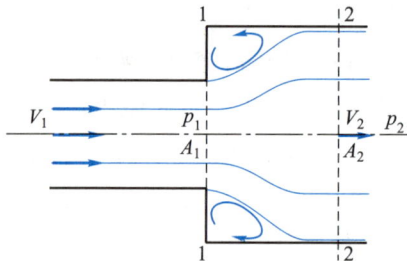

$$\frac{p_1}{\rho g}+\frac{V_1^2}{2g}=\frac{p_2}{\rho g}+\frac{V_2^2}{2g}+h_\zeta$$

由此得

$$h_\zeta=\frac{p_1-p_2}{\rho g}+\frac{V_1^2-V_2^2}{2g}$$

为求得 $p_1-p_2$,对两过流断面间的控制体列动量方程,取两断面的动量修正因数 $\alpha_0=1$,得

$$p_1A_1-p_2A_2+p(A_2-A_1)=\rho q_V(V_2-V_1)$$

其中,$p(A_2-A_1)$为作用在涡流区流束凸肩上的压强,由实验证明,$p=p_1$。于是,上式可以写为

$$(p_1-p_2)A_2=\rho q_V(V_2-V_1)$$

或

$$p_1-p_2=\rho V_2(V_2-V_1)$$

代入能量损失表达式可得

$$h_\zeta=\frac{\rho V_2(V_2-V_1)}{\rho g}+\frac{V_1^2-V_2^2}{2g}$$

最后得

$$h_\zeta=\frac{(V_2-V_1)^2}{2g} \tag{9-57}$$

该式即为流经突然扩大圆形管路的局部水头损失计算公式,通常称为包达-卡诺(Borda-Carnot)公式,式中的 $V_1-V_2$ 为速度减小的数值,称为“损失流速”。式(9-57)说明,圆管中的流体流经突然扩大部位时其局部损失等于相应于损失流速的速度头。

为使计算进一步简化并求得其普遍形式,可用连续性方程将式(9-57)作进一步变换。由

$$V_1A_1=V_2A_2$$

得

$$V_2=\frac{A_1}{A_2}V_1\,,V_1=\frac{A_2}{A_1}V_2$$

代入式(9-57)得

$$h_\zeta=\left(1-\frac{A_1}{A_2}\right)^2\frac{V_1^2}{2g}=\left(\frac{A_2}{A_1}-1\right)^2\frac{V_2^2}{2g}$$

令

$$\zeta_1=\left(1-\frac{A_1}{A_2}\right)^2 \tag{9-58}$$

$$\zeta_2=\left(\frac{A_2}{A_1}-1\right)^2 \tag{9-59}$$

$\zeta_1$,$\zeta_2$ 分别为按小、大截面流速计算损失的局部损失因数。由此

$$h_\zeta=\zeta_1\frac{V_1^2}{2g}=\zeta_2\frac{V_2^2}{2g} \tag{9-60}$$

由式(9-58)、式(9-59)和式(9-60)可以看出,局部损失因数与流动速度无关,它只取决于管道的几何形状和面积大小,一旦确定了 $\zeta_1$ 或 $\zeta_2$,只要求出某一速度就可以计算局部损失。但必须注意,所选的损失因数必须与所选的速度相对应,即若用 $\zeta_1$ 必须选用 $V_1$,而用 $\zeta_2$ 则必须选用 $V_2$。

上述推导中,假设过流断面上动量修正因数和动能修正因数均等于 1,说明在此断面上的流速分布应该是十分均匀的,通常只有在流动处于假定的阻力平方区时才接近于这种状态。上述计算公式的计算结果与实验结果很一致,说明当流体流过这种局部阻力区域时,由于所受扰动剧烈,确实已进入阻力平方区。通常,不仅在突然扩大情况下,而且在其他各种局部阻力中,损失因数大都是由其几何形状和尺寸所决定。

从对局部损失产生原因的分析中可以看出,对于各种局部阻力,虽然边界条件各不相同,但产生的物理本质却大致相同。由此可以推论,对于一切局部阻力,水头损失的计算公式形式应该相同,即水头损失应等于局部损失因数与相应速度头的乘积:

$$h_\zeta=\zeta\frac{V^2}{2g} \tag{9-61}$$

其中 $\zeta$ 仅取决于局部阻力的类型,与流动速度或雷诺数无关(阻力平方区)。由式(9-61)可知,对于局部损失的计算,取决于损失因数 $\zeta$ 的确定,绝大多数类型的局部阻力要借助于实验来测定。

### 3. 几种常用的局部阻力损失因数

实际工程中经常遇到的各种局部阻力的损失因数大都已经由实验测定,其数值可以在有关的手册中查取。在表 9-4 中仅介绍几种应用较普遍的局部阻力损失因数。所介绍的各损失因数值,如不加特别说明,都是对于通过阻力以后的速度水头给出的。

**表 9-4 常用的局部损失因数**

**断面突然缩小**

$$\zeta=0.5\left(1-\frac{A_2}{A_1}\right)$$

| $A_2/A_1$ | 0.01 | 0.10 | 0.20 | 0.40 | 0.60 | 0.80 | 1.00 |
|---|---|---|---|---|---|---|---|
| $\zeta$ | 0.50 | 0.45 | 0.40 | 0.30 | 0.20 | 0.10 | 0.00 |

**逐渐扩大**

$$\zeta=K\left(\frac{A_2}{A_1}-1\right)^2$$

| $\theta$ | 8° | 10° | 12° | 15° | 20° | 25° |
|---|---|---|---|---|---|---|
| $K$ | 0.14 | 0.16 | 0.22 | 0.30 | 0.42 | 0.62 |

**逐渐缩小**

$$\zeta=K_1K_2$$

| $\theta$ | 10° | 20° | 40° | 60° | 80° | 100° | 140° |
|---|---|---|---|---|---|---|---|
| $K_1$ | 0.40 | 0.25 | 0.20 | 0.20 | 0.30 | 0.40 | 0.60 |

| $A_2/A_1$ | 0 | 0.10 | 0.20 | 0.30 | 0.40 | 0.50 | 0.60 | 0.70 | 0.80 | 0.90 | 1.0 |
|---|---|---|---|---|---|---|---|---|---|---|---|
| $K_2$ | 0.41 | 0.40 | 0.38 | 0.36 | 0.34 | 0.30 | 0.27 | 0.20 | 0.16 | 0.10 | 0 |

**文丘里管**

| $d/D$ | 0.30 | 0.40 | 0.45 | 0.50 | 0.55 | 0.60 | 0.65 | 0.70 |
|---|---|---|---|---|---|---|---|---|
| $\zeta$ | 19.0 | 5.3 | 3.06 | 1.9 | 1.15 | 0.69 | 0.42 | 0.26 |

**管道入口**

斜角入口

$$\zeta=0.5+0.303\sin\alpha+0.226\sin^2\alpha$$

直角入口

$$\zeta=0.5$$

圆角入口

$$\zeta=0.05\sim0.10$$

圆锥入口

| $\theta$ | $\zeta$ | | | | | |
|---|---|---|---|---|---|---|
| | $l/d$ | | | | | |
| | 0.025 | 0.05 | 0.075 | 0.1 | 0.25 | 0.5 |
| 10° | 0.47 | 0.44 | 0.42 | 0.38 | 0.36 | 0.28 |
| 20° | 0.44 | 0.39 | 0.34 | 0.31 | 0.26 | 0.18 |
| 40° | 0.41 | 0.32 | 0.26 | 0.21 | 0.16 | 0.10 |
| 60° | 0.40 | 0.30 | 0.23 | 0.18 | 0.15 | 0.14 |
| 90° | 0.45 | 0.42 | 0.39 | 0.37 | 0.35 | 0.33 |

续表

**管道出口**

$$\zeta=1$$

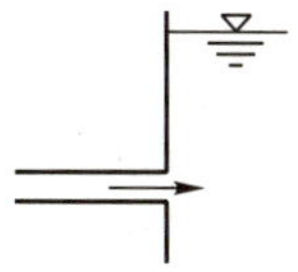

**弯管 — 折角弯管**

$$\zeta=0.946\sin^2\left(\frac{\alpha}{2}\right)+2.05\sin^4\left(\frac{\alpha}{2}\right)$$

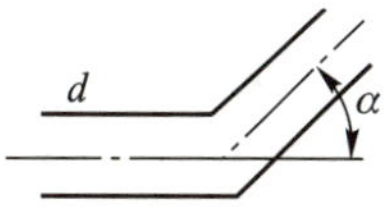

**弯管 — 圆角弯管**

$$\zeta=\left[0.131+0.163\left(\frac{d}{R}\right)^{3.5}\right]\frac{2\alpha}{\pi}$$

当 $\alpha=\dfrac{\pi}{2}$ 时 $\zeta=0.131+0.163\left(\dfrac{d}{R}\right)^{3.5}$

| $d/R$ | 0.2 | 0.4 | 0.5 | 0.6 | 0.7 | 0.8 | 0.9 |
|---|---|---|---|---|---|---|---|
| $\zeta$ | 0.13 | 0.14 | 0.15 | 0.16 | 0.18 | 0.21 | 0.24 |

| $d/R$ | 1.0 | 1.2 | 1.4 | 1.6 | 1.8 | 2 |
|---|---|---|---|---|---|---|
| $\zeta$ | 0.29 | 0.44 | 0.66 | 0.98 | 1.41 | 1.98 |

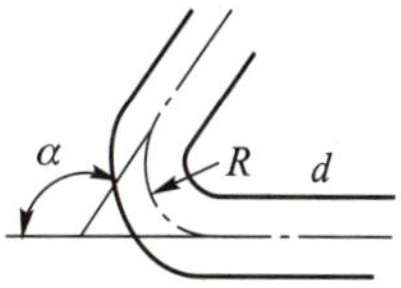

**阀门 — 闸阀**

| 开度/% | 10 | 20 | 30 | 40 | 50 | 60 | 70 | 80 | 90 | 100 |
|---|---|---|---|---|---|---|---|---|---|---|
| $\zeta$ | 60 | 16 | 6.5 | 3.2 | 1.8 | 1.1 | 0.60 | 0.30 | 0.18 | 0.10 |

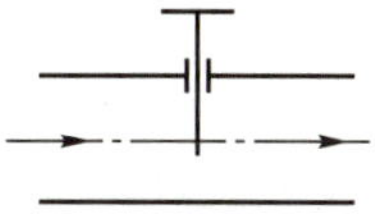

**阀门 — 蝶阀**

| 开度/% | 10 | 20 | 30 | 40 | 50 | 60 | 70 | 80 | 90 | 100 |
|---|---|---|---|---|---|---|---|---|---|---|
| $\zeta$ | 200 | 65 | 26 | 16 | 8.3 | 4 | 1.8 | 0.85 | 0.48 | 0.3 |

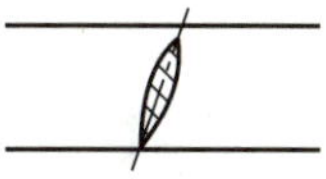

**阀门 — 球阀**

圆形（直径 $d=40$ mm）

| $\theta$ | 5° | 10° | 15° | 20° | 25° | 30° | 35° | 40° |
|---|---|---|---|---|---|---|---|---|
| $A_0/A_1$ | 0.93 | 0.85 | 0.77 | 0.69 | 0.61 | 0.53 | 0.46 | 0.38 |
| $\zeta$ | 0.05 | 0.29 | 0.75 | 1.56 | 3.10 | 5.47 | 9.68 | 17.3 |

| $\theta$ | 45° | 50° | 55° | 60° | 65° | 66.75° | 82.025° |
|---|---|---|---|---|---|---|---|
| $A_0/A_1$ | 0.31 | 0.25 | 0.19 | 0.14 | 0.09 | — | 0 |
| $\zeta$ | 31.2 | 52.6 | 106 | 206 | 486 | — | ∞ |

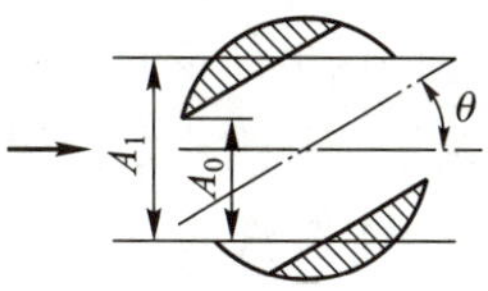

**阀门 — 截止阀**

| 开度/% | 10 | 20 | 30 | 40 | 50 | 60 | 70 | 80 | 90 | 100 |
|---|---|---|---|---|---|---|---|---|---|---|
| $\zeta$ | 85 | 24 | 12 | 7.5 | 5.7 | 4.8 | 4.4 | 4.1 | 4.0 | 3.9 |

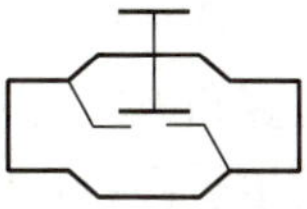

续表

| | | | |
|---|---|---|---|
| 三通管 | T形 | 对于等径管<br>分流时 $\zeta=2$<br>合流时 $\zeta=3$ | 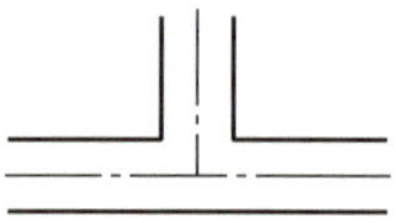 |
| | Y形 | 当夹角为 90°时<br>分流时 $\zeta=1$<br>合流时 $\zeta=2$ | 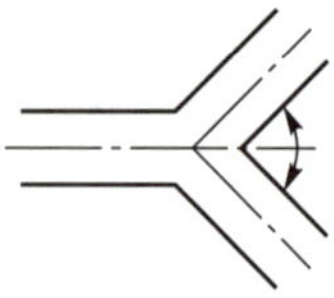 |
| 斜角分岔 | | $\zeta=0.05$ |  |
| | | $\zeta=0.5$ |  |
| | | $\zeta=0.15$ |  |
| | | $\zeta=1.0$ |  |
| | | $\zeta=3.0$ |  |

#### 4. 减小局部损失的措施

在工程设计中，减少各种阻力是设计工作的一个重要内容，它直接涉及能源的消耗和合理使用。这里简单介绍减小局部损失的几种基本方法。当然，在实际的装置中，只能根据具体结构条件来确定减阻措施。

通常，在蒸汽和风输送管道的弯曲部分将产生较大的局部损失。可以在这里安装如图 9-31 所示的适当形状的隔流板（或称导流片），这样既可以避免在管道弯曲的内外侧出现大范围的涡流区，也可以减少二次流的产生和影响范围。实验数据验证了这一点，安装导流片前直角弯头的局部损失因数为 $\zeta=1.1$，而装了月牙形导流片后其局部损失因数可降至 $\zeta=0.25$ 左右。

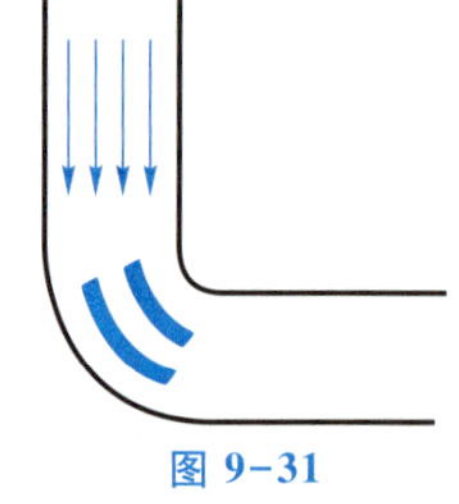

图 9-31

另外，在管路截面需要改变的位置，只要条件允许，应尽可能采用逐渐扩大或逐渐缩小来代替突然扩大或突然缩小。当按以下形式计算逐渐扩大能量损失时，

$$h=\varphi\frac{(V_1-V_2)^2}{2g}$$

由实验得到系数 $\varphi$ 随扩散角 $\theta$ 变化曲线如图 9-32 所示，可以看出，当中心角 $\theta$ 大约为 6.5°时，$\varphi$ 值最小。通常，只有当 $\theta>8°$ 时流动才有可能与壁面分离形成旋涡区，造成明显的能量损失。

当然，以渐变管代替突变管，必然要带来工艺、材料、设备空间等实际问题，需按不同情况具体对待。

在常用的三通管中，适当地选装分流板或合流板（图 9-33），也可以减小局部损失，其作用也在于减少流体质点的撞击损失和减小旋涡区的范围。

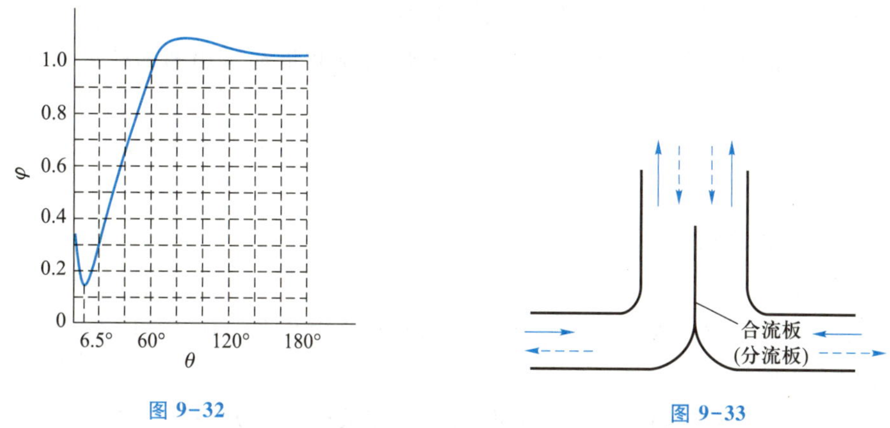


图 9-32　　图 9-33

从上面分析的三种办法可以看出，减少局部损失的措施的基本原则在于：尽量减小旋涡区、或防止旋涡区的形成及减少二次流动波及的范围，从而减小撞击损失和减少在速度重新分布时的动量交换。因此，在实际的设计中，可以按照这个原则采取必要的减阻措施。

## §9-10　薄壁小孔口恒定自由出流

本节将利用前面讨论过的能量方程和损失计算的基本理论，推导液体流经容器壁面上孔口时的流动计算公式。

图 9-34 为一个盛装液体的容器，在侧壁上开有一个直径为 $d$ 的小孔，容器所装液体至孔口中心的深度为 $h$。

薄壁孔口是指当容器壁厚与所开孔口直径之比小于$\frac{1}{2}$，即 $\delta/d<\frac{1}{2}$的情况。这时，由于壁较薄，其厚度对流动不产生显著影响，经过孔口的出流形成射流状态。这种孔口又称

为锐缘孔口。

当水深 $h$ 与孔径 $d$ 之比大于 10，即 $h/d>10$ 时，孔口断面上各点的参数可以看作常数，即忽略孔口处流体势能的差别。此种孔口称为小孔口，否则称为大孔口，本节讨论仅限于小孔口的出流。

当液体自薄壁小孔口流出时，液体将由水箱内靠近孔口的四周流向孔口，由于液体流动的惯性，流线不能突然折转，因此出口后流动的射流过流断面将发生收缩（图 9-34），收缩的最小断面 $c-c$ 将在离孔口大约 $d/2$ 处。在收缩断面处，因为流线之间几乎彼此平行，所以认为它是缓变流过流断面。

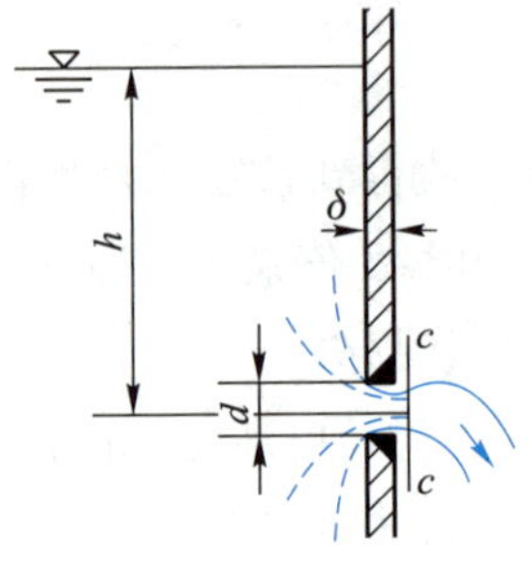

图 9-34

薄壁孔口出流出现收缩断面是它的重要特征，收缩程度通常用**断面收缩因数** $\varepsilon$ 来表示，即

$$\varepsilon=\frac{A_c}{A} \tag{9-62}$$

式中 $A_c$——收缩断面面积；

$A$——孔口面积。

由薄壁孔口出流的形成可以看出，在这种流动过程中几乎没有沿程损失，所以计算仅限于收缩时产生的局部损失。

通常，按出流下游的条件将其分为两种，当出流液体流入另一个充满液体的容器时，称为淹没出流；当液体自孔口直接流入大气时，称为自由出流。

现在来讨论液体在不变的水头 $h$ 作用下，自薄壁小孔口作恒定自由出流的流动规律和计算方法。为使研究具有普遍意义，设水箱自由表面受有压强 $p_0$ 的作用（图9-35）。

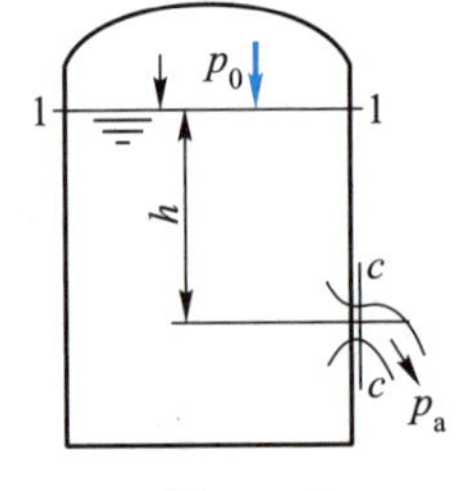

图 9-35

以收缩断面 $c-c$ 的中心线为基准，对 $c-c$ 和箱内液面 1-1 列能量方程得

$$h+\frac{p_0}{\rho g}+\frac{\alpha_0 V_0^2}{2g}=\frac{p_a}{\rho g}+\frac{\alpha_c V_c^2}{2g}+h_\zeta$$

实验表明 $\alpha_0=\alpha_c=1$，因此

$$h+\frac{p_0}{\rho g}+\frac{V_0^2}{2g}=\frac{p_a}{\rho g}+\frac{V_c^2}{2g}+h_\zeta$$

式中 $h_\zeta=\zeta_0\dfrac{V_c^2}{2g}$为流经薄壁小孔口时的能量损失，$\zeta_0$ 为孔口出流**局部损失因数**。

一般情况下设 $h_0=h+\dfrac{V_0^2}{2g}+\dfrac{p_0-p_a}{\rho g}$为出流作用水头。这样上式变为

$$h_0=\frac{V_c^2}{2g}+\zeta_0\frac{V_c^2}{2g}=\frac{V_c^2}{2g}(1+\zeta_0)$$

可得收缩断面流速为

$$V_c=\frac{1}{\sqrt{1+\zeta_0}}\sqrt{2gh_0}$$

令

$$C_v=\frac{1}{\sqrt{1+\zeta_0}} \tag{9-63}$$

$C_v$ 称为薄壁小孔口流速因数。最后得

$$V_c=C_v\sqrt{2gh_0} \tag{9-64}$$

该式即为薄壁小孔口恒定自由出流的流速计算公式。

由式(9-64)可以求得出流流量为

$$q_V=V_cA_c=\varepsilon C_vA\sqrt{2gh_0} \tag{9-65}$$

令 $C_0=C_v\varepsilon$ 为薄壁小孔口流量因数,可得

$$q_V=C_0A\sqrt{2gh_0} \tag{9-66}$$

式(9-66)为薄壁小孔口恒定自由出流的流量计算公式。

一般情况下,容器顶部是敞开的,即 $p_0=p_a$,而且容器面积远大于孔口面积,可以认为 $V_0=0$。因此 $h_0=h$,上面的公式相应变为

$$V_c=C_v\sqrt{2gh} \tag{9-67}$$

$$q_V=C_0A\sqrt{2gh} \tag{9-68}$$

由上面的讨论可以看出,对于薄壁小孔口出流计算,关键在于因数 $\zeta_0,\varepsilon,C_v,C_0$ 的确定。

首先分析收缩因数 $\varepsilon$。由定义知 $\varepsilon=A_c/A$,即收缩最小断面与出流孔口面积的比,它直接代表孔口出流后液流的收缩程度。显然,当孔口处于容器壁不同位置时,可能会出现不同的收缩情况,即 $\varepsilon$ 将不同,说明出流受到容器壁的影响,这点已为实验所证实。

图 9-36 所示为位于壁面不同位置的 5 个孔,可以由直观的物理概念推知,这 5 个孔的出流受边壁的影响将是不同的。其中孔 1 离边壁较远,出流的收缩基本不受边壁影响,这种收缩称为完善收缩。由实验得知,当孔口距边壁的尺寸大于在此方向孔口尺寸的 3 倍时即可认为是完善收缩。图示其他 4 种情况的出流都将受到边壁的影响,因此称为不完善收缩,尤其是图中的 3,4,5 孔,由于紧靠边壁,在靠近侧面边壁处的出流将不发生收缩。

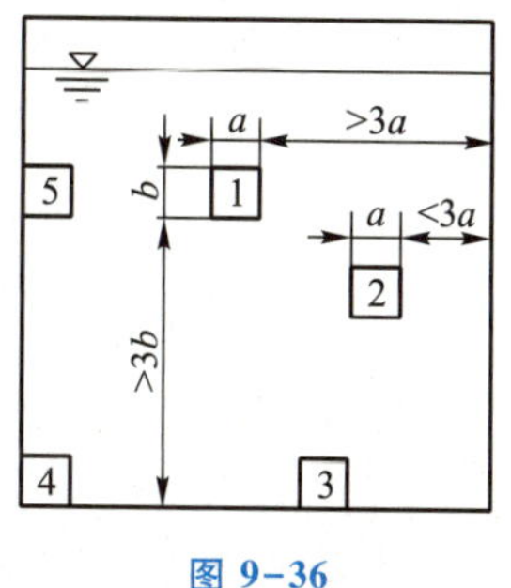

图 9-36

当孔口出流为完善收缩时,实验测得其断面收缩因数为 $\varepsilon=0.62\sim0.64$。

当处于非完善收缩状态时，收缩因数可用下面的经验公式确定：

$$\varepsilon=0.63+\left(\frac{A_0}{A}\right)^2$$

式中　$A_0$——孔口面积；

$A$——孔口所在壁面的面积（此公式多用于圆管道内隔板孔口，此时 $A$ 为管道面积）。

流速因数 $C_v$ 通常由实验测得，在完善收缩情况下

$$C_v=0.97\sim0.98$$

根据流速因数，可由式（9-63）求得小孔口损失因数为

$$\zeta_0=\frac{1}{C_v^2}-1\approx0.06$$

这里必须注意，$\zeta_0$ 是对出流收缩断面的平均流速而言。

按照 $C_v$ 和 $\varepsilon$，可由式（9-65）算得在完善收缩时的流量因数

$$C_0=C_v\varepsilon=0.60\sim0.62$$

当流动处于不完善收缩时，流量因数可由下面的经验公式确定：

$$C'_0=\frac{C_0}{\sqrt{1-\left(\frac{C_0A_0}{A}\right)^2}}$$

式中 $C_0$ 为完善收缩时的流量因数。

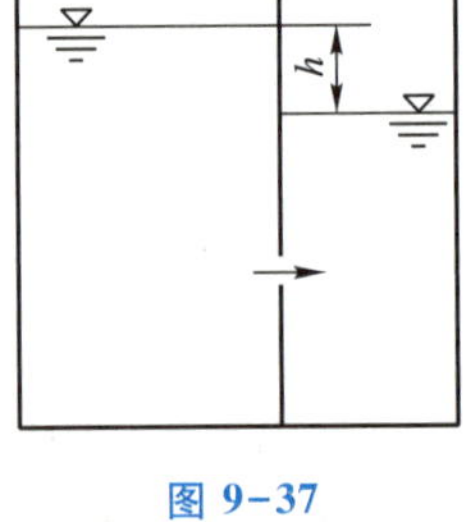

图 9-37

综上所述，当液体经薄壁小孔口恒定自由出流时，对于完善收缩的情况，孔口的损失因数 $\zeta_0$，流速因数 $C_v$，流量因数 $C_0$ 及断面收缩因数 $\varepsilon$ 可以认为基本不变。

上面的讨论是对自由出流，即流入大气的情况。对于如图 9-37所示的淹没出流，可以用完全相同的分析，证明流量、流速计算公式全同于式（9-64），式（9-66）。而且，流量因数 $C_0$，流速因数 $C_v$ 的数值也完全相同，不同点仅在于作用水头，对于自由出流为由液面到孔口中心的液位高度；而对于淹没出流则指两水箱液面高之差 $h$。

## §9-11　圆柱外伸管嘴恒定自由出流

圆柱外伸管嘴是在上述薄壁小孔口上安装一个长度为 $l=(3\sim4)d$ 的圆柱形短管（图 9-38）。相对于薄壁孔口而言，它被称为厚壁孔口出流。

采用管嘴的主要目的在于增大流量。

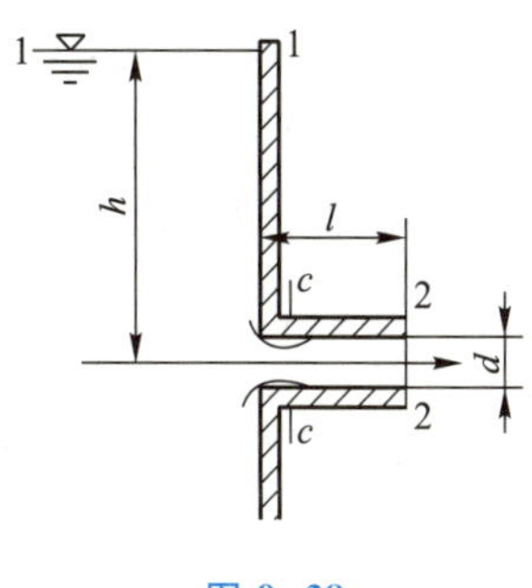

图 9-38

管嘴中液体的流动情况与孔口出流有着明显的差别。当液体自容器进入管嘴时，由于惯性作用，首先液体发生收缩，然后在管嘴内扩大到充满管嘴流出(图 9-38)。由此可见，液体在管嘴出口处没有收缩现象，出口收缩因数 $\varepsilon=1$。而在管嘴内有一个收缩断面 $c-c$，液流在随后扩大时将出现旋涡区，常称这种收缩为内部收缩。

由上述分析可以看出，液体在管嘴内流动时，阻力将由孔口阻力、扩大和沿程阻力三部分组成，损失主要发生在收缩以后的部分。

下面，以上述分析为基础，研究和确定圆柱外伸管嘴出流的流速和流量计算公式。

在图 9-38 中，设水箱自由表面为大气压 $p_a$，自由表面到管嘴中心线的高度(即作用水头)为 $h$，管嘴直径为 $d$，管嘴长度为 $l$。

以管嘴中心线为基准，对图示 1-1 和 2-2 断面列能量方程：

$$h+\frac{p_a}{\rho g}+\frac{\alpha_1 V_1^2}{2g}=\frac{p_a}{\rho g}+\frac{\alpha_2 V_2^2}{2g}+h_w$$

式中 $h_w$ 表示液体流经管嘴时总的水头损失，可表示为

$$h_w=\sum\zeta\frac{V_2^2}{2g}$$

认为自由液面 1-1 无限大，即 $V_1=0$，取 $\alpha_2=1$ 后，方程化为

$$h=\frac{V_2^2}{2g}+\sum\zeta\frac{V_2^2}{2g}$$

整理得

$$V_2=\frac{1}{\sqrt{1+\sum\zeta}}\sqrt{2gh}$$

取

$$C_v=\frac{1}{\sqrt{1+\sum\zeta}} \tag{9-69}$$

为流速因数，则

$$V_2=C_v\sqrt{2gh} \tag{9-70}$$

液体自管末端流出时不产生收缩，故出流流量为

$$q_V=V_2A=C_vA\sqrt{2gh}$$

或

$$q_V=C_nA\sqrt{2gh} \tag{9-71}$$

式中 $A$——管嘴截面面积；

$C_n$——流量因数，对管嘴出流 $C_n = C_v$。

下面计算管嘴出流时的 $C_v$ 和 $C_n$ 值。由前面的分析知，在圆柱形外伸管嘴出流的情况下，损失由三部分组成，即损失因数也可看作由三部分组成：

$$\sum\zeta = \zeta'_0 + \zeta_e + \lambda\frac{l}{d}$$

这里必须注意，上式中所有损失因数均是对出口流速而言。因此，上节中推得的 $\zeta_0$ 必须按水头损失相等的原则换算为 $\zeta'_0$，即

$$\zeta_0\frac{V_c^2}{2g} = \zeta'_0\frac{V_2^2}{2g}$$

因此

$$\zeta'_0 = \zeta_0\left(\frac{V_c}{V_2}\right)^2 = \zeta_0\left(\frac{A}{A_c}\right)^2 = \zeta_0\left(\frac{1}{\varepsilon^2}\right)$$

由上节分析知

$$\zeta_0 = 0.06, \varepsilon = 0.63$$

因此

$$\zeta'_0 = 0.06\left(\frac{1}{0.63}\right)^2 \approx 0.15$$

由突然扩大损失计算知，按扩大后的速度计算的损失因数为

$$\zeta_e = \left(\frac{A}{A_c} - 1\right)^2 = \left(\frac{1}{\varepsilon} - 1\right)^2 = \left(\frac{1}{0.63} - 1\right)^2 \approx 0.34$$

对于扩大后的一段流动，取 $\lambda = 0.02, l = 3d$，则得

$$\lambda\frac{l}{d} = 0.06$$

代入总损失因数表达式可得

$$\sum\zeta \approx 0.15 + 0.34 + 0.06 \approx 0.55$$

结合实验测定，取 $\sum\zeta = 0.5$。

代入式(9-69)可得圆柱外伸管嘴的流速因数为

$$C_v = \frac{1}{\sqrt{1+\sum\zeta}} = \frac{1}{\sqrt{1+0.5}} \approx 0.82$$

即

$$C_n = C_v = 0.82$$

比较式(9-66)和式(9-71)可以看出，在淹深和断面面积相同的条件下，薄壁孔口和圆柱外伸管嘴的出流量都仅取决于流量因数。由前面的分析知，对于薄壁孔 $C_0 = 0.61$，而对于管嘴 $C_n = 0.82$，可见，管嘴的出流量要大于薄壁孔口的出流量，其比值为

$$\frac{q_V}{q_{V_0}} = \frac{C_n A\sqrt{2gh}}{C_0 A\sqrt{2gh}} = \frac{C_n}{C_0} = \frac{0.82}{0.61} \approx 1.34$$

既然管嘴中的损失要大于薄壁孔口,可是为什么在相同的条件下,通过管嘴的出流量反而加大了呢? 下面从管嘴内部的流动特征进行分析。

在图 9-38 中,以管轴心线为基准,对 1-1 断面和管内收缩断面 $c-c$ 列能量方程:

$$h+\frac{p_{\mathrm{a}}}{\rho g}+\frac{\alpha_1 V_1^2}{2g}=\frac{p_c}{\rho g}+\frac{\alpha_c V_c^2}{2g}+\zeta_0\frac{V_c^2}{2g}$$

取 $V_1=0,\alpha_c=1$,得

$$\frac{p_{\mathrm{a}}-p_c}{\rho g}=(1+\zeta_0)\frac{V_c^2}{2g}-h$$

式中$\frac{p_{\mathrm{a}}-p_c}{\rho g}$为管内收缩断面的真空度,记为 $h_{\mathrm{v}}$,即

$$h_{\mathrm{v}}=(1+\zeta_0)\frac{V_c^2}{2g}-h$$

由于

$$V_c=\frac{q_{\mathrm{v}}}{A_c}=\frac{A}{A_c}C_{\mathrm{n}}\sqrt{2gh}=\frac{C_{\mathrm{n}}}{\varepsilon}\sqrt{2gh}$$

因此

$$h_{\mathrm{v}}=\left[(1+\zeta_0)\frac{C_{\mathrm{n}}^2}{\varepsilon^2}-1\right]h$$

取各因数为

$$C_{\mathrm{n}}=0.82,\varepsilon=0.63,\zeta_0=0.06$$

代入得

$$h_{\mathrm{v}}=\left[(1+0.06)\left(\frac{0.82}{0.63}\right)^2-1\right]h\approx 0.79h \tag{9-72}$$

由此可见,在管内流动的收缩断面上,产生一个大小取决于作用水头 $h$ 的真空,其数值相对于 $h$ 来看是一个较大的值,所以在管嘴出流的情况下,存在作用水头和由作用水头产生的这种真空所引起的抽吸作用,这种抽吸作用远大于管内各种阻力所造成的损失,因而与薄壁孔口出流相比较,加大了液体的出流量。

当然,管嘴出流流量的增加还要取决于管嘴的长度。如果管嘴太短,在管嘴起始处收缩的液流来不及扩大就已流出管外,或者此真空区已非常接近于管嘴出口端,都会使管嘴中的真空区无法建立,因而也就达不到增加流量的目的。另外,若管嘴太长,扩大后的沿程阻力损失势必增加,结果也将使流量减小。由大量的实验证明,管嘴正常工作的长度 $l$ 应等于直径的 3~4 倍。

在通常情况下,管内真空区的压强越低则抽吸作用越大,流量相应地就会越大。但是,这个真空度也是有一定限制的,它取决于出流液体的气化压强。如果管中的真空值过大,使其压强低于或接近于液体的气化压强,将使液体气化产生气体,从而破坏了液体流

动的连续性。同时,外部空气在大气压强的作用下,会沿着管嘴内壁冲进管嘴,使管嘴内的液流脱离内壁,这时虽然有管嘴存在,可是出流将与薄壁孔口出流相似,达不到增加流量的目的。对于水来说,为保证流动的连续性,防止接近气化压强而允许的真空值不大于 7 m 水柱。由此,按式(9-72),为保证圆柱形外伸管嘴正常工作,作用水头不允许大于

$$h=\frac{7}{0.79}\approx 9\ \text{m 水柱}$$

上述是保证管嘴正常工作的必要条件,设计、选用时必须加以考虑。

在工程应用中,按不同的具体使用目的和要求,往往还采用图 9-39 所示其他几种形式的管嘴。就其流速、流量计算公式形式而言,对于各种出流形式都是一样的,其差别仅是流速因数 $C_v$ 和流量因数 $C_n$ 不同,这些因数的数值,当然将取决于各种管嘴的出流特性和管内的阻力情况。

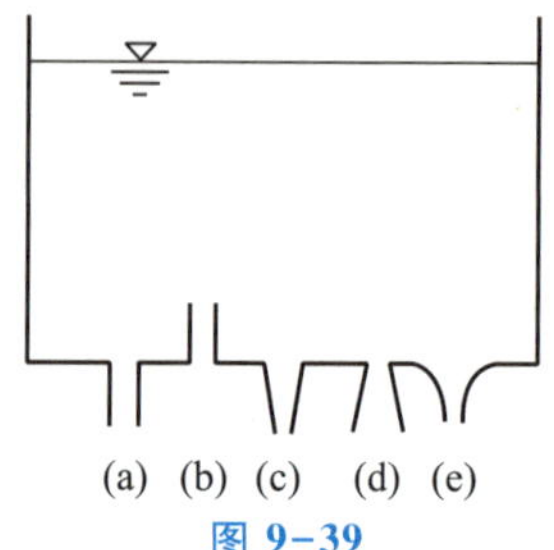

图 9-39

为选用方便起见,下面对图中所示的几种管嘴出流特性作简单介绍。

(a) 圆柱外伸管嘴。前面已作详细讨论。

(b) 圆柱内伸管嘴。出流类似于(a),其流动在入口处扰动较大,因此损失大于外伸管嘴。相应的流量因数、流速因数也较小,这种管嘴多用于外形需要平整、隐蔽的地方。

(c) 外伸收缩管嘴。流动特点是在入口收缩后,不需要充分扩张,所以,其损失相应较小,因而流速因数和流量因数较大。这种管嘴多用于需要较大出流速度的地方(如消防水龙头喷嘴)。当然,由于相应的出口断面面积较小,出流量并不大。

(d) 外伸扩张管嘴。流动特点是扩张损失较大,管内真空度较高,流速因数和流量因数较小,管端出流速度较小,但因出口断面面积大,因此流量较圆柱外伸管嘴增大。这种管嘴多用于低速、大流量的场合。

(e) 流线形外伸管嘴。显然,这种管嘴的损失最小,具有最大的流量因数,因此出口动能最大。

为分析、比较和选用方便,在表 9-5 中列出了所讨论的薄壁孔口和各种管嘴的出流参数,选用时须注意,流速因数大的其出流速度必然大,但流量因数的大小并不直接反映出流流量的大小,因为流量除与流量因数和作用水头有关外,还要取决于出口断面的面积。

**表 9-5 薄壁孔口和各种管嘴参数**

| 种类 | 损失因数 $\zeta$ | 收缩因数 $\varepsilon$ | 流速因数 $C_v$ | 流量因数 $C_0$ 或 $C_n$ |
|---|---|---|---|---|
| 薄壁孔口 | 0.06 | 0.64 | 0.97 | 0.62 |
| 外伸管嘴 | 0.5 | 1 | 0.82 | 0.82 |
| 内伸管嘴 | 1 | 1 | 0.71 | 0.71 |

续表

| 种类 | 损失因数 $\zeta$ | 收缩因数 $\varepsilon$ | 流速因数 $C_v$ | 流量因数 $C_0$ 或 $C_n$ |
|---|---|---|---|---|
| 收缩管嘴 $\theta=13°\sim14°$ | 0.09 | 0.98 | 0.96 | 0.95 |
| 扩张管嘴 $\theta=5°\sim7°$ | 4 | 1 | 0.45 | 0.45 |
| 流线形管嘴 | 0.04 | 1 | 0.98 | 0.98 |

## 例　　题

**例 9-1**　水平放置的油管直径 $d=8$ mm，如图所示，流量 $q_v=77\ \text{cm}^3/\text{s}$，油的运动黏度 $\nu=8.6\times10^{-6}\ \text{m}^2/\text{s}$，油的密度 $\rho=0.9\times10^3\ \text{kg/m}^3$，试：(1) 判别流态；(2) 求在长度 $l=2$ m 的管段两端，水银压差计读值 $\Delta h$。

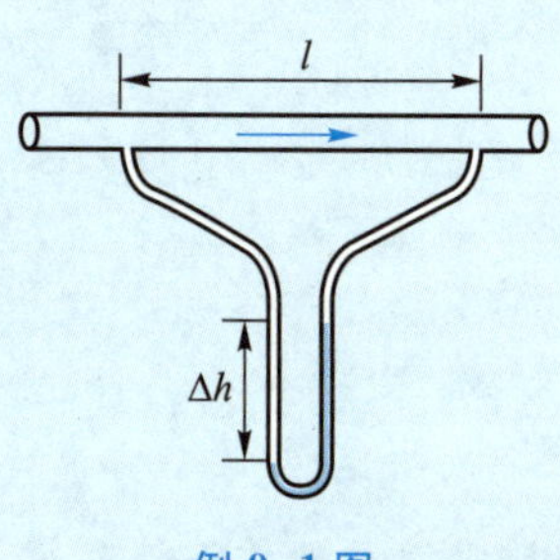

例 9-1 图

**解：** $v=\dfrac{4q_V}{\pi d^2}=\dfrac{4\times77\times10^{-6}}{\pi\times(8\times10^{-3})^2}\ \text{m/s}=1.53\ \text{m/s}$

$$Re=\frac{vd}{\nu}=\frac{1.53\times8\times10^{-3}}{8.6\times10^{-6}}=1\ 426<2\ 300\ \text{层流}$$

$$\lambda=\frac{64}{Re}=\frac{64}{1\ 426}=0.044\ 9$$

$$h_f=\lambda\frac{l}{d}\frac{v^2}{2g}=0.044\ 9\times\frac{2}{8\times10^{-3}}\times\frac{1.53^2}{2g}\ \text{m}=1.34\ \text{m}$$

$$h_f=\left(z_1+\frac{p_1}{\rho g}\right)-\left(z_2+\frac{p_2}{\rho g}\right)=\frac{\rho_{Hg}-\rho_{油}}{\rho_{油}}\Delta h$$

即

$$1.34=\frac{13.6\times10^3-0.9\times10^3}{0.9\times10^3}\Delta h$$

则 $\Delta h=0.095\ \text{m}=9.5\ \text{cm}$

**例 9-2**　沿直径 $d=200$ mm，长 $l=3\ 000$ m 的无缝钢管（$\Delta=0.2$ mm）输送密度 $\rho=900\ \text{kg/m}^3$ 的石油。已知流量 $q_V=27.8\times10^{-3}\ \text{m}^3/\text{s}$，油的运动黏度在冬季 $\nu_w=1.092\times10^{-4}\ \text{m}^2/\text{s}$，夏季 $\nu_s=0.355\times10^{-4}\ \text{m}^2/\text{s}$。试求沿程损失 $h_f$。

**解：** 管中油的流速为

$$V=\frac{q_V}{\frac{\pi}{4}d^2}=0.885\ \text{m/s}$$

(1) 冬季

$$Re_{\text{w}}=\frac{Vd}{\nu_{\text{w}}}\approx 1\ 620<2\ 320$$

故流动处于层流状态。因此

$$\lambda_{\text{w}}=\frac{64}{Re_{\text{w}}}=\frac{64}{1\ 620}=0.039\ 5$$

$$h_{\text{f}_{\text{w}}}=\lambda_{\text{w}}\frac{l}{d}\frac{V^2}{2g}=23.7\ \text{m 石油柱}$$

(2) 夏季

$$Re_{\text{s}}=\frac{Vd}{\nu_{\text{s}}}\approx 5\ 000>4\ 000$$

又

$$80\frac{1}{\overline{\Delta}}=80\frac{d}{\Delta}=80\ 000$$

即

$$4\ 000<Re_{\text{s}}<80\frac{1}{\overline{\Delta}}$$

所以流动处于湍流光滑管区。

在 $Re<10^5$ 时，可用布拉休斯公式：

$$\lambda_{\text{s}}=\frac{0.316\ 4}{Re_{\text{s}}^{0.25}}=0.037\ 6$$

$$h_{\text{f}_{\text{s}}}=\lambda_{\text{s}}\frac{l}{d}\frac{V^2}{2g}=22.5\ \text{m 石油柱}$$

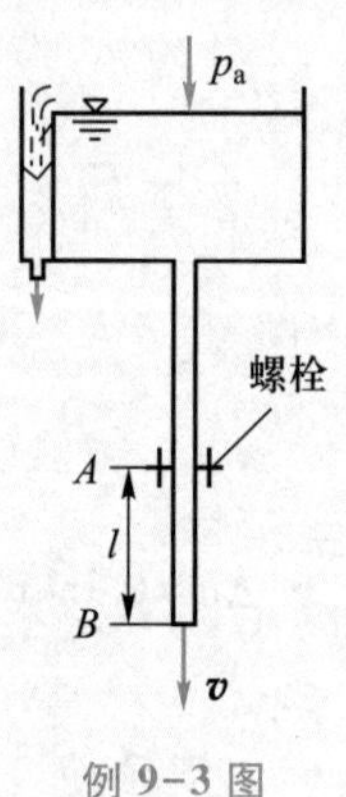

例 9-3 图

**例 9-3** 设有一水位保持不变的水箱，其中水流经铅垂等径圆管流入大气，AB 管段与上面的管段用法兰盘螺栓相连接，如图所示。已知管径 $d=0.02$ m，AB 管段长度 $l=5$ m，流量 $q_V=0.001\ 5\ \text{m}^3/\text{s}$，沿程阻力因数 $\lambda=0.02$，管段重量不计。试求螺栓所受的拉力 $F$。

**解：** $v=\dfrac{Q}{A}=\dfrac{4Q}{\pi d^2}=\dfrac{4\times 0.0015}{\pi\times(0.02)^2}\ \text{m/s}=4.78\ \text{m/s}$

$$h_f=\lambda\frac{l}{d}\frac{v^2}{2g}=0.02\times\frac{5}{0.02}\times\frac{4.78^2}{2\times 9.8}\ \text{m}=5.83\ \text{m 水柱}$$

$$J=\frac{h_f}{l}=\frac{5.83}{5}=1.17$$

$$\tau_0=\rho g\frac{d}{4}J=1\,000\times 9.8\times\frac{0.02}{4}\times 1.17\ \text{Pa}=57.33\ \text{Pa}$$

$$F=\tau_0\pi dl=57.33\times 3.14\times 0.02\times 5\ \text{N}=18\ \text{N(方向向下)}$$

**例 9-4** 如图所示出水管路，$d_1=50$ mm，$d=70$ mm，水位高 $h=16$ m，截止阀损失因数 $\zeta=4.0$，水流入大气。若不计沿程损失，问流量 $q_V$ 为多少？

**解：** 若忽略沿程损失，有

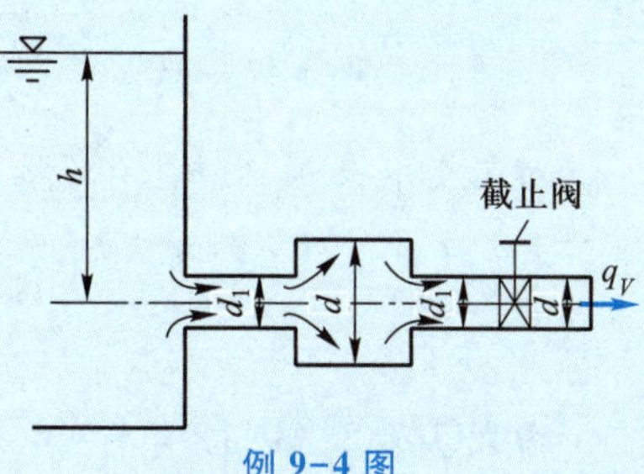

例 9-4 图

$$h=(1+\sum\zeta_i)\frac{V_1^2}{2g}$$

这里局部损失共有四处：

(1) 入口损失　$\zeta_1=0.5$

(2) 突扩损失　用突扩前速度 $V_1$，则

$$\zeta_2=\left(1-\frac{d_1^2}{d^2}\right)^2=0.24$$

(3) 突缩损失　$\zeta_3=0.5\left(1-\dfrac{d_1^2}{d^2}\right)=0.245$

(4) 截止阀损失　$\zeta=4.0$

所以

$$\sum\zeta_i=\zeta_1+\zeta_2+\zeta_3+\zeta=4.985$$

因此

$$V_1=\sqrt{\frac{2gh}{1+\sum\zeta_i}}$$

$$q_V=\frac{\pi}{4}d_1^2V_1=\frac{\pi}{4}d_1^2\sqrt{\frac{2gh}{1+\sum\zeta_i}}=0.014\,2\ \text{m}^3/\text{s}$$

**例 9-5** 图示水箱用一带薄壁孔口的板隔开。已知孔口及两出流管嘴直径相等，均为 $d=100\ \text{mm}$，流入左侧水箱的流量 $q_V=80\ \text{L/s}$，试求两管嘴流出的流量 $q_{V_1}$ 及 $q_{V_2}$。

**解：** 设 $h_1$ 和 $h_2$ 分别为左、右两侧水箱的水位高度，如图所示。则由管嘴及孔口出流公式，有

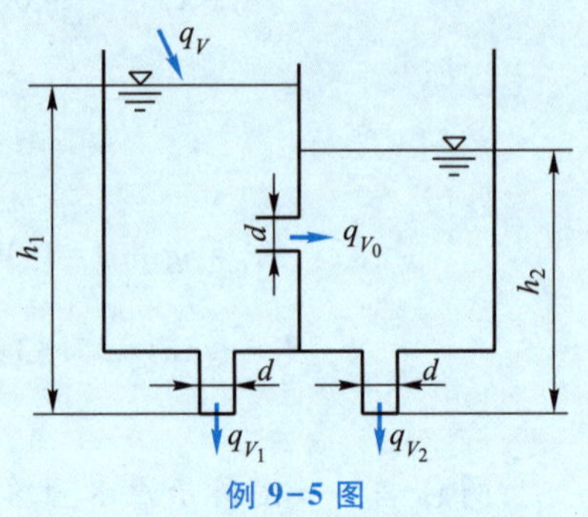

例 9-5 图

$$q_{V_1}=C_nA\sqrt{2gh_1} \quad ①$$

$$q_{V_2}=C_nA\sqrt{2gh_2} \quad ②$$

$$q_{V_0}=C_0A\sqrt{2g(h_1-h_2)} \quad ③$$

式中 $C_n$——管嘴流量因数，取 $C_n=0.82$；

$C_0$——孔口流量因数，取 $C_0=0.62$；

$A$——管嘴和孔口的断面面积，$A=\dfrac{\pi}{4}d^2$。

对不变水头 $h_1$ 及 $h_2$，有连续性方程

$$q_V=q_{V_1}+q_{V_2} \quad ④$$

$$q_{V_0}=q_{V_2} \quad ⑤$$

由式⑤及②，③，得

$$C_nA\sqrt{2gh_2}=C_0A\sqrt{2g(h_1-h_2)}$$

即

$$h_1=\left[1+\left(\frac{C_n}{C_0}\right)^2\right]h_2$$

代入式①，有

$$q_{V_1}=C_nA\sqrt{2gh_2\left[1+\left(\frac{C_n}{C_0}\right)^2\right]} \quad ⑥$$

将式⑥、②代入式④，有

$$q_V=C_nA\left[1+\sqrt{1+\left(\frac{C_n}{C_0}\right)^2}\right]\sqrt{2gh_2}$$

即

$$\sqrt{2gh_2}=\frac{q_V}{C_nA\left[1+\sqrt{1+\left(\frac{C_n}{C_0}\right)^2}\right]}$$

代回式②,得

$$q_{V_2}=C_{\mathrm{n}}A\frac{q_V}{C_{\mathrm{n}}A\left[1+\sqrt{1+\left(\dfrac{C_{\mathrm{n}}}{C_0}\right)^2}\right]}=\frac{q_V}{1+\sqrt{1+\left(\dfrac{C_{\mathrm{n}}}{C_0}\right)^2}}$$

$$=30\times10^{-3}\ \mathrm{m^3/s}$$

$$q_{V_1}=q_V-q_{V_2}=50\times10^{-3}\ \mathrm{m^3/s}$$

**例 9-6** 齿轮泵由油箱吸取液压油,已知流量 $q_V=1.2\times10^{-3}\ \mathrm{m^3/s}$,油的运动黏度 $\nu=4\times10^{-5}\ \mathrm{m^2/s}$,相对密度 $d=0.9$,吸油管长 $l=10$ m,管径 $d_1=40$ mm。若油泵进口最大允许真空度 $p_{\mathrm{v}}=25$ kPa,求油泵允许的安装高度 $h$。

**解:** 取如图所示 $O-O$,Ⅰ-Ⅰ断面,列能量方程:

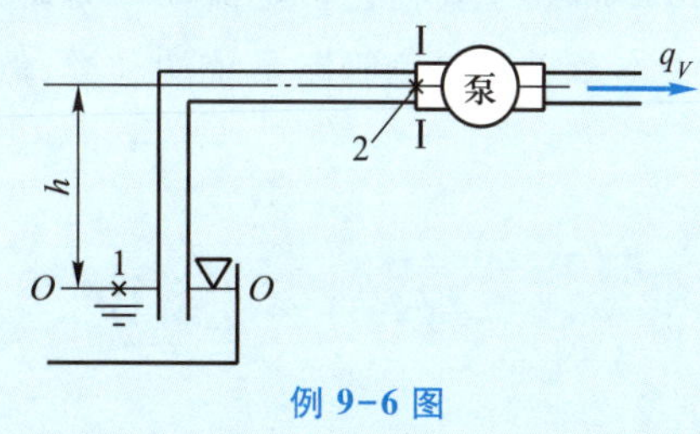

例 9-6 图

$$0+0+0=h+\frac{p_2}{\rho g}+\frac{\alpha_2V_2^2}{2g}+h_{\mathrm{f}}$$

$$h=-\frac{p_2}{\rho g}-\frac{\alpha_2V_2^2}{2g}-h_{\mathrm{f}}$$

为确定 $\alpha_2$,$h_{\mathrm{f}}$,需先判断流态

$$Re=\frac{Vd_1}{\nu}=\frac{4q_V}{\pi\nu d_1}\approx955<2\ 320$$

故流态为层流,$\alpha_2=2$,$h_{\mathrm{f}}=64lV^2/(Re\cdot d_1\cdot 2g)$。计算中略去局部损失。将真空度 $p_{\mathrm{v}}$ 变为油柱高,并注意到以表压强表示 $p_2$,可得

$$\frac{p_2}{\rho g}\approx-2.778\ \mathrm{m}\ 油柱$$

所以允许安装高度不能大于

$$h=-\frac{p_2}{\rho g}-\frac{\alpha_2}{2g}\left(\frac{q_V}{\dfrac{\pi}{4}d_1^2}\right)^2-\frac{64}{Re}\frac{l}{d_1}\frac{1}{2g}\left(\frac{q_V}{\dfrac{\pi}{4}d_1^2}\right)^2\approx1.85\ \mathrm{m}$$

第 9 章

电子作业本

# 第 10 章 管路的水力计算

本章讨论管路(系统)的水力计算和设计问题。本章讨论的内容对给排水系统、供油系统等实际工程具有重要意义。

前面的基础理论部分,系统地研究了实际流体流动的连续性方程、动量方程、能量方程和流动损失,这些研究工作为管路的设计和计算奠定了理论基础。

本章将主要讨论恒定流动。为研究方便起见,设能量方程中的动能修正因数 $\alpha=1$。

本章首先讨论管路系统的分类,然后按不同类型分别研究其计算和设计方法。

## §10-1　管路系统的分类

### 1. 按能量损失的类型分类

(1) 长管:凡局部损失和出流的速度水头之和与沿程损失相比较小(通常以小于 5% 为界限)的管路系统,称为水力长管,或简称长管。在这类管路计算中,通常只计沿程损失,忽略局部损失和出流速度水头。

(2) 短管:短管又称为水力短管,是指沿程损失、局部损失和出流的速度水头等项大小相近,均需计及的管路系统。

### 2. 按组成结构分类

(1) 简单管路:通常将等径无分支管路系统称为简单管路,如图10-1a所示。

(2) 复杂管路:由两条或多条简单管路组合而成的管路系统称为复杂管路。按管路组合形式、出流情况等,复杂管路通常又分为以下几种类型:

(a) 串联管路:串联管路是指不同直径管段彼此首尾相接所组成的管路系统,如图10-1b所示。

(b) 并联管路:并联管路是指有共同的起始点及汇合点(通常称为节点)的管段所组成的管路系统,如图 10-1c 所示。

(c) 枝状管路:如图 10-1d 所示,在枝状管路中,不同的出流管段在不同位置分流。显然,在给排水工程中管路多属枝状管路。

(d) 网状管路(也称为环状管路或环状管网):如图 10-1e 所示,在网状管路中,不同管段组成网状的不规则输送系统。

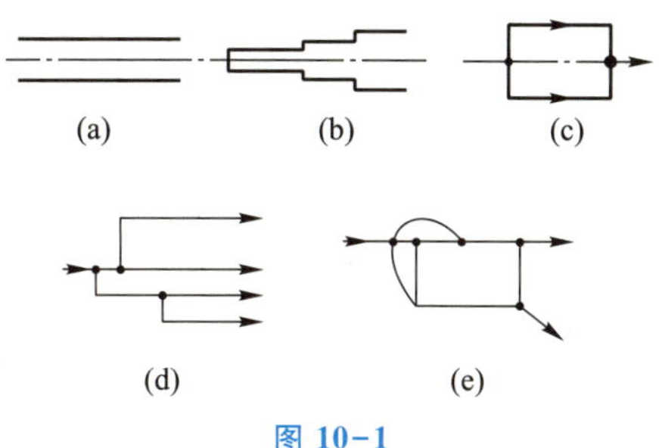

图 10-1

由以上分类可以看出，管路系统类似于电路系统，计算特征也类同于电路。

管路水力计算的目的在于设计合理的管路系统，尽量减少动力消耗，节约能源，最大限度地节省原材料，降低成本。因此，应通过计算来确定流量、管道几何尺寸和流动损失之间的定量关系。通常将工程中所遇到的问题分为以下三类。

(1) 已知所需的流量 $q_V$ 和管道尺寸 $l,d$，计算压降 $\Delta p$ 或确定所需的供液水头 $h$。

(2) 已知管道的尺寸 $l,d$，供液水头 $h$ 或允许的压降 $\Delta p$，确定实际可以获得的流量 $q_V$。

(3) 按照所需要的流量 $q_V$ 和实际具有的作用水头 $h$，计算管道直径 $d$(在这种情况下，往往长度 $l$ 是预先给定的)。

显然，结构不同的管路计算方法也是不同的，下面分别予以讨论。

## §10-2 简单管路的水力计算

等径无分支短管和长管等简单管路的水力计算是管路系统水力计算的基础。

在短管的水力计算中应包括沿程损失、局部损失和出流的速度水头。现以图 10-2 所示的等径管路为例，说明短管的水力计算方法。

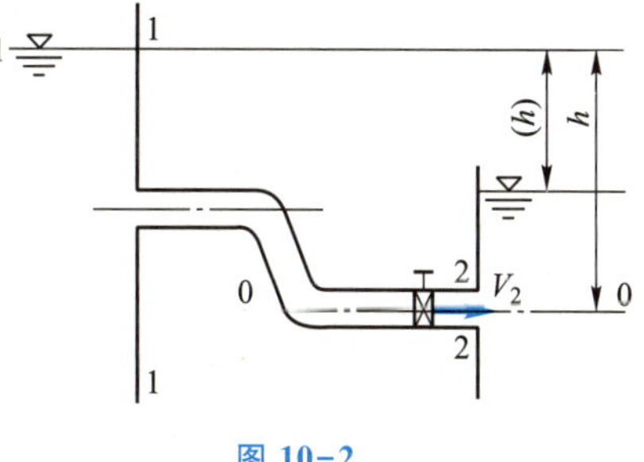

图 10-2

首先，假设液体自管端流入大气，即自由出流。

以图示 0-0 为基准，对自由液面1-1和出流断面 2-2 列能量方程：

$$h+\frac{p_a}{\rho g}+\frac{V_1^2}{2g}=\frac{p_a}{\rho g}+\frac{V_2^2}{2g}+h_w$$

因液体自大容器流入管道，所以 $V_1=0$，因此方程变为

$$h=\frac{V_2^2}{2g}+h_w$$

显然，问题的关键在于确定和计算 $h_w$，在等径管中，液体在各处的流速相等，因此

$$h_w=\sum\lambda_i\frac{l_i}{d_i}\frac{V_2^2}{2g}+\sum\zeta_j\frac{V_2^2}{2g}=\left(\sum\lambda_i\frac{l_i}{d_i}+\sum\zeta_j\right)\frac{V_2^2}{2g}$$

其中，$j$ 所指的部位包括容器出口、两个 90°转弯和控制闸门四个部位。$i$ 所指的部位包括各部分直管，在沿程阻力系数相同的情况下，各部分直管长度之和也可以用总管长代替。代入能量方程可得

$$h=\left(1+\sum\lambda_i\frac{l_i}{d_i}+\sum\zeta_j\right)\frac{V_2^2}{2g}$$

令 $\zeta_s=\sum\lambda_i\frac{l_i}{d_i}+\sum\zeta_j$，则

$$h=(1+\zeta_s)\frac{V_2^2}{2g}=(1+\zeta_s)\frac{16q_V^2}{\pi^2d^4}\frac{1}{2g}$$

或

$$h=0.082\,7(1+\zeta_s)\frac{q_V^2}{d^4}\ \mathrm{s^2\cdot m^{-1}} \tag{10-1}$$

对于非自由出流，即自管端流入另一个大容器时，计算方法与前面相同，此时的作用水头为两液面的位置高差，在损失项 $h_w$ 的计算中，应包括自管路流入大容器的出口损失（可认为损失了全部出流速度水头）。

对于不等径的短管计算，需以直径的换算关系将流速统一。

在长管水力计算中，局部水头损失 $\sum h_\zeta$ 和出流 $V_2^2/(2g)$ 忽略不计，于是

$$h=\lambda\frac{l}{d}\frac{V^2}{2g}=\lambda\frac{l}{d}\frac{16q_V^2}{\pi^2d^4}\frac{1}{2g}=0.082\,7\lambda l\frac{q_V^2}{d^5}\ \mathrm{s^2\cdot m^{-1}} \tag{10-2}$$

或

$$h=\frac{lq_V^2}{K^2} \tag{10-3}$$

式中 $K=\sqrt{\frac{g\pi^2d^5}{8\lambda}}$，称为**流量模数**，$K$ 具有流量量纲 $\mathrm{L^3T^{-1}}$。由式(10-3)得

$$q_V=K\sqrt{\frac{h}{l}} \tag{10-4}$$

式中 $h/l$ 表示单位长度上的作用水头，称为**水力坡度**。$K$ 的物理意义是水力坡度为 1 时的流量。

由 $K$ 的定义式可以看出，流量模数为管路直径 $d$ 和沿程损失因数 $\lambda$ 的函数，即 $K=f(d,\lambda)$，在大多数长管水力计算中，流动多为阻力平方区，$\lambda=f(\Delta,d)$，与雷诺数 $Re$ 无关。

所以,在通常情况下,可以取 $K=f(d,\Delta)$。

实际工程中所使用的各种管的 $\Delta$ 值,在确定的生产条件和使用情况下是一定的(如表 9-1 所示),所以,人们为了使设计和计算更为方便,对于各种材料管路的具体情况列出了各自的 $K=f(d)$ 表格,以便于实际计算时查阅。这里列举几种常用材料管路的 $K=f(d)$,见表 10-1。

**表 10-1 几种常用材料管路的 $K$ 值**

| $d$/m | | 0.05 | 0.1 | 0.2 | 0.3 | 0.4 | 0.5 | 0.6 | 0.8 | 1.0 |
|---|---|---|---|---|---|---|---|---|---|---|
| 铁管 $\Delta=0.45$ mm | $K$ /($m^3\cdot s^{-1}$) | 0.010 2 | 0.064 2 | 0.040 4 | 1.163 7 | 2.476 8 | 4.446 0 | 7.166 9 | 15.210 | 27.245 |
| | $1/K^2$ /($s^2\cdot m^{-6}$) | 9 668.5 | 242.98 | 6.238 3 | 0.738 4 | 0.163 0 | 0.050 6 | 0.019 5 | 0.004 3 | 0.001 3 |
| 钢管 $\Delta=0.2$ mm | $K$ /($m^3\cdot s^{-1}$) | 0.011 5 | 0.071 9 | 0.444 2 | 1.284 5 | 2.724 8 | 4.879 2 | 7.850 2 | 16.613 | 29.695 |
| | $1/K^2$ /($s^2\cdot m^{-6}$) | 7 509.4 | 193.45 | 5.067 9 | 0.606 1 | 0.134 7 | 0.042 0 | 0.016 2 | 0.003 6 | 0.001 1 |
| 铜管 $\Delta=0.01$ mm | $K$ /($m^3\cdot s^{-1}$) | 0.016 6 | 0.100 5 | 0.606 1 | 1.730 7 | 3.640 8 | 6.479 4 | 10.375 | 21.794 | 38.748 |
| | $1/K^2$ /($s^2\cdot m^{-6}$) | 3 628.9 | 98.952 | 2.721 8 | 0.333 8 | 0.075 4 | 0.023 8 | 0.009 3 | 0.002 1 | 0.000 7 |
| PPR 管 $\Delta=0.007$ mm | $K$ /($m^3\cdot s^{-1}$) | 0.017 2 | 0.103 9 | 0.625 4 | 1.783 9 | 3.749 9 | 6.669 9 | 10.675 | 22.411 | 39.825 |
| | $1/K^2$ /($s^2\cdot m^{-6}$) | 3 379.2 | 92.569 | 2.556 6 | 0.314 3 | 0.071 1 | 0.022 5 | 0.008 8 | 0.002 0 | 0.000 6 |

在简单管路的计算中,常常遇到下列三类问题:

(1) 已知:介质的运动黏度 $\nu$,密度 $\rho$,管长 $l$,管径 $d$,管壁的绝对粗糙度 $\Delta$,流量 $q_V$。求:水头 $h$。

(2) 已知:介质的运动黏度 $\nu$,密度 $\rho$,管长 $l$,管壁的绝对粗糙度 $\Delta$,管径 $d$,水头 $h$。求:流量 $q_V$。

(3) 已知:介质的运动黏度 $\nu$,密度 $\rho$,管长 $l$,管壁的绝对粗糙度 $\Delta$,流量 $q_V$,水头 $h$。求:管径 $d$。

对于第一类问题,可以由 $q_V$ 和 $d$ 计算出速度 $V$,再由 $V,d,\nu$ 算出 $Re$,由 $Re$ 判别流动区域,计算出沿程损失因数 $\lambda$,从而由达西公式计算出 $h$。显然第一类问题比较简单。

对于第二类和第三类问题,由于 $q_V$(或 $d$)未知,无法直接算出 $Re$,故无法计算 $\lambda$。因此,要采用试算法,即凭经验先给定一个 $\lambda_1$ 值,由达西公式反算出 $q_V$ 或 $d$,然后再按第一类问题计算出 $\lambda$,以检验原来给定的 $\lambda_1$ 是否正确。若正确,$q_V$ 或 $d$ 即为所求;若误差较大,则将算出的 $\lambda$ 作为 $\lambda_1$ 重复上述过程,直到 $\lambda$ 和 $\lambda_1$ 之差的绝对值小于某一事先给定的精度值为止。上述过程需要多次计算 $\lambda$，显然，这一迭代过程用手算较为麻烦，利用计算机则可以轻而易举地完成。

## §10-3 串、并联管路的水力计算

### 1. 串联管路的水力计算

这里讨论不同直径长管的串联，图 10-3 所示为几段长管串联组成的管路系统。各段管路均按长管计算，只计沿程损失。而且

$$h_{fi}=\frac{q_{V_i}^2}{K_i^2}l_i$$

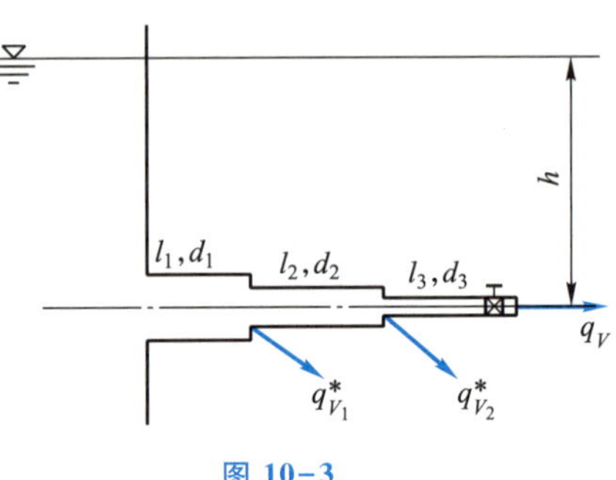

图 10-3

串联管路有以下几个特征：

(1) 对于无外泄的串联管路，各管段流量相等，即

$$q_{V_1}=q_{V_2}=q_{V_3}=\cdots=q_V$$

(2) 各段沿程损失之和为总作用水头，即

$$h=h_{f1}+h_{f2}+h_{f3}+\cdots$$

所以

$$h=q_V^2\sum\frac{l_i}{K_i^2}=q_V^2\left(\frac{l_1}{K_1^2}+\frac{l_2}{K_2^2}+\frac{l_3}{K_3^2}+\cdots\right) \tag{10-5}$$

由此得流量为

$$q_V=\sqrt{\frac{h}{\dfrac{l_1}{K_1^2}+\dfrac{l_2}{K_2^2}+\dfrac{l_3}{K_3^2}+\cdots}} \tag{10-6}$$

当有外泄时，即 $q_{V_i}^*\neq 0$ 的情况，则有

$$q_{V_{i+1}}=q_{V_i}-q_{V_i}^*$$

分段列方程计算，总计可列出 $i-1$ 个方程，联立即可求解。

串联管路的计算通常有两类问题：

(1) 已知流过串联管路的流量 $q_V$，介质参数 $\nu,\rho$，管路参数 $l,d,\Delta$，求所需要的总水头 $h$。

(2) 已知总水头 $h$，介质参数 $\nu,\rho$，管路参数 $l,d,\Delta$，求通过的流量 $q_V$。

以上两类问题分别可以根据式(10-5)和式(10-6)直接求解。

### 2. 并联管路的水力计算

图 10-4 中，若干条简单长管组成并联管路，有共同的分流点 $A$ 和汇合点 $B$。在工程中并联管路应用比较普遍，如锅炉内部管路常采用并联形式。

图 10-4 中为三条管路并联，设分流前流量为 $q_{V_1}$，合流后流量为 $q_{V_5}$，三管内流量分别为 $q_{V_2}$，$q_{V_3}$，$q_{V_4}$。

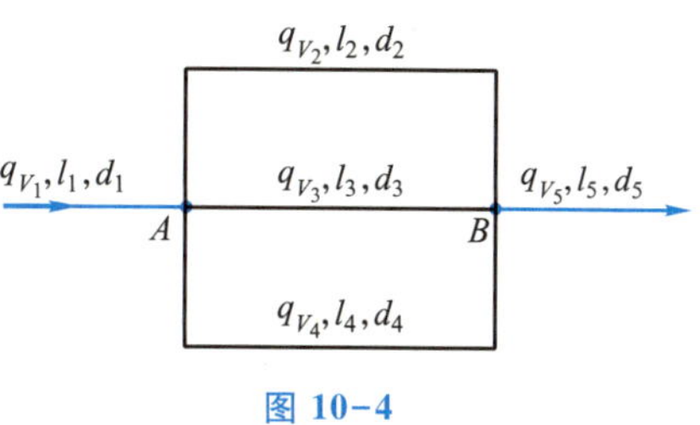

图 10-4

并联管路的特点为：

（1）在并联的各管段中，压强损失相同（因为在共同的分流和汇合处，即在每一条管路的两端有共同的压强值，因此每条管路中都有相同的压降）。即

$$h_{f2}=h_{f3}=h_{f4}=\frac{q_{V_i}^2 l_i}{K_i^2}\quad (i=2,3,4)$$

由此可知，整个管路的损失为

$$h=h_{f1}+h_{fi}+h_{f5}\quad (i=2,3,4)\tag{10-7}$$

注意，式中 $h_{fi}$ 并不是 $\sum h_{fi}$。

（2）总流量为各分路中支管流量之和，由流量连续性条件有

$$q_{V_1}=q_{V_2}+q_{V_3}+q_{V_4}=q_{V_5}\tag{10-8}$$

并联管路计算中，经常遇到的问题是计算各管路中的流量。当各管的直径、管长、粗糙度和使用情况相同时，各管流量应相同。若各管情况不同，即流动阻力不同时，必须按损失相等的原则逐个列方程予以计算。

并联管路的计算通常有两类问题：

（1）已知两点间的压降（即能量损失）$h_{fi}$，求总流量 $q_V$。

对于图 10-4 所示并联管路中，通过第 $i$ 分支管路的流量为

$$q_{V_i}=\sqrt{h_{fi}}\cdot\frac{1}{\sqrt{\dfrac{l_i}{K_i^2}}}\quad (i=2,3,4)$$

根据式（10-8），通过各分支管路的总流量为

$$q_V=\sum_{i=2}^{4}q_{V_i}=\sqrt{h_{fi}}\cdot\sum_{i=2}^{4}\frac{1}{\sqrt{\dfrac{l_i}{K_i^2}}}$$

（2）已知总流量 $q_V$，求各分支管路的流量 $q_{V_i}$ 及能量损失 $h_{fi}$。

对于图 10-4 所示并联管路中，由于各分支管路的压降相同，因此第 $i$ 分支管路的流量 $q_{V_i}$ 和 $1/\sqrt{l_i/K_i^2}$ 成正比，又因为总流量为各分支管路的流量之和，所以第 $i$ 分支管路的流量为

$$q_{V_i}=\frac{q_V\cdot\dfrac{1}{\sqrt{l_i/K_i^2}}}{\sum\limits_{j=2}^{4}\dfrac{1}{\sqrt{l_j/K_j^2}}}\quad(i=2,3,4)$$

各分支管路的能量损失 $h_{fi}$ 为

$$h_{fi}=\frac{l_i q_{V_i}^2}{K_i^2}\quad(i=2,3,4)$$

## §10-4 均匀泄流的水力计算

在实际工程中，往往会遇到这样一种管路设计，要求沿管路有等距离、等流量流体的供给，即要求沿流程均匀泄出流量，这种流动称为均匀泄流。在蔬菜大棚里常见的灌溉用供水系统是比较典型的均匀泄流。

通常，为了使研究简化，假定沿管路泄流是完全均匀的，单位长度上的泄流量为 $q_{V_i}$。现在研究图 10-5 所示的均匀泄流管路，其管径为 $d$，管长为 $L$，管末端流出的流量为 $q_{VT}$，总作用水头为 $h$。

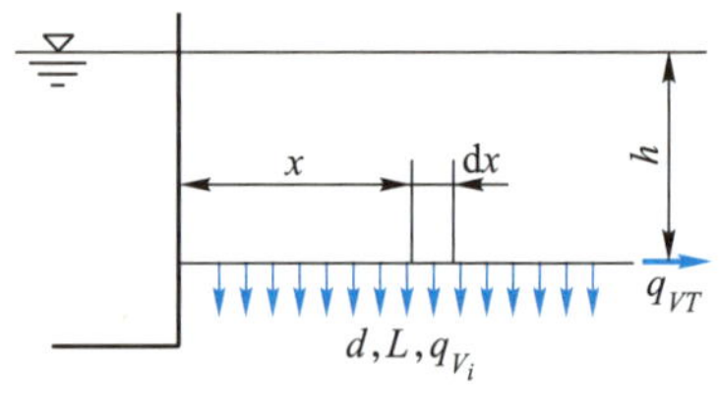

图 10-5

计算的目的在于找出沿均匀泄流管路的水头损失。

由流量连续性条件有

$$q_V=q_{VT}+q_{V_i}L$$

在距离管段起始位置 $x$ 处取 d$x$ 微段。则在 $x$ 处截面的流量应为末端输出量和余段泄流量之和，即

$$q_{Vx}=q_{VT}+q_{V_i}(L-x)$$

在微段 d$x$ 上消耗的水头为

$$\mathrm{d}h_f=\frac{q_{Vx}^2}{K^2}\mathrm{d}x$$

由此可得在整个管段上的水头损失为

$$h=\int \mathrm{d}h_f=\int_0^L\frac{[q_{VT}+q_{V_i}(L-x)]^2}{K^2}\mathrm{d}x$$

设流动处于阻力平方区，有 $K$ 为常数，积分上式得

$$h=\frac{q_{VT}^2L+q_{VT}q_{V_i}L^2+\dfrac{q_{V_i}^2L^3}{3}}{K^2}$$

即

$$h=\frac{L}{K^2}\left(q_{VT}^2+q_{VT}q_{Vn}+\frac{q_{Vn}^2}{3}\right) \tag{10-9}$$

式中 $q_{Vn}=q_{V_i}L$ 为总泄流量。

式(10-9)说明,均匀泄流情况下的流量,相当于在同样水头 $h$ 作用下无泄流时管端出流的流量,即

$$q_V=\sqrt{q_{VT}^2+q_{VT}q_{Vn}+\frac{q_{Vn}^2}{3}}$$

当管端无液体输出,即 $q_{VT}=0$ 时

$$h=\frac{L}{K^2}\frac{q_{Vn}^2}{3}=\frac{1}{3}\frac{q_{Vn}^2L}{K^2} \tag{10-10}$$

式(10-10)说明,管端无输出的均匀泄流量与同样水头作用下无泄流时的管端出流量的关系为

$$q_V=\frac{q_{Vn}}{\sqrt{3}}$$

因此,欲得到相同的流量,均匀泄流管路所需的作用水头仅为集中于管末端出流所需水头的 1/3。

应当说明,实际工程所采用的泄流管路是难以达到绝对均匀的,因此用上面的方法在假设均匀的前提下进行计算只是一种近似。

## §10-5 枝状管路的水力计算

枝状管路是工程中常用的一种管路形式,流体自主干管路供向各用水点。它较环状管网便于安装,省费用,但管路中某处出现问题时,该处之后的管路将无法正常供水,因此可靠性差一些,一般用于生活用水、工地施工用水和农田灌溉用水。

对于图 10-6 所示枝状管路,能量方程不能在总干管和分支管之间建立,必须对各管逐一计算。

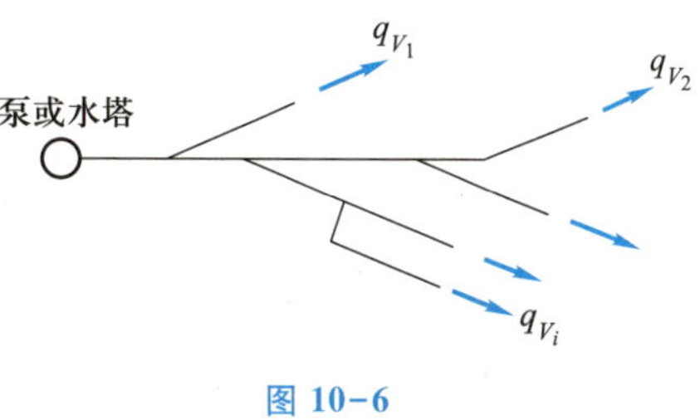

图 10-6

设计枝状管路时,一般已知各管段长度 $l_i$,各使用点要求的水头 $h_i$ 和流量 $q_{V_i}$,使用的管材和直径则按工程条件和允许流速确定。因此,设计要满足损失最大支路的供水要求,主要任务是计算水塔的高度或泵的扬程。

若各段干管和分支管的能量损失按下式计算：

$$h_{fi}=\frac{l_i q_{V_i}^2}{K_i^2}$$

则自水塔至各支管末端的总损失为

$$h=\sum h_{fj}+\sum h_{fk} \tag{10-11}$$

其中，$j$ 所指的部位为各主干管，$k$ 所指的部位为相应的分支管段。

分支管路的形式多种多样，现以图10-7所示的三水库系统为例说明各分支管路流量的求解方法。

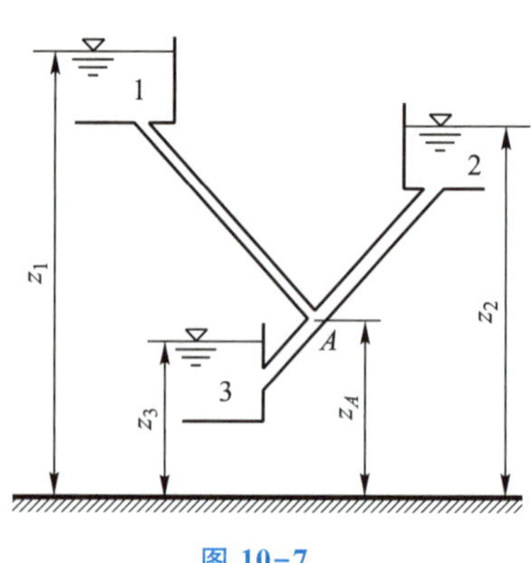

图 10-7

设三水库的液面高度满足 $z_1>z_2>z_3$，则本问题的关键是判断节点 $A$ 的水头高度 $z_A$ 是大于 $z_2$ 还是小于 $z_2$。若大于 $z_2$，则流体是从 $A$ 点流向水库 2，应满足 $q_{V_1}=q_{V_2}+q_{V_3}$；否则流体从水库 2 流向 $A$ 点，满足 $q_{V_1}+q_{V_2}=q_{V_3}$。

由于只有上述两种可能性存在，因此可以分别进行计算，剔除一种可能性，得到符合实际情况的计算结果。但对于较复杂的枝状管路，则需要采用逐次逼近的方法求解。

给定 $z_A$ 的预估值，可以取 $z_A=(z_1+z_3)/2$，目的是保证 $z_A$ 在 $z_1$ 和 $z_3$ 之间。根据 $z_A>z_2$ 和 $z_A<z_2$ 两种可能性分别对 $z_A$ 进行修正：

(1) 若 $z_A>z_2$，则三条管路的能量损失分别为

$$h_1=z_1-z_A,h_2=z_A-z_2,h_3=z_A-z_3$$

由此可算出三条管路的流量 $q_{V_1},q_{V_2},q_{V_3}$，判断 $q_{V_1}$ 与 $q_{V_2}+q_{V_3}$之差是否满足给定的精度，若不满足，需对给定的 $z_A$ 进行修正。取

$$q'_{V_1}=\frac{q_{V_1}+q_{V_2}+q_{V_3}}{2}$$

根据 $q'_{V_1}$计算 $h_1$(简单管路的第一类问题)，从而算出新的 $z_A$。

(2) 若 $z_A<z_2$，则三条管路的能量损失分别为

$$h_1=z_1-z_A,h_2=z_2-z_A,h_3=z_A-z_3$$

由此可算出三条管路的流量 $q_{V_1},q_{V_2},q_{V_3}$，判断 $q_{V_1}+q_{V_2}$与 $q_{V_3}$之差是否满足给定的精度，若不满足，需对给定的 $z_A$ 进行修正。取

$$q'_{V_3}=\frac{q_{V_1}+q_{V_2}+q_{V_3}}{2}$$

根据 $q'_{V_3}$计算 $h_3$，从而算出新的 $z_A$。

由于给定的 $z_A$ 可能与实际相差较大，因此上述对 $z_A$ 的修正需要进行多次迭代求解，可以编制相应的程序，应用计算机计算。需要注意的是，对于每一次迭代，都要先对上一步得到的 $z_A$ 进行判断，根据判断结果按上述(1) 或(2) 中的方法进行修正。

## §10-6 环状管网的水力计算

环状管网在给水、通风等工程系统中被广泛采用。它显著的优点是能使流量自行分配，如果任一管段出现局部损坏都可由其他管路补给，保证用户的使用要求，提高系统运行的可靠性。但环状管网布局较复杂，管段多，投资成本较高。

环状管网设计的布局要根据地域和工程要求确定，各处的供水量应由用户提出。环状管网需要通过水力计算确定的通常是各管段的流量分配并设计选择适当的管径。

不难看出，环状管网的设计计算要比前面介绍的几种管路复杂得多。

环状管网的设计计算依据以下两个基本原则：

(1) 由连续性原理，在每个节点上流出、流入的流量应相等。如以流入节点的流量为正，流出为负，则有

$$\sum q_{V_i}=0 \tag{10-12}$$

(2) 由并联管路的水力计算特点，在任意封闭环路中，若设顺环路方向流动的水头损失为正，逆方向为负，则应有

$$\sum h_{fi}=0 \tag{10-13}$$

不难证明，由上述原则建立的独立方程个数与未知流量的个数相等，因此，原则上可解。但方程组的非线性使求解复杂、困难。通常采用迭代法，逐次逼近求解，以求得满足精度要求的结果。其步骤通常为：

(a) 由设计条件给定管网供水流量、压强，以及各处分出流量；

(b) 凭经验预估各管段流量和流向，对于各节点应有 $\sum q_{V_i}=0$；

(c) 按各管段流量和经济流速，确定各管直径 $d_i$；

(d) 分别计算各管段水头损失 $h_{fi}$；

(e) 计算各环路的 $\sum h_{fi}$，若 $\sum h_{fi}>0$，说明顺环路方向流动的管段流量估算偏大，否则相反；

(f) 依据(e)的分析结果，采用逐次迭代的算法计算其修正流量 $\Delta q_{V_i}$，以使各管段流量满足要求。这里须注意，一环的修正会影响相邻环。因此，必须反复、多次修正，直到满足精度要求为止。在修正流量的同时，还需相应地调整管径。

修正流量 $\Delta q_{V_i}$ 的计算方法通常采用哈迪-克劳斯(Hardy-Cross)算法。下面以图10-8的简单管网为例予以说明。其中各节点流入、流出的流量 $q_{V_i}(i=6,7,8,9)$ 为已知。

设左、右两环分别为Ⅰ，Ⅱ，各段流量预估为 $q_{V_i}(i=1,2,3,4,5)$，则各环预估流量偏差引起的水头损失误差为

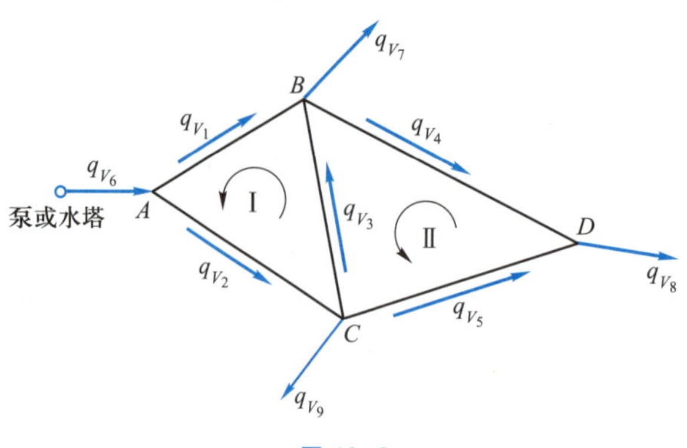


图 10-8

$$\left.\begin{aligned}\Delta h_{\mathrm{f\,I}} &= h_{\mathrm{f}AC}+h_{\mathrm{f}CB}-h_{\mathrm{f}BA}=\frac{l_2}{K_2^2}\Delta q_{V_2}^2+\frac{l_3}{K_3^2}\Delta q_{V_3}^2-\frac{l_1}{K_1^2}\Delta q_{V_1}^2\\ \Delta h_{\mathrm{f\,II}} &= h_{\mathrm{f}CD}-h_{\mathrm{f}DB}-h_{\mathrm{f}BC}=\frac{l_5}{K_5^2}\Delta q_{V_5}^2-\frac{l_4}{K_4^2}\Delta q_{V_4}^2-\frac{l_3}{K_3^2}\Delta q_{V_3}^2\end{aligned}\right\} \tag{10-14}$$

设 I，II 环的修正流量分别为 $\Delta q_{V\,\mathrm{I}}$，$\Delta q_{V\,\mathrm{II}}$，则各段的修正后流量分别为

$$\Delta q_{V_1}=-\Delta q_{V\,\mathrm{I}}$$

$$\Delta q_{V_2}=+\Delta q_{V\,\mathrm{I}}$$

$$\Delta q_{V_3}=\Delta q_{V\,\mathrm{I}}-\Delta q_{V\,\mathrm{II}}$$

$$\Delta q_{V_4}=-\Delta q_{V\,\mathrm{II}}$$

$$\Delta q_{V_5}=+\Delta q_{V\,\mathrm{II}}$$

其中的“+”“-”号取决于设定的流量方向是否与环路方向一致。

以 $\Delta q_{V_i}$代入式(10-14)，将二次项展开，并忽略平方项可得

$$\Delta h_{\mathrm{f\,I}}+2\sum\frac{h_{\mathrm{f}i}}{q_{V_i}}\Delta q_{V\,\mathrm{I}}-2\frac{h_{\mathrm{f}CB}}{q_{V_3}}\Delta q_{V\,\mathrm{II}}=0$$

$$\Delta h_{\mathrm{f\,II}}+2\sum\frac{h_{\mathrm{f}i}}{q_{V_i}}\Delta q_{V\,\mathrm{II}}-2\frac{h_{\mathrm{f}CB}}{q_{V_3}}\Delta q_{V\,\mathrm{I}}=0$$

式中 $h_{\mathrm{f}i}$和 $q_{V_i}$分别为该环各管段的水头损失和流量。由此线性方程可求得 $\Delta q_{V\,\mathrm{I}}$ 和 $\Delta q_{V\,\mathrm{II}}$。但当环数较多时，须简化迭代求解。一般计算中，常将第三项忽略，得到左、右两环的校正量为

$$\Delta q_{V\,\mathrm{I}}=-\frac{\Delta h_{\mathrm{f\,I}}}{2\sum(h_{\mathrm{f}i}/q_{V_i})}\quad(i=1,2,3)$$

$$\Delta q_{V\,\mathrm{II}}=-\frac{\Delta h_{\mathrm{f\,II}}}{2\sum(h_{\mathrm{f}i}/q_{V_i})}\quad(i=3,4,5)$$

对于各管段，第 $j$ 次修正后的流量为

$$q_V^{j+1}=q_V^j+\Delta q_V^j$$

由于初设流量及其方向不可能刚好正确，而且某次的修正量 $\Delta q_V$ 也不一定是小量，因此忽略平方项可能引起较大的误差。故迭代修正应逐次进行，尤其是对于较复杂的管网，常常需要编制相应的程序，应用计算机计算，直至得到满足工程要求的精度为止。

## § 10-7 有压管路中的水击

在有压管路中流动的液体，由于某种外界因素（如阀门突然动作或泵突然停止工作等）使液流速度突然改变，这种因液体动量的变化而引起压强突变（急剧交替上升或下降）的现象称为水击，所产生的弹性波称为水击波。压强的交替变化对管壁或阀门、仪表等产生类似于锤击的作用，因此，水击也称为水锤。

水击所造成的压强升高可以达到管路中正常压强的许多倍。因此，水击现象将影响管路系统的正常工作，严重时甚至引起管道破裂，仪表损坏。所以，对水击现象的研究是流体力学的一项重要任务，本节将分别讨论水击现象的物理过程、压强升高值计算和减弱水击的一般措施。

### 1. 水击现象及其物理过程

前面几章讨论的均为不可压缩流体，由于忽略了可压缩性而使研究大为简化，在压强不高时，所得到的结果与实际情况基本符合。但是，对于非恒定流动的水击现象，必须考虑可压缩性才能解释现象本身和说明其物理过程。

因为水击现象会造成很大的压强升高，因此还必须考虑管壁的膨胀。

现在以图 10-9 所示装置研究水击现象的物理过程。

管道长为 $l$，在管道 $A$ 处装有容量足够大的蓄能器，所以认为所产生的水击波被截止于 $A$ 处，液流方向自 $A$ 流向 $B$，为使讨论简化，先忽略液体黏性的影响。

为便于分析，现假设 $B$ 处的阀门瞬时关闭，即关闭时间为零。同时，假设管中的液体由无数微段组成，彼此间互相紧挨着，但相互间又无联系。

可以按以下四个过程来研究水击现象，设管中原流动状态下压强为 $p_0$，流速为 $V_0$。

（1）减速、升压过程

如图 10-9a 所示，当 $B$ 处阀门突然关闭时，紧靠闸门的微段液体立刻停止流动。随后，紧接着的另一微段将随之停止流动，这样，管 $AB$ 中的液体逐段停止下来。当液体突然停止流动时，动量的急剧变化使已停止的液体中压强升高，这种压强升高使液体被压缩，同时也将使围绕这段液体的管壁膨胀。液流的停止和由此造成压强升高的现象以波的形式沿管路向上游 $A$ 处传播。这一波称为压强升高波，简称升压波。

因假设液体和管壁均匀，因此管中压强波的传递速度为常数 $c$。设管道长度为 $l$，则经过

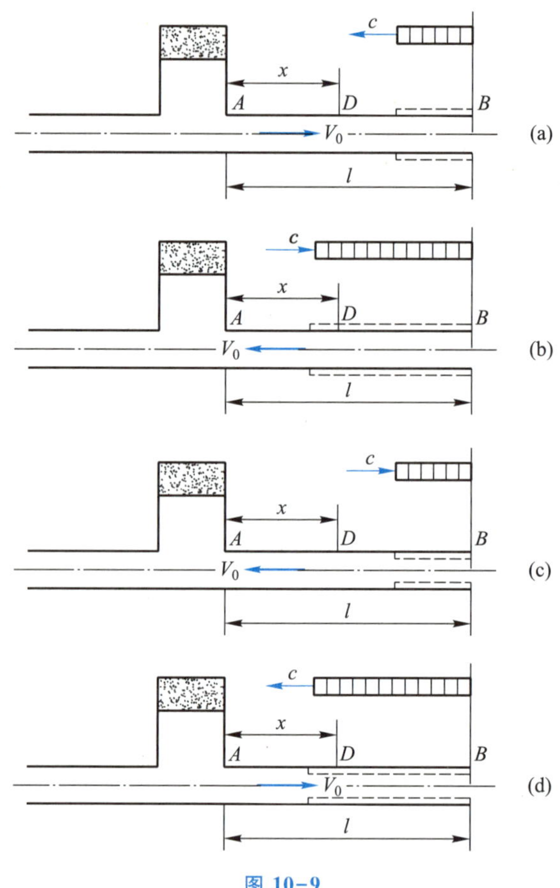


图 10-9

一个短时间 $t=l/c$,整个液柱 $AB$ 将停止不动。即升压波传至 $A$ 处,$AB$ 段全部处于压强升高状态。与管中初始压强 $p_0$ 相比升高的压强 $\Delta p$ 称为水击压强。所以,当经过 $t=l/c$ 时刻后,$AB$ 段中的流速 $V=0$,压强 $p=p_0+\Delta p$。

(2) 压强恢复过程

因为已假定蓄能器的容量足够大,即压强波不会引起蓄能器中压强明显变动,因此,当压强升高波传至 $A$ 点时,被蓄能器截止,即 $A$ 左端压强认为是不变的。如图 10-9b 所示,在 $A$ 点两侧由于压差 $\Delta p$ 的作用将有流体开始向 $A$ 左方倒流,使压强恢复到原来的 $p_0$,紧挨着其右边的一段液体这时将向左作减压流动。这种逐段降压、升速的流动形成了一个降压波,其传播速度为 $c$。经过 $t=l/c$,降压波传至闸门 $B$ 处。

在这个过程中,$AB$ 段内流体逐段自右向左运动,各点速度为原始速度,即 $V=V_0$,其压强自 $p_0+\Delta p$ 降至 $p_0$。

(3) 压强降低过程

因为假定流体无黏性，即没有水头损失，因此，当降压波传至闸门处时，整个 $AB$ 段中的液体具有自右向左的运动速度 $V_0$，压强 $p_0$。这样，在紧靠闸门处的液体会出现离开闸门的趋势，而在闸门处没有液体可以给予补充，其结果将使 $B$ 处液体静止，压强降低，密度减小。在理想情况下，压强降低值应等于过程(1) 中的压强升高值 $\Delta p$。同时，这个压强下降将与流动停止一起逐段自 $B$ 传至 $A$，形成降压波，如图 10-9c 所示。降压波的传播速度同样为 $c$，经过时间 $t=l/c$，降压波传至 $A$ 处。此时，$AB$ 段流动全部停止，即 $V=0$，压强为 $p=p_0-\Delta p$。

(4) 压强恢复过程

如图 10-9d 所示，降压波传至 $A$ 时，为蓄能器所截止，此时出现 $A$ 点左侧压强比右侧高 $\Delta p$ 值的状态。在 $\Delta p$ 的作用下，$A$ 左侧的液体又开始向右侧管中流动，流动速度仍为原始初速度 $V_0$，而 $A$ 右侧的压强也恢复至原压强 $p_0$。这个过程自紧靠 $A$ 右侧的微段开始，依次传向闸门 $B$ 处，又经过了 $t=l/c$，整个 $AB$ 管内，压强全部恢复至 $p_0$，速度也为初始值 $V_0$。

当(4)中的压强恢复波传至 $B$ 处时，若阀门仍然关闭，则又造成(1)时的升压波，随之重复出现(2)、(3)、(4)过程。对于理想情况，液体没有黏性阻力损失，且管道没有变形，因此在压强波传递过程中能量没有消耗，整个水击现象将依次以上面四个波动过程往复、交替地在管中 $AB$ 段一直重复下去。

对于图 10-9 中所示的闸门 $B$ 处，压强随时间的变化规律如图 10-10 中实线所示。

$AB$ 段中任意点，如距 $A$ 为 $x$ 处的 $D$ 点，压强变化如图 10-11a 所示。

在位于蓄能器的 $A$ 点处，$x=0$，该点升压和降压只出现于一瞬间，压强变化如图10-11b所示。

实际上，液体的黏性和管道的变形必将引起能量损失，因此，由水击现象引起的能量在传播过程中必将逐渐损失掉，直至最后完全消失。闸门 $B$ 处压强的实际变化规律如图 10-10 中虚线所示。

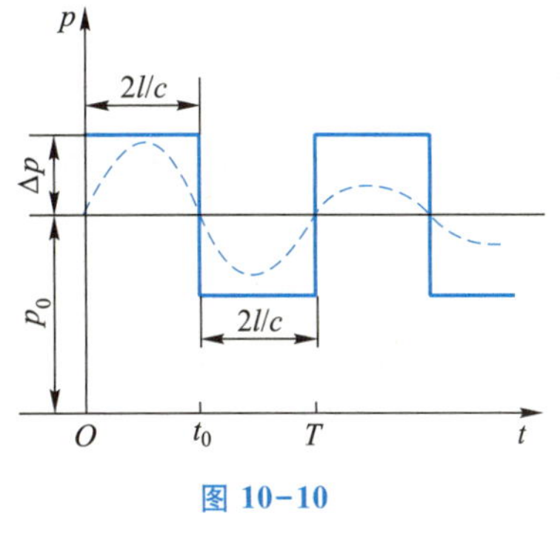

图 10-10

从闸门突然关闭开始到水击波第一次返回闸门需要时间$\dfrac{2l}{c}$，它也就是闸门处第一次压强恢复的时间，$t_0=\dfrac{2l}{c}$称为水击波的**波相**。由图 10-10 可以看出，每经过 $t_0$ 时间，水击压强变化一次，称为**倒相**。而每经过 $T=\dfrac{4l}{c}=2t_0$ 时间，水击现象重复一次，因此将 $T$ 称为水击波的**周期**。

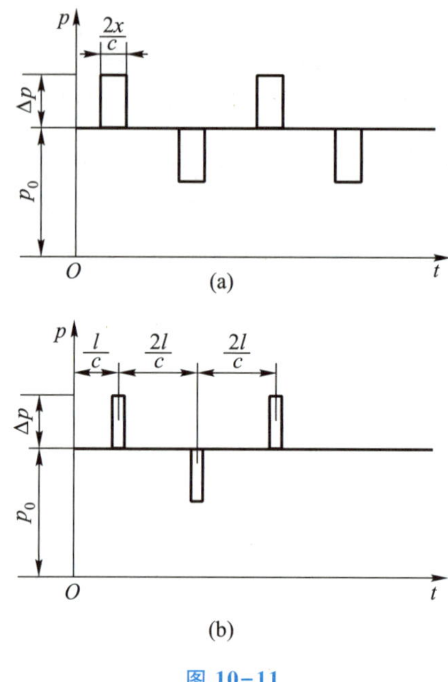


图 10-11

在实际过程中，不可能在瞬时将闸门突然关闭，总有一个关闭时间 $t_k$，按 $t_k$ 和 $t_0$ 的相对大小，常将水击分为直接水击和间接水击。所谓直接水击是指闸门关闭时间小于水击波的波相，即 $t_k<t_0$；而当 $t_k>t_0$ 时，称为间接水击。可以看出，在直接水击的情况下，压强波未返回闸门时，闸门已经关闭了。而在间接水击的情况下，压强波在闸门完全关闭之前已经返回到闸门处，这样，压强升高被部分抵消，使间接水击的最大压强升高值小于直接水击。

### 2. 最大压强升高值计算

由前面的分析可以看出，在水击现象的研究中，所产生的压强升高值（即水击压强）的确定是核心问题。

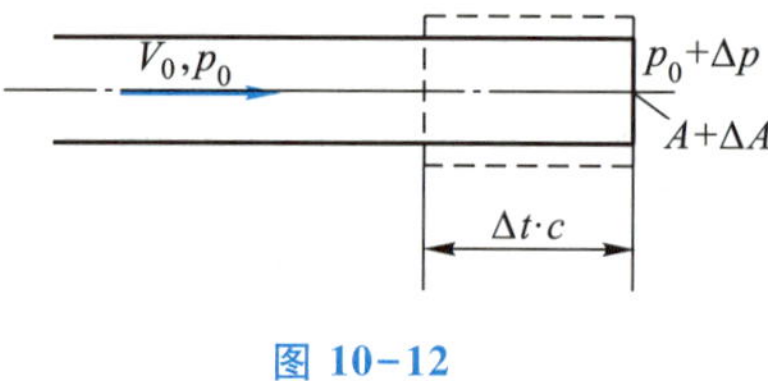


图 10-12

当图 10-9 所示 $B$ 处闸门突然关闭时，取如图 10-12所示靠近 $B$ 端的一段管道和液体进行研究。在 $\Delta t$ 时间内，闸门处产生的升压波向左传播距离为 $c\Delta t$，该段管内液体流速此时为零，压强由 $p_0$ 升至 $p_0+\Delta p$，引起管道变形截面面积由 $A$ 扩大到 $A+\Delta A$。可以认为，在该段液体两端所增加的微元面积 $\Delta A$ 上均受 $\Delta p$ 作用，因此该段液体所受的轴向力为

$$-(p_0+\Delta p)A+p_0A=-\Delta pA$$

该段流体质量为原 $c\Delta t$ 长度管内流体与 $\Delta t$ 时间以速度 $V_0$ 流入的流体质量之和，即

$$\rho c\Delta tA+\rho V_0\Delta tA=\rho A(c+V_0)\Delta t$$

对该段流体列动量方程：

$$-\Delta pA\Delta t=\rho A(c+V_0)\Delta t(0-V_0)=-\rho A(c+V_0)V_0\Delta t$$

最后得

$$\Delta p=\rho(c+V_0)V_0 \tag{10-15}$$

通常 $c\gg V_0$，因此

$$\Delta p=\rho cV_0 \tag{10-16}$$

该式由茹科夫斯基于 1898 年研究得到，故称为**茹科夫斯基公式**，在水击压强计算中十分重要。

当闸门只有部分突然关闭发生间接水击时，其水击过程与上面完全相同，只是速度由 $V_0$ 降为 $V'$，用前面类似的方法可以求得最大压强升高值计算公式为

$$\Delta p=\rho c(V_0-V') \tag{10-17}$$

在间接水击的情况下，理论分析比较复杂，在闸门处的最大压强升高值通常按下式近似计算：

$$\Delta p=\rho V_0\frac{2l}{t_k} \tag{10-18}$$

上面讨论的前提是闸门突然关闭，对于工程中的闸门逐渐关闭过程，可以看作在整个关闭时间内由一系列部分关闭叠加而成，其压强可以看作所有部分关闭升高压强的代数和。

### 3. 水击波的传播速度

现在仍以图 10-12 所示管段来计算水击波的传播速度 $c$。

在 $c\Delta t$ 长度的控制体内，由于压强增加，管道变形，容积增大；而同时在 $\Delta t$ 时间内将有 $V_0A\Delta t$ 的液体补充进来。根据连续性原理，两者体积可以近似看作相等（只考虑 $c\Delta t$ 长度的控制体内原有液体的压缩量，忽略补充进入体积内液体的压缩量），即

$$V_0A\Delta t=c\Delta t\mathrm{d}A+\kappa\Delta pAc\Delta t$$

由此得

$$V_0=c(\mathrm{d}A/A+\kappa\Delta p)$$

式中 $\kappa$——液体的体积压缩率。

由材料力学有

$$\frac{\mathrm{d}A}{A}=\frac{2\pi r\mathrm{d}r}{\pi r^2}=\frac{2\mathrm{d}r}{r}=\frac{2\sigma}{E}=\frac{D\Delta p}{\delta E}$$

式中 $\sigma$——管壁内所受的附加应力；

$r,D$——管道内半径、直径；

$\delta$——管壁厚度；

$E$——管壁材料的弹性模量。

代入方程可得

$$V_0 = c\Delta p\left(\frac{D}{\delta E}+\kappa\right) = c\Delta p\left(\frac{D}{\delta E}+\frac{1}{K}\right)$$

式中 $K=1/\kappa$——液体体积模量。

由于 $\Delta p=\rho c V_0$，所以

$$c^2=\frac{1}{\rho}\frac{1}{\frac{D}{\delta E}+\frac{1}{K}}=\frac{\frac{K}{\rho}}{1+\frac{DK}{\delta E}}$$

最后得

$$c=\sqrt{\frac{\frac{K}{\rho}}{1+\frac{DK}{\delta E}}} \tag{10-19}$$

对于无弹性管壁 $E\to\infty$，则式(10-19)为

$$c=c_0=\sqrt{\frac{K}{\rho}}$$

其中 $c_0$ 为声音在无边界水中的传播速度，$c_0=\sqrt{\frac{K}{\rho}}=1\ 416\ \mathrm{m/s}$。

#### 4. 减弱水击的措施

水击现象所产生的压强升高值常常是很大的，如当管内水流速度 $V=1\ \mathrm{m/s}$时，若突然关闭闸门，其水击压强升高可达 $\Delta p=10^6\ \mathrm{Pa}$，约为10个大气压。由此可以想象，若管内流速增加时，将造成更高的水击压强。这样高的压强将对实际工程造成严重的威胁，它可能使管路破裂，使液压和液动机械不能正常工作，危及系统各种仪表和元件，引起振动和噪声等；而瞬时出现的压强降低将引起气穴，破坏工作的连续性。因此，水击现象在正常工作的系统中是不希望出现的。但是，在实际工作中为了达到各种不同的工作要求，常常必须在工作过程中改变管内流速，因而水击现象往往不可避免，只能尽量想办法减小它的影响，通常人们采取以下几种措施：

(1) 在靠近水击产生处装设蓄能器、安全阀等，用以缓冲或减小水击波的强度和传播距离。

(2) 尽量使闸门、阀门等启闭动作平缓。

(3) 限制管道中的流速，从而减小出现水击时的最大压强升高值。

(4) 在可能的条件下，尽量选用富有弹性的管道。

(5) 采取必要的附加装置，以便尽量使水击波衰减。比如，人们常在水电站的压力管路上设置调压塔用以减弱水击。

在实际工程中，必须按具体情况，采用不同的措施来减弱水击，使系统正常工作。

当然，对于水击现象所产生的压强升高现象人们也尽量想方设法加以利用，水锤扬水器(又称水锤泵)就是利用水击能量将水提升至一定高度的装置。

# 例　题

**例 10-1**　一管路系统如图所示，各支管的长度、直径及沿程损失因数为

$$l_1=300\ \text{m},d_1=225\ \text{mm},\lambda_1=0.03;$$

$$l_2=150\ \text{m},d_2=125\ \text{mm},\lambda_2=0.038;$$

$$l_3=250\ \text{m},d_3=150\ \text{mm},\lambda_3=0.032;$$

$$l_4=100\ \text{m},d_4=175\ \text{mm},\lambda_4=0.042$$

管路系统在节点 $A$ 处流出流量 $q_{VA}=35\ \text{L/s}$，端点 $B$ 处流出 $q_{VB}=50\ \text{L/s}$ 的流量，试确定：

(1) 水位高 $h$；

(2) 节点 $A$ 处的水头 $h_A$。

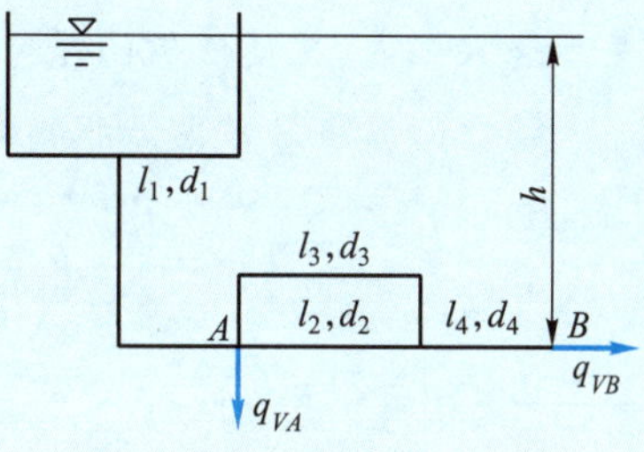


例 10-1 图

**解：** 由流量连续性原理，按题图所标各管段序号有

$$q_{V_1}=q_{VA}+q_{VB}=(35+50)\ \text{L/s}=85\ \text{L/s}$$

$$q_{VB}=q_{V_3}+q_{V_2}$$

对水力长管，水箱中的水位高应等于沿程损失之和，即

$$h=h_1+h_2+h_4=0.082\ 7\left(\frac{\lambda_1 l_1 q_{V_1}^2}{d_1^5}+\frac{\lambda_2 l_2 q_{V_2}^2}{d_2^5}+\frac{\lambda_4 l_4 q_{VB}^2}{d_4^5}\right)\ \text{s}^2/\text{m}$$

又根据管路并联特性，有

$$h_2=h_3$$

即

$$\frac{\lambda_2 l_2 q_{V_2}^2}{d_2^5}=\frac{\lambda_3 l_3 (q_{VB}-q_{V_2})^2}{d_3^5}$$

解得

$$q_{V_2}\approx 21.45\ \text{L/s}$$

于是得到水箱水位高为

$$h=0.082\ 7\left(\frac{\lambda_1 l_1 q_{V_1}^2}{d_1^5}+\frac{\lambda_2 l_2 q_{V_2}^2}{d_2^5}+\frac{\lambda_4 l_4 q_{VB}^2}{d_4^5}\right)\ \text{s}^2/\text{m}=21.72\ \text{m}$$

节点 $A$ 处水头为

$$h_A=h-h_1=h-0.082\ 7\frac{\lambda_1 l_1 q_{V_1}^2}{d_1^5}\ \text{s}^2/\text{m}=12.39\ \text{m}$$

**例 10-2** 流量 $q_V=4\ \mathrm{L/s}$ 的泵从两个有着初始液位差 $h=0.5\ \mathrm{m}$ 的油箱中吸油。在节点 $A$ 以前的两条管路具有相同长度 $l=10\ \mathrm{m}$ 和直径 $d=50\ \mathrm{mm}$，若仅计算沿程损失，且取 $\lambda=0.03$。试求：

(1) 泵开始吸油时，每个油箱流出的流量 $q_{V_1}$ 和 $q_{V_2}$；

(2) 当 $h$ 为多少时，由低位油箱流出的流量 $q_{V_2}$ 等于零；

(3) 当图示 $z$ 为多少时，高位油箱泄空后空气不至于进入泵内，又使低位油箱可以完全泄空。

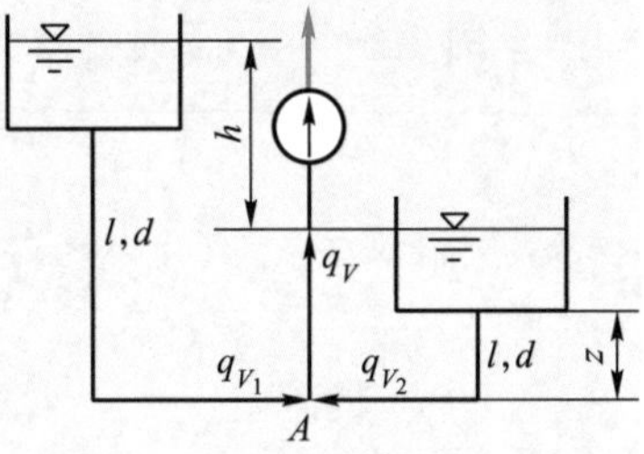

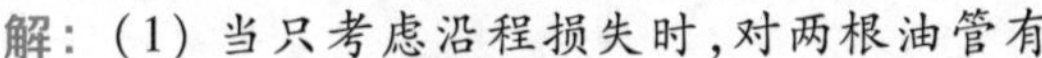

例 10-2 图

**解：** (1) 当只考虑沿程损失时，对两根油管有

$$h_1=\frac{q_{V_1}^2 l}{K^2},h_2=\frac{q_{V_2}^2 l}{K^2}$$

这里由于 $d_1=d_2=d,\lambda_1=\lambda_2=\lambda$，故 $K_1^2=K_2^2=K^2$。而 $h_1-h_2=h$，即

$$\frac{q_{V_1}^2 l}{K^2}-\frac{q_{V_2}^2 l}{K^2}=h$$

所以

$$q_{V_1}^2-q_{V_2}^2=\frac{hK^2}{l} \quad ①$$

对 $A$ 点有连续性方程

$$q_V=q_{V_1}+q_{V_2} \quad ②$$

将式①、②联立解得

$$q_{V_1}=\frac{q_V}{2}+\frac{hK^2}{2lq_V},q_{V_2}=\frac{q_V}{2}-\frac{hK^2}{2lq_V} \quad ③$$

式中

$$K^2=\frac{\pi^2 g d^5}{8\lambda}\approx 1.26\times 10^{-4}\ \mathrm{m^6/s^2}$$

将已知参数代入式③中，可解得

$$q_{V_1}\approx 2.79\times 10^{-3}\ \mathrm{m^3/s},q_{V_2}\approx 1.21\times 10^{-3}\ \mathrm{m^3/s}$$

(2) 对 $q_{V_2}=0$，代入式①及式②中得

$$q_{V_1}^2=q_V^2=\frac{hK^2}{l}$$

所以

$$h=\frac{q_V^2 l}{K^2}\approx 1.27\ \text{m}$$

即当 $h=1.27$ m 时，由低位油箱流出的流量 $q_{V_2}$ 为零。请读者讨论当 $h>1.27$ m 时会出现什么情况。

(3) 当高位油箱流空时，有 $q_{V_1}=0$，由能量关系

$$h_2=z-\frac{p_A}{\rho g}=\frac{q_V^2 l}{K^2}$$

欲不进空气，应有 $p_A\geqslant 0$，即

$$z-\frac{q_V^2 l}{K^2}\geqslant 0$$

故

$$z\geqslant\frac{q_V^2 l}{K^2}\approx 1.27\ \text{m}$$

当 $z\geqslant 1.27$ m 时，高位水箱流空时空气不至于进入泵内，可以使低位油箱完全流空。

第 10 章
电子作业本

# 第 11 章 黏性流体绕物体流动

本章主要解决当物体与实际流体存在相对运动时，物体所受到的黏性阻力问题，即研究实际流体绕物体流动时黏性阻力的发生、阻力的性质、阻力的计算及减小的方法等，其中特别是流体以较高速度绕物体流动时边界层的产生及其计算的研究。这些研究对于解决管道进口段的速度、压力分布及损失计算同样具有重要的意义。

## §11-1 边界层的概念

大量的观察研究指出，物体在黏性很小的流体中以较高的速度相对运动时，沿垂直物体表面的法线方向，得到如图 11-1 所示的速度分布曲线。$B$ 点把速度分布曲线分成截然不同的 $AB$ 和 $BC$ 两部分，在 $AB$ 线上，流体运动速度从物体表面上的零迅速增加到 $V(x)$，速度的增长在很小的距离内完成，具有较大的速度梯度。在 $BC$ 段上，速度 $V(x)$ 近似为一常值。

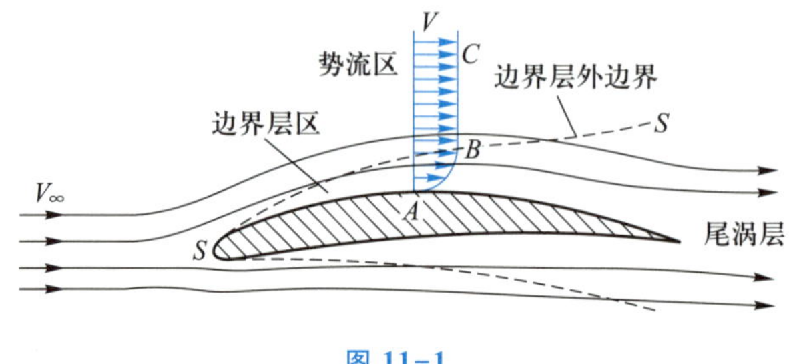


图 11-1

沿物体长度，把所有具有 $B$ 点处特征的点连接起来，得到的 $S-S$ 曲线将整个流场划分为性质完全不同的两个区域。从物体边壁到 $S-S$ 的区域，在很小的距离 $\delta$ 内，流体质点的速度从物体表面上的速度为零以较大的速度梯度迅速增长到与外部流场具有相同大小的速度，紧靠物体表面存在速度梯度的薄层区域称为边界层。在边界层内，即使黏性很小的流体，也有较大的切应力值，使黏性力与惯性力具有同样大小的数量级，因此，流体在边界层内作剧烈的有旋运动。$S-S$ 以外的区域，流体近乎以相同的速度运动，即边界层外部的流动不受固体边壁的黏滞影响，即使对于黏度较大的流体，流体间的黏性切应力也很小，可以忽略不计，这时流体的惯性力起主导作用。因此，将该区域中的流体运动看作理想流体的无旋运动，可以用势流理论和理想流体的伯努利方程确定该区域中的流速和压强分布。

称 $S-S$ 为边界层的外边界，$S-S$ 到固体表面的垂直距离 $\delta$ 称为边界层厚度。流体与物体最先接触的点称为前驻点，在前驻点处 $\delta=0$，沿着流动方向，边界层逐渐加厚。实际上边界层没有明显的外边界，一般规定边界层外边界处的速度为外部势流速度的 99%。

应当注意，边界层的外边界和流线并不重合，所以势流区的流体质点可以通过边界层的外边界不断地进入边界层内。

引入边界层的概念后，流体绕物体的流场分成了性质完全不同的两部分。流体的黏性影响只出现在边界层内，因此，研究黏性流体对物体的阻力，只需通过边界层来求解。边界层外流动则完全按理想流体势流理论来求解。由于边界层很薄，可以把边界层看作固体的一部分，这样，流体绕包括边界层在内的物体的流动，与绕该物体的流动近似相同，即在计算主流动时可以忽略很薄的边界层对外面势流的影响。因此解边界层以外区域的流动问题时，完全可以用势流理论求得速度和压强分布，然后将边界层和势流区的解由边界条件联系起来，就可以求得整个绕流流动的解。

显然，只有在大雷诺数的湍流流动下，才出现绕流的边界层和势流区。根据实验结果分析得到，边界层内存在层流和湍流两种流动状态。在大多数情况下，从前驻点开始的一段距离为层流边界层，随着离前驻点距离增大，边界层逐渐变厚。边界层外边界上的雷诺数为

$$Re=\frac{V^{*}\delta}{\nu}$$

式中 $V^{*}$ 为边界层外边界上的速度，$V^{*}=V(x)$。

当 $Re$ 较小时，整个边界层都是层流，称为层流边界层；随 $\delta$ 增大，流体受物体表面黏滞作用的影响减小，逐渐出现不稳定因素，当 $Re$ 增大到某一数值时，边界层由层流转变为湍流。这时，边界层只是在起始的一段距离内为层流，其余则是湍流，称为混合边界层；在层流和湍流之间存在一个过渡区，称为边界层转捩区。当 $Re$ 很大时，除物体头部和紧贴壁面处存在很薄的黏性底层外，其余全部为湍流，称为湍流边界层。

在边界层雷诺数的计算中常用沿物体表面的曲线坐标 $x$ 替代 $\delta$，实际上 $\delta=f(x)$，用 $x$ 进行计算更方便些。于是雷诺数变为

$$Re=\frac{V^{*}x}{\nu}$$

由层流边界层向湍流转变的雷诺数称为临界雷诺数，边界层由层流转变为湍流取决于边界层外势流区的湍动度、物体表面的粗糙度以及前缘的形状等。对于平板绕流，由层流转变为湍流的临界雷诺数为 $Re=5\times10^{5}\sim3\times10^{6}$，图11-2给出了绕流时混合边界层的结构。

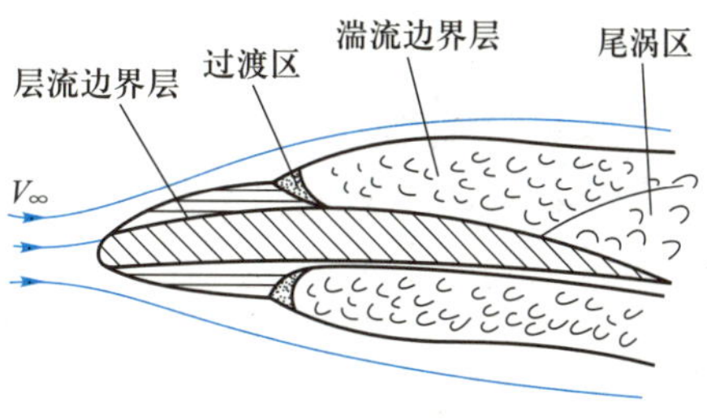


图 11-2

由上所述，边界层具有以下特点：

(1) 与绕流物体的长度比较,边界层的厚度很小。厚度 $\delta$ 从前驻点起沿流动方向逐渐增厚,$\delta$ 随 $Re$ 增加而减小。

(2) 边界层内沿厚度方向有急剧的速度变化(速度梯度大),边界层外为势流区。

(3) 边界层内黏性力和惯性力具有相同的数量级。

(4) 边界层可以全部是层流,或全部是湍流,或一部分是层流,另一部分是湍流。

(5) 沿曲面边界流动时边界层易出现分离和尾涡。

## §11-2 边界层微分方程

边界层的计算主要解决边界层厚度沿流动方向的变化规律,即 $\delta=f(x)$,沿边界层流体压强的变化,以及流动阻力的计算问题。而边界层特性的确定,关系到流动阻力的大小,热交换的效果,以及绕流的稳定性等问题。

黏性流体绕流物体的相互作用,应该用 N-S 方程求解,但由于起始边界条件难以用数学表达式描述,至今没有精确解答。普朗特利用边界层的特点,采用数量级比较的方法,将 N-S 方程简化,得到研究边界层的运动微分方程。

假设不可压缩流体作二维恒定流动,流动过程中流体黏性不变且满足牛顿内摩擦定律,边界层的整个厚度内流动状态为层流。若将物体壁面的法向定为 $y$ 轴,沿物体曲面定为 $x$ 轴,因为边界层厚度很小,所以将 $\delta$ 放大时,物体的曲率可以略去不计,$x$ 轴就近似变为直线。可以将一些绕曲面(曲率不大)物体的流动近似当作绕平板的流动。当质量力不计时,黏性流体运动微分方程可以写为

$$-\frac{1}{\rho}\frac{\partial p}{\partial x}+\nu\left(\frac{\partial^2 v_x}{\partial x^2}+\frac{\partial^2 v_x}{\partial y^2}\right)=v_x\frac{\partial v_x}{\partial x}+v_y\frac{\partial v_x}{\partial y} \tag{11-1}$$

$$-\frac{1}{\rho}\frac{\partial p}{\partial y}+\nu\left(\frac{\partial^2 v_y}{\partial x^2}+\frac{\partial^2 v_y}{\partial y^2}\right)=v_x\frac{\partial v_y}{\partial x}+v_y\frac{\partial v_y}{\partial y} \tag{11-2}$$

连续性方程为

$$\frac{\partial v_x}{\partial x}+\frac{\partial v_y}{\partial y}=0 \tag{11-3}$$

设被绕流物体的特征长度为 $l$,无穷远来流的速度(设为特征速度)为 $V_\infty$。为了对各项进行数量级比较,将方程组中各运动参数项都变换成量纲一的量,因此令

$$\bar{x}=\frac{x}{l},\bar{y}=\frac{y}{l},\bar{v}_x=\frac{v_x}{V_\infty},\bar{v}_y=\frac{v_y}{V_\infty}$$

$$\bar{p}=\frac{p}{\rho V_\infty^2},Re=\frac{V_\infty l}{\nu},\bar{\delta}=\frac{\delta}{l}$$

将量纲一的参数代入式(11-1),式(11-2)和式(11-3),得到

$$-\left(\frac{V_\infty^2}{l}\right)\frac{\partial \bar{p}}{\partial \bar{x}}+\left(\frac{V_\infty}{l^2}\nu\right)\left(\frac{\partial^2 \bar{v}_x}{\partial \bar{x}^2}+\frac{\partial^2 \bar{v}_x}{\partial \bar{y}^2}\right)=\left(\frac{V_\infty^2}{l}\right)\bar{v}_x\frac{\partial \bar{v}_x}{\partial \bar{x}}+\left(\frac{V_\infty^2}{l}\right)\bar{v}_y\frac{\partial \bar{v}_x}{\partial \bar{y}} \tag{11-1a}$$

$$-\left(\frac{V_\infty^2}{l}\right)\frac{\partial \bar{p}}{\partial \bar{y}}+\left(\frac{V_\infty}{l^2}\nu\right)\left(\frac{\partial^2 \bar{v}_y}{\partial \bar{x}^2}+\frac{\partial^2 \bar{v}_y}{\partial \bar{y}^2}\right)=\left(\frac{V_\infty^2}{l}\right)\bar{v}_x\frac{\partial \bar{v}_y}{\partial \bar{x}}+\left(\frac{V_\infty^2}{l}\right)\bar{v}_y\frac{\partial \bar{v}_y}{\partial \bar{y}} \tag{11-2a}$$

$$\left(\frac{V_\infty}{l}\right)\frac{\partial \bar{v}_x}{\partial \bar{x}}+\left(\frac{V_\infty}{l}\right)\frac{\partial \bar{v}_y}{\partial \bar{y}}=0 \tag{11-3a}$$

设在所有有限大小的量之间相比较时,它们的数量级为 1。因 $x$ 与 $l$ 具有同样的量级,所以 $\bar{x}\sim 1$(符号“~”表示数量级相同),同样可得 $\bar{v}_x\sim 1$,$\bar{p}\sim 1$。

根据边界层的特点,边界层的厚度 $\delta$ 与物体的特征长度 $l$ 比较,$\bar{\delta}=\dfrac{\delta}{l}$是个很小的量级,即 $\bar{\delta}\ll 1$。因为是研究边界层的流动,因此有 $0\leqslant y\leqslant \delta$,所以$\bar{y}\sim\bar{\delta}\ll 1$。

在边界层与势流交界的外边界上 $v_x$ 与特征速度相同,即有

$$\frac{\partial \bar{v}_x}{\partial \bar{x}}\sim 1,\quad \frac{\partial^2 \bar{v}_x}{\partial \bar{x}^2}\sim 1,\quad \frac{\partial \bar{v}_x}{\partial \bar{y}}\sim\frac{1}{\bar{\delta}},\quad \frac{\partial^2 \bar{v}_x}{\partial \bar{y}^2}\sim\frac{1}{\bar{\delta}^2}$$

又由连续性方程可得

$$\frac{\partial \bar{v}_y}{\partial \bar{y}}=-\frac{\partial \bar{v}_x}{\partial \bar{x}}\sim 1$$

所以必有 $\bar{v}_y\sim\bar{\delta}$,于是得到

$$\frac{\partial \bar{v}_y}{\partial \bar{x}}\sim\bar{\delta},\quad \frac{\partial^2 \bar{v}_y}{\partial \bar{x}^2}\sim\bar{\delta},\quad \frac{\partial^2 \bar{v}_y}{\partial \bar{y}^2}\sim\frac{1}{\bar{\delta}}$$

若以$\left(\dfrac{V_\infty^2}{l}\right)$除式(11-1a)和式(11-2a)各项;用$\left(\dfrac{V_\infty}{l}\right)$除式(11-3a)各项,得到下面的方程组,并在方程每一项的下面标注上面讨论得到的各项的数量级,即

$$-\frac{\partial \bar{p}}{\partial \bar{x}}+\frac{1}{Re}\left(\frac{\partial^2 \bar{v}_x}{\partial \bar{x}^2}+\frac{\partial^2 \bar{v}_x}{\partial \bar{y}^2}\right)=\bar{v}_x\frac{\partial \bar{v}_x}{\partial \bar{x}}+\bar{v}_y\frac{\partial \bar{v}_x}{\partial \bar{y}} \tag{11-1b}$$

$$1\qquad \bar{\delta}^2\qquad 1\qquad \frac{1}{\bar{\delta}^2}\qquad 1\qquad 1\qquad \bar{\delta}\qquad \frac{1}{\bar{\delta}}$$

$$-\frac{\partial \bar{p}}{\partial \bar{y}}+\frac{1}{Re}\left(\frac{\partial^2 \bar{v}_y}{\partial \bar{x}^2}+\frac{\partial^2 \bar{v}_y}{\partial \bar{y}^2}\right)=\bar{v}_x\frac{\partial \bar{v}_y}{\partial \bar{x}}+\bar{v}_y\frac{\partial \bar{v}_y}{\partial \bar{y}} \tag{11-2b}$$

$$\frac{1}{\bar{\delta}}\qquad \bar{\delta}^2\qquad \bar{\delta}\qquad \frac{1}{\bar{\delta}}\qquad 1\qquad \bar{\delta}\qquad \bar{\delta}\qquad 1$$

$$\frac{\partial \bar{v}_x}{\partial \bar{x}}+\frac{\partial \bar{v}_y}{\partial \bar{y}}=0 \tag{11-3b}$$

$$1\qquad 1$$

现在来分析上述方程组中各项的数量级。式(11-1b)中黏性项$\frac{\partial^2\bar{v}_x}{\partial\bar{x}^2}$与$\frac{\partial^2\bar{v}_x}{\partial\bar{y}^2}$进行数量级比较，$\frac{\partial^2\bar{v}_x}{\partial\bar{x}^2}$可以略去；式(11-2b)中$\frac{\partial^2\bar{v}_y}{\partial\bar{y}^2}$与$\frac{\partial^2\bar{v}_y}{\partial\bar{x}^2}$比较，$\frac{\partial^2\bar{v}_y}{\partial\bar{x}^2}$项可以略去；若比较$\frac{\partial^2\bar{v}_x}{\partial\bar{y}^2}$与$\frac{\partial^2\bar{v}_y}{\partial\bar{y}^2}$的数量级，则$\frac{\partial^2\bar{v}_y}{\partial\bar{y}^2}$项也可以略去。因此在方程组的黏性项中只剩下式(11-1b)中的一项$\frac{\partial^2\bar{v}_x}{\partial\bar{y}^2}$。如果比较方程中的所有惯性项的数量级，得到式(11-2b)中的两个惯性项可以略去，而式(11-1b)中的$\bar{v}_x\frac{\partial\bar{v}_x}{\partial\bar{x}}$与$\bar{v}_y\frac{\partial\bar{v}_x}{\partial\bar{y}}$则具有相同的数量级。

最后根据边界层的特点，在边界层内黏性力与惯性力具有同样的数量级，即$\frac{1}{Re}\frac{\partial^2\bar{v}_x}{\partial\bar{y}^2}\sim\bar{v}_y\frac{\partial\bar{v}_x}{\partial\bar{y}}$，由于$\bar{v}_y\frac{\partial\bar{v}_x}{\partial\bar{y}}\sim1$，而$\frac{\partial^2\bar{v}_x}{\partial\bar{y}^2}\sim\frac{1}{\bar{\delta}^2}$，所以只有当$\frac{1}{Re}\sim\bar{\delta}^2$，上述边界层特点才能得到满足，即$\frac{1}{Re}\sim\bar{\delta}^2=\left(\frac{\delta}{l}\right)^2$，$\delta$反比于$\sqrt{Re}$，它表明，随 $Re$ 增大，边界层厚度变薄。

于是，通过数量级比较，略去方程组中所有数量级小于 1 的微小项，并还原成量纲一化前的形式，最后得到边界层的微分方程为

$$\left.\begin{aligned}&-\frac{1}{\rho}\frac{\partial p}{\partial x}+\nu\frac{\partial^2 v_x}{\partial y^2}=v_x\frac{\partial v_x}{\partial x}+v_y\frac{\partial v_x}{\partial y}\\&\frac{\partial p}{\partial y}=0\\&\frac{\partial v_x}{\partial x}+\frac{\partial v_y}{\partial y}=0\end{aligned}\right\}\tag{11-4}$$

此方程组是普朗特在 1904 年导出的(恒定二维层流边界层)，故又称为**普朗特边界层方程组**。方程组中$\frac{\partial p}{\partial y}=0$，表明边界层中沿物体表面的法线方向压强不变，等于边界层外边界上势流区的压强。因此，边界层中固体壁面上沿流动方向上的压强分布，与边界层外边界上势流区沿流动方向上的压强分布相同，这一结论有十分重要的实际意义。因为边界层外流体作有势流动，所以边界上的压强分布 $p(x)$ 可以由伯努利方程求得。又因为 $p$ 与 $y$ 无关，所以$\frac{\partial p}{\partial x}=\frac{\mathrm{d}p}{\mathrm{d}x}$。这样，方程(11-4)中只有两个未知量 $v_x$，$v_y$，方程封闭。

在边界层与势流区交界的外边界上，由势流的伯努利方程得

$$p+\frac{1}{2}\rho V^{*2}=C,\quad \frac{\partial p}{\partial x}=-\rho V^*\frac{\partial V^*}{\partial x}$$

因为边界层中$\frac{\partial p}{\partial y}=0$，所以在边界层内部有

$$\frac{\mathrm{d}p}{\mathrm{d}x}=-\rho V^{*}\frac{\mathrm{d}V^{*}}{\mathrm{d}x}$$

式中 $V^{*}$——势流区中的速度。

这样，方程组(11-4)变为

$$\left.\begin{aligned}&V^{*}\frac{\mathrm{d}V^{*}}{\mathrm{d}x}+\nu\frac{\partial^{2}v_{x}}{\partial y^{2}}=v_{x}\frac{\partial v_{x}}{\partial x}+v_{y}\frac{\partial v_{x}}{\partial y}\\&\frac{\partial v_{x}}{\partial x}+\frac{\partial v_{y}}{\partial y}=0\end{aligned}\right\}\tag{11-5}$$

求解普朗特边界层方程组的边界条件为

$$y=\delta\text{ 处},v_{x}=V_{x}^{*}$$

$$y=0\text{ 处},v_{x}=v_{y}=0$$

由式(11-5)的第一个方程得到

$$\left(\frac{\partial^{2}v_{x}}{\partial y^{2}}\right)_{y=0}=-\frac{1}{\nu}V^{*}\frac{\mathrm{d}V^{*}}{\mathrm{d}x}=\frac{1}{\mu}\frac{\mathrm{d}p}{\mathrm{d}x}\tag{11-6}$$

如果势流速度 $V^{*}$ 的分布已知，则根据上述边界条件就可以求解恒定二维边界层流动。

边界层微分方程是边界层计算的基本方程，但是，由于它的非线性，即使对于形状很简单的物体的绕流，求解也十分困难。

## § 11-3 边界层动量积分关系式

虽然利用边界层特点对 N-S 方程简化，得到了比较简单的普朗特边界层微分方程，但是对于大多数工程问题，求解非线性的偏微分方程仍十分困难，只有对极少数的简单情况才能求得精确解。为此，只能寻找近似的求解方法，其中冯·卡门根据动量原理提出的动量积分方法得到了广泛应用。

将 $x$ 轴取在物体壁面上，无穷远来流速度为 $V_{\infty}$(图 11-3)，流体不可压缩。

在距离前缘 $x$ 处，沿边界层取一单位宽度(垂直纸面方向)的微元控制体 $ABCD$(图 11-4)，长为 $\mathrm{d}x$，$BC$ 为边界层外边界，$AD$ 为物体壁面。

对控制体 $ABCD$ 应用动量定理，研究沿 $x$ 方向单位时间内动量的改变量与外力冲量间的关系。

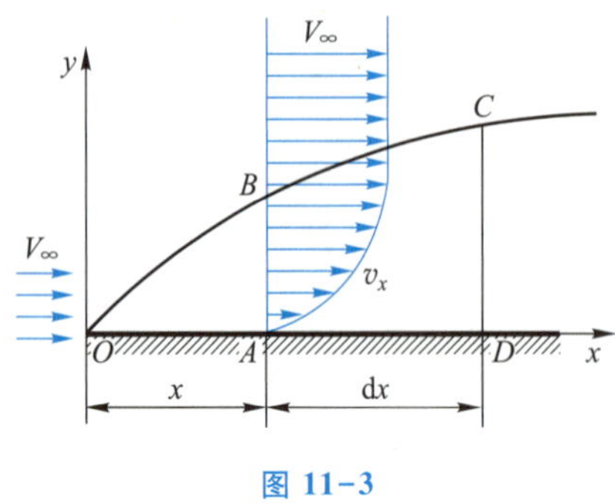


图 11-3

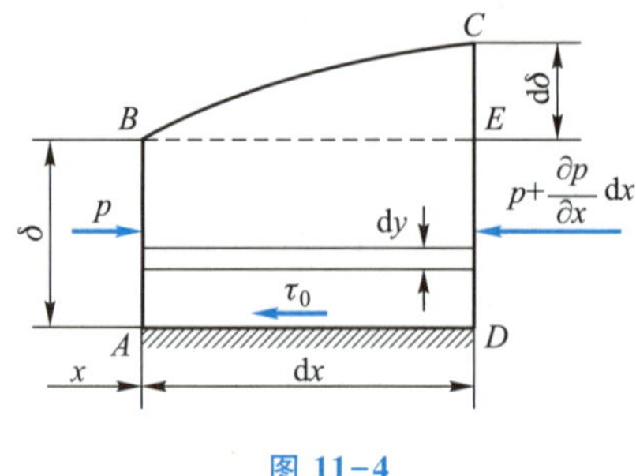


图 11-4

**1. 若流动恒定，控制体 *ABCD* 内流体在单位时间内沿 $x$ 方向动量的变化**

$$p_x = p_{CD} - p_{AB} - p_{BC}$$

单位时间内流体由 $AB$ 面流入的动量为

$$p_{AB} = \int_0^\delta \rho v_x^2 \mathrm{d}y$$

单位时间内流体经 $CD$ 面流出的动量为

$$p_{CD} = \int_0^\delta \left[\rho v_x^2 + \frac{\partial(\rho v_x^2)}{\partial x}\mathrm{d}x\right]\mathrm{d}y = \int_0^\delta \rho v_x^2 \mathrm{d}y + \mathrm{d}x\frac{\partial}{\partial x}\int_0^\delta \rho v_x^2 \mathrm{d}y$$

对不可压缩流体，根据流量连续性原理，通过 $BC$ 面流入的流体质量等于从 $CD$ 面流出的质量与流入 $AB$ 面的质量之差，即

$$m_{BC} = m_{CD} - m_{AB} = \mathrm{d}x\frac{\partial}{\partial x}\int_0^\delta \rho v_x \mathrm{d}y$$

流体在边界层边缘 $BC$ 面上的流速为 $V^*$，在 $x$ 方向的投影为 $V_x^*$。因为 $BC$ 很短，近似认为 $V_x^*$ 为常量，所以从 $BC$ 面流入的流体动量为

$$p_{BC} = V_x^* \mathrm{d}x\frac{\partial}{\partial x}\int_0^\delta \rho v_x \mathrm{d}y$$

单位时间内沿 $x$ 方向的动量变化为

$$\begin{aligned} p_x &= p_{CD} - p_{AB} - p_{BC} \\ &= \int_0^\delta \rho v_x^2 \mathrm{d}y + \mathrm{d}x\frac{\partial}{\partial x}\int_0^\delta \rho v_x^2 \mathrm{d}y - \int_0^\delta \rho v_x^2 \mathrm{d}y - V_x^* \mathrm{d}x\frac{\partial}{\partial x}\int_0^\delta \rho v_x \mathrm{d}y \\ &= \mathrm{d}x\frac{\partial}{\partial x}\int_0^\delta \rho v_x^2 \mathrm{d}y - V_x^* \mathrm{d}x\frac{\partial}{\partial x}\int_0^\delta \rho v_x \mathrm{d}y \end{aligned}$$

**2. 流体非恒定运动引起的动量变化**

在控制体内取无限小面积 $\mathrm{d}x\mathrm{d}y$。

$t_1$ 时刻 $\mathrm{d}x\mathrm{d}y$ 中流体在 $x$ 方向的速度为 $v_{x1}$，所具有的动量为 $\rho\mathrm{d}x\mathrm{d}yv_{x1}$；$t_2$ 时刻 $\mathrm{d}x\mathrm{d}y$ 中流体在 $x$ 方向的速度为 $v_{x2}$，所具有的动量为 $\rho\mathrm{d}x\mathrm{d}yv_{x2}$。

单位时间内 $\mathrm{d}x\mathrm{d}y$ 中流体动量的变化为

$$\lim_{\Delta t \to 0} \frac{\rho \mathrm{d}x\mathrm{d}y(v_{x2}-v_{x1})}{\Delta t}=\rho \mathrm{d}x\mathrm{d}y \frac{\partial v_x}{\partial t}$$

单位时间内控制体 $ABCD$ 中流体由于 $x$ 方向上速度改变引起的动量变化为

$$p_{xt} = \int_0^\delta \rho \mathrm{d}x\mathrm{d}y \frac{\partial v_x}{\partial t} = \mathrm{d}x \frac{\partial}{\partial t}\int_0^\delta \rho v_x \mathrm{d}y$$

### 3. 单位时间内作用在控制体上沿 $x$ 方向外力的冲量

作用在控制体诸面上的外力沿 $x$ 方向的分量为

$$F_{AB}=p\delta$$

$$F_{CD}=-\left(p+\frac{\partial p}{\partial x}\mathrm{d}x\right)(\delta+\mathrm{d}\delta)$$

$BC$ 面上，因为沿 $BC$ 上速度梯度很小，黏性力可忽略不计，故只有法向作用力，即

$$F_{BC}=p\frac{\partial \delta}{\partial x}\mathrm{d}x$$

固体壁面 $AD$ 作用在流体上的摩擦切应力的合力为

$$F_{AD}=-\tau_0 \mathrm{d}x$$

在图示情况下，作用在控制体上的质量力只有重力，在 $x$ 轴上投影等于零。

所以，单位时间内作用在控制体上所有外力沿 $x$ 方向分力的冲量之和为

$$F_x=p\ \delta+p\frac{\partial \delta}{\partial x}\mathrm{d}x-\left(p+\frac{\partial p}{\partial x}\mathrm{d}x\right)(\delta+\mathrm{d}\delta)-\tau_0 \mathrm{d}x$$

将上式展开，略去高阶微量得

$$F_x=-\delta\frac{\partial p}{\partial x}\mathrm{d}x-\tau_0 \mathrm{d}x$$

根据动量定理，单位时间内控制体内流体动量的改变量等于外力的冲量之和，于是有

$$\frac{\partial}{\partial t}\int_0^\delta \rho v_x \mathrm{d}y + \frac{\partial}{\partial x}\int_0^\delta \rho v_x^2 \mathrm{d}y - V_x^* \frac{\partial}{\partial x}\int_0^\delta \rho v_x \mathrm{d}y = -\left(\delta\frac{\partial p}{\partial x}+\tau_0\right) \tag{11-7}$$

式(11-7)就是不可压缩流体边界层动量积分关系式。

对不可压缩流体的恒定流动，$\frac{\partial}{\partial t}\int_0^\delta \rho v_x \mathrm{d}y = 0$，得

$$\frac{\partial}{\partial x}\int_0^\delta \rho v_x^2 \mathrm{d}y - V_x^* \frac{\partial}{\partial x}\int_0^\delta \rho v_x \mathrm{d}y = -\left(\frac{\partial p}{\partial x}\delta+\tau_0\right) \tag{11-8}$$

式(11-7)和式(11-8)于 1921 年由冯·卡门首先导出，故称为卡门动量积分关系式。在推导过程中并未限制流动状态，积分方程对层流和湍流都适用，但对不同流动状态，$\tau_0$ 将具有不同表达式。

因为边界层中$\frac{\partial p}{\partial y}=0$，压强 $p$ 仅是 $x$ 的函数，它就是边界层外边界上的压强分布规律，

所以$\frac{\partial p}{\partial x}=\frac{\mathrm{d}p}{\mathrm{d}x}$,可以根据势流的拉格朗日积分求出$\frac{\mathrm{d}p}{\mathrm{d}x}$。边界层外边界上的速度 $V_x^*$ 可由势流理论求解或用实验方法得到。这样在式(11-8)中,$\rho$,$\frac{\partial p}{\partial x}$,$V_x^*$ 为已知量,但 $v_x$,$\delta$ 和 $\tau_0$ 未知,三个未知数只有一个方程,要求解这一方程,需要列两个补充方程。求解时通常给出沿边界层厚度的速度分布$v_x=f(y)$和 $\tau_0=f(\delta)$两个补充方程。

只要根据边界层流动的特点和经验给出边界层内的速度分布规律 $v_x=f(y)$,$\tau_0=f(\delta)$,就可以利用给定的边界条件由式(11-8)求得 $\delta=f(x)$。

## §11-4 边界层的位移厚度和动量损失厚度

为了进一步说明动量积分关系式中积分项的物理意义,这里引入位移厚度 $\delta^*$ 和动量损失厚度 $\delta^{**}$。

在动量积分关系式中,可以改写积分项

$$V_x^*\frac{\partial}{\partial x}\int_0^\delta \rho v_x\mathrm{d}y=\frac{\partial}{\partial x}\int_0^\delta \rho V_x^* v_x\mathrm{d}y-\frac{\partial V_x^*}{\partial x}\int_0^\delta \rho v_x\mathrm{d}y$$

在边界层的外边界上,流体作理想有势流动,有

$$p+\frac{1}{2}\rho V_x^{*2}=C$$

于是

$$\frac{\partial p}{\partial x}=-\rho V_x^*\frac{\partial V_x^*}{\partial x}$$

因此,积分关系式中

$$\delta\frac{\partial p}{\partial x}=-\rho V_x^*\frac{\partial V_x^*}{\partial x}\int_0^\delta \mathrm{d}y=-\rho\frac{\partial V_x^*}{\partial x}\int_0^\delta V_x^*\mathrm{d}y$$

将上述代入积分关系式(11-8),得

$$\frac{\partial}{\partial x}\int_0^\delta \rho v_x^2\mathrm{d}y-\frac{\partial}{\partial x}\int_0^\delta \rho V_x^* v_x\mathrm{d}y+\frac{\partial V_x^*}{\partial x}\int_0^\delta \rho v_x\mathrm{d}y=\rho\frac{\partial V_x^*}{\partial x}\int_0^\delta V_x^*\mathrm{d}y-\tau_0$$

或

$$\frac{\partial V_x^*}{\partial x}\int_0^\delta (V_x^*-v_x)\mathrm{d}y+\frac{\partial}{\partial x}\int_0^\delta v_x(V_x^*-v_x)\mathrm{d}y=\frac{\tau_0}{\rho} \tag{11-9}$$

现在分析式(11-9)中积分的物理意义。

对于边界层中高度为 $\delta$ 的截面,第一项积分表示:理想流体以速度 $V_x^*$ 的等速流动和

边界层的实际流速为 $v_x$ 的流动流经 $\delta$ 时的流量之差值，等于图11-5的阴影面积。

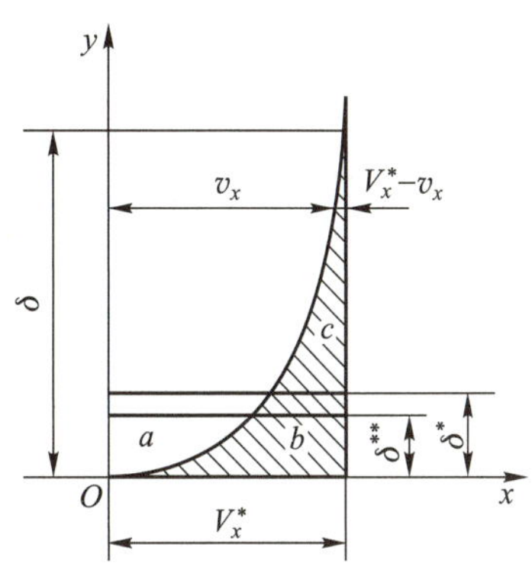

图 11-5

实际上，由于边界层外边界处的流速与边界层外势流区的流速相差极小，因此，以 $0\sim\infty$ 的积分限代替 $0\sim\delta$ 的积分限时，两者积分值相差很小，这里用图 11-5 所示的等值矩形面积 $\delta^* V_x^*$ 代替阴影面积，得到

$$\delta^* = \frac{1}{V_x^*}\int_0^{\infty}(V_x^* - v_x)\,\mathrm{d}y = \int_0^{\infty}\left(1 - \frac{v_x}{V_x^*}\right)\mathrm{d}y \tag{11-10}$$

称 $\delta^*$ 为**位移厚度**或**排挤厚度**。

式(11-10)相当于以速度 $V_x^*$ 流动的不可压缩理想流体流过厚度为 $\delta^*$ 的流量，与实际存在边界层时，由于黏性作用使流速降低，流过 $\delta$ 时减小的流量相等，即面积 $a+b=c+b$，$a=c$。若想象将物体向外增加 $\delta^*$ 厚度，理想流体以速度 $V_x^*$ 绕流这一增厚了的物体，则流过厚度 $\delta-\delta^*$ 的流量，等于以边界层中流速 $v_x$ 绕流物体时的流量。因此，$\delta^*$ 实质上表示了实际流体由于黏性引起的具有边界层的绕流，相当于固体壁面向外移动了 $\delta^*$ 时的理想流体绕流，使流体的运动向外排挤。

第二项积分表示流体中因边界层黏性的影响而减少的流体动量，同样，也可以用理想流体以速度 $V_x^*$ 流过厚度为 $\delta^{**}$ 截面的流体动量来代替减少的动量，即

$$\rho V_x^{*2}\delta^{**} = \int_0^{\infty}\rho v_x(V_x^* - v_x)\,\mathrm{d}y$$

得到

$$\delta^{**} = \int_0^{\delta}\frac{v_x}{V_x^*}\left(1 - \frac{v_x}{V_x^*}\right)\mathrm{d}y \tag{11-11}$$

称 $\delta^{**}$ 为**动量损失厚度**。

式(11-8)对平面边壁应用比较方便。对曲面边界层，为便于计算，常变换成下面的形式。

将式(11-10)和式(11-11)代入式(11-9)得

$$\frac{\partial(V_x^{*2}\delta^{**})}{\partial x}+\delta^* V_x^*\frac{\partial V_x^*}{\partial x}=\frac{\tau_0}{\rho} \tag{11-12}$$

同除以 $V_x^{*2}$，变成量纲一的形式，得

$$\frac{\partial\delta^{**}}{\partial x}+(2\delta^{**}+\delta^*)\frac{1}{V_x^*}\frac{\partial V_x^*}{\partial x}=\frac{\tau_0}{\rho V_x^{*2}}$$

或

$$\frac{\delta^{**}}{\partial x}+(2+H_1)\frac{\delta^{**}}{V_x^*}\frac{\partial V_x^*}{\partial x}=\frac{\tau_0}{\rho V_x^{*2}} \tag{11-13}$$

式中 $H_1=\delta^*/\delta^{**}$，称为形状因数。

这是卡门动量积分关系式的另一种形式，该式同样对层流、湍流均适用，式中 $V_x^*$ 为已知数，$\delta^*$，$\delta^{**}$ 和 $\tau_0$ 取决于边界层内的速度分布规律。

## §11-5 平板层流边界层的近似计算

设不可压缩流体对薄平板作平面恒定绕流，无穷远均匀来流速度与平板方向一致。在边界层的近似计算中，普遍采用卡门动量积分关系式，计算的目的是求出作用于平板上的阻力。

如图 11-6 所示，将坐标原点取在平板前缘处，$x$ 轴沿着平板，由于平板和边界层很薄，对平行来流的干扰很小，可以近似略去不计，即在边界层的外边界上 $V_x^*=V_\infty$。所以，在边界层外边界上，由势流的伯努利方程有

图 11-6

$$p+\frac{1}{2}\rho V_\infty^2=C$$

得

$$\frac{\mathrm{d}p}{\mathrm{d}x}=-\rho V_\infty\frac{\mathrm{d}V_\infty}{\mathrm{d}x}=0$$

即在整个边界层中 $p$ = 常数，称为无压强梯度的边界层。

因为流动恒定，$\frac{\partial v_x}{\partial t}=0$。对于无限宽的平板，流体作平面绕流，边界层厚度 $\delta=f(x)$，动量积分方程中的偏微分 $\frac{\partial}{\partial x}$ 可以改写成全微分。

由上所述，卡门动量积分关系式简化为

$$\frac{\mathrm{d}}{\mathrm{d}x}\int_0^\delta v_x^2\mathrm{d}y-V_\infty\frac{\mathrm{d}}{\mathrm{d}x}\int_0^\delta v_x\mathrm{d}y=-\frac{\tau_0}{\rho}\tag{11-14}$$

方程中 $v_x$，$\delta$ 和 $\tau_0$ 未知，需另列两个补充方程。

首先解决沿边界层厚度上的速度分布规律 $v_x=f(y)$。设边界层内流速分布 $v_x$ 用 $y$ 的四次多项式表示，即

$$v_x=a+by+cy^2+dy^3+ey^4$$

式中 $a,b,c,d,e$ 为待定系数，由边界层的边界条件确定。由于边界层厚度很小，$y$ 是一个微小量，一般取前五项精度就足够了。

(1) $y=0$ 时，即在平板壁上流速 $(v_x)_{y=0}=0$，所以系数 $a=0$；

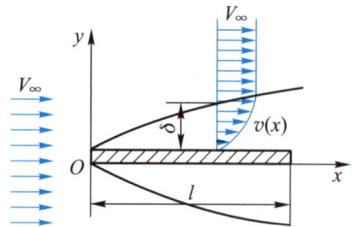

（2）边界层外边界上，$y=\delta$ 时，速度为势流区流动速度，即 $(v_x)_{y=\delta}=V_\infty=a+b\delta+c\delta^2+d\delta^3+e\delta^4$；

（3）边界层外边界上，速度梯度 $\left(\dfrac{\partial v_x}{\partial y}\right)_{y=\delta}=0$，摩擦切应力 $\tau=\left(\mu\dfrac{\partial v_x}{\partial y}\right)_{y=\delta}=0$，于是

$$\left(\frac{\partial v_x}{\partial y}\right)_{y=\delta}=b+2c\delta+3d\delta^2+4e\delta^3=0$$

（4）平板壁面上，$y=0$，有 $v_x=v_y=0$，由普朗特边界层微分方程的第一式得

$$\left(\frac{\partial^2 v_x}{\partial y^2}\right)_{y=0}=\frac{1}{\mu}\frac{\mathrm{d}p}{\mathrm{d}x}=0$$

即

$$\left(\frac{\partial^2 v_x}{\partial y^2}\right)_{y=0}=2c=0,\text{得 } c=0$$

（5）边界层外边界上 $(v_x)_{y=\delta}=V_\infty$，由边界层微分方程第一式得

$$\left(\frac{\partial^2 v_x}{\partial y^2}\right)_{y=\delta}=\frac{1}{\mu}\frac{\mathrm{d}p}{\mathrm{d}x}=0$$

即

$$\left(\frac{\partial^2 v_x}{\partial y^2}\right)_{y=\delta}=2c+6d\delta+12e\delta^2=0$$

根据上述五个边界条件所得的方程，联立解出系数

$$a=0,b=2\frac{V_\infty}{\delta},c=0,d=-2\frac{V_\infty}{\delta^3},e=\frac{V_\infty}{\delta^4}$$

这样，层流边界层中速度分布规律为

$$v_x=V_\infty\left[2\left(\frac{y}{\delta}\right)-2\left(\frac{y}{\delta}\right)^3+\left(\frac{y}{\delta}\right)^4\right] \tag{11-15}$$

因为是层流边界层，第二个补充方程由牛顿内摩擦定律给出

$$\tau_0=\mu\left(\frac{\partial v_x}{\partial y}\right)_{y=0}=2\mu\frac{V_\infty}{\delta} \tag{11-16}$$

将式（11-15）和式（11-16）代入动量积分关系式（11-14），有

$$\frac{\mathrm{d}}{\mathrm{d}x}\int_0^\delta V_\infty^2\left[2\left(\frac{y}{\delta}\right)-2\left(\frac{y}{\delta}\right)^3+\left(\frac{y}{\delta}\right)^4\right]^2\mathrm{d}y-$$

$$V_\infty\frac{\mathrm{d}}{\mathrm{d}x}\int_0^\delta V_\infty\left[2\left(\frac{y}{\delta}\right)-2\left(\frac{y}{\delta}\right)^3+\left(\frac{y}{\delta}\right)^4\right]\mathrm{d}y=-2\frac{\mu}{\rho}\frac{V_\infty}{\delta}$$

$$\frac{367}{630}V_\infty^2\frac{\mathrm{d}\delta}{\mathrm{d}x}-\frac{7}{10}V_\infty^2\frac{\mathrm{d}\delta}{\mathrm{d}x}=-2\frac{\mu}{\rho}\frac{V_\infty}{\delta}$$

或

$$\delta \mathrm{d}\delta=\frac{630}{37}\nu\frac{\mathrm{d}x}{V_\infty}$$

积分得

$$\delta^2=\frac{1\ 260}{37}\frac{\nu}{V_\infty}x+C$$

积分常数由边界条件确定：当 $x=0$ 时，$\delta=0$ 得 $C=0$，所以边界层厚度为

$$\delta=5.84\sqrt{\frac{\nu x}{V_\infty}}=5.84x\sqrt{\frac{1}{Re_x}} \tag{11-17}$$

式中

$$Re_x=\frac{V_\infty x}{\nu}$$

由上式可见，平板层流边界层的厚度变化曲线是二次抛物线，$\delta$ 随 $x$ 增加而增大，但随来流速度 $V_\infty$ 的增加而减小，流体黏性越大，边界层越厚。

将式(11-17)代入式(11-16)，得到摩擦切应力

$$\tau_0=2\mu\frac{V_\infty}{5.84\sqrt{\dfrac{\nu x}{V_\infty}}}=0.343\rho V_\infty^2\sqrt{\frac{\nu}{V_\infty x}}=0.343\rho V_\infty^2\sqrt{\frac{1}{Re_x}} \tag{11-18}$$

上述方程中的系数，对 $v_x=f(y)$ 的多项式，取的项数越少，误差越大，一般取五项已具有足够的精度。实验得到，对于较长的平板，随 $x$ 增大，误差相应增加。从公式可以看到，随边界层厚度 $\delta$ 增加，摩擦切应力减小。

若平板宽度为 $b$，平板面积 $A=bl$，则作用在微元面积 $\mathrm{d}A=b\mathrm{d}x$ 上的摩擦力为

$$\mathrm{d}F_\mathrm{f}=\tau_0\mathrm{d}A=\tau_0 b\mathrm{d}x$$

作用在平板一侧表面上的总摩擦阻力为

$$F_\mathrm{f}=b\int_0^l\tau_0\mathrm{d}x=0.343\rho V_\infty^2 b\sqrt{\frac{\nu}{V_\infty}}\int_0^l\frac{\mathrm{d}x}{\sqrt{x}}=0.686bl\rho V_\infty^2\sqrt{\frac{1}{Re_l}} \tag{11-19}$$

摩擦阻力因数为

$$C_\mathrm{f}=\frac{F_\mathrm{f}}{\dfrac{1}{2}\rho V_\infty^2 bl}=1.372\sqrt{\frac{1}{Re_l}} \tag{11-20}$$

$C_\mathrm{f}$ 与 $Re_l$ 的平方根成反比。实验得到，当 $Re_l<5\times10^5$ 时，平板边界层基本呈层流。而当 $5\times10^5<Re_l<10^6$ 时，可能为层流或湍流，主要决定于来流的状态、平板前缘形状和表面粗糙度。

## §11-6 平板湍流边界层的近似计算

不可压缩流体对光滑平板作恒定绕流，并且认为边界层从平板前缘开始就是湍流。

对于平板湍流边界层的近似计算，仍然采用动量积分关系式进行，但是，要确定边界层厚度 $\delta$ 和表面摩擦阻力，必须首先解决湍流边界层内速度分布规律和摩擦切应力与 $\delta$ 的关系式。然而目前理论上还不知道这些规律。普朗特假设：边界层内的湍流流动与圆管的湍流流动相同。即对于顺来流放置的薄平板，沿板长方向无压强梯度时，沿平板边界层厚度上的速度分布规律与沿圆管半径的速度分布规律相同。雷诺数不太大时，可以采用 1/7 次方指数定律，即

$$v_x = v_{\max}\left(\frac{y}{r}\right)^{1/7} \qquad （管道）$$

$$v_x = V_\infty\left(\frac{y}{\delta}\right)^{1/7} \qquad （平板）$$

显然，管道中心 $y=r$ 处的流速 $v_{\max}$ 与边界层外边界处势流区 $y=\delta$ 处的速度 $V_\infty$ 对应。

与上式相应的切应力公式表示为

$$\tau_0 = \lambda\frac{\rho V^2}{8}$$

对应 1/7 次方定律速度分布的湍流光滑管区（$4\ 000 \leqslant Re_d \leqslant 10^5$），损失因数 $\lambda$ 采用布拉休斯公式

$$\lambda = \frac{0.316\ 4}{Re^{1/4}} = \frac{0.316\ 4}{\left(\frac{Vd}{\nu}\right)^{1/4}}$$

将上式代入切应力公式得

$$\tau_0 = \left[\frac{0.316\ 4}{\left(\frac{2Vr}{\nu}\right)^{1/4}}\right]\left(\frac{\rho V^2}{8}\right) = 0.066\ 4\left(\frac{\nu}{Vr}\right)^{1/4}\frac{\rho V^2}{2}$$

式中平均流速 $V = \frac{1}{A}\int_A v_x \mathrm{d}A$。

对于管中湍流

$$v_x = v_{\max}\left(\frac{y}{r}\right)^{1/7}, A = \pi r^2$$

若 $x$ 轴取在管壁上，$\mathrm{d}A = 2\pi(r-y)\mathrm{d}y$，于是积分得到

$$V = 0.817\ v_{\max}$$

所以

$$\tau_0=0.066\ 4(0.817)^{7/4}\left(\frac{\nu}{v_{max}r}\right)^{1/4}\frac{\rho v_{max}^2}{2}$$

将上式中圆管中心线处的 $v_{max}$ 和 $r$ 对应用边界层外边界上的 $V_\infty$ 和 $\delta$ 代替，则

$$\tau_0=0.066\ 4(0.817)^{7/4}\left(\frac{\nu}{V_\infty\delta}\right)^{1/4}\frac{\rho V_\infty^2}{2}=0.023\ 3\left(\frac{\nu}{V_\infty\delta}\right)^{1/4}\rho V_\infty^2$$

因为沿平板边界层内压强不变，即$\frac{dp}{dx}=0$，因此将上述得到的 $v_x=f(y)$ 和 $\tau_0$ 的关系式代入动量积分方程(11-14)，得

$$\frac{d}{dx}\int_0^\delta\left[V_\infty\left(\frac{y}{\delta}\right)^{1/7}\right]^2dy-V_\infty\frac{d}{dx}\int_0^\delta V_\infty\left(\frac{y}{\delta}\right)^{1/7}dy$$
$$=-\frac{1}{\rho}\times0.023\ 3\left(\frac{\nu}{V_\infty\delta}\right)^{1/4}\rho V_\infty^2$$

由上式得

$$\frac{7}{72}\frac{d\delta}{dx}=0.023\ 3\left(\frac{\nu}{V_\infty\delta}\right)^{1/4}$$

或

$$\delta^{1/4}d\delta=0.24\left(\frac{\nu}{V_\infty}\right)^{1/4}dx$$

积分得

$$\frac{4}{5}\delta^{\frac{5}{4}}=0.24\left(\frac{\nu}{V_\infty}\right)^{1/4}x+C$$

在平板前缘处，$x=0,\delta=0$，所以 $C=0$，于是

$$\delta=0.381\left(\frac{\nu}{V_\infty}\right)^{\frac{1}{5}}x^{\frac{4}{5}}=0.381\left(\frac{\nu}{V_\infty x}\right)^{\frac{1}{5}}x \tag{11-21}$$

摩擦切应力

$$\tau_0=0.023\ 3\left[\frac{\nu}{0.381V_\infty x}\left(\frac{V_\infty x}{\nu}\right)^{1/5}\right]^{1/4}\rho V_\infty^2$$
$$=0.029\ 6\left(\frac{\nu}{V_\infty x}\right)^{1/5}\rho V_\infty^2 \tag{11-22}$$

可见，湍流边界层的厚度 $\delta\propto x^{4/5}$，而层流边界层为 $\delta\propto x^{1/2}$，所以湍流边界层随 $x$ 增加其厚度增加比较迅速。

平板一个壁面上的总摩擦力

$$F_f=\int_0^l\tau_0 b dx=\int_0^l 0.029\ 6\left(\frac{\nu}{V_\infty x}\right)^{1/5}\rho V_\infty^2 b dx$$

$$=0.037\left(\frac{\nu}{V_{\infty}l}\right)^{1/5}A\rho V_{\infty}^{2}=0.074\frac{1}{Re_{l}^{1/5}}A\frac{\rho V_{\infty}^{2}}{2}$$

$$=C_{f}A\frac{\rho V_{\infty}^{2}}{2} \tag{11-23}$$

式中 $A$——平板表面面积，$A=bl$；

$C_f$——摩擦阻力因数。

$$C_{f}=\frac{F_{f}}{\frac{1}{2}A\rho V_{\infty}^{2}}=\frac{0.074}{Re_{l}^{1/5}} \tag{11-24}$$

因为上述推导中，采用了圆管中湍流速度分布的1/7次方指数规律和光滑管区阻力因数的布拉休斯公式，所以推得的结果有一定的适用范围。实验证明，在 $5\times10^{5}\leqslant Re_{l}\leqslant 10^{7}$ 范围内，式(11-24)求得的 $C_f$ 与实验数据十分吻合，当 $Re_l>10^7$ 时，应当采用对数速度分布规律

$$\frac{\bar{v}_{x}}{\bar{v}_{\mathrm{cut}}}=5.85\lg\frac{y\bar{v}_{\mathrm{cut}}}{\nu}+5.56$$

式中 $\bar{v}_{\mathrm{cut}}=\sqrt{\dfrac{\tau_{0}}{\rho}}$——切应力速度。

由上式推导得到的平板湍流边界层摩擦阻力因数 $C_f$ 与 $Re$ 的关系曲线如图11-7中的曲线③，普朗特和施里希廷(H. Schlichting)对这条曲线拟合得到的经验公式为

$$C_{f}=\frac{0.455}{(\lg Re_{l})^{2.58}} \tag{11-25}$$

这一计算公式适用范围为 $10^6<Re_l<10^9$。

舒尔茨(F. Schultz)-格鲁诺(Grunow)根据对平板湍流边界层的大量测量结果，得到摩擦阻力因数的修正公式为

$$C_{f}=\frac{0.427}{(\lg Re_{l}-0.407)^{2.64}} \tag{11-26}$$

式(11-26)的曲线如图11-7中④所示。

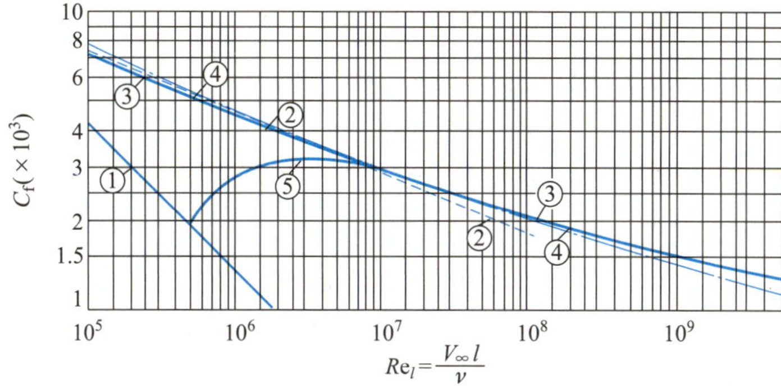


图 11-7

图 11-7 中曲线①为层流边界层 $C_f=1.328Re_l^{-\frac{1}{2}}$；曲线②为式(11-24)；曲线③为式(11-25)；曲线④为式(11-26)；曲线⑤为混合边界层 $C_f=0.455\times(\lg Re_l)^{-2.58}-A^*Re_l^{-1}$，详见 11-7 节。

分析图 11-7 所示的曲线，可以得出，随 $Re_l$ 增加，摩擦阻力因数都减小，但湍流边界层的 $C_f$ 比层流边界层的 $C_f$ 减小缓慢。在相同的 $Re_l$ 下湍流边界层的 $C_f$ 比层流边界层的 $C_f$ 大得多，这是由于湍流中流体微元剧烈的横向混杂，产生湍流附加切应力的缘故。因此，在工程上对边界层进行人工控制，使绕流物体表面保持层流边界层，可以减小摩擦阻力。

## §11-7 二维平板混合边界层近似计算

平板边界层的性质主要取决于雷诺数的大小、平板表面的粗糙度和来流的扰动程度。在 $Re_x<5\times10^5$ 的情况下，边界层为层流。在 $Re_x=5\times10^5\sim10^6$ 的范围内，平板前端为层流边界层，在某点开始出现由层流转变为湍流边界层的过渡区，后部是湍流边界层。只有到 $Re_x$ 足够大时，才出现全部为湍流边界层。工程实际绕流中，大部分都是前端处为层流边界层、后部为湍流边界层的混合边界层。对于粗糙的边壁，湍流边界层的形成将会提前。

混合边界层由层流向湍流转变的过渡区十分复杂，为简化计算，对平板混合边界层的研究，常作下面两个假设：

(1) 由层流边界层到湍流边界层的转变，在 $A$ 点突然发生(图11-8)，$OA=x_{cr}$；

(2) 在计算湍流边界层的厚度变化、边界层中速度和切应力的分布时，假定湍流边界层与从前缘 $O$ 点开始出现的湍流边界层相同。

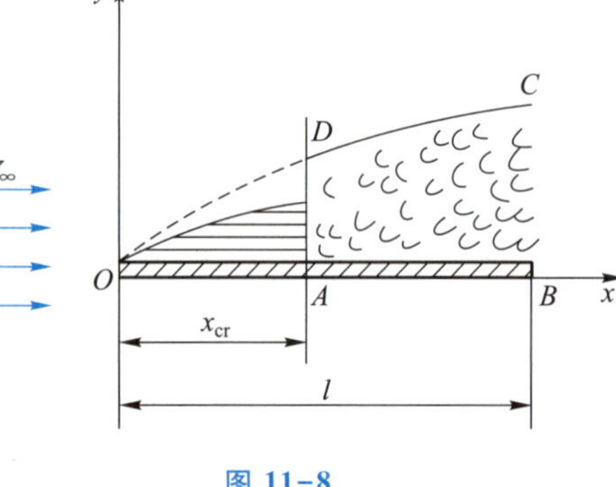


图 11-8

于是得到平板混合边界层的摩擦阻力为

$$F_f=F_{f_T}-F_{f_{TOA}}+F_{f_{LOA}}$$

式中 $F_{f_T}$——假设全板长均为湍流边界层时的摩擦阻力；

$F_{f_{TOA}}$——$x_{cr}$段为湍流边界层时的摩擦阻力；

$F_{f_{LOA}}$——$x_{cr}$段为层流边界层时的摩擦阻力。

在 $OA$ 段上，当为层流边界层时

$$F_{f_{LOA}}=C_{f_L}x_{cr}b\frac{\rho V_\infty^2}{2}$$

当为湍流边界层时

$$F_{f_{TOA}}=C_{f_T}x_{cr}b\frac{\rho V_\infty^2}{2}$$

式中 $b$ 为平板宽度。$OA$ 段上层流和湍流边界层摩擦阻力之差为

$$\Delta F_f=F_{f_{LOA}}-F_{f_{TOA}}=-x_{cr}b(C_{f_T}-C_{f_L})\frac{\rho V_\infty^2}{2}$$

两边同除以 $bl\frac{\rho V_\infty^2}{2}$，得到由于存在层流段而引起的 $C_f$ 的变化为

$$\Delta C_f=-\frac{x_{cr}}{l}(C_{f_T}-C_{f_L})=-\frac{(C_{f_T}-C_{f_L})\frac{V_\infty x_{cr}}{\nu}}{\frac{V_\infty l}{\nu}}=-\frac{A^*}{Re_l}$$

式中 $A^*=(C_{f_T}-C_{f_L})\frac{V_\infty x_{cr}}{\nu}=(C_{f_T}-C_{f_L})Re_{x_{cr}}$。

$A^*$ 值取决于由层流边界层转变为湍流边界层的 $Re_{x_{cr}}$，由实验得到的 $A^*$ 值见表 11-1。

表 11-1 混合边界层的 $A^*$ 值

| $Re_{x_{cr}}$ | $3\times10^5$ | $5\times10^5$ | $10^6$ | $3\times10^6$ |
|---|---|---|---|---|
| $A^*$ | 1 050 | 1 700 | 3 300 | 8 700 |

于是，二维平板混合边界层的摩擦阻力因数为

$$5\times10^5\leqslant Re_l\leqslant10^7\text{ 时},C_f=\frac{0.074}{Re_l^{0.2}}-\frac{A^*}{Re_l} \tag{11-27}$$

$$5\times10^5\leqslant Re_l\leqslant10^9\text{ 时},C_f=\frac{0.455}{(\lg Re_l)^{2.58}}-\frac{A^*}{Re_l} \tag{11-28}$$

当 $Re_{x_{cr}}=5\times10^5$，$A^*=1\ 700$ 时，式(11-28)表示为图 11-7 中的曲线⑤。

## §11-8 曲面边界层及其分离

上述研究的不可压缩流体纵向绕流平板，沿流动方向边界层中没有压强梯度，边界层外边界上速度相同。但在工程实际中，对流体机械和机翼翼型的绕流，以及管道内外热交换时的绕圆柱管道流动等，物体的壁面都是曲面。绕流时，边界层外边界上沿流动方向速度不断变化，边界层内的压强也将随之发生相应的改变。因此，曲面边界层与平板边界层的差别主要在于：边界层的外边界上，曲面边界层 $\frac{\partial p}{\partial x}\neq0$，平板边界层 $\frac{\partial p}{\partial x}=0$。所以曲面边

界层又称为沿流动方向存在压力梯度的边界层。

因为一般曲面边界层的厚度比曲面的曲率小得多，应用曲线坐标系，将壁面弧长作 $x$ 轴，可以将平板边界层的微分方程与动量积分方程近似地用于曲面边界层，但由于计算的复杂性，此处将不作讨论。本节主要说明曲面边界层分离的机理。

流体绕流曲面物体时（图 11-9），在绕过前驻点后，物体迫使流体速度不断增加，根据伯努利方程，压强不断减小，至 $M$ 点后，随过流断面增加，流速逐渐减小，压强不断增加。在 $M$ 点处，边界层的外边界上速度最大，压强最低。

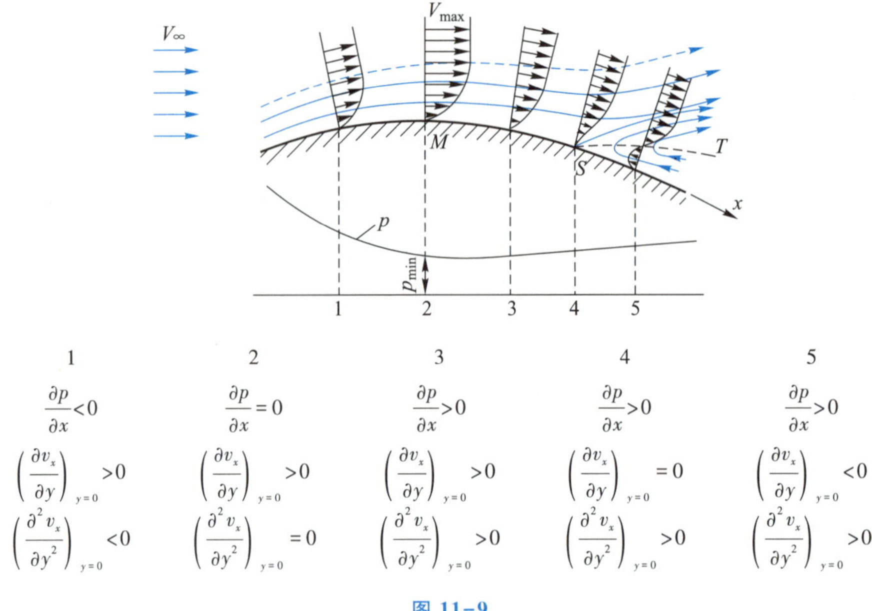


图 11-9

下面分析边界层中速度、压强的分布规律，以及边界层内流动的物理现象，说明曲面边界层分离的原因。

这里将应用边界层的微分方程加以讨论。因 $\frac{\partial p}{\partial y}=0$，边界层中压强的分布与边界层外边界上的压强分布相同，所以边界层内的压强沿流动方向随速度变化而升降。

在曲面壁上，$y=0$，$v_x=v_y=0$，于是由边界层微分方程的第一式得到

$$\left(\frac{\partial^2 v_x}{\partial y^2}\right)_{y=0}=\frac{1}{\mu}\frac{\partial p}{\partial x}$$

又由边界层外边界上的势流运动，有

$$p+\frac{1}{2}\rho V^{*2}=C$$

$$\frac{\partial p}{\partial x}=-\rho V^{*}\frac{\partial V^{*}}{\partial x}$$

根据曲面形状，将边界层内的流动分三种情况讨论：

(1) $M$ 点以前(不包括 $M$ 点)

由于过流断面随曲面逐渐减小,边界层外边界上的速度逐渐增加,压强减小,即

$$\frac{\partial V^*}{\partial x}>0,\quad \frac{\partial p}{\partial x}<0$$

所以边界层内流动有

$$\frac{\partial v_x}{\partial x}>0,\qquad \frac{\partial p}{\partial x}<0$$

得到

$$\left(\frac{\partial^2 v_x}{\partial y^2}\right)_{y=0}<0,\qquad \left(\frac{\partial v_x}{\partial y}\right)_{y=0}>0$$

说明边界层内的速度分布曲线沿 $x$ 方向凸出,随 $y$ 增大,$\frac{\partial v_x}{\partial y}$逐渐减小,当$y\to\infty$ 时,$\frac{\partial v_x}{\partial y}\to 0$(图 11-10a)。

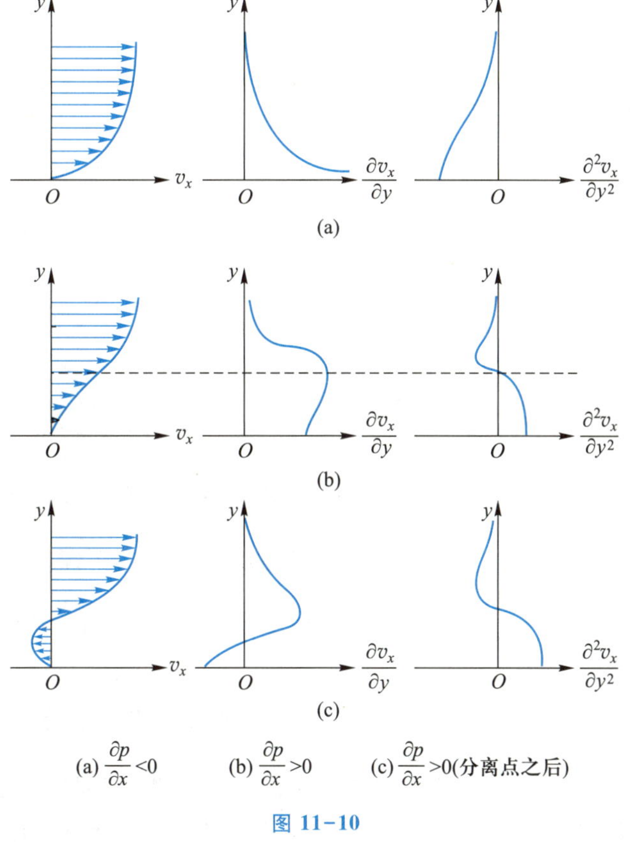


图 11-10

在这一区域内,边界层内流体微团运动具有加速的特性,因此,尽管边界层内黏性流体(特别在临近边壁处)受边壁滞止作用,消耗动能,但由于降压增速,流体的部分压强能转换为动能,所以有足够的动能克服黏性力阻滞。在这一区域中边界层一般不会发生分

离现象。

（2）$M$ 点处

在该点处边界层外边界上速度达到最大值，压强最低，所以边界层内 $\frac{\partial p}{\partial x}=0$，有 $\left(\frac{\partial^2 v_x}{\partial y^2}\right)_{y=0}=0$。

（3）$M$ 点以后

这一区域中，沿流动方向过流断面不断扩大，边界层外边界上的速度逐渐减小，压强增加，即

$$\frac{\partial V^*}{\partial x}<0,\quad \frac{\partial p}{\partial x}>0$$

所以边界层内流动有

$$\frac{\partial v_x}{\partial x}<0,\quad \frac{\partial p}{\partial x}>0$$

得到

$$\left(\frac{\partial^2 v_x}{\partial y^2}\right)_{y=0}>0$$

说明边界层内的速度曲线沿 $x$ 方向内凹（图 11-10b），在固体壁面附近随 $y$ 增大 $\frac{\partial v_x}{\partial y}$ 渐增，但 $y$ 到某一值后，随 $y$ 增大至外边界附近，$\frac{\partial v_x}{\partial y}$ 又逐渐减小趋近于零。因此，在 $y=0$ 到 $y=\delta$ 之间，速度曲线出现拐点，$\frac{\partial^2 v_x}{\partial y^2}=0$。

沿流动方向，开始阶段，仍有 $\left(\frac{\partial v_x}{\partial y}\right)_{y=0}>0$，流体保持沿 $x$ 方向流动。但在这一区域中，流体的动能不仅逐渐转变为压力能，同时黏性力的阻滞作用又不断消耗动能。沿 $x$ 方向，$\left(\frac{\partial v_x}{\partial y}\right)_{y=0}$ 逐渐减小，到 $S$ 点时，$\left(\frac{\partial v_x}{\partial y}\right)_{y=0}=0$，靠近壁面处流体的动能已被全部耗尽，流体微团停滞不前，造成流体微团在 $S$ 点处堆积。这时，$S$ 点以后，沿 $x$ 方向，$\left(\frac{\partial v_x}{\partial y}\right)_{y=0}<0$（图 11-10c），压强继续升高。由于主流的减速，边界层厚度逐渐增加，边界层内的流体已不能从势流区获得能量补充。在反向压差作用下，壁面附近产生逆向回流，排挤上游来的液流，使其与壁面分离，$S$ 点是**分离点**。在离物体壁面较远处的流体微元，由于黏性力阻滞较小，仍有较大的动能继续向下游流动。在主流和逆流之间，有一条流体速度为零的 $ST$ 线（图 11-9），成为其间的间断面。

边界层分离点后面的回流区出现强烈的旋涡，又不断地被主流带走，在物体后部形成尾涡区。

尾涡区中的强烈旋涡消耗能量，使物体后面的压强不能恢复，造成物体前后明显的压差，从而增加物体的绕流阻力，称为压差阻力。在工程上，为推后或避免边界层分离而引起绕流压差阻力，常将物体作成具有圆头和细长尾部的流线形。

## § 11-9　不良流线型体的绕流、卡门涡和绕流阻力

流体绕流物体时，若在较高的雷诺数下不发生分离，称该物体为流线型体。绕流流线型体的阻力主要是摩擦阻力。流线型体上的压强分布可以用势流理论求得。

黏性流体绕流不良流线型体时，都将产生边界层分离的绕流脱体现象，增大阻力并引起振动。为进一步说明边界层分离现象，鉴于热交换器中普遍采用圆管，这里以圆柱体为例，分析流体在不同雷诺数下，绕流圆柱体的现象。

当流体以很小的雷诺数绕圆柱体流动时，与理想流体绕流圆柱体几乎相同，流体在前驻点处速度为零，然后沿圆柱对称向两侧绕流，在柱体前半部分是增速减压流动，在后半部分为减速增压流动，至后驻点汇合，速度又变为零。流动中流体的惯性力极小，整个流场都是层流，不产生分离现象（图 11-11a），因此没有压差阻力，只存在不大的摩擦阻力。

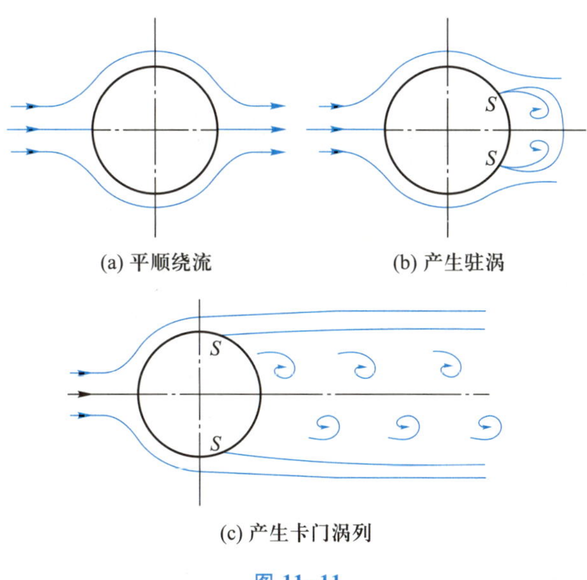


(a) 平顺绕流　(b) 产生驻涡

(c) 产生卡门涡列

图 11-11

随着雷诺数增大，惯性力变得不能忽略，圆柱体后半部分的压强梯度增加，$Re\approx20$ 时，在 $S$ 点处流体逐渐堆积，引起层流边界层分离，并在分离点后面生成一对驻涡（图 11-11b）。

继续增大雷诺数，柱体后部的压强梯度继续增加，分离点前移，柱体后部的尾迹拉长，涡对增大并逐渐变得不稳定。在 $Re>40$ 时，在圆柱体两侧的涡对周期性地交替离开圆柱体，在分离点后面又不断形成涡旋，周期性交替离体的旋涡在尾迹中成为交叉排列二行涡列(图 11-11c)，称为卡门涡街(或卡门涡列)。

卡门涡街在大多数情况下是不稳定的，卡门证明，当 $Re=150$ 时，卡门涡街的稳定性条件是 $h/l=0.2806$($h$ 为两列旋涡的间距，$l$ 为相邻两旋涡间距离)。

当绕流一根圆柱体时，在 $Re_d=200\sim5\,000$ 范围内，卡门涡的交替脱落频率按下式计算：

$$f_k=Sr\frac{V_\infty}{d} \tag{11-29}$$

式中 $Sr$——斯特劳哈尔数；

$d$——圆柱体直径。

由图 11-12 可见，$Re_d=50\sim10^4$ 范围内，斯特劳哈尔数从 0.12 增大到 0.21，在雷诺数大于 $10^3$ 后，$Sr$ 基本等于常数 0.21。利用这一特点，如果测得管道内与流动方向垂直的圆柱形检测杆上卡门涡的脱落频率，由式(11-29)求得流速 $V_\infty$，就可确定管道内流体的流量。

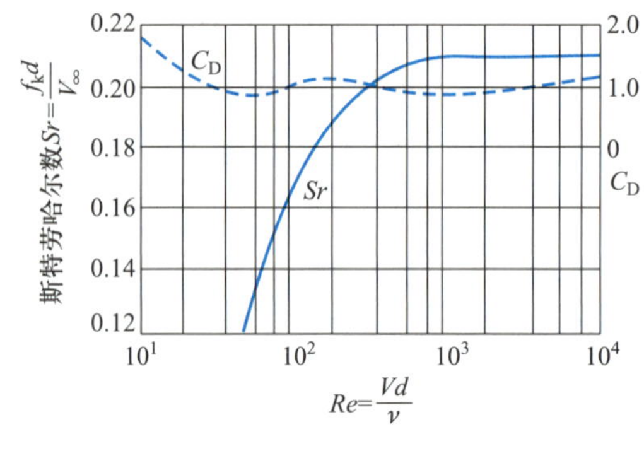


图 11-12

在雷诺数增大的过程中，边界层分离点逐渐前移到达极限位置，随雷诺数继续增加，分离点将出现突然后移，涡街的宽度突然缩小。这是由于这时边界层由层流突然转变成湍流，湍流边界层与主流间由于掺混而发生剧烈的动量交换，增强了主流对边界层内流体的加速作用，提高了边界层流体克服黏性阻滞的能力，从而使分离点后移，旋涡区域变小，绕流得到改善。

卡门涡街在大多数情况下都是不稳定的，当 $Re_d>5\,000$ 时，由于尾迹中湍动加剧，不能清楚地看到卡门涡街。

物体绕流时的阻力由压差阻力和摩擦阻力两部分组成，通常阻力 $F_D$ 可以写成

$$F_D=C_DA\frac{\rho V_\infty^2}{2}$$

绕流阻力因数为

$$C_{\mathrm{D}}=\frac{F_{\mathrm{D}}}{A\dfrac{\rho V_{\infty}^{2}}{2}}$$

式中 $A$ 为绕流物体在自由来流方向垂直面上的投影面积。

绕流形成的卡门涡街对单位长度圆柱体引起的阻力平均值为

$$F_{\mathrm{D}}=\rho V_{\infty}^{2}h\left[2.83\frac{v_{x}}{V_{\infty}}-1.12\left(\frac{v_{x}}{V_{\infty}}\right)^{2}\right] \tag{11-30}$$

式中 $v_x$ 为涡街向下游移动的速度，$v_x<V_{\infty}$。

在边界层没有分离时，$C_{\mathrm{D}}$ 随 $Re_d$ 增大下降较快。但当出现分离后，雷诺数增大时，随分离点前移，压差阻力稍有增加，摩擦阻力减小，这时 $C_{\mathrm{D}}$ 随 $Re_d$ 增大继续减小，但比无分离时缓慢。当 $Re_d>10^4$ 后，摩擦阻力已在总阻力中变得微不足道，阻力主要由压差阻力组成，因分离点不再前移，$C_{\mathrm{D}}$ 基本成为一个定值。在 $Re_d=2\times10^5$ 左右，边界层转变为湍流，分离点突然后移，这时虽然摩擦阻力由于流态变为湍流而增加，但由于压差阻力显著下降，发生 $C_{\mathrm{D}}$ 突然下降，出现所谓“阻力危机”的情况（图 11-13）。

对卡门涡街的实验研究发现，旋涡脱落时，流体施加给圆柱体一个垂直于主流的周期性交变作用力，交变的频率与旋涡脱落频率相同。显然，旋涡脱落前后圆柱体的绕流情况是不一样的。刚脱落旋涡的柱面一侧，由于流动断面突然增大，流体流动速度降低，压强增加，使柱体该侧面上的总压力增大。而存在旋涡逐渐生长正准备脱落的一侧，由于旋涡增大，使过流断面缩小，流体运动速度增大，且由于旋涡的转动使流体加速并消耗能量，造成柱体该侧面上的压强降低，因而在柱体上下侧面形成一个作用在圆柱上，方向总是指向未脱落旋涡一侧的作用力，作用力的交变频率可以由式（11-29）计算，如果这个频率与物体的固有频率相近时，将会引起谐振。卡门旋涡脱落时还将使空气振动，发生声响效应，引起啸叫和振动。野外的输电线在大风中发出的啸叫声就是由卡门旋涡脱落造成的。如果设计不当，潜水艇潜望镜在水中移动时也将因振动而无法工作。高大烟囱有可能在大风中因谐振而破坏。1940 年美国华盛顿州塔科马吊桥被风吹毁也是这个原因。

工业上许多换热设备都由圆管做成，安装圆管的横向空间中某一体积的气柱，也有自己的声振频率，若设计不当，卡门旋涡脱落频率与气柱的声振频率相近时，就会诱发声波谐振，产生严重的噪声。上述声振频率一旦再与圆管频率相合，更会造成设备的严重破坏。

在一些工程的弹性构件中，旋涡脱落现象诱发的大振幅谐振将可能对桥梁、野外电缆、天线、烟囱、热交换器等产生摧毁性的作用。设计者的重要任务之一就是要避免谐振发生，并尽可能减小绕流阻力。首先应设法避免边界层的分离，在不发生分离的情况下，边界层应尽量保持为层流。一旦发生分离，则应在将要发生分离处设法使边界层由层流转变为湍流，以延缓分离，或使分离点后移。发生分离的原因是沿流向流体压强增大和动

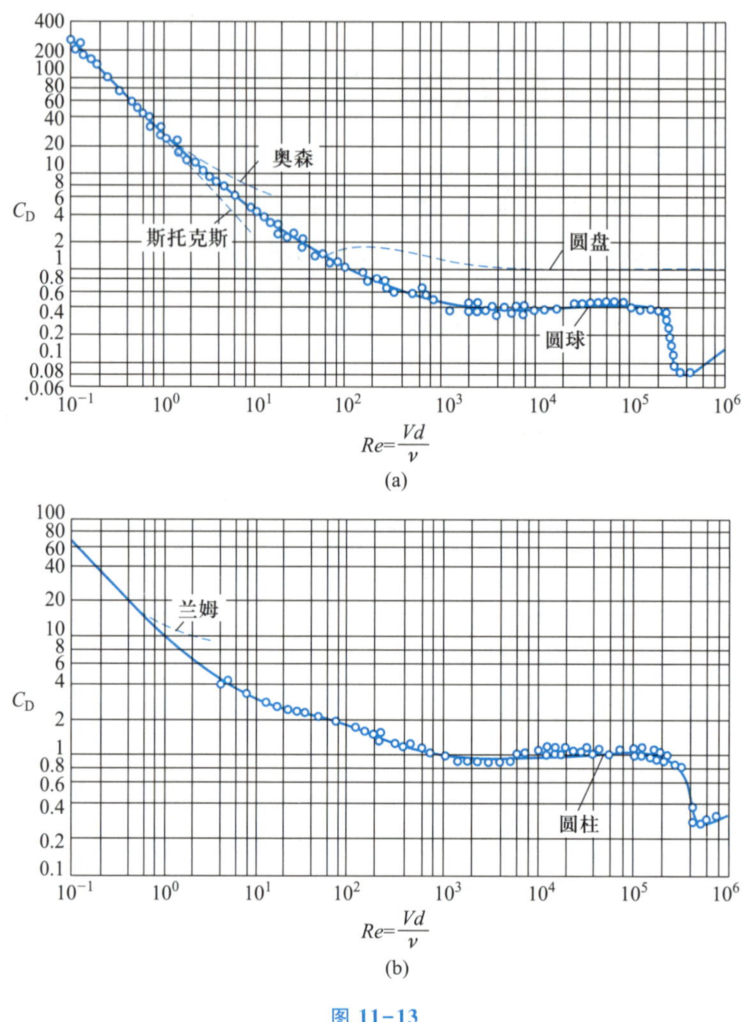


图 11-13

能不足，因此，在分离点附近用抽吸流体减压，或沿壁面用缝隙喷射流体，使流体加速，都可以消除或延缓分离，达到减小阻力的目的，这些方法称为**边界层控制**。

## §11-10　管道入口起始段

流体从一个大容器流入管道时，如果入口处圆滑过渡，则在入口的 $a-a$ 截面处（图 11-14）流速均匀分布。管壁与流体的分子引力，使壁面上黏附着一层流体，由于流体的黏性作用，在近壁处形成使流体减速的边界层，沿流动方向边界层增厚，并逐渐向管轴扩展。根据流动连续性原理，边壁处黏性阻滞作用使流体减速，必将有边界层外中间部分流体的加速运动，这种从入口处开始的流体速度的重新组合，形成沿流动方向各过流断面速度分布不断变化，边界层逐渐增厚，最后在离入口某一距离 $l_e$ 的 $c-c$ 断面处，边界层厚度达到管轴中心，从这以后，管中过流断面上的速度分布不再变化。将速度不断变化的 $a-a$ 到 $c-c$ 断面之间称为入口起始段，$l_e$ 称为入口起始段长度。速度不再变化的 $c-c$ 断面以后的流动称为完全发展了的流动。

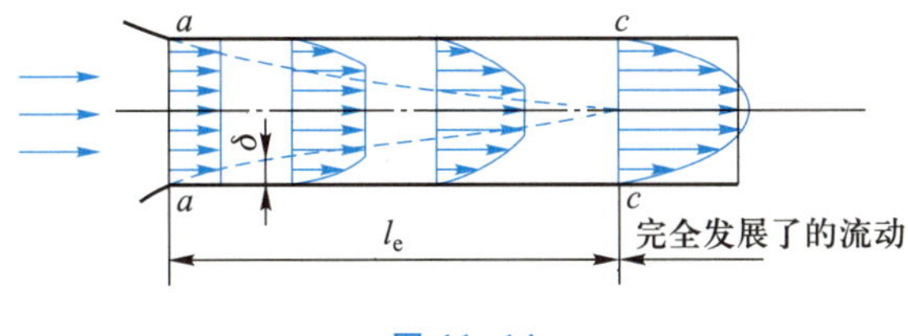


图 11-14

入口段中流速分布的不断改变及速度的重新组合，引起附加损失，因此，管道入口段中的能量损失将与完全发展了的流动不同。无疑，对于换热器和流体传动中广泛采用的短管道，研究入口段中的流动速度、压力分布及损失规律有着重要意义。

一般认为，入口段断面中心处流速等于完全发展了的流动中心处流速的 99% 左右，是入口段流动已完全发展的判别标准。然而，由于不同学者取用的标准不同，常常得到不同的入口起始段长度。

入口处起始段既可以是层流，也可以是湍流。席勒（Schiller）应用动量积分方程，取管轴心处的流速 $v=0.89\ v_{max}$ 时作为入口段完全发展的标准，得到层流入口段长度为

$$l_e=0.028\ 75\ dRe \tag{11-31}$$

1891 年布西内斯克（Boussinesq）采用 N-S 方程，取管轴心处流速为完全发展了的流动轴心速度的 98%，作为入口段完全发展的标准，得到层流入口段长度为

$$l_e=0.065\ dRe \tag{11-32}$$

兰哈尔（Langhaar）得到层流入口段长度为

$$l_e=0.058\ dRe \tag{11-33}$$

上述在不同的理论和标准下由不同的学者得到的层流入口段长度，都已为实验证实。

对于湍流，由于流体质点剧烈湍动掺混，从入口处的均匀流速，到对数曲线速度分布的完全发展湍流，入口起始段长度由下式确定：

$$l_e=1.36\ dRe^{1/4} \tag{11-34}$$

尼古拉兹实验得到，当 $Re=9\times10^5$ 时，测得 $l_e=40\ d$，而由式（11-34）算得 $l_e=41.8\ d$，两者十分接近。因此，湍流入口段长度采用下式计算：

$$l_e=(25\sim40)d \tag{11-35}$$

对于尖锐入口的管道，流体进入管道时先收缩后扩大，增强了入口起始段效应，因此入口起始段长度将增加。

管路入口段中，除了黏性摩擦引起的能量损失外，还有流体入口段效应的速度变化引起的附加能量损失，因此入口起始段内的压强损失可写成

$$\Delta p' = \lambda \frac{l_e}{d} \frac{1}{2}\rho V^2 + \xi'_e \frac{1}{2}\rho V^2 \tag{11-36}$$

式中第一项表示黏性摩擦的压强损失，第二项表示入口段效应的附加损失。于是，压强损失因数

$$\lambda'_p = \frac{\Delta p'}{\frac{1}{2}\rho V^2} = \lambda \frac{l_e}{d} + \xi'_e \tag{11-37}$$

式中 $\Delta p'$——压强损失，$\Delta p' = p_1 - p_2$；

$p_1$——管道入口处的压强；

$p_2$——入口段终了处的压强；

$\xi'_e$——入口段效应附加压强损失因数。

如果将从很大容器速度为零到入口处形成均匀流速的压强损失包括在内，则压强损失为

$$\Delta p = p_0 - p_2 = \lambda \frac{l_e}{d} \frac{1}{2}\rho V^2 + \xi'_e \frac{1}{2}\rho V^2 + \frac{1}{2}\rho V^2 \tag{11-38}$$

压强损失因数为

$$\lambda_p = \frac{\Delta p}{\frac{1}{2}\rho V^2} = \lambda \frac{l_e}{d} + \xi_e \tag{11-39}$$

式中 $p_0$——容器中流体表面上的压强和液位能头之和；

$\xi_e$——附加压强损失因数，$\xi_e = \xi'_e + 1$。

### 1. 层流入口段的能量损失

入口段内为层流流动，当 $l \geqslant l_e$ 时，压强损失因数为

$$\lambda_p = \frac{\Delta p}{\frac{1}{2}\rho V^2} = \frac{64}{Re} \frac{l}{d} + \xi_e \tag{11-40}$$

层流入口段的附加压强损失因数 $\xi_e$ 与雷诺数无关，对于进口圆滑的管道，$\xi_e$ 的理论计算值为 2.2~2.4，瑞曼的实验得到 $\xi_e = 2.248$，两者相符。对于锐缘进口，$\xi_e \approx 2.7$。

考虑入口段效应的压降为

$$\Delta p = \left(\frac{64}{Re} \frac{l}{d} + \xi_e\right) \frac{1}{2}\rho V^2 = \left(1 + \frac{\xi_e}{\frac{64}{Re} \frac{l}{d}}\right) \frac{64}{Re} \cdot \frac{l}{d} \frac{1}{2}\rho V^2 = C_e \frac{32\,\mu l}{d^2} V \tag{11-41}$$

式中 $C_e$——层流入口段效应流量修正因数。

$$C_e = 1 + \frac{\xi_e}{\frac{64}{Re} \frac{l}{d}} \tag{11-42}$$

断面平均流速为

$$V=\frac{d^2\Delta p}{32C_e\mu l} \tag{11-43}$$

流量为

$$q_V=\frac{\pi d^4\Delta p}{128C_e\mu l} \tag{11-44}$$

从式(11-44)可见，由于入口起始段效应增加了能量损失，流量减小了。如果管道 $l\gg l_e$ 时 $C_e\approx1$，入口起始段效应可以忽略。但对短管，必须考虑入口段效应。

当 $l\leqslant l_e$ 时，即管长小于进口段长度时，式(11-40)中的附加压强损失因数由下式确定：

$$\xi_e=1+3\left(\frac{1}{Re}\frac{l}{d}\right)^{1/4} \tag{11-45}$$

**2. 湍流入口段的能量损失**

圆管入口段中为湍流流动。对于 $4\ 000<Re<10^5$ 的湍流光滑管区，当 $l>l_e$ 时，考虑入口段效应时的压强损失因数为

$$\lambda_p=\frac{\Delta p}{\frac{1}{2}\rho V^2}=\frac{0.316\ 4}{Re^{1/4}}\cdot\frac{l}{d}+\xi_e \tag{11-46}$$

式中湍流入口段效应附加压强损失因数 $\xi_e$ 与 $Re$ 无关。对于入口圆滑的管道，$\xi_e$ 的理论值约为 1.07。对于锐缘进口的管道，$\xi_e$ 还应加上 0.38～0.5。

考虑入口段效应时的压降，由式(11-46)得到

$$\Delta p=\left(\frac{0.316\ 4}{Re^{1/4}}\frac{l}{d}+\xi_e\right)\frac{1}{2}\rho V^2=\left(1+\frac{\xi_e}{\frac{0.316\ 4}{Re^{1/4}}\frac{l}{d}}\right)\frac{0.316\ 4}{Re^{1/4}}\frac{l}{d}\frac{1}{2}\rho V^2$$

$$=C_e\frac{0.158\rho^{3/4}\mu^{1/4}V^{7/4}l}{d^{5/4}} \tag{11-47}$$

式中　$C_e$——湍流入口段效应流量修正因数。

$$C_e=1+\frac{\xi_e}{\frac{0.316\ 4}{Re^{1/4}}\frac{l}{d}} \tag{11-48}$$

断面平均流速为

$$V=\frac{d^{5/7}\Delta p^{4/7}}{0.348C_e^{4/7}\rho^{3/7}\mu^{1/7}l^{4/7}} \tag{11-49}$$

流量为

$$q_V=2.253\frac{d^{19/7}\Delta p^{4/7}}{C_e^{4/7}\rho^{3/7}\mu^{1/7}l^{4/7}} \tag{11-50}$$

当 $l=l_e$, $l/d=1.359\ Re^{1/4}$时，计算得到 $C_e=3.492$, $C_e^{4/7}=2.043$。因此，对于短圆管道的湍流流动，在流量计算中，入口起始段效应的影响同样不能略去不计。

当 $l\leqslant l_e$即管道长小于进口段长度时，式(11-46)中的附加压强损失因数由下式确定：

$$\xi_e=1+0.07\left(\frac{1}{Re^{1/4}}\frac{l}{d}\right)^{0.36} \tag{11-51}$$

## §11-11 小雷诺数平行流绕球体的阻力

在热能工程中，煤粉颗粒、烟气中的尘粒以及蒸汽中的水滴等，都可以近似地看作小圆球体，在热能装置或大气中的离析沉降和输送中，常常遇到小球体与周围流体间相对运动速度很小的情况，即小雷诺数绕球体的流动。

当雷诺数很小时，流体对球体起控制作用的是黏性力，惯性力与之比较要小得多，因此研究中可以略去非线性的惯性项。这样，对于恒定不可压平行流绕流球体，略去质量力和惯性项后，N-S 方程简化为

$$\left.\begin{aligned}\frac{\partial p}{\partial x}&=\mu\ \nabla^2 v_x\\ \frac{\partial p}{\partial y}&=\mu\ \nabla^2 v_y\\ \frac{\partial p}{\partial z}&=\mu\ \nabla^2 v_z\end{aligned}\right\} \tag{11-52}$$

连续性方程为

$$\frac{\partial v_x}{\partial x}+\frac{\partial v_y}{\partial y}+\frac{\partial v_z}{\partial z}=0 \tag{11-53}$$

1851 年斯托克斯首次求解了恒定平行流在小雷诺数下绕球体运动时的阻力问题。虽然他讨论的是球体在静止流体中的运动，但它与平行流绕流静止球体时的运动情况完全相同。

研究球体绕流时，采用球坐标比直角坐标更为方便。讨论中认为小雷诺数绕流时球面上不发生边界层分离。现令坐标原点取在球心，球体的半径为 $r_0$，直径为 $d$，球外任意被讨论点至坐标原点的距离用 $r$ 表示，为研究方便，将直角坐标系变成如图 11-15 所示放置。

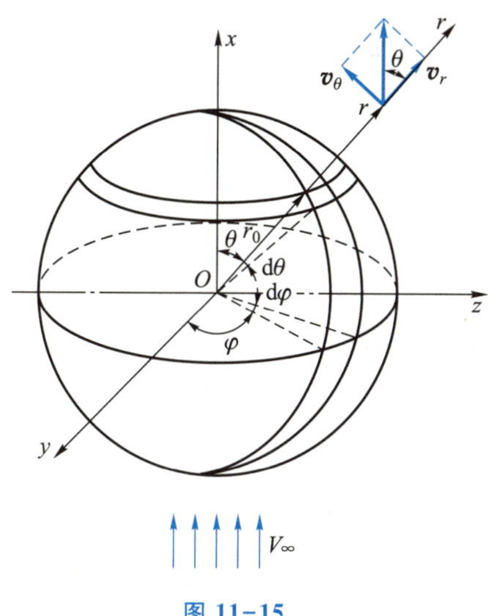


图 11-15

因为沿 $x$ 轴向的平行流绕静止球体是对 $x$ 轴的轴对称流动，所以在 $r,\theta,\varphi$ 球坐标系中，径向流速 $v_r$，切向流速 $v_\theta$ 和压强 $p$ 都只是 $r$ 和 $\theta$ 的函数，速度分量 $v_\varphi=0$，即

$$v_r=v_r(r,\theta),v_\theta=v_\theta(r,\theta),v_\varphi=0,$$

$$p=p(r,\theta)$$

考虑轴对称条件，略去惯性力项和质量力项，球坐标系中的 N-S 方程可以写成

$$\frac{\partial p}{\partial r}=\mu\left(\frac{\partial^2 v_r}{\partial r^2}+\frac{2}{r}\frac{\partial v_r}{\partial r}+\frac{\cot\theta}{r^2}\frac{\partial v_r}{\partial\theta}+\frac{1}{r^2}\frac{\partial^2 v_r}{\partial\theta^2}-\frac{2v_r}{r^2}-\frac{2\cot\theta}{r^2}v_\theta-\frac{2}{r^2}\frac{\partial v_\theta}{\partial\theta}\right) \tag{11-54}$$

$$\frac{1}{r}\frac{\partial p}{\partial\theta}=\mu\left(\frac{\partial^2 v_\theta}{\partial r^2}+\frac{2}{r}\frac{\partial v_\theta}{\partial r}+\frac{\cot\theta}{r^2}\frac{\partial v_\theta}{\partial\theta}+\frac{1}{r^2}\frac{\partial^2 v_\theta}{\partial\theta^2}-\frac{v_\theta}{r^2\sin^2\theta}+\frac{2}{r^2}\frac{\partial v_r}{\partial\theta}\right)$$

连续性方程变为

$$\frac{\partial v_r}{\partial r}+\frac{1}{r}\frac{\partial v_\theta}{\partial\theta}+\frac{2v_r}{r}+\frac{v_\theta\cot\theta}{r}=0 \tag{11-55}$$

黏性流体绕球体流动时球面上和无穷远处的边界条件为

当 $r=r_0$ 时，$v_r(r_0,\theta)=0,v_\theta(r_0,\theta)=0$

当 $r=\infty$ 时，$v_r=V_\infty\cos\theta,v_\theta=-V_\infty\sin\theta,p=p_\infty$

式中 $V_\infty$ 和 $p_\infty$ 分别为无穷远处平行流的速度和压强。

根据上述边界条件，从式(11-54)和式(11-55)解出 $v_r,v_\theta$，然后计算作用在球体上的合力。为此，令

$$\left.\begin{aligned}v_r(r,\theta)&=f(r)\cos\theta\\v_\theta(r,\theta)&=-g(r)\sin\theta\\p(r,\theta)&=\mu h(r)\cos\theta+p_\infty\end{aligned}\right\} \tag{11-56}$$

将式(11-56)代入式(11-54)和式(11-55)中，简化后得到三个常微分方程：

$$\left.\begin{aligned} h' &= f''+\frac{2}{r}f'-\frac{4(f-g)}{r^2} \\ \frac{h}{r} &= g''+\frac{2}{r}g'+\frac{2(f-g)}{r^2} \\ f'+&\frac{2(f-g)}{r}=0 \end{aligned}\right\} \tag{11-57}$$

上面微分方程组的边界条件为

当 $r=r_0$ 时，$f(r_0)=0, g(r_0)=0$

当 $r=\infty$ 时，$f(\infty)=V_\infty, g(\infty)=V_\infty$

将式(11-57)中的第三式改写成

$$g=\frac{1}{2}f'r+f \tag{11-58}$$

上式的一次和二次微分分别为

$$g'=\frac{1}{2}f''r+\frac{3}{2}f' \tag{11-59}$$

$$g''=\frac{1}{2}f'''r+2f'' \tag{11-60}$$

将式(11-58)、式(11-59)和式(11-60)代入式(11-57)中的第二式，得

$$h=\frac{1}{2}f'''r^2+3rf''+2f' \tag{11-61}$$

对上式微分，得

$$h'=\frac{1}{2}f^{(4)}r^2+4f'''r+5f'' \tag{11-62}$$

将式(11-58)和式(11-62)代入式(11-57)的第一式，经整理后得

$$r^3f^{(4)}+8r^2f'''+8rf''-8f'=0 \tag{11-63}$$

式(11-63)是欧拉型的微分方程，其特解可写成下面形式：

$$f=r^k$$

代入式(11-63)得

$$k(k-1)(k-2)(k-3)+8k(k-1)(k-2)+8k(k-1)-8k=0$$

解上面代数方程得

$$k=0,2,-1,-3$$

由此求得微分方程(11-63)的通解为

$$f=\frac{A}{r^3}+\frac{B}{r}+C+Dr^2 \tag{11-64}$$

式中 $A,B,C,D$ 为积分常数。对式(11-64)分别求一次、二次和三次微分，得

$$\left.\begin{aligned}f' &= -\frac{3A}{r^4}-\frac{B}{r^2}+2Dr\\ f'' &= \frac{12A}{r^5}+\frac{2B}{r^3}+2D\\ f''' &= -60\frac{A}{r^6}-\frac{6B}{r^4}\end{aligned}\right\}\tag{11-65}$$

将 $f$,$f'$,$f''$和 $f'''$分别代入式(11-58)和式(11-61)中,得

$$g=\frac{-A}{2r^3}+\frac{B}{2r}+C+2Dr^2\tag{11-66}$$

$$h=\frac{B}{r^2}+10Dr\tag{11-67}$$

根据上述球面上和无穷远处的边界条件可确定积分常数为

$$A=\frac{1}{2}r_0^3V_\infty,B=-\frac{3}{2}r_0V_\infty,C=V_\infty,D=0$$

代入式(11-64)、式(11-66)和式(11-67)中有

$$\left.\begin{aligned}f &= \frac{1}{2}\frac{r_0^3}{r^3}V_\infty-\frac{3}{2}\frac{r_0}{r}V_\infty+V_\infty\\ g &= -\frac{1}{4}\frac{r_0^3}{r^3}V_\infty-\frac{3}{4}\frac{r_0}{r}V_\infty+V_\infty\\ h &= -\frac{3}{2}\frac{r_0V_\infty}{r^2}\end{aligned}\right\}\tag{11-68}$$

将 $f$,$g$ 和 $h$ 代入式(11-56),最后得到方程(11-54)和(11-55)的解为

$$\left.\begin{aligned}v_r &= V_\infty\cos\theta\left(1-\frac{3}{2}\frac{r_0}{r}+\frac{1}{2}\frac{r_0^3}{r^3}\right)\\ v_\theta &= -V_\infty\sin\theta\left(1-\frac{3}{4}\frac{r_0}{r}-\frac{1}{4}\frac{r_0^3}{r^3}\right)\\ p &= p_\infty-\frac{3}{2}\mu\frac{r_0V_\infty}{r^2}\cos\theta\end{aligned}\right\}\tag{11-69}$$

在球体前后两个驻点 $S_1(\theta=180°)$和 $S_2(\theta=0°)$处的压强为

$$p_{S_1}=p_\infty+\frac{3}{2}\frac{\mu V_\infty}{r_0},\quad p_{S_2}=p_\infty-\frac{3}{2}\frac{\mu V_\infty}{r_0}$$

前后驻点处的压强不相等,说明流体对圆球作用有 $x$ 方向的合力。在球体表面上,$v_r=v_\theta=0$,有$\frac{\partial v_r}{\partial r}=0$,$\frac{\partial v_r}{\partial\theta}=0$,$\frac{\partial v_\theta}{\partial\theta}=0$,所以压应力和切应力分别由式(6-18)和式(6-19)根据边界条件得到

$$\left.\begin{aligned}\sigma_{rr}&=-p+2\mu\frac{\partial v_r}{\partial r}=-p_\infty+\frac{3}{2}\mu\frac{V_\infty}{r_0}\cos\theta\\ \tau_{r\theta}&=\mu\left(\frac{1}{r}\frac{\partial v_r}{\partial\theta}+\frac{\partial v_\theta}{\partial r}-\frac{v_\theta}{r}\right)=-\frac{3}{2}\mu\frac{V_\infty}{r_0}\sin\theta\end{aligned}\right\}\tag{11-70}$$

在球面上取微元带形面积 $\mathrm{d}A=2\pi r_0\sin\theta\times r_0\mathrm{d}\theta=2\pi r_0^2\sin\theta\mathrm{d}\theta$，于是球面上压应力的合力和切应力的合力在 $x$ 轴向的分量分别为

$$F_\sigma=\int_A\sigma_{rr}\cos\theta\mathrm{d}A\ ,\ F_\tau=\int_A\tau_{r\theta}\sin\theta\mathrm{d}A$$

考虑到对微元带形面积，$\theta$ 的积分范围从 0 到 $\pi$，得到

$$F_\sigma=\int_0^\pi\left(-p_\infty+\frac{3}{2}\mu\frac{V_\infty}{r_0}\cos\theta\right)\cos\theta\times2\pi r_0^2\sin\theta\mathrm{d}\theta=2\pi\mu r_0V_\infty$$

$$F_\tau=\int_0^\pi\left(-\frac{3}{2}\mu\frac{V_\infty}{r_0}\sin\theta\right)\sin\theta\times2\pi r_0^2\sin\theta\mathrm{d}\theta=4\pi\mu r_0V_\infty$$

所以球体对绕流的总阻力为

$$F_\mathrm{D}=F_\sigma+F_\tau=6\pi\mu r_0V_\infty=3\pi\mu dV_\infty\tag{11-71}$$

这就是小雷诺数绕球体流动阻力的**斯托克斯公式**。

式(11-71)可改写为

$$F_\mathrm{D}=C_\mathrm{D}\frac{\pi d^2}{4}\frac{\rho V_\infty^2}{2}$$

阻力因数 $C_\mathrm{D}$ 为

$$C_\mathrm{D}=\frac{F_\mathrm{D}}{\dfrac{\pi d^2}{4}\dfrac{\rho V_\infty^2}{2}}=\frac{24}{\dfrac{V_\infty d}{\nu}}=\frac{24}{Re_d}\tag{11-72}$$

实验证明，只有当雷诺数很小时（$Re_d<1$），由上面公式求得的阻力因数才是正确的，当雷诺数较大时，理论值与实验值相差很大。事实上，斯托克斯忽略惯性力影响的假设，只有在球体表面上才是正确的。当离开球体表面时，惯性力的影响就不能完全略去，这时将出现与原来假定间的矛盾。

对此，1910 年**奥辛**（C. W. Oseen）提出了部分考虑惯性力项影响的近似解法（适用于 $Re<2$），得到阻力因数

$$C_\mathrm{D}=\frac{24}{Re}\left(1+\frac{3}{16}Re\right)\tag{11-73}$$

奥辛解在 $Re>5$ 时也与实验值偏离较大，与实验值比较，斯托克斯解偏小，而奥辛解则偏大（图 11-13），其原因在于雷诺数增大时，黏性流体对球体的绕流将不可避免地与球面发生分离，从而改变了球体周围的压应力和切应力分布。

现在转而讨论直径为 $d$ 的圆球在静止流体中的自由下落。球体从静止起始，在重力

作用下速度逐渐增大，随之，对球体的流体阻力也逐渐增加。下落至某一位置时，圆球的重力 $G$ 将与流体作用在球体上的浮力 $F_b$ 和阻力 $F_D$ 达到平衡状态，即

$$G=F_b+F_D \tag{11-74}$$

这时，圆球在流体中将以等速度 $V_D$ 自由沉降，称 $V_D$ 为球体的自由沉降速度。

若球体的重力 $G=\frac{1}{6}\pi d^3\rho_{sp}g$，流体的浮力 $F_b=\frac{1}{6}\pi d^3\rho g$，流体的阻力 $F_D=C_D\frac{1}{4}\pi d^2\frac{\rho}{2}V_D^2$，代入式(11-74)得球体沉降速度

$$V_D=\sqrt{\frac{4gd(\rho_{sp}-\rho)}{3C_D\rho}} \tag{11-75}$$

式中阻力因数 $C_D$ 在 $Re<10^3$ 范围内，随 $Re$ 增加，$C_D$ 减小。$Re\leqslant 1$ 时，$C_D=\frac{24}{Re}$；在 $Re=10\sim 1\ 000$ 时，$C_D=\frac{13}{\sqrt{Re}}$。在 $Re=10^3\sim 2\times 10^5$ 区域中，$C_D$ 几乎与 $Re$ 无关，其平均值 $C_D=0.48$。

球体颗粒在气体中沉降时，因为气体的密度远小于球体的密度，所以计算中可以用下面的公式：

$$V_D=\sqrt{\frac{4gd\rho_{sp}}{3C_D\rho}} \tag{11-76}$$

式中 $C_D$ 在不同 $Re$ 下的取值与上述相同。

若球体被垂直上升的气流带走，则球体上升的绝对速度为

$$V_{sp}=V-V_D$$

显然，当 $V=V_D$ 时，$V_{sp}=0$，球体将悬浮在运动流体中静止不动，这时流体的上升速度 $V$ 称为球体的悬浮速度。

## § 11-12 自由湍流射流

从管嘴或孔口喷射出的一束流体，由于脱离了原来限制它流向的管子，在充满流体的空间中继续做扩散运动，流体的这种流动称为自由射流。它与管道中流动的不同之处在于，管流周界是固体，而射流除某些附壁射流外，射流的周界全部是流体。除雷诺数很小的射流外，工程技术中遇到的一般都是湍流，称为自由湍流射流。锅炉中燃料喷射入燃烧室，热机的喷油装置等喷出的流体都是射流。这里不讨论可压缩的高速气体射流。

### 1. 自由湍流射流的一般特性

如果射流从喷嘴射出后，进入温度、密度都与射流相同的静止流体中，这样的射流称为自由淹没射流。射入不同性质流体中的射流称为非淹没射流。

所讨论的射流雷诺数超过临界值,作湍流流动。因此,射流不但沿喷管轴线 $x$ 方向流动,而且由于流体微团剧烈的横向脉动,使射流与周围流体不断地相互掺混,进行质量和动量交换,带动周围的静止流体一起运动。随射流不断向前运动,被射流带动的质量逐渐增多,射流将一部分动量传递给带入的流体,速度逐渐降低。射流的宽度也因之不断扩大,最后射流的能量全部消失在空间流体中。上面的分析说明射流能够抽引周围流体进入射流一起运动,称为**引射能力**。图 11-16 给出了自由淹没射流的速度分布和结构。

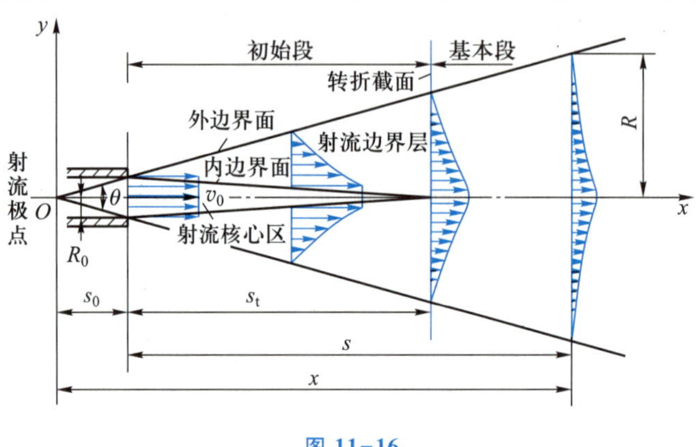


图 11-16

射流以均匀流速 $v_0$ 从管嘴流出,流动中不断抽引周围流体,射流的宽度不断扩大,主体速度逐渐降低,射流中心处保持射流初始速度$v_0$ 的核心区域逐渐缩小。射流与静止流体的交界面(速度为零)称为**射流的外边界**,轴向速度保持初始值 $v_0$ 的核心区边界称为**内边界**,内外边界之间的区域称为**射流边界层**。**射流核心区**完全消失的横截面称为**转折截面**,在该截面处射流边界层扩展到射流轴心线,在转折截面左侧,射流中心线上仍保持初始速度,在转折截面之后,射流中心速度开始下降。转折截面离开管嘴出口的距离用 $s_t$ 表示。

管嘴出口到转折截面间的射流称为初始段,其特点是射流核心区在初始段中。转折截面以后的射流区段称为基本段,基本段中的轴向流速沿流动方向逐渐减小,直至为零,射流消失在周围流体介质中,射流的基本段中全部是射流边界层。

射流边界层的内、外边界线都是直线,射流外边界线的交点称为**射流极点**,其位置在管嘴内,该点与喷嘴出口间的距离为 $s_0$。外边界线之间的夹角 $\theta$ 称为**射流极角**,又称为**射流扩散角**。

射流在流动扩散过程中,将存在横向分速度 $v_y$,但在射流边界层的任何截面上,横向分速度远小于轴向分速度 $v_x$,通常认为射流的速度就是 $v_x$,也正由于此,射流的宽度小于射流的长度。此外,实验证明沿射流边界层横截面上的压强近似不变,它等于周围静止流体的压强,因此可以认为,整个射流区内各点的压强相同。这样,根据动量定理,在射流的任意截面上,沿 $x$ 方向的动量保持不变,等于射流在管嘴出口处的动量,即

$$\int \rho v^2 \mathrm{d}A = \rho_0 v_0^2 A_0 = \rho_0 \pi R_0^2 v_0^2 = C \tag{11-77}$$

式中 $A_0$——管嘴出口处的横截面面积；

$R_0$——管嘴半径；

$\rho_0$——管嘴出口处流体的密度。

### 2. 圆形断面的自由淹流射流

对于圆形断面射流，根据图 11-17 所示，$dA=2\pi r dr$，式(11-77)可写成

$$2\pi\int_0^R \rho v^2 r dr = \pi\rho_0 v_0^2 R_0^2$$

因为射流与周围流体的温度和密度相同，即 $\rho=\rho_0$，可以将上式写成量纲一的形式：

$$2\int_0^{R/R_0}\left(\frac{v}{v_0}\right)^2\frac{r}{R_0}d\left(\frac{r}{R_0}\right)=1$$

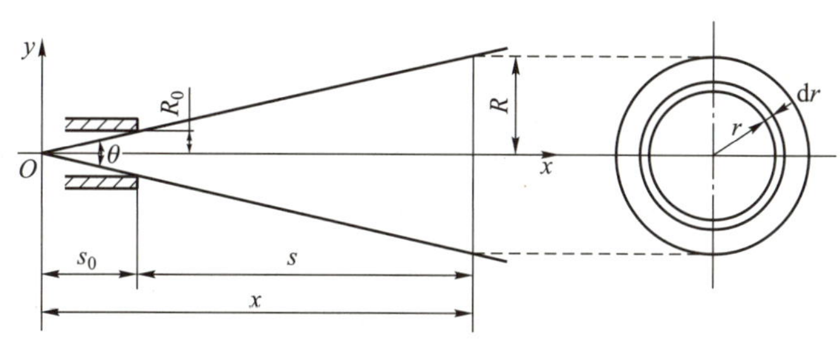


图 11-17

将上式中量纲一的纵坐标 $\frac{r}{R_0}$ 改写成 $\frac{r}{R}\cdot\frac{R}{R_0}$，其中 $\frac{R}{R_0}$ 只取决于该横截面至射流极点的距离 $x$，而与该点在横截面上的位置 $r$ 无关。同样，量纲一的速度 $\frac{v}{v_0}$ 可改写为 $\frac{v}{v_m}\cdot\frac{v_m}{v_0}$，其中 $\frac{v_m}{v_0}$ 也与该点在横截面上的位置无关。这样，上式可改写成

$$2\left(\frac{v_m}{v_0}\right)^2\left(\frac{R}{R_0}\right)^2\int_0^1\left(\frac{v}{v_m}\right)^2\frac{r}{R}d\left(\frac{r}{R}\right)=1 \qquad (11-78)$$

式中 $v_m$——射流截面轴心线上的速度。

根据实验结果整理得到速度分布 $\frac{v}{v_m}$ 的经验公式，以及 $v_m$ 和 $R$ 随 $x$ 的变化关系，可以求出定积分

$$\int_0^1\left(\frac{v}{v_m}\right)^2\frac{r}{R}d\left(\frac{r}{R}\right)=0.0464$$

代入式(11-78)得到

$$\frac{R}{R_0}=3.28\frac{v_0}{v_m} \qquad (11-79)$$

在转折截面上 $v_m=v_0$，因此，转折截面上量纲一的半径恒为常数

$$\frac{R}{R_0}=3.28$$

即在转折截面上，射流宽度等于喷管直径的 3.28 倍。

射流的外边界线是一条直线，因此，射流宽度正比于 $x$，于是 $R/x=\tan\frac{\theta}{2}$。对于不同的喷嘴形式，射流扩散角有不同的数值，因此 $R/x$ 有不同的常数值。这里引入反映喷嘴形式的系数 $a$，使 $R/(ax)=$ 常数。根据实验结果分析，得到轴向对称射流有 $R/(ax)=3.4$，或 $R=3.4ax$。

对于圆形截面喷嘴，$a$ 的平均值等于 0.07~0.08，得到射流扩散角 $\theta=27°\sim30°30'$。$a$ 通常由实验确定，对于一定的喷嘴形状，其数值与流出管嘴时初始速度沿截面的分布情况和射流的初始湍动强度有关。

以 $R=3.4ax$ 代入式(11-79)中得到

$$\frac{v_{\mathrm{m}}}{v_0}=3.28\frac{R_0}{R}=\frac{3.28R_0}{3.4ax}=0.966\frac{R_0}{ax} \tag{11-80}$$

对于转折截面有 $v_{\mathrm{m}}=v_0$，得转折截面至射流极点的距离：

$$x_T=0.966\frac{R_0}{a} \tag{11-81}$$

一般工程计算中，习惯于以喷嘴出口截面的中心作为起始点，即 $s=x-s_0$，或 $x=s+s_0$，代入式(11-80)得到

$$\frac{v_{\mathrm{m}}}{v_0}=0.966\frac{R_0}{ax}=\frac{0.966}{\frac{as}{R_0}+0.294} \tag{11-82}$$

由上述计算得到的射流中心速度与实验值吻合得很好。

流过任意截面上的流量为

$$\begin{aligned} q_V &= 2\pi\int_0^R vr\mathrm{d}r = 2\pi R_0^2 v_0\left(\frac{R}{R_0}\right)^2\frac{v_{\mathrm{m}}}{v_0}\int_0^1\frac{v}{v_{\mathrm{m}}}\ \frac{r}{R}\mathrm{d}\left(\frac{r}{R}\right) \\ &= 2q_{V_0}\left(\frac{R}{R_0}\right)^2\frac{v_{\mathrm{m}}}{v_0}\int_0^1\left[1-\left(\frac{r}{R}\right)^{3/2}\right]^2\frac{r}{R}\mathrm{d}\left(\frac{r}{R}\right) \end{aligned}$$

式中 $q_{V_0}$——从喷嘴流出的最初流体流量，$q_{V_0}=\pi R_0^2 v_0$。

采用同样方法，经积分整理，并由实验修正得到

$$\frac{q_V}{q_{V_0}}=2.13\frac{v_0}{v_{\mathrm{m}}} \tag{11-83}$$

将式(11-82)代入上式得

$$\frac{q_V}{q_{V_0}}=2.20\left(\frac{as}{R_0}+0.29\right) \tag{11-84}$$

式中 $a\approx0.07$，得到射流扩散角 $\theta\approx28°$，等速核心区的收缩角 $\alpha\approx12°$。

### 3. 平面自由淹流射流

流体从矩形狭长条缝中射出，射流在垂直于条缝长度的平面上扩散，可视为平面流动，称为平面射流（图 11-18），取射流的宽度为 1，则式（11-77）变为

$$2\int_0^b \rho v^2 \mathrm{d}y = 2\rho_0 v_0^2 b_0$$

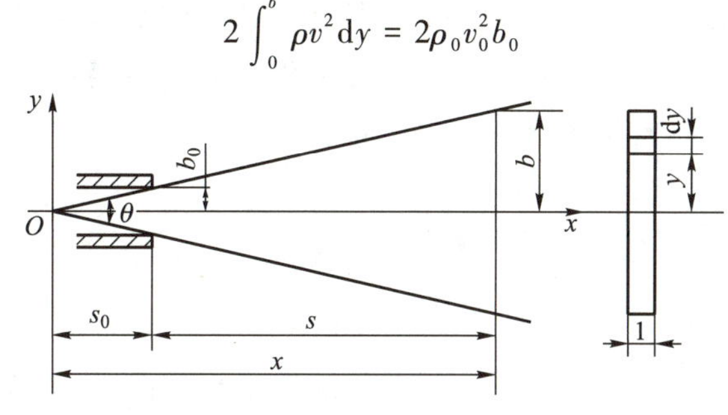


图 11-18

由于 $\rho=\rho_0$，上式可写成量纲一的形式：

$$\left(\frac{v_m}{v_0}\right)^2 \frac{b}{b_0}\int_0^1\left(\frac{v}{v_m}\right)^2 \mathrm{d}\left(\frac{y}{b}\right)=1 \tag{11-85}$$

同样，根据实验结果的经验公式，以及 $v_m$ 和 $b$ 随 $x$ 的变化关系，可计算定积分

$$\int_0^1\left(\frac{v}{v_m}\right)^2 \mathrm{d}\left(\frac{y}{b}\right)=0.284\ 7$$

代入式（11-85），得

$$\frac{v_m}{v_0}=\frac{1.875}{\sqrt{b/b_0}}$$

在转折截面上，$v_m=v_0$，则 $b=3.51b_0$。

对于平面射流，由实验结果分析得到 $b=2.4ax$，代入上式，得

$$\frac{v_m}{v_0}=\frac{1.21}{\sqrt{\dfrac{ax}{b_0}}} \tag{11-86}$$

在转折截面上 $v_m=v_0$，得转折截面至射流极点的距离：

$$x_T=1.46\frac{b_0}{a} \tag{11-87}$$

工程计算中，常以喷嘴出口截面的中心作为起始点，即 $s=x-s_0$，或 $x=s+s_0$，代入式（11-86）得到

$$\frac{v_m}{v_0}=\frac{1.21}{\sqrt{\dfrac{as}{b_0}+0.417}} \tag{11-88}$$

对于矩形截面的平面射流，$a=0.1\sim0.11$，射流扩散角 $\theta=27°\sim30°$。

从式(11-80)、式(11-82)和式(11-86)、式(11-88)可以得出,无论是圆形截面轴对称射流,或是矩形截面平面射流,当增加射流的初速度 $v_0$ 和喷管出口尺寸时,都会使射流的轴向速度 $v_m$增加,即可增加射流的射出能力。

平面射流中,轴向速度 $v_m$的减小与射出距离 $x$(或 $s$)的平方根成反比,而圆形截面射流 $v_m$的减小与 $x$(或 $s$)成反比,表明平面射流速度沿程衰减距离比圆断面射流要长,这是因为平面射流扩散限于垂直于条缝长度的平面上。

## 例 题

**例 11-1** 已知一盒形拖车,宽 2.5 m、高 3 m、长 10.5 m,该拖车在空气($\rho$=1.24 kg/m$^3$,$\nu$=0.14 cm$^2$/s)中以 27 m/s 的速度行驶,从前缘起,边界层全部为湍流,求拖车两边和顶部的摩擦阻力;若拖车的阻力因数 $C_D$=0.45,试确定施加于拖车上的压差阻力。

**解:** 在拖车尾端处的雷诺数

$$Re_l=\frac{lV_0}{\nu}=\frac{10.5\ \text{m}\times 27\ \text{m/s}}{0.14\ \text{cm}^2/\text{s}}=2.025\times 10^7$$

当 $Re_l>10^7$ 时,阻力因数可用下式计算:

$$C_f=\frac{0.455}{(\lg Re_l)^{2.58}}=\frac{0.455}{(\lg 2.025\times 10^7)^{2.58}}=0.002\ 69$$

拖车两边和顶部所受的摩擦阻力为

$$F_f=C_f\rho\frac{v^2}{2}(b+2h)l=0.002\ 69\times 1.24\ \text{kg/m}^3\times\frac{(27\ \text{m/s})^2}{2}\times 8.5\ \text{m}\times 10.5\ \text{m}=108.5\ \text{N}$$

当阻力因数 $C_D$=0.45 时,施加在拖车上的总阻力为

$$F_D=C_D\rho\frac{v^2}{2}A=0.45\times 1.24\ \text{kg/m}^3\times\frac{(27\ \text{m/s})^2}{2}\times 2.5\ \text{m}\times 3\ \text{m}=1\ 525.4\ \text{N}$$

因此拖车上的压差阻力为

$$F_P=F_D-F_f=1\ 416.9\ \text{N}$$

可见,在这种情况下,压差阻力约是拖车全部阻力的 93%,而摩擦阻力仅为总阻力的 7%。

**例 11-2** 一平板长 $L$=10 m,宽 $B$=2 m,设水流($\nu=10^{-6}$ m$^2$/s,$\rho=10^3$ kg/m$^3$)沿平板表面并垂直于板的长度。试求在下列流速下平板一面所受的摩擦力:(1) $V_0$=0.011 45 m/s;(2) $V_0$=0.5 m/s;(3) $V_0$=6 m/s。

**解**：(1) 先算出其雷诺数

$$Re_l=\frac{V_0B}{\nu}=22\ 900<5\times10^5$$

所以为层流边界层，故可用下式计算阻力因数：

$$C_f=\frac{1.372}{\sqrt{Re_l}}=\frac{1.372}{\sqrt{22\ 900}}=9.07\times10^{-3}$$

平板一面所受阻力为

$$F_f=C_fLB\frac{\rho V_0^2}{2}=0.011\ 9\ \text{N}$$

(2)
$$Re_l=\frac{V_0B}{\nu}=10^6>5\times10^5$$

所以为混合边界层，有

$$C_f=\frac{0.074}{Re_l^{1/5}}-\frac{1\ 700}{Re_l}=1.2\times10^{-3}$$

于是

$$F_f=C_fLB\frac{\rho V_0^2}{2}=3\ \text{N}$$

(3)
$$Re_l=\frac{V_0B}{\nu}=1.2\times10^7>5\times10^5$$

此时转变点

$$x_{cr}=\frac{Re_{cr}\nu}{V_0}=0.08\ \text{m}\ll b$$

即前端层流部分已很小，此时可以近似地按湍流边界层计算，有

$$C_f=\frac{0.074}{Re_l^{1/5}}=\frac{0.074}{(1.2\times10^7)^{1/5}}=2.84\times10^{-3}$$

所以

$$F_f=C_fLB\frac{\rho V_0^2}{2}=1\ 022.4\ \text{N}$$

请读者计算情况(2)时的转变点 $x_{cr}$，并与情况(3)比较。

第 11 章

电子作业本

# 第 12 章 可压缩流体的一维流动

在前面的研究中,假定流体是不可压缩的,即认为密度是常数,大大地简化了所研究的内容。一般情况下,这种研究对于液体和低速气体是正确的。

当气体流动的速度接近或超过声速时,其运动参数的变化规律将与以前研究的不可压缩流体的流动有本质的不同。其原因在于压强的变化引起了流体密度的变化,同时将出现温度的变化,即气体的基本状态将产生本质的变化。因此,在这种情况下,必须考虑热力学过程。

可压缩流体的流动是研究气体动力学的运动规律及其在工程实际中应用的一门科学,本章只研究一维气体动力学,主要任务在于研究可压缩流体在管道和喷管中的运动规律,介绍其流动特征和推导必要的计算公式。

气体的一维流动如图 12-1 所示,断面面积沿管轴变化,即 $A=A(x)$。位于每个断面上的流动参数都是均匀的,即 $p=p(x)$,$\rho=\rho(x)$,$v=v(x)$。如果运动参数不随时间改变,称为恒定流动,否则称为非恒定流动。本章重点讨论恒定流动。

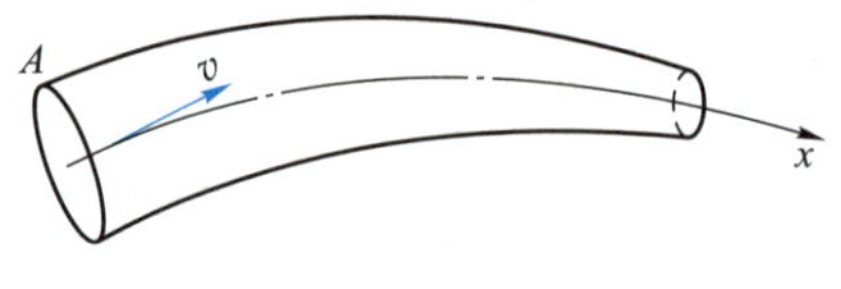


图 12-1

当然,研究结果一般情况下可应用到某些流动状态不均匀的截面上去,此时只要取截面上运动参数的平均值即可。

对于不可压缩流体的一维流动,基本运动参数实际上都包含在伯努利方程中,速度和断面面积成简单的反比关系。可是,在可压缩流体一维流动中,密度的变化使速度和断面面积之间的关系变得复杂了。

## §12-1 基本概念

### 1. 气体的状态方程

通常,将只与系统状态有关的参数称为状态参数。首先,由以前的力学知识知道,对于流体，压强 $p$，体积 $V$，密度 $\rho$ 等为状态参数。从热力学角度，还必须引入新的状态参数——温度 $T$。

当所讨论的气体与周围环境产生功或热交换时，由热力学第一定律引入一个可度量系统内所贮能量的状态参数，称为内能 $E$。单位质量气体所具有的内能，称为比内能 $e$。

为确定系统状态的稳定平衡与否，由热力学第二定律引入状态参数熵 $S$，单位质量气体的熵，即比熵，记为 $s$。

所引入的状态参数之间存在着以下关系：

$$p=p(\rho,T)$$
$$e=e(\rho,T)$$
$$s=s(\rho,T)$$

它们通常称为“热状态方程”或“量热状态方程”，简称为状态方程。

对于不同的物质，状态方程的形式是不同的，其具体形式须由分子运动学或直接由实验予以确定。

一般情况下，完全气体的状态方程可由压强 $p$、温度 $T$ 和密度 $\rho$ 表示，其形式为

$$p=\rho RT \tag{12-1}$$
$$pV=mRT$$

或者写成

$$pv=RT$$

其中，$R$ 称为气体常数，数值由气体的物理性质确定。表 12-1 给出了工程中几种常用气体的 $R$ 值。

表 12-1 常用气体常数

| 气体种类 | 气体常数 $R$/ $(\mathrm{J\cdot kg^{-1}\cdot K^{-1}})$ | 密度 $\rho$/ $(\mathrm{kg\cdot m^{-3}})$ | 比定压热容 $c_p$/ $(\mathrm{J\cdot kg^{-1}\cdot K^{-1}})$ | 比定容热容 $c_v$/ $(\mathrm{J\cdot kg^{-1}\cdot K^{-1}})$ | 等熵指数（理想气体）$\gamma=\dfrac{c_p}{c_v}$ |
|---|---|---|---|---|---|
| 空气 | 287 | 1.205 | 1 003 | 716 | 1.40 |
| 氮 | 287 | 1.16 | 1 040 | 743 | 1.40 |
| 氧 | 260 | 1.33 | 909 | 649 | 1.40 |
| 氦 | 2 077 | 0.166 | 5 220 | 3 143 | 1.66 |
| 氢 | 4 120 | 0.083 9 | 14 450 | 10 330 | 1.40 |
| 甲烷 | 520 | 0.668 | 2 250 | 1 730 | 1.30 |
| 二氧化碳 | 188 | 1.84 | 858 | 670 | 1.28 |
| 水蒸气 | 462 | 0.747 | 1 862 | 1 400 | 1.33 |

注：$c_p$，$c_v$，$\gamma$ 都为 20 ℃标准海平面时的值。

式（12-1）称为克拉珀龙方程。

凡准确满足式(12-1)的气体定义为“完全气体”。因此,式(12-1)定义了一族完全气体,其中每一个 $R$ 值对应于一种气体。

“完全气体”概念的引入,对于可压缩流体的研究十分有用。因为完全气体是热力学中一种最简单的工作流体。为了详细地研究各种热力学过程,必须首先对完全气体进行详细研究。另外,在气体动力学中只涉及气体,它们往往都接近于完全气体的状态。

### 2. 气体的内能及其对外所做的功

任何气体的内能是温度和体积的函数。因此,温度可以作为气体内能的度量参数。

气体与其他物体一样,也遵守能量守恒定律。对于气体可以具体地叙述为:传输给气体的热量,一部分增加其内能,另一部分用来对外做功,即

$$\mathrm{d}Q=\mathrm{d}e+\mathrm{d}W \tag{12-2}$$

式中 $\mathrm{d}Q$——传输给气体的热量;

$\mathrm{d}e$——气体内能的增量;

$\mathrm{d}W$——气体对外所做的功。

显然,对于膨胀气体,对外做功;对于压缩气体,外界对气体做功。

### 3. 比定容热容,比定压热容

单位质量的气体温度升高 1 K 所需的热量称为比热容,记为 $c$。

在气体状态变化过程中,当体积保持不变时,其比热容称为比定容热容,记为 $c_v$。当压强保持不变时,其比热容称为比定压热容,记为 $c_p$。

在空气动力学的研究中,常常出现两者的比值,称为比热容比,记为

$$\gamma=c_p/c_v$$

对于理想气体,$\gamma$ 又称为等熵指数,它是一个十分常用的数值。

常用气体的 $c_p$,$c_v$,$\gamma$ 值已列入表 12-1 中。

### 4. 热力学过程

气体的状态变化规律与热力学过程有直接的关联,因此,其状态变化过程又称为热力学过程。通常,将热力学过程分为:

(1) 等温过程

气体状态变化过程中,温度始终保持不变的热力学过程称为等温过程。

由于 $T$=常数,因而有 $pv$=常数,即

$$\frac{p_2}{p_1}=\frac{v_1}{v_2}$$

温度保持为常数,说明在等温过程中气体的内能不变。

(2) 绝热过程

在气体流动过程中,与外界环境间没有热交换的热力学过程称为绝热过程,这种流动称为绝热流动。

此时,式(12-2)中的 $\mathrm{d}Q=0$。

(3) 等熵过程

通常将绝热可逆过程称为等熵过程，这种流动称为等熵流动。一般来说，等熵过程指的是无摩擦的绝热过程。

对于理想气体的等熵流动，由热力学研究可知，存在下述关系：

$$\frac{p}{\rho^{\gamma}}=C \quad 或 \quad pv^{\gamma}=C \tag{12-3}$$

对于等温压缩过程，有

$$\frac{p}{\rho}=C \quad 或 \quad pv=C \tag{12-4}$$

等熵流动中 $p-v$ 关系曲线见图 12-2。

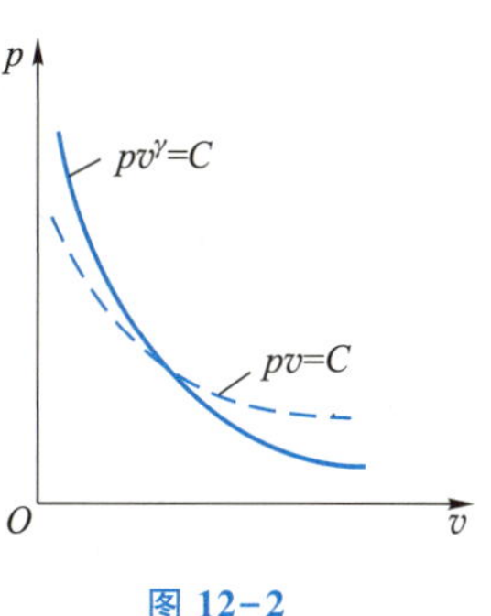


图 12-2

### 5. 声速和马赫数

在气体动力学中，声速是一个重要的参数。当气体流速较大时，压缩性将起明显的作用，这个作用的大小常常以声速来判断。

所谓声速就是微小扰动在气体中的传播速度，这已为实验所证实。在气体动力学中，以 $c$ 来表示声速。

首先以图 12-3 所示装置研究一个非恒定运动，图中所示为一活塞在充满静止空气的管道中运动。活塞在运动之前，整个管内的空气处于静止状态；其状态参数为：压强 $p$，密度 $\rho$，温度 $T$。当活塞突然以微小速度 $\mathrm{d}V$ 运动时，首先使紧靠活塞的一层气体受到压缩，其压强和密度将产生一微小增量 $\mathrm{d}p$，$\mathrm{d}\rho$，由于空气的可压缩性，该微层气体的体积缩小，致使该扰动向前传播，使下一层气体受压，压强和密度出现增值，于是又继续传至更下一层气体。这样，微小扰动就逐层一直传播下去，结果在管内气体中形成一个微弱的压缩波 $mn$(图 12-3a)，它以很快的速度向右传播，这个速度就是声速 $c$。微小扰动波 $mn$ 是受微小扰动与未受扰动气体的分界面。在 $mn$ 以前是未受扰动的气体，参数为 $p$，$\rho$，$T$；波后为已受扰动压缩了的气体，参数为 $p+\mathrm{d}p$，$\rho+\mathrm{d}\rho$，$T+\mathrm{d}T$。波后的气体以与活塞相同的微小速度 $\mathrm{d}V$ 向前运动。显然，这个微小扰动传播的方向与流体质点的运动方向是一致的，它属于纵波，流体介质只能传递纵波。

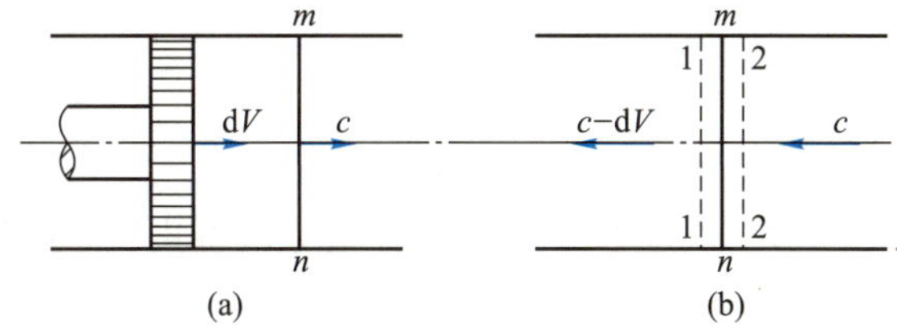


图 12-3

下面推导在气体介质中微小扰动传播速度(即声速 $c$)的表达式。

因为这种运动实际上是非恒定运动，为了简化起见，可以假想研究者处于 $mn$ 波面上

一同以速度 $c$ 向前运动，即将研究的坐标系取在波面上，这样就把非恒定运动变为恒定运动，此时，相当于波前气体以速度 $c$ 流向波面，自右向左运动，经过波面时，速度由 $c$ 降为 $c-\mathrm{d}V$，相应的压强自 $p$ 变为 $p+\mathrm{d}p$，密度变为 $\rho+\mathrm{d}\rho$，如图 12-3b 所示。在 $mn$ 面邻近的两侧取控制体 1-1,2-2。设管道截面面积为 $A$，则由连续性原理知，$\mathrm{d}t$ 时间流入、流出该控制体的气体质量应相等，即

$$c\rho A\mathrm{d}t=(c-\mathrm{d}V)(\rho+\mathrm{d}\rho)A\mathrm{d}t$$

略去二阶微量可得

$$\rho\mathrm{d}V=c\mathrm{d}\rho$$

对控制体 1122 列动量方程可得

$$\rho q_V[(c-\mathrm{d}V)-c]=[p-(p+\mathrm{d}p)]A$$

式中流量 $q_V=cA$，整理得

$$\mathrm{d}p=\rho c\mathrm{d}V$$

由两等式消去 $\mathrm{d}V$，得

$$c^2=\frac{\mathrm{d}p}{\mathrm{d}\rho}\quad 或\quad c=\sqrt{\frac{\mathrm{d}p}{\mathrm{d}\rho}}\tag{12-5}$$

由于气体所受到的是微小扰动，更确切地说气体中的压强、密度和温度等参数的变化极小，因而每个质点所经历的过程可以近似看作绝热、可逆过程，即等熵过程。现在，为了计算波速，假设整个过程是严格等熵的。

由等熵过程关系式(12-3)可求得

$$\frac{\mathrm{d}p}{\mathrm{d}\rho}=\gamma\frac{p}{\rho}$$

代入式(12-5)可得

$$c=\sqrt{\gamma\frac{p}{\rho}}$$

由完全气体状态方程(12-1)可得

$$\gamma\frac{p}{\rho}=\gamma RT$$

最后得

$$c=\sqrt{\gamma RT}\tag{12-6}$$

与物理学比较可知，式(12-6)即为声速公式。由此可以看出，微小扰动在可压缩流体中的传播速度就是声速。

由式(12-6)可以看出，在某种可压缩流体中的声速仅取决于该介质的热力学温度。声速与热力学温度的平方根成正比。对于常用的空气，在正常温度和压强下，$\gamma=1.4$，$R=287\ \mathrm{J\cdot kg^{-1}\cdot K^{-1}}$，声速计算式为

$$c \approx 20.04\sqrt{T} \tag{12-7}$$

当 $T=273$ K 时，$c=331$ m/s。

当然，在不同性质的介质中，声速的大小亦不相同，为分析比较方便，在表 12-2 中列出了常见的几种介质在 0 ℃时的声速。

**表 12-2 常见介质中的声速(0 ℃)**

| 介质 | 空气 | 二氧化碳 | 氮 | 氢 | 水 |
|---|---|---|---|---|---|
| 声速/($\mathrm{m\cdot s^{-1}}$) | 331 | 262 | 340 | 1 280 | 1 450 |

由式(12-5)可以看出，声速的大小与流体介质的可压缩性大小有关，可压缩性大，即流体容易压缩，声速就越小，微小扰动传播越慢；反之，流体的可压缩性小，扰动传播快，声速就大。所以，水中的声速大于空气中的声速，在极限情况下，即流体不可压缩，$\mathrm{d}\rho=0$ 时，$c=\infty$ 。另外，流体的可压缩性随其状态参数的变化而变化，声速也取决于状态参数，因此，状态参数不同的各点，声速也不同。在谈到声速时，应明确理解为微小扰动相对于运动气体在某一瞬时，某一地点的传播速度，通常称为局部声速或当地声速。

在运动流体中，仅当流速和其本身的声速相比较时，才是可压缩性效应的一个重要度量。两者的比较是式(8-18)所引入的量纲一的因数：

$$Ma=\frac{V}{c} \tag{12-8}$$

称为**马赫数**，它是空气动力学中一个十分重要的参数。

由前面的分析可以看出，在一个给定的流动中，从一点到另一点 $Ma$ 将是变化的，一则是因为各点的速度 $V$ 不同；另外，因为各点的状态不同，各点的 $c$ 也不同。分析说明，$c$ 的当地值与该处的 $V$ 有关。在一个绝热流动中，$Ma$ 总是随着 $V$ 的增加而增大。

### 6. 冲击波

**冲击波**通常简称为**激波**。

气体作超声速流动时，还有一个重要的特点，即在某些情况下还会产生激波。在亚声速气流中不会产生激波，激波与通常所说的等熵流动中的微小扰动传播等不同。

激波是当超声速气流流过障碍物时(如飞行的子弹、炮弹、超声速飞机等)，在其前方，气流受急剧压缩，压强、密度突然明显增加，这种变化形成一个扰动波，它以极高的速度传播开来，波面所到之处气体的参数将急剧变化，这种极强的压强扰动波就称为冲击波。从另一个角度，也可以把激波看成一个极薄的气体层(或一个面)，当气流流过该气体层时，流动参数将发生急剧的变化。激波的强度常以压强的变化值来衡量，通常称为“**激波强度**”。显然，激波强度越大，参数变化越大。

若气流通过激波时，速度方向不变，这种激波称为**正激波**(或正冲波)；若气流通过激波后，速度的方向发生变化，则称为**斜激波**（或斜冲波）。

由于激波厚度极薄，气体流过激波时，在短距离、短时间内急剧压缩，各参数发生突变，热量来不及与外界交换，致使气体的熵增加。因此，超声速气流在这种情况下，经历了一个不可逆的绝热过程。在这个过程中，有机械能损失，即能头损失，这种损失是超声速流动所特有的，通常称为**波阻**。这种波阻不同于以前讨论过的其他诸如旋涡、摩擦等阻力，它的大小取决于冲击波的形状，气流通过正冲波时波阻最大。

## §12-2 微小扰动在空气中的传播

在这一节中，将分析微小扰动在空气中的传播特征，从而进一步说明马赫数在空气动力学研究中的重要作用。

假设在充满均匀气体的空间中，某一点 $O$ 处有一微小扰动源，它可以是静止的，也可以作等速直线运动，它不断均匀地向周围发出微小扰动波（如飞行中的飞机所发出的声波就是一个典型的例子）。

研究由点 $O$ 产生的微小扰动在静止气体中的传播情况。设点源 $O$ 的运动速度为 $v$，其扰动传播速度即为声速 $c$，分为以下四种情况讨论。

（1）扰动源静止不动，即 $v=0$。在这种情况下，微小扰动将以声速 $c$ 自扰动源 $O$ 向各方传播，其波面是一个空间球面，如图 12-4 所示。

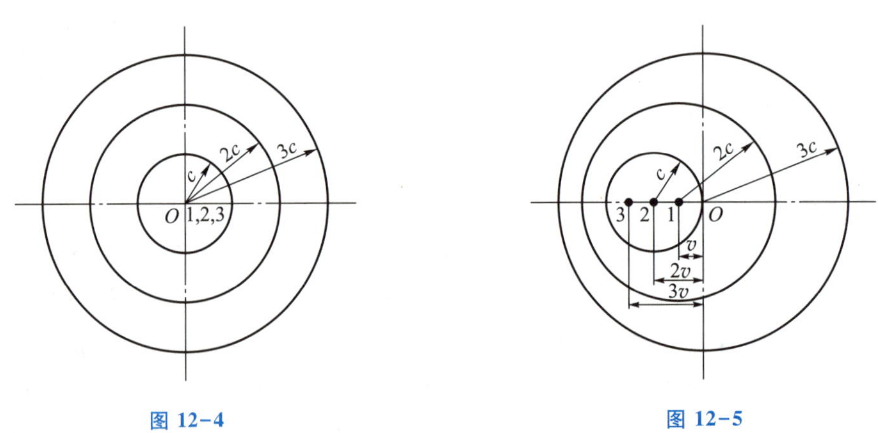


图 12-4　　图 12-5

（2）扰动源以小于声速的速度 $v$ 向左作等速直线运动，即 $v<c$，称为**亚声速**，经过一段时间后，例如 $t=1,2,3,\cdots$，扰动源位于左方 1，2，3，…点，前进距离为 $v,2v,3v,\cdots$，此时，扰动源运动瞬时发出的扰动波在 $t=3$ 时刻已到达 $3c$ 的位置，而在 $t=1,t=2$ 时刻发出的扰动波在 $t=3$ 时刻已到达 $2c,c$ 的位置，如图 12-5 所示。可以看出，在这种情况下，扰动将

始终走在扰动源的前面,即在扰动源尚未到达时,空气已被扰动了。在亚声速运动中,其微小扰动可以传到空间任何一点。

(3) 扰动源的运动速度等于声速,即 $v=c$。这种情况下,扰动源将同它所产生的扰动同时到达同一空间的任何位置,即出现了一个与扰动波相切的分界面,如图 12-6 所示,在该面左面,空气静止不动,而在界面的右面,气体受到了扰动。

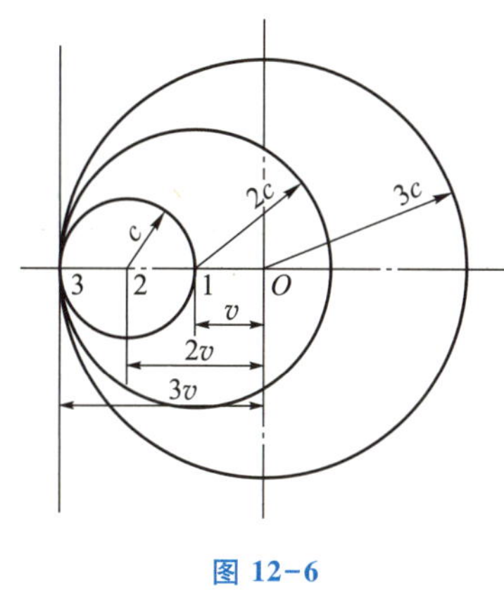


图 12-6

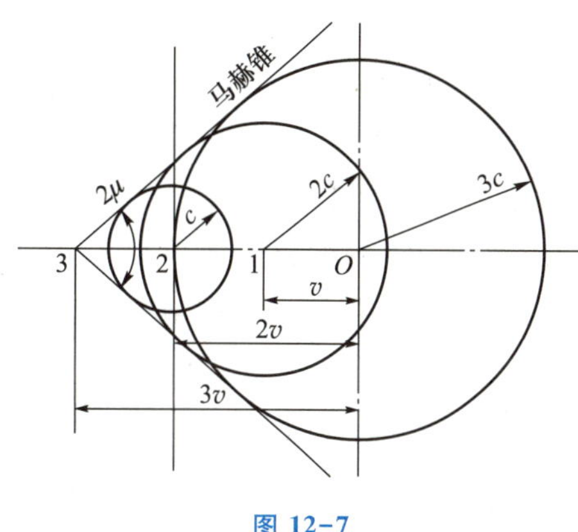


图 12-7

(4) 扰动源以大于声速的速度运动,即 $v>c$。此时,扰动源将永远走在所产生的扰动之前。在相继运动中所产生的扰动波面形成了一个空间圆锥面,通常称为**马赫锥**,锥顶就是扰动源。显然,锥外的空气未受扰动,而锥内的气体已被扰动,如图 12-7 所示。马赫锥半顶角 $\mu$ 称为**马赫角**,由几何关系可知

$$\sin\mu=\frac{c}{v}=\frac{1}{Ma}$$

显然,$Ma$ 越大,$\mu$ 越小,即马赫数越大,马赫角越小。极限情况为 $\mu=90°$,即 $v=c$,如(3) 中所述。

由上述分析可以看出,随着 $Ma$ 的不同,扰动的传播特征是截然不同的。为了研究方便,通常按 $Ma$ 的大小,将气体流动划分为以下几类:

$Ma<1$,**亚声速流动**;

$Ma\approx1$,**跨声速流动**(兼有亚声速区和超声速区);

$1<Ma<3$,**超声速流动**;

$Ma>3$,**高超声速流动**。

在不可压缩流体中,由于声速接近无穷大,因此扰动将立刻传至各处,扰动源永远不会到达扰动波的前方。在可压缩流体中,当 $Ma\ll1$ 时,扰动的传播特征与不可压缩流体中的传播特征相近,因此,对于低速流动气体,可以按不可压缩流体来处理。

## §12-3 气体一维恒定流动基本方程

气体作为流体的一种，应遵循流体动力学基本方程，本节所给出的只是针对一维气体流动的最简单的基本方程。

### 1. 连续性方程

现在研究可压缩流体作恒定流动的一个流束，取断面 $A_1$，$A_2$，如图 12-8 所示。$A_1$，$A_2$ 面上的平均流速分别为 $V_1$，$V_2$；密度分别为 $\rho_1$，$\rho_2$。对于恒定流动，流过 $A_1$，$A_2$ 面的流体质量应相等，即

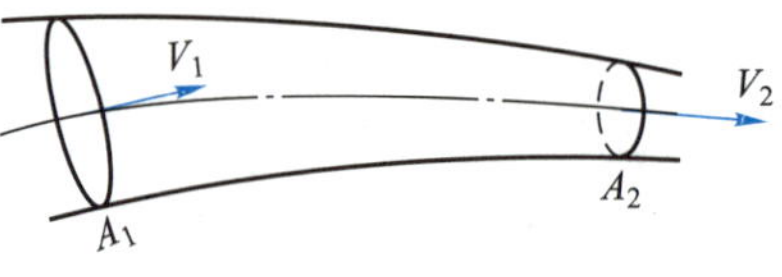


图 12-8

$$\rho_1 V_1 A_1 = \rho_2 V_2 A_2$$

一般情况下，$\rho VA$ = 常数，对该式取对数然后微分得

$$\frac{\mathrm{d}\rho}{\rho}+\frac{\mathrm{d}V}{V}+\frac{\mathrm{d}A}{A}=0 \tag{12-9}$$

该式即为可压缩流体的一维恒定流动连续性方程的微分表达式。

### 2. 能量方程

对忽略黏性和质量力的恒定气体流动，应用理想流体运动微分方程式(4-3)可得

$$\left.\begin{aligned}
v_x\frac{\partial v_x}{\partial x}+v_y\frac{\partial v_x}{\partial y}+v_z\frac{\partial v_x}{\partial z}&=-\frac{1}{\rho}\frac{\partial p}{\partial x}\\
v_x\frac{\partial v_y}{\partial x}+v_y\frac{\partial v_y}{\partial y}+v_z\frac{\partial v_y}{\partial z}&=-\frac{1}{\rho}\frac{\partial p}{\partial y}\\
v_x\frac{\partial v_z}{\partial x}+v_y\frac{\partial v_z}{\partial y}+v_z\frac{\partial v_z}{\partial z}&=-\frac{1}{\rho}\frac{\partial p}{\partial z}
\end{aligned}\right\}$$

对于所讨论的一维流动，设流动方向为 $x$，则 $v_x=V$，$v_y=v_z=0$，方程进一步简化为

$$V\frac{\mathrm{d}V}{\mathrm{d}x}=-\frac{1}{\rho}\frac{\mathrm{d}p}{\mathrm{d}x} \tag{12-10}$$

或

$$V\mathrm{d}V+\frac{1}{\rho}\mathrm{d}p=0$$

此式积分得

$$\int\frac{\mathrm{d}p}{\rho}+\frac{V^2}{2}=C$$

对于作等熵流动的完全气体，由式(12-3)有

$$\int \frac{\mathrm{d}p}{\rho} = \frac{\gamma}{\gamma - 1} \frac{p}{\rho} + C$$

代入前式得

$$\frac{\gamma}{\gamma-1}\frac{p}{\rho}+\frac{V^2}{2}=C \tag{12-11}$$

该式即为可压缩理想流体作一维恒定、等熵流动的能量守恒关系式，它是热量形式的能量方程式，也称为可压缩理想流体的伯努利方程。

由于

$$\frac{\gamma}{\gamma-1}\frac{p}{\rho}=\frac{1}{\gamma-1}\frac{p}{\rho}+\frac{p}{\rho}$$

代入式(12-11)可得

$$\frac{p}{\rho}+\frac{V^2}{2}+\frac{1}{\gamma-1}\frac{p}{\rho}=C \quad 或 \quad \frac{p}{\rho}+\frac{V^2}{2}+\frac{RT}{\gamma-1}=C \tag{12-12}$$

此式与不可压缩理想流体能量方程的区别在于$\dfrac{RT}{\gamma-1}$项，它表示单位质量气体所具有的内能。由热力学第一定律，有下述关系

$$c_p=c_v+R$$

$$h=c_pT$$

$$e=c_vT$$

式中，$h$ 为质量焓，或称比焓，它取决于 $e$ 和 $p$。于是

$$\frac{\gamma}{\gamma-1}\frac{p}{\rho}=\frac{c_p}{c_p-c_v}\frac{p}{\rho}=\frac{c_p}{R}\frac{p}{\rho}=c_pT=h$$

将此关系式代入式(12-11)可得

$$h+\frac{V^2}{2}=C \quad 或 \quad \mathrm{d}h+V\mathrm{d}V=0 \tag{12-13}$$

该式为可压缩理想流体能量方程，它适用于可逆和不可逆两种绝热过程。因为在绝热过程中，气体与外界无热交换，消耗于摩擦所做的功全部转换为热能，故其总能量不变。

对于完全气体，由上述关系知

$$\frac{1}{\gamma-1}\frac{p}{\rho}=\frac{c_v}{c_p-c_v}\frac{p}{\rho}=c_v\frac{p}{\rho R}=c_vT=e$$

代入式(12-12)得

$$\frac{p}{\rho}+\frac{V^2}{2}+e=C \tag{12-14}$$

此式表明，一维恒定等熵流动的热量形式的能量方程，表示在气体一维恒定等熵流动中，沿流束任意截面上单位质量气体的机械能和内能之和保持不变。由此也可以看出，气体的流速和内能也与温度有关。

又由于

$$\gamma\frac{p}{\rho}=\gamma RT=c^2$$

式(12-11)又可以写成

$$\frac{c^2}{\gamma-1}+\frac{V^2}{2}=C \tag{12-15}$$

## §12-4 理想气体一维等熵流动的特征

由上节所得到的基本方程式，可以得出气体在管中作一维流动时各参数间的基本关系式，这些关系式是设计和计算的基础。

现在来具体分析气体一维等熵流动，找出流动断面间的参数关系。

通常，用以下三种特定状态来说明理想气体一维等熵流动的特征。

### 1. 滞止状态

假定在一维等熵流动中，气体在某一断面处速度等熵地降为零，这种状态称为滞止状态，显然，由式(12-14)可以看出，在滞止状态下，气体的内能达到最大值，在这个截面上对应的压强、温度等参数也是最大值，分别用 $p_0,T_0,\rho_0$ 等表示，并称为滞止参数。例如，在绕流物体时，在驻点处的气体就处于滞止状态。

在滞止状态下，方程(12-11)、式(12-13)和式(12-15)分别为

$$\frac{\gamma}{\gamma-1}\frac{p}{\rho}+\frac{V^2}{2}=\frac{\gamma}{\gamma-1}\frac{p_0}{\rho_0}=\frac{\gamma}{\gamma-1}RT_0=c_pT_0=C \tag{12-16}$$

$$h+\frac{V^2}{2}=h_0=C \tag{12-17}$$

$$\frac{c^2}{\gamma-1}+\frac{V^2}{2}=\frac{c_0^2}{\gamma-1}=C \tag{12-18}$$

由以上三式可以看出，气体的滞止温度由气体的总能量所确定。在滞止状态下，动能全部转变为热能，并以滞止焓 $h_0$ 来表示。

滞止状态下的压强和密度，可由等熵条件确定：

$$\frac{p}{\rho^\gamma}=\frac{p_0}{\rho_0^\gamma}$$

由于

$$p=\rho RT$$

可得

$$\frac{p}{p_0}=\left(\frac{\rho}{\rho_0}\right)^{\gamma}=\left(\frac{\dfrac{p}{RT}}{\dfrac{p_0}{RT_0}}\right)^{\gamma}=\left(\frac{p}{p_0}\right)^{\gamma}\left(\frac{T_0}{T}\right)^{\gamma}$$

$$\frac{p_0}{p}=\left(\frac{T_0}{T}\right)^{\frac{\gamma}{\gamma-1}} \tag{12-19}$$

由此

$$\frac{\rho_0}{\rho}=\left(\frac{T_0}{T}\right)^{\frac{1}{\gamma-1}} \tag{12-20}$$

对式(12-18)两边同乘以$\dfrac{\gamma-1}{c^2}$,可得

$$\frac{c_0^2}{c^2}=\frac{T_0}{T}=1+\frac{\gamma-1}{2}Ma^2 \tag{12-21}$$

根据式(12-19)、式(12-20)可得

$$\frac{p}{p_0}=\left(\frac{\rho}{\rho_0}\right)^{\gamma}=\left(\frac{T}{T_0}\right)^{\frac{\gamma}{\gamma-1}}$$

由式(12-21)和上式可得

$$\frac{p_0}{p}=\left(1+\frac{\gamma-1}{2}Ma^2\right)^{\frac{\gamma}{\gamma-1}} \tag{12-22}$$

$$\frac{\rho_0}{\rho}=\left(1+\frac{\gamma-1}{2}Ma^2\right)^{\frac{1}{\gamma-1}} \tag{12-23}$$

这里必须指出,$T_0$,$c_0$,$p_0$ 和 $\rho_0$ 的数值对整个流动是常数。由于 $T_0$ 在滞止状态为最大值,故滞止声速 $c_0=\sqrt{\gamma RT_0}$ 也为最大值。

根据式(12-23),对于空气 $\gamma=1.4$,可得$\dfrac{\rho_0}{\rho}$与 $Ma$ 的关系如表 12-3 所示。

表 12-3 $\frac{\rho_0}{\rho}$-$Ma$ 关系

| $Ma$ | 0 | 0.1 | 0.2 | 0.3 | 0.4 | 0.5 | 0.6 | 0.7 | 0.8 | 0.9 | 1.0 |
| --- | --- | --- | --- | --- | --- | --- | --- | --- | --- | --- | --- |
| $\frac{\rho_0}{\rho}$ | 1 | 1.005 | 1.020 | 1.046 | 1.072 | 1.126 | 1.171 | 1.232 | 1.398 | 1.560 | 1.560 |

由表 12-3 可见，对等熵气流，气体的压缩性随 $Ma$ 的增加而明显增大，在 $Ma$ 趋于零时，$\frac{\rho_0}{\rho}$趋于 1。因此，在 $Ma$ 较小即气流速度较小时，可以按不可压缩气体来处理。通常情况下，当 $V>50$ m/s 时，要考虑压缩性影响。

### 2. 最大速度状态

现在假定流动出现另一种极限情况，即气体的能量全部转变为动能，压强为零，速度达到最大值 $V_{max}$，称为最大速度。由状态方程$\frac{p}{\rho}=RT$ 可以看出，此时 $T=0$，即 $h=0$，而且声速 $c=0$。

由方程(12-15)

$$\frac{c^2}{\gamma-1}+\frac{V^2}{2}=\frac{V_{max}^2}{2}$$

或者

$$\frac{V_{max}^2}{2}=\frac{c_0^2}{\gamma-1}$$

得

$$V_{max}=c_0\sqrt{\frac{2}{\gamma-1}} \tag{12-24}$$

可想而知，气流达到最大速度时，其温度 $T$ 为零，分子的运动全部停止，声速也为零。实际上，这种状态是不可能达到的，它相当于气流流入完全真空($p=0,T=0$)的空间。因此，式(12-24)所求得的最大速度只在理论上成立，在某些情况下，可以用它间接地表示气流的总能量值。

### 3. 临界状态

由式(12-15)可以看出，对于任意等熵流动，其当地声速 $c$ 随气体的流速增加而减小。假设气流速度自零增加到 $V_{max}$，当地声速相应地自 $c_0$ 减小为零，如图 12-9 所示。

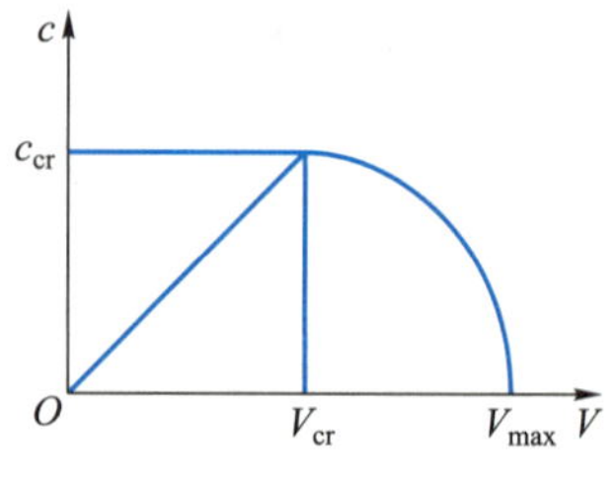

图 12-9

可以看出，在两种极限情况的中间，必存在着某一截面，其流速恰好等于当地声速，这时的速度称为临界速度，记为 $V_{cr}$，相应的参数称为临界参数，分别记为 $p_{cr}$，$\rho_{cr}$，$T_{cr}$，$c_{cr}$。

由式(12-15)知

$$\frac{c^2}{\gamma-1}+\frac{V^2}{2}=\frac{c_{cr}^2}{\gamma-1}+\frac{V_{cr}^2}{2}=\frac{\gamma+1}{\gamma-1}\frac{c_{cr}^2}{2}=\frac{\gamma+1}{\gamma-1}\frac{V_{cr}^2}{2} \tag{12-25}$$

可以看出，临界速度也可以间接表示气流总能量的大小。

滞止参数和临界参数的关系也可以由式(12-15)求得

$$\frac{c_0^2}{\gamma-1}=\frac{c_{cr}^2}{\gamma-1}+\frac{V_{cr}^2}{2}=\frac{\gamma+1}{2(\gamma-1)}c_{cr}^2$$

即

$$c_{cr}=c_0\sqrt{\frac{2}{\gamma+1}} \tag{12-26}$$

由此可得

$$\frac{T_{cr}}{T_0}=\left(\frac{c_{cr}}{c_0}\right)^2=\frac{2}{\gamma+1} \tag{12-27}$$

由等熵关系可得

$$\frac{p_{cr}}{p_0}=\left(\frac{T_{cr}}{T_0}\right)^{\frac{\gamma}{\gamma-1}}=\left(\frac{2}{\gamma+1}\right)^{\frac{\gamma}{\gamma-1}} \tag{12-28}$$

$$\frac{\rho_{cr}}{\rho_0}=\left(\frac{T_{cr}}{T_0}\right)^{\frac{1}{\gamma-1}}=\left(\frac{2}{\gamma+1}\right)^{\frac{1}{\gamma-1}} \tag{12-29}$$

由式(12-24)和式(12-26)可以求得 $c_{cr}$ 与 $V_{max}$ 关系为

$$c_{cr}=\sqrt{\frac{\gamma-1}{\gamma+1}}V_{max} \tag{12-30}$$

由导出的各关系式可以看出，对于气体的某种实际流动状态，存在与之相对应的滞止参数和临界参数。

例如：对于空气，$\gamma=1.4$，$R=287\ \text{J/(kg·K)}$，$c_{cr}=18.3\sqrt{T_0}$ (m/s)，各参数的比值为

$$\frac{T_{cr}}{T_0}=0.833\ 3$$

$$\frac{p_{cr}}{p_0}=0.528\ 3$$

$$\frac{\rho_{cr}}{\rho_0}=0.633\ 9$$

为研究方便，将气流速度与临界声速的比值称为量纲一的速度，或速度因数，记为

$$M_{cr}=\frac{V}{c_{cr}}$$

显然，$M_{cr}$类似于马赫数 $Ma$，它表示某点气流速度接近于该气流临界声速的程度。

由关系式(12-25)可得

$$\frac{1}{2}+\frac{1}{\gamma-1}\frac{1}{Ma^2}=\frac{1}{2}\frac{\gamma+1}{\gamma-1}\frac{1}{M_{cr}^2}$$

最后得

$$M_{cr}=\frac{\sqrt{\dfrac{\gamma+1}{2}}}{\sqrt{\dfrac{1}{Ma^2}+\dfrac{\gamma-1}{2}}} \tag{12-31}$$

或

$$Ma=\frac{\sqrt{\dfrac{2}{\gamma+1}}}{\sqrt{1-\dfrac{\gamma-1}{\gamma+1}M_{cr}^2}}M_{cr} \tag{12-32}$$

式(12-32)所确定的 $Ma$ 与 $M_{cr}$之间的关系表示于图 12-10 中(该图是针对空气而作出的，即 $\gamma=1.4$)。

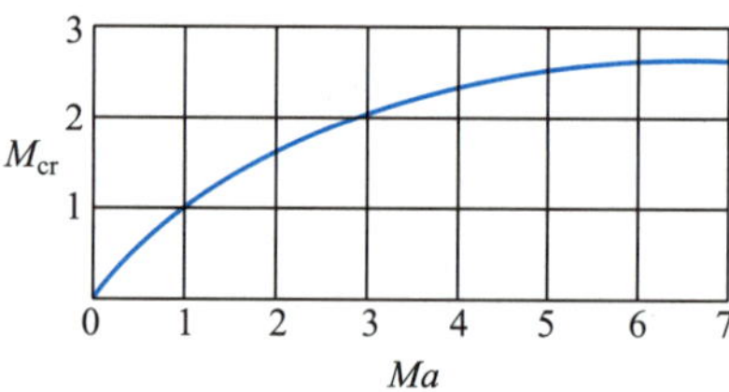

图 12-10

由图可以看出，当 $M_{cr}<1$ 时，$Ma<1$，气流为亚声速；当 $M_{cr}=1$ 时，$Ma=1$，气流是声速；当 $M_{cr}>1$ 时，$Ma>1$，气流为超声速。

利用 $M_{cr}$可以将式(12-21)、式(12-22)和式(12-23)改写为

$$\frac{T}{T_0}=1-\frac{\gamma-1}{\gamma+1}M_{cr}^2 \tag{12-33}$$

$$\frac{p}{p_0}=\left(1-\frac{\gamma-1}{\gamma+1}M_{cr}^2\right)^{\frac{\gamma}{\gamma-1}} \tag{12-34}$$

$$\frac{\rho}{\rho_0}=\left(1-\frac{\gamma-1}{\gamma+1}M_{cr}^2\right)^{\frac{1}{\gamma-1}} \tag{12-35}$$

由式(12-33)、式(12-34)和式(12-35)可以看出，对于一维等熵流动，只要知道滞止参数和量纲一的速度 $M_{cr}$(或知道 $Ma$)，则沿流束各截面上的温度、压强和密度都可以求得。

## §12-5 气流速度、压强与截面的关系

对于理想气体一维恒定等熵流动,由连续性方程(12-9)

$$\frac{\mathrm{d}\rho}{\rho}+\frac{\mathrm{d}V}{V}+\frac{\mathrm{d}A}{A}=0$$

和动量方程(12-10)

$$V\mathrm{d}V+\frac{1}{\rho}\mathrm{d}p=0$$

即

$$\rho=-\frac{\mathrm{d}p}{V\mathrm{d}V}$$

得

$$-\frac{\mathrm{d}\rho}{\mathrm{d}p}V\mathrm{d}V+\frac{\mathrm{d}V}{V}+\frac{\mathrm{d}A}{A}=0$$

各式除以 $V\mathrm{d}V$ 得

$$\frac{\mathrm{d}\rho}{\mathrm{d}p}=\frac{1}{V^2}+\frac{\mathrm{d}A}{A}\frac{1}{V\mathrm{d}V}$$

即

$$\frac{1}{c^2}=\frac{1}{V^2}+\frac{\mathrm{d}A}{A}\frac{1}{V\mathrm{d}V}$$

乘以 $V^2$ 得

$$\frac{V^2}{c^2}=1+\frac{\mathrm{d}A}{A}\frac{V}{\mathrm{d}V}$$

$$Ma^2-1=\frac{\mathrm{d}A}{A}\frac{V}{\mathrm{d}V}$$

最后得

$$\frac{\mathrm{d}A}{A}=(Ma^2-1)\frac{\mathrm{d}V}{V} \tag{12-36}$$

类似的推导还可以得到

$$\frac{\mathrm{d}A}{A}=\frac{1-Ma^2}{\gamma Ma^2}\frac{\mathrm{d}p}{p} \tag{12-37}$$

式(12-36)和式(12-37)为流速变化率和压强变化率与截面变化率的关系式。下面来讨论这两个关系式。

1. $Ma<1$,即气流作亚声速流动。由式(12-36)可以看出,$\frac{\mathrm{d}V}{V}$与$\frac{\mathrm{d}A}{A}$具有相反的符号,而由式(12-37)可以看出,$\frac{\mathrm{d}p}{p}$与$\frac{\mathrm{d}A}{A}$具有相同的符号。可见,对于亚声速变截面流动,截面面积增加时,流速减小,压强增加,变化规律符合不可压缩流体流动规律。

2. $Ma>1$,即气流作超声速流动。$\frac{\mathrm{d}V}{V}$与$\frac{\mathrm{d}A}{A}$具有相同的符号,而$\frac{\mathrm{d}p}{p}$与$\frac{\mathrm{d}A}{A}$具有相反的符号。可见,当截面面积增加时,在超声速流动的情况下,压强减小,流速增加。反之,截面面积减小时,压强增加,流速减小,这是超声速扩压管的条件。变化规律如表12-4所示。

表12-4 压强、速度随截面变化的关系

| 截面变化 | 压强、速度变化 | |
|---|---|---|
| $\mathrm{d}A<0$ | 亚声速 $Ma<1$<br>加速、减压 | 超声速 $Ma>1$<br>减速、增压 |
| $\mathrm{d}A>0$ | 减速、增压 | 加速、减压 |

对于超声速气流的这种规律,可以作如下解释。

由式(12-10)得

$$V\mathrm{d}V=-\frac{1}{\rho}\mathrm{d}p=-\frac{\mathrm{d}\rho}{\rho}\frac{\mathrm{d}p}{\mathrm{d}\rho}=-c^2\frac{\mathrm{d}\rho}{\rho}$$

即

$$\frac{\mathrm{d}\rho}{\rho}=-\frac{V}{c^2}\mathrm{d}V=-\frac{V^2}{c^2}\frac{\mathrm{d}V}{V}=-Ma^2\frac{\mathrm{d}V}{V} \tag{12-38}$$

由式(12-38)可以看出,在降压增速气流中,即 $\mathrm{d}p<0,\mathrm{d}V>0$ 时,对于亚声速气流,即$Ma<1$,密度的减小率小于流速的增加率,所以要使气流加速,必须减小截面面积。对于超声速气流,即 $Ma>1$,密度的减小率大于流速的增加率,所以要使气流加速,必须增加截面面积。而在升压减速($\mathrm{d}p>0,\mathrm{d}V<0$)的气流中,情况恰好与上述相反。

3. $Ma=1$,即流速等于声速时,$\mathrm{d}A=0,\mathrm{d}V=0$。由上述分析可以看出,当气流自亚声速变为超声速时,必须使截面面积先收缩而后扩大;而当气流自超声速变为亚声速时,也必须使截面面积先收缩而后扩大。两者都有一个最小截面,对于这个截面 $\mathrm{d}A=0$,称为喉部截面,其速度为 $V=c=c_{\mathrm{cr}}$,压强和密度记为 $p_{\mathrm{cr}}$和 $\rho_{\mathrm{cr}}$。喉部截面参数与滞止截面参数间关系由式(12-27)、式

(12-28)和式(12-29)表示。

由上述分析可以看出,无论是气流自亚声速变为超声速,还是自超声速变为亚声速,除其断面变化保证外,还必须使喉部流速达到声速,即在喉部必须保证 $Ma=1$,否则,达不到设计要求。

沿缩放喷管,气流速度和压强变化关系如图 12-11 曲线所示。

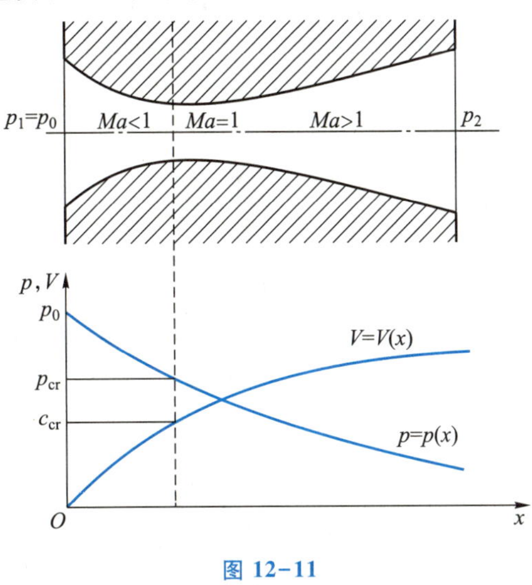


图 12-11

## § 12-6　气体从管嘴的等熵出流

变断面的短管嘴,通常指喷管,用于加速气流,在动力机械装置,如汽轮机、喷气式飞机等中被广泛采用。

本节以理想气体为对象,研究收缩管嘴和缩放喷管的基本设计关系式。

### 1. 收缩管嘴

收缩管嘴用来使气流加速,得到 $Ma\leqslant 1$ 的速度。喷管通常较短,流速较高,来不及进行热交换,因此可以认为是绝热过程。讨论对象为理想气体,故可以看作等熵流动。

图 12-12 所示为某种理想气体自大容器从收缩管嘴出流。由于容器很大,可以将其中气流速度看作为零,即 $V_0=0$,容器内各参数为滞止参数,记为 $p_0,\rho_0,T_0$,喷管出口处流动参数为 $p,\rho,T,V$。

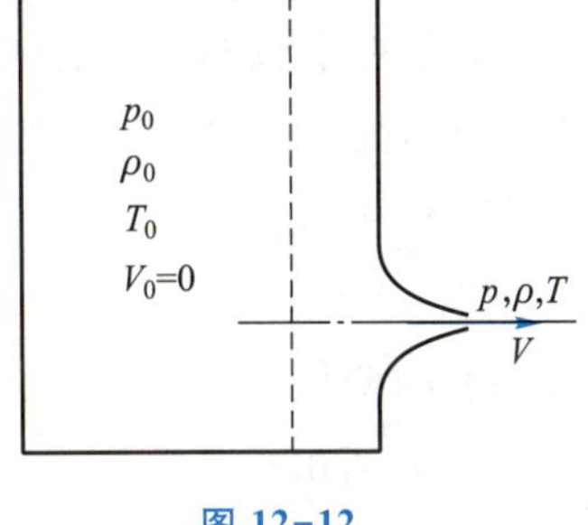


图 12-12

下面来确定管嘴气体的出流速度和流量。为此,列出容器内与管口出口断面之间的能量方程:

$$\frac{\gamma}{\gamma-1}\frac{p}{\rho}+\frac{V^2}{2}=\frac{\gamma}{\gamma-1}\frac{p_0}{\rho_0}$$

解得

$$V=\sqrt{\frac{2\gamma}{\gamma-1}\frac{p_0}{\rho_0}\left(1-\frac{p}{p_0}\frac{\rho_0}{\rho}\right)} \tag{12-39}$$

又由等熵关系式

$$\frac{p}{\rho^\gamma}=\frac{p_0}{\rho_0^\gamma}$$

最后得

$$V=\sqrt{\frac{2\gamma}{\gamma-1}\frac{p_0}{\rho_0}\left[1-\left(\frac{p}{p_0}\right)^{\frac{\gamma-1}{\gamma}}\right]} \tag{12-40}$$

由该式可见,在收缩管嘴中,气体可以一直膨胀到零压强极限状态,即$p=0$,得最大速度

$$V_{\max}=\sqrt{\frac{2\gamma}{\gamma-1}\frac{p_0}{\rho_0}}=c_0\sqrt{\frac{2}{\gamma-1}} \tag{12-41}$$

其中,$c_0$为滞止声速。

设管嘴出口截面面积为$A$,则通过喷管的质量流量为

$$q_m=\rho VA$$

将等熵关系式

$$\rho=\rho_0\left(\frac{p}{p_0}\right)^{\frac{1}{\gamma}}$$

和$V$的表达式代入可得

$$\begin{aligned} q_m&=\rho_0\left(\frac{p}{p_0}\right)^{\frac{1}{\gamma}}A\sqrt{\frac{2\gamma}{\gamma-1}\frac{p_0}{\rho_0}\left[1-\left(\frac{p}{p_0}\right)^{\frac{\gamma-1}{\gamma}}\right]}\\ &=\rho_0A\sqrt{\frac{2\gamma}{\gamma-1}\frac{p_0}{\rho_0}\left[\left(\frac{p}{p_0}\right)^{\frac{2}{\gamma}}-\left(\frac{p}{p_0}\right)^{\frac{\gamma+1}{\gamma}}\right]} \end{aligned} \tag{12-42}$$

式(12-42)表示,当滞止状态给定,即滞止参数$p_0$,$\rho_0$,$T_0$给定时,流过收缩管嘴的质量流量仅取决于出口压强的变化,变化规律可按式(12-42)绘出曲线,如图12-13所示。

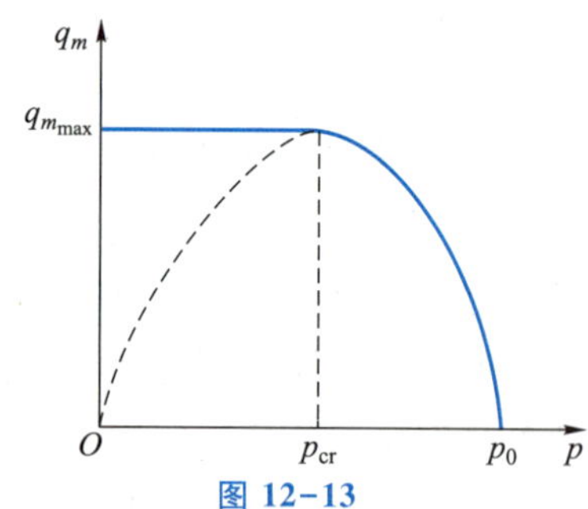

图 12-13

现在,按式(12-42)或图12-13来讨论质量流量随压强$p$的变化规律。

(1) 当出口压强$p=0$时,流量$q_m=0$。这时,由式(12-40)可知,出流速度达到最大值,$V=V_{\max}$,实际上这是不可能的。

（2）当出口压强与滞止压强相等，即 $p=p_0$ 时，质量流量等于零，$q_m=0$，出流速度也为零，即 $V=0$，这时没有出流。

（3）由（1）、（2）知，在 $0<p<p_0$ 这个压强范围内，流量的变化自零增加到一个最大值 $q_{m_{\max}}$，然后再减少到零。最大流量 $q_{m_{\max}}$ 可由 $\dfrac{\mathrm{d}q_m}{\mathrm{d}p}=0$ 求得，即

$$\frac{\mathrm{d}}{\mathrm{d}p}\left[\left(\frac{p}{p_0}\right)^{\frac{2}{\gamma}}-\left(\frac{p}{p_0}\right)^{\frac{\gamma+1}{\gamma}}\right]=0$$

结果为

$$p=p_0\left(\frac{2}{\gamma+1}\right)^{\frac{\gamma}{\gamma-1}}=p_{\mathrm{cr}} \tag{12-43}$$

由前面的分析知，$p_{\mathrm{cr}}$ 为临界压强，即当出口压强为临界压强时，通过收缩管嘴的流量达到最大值，如图 12-13 所示。这时，出口断面上对应的流速达到临界声速 $c_{\mathrm{cr}}$，它实际上就是当地声速，即

$$V=c_{\mathrm{cr}}=\sqrt{\frac{2\gamma}{\gamma+1}\frac{p_0}{\rho_0}} \tag{12-44}$$

将 $p_{\mathrm{cr}}$ 值代入式(12-42)可以得到最大流量为

$$\begin{aligned} q_{m_{\max}}&=\rho_0 A\sqrt{\frac{2\gamma}{\gamma-1}\frac{p_0}{\rho_0}\left[\left(\frac{2}{\gamma+1}\right)^{\frac{2}{\gamma-1}}-\left(\frac{2}{\gamma+1}\right)^{\frac{\gamma+1}{\gamma-1}}\right]}\\ &=\rho_0 A\sqrt{\frac{2\gamma}{\gamma-1}\frac{p_0}{\rho_0}\left(\frac{2}{\gamma+1}\right)^{\frac{\gamma+1}{\gamma-1}}\left[\left(\frac{2}{\gamma+1}\right)^{-1}-1\right]}\\ &=A\left(\frac{2}{\gamma+1}\right)^{\frac{1}{\gamma-1}}\left(\frac{2\gamma}{\gamma+1}p_0\rho_0\right)^{1/2} \end{aligned} \tag{12-45}$$

对于空气，$\gamma=1.4$，则

$$q_{m_{\max}}=0.684A\sqrt{p_0\rho_0}\,,\quad V=c_{\mathrm{cr}}=1.08\sqrt{\frac{p_0}{\rho_0}}$$

（4）当出口外压强（又称背压）继续降低时，流量不按图示虚线降低，而保持 $q_{m_{\max}}$ 不变，实际流量如图中实线所示，这种现象称为壅塞现象。其原因在于，亚声速气流在收缩管内不可能增速到超声速，在管口的末端最大只能达到声速 $c_{\mathrm{cr}}$，气流在管内的膨胀只能到达 $p_{\mathrm{cr}}$。无论背压再如何减小，出口断面上的压强将保持不变，这时气流只能在流出管外后才能继续膨胀，因而流量将保持不变。

在管端外压强继续降低的状态，其流量仍然用式(12-45)计算。

当气流自锐缘孔口出流时，流速和流量计算也可以采用以上的公式，式中的 $V$ 应用出

口收缩断面上的流速，$A$ 为收缩断面面积，$A=\varepsilon A_0$，$\varepsilon$ 为相应的收缩因数，其值可在表 12-5 中查取，表中 $p_2/p_1$ 为孔口前后的压强比。

表 12-5 $\varepsilon-p_2/p_1$ 关系

| $p_2/p_1$ | 0.676 | 0.641 | 0.606 | 0.559 | 0.529 | 0.037 |
|---|---|---|---|---|---|---|
| $\varepsilon$ | 0.680 | 0.700 | 0.710 | 0.730 | 0.740 | 0.850 |

在实际工程计算中，气体经短管嘴出流的流速和流量可以在相关手册中查取。

### 2. 缩放喷管

设计合理的缩放喷管又称为拉瓦尔(Laval)喷管。这是通过先收缩而后扩张的喷管形式获得超声速气流的办法，由瑞典工程师拉瓦尔首先研制成功，故人们以他的名字命名。

缩放喷管的形状如图 12-14 所示。

这种喷管在工程中应用很广，只要设计合理，在最小截面上气流可以达到当地声速。在以后的扩张部分中气体继续膨胀，达到超声速。其出口断面上的气流速度可以按式(12-40)计算，流量由最小截面上的参数所决定。最大流量仍由式(12-45)计算，其中 $A$ 为最小截面(即喉部)面积。

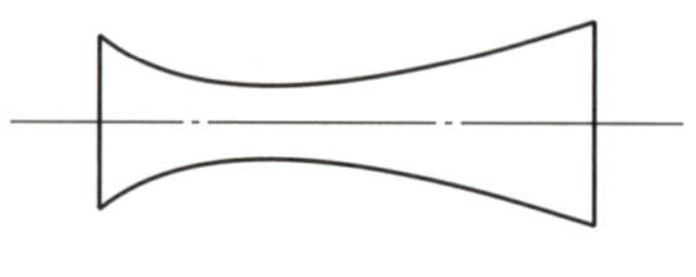

图 12-14

设计拉瓦尔喷管主要在于根据出口所需要的速度和流量设计合理的最小截面面积和扩张段线型，以使其在喉部达到声速，从而在出口处获得超声速。

另外，在出、入口压强的某些比值情况下，管内会产生激波，破坏喷管的正常工作，造成不应有的能量损失，将在第 13 章中讨论。

为分析、比较方便，现将几种常见气体的临界值列于表 12-6 中。

表 12-6 常见气体的临界值

| 气体名称 | 临界压力 $p_{cr}$ | 临界温度 $T_{cr}$ | 临界密度 $\rho_{cr}$ | 临界速度 $V_{cr}=c_{cr}$ | 临界流量 $q_{cr}=q_{m_{max}}$ |
|---|---|---|---|---|---|
| 空气 | $0.523p_0$ | $0.833T_0$ | $0.634\rho_0$ | $0.913c_0=1.08\sqrt{\dfrac{p_0}{\rho_0}}$ | $0.578\,Ac_0\rho_0=0.684\,A\sqrt{p_0\rho_0}$ |
| 燃气 | $0.54p_0$ | $0.585T_0$ | $0.629\rho_0$ | $0.927c_0=1.06\sqrt{\dfrac{p_0}{\rho_0}}$ | $0.584\,Ac_0\rho_0=0.666\,A\sqrt{p_0\rho_0}$ |
| 过热蒸汽 | $0.546p_0$ | $0.870T_0$ | $0.628\rho_0$ | $0.932c_0=1.06\sqrt{\dfrac{p_0}{\rho_0}}$ | $0.585\,Ac_0\rho_0=0.667\,A\sqrt{p_0\rho_0}$ |
| 干饱和蒸汽 | $0.577p_0$ | $0.936T_0$ | $0.613\rho_0$ | $0.967c_0=1.11\sqrt{\dfrac{p_0}{\rho_0}}$ | $0.585\,Ac_0\rho_0=0.667\,A\sqrt{p_0\rho_0}$ |

# § 12-7 实际气体在管道中的恒定流动

前面讨论的是理想气体的流动规律，本节将考虑实际气体中黏性对流动的影响。由于实际气体存在黏性，因此，当实际气体流动时，必然有摩擦存在，其结果将消耗部分机械能，不可逆地转变为热能。另外，实际气体流动必将与周围产生热交换，形成非绝热流动，可见，实际流动中的热力学过程是十分复杂的。不同的热力学过程状态有很大差异，计算方法和结果也存在很大差别。本节中就等截面管道中的绝热和等温两种热力学过程进行分析。

### 1. 管道中有摩擦的一维绝热流动

在许多情况下，由于管道较短，气体流动的过程中来不及与周围环境进行热交换，这种流动可以近似看作绝热流动。

这里仍假定所研究的气体为完全气体。研究的重点在于分析摩擦作用对气体流动规律的影响，找出沿流程压强降落的规律。

首先，推导实际气体有摩擦的一维恒定绝热流动的运动微分方程。

图 12-15 为气体在作一维恒定流动的管道中，取出长度为 d$x$ 的微元管段，研究该段气体沿流动方向所受力的平衡。

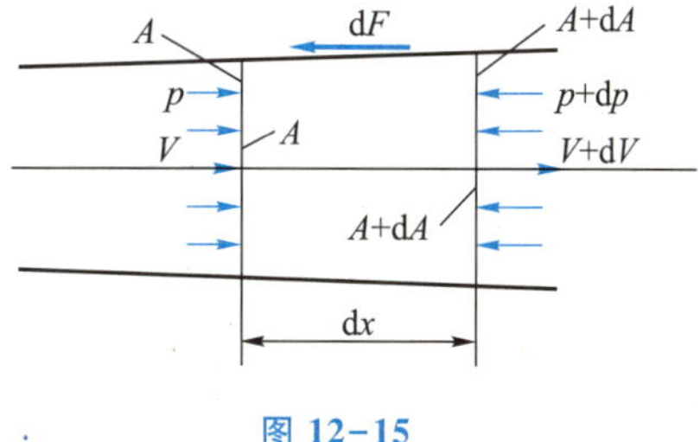


图 12-15

该段气体所受的表面力如图 12-15 所示，气体的表面力和惯性力相平衡，即

$$pA-(p+\mathrm{d}p)(A+\mathrm{d}A)+\left(p+\frac{\mathrm{d}p}{2}\right)\mathrm{d}A-\mathrm{d}F=\rho AV[(V+\mathrm{d}V)-V]$$

展开并略去高阶微量后得

$$-A\mathrm{d}p-\mathrm{d}F=\rho AV\mathrm{d}V$$

除以 $\rho A$ 可得

$$V\mathrm{d}V+\frac{\mathrm{d}p}{\rho}+\frac{\mathrm{d}F}{\rho A}=0$$

式中 $\mathrm{d}F/(\rho A)$ 为实际气体在管道中流动的摩擦损失项。按前面阻力损失计算的表达形式，可以将单位重力流体的摩擦损失表示为

$$\frac{\mathrm{d}F}{\rho gA}=\lambda\frac{\mathrm{d}x}{D}\frac{V^2}{2g}$$

则上式变为

$$VdV+\frac{dp}{\rho}+\lambda\frac{dx}{D}\frac{V^2}{2}=0 \tag{12-46}$$

将关系式

$$h=c_pT=\frac{\gamma}{\gamma-1}RT=\frac{\gamma}{\gamma-1}\frac{p}{\rho}$$

代入通用能量方程式(12-13)得

$$\frac{dp}{\rho}=\frac{p}{\rho}\frac{d\rho}{\rho}-\frac{\gamma-1}{\gamma}VdV$$

又由连续性方程式(12-9)有

$$\frac{d\rho}{\rho}=-\frac{dV}{V}-\frac{dA}{A}$$

代入上式得

$$\frac{dp}{\rho}=\left(\frac{V^2}{\gamma}-\frac{p}{\rho}\right)\frac{dV}{V}-\frac{p}{\rho}\frac{dA}{A}-VdV$$

将此式代入式(12-46)得

$$\left(\frac{V^2}{\gamma}-\frac{p}{\rho}\right)\frac{dV}{V}-\frac{p}{\rho}\frac{dA}{A}+\lambda\frac{dx}{D}\frac{V^2}{2}=0$$

因为

$$\frac{p}{\rho}=RT=\frac{c^2}{\gamma}$$

代入上式得

$$(V^2-c^2)\frac{dV}{V}-c^2\frac{dA}{A}+\lambda\frac{\gamma V^2}{2}\frac{dx}{D}=0$$

或

$$(Ma^2-1)\frac{dV}{V}=\frac{dA}{A}-\lambda\frac{\gamma Ma^2}{2}\frac{dx}{D} \tag{12-47}$$

式(12-47)和式(12-36)相比较可以看出,摩擦作用的存在相当于将截面减小。在收缩管中($dA<0$),摩擦作用使亚声速气流加速更快,压强下降加快;使超声速气流的速度下降更快,压强增加加快。而在扩张管中($dA>0$),摩擦使亚声速气流减速缓慢,压强上升缓慢;使超声速气流加速减慢,压强降低减慢。对等截面管而言,摩擦作用相当于使气体在收缩管中流动。所以,当实际气体沿等径管流动时,气流速度由亚声速连续变为超声速或由超声速连续变为亚声速都是不可能的。无论进口是亚声速还是超声速气流,出口处的极限只能是声速。

还可以看出,在缩放型喷管中,由于摩擦的作用,在最小断面上的速度永远也不等于

当地声速，即达到声速的断面不是最小断面。当 $Ma=1$ 时，式(12-47)为

$$\frac{\mathrm{d}A}{A}=\lambda\ \frac{\gamma}{2}\ \frac{\mathrm{d}x}{D}$$

该式说明，$Ma=1$ 的截面将出现在扩张段内，其位置与阻力因数 $\lambda$ 有关。

现在来讨论压强降落规律。

将状态方程、连续性方程和绝热流动条件

$$\frac{\mathrm{d}\rho}{\rho}=\frac{1}{\gamma}\ \frac{\mathrm{d}p}{p}$$

代入(12-46)式，可得

$$\mathrm{d}p-\frac{V^2}{\gamma RT}\mathrm{d}p+\lambda\ \frac{\mathrm{d}x}{D}\ \frac{\gamma p}{2}Ma^2=0$$

由此得

$$\frac{\mathrm{d}p}{\mathrm{d}x}=\frac{\dfrac{\lambda}{D}\ \dfrac{p}{2}\gamma Ma^2}{Ma^2-1} \tag{12-48}$$

分析式(12-48)可以看出：

(1) 若 $Ma=1$，该式分母为零，$\dfrac{\mathrm{d}p}{\mathrm{d}x}$为无穷大，这是不可能的，说明管中流速不可能达到 $Ma=1$。

(2) 若 $Ma<1$，由于分子为正值，则沿流程$\dfrac{\mathrm{d}p}{\mathrm{d}x}$为负值，而且随着压强下降，气体膨胀温度降低，流速加快，只有在出口处才可能达到极限速度，即 $Ma=1$。

(3) 若 $Ma>1$，则沿流程$\dfrac{\mathrm{d}p}{\mathrm{d}x}$为正值，随压强升高，温度升高，流速降低，其极限也在出口断面上，以 $Ma=1$ 为止。

当出口断面达到 $Ma=1$ 时，无论外界压强如何下降，都不会影响管内流动，即处于壅塞状态，最大流量 $q_{m_{\max}}$ 值保持不变。

质量流量近似计算可采用下面公式(该式推导从略)：

$$q_m=A\sqrt{\frac{2D}{\lambda L}\ \frac{\gamma}{\gamma+1}\ \frac{p_1^2}{RT_1}\left[1-\left(\frac{p_2}{p_1}\right)^{\frac{\gamma+1}{\gamma}}\right]} \tag{12-49}$$

在等径直管有摩擦绝热流动中，极限情况只能出现在管路末端，即只有在管端才可能出现 $Ma=1$ 的情况。因此，在这种情况下，对管长必须有所限制，这就是所谓“极限管长”，现在就来讨论这个问题。

对于等截面管，$\mathrm{d}A=0$，则式(12-47)变为

$$(Ma^2-1)\frac{\mathrm{d}V}{V}=-\lambda\frac{\gamma Ma^2}{2}\frac{\mathrm{d}x}{D} \tag{12-50}$$

又由一维恒定流动能量方程(12-13)和运动方程(12-10),在等熵的条件下可得

$$\frac{\mathrm{d}V}{V}=-\frac{1}{Ma^2(\gamma-1)}\frac{\mathrm{d}T}{T}$$

又由关系式 $Ma=\frac{V}{c}$,有

$$V^2=Ma^2c^2=Ma^2\gamma RT$$

将该式微分得

$$2V\mathrm{d}V=2Ma\gamma RT\mathrm{d}Ma+Ma^2\gamma R\mathrm{d}T$$

与原式相除得

$$2\frac{\mathrm{d}V}{V}=2\frac{\mathrm{d}Ma}{Ma}+\frac{\mathrm{d}T}{T}$$

由所得两式消去$\frac{\mathrm{d}T}{T}$得

$$\frac{\mathrm{d}V}{V}=\frac{\frac{\mathrm{d}Ma}{Ma}}{\frac{\gamma-1}{2}Ma^2+1}$$

代入(12-50)式,整理后得

$$\lambda\frac{\mathrm{d}x}{D}=\frac{2(1-Ma^2)\mathrm{d}Ma}{\gamma Ma^3\left(\frac{\gamma-1}{2}Ma^2+1\right)}=\frac{2\mathrm{d}Ma}{\gamma Ma^3}-\frac{\gamma+1}{\gamma}\frac{\mathrm{d}Ma}{Ma\left(\frac{\gamma-1}{2}Ma^2+1\right)}$$

取上、下限:$X=0, Ma=Ma_1$;$X=L, Ma=Ma$,积分此式可得

$$\lambda\frac{L}{D}=\frac{1}{\gamma}\left(\frac{1}{Ma_1^2}-\frac{1}{Ma^2}\right)+\frac{\gamma+1}{2\gamma}\ln\left[\left(\frac{Ma_1}{Ma}\right)^2\frac{(\gamma-1)Ma^2+2}{(\gamma-1)Ma_1^2+2}\right]$$

由前面的分析知,流动的极限情况为出口处的 $Ma=1$,即此时管路长度最大,由此得

$$L_{\max}=\frac{D}{\lambda}\left\{\frac{1}{\gamma}\left(\frac{1}{Ma_1^2}-1\right)+\frac{\gamma+1}{2\gamma}\ln\left[\frac{(\gamma+1)Ma_1^2}{(\gamma-1)Ma_1^2+2}\right]\right\} \tag{12-51}$$

这里应指出,对于亚声速流动,因 $Ma_1$ 可以接近于零,即流速可以极低,由式(12-51)可见,相应的 $L_{\max}$可以无限长,但对于超声速却只有有限值。

最后,来讨论马赫数对流动损失因数 $\lambda$ 的影响。在前面的分析中,曾把它当作常数来处理,而实际上 $\lambda$ 是随 $Ma$ 而变化的。由于关系复杂,只能通过实验定性地研究,其结果是,当 $Ma\leqslant0.70$ 时,$\lambda$ 与 $Ma$ 基本上无关,$\lambda$ 的数值接近于不可压缩流体。因而在这一范

围内,沿程损失因数 $\lambda$ 可按不可压缩流体的相应公式计算;而当 $Ma>0.70$ 以后,$\lambda$ 随 $Ma$ 的增大而降低,$Ma>0.85$ 以后,$\lambda$ 的减小十分剧烈。

### 2. 管道中实际气体的等温流动

当气体在长管道中作低速流动时,气体能与周围环境充分地进行热交换,因此,沿整个管道气体的温度可以看作常数,这种流动可以看作等温流动。

由方程式(12-46),按等温流动条件$\frac{\mathrm{d}\rho}{\rho}=\frac{\mathrm{d}p}{p}$,可仿照绝热流动的推导过程,求得压强降落为

$$\frac{\mathrm{d}p}{\mathrm{d}x}=\frac{\frac{\lambda}{D}\frac{p}{2}Ma^2}{Ma^2-\frac{1}{\gamma}} \tag{12-52}$$

对比式(12-52)与式(12-48)可以看出,管中流速在等温流动时不能超过 $Ma=\sqrt{\frac{1}{\gamma}}$ 点。其余的分析与绝热流动相同。

等温流动系指低速流动,当 $Ma=\sqrt{\frac{1}{\gamma}}$ 时,已远离等温的假设,分析无实际意义。

实际气体等温流动的质量流量计算公式为

$$q_m=A\sqrt{\frac{p_1^2-p_2^2}{\lambda RT\frac{L}{D}}} \tag{12-53}$$

## 例　　题

**例 12-1**　用文丘里流量计测空气流量,入口直径 $d_1=400$ mm,喉部直径 $d_2=125$ mm,入口处绝对压强 $p_1=1.38\times10^5$ Pa,温度 $t_1=17$ ℃,喉部绝对压强 $p_2=1.17\times10^5$ Pa。试求质量流量 $q_m$。设过程为等熵,$\gamma=1.4$,空气 $R=287$ J/(kg·K)。

**解:** 不计重力,由等熵能量方程,有

$$\frac{\gamma}{\gamma-1}\frac{p}{\rho}+\frac{V^2}{2}=C$$

对Ⅰ-Ⅰ,Ⅱ-Ⅱ两断面列能量方程:

$$\frac{\gamma}{\gamma-1}\frac{p_1}{\rho_1}+\frac{V_1^2}{2}=\frac{\gamma}{\gamma-1}\frac{p_2}{\rho_2}+\frac{V_2^2}{2}$$

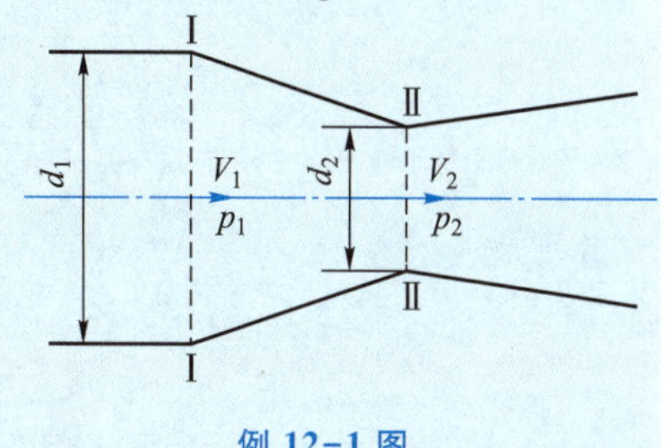


例 12-1 图

即
$$\frac{\gamma}{\gamma-1}\left(\frac{p_1}{\rho_1}-\frac{p_2}{\rho_2}\right)=\frac{V_2^2-V_1^2}{2} \qquad ①$$

对于等熵流动，有$\frac{p_1}{\rho_1^\gamma}=\frac{p_2}{\rho_2^\gamma}$，所以

$$\rho_2=\left(\frac{p_2}{p_1}\right)^{1/\gamma}\rho_1$$

及

$$\frac{p_2}{\rho_2}=\frac{p_1}{\rho_1}\left(\frac{p_2}{p_1}\right)^{\frac{\gamma-1}{\gamma}} \qquad ②$$

又由质量流量的连续性

$$\rho_1 V_1\frac{\pi}{4}d_1^2=\rho_2 V_2\frac{\pi}{4}d_2^2$$

故

$$V_2=\left(\frac{d_1}{d_2}\right)^2\frac{\rho_1}{\rho_2}V_1$$

而

$$\frac{\rho_1}{\rho_2}=\left(\frac{p_1}{p_2}\right)^{1/\gamma}$$

所以

$$V_2=\left(\frac{d_1}{d_2}\right)^2\left(\frac{p_1}{p_2}\right)^{1/\gamma}V_1 \qquad ③$$

将式②、③代入式①，得

$$\frac{\gamma}{\gamma-1}\frac{p_1}{\rho_1}\left[1-\left(\frac{p_2}{p_1}\right)^{\frac{\gamma-1}{\gamma}}\right]=\frac{V_1^2}{2}\left[\left(\frac{d_1}{d_2}\right)^4\left(\frac{p_1}{p_2}\right)^{2/\gamma}-1\right]$$

即

$$V_1=\sqrt{\frac{2\gamma}{\gamma-1}\frac{p_1}{\rho_1}\left[1-\left(\frac{p_2}{p_1}\right)^{\frac{\gamma-1}{\gamma}}\right]\Big/\left[\left(\frac{d_1}{d_2}\right)^4\left(\frac{p_1}{p_2}\right)^{2/\gamma}-1\right]}$$

因此质量流量为

$$q_m=\rho_1 V_1\frac{\pi}{4}d_1^2=\frac{\pi}{4}d_1^2\sqrt{\frac{\dfrac{2\gamma}{\gamma-1}\rho_1 p_1\left[1-\left(\dfrac{p_2}{p_1}\right)^{\frac{\gamma-1}{\gamma}}\right]}{\left[\left(\dfrac{d_1}{d_2}\right)^4\left(\dfrac{p_1}{p_2}\right)^{2/\gamma}-1\right]}}$$

由气体状态方程$\dfrac{p_1}{\rho_1}=RT_1$，得

$$\rho_1=\frac{p_1}{RT_1}$$

所以

$$q_m=\frac{\pi}{4}d_1^2\sqrt{\frac{\dfrac{2\gamma}{\gamma-1}\dfrac{p_1^2}{RT_1}\left[1-\left(\dfrac{p_2}{p_1}\right)^{\frac{\gamma-1}{\gamma}}\right]}{\left[\left(\dfrac{d_1}{d_2}\right)^4\left(\dfrac{p_1}{p_2}\right)^{2/\gamma}-1\right]}}$$

将数据：$d_1=0.4\ \text{m}$，$d_2=0.125\ \text{m}$，$p_1=1.38\times10^5\ \text{Pa}$，$p_2=1.17\times10^5\ \text{Pa}$，$T_1=(273+17)\text{K}=290\ \text{K}$，$\gamma=1.4$，$R=287\ \text{J/(kg}\cdot\text{K)}$代入，得$q_m=2.85\ \text{kg/s}$。

例 12-2　空气从一大容器中经侧壁上的收缩喷嘴出流于大气。容器中的绝对压强$p_0=2.07\times10^5\ \text{Pa}$，温度$t_0=15\ ℃$，喷嘴直径$d=25\ \text{mm}$，容器外压强$p=1.035\times10^5\ \text{Pa}$。求通过喷嘴的质量流量。

解：

$$\frac{p}{p_0}=0.5<\left(\frac{2}{\gamma+1}\right)^{\frac{\gamma}{\gamma-1}}=0.528\ 3$$

即$p$小于临界压强$p_{cr}$，所以按最大流量公式计算，即将式(12-45)进行整理：

$$q_{m_{\max}}=\frac{\pi}{4}d^2\left(\frac{2}{\gamma+1}\right)^{\frac{\gamma+1}{2(\gamma-1)}}\sqrt{\gamma p_0\rho_0}$$

由气体状态方程

$$\rho_0=\frac{p_0}{RT_0}$$

所以

$$q_{m_{\max}}=\frac{\pi}{4}d^2\left(\frac{2}{\gamma+1}\right)^{\frac{\gamma+1}{2(\gamma-1)}}\sqrt{\gamma\frac{p_0^2}{RT_0}}=0.242\ \mathrm{kg/s}$$

**例 12-3**　有直径 $d=150$ mm，长 $L=300$ m 的管道输送恒温 $t=20$ ℃的氢气。入口和出口绝对压强分别为 $p_1=1.36\times10^5$ Pa 和 $p_2=1.02\times10^5$ Pa，流动损失因数 $\lambda=0.016$，氢气的气体常数 $R=4\ 120$ J/(kg·K)。试求质量流量 $q_m$ 和出口流速 $V_2$。

**解：** 由等径管道等温流动的流量公式

$$q_m=\frac{\pi}{4}d^2\sqrt{\frac{p_1^2-p_2^2}{\lambda RT\bar{L}}}$$

及

$$\bar{L}=\frac{L}{d}=2\ 000$$

所以

$$q_m=0.26\ \mathrm{kg/s}$$

出口速度

$$V_2=\frac{q_m}{\rho_2\dfrac{\pi}{4}d^2}=\frac{4q_mRT}{\pi p_2d^2}=174.13\ \mathrm{m/s}$$

第 12 章

电子作业本

# 第 13 章 可压缩流体的平面流动

物体以超声速运动，或超声速气流流经物体表面时，将产生激波或膨胀波，这是超声速流动的基本特征，也是分析研究超声速流动的十分重要的物理概念。在本章中将分析研究可压缩流体二维流动中这种波的产生、传播规律、性质以及有关主要参数的理论计算方法等。

## §13-1 平面马赫波

由 §12-2 中的叙述可知，当物体（扰动源）运动速度 $v$ 大于气体中声音的传播速度 $c$ 时，由图 12-7 可见，扰动源永远运动在扰动传播的前面。运动过程中所产生的扰动波面，在任何瞬间都形成一个空间圆锥面，它是一个以扰动源为顶点的向扰动源运动相反方向张开的圆锥区域，称为**马赫锥**。马赫锥的半顶角称为**马赫角** $\mu$，有

$$\sin\mu=\frac{c}{v}=\frac{1}{Ma} \tag{13-1}$$

显然，马赫角的大小取决于气流的马赫数 $Ma$。以某一点处的扰动源产生球面扰动波所形成的马赫锥，在任何时候，其影响区域只限于马赫锥内，即锥内气体受到扰动，而锥外的气体未受扰动，马赫锥面是扰动区和未受扰动区之间的一个明显的界面。微弱扰动波不能传播至马赫锥外，这也是通常只见到超声速飞机飞来，却听不到声音的原因，只有当飞机飞过之后，才能听见声音，即小扰动只能在它下游的马赫锥内传播。

如果产生扰动的是一根无限长的直扰动线，微弱扰动将以圆柱面波的形式以当地声速向外传播。垂直于无限长直扰动线的平面同圆柱面波的交线，就是以声速向外传播的**扰动圆**，这是二维的微弱扰动传播。这时，在平面上的扰动圆形成的包络圆锥线称为**马赫线**，又称为**平面马赫波**。若顺着气体流动的方向观察，由直扰动线向左伸向下游的称为**左伸马赫线（波）**，而向右伸向下游的称为**右伸马赫线（波）**。

当气流经过平面马赫波后，与波前比较，气流速度的大小和方向都将发生变化。

设马赫波前气流速度为 $v$（图 13-1），若将气流速度分解成垂直于马赫波的分速度 $v_n$ 和平行于波面的分速度 $v_t$，由于沿波面方向压强均匀分布，所以波前速度沿波面方向的分速度 $v_{t1}$ 与波后速度沿波面方向的分速度 $v_{t2}$ 相等，即

$$v_{t1}=v_{t2}$$

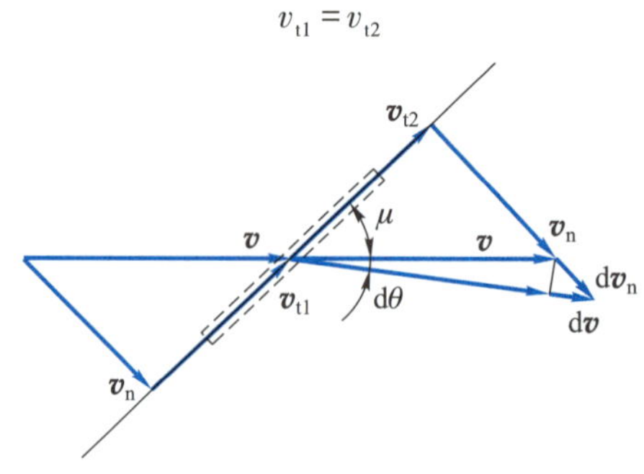


图 13-1

若紧贴波面两侧取一控制体(虚线所示),垂直于法向分速度的控制面面积为 $A$,对波前波后的控制面写出动量方程式:

$$pA-(p+\mathrm{d}p)A=\rho Av_n[(v_n+\mathrm{d}v_n)-v_n]$$

经整理后得

$$\rho\mathrm{d}v_n=-\frac{\mathrm{d}p}{v_n} \tag{13-2}$$

又由控制体的连续性方程

$$\rho v_nA=(\rho+\mathrm{d}\rho)(v_n+\mathrm{d}v_n)A$$

略去二阶微量,得

$$\rho\mathrm{d}v_n=-v_n\mathrm{d}\rho \tag{13-3}$$

将上式代入式(13-2),有

$$v_n=c$$

即超声速气流在马赫波前的法向速度 $v_n$ 等于声速。

又由图 13-1 中马赫波后的速度三角形,可以得到超声速气流通过马赫波后的速度相对变化量以及其他参数的变化关系式。在讨论中对波的方向规定右伸波为正,左伸波为负,并假定是理想完全气体作平面定常绝热流动。

超声速气流通过马赫波时,沿波面方向的分速度 $v_t$ 不变,法向分速度变为 $v_n+\mathrm{d}v_n$,速度 $v$ 偏转了 $\mathrm{d}\theta$ 角,在 $\mathrm{d}\theta$ 角很小的情况下,由图 13-1 中的速度三角形有

$$\mathrm{d}v\approx\mathrm{d}v_n\sin(\mu+\mathrm{d}\theta)\quad\text{或}\quad\mathrm{d}v\approx\mathrm{d}v_n\sin\mu$$

又有

$$\mathrm{d}v_n\cos\mu\approx v\mathrm{d}\theta$$

则

$$\mathrm{d}v=v\mathrm{d}\theta\frac{\sin\mu}{\cos\mu}=v\mathrm{d}\theta\tan\mu=v\mathrm{d}\theta\frac{1}{\sqrt{Ma^2-1}}$$

规定气流通过马赫波时偏转角逆时针为正,顺时针为负,而规定通过马赫波时右伸波为正,左伸波为负,因此通过马赫波的气流速度的相对变化可以写为

$$\frac{\mathrm{d}v}{v}=\pm\frac{\mathrm{d}\theta}{\sqrt{Ma^2-1}} \tag{13-4}$$

这样,对于图 13-1 中的左伸马赫波而言,$\mathrm{d}\theta$ 顺时针为负,而它是左伸马赫波亦为负,因此式(13-4)取正号,即气流通过马赫波后速度是增加的。而对于右伸马赫波而言,右伸马赫波为正,若 $\mathrm{d}\theta$ 是顺时针方向,则式(13-4)应取负号,即这时气流通过马赫波后速度是减小的。

同样,考虑到沿波面方向的分速度 $v_t$ 不变,由对波面两侧控制面列动量方程得到的式(13-2)及等熵流动的伯努利方程,可以求得通过马赫波时压强的变化,有

$$\mathrm{d}p=-\rho v_n\mathrm{d}v_n=-\rho v\mathrm{d}v$$

将式(13-4)代入,得

$$\mathrm{d}p=\mp\frac{\rho v^2}{\sqrt{Ma^2-1}}\mathrm{d}\theta \tag{13-5}$$

从上式可见,超声速气流通过马赫波(受扰动)时,随速度增加将对应出现压强降低,是膨胀过程,这样的马赫波称为**微弱膨胀波**,这时压强、密度、温度等都有微量减小;反之,若速度微量减小,将对应发生压强、密度和温度的微量增加,是压缩过程,这样的马赫波称为微弱压缩波。显然,对公式正负号的规定与流动的物理过程是一致的。由于通过马赫波时气流参数只有微弱的变化,因此其流动一般仍按等熵流动处理。

从式(13-4)、式(13-5)以及相应的流动过程得到,在超声速气流中,马赫波的产生与通过扰动源时气流速度大小和方向的变化以及相应压强、密度的变化紧密关联。换言之,在超声速气流速度大小和方向或者气流的压强发生变化时,气流中必将伴随产生马赫波。

## §13-2 可压缩流体平面流动的基本方程

应当指出,一般情况下的二维超声速等熵气流,不一定是位势流。在等熵气流中,沿每一条流线上,总能量的大小和熵值保持不变。但若流过某一物体时,或在超声速气流流经曲激波时,不同的流线处将发生不同的损失。即使其后流动仍然等熵,然而在不同流线上,总能量和熵有不同的数值,这时气流不再是位势流,流动中将会出现旋涡。

因此,当由一气体流线转到另一流线时,总能量和熵保持不变的等熵气流才是位势流。对于气体高速流动,边界层外的流动通常是位势流,这时可以忽略相邻流体层间的热传导,是一种理想气体的绝热流动。

下面讨论可压缩气体平面恒定势流的基本方程。

### 1. 等熵势流条件

对于二维恒定流动,在忽略质量力的情况下,运动方程为

$$-\frac{1}{\rho}\frac{\partial p}{\partial x}=\frac{\partial v_x}{\partial x}v_x+\frac{\partial v_x}{\partial y}v_y \tag{13-6}$$

$$-\frac{1}{\rho}\frac{\partial p}{\partial y}=\frac{\partial v_y}{\partial x}v_x+\frac{\partial v_y}{\partial y}v_y \tag{13-7}$$

为了能从方程中直接区分性质完全不同的有旋与有势流动，将式(13-6)改写为

$$-\frac{1}{\rho}\frac{\partial p}{\partial x}=\frac{\partial v_x}{\partial x}v_x+\frac{\partial v_x}{\partial y}v_y+2v_y\omega_z-2v_y\omega_z$$

上式中旋转角速度

$$\omega_z=\frac{1}{2}\left(\frac{\partial v_y}{\partial x}-\frac{\partial v_x}{\partial y}\right)$$

于是有

$$\begin{aligned}-\frac{1}{\rho}\frac{\partial p}{\partial x}&=\frac{\partial v_x}{\partial x}v_x+\frac{\partial v_x}{\partial y}v_y+\left(\frac{\partial v_y}{\partial x}-\frac{\partial v_x}{\partial y}\right)v_y-2v_y\omega_z\\&=\frac{\partial}{\partial x}\left(\frac{v_x^2}{2}+\frac{v_y^2}{2}\right)-2v_y\omega_z\\&=\frac{\partial}{\partial x}\left(\frac{v^2}{2}\right)-2v_y\omega_z\end{aligned} \tag{13-8}$$

同理，可将式(13-7)改写为

$$-\frac{1}{\rho}\frac{\partial p}{\partial y}=\frac{\partial}{\partial y}\left(\frac{v^2}{2}\right)+2v_x\omega_z \tag{13-9}$$

将式(13-8)乘 $\mathrm{d}x$，式(13-9)乘 $\mathrm{d}y$，然后相加得

$$-\frac{1}{\rho}\left(\frac{\partial p}{\partial x}\mathrm{d}x+\frac{\partial p}{\partial y}\mathrm{d}y\right)=\frac{\partial}{\partial x}\left(\frac{v^2}{2}\right)\mathrm{d}x+\frac{\partial}{\partial y}\left(\frac{v^2}{2}\right)\mathrm{d}y+2\omega_z(v_x\mathrm{d}y-v_y\mathrm{d}x)$$

即

$$-\frac{\mathrm{d}p}{\rho}=\mathrm{d}\left(\frac{v^2}{2}\right)+2\omega_z(v_x\mathrm{d}y-v_y\mathrm{d}x) \tag{13-10}$$

这里假定，流体从一流线转到另一流线时，总能量（即滞止焓）$h_0$ 和比熵 $s$ 是变化的，即

$$h_0=h+\frac{v^2}{2}\neq C$$

$$s=\frac{1}{T}\left(h-\frac{p}{\rho}\right)\neq C$$

因此，由上面两个公式，式(13-10)变为

$$T\mathrm{d}s-\mathrm{d}h_0=2\omega_z(v_x\mathrm{d}y-v_y\mathrm{d}x) \tag{13-11}$$

由上式可见，若气体在流动过程中没有旋涡，即 $\omega_z=0$，气流中任意各点的滞止焓 $h_0$ 和比熵 $s$ 必须都为常数，即若气体由一流线转到另一流线时，其总能量 $h_0$ 和比熵 $s$ 不改变，这时等熵气流必然是位势流动。因此，在气体流动中，同样可以用滞止焓和比熵的相应热力学参数来判别气体流动是否有势。

如果超声速气流在激波形成之前各点上滞止焓和比熵都相等，则气体来流是势流。而当有激波形成时，若沿激波面各点有不同的损失，波后气体由一流线转到另一流线时，熵就会发生改变，因此激波后的流动中出现旋涡。当然，若激波是直线时，波后各点熵增加值都相同，这时气流在波后仍将保持位势流动。

### 2. 气体平面位势流基本微分方程

对平面恒定气流，连续性方程为

$$\frac{\partial(\rho v_x)}{\partial x}+\frac{\partial(\rho v_y)}{\partial y}=0$$

展开写为

$$\frac{\partial\rho}{\partial x}v_x+\frac{\partial\rho}{\partial y}v_y+\rho\left(\frac{\partial v_x}{\partial x}+\frac{\partial v_y}{\partial y}\right)=0 \tag{13-12}$$

设流体具有正压性，则有

$$\frac{\partial\rho}{\partial x}=\frac{\mathrm{d}\rho}{\mathrm{d}p}\frac{\partial p}{\partial x}=\frac{1}{c^2}\frac{\partial p}{\partial x},\quad \frac{\partial\rho}{\partial y}=\frac{\mathrm{d}\rho}{\mathrm{d}p}\frac{\partial p}{\partial y}=\frac{1}{c^2}\frac{\partial p}{\partial y}$$

又由运动方程有

$$\frac{\partial p}{\partial x}=-\rho\left(\frac{\partial v_x}{\partial x}v_x+\frac{\partial v_x}{\partial y}v_y\right),\quad \frac{\partial p}{\partial y}=-\rho\left(\frac{\partial v_y}{\partial x}v_x+\frac{\partial v_y}{\partial y}v_y\right)$$

于是式(13-12)变为

$$-\frac{\rho}{c^2}\left(\frac{\partial v_x}{\partial x}v_x+\frac{\partial v_x}{\partial y}v_y\right)v_x-\frac{\rho}{c^2}\left(\frac{\partial v_y}{\partial x}v_x+\frac{\partial v_y}{\partial y}v_y\right)v_y+\rho\left(\frac{\partial v_x}{\partial x}+\frac{\partial v_y}{\partial y}\right)=0$$

即

$$\left(1-\frac{v_x^2}{c^2}\right)\frac{\partial v_x}{\partial x}-\frac{v_xv_y}{c^2}\left(\frac{\partial v_x}{\partial y}+\frac{\partial v_y}{\partial x}\right)+\left(1-\frac{v_y^2}{c^2}\right)\frac{\partial v_y}{\partial y}=0 \tag{13-13}$$

对于平面位势流动，引入速度势函数 $\varphi(x,y)$，可以将上述解速度场的矢量问题简化为解速度势函数 $\varphi$ 的标量场问题。气流速度与势函数的关系为

$$v_x=\frac{\partial\varphi}{\partial x},\quad v_y=\frac{\partial\varphi}{\partial y}$$

于是式(13-13)变为

$$(c^2-v_x^2)\frac{\partial^2\varphi}{\partial x^2}-2v_xv_y\frac{\partial^2\varphi}{\partial x\partial y}+(c^2-v_y^2)\frac{\partial^2\varphi}{\partial y^2}=0 \tag{13-14}$$

式(13-14)是可压缩气体恒定平面有势流动的基本微分方程,显然是速度势函数 $\varphi$ 的二阶非线性偏微分方程。

在气体运动速度不大的情况下,将式(13-14)逐项除以声速 $c^2$,可以忽略 $\frac{v_x^2}{c^2}$,$\frac{v_xv_y}{c^2}$,$\frac{v_y^2}{c^2}$,则式(13-14)就变成 $\rho$ 为常数情况下速度势函数 $\varphi$ 的拉普拉斯方程。

对于平面可压缩气体有势流动,只要根据给定的边界条件解得速度势函数 $\varphi(x,y)$,也就得到了流场中的速度分布 $v(x,y)$。然后根据运动方程、能量方程、状态方程和等熵气流的基本关系式,即可求得流场中的压强 $p$、密度 $\rho$ 和温度 $T$ 等参数。

## §13-3　普朗特-迈耶流动(绕凸钝角的超声速流动)

实际上,求解非线性的平面可压缩势流气体动力学基本微分方程十分困难,除少数特殊的简单流动(如点源、点汇、点涡、超声速气流绕凸钝角流动等)可以精确求解外,其余可压缩气流的大量问题只能采用近似方法求解。

这里讨论超声速气流绕凸钝角的流动。定常均匀半无限的平面超声速气流沿一平壁 $OA_1$ 流动,在 $A_1$ 点处壁面向外偏转一微小角度 $\mathrm{d}\delta_1$(图 13-2),$A_1$ 点是对超声速气流产生扰动的扰动源,于是 $A_1$ 点产生一个微弱扰动,在 $A_1$ 点形成一膨胀波 $A_1B_1$。由于是均匀来流,所以 $A_1B_1$ 是一条直线,马赫波与来流方向间的马赫角 $\mu_1=\arcsin\frac{1}{Ma_1}$。气流通过马赫波 $A_1B_1$ 之后发生加速,速度 $v_2>v_1(Ma_2>Ma_1)$,同时出现压强、密度、温度下降。设壁面在 $A_2$ 点又向外折转一个微小角度 $\mathrm{d}\delta_2$,在 $A_2$ 点产生一膨胀波 $A_2B_2$,其马赫角为 $\mu_2=\arcsin\frac{1}{Ma_2}$,经马赫波 $A_2B_2$ 后,速度又增加至 $v_3$。当气流继续沿着壁面 $A_3A_4\cdots A_n$ 流动时,由于壁面连续不断地向外折转,将在 $A_3,A_4,\cdots,A_n$ 各折转点处产生一系列的膨胀波 $A_3B_3,\cdots,A_nB_n$,于是得到

$$Ma_1<Ma_2<Ma_3<\cdots<Ma_n$$

$$\mu_1>\mu_2>\mu_3>\cdots>\mu_n$$

由上可见,超声速气流沿着连续向外折转的壁面流动时产生一系列膨胀波,这些膨胀波彼此既不相交也不平行,而是呈辐射状地伸入气流中,气流依次通过这一系列膨胀波时形成了一个气流加速区,速度由 $Ma_1(v_1)$ 连续地增大到 $Ma_n(v_n)$,气流压强则由 $p_1$ 下降至

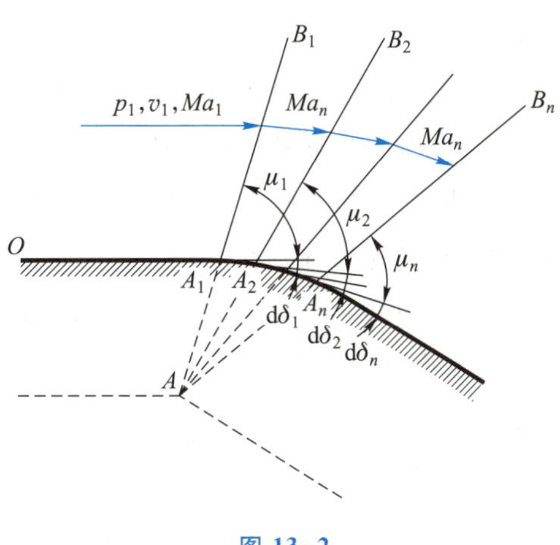


图 13-2

$p_n$。气流的其他参数如焓、密度、温度等也都相应地降低。这种情况也可以把凸曲壁看成穿过膨胀波组的一条流线,而这一波组的扰动源是曲壁面的曲率中心 $A$ 点。

显然,气流都是在经过膨胀波时才发生各种参数的变化,而和相邻扰动源之间的距离无关,即气流速度由 $v_1$ 增大到 $v_n$,压强由 $p_1$ 下降至 $p_n$,只和气流方向的总折转角度有关。因此,只要两个参数相同的气流的总折转角度相等,折转后这两个气流将具有相同的参数。这样,如果使图 13-2 中的 $A_1, A_2, \cdots, A_n$ 之间的距离缩小到无穷小直至为零,就得到了一个气流绕凸钝角折转壁的情况(图 13-3)。这时,气流在凸钝角壁面处连续地受到扰动而连续地产生一个膨胀波组,一直到气流方向折转到与 $A_1C$ 壁面平行为止,在 $A_1B_1$ 和 $A_1B_n$ 之间形成一个连续的扰动区,组成一定强度的扇形状波束的膨胀波组,马赫线呈发散状。超声速气流在经过扇形膨胀波束区域时,速度由 $v_1$ 逐渐增加到 $v_n$,压强由 $p_1$ 逐渐下降到 $p_n$。这个变化可以看作由无穷多个微小变化的 $dv$ 和 $dp$ 的合成,所以气流在膨胀波区 $B_1A_1B_n$ 中的所有流线都是连续曲线,而各马赫波与流线间的角度沿着气流方向逐渐变小。

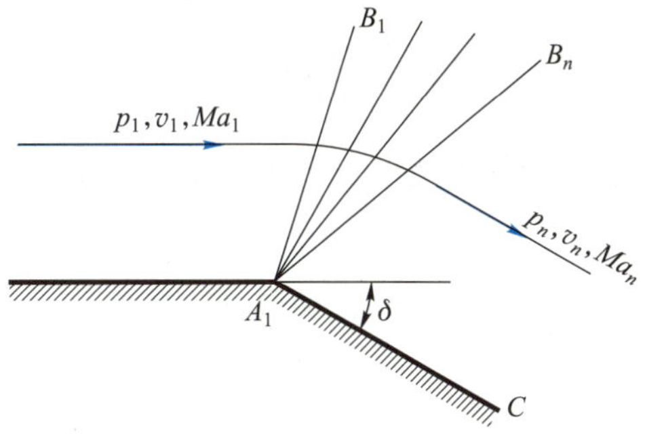


图 13-3

这种对于凸钝角的集中波束,称为**普朗特-迈耶**(Prandtl-Meyer)扇形膨胀波。对于如图 13-2 所示气流在光滑凸面壁上的膨胀,因为流动等熵,所以是可逆的,即在由任何两条流线作壁面的流道中,若正向流动是膨胀,反向流动就是压缩,反之亦然。

在流动是绝热的情况下,如果忽略黏性的作用,可以认为超声速气流经过膨胀波束的流动是等熵过程。

用与研究超声速气流绕凸钝角壁面流动同样的方法，可以得到超声速气流绕内凹壁面的流动。曲壁上每一点都是扰动源，气流经过时产生一定强度的微弱压缩马赫波组，但必须注意，在这一区域中这些马赫波必须不相交，否则就不是微弱压缩波。

实际上超声速气流引起膨胀波的外在原因并不只限于流动方向的变化，当周围的压强低于气流压强($p_2<p_1$)时，超声速气流中也将引起膨胀波组。例如超声速气流在直壁端的流动(图 13-4)。当直壁端 $A$ 点以后是低压区($p_2<p_1$)时，与气流绕凸钝角的情况类似，形成以 $A$ 点为扰动中心的膨胀波组，速度增大到 $v_2$，压强下降到 $p_2$，气流在 $A$ 点折转一个 $\delta$ 角。

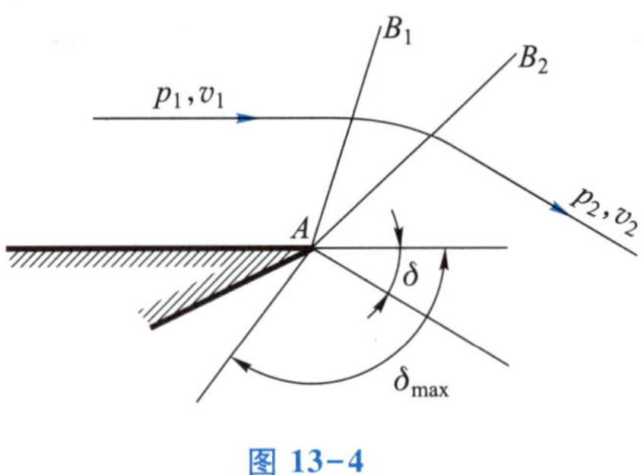


图 13-4

因此，在不同的具体条件下，超声速气流都有可能产生膨胀波，引起流动参数的变化。

超声速气流绕凸钝角壁面的折转流动所产生的等熵膨胀(或与之可逆的等熵压缩)，其 $\mathrm{d}\theta$ 与 $Ma$ 之间的微分关系由式(13-4)给出。对于左伸膨胀波为

$$\mathrm{d}\theta=-\sqrt{Ma^2-1}\ \frac{\mathrm{d}v}{v}$$

按规定，左伸马赫波方向为负，而气流通过马赫波后速度是增加的，即 $\mathrm{d}v$ 为正，因此偏转角 $\mathrm{d}\theta$ 为负，即通过马赫波后气流方向顺时针偏转 $\mathrm{d}\theta$。

由式(12-32)有

$$Ma^2=\frac{\dfrac{2}{\gamma+1}}{1-\dfrac{\gamma-1}{\gamma+1}M_{cr}^2}M_{cr}^2$$

式中 $M_{cr}$——量纲一的速度，为气流速度与临界声速的比值，$M_{cr}=\dfrac{v}{c_{cr}}$；$v$ 增加时，$M_{cr}$ 亦增加，当 $v\to v_{max}$ 时，$M_{crmax}=\dfrac{v_{max}}{c_{cr}}=\sqrt{\dfrac{\gamma+1}{\gamma-1}}$，对确定的气体，$M_{crmax}$ 是一常数。如对空气，$\gamma=1.4$，$M_{crmax}=2.45$。

将上式代入 $\mathrm{d}\theta$ 的微分式，并考虑到 $\dfrac{\mathrm{d}v}{v}=\dfrac{\mathrm{d}M_{cr}}{M_{cr}}$，得到

$$\mathrm{d}\theta=-\sqrt{\frac{\gamma+1}{\gamma-1}}\sqrt{\frac{M_{cr}^2-1}{\dfrac{\gamma+1}{\gamma-1}-M_{cr}^2}}\ \frac{\mathrm{d}M_{cr}}{M_{cr}} \tag{13-15}$$

设气流由初始的 $Ma_1(M_{cr1})$ 和 $\theta_1$ 经扇形马赫波束膨胀到任意 $Ma_n(M_{crn})$，对应气流的方向角为 $\theta_n$，则对式(13-15)积分得到

$$\int_{\theta_1}^{\theta_n}\mathrm{d}\theta=-\int_{M_{cr1}}^{M_{crn}}\sqrt{\frac{\gamma+1}{\gamma-1}}\sqrt{\frac{M_{cr}^2-1}{\frac{\gamma+1}{\gamma-1}-M_{cr}^2}}\frac{\mathrm{d}M_{cr}}{M_{cr}} \tag{13-16}$$

或写成

$$\theta_n-\theta_1=-\delta(M_{crn})+\delta(M_{cr1}) \tag{13-17}$$

式中

$$\delta(M_{crn})=\sqrt{\frac{\gamma+1}{\gamma-1}}\left[\arctan\sqrt{\frac{M_{crn}^2-1}{\frac{\gamma+1}{\gamma-1}-M_{crn}^2}}-\sqrt{\frac{\gamma-1}{\gamma+1}}\arctan\left(\sqrt{\frac{\gamma+1}{\gamma-1}}\sqrt{\frac{M_{crn}^2-1}{\frac{\gamma+1}{\gamma-1}-M_{crn}^2}}\right)\right] \tag{13-18}$$

称 $\delta(M_{cr})$ 为**普朗特-迈耶函数**。由式(13-17)可知，$\delta(M_{cr})$ 具有角度的量纲。对于确定的气体（$\gamma$ 一定），$\delta(M_{cr})$ 只与气流的量纲一的速度 $M_{cr}$ 有关。

对于右伸膨胀波束，式(13-4)中应取“+”号，则同样推导得到

$$\theta_n-\theta_1=\delta(M_{crn})-\delta(M_{cr1}) \tag{13-19}$$

将式(12-31)代入式(13-18)，得到用 $Ma$ 表示的普朗特-迈耶函数：

$$\delta(Ma)=\sqrt{\frac{\gamma+1}{\gamma-1}}\arctan\sqrt{\frac{\gamma-1}{\gamma+1}(Ma^2-1)}-\arctan\sqrt{Ma^2-1} \tag{13-20}$$

若 $M_{cr1}=1$，则由式(13-18)可得 $\delta(1)=0$，于是

$$\delta(M_{cr})=\mp(\theta_n-\theta_{M_{cr1}}) \tag{13-21}$$

因此，普朗特-迈耶函数表示匀速气流膨胀到 $M_{cr}$ 时气流方向偏转的角度，负号为越过左伸膨胀波的流动，正号为越过右伸膨胀波的流动。显然，$M_{cr}$ 越大，$\delta(M_{cr})$ 值也越大，当 $M_{cr}$ 达到极限值 $M_{cr,max}=\sqrt{\frac{\gamma+1}{\gamma-1}}$ 时，$\delta(M_{cr})$ 也达到最大值，将这时的 $M_{cr,max}$ 代入式(13-18)，得到

$$\delta(M_{cr})_{max}=\frac{\pi}{2}\left(\sqrt{\frac{\gamma+1}{\gamma-1}}-1\right) \tag{13-22}$$

对于空气，$\gamma=1.4$，得 $\delta(M_{cr})_{max}=130.45°$；对于过热蒸汽，$\gamma=1.3$，得 $\delta(M_{cr})_{max}=159.20°$。

上述理论分析表明，超声速气流可以绕凸钝角加速，并偏转到相当大的角度而不发生流动分离现象，而在同样的亚声速绕流中，将可能出现分离现象。但是应当看到，普朗特-

迈耶理论是在理想流体的假定下得到的。在真实流体情况下,实际存在的表面没有分离的流动偏转角小于按普朗特-迈耶理论计算得到的值。实际上随气流不断加速的膨胀过程,气温将不断降低,直至气体凝结液化,这时上述理论已不再适用。

在绝热条件下,超声速气流经过马赫波的膨胀过程是等熵的,因此,超声速气流绕凸钝角或外凸曲面壁偏转膨胀时,只要知道壁面的偏转角,亦即知道气流的偏转角,就可以由式(13-16)或式(13-18)及式(13-20)确定气流膨胀后的速度 $M_{cr}$或 $Ma$,然后利用气动函数表(参考资料[23]、[29]等)计算压强、密度、温度等参数。

$Ma=1$ 的等声速气流绕凸钝角膨胀时,膨胀波束所占的扇形区域由 $Ma=1$ 的膨胀波和最终的马赫数 $Ma_n$所对应的膨胀波所围成(图 13-5),扇形的圆心角为 $\varphi$。

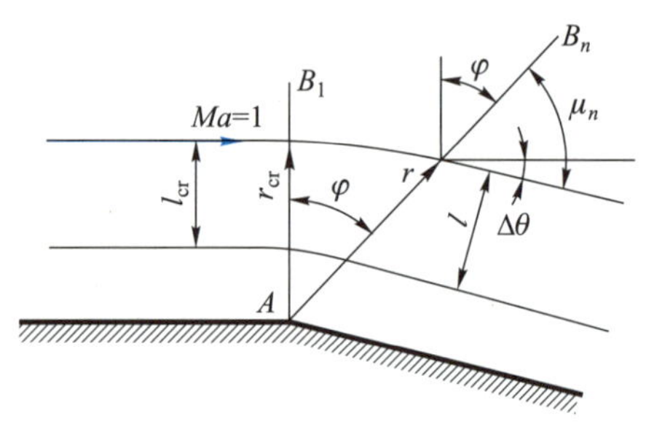

图 13-5

由图中得到

$$\varphi+\mu_n-\Delta\theta=\frac{\pi}{2} \tag{13-23}$$

式中

$$\mu_n=\arcsin\frac{1}{Ma_n},\quad \Delta\theta=\delta(Ma_n)$$

代入式(13-23)化简后得

$$\varphi=\frac{\pi}{2}+\sqrt{\frac{\gamma+1}{\gamma-1}}\arctan\sqrt{\frac{\gamma-1}{\gamma+1}(Ma_n^2-1)}-\arctan\sqrt{Ma_n^2-1}-\arcsin\frac{1}{Ma_n} \tag{13-24}$$

或

$$\varphi=\frac{\pi}{2}+\sqrt{\frac{\gamma+1}{\gamma-1}}\arcsin\sqrt{\frac{\gamma-1}{2}(M_{crn}^2-1)}-\arcsin\sqrt{\frac{\gamma+1}{2}}\sqrt{\frac{M_{crn}^2-1}{M_{crn}^2}} \tag{13-25}$$

在扇形扰动区内,随着气流的膨胀,流线之间的距离将逐渐增大。若以 $l_{cr}$表示马赫波前 $Ma=1$ 时两流线间的距离,而 $l$ 表示马赫数为 $Ma_n$时两流线间的距离,在所讨论的情况下,$l_{cr}$和 $l$ 为流管在对应不同速度下的断面面积(垂直于纸面方向取单位长),根据连续性方程有

$$\rho Av=\rho_{cr}A_{cr}c_{cr}$$

于是

$$\frac{l}{l_{cr}}=\frac{A}{A_{cr}}=\frac{\rho_{cr}}{\rho}\frac{c_{cr}}{v}=\frac{\rho_{cr}}{\rho_0}\cdot\frac{\rho_0}{\rho}\frac{c_0}{v}\sqrt{\frac{2}{\gamma+1}}$$

式中 $\rho_0$,$c_0$ 为滞止参数。将式(12-23)和式(12-29)代入上式,得到

$$\frac{l}{l_{cr}}=\left(\frac{2}{\gamma+1}\right)^{\frac{1}{\gamma-1}}\left(1+\frac{\gamma-1}{2}Ma_n^2\right)^{\frac{1}{\gamma-1}}\times\sqrt{\frac{1}{Ma_n^2}\left(1+\frac{\gamma-1}{2}Ma_n^2\right)\frac{2}{\gamma+1}}$$

$$=\frac{1}{Ma_n}\left[\frac{2}{\gamma+1}\left(1+\frac{\gamma-1}{2}Ma_n^2\right)\right]^{\frac{\gamma+1}{2(\gamma-1)}}=\frac{1}{M_{crn}}\left[1-\frac{\gamma-1}{2}(M_{crn}^2-1)\right]^{-\frac{1}{\gamma-1}} \tag{13-26}$$

任意流线在膨胀过程中到凸钝角顶点 $A$ 的距离变化可以由式(13-26)得到

$$\frac{r}{r_{cr}}=\left[\frac{2}{\gamma+1}\left(1+\frac{\gamma-1}{2}Ma_n^2\right)\right]^{\frac{\gamma+1}{2(\gamma-1)}} \tag{13-27}$$

从上述讨论可见,超声速气流绕凸钝角或外凸曲壁的膨胀虽然是平面流动,但是在扇形膨胀区内的解却是一维的,且这个解对所有的超声速膨胀流都相同,因此可用来计算各种超声速膨胀流动。

## §13-4 小扰动线化法

前面曾得到气体流动的基本微分方程式(13-13),这是二阶非线性偏微分方程。

用数理方程中的分类方法很容易确定,当气流作超声速流动,即 $Ma>1$ 时,式(13-13)是双曲型方程;若气流作等声速流动,即 $Ma=1$,则式(13-13)属于抛物型方程。显然,不同类型方程的解法截然不同。

本节主要讨论式(13-13)的一种简化求解方法。在实际流动问题中,超声速气流绕流的物体很薄,且无穷远处气流对物体的冲角也比较小(如薄翼型绕流),在这一条件下,物体在气流中引起的扰动速度远比无穷远处的均匀来流速度小得多,而实际气体绕薄翼流动可以看作均匀来流与小扰动的叠加。根据流动的这些特殊条件,可以将二阶非线性的偏微分方程式(13-13)简化为线性偏微分方程,从而使方程的求解大为简化,通常称为小扰动线化理论。

在上述绕薄翼型流动问题中,设无穷远处的气流参数 $v_\infty$,$p_\infty$,$\rho_\infty$ 和 $c_\infty$ 分别为未受扰动气流的速度、压强、密度和声速,而设 $v'_x$,$v'_y$,$p'$,$\rho'$ 和 $c'$ 为气流绕流薄翼型时所引起的相应扰动微量。这种物体对气流的扰动称为小扰动。根据假设,显然有

$$v_\infty \gg v'_x,\quad v_\infty \gg v'_y,\quad p_\infty \gg p',\quad \rho_\infty \gg \rho',\quad c_\infty \gg c'$$

气流受到扰动后的参数为

$$v_x=v_\infty+v'_x,\ v_y=v'_y$$

$$p=p_\infty+p'$$

$$\rho=\rho_\infty+\rho'$$

$$c=c_\infty+c'$$

将上述参数代入式(13-13),得

$$\left[1-\frac{(v_\infty+v'_x)^2}{(c_\infty+c')^2}\right]\frac{\partial(v_\infty+v'_x)}{\partial x}-\frac{(v_\infty+v'_x)v'_y}{(c_\infty+c')^2}\left[\frac{\partial(v_\infty+v'_x)}{\partial y}+\frac{\partial v'_y}{\partial x}\right]+$$

$$\left[1-\frac{v'^2_y}{(c_\infty+c')^2}\right]\frac{\partial v'_y}{\partial y}=0$$

略去高阶微量 $v'^2_x,v'^2_y,v'_xv'_y,c'^2$，上式简化为

$$\left(1-\frac{v_\infty^2+2v_\infty v'_x}{c_\infty^2+2c_\infty c'}\right)\frac{\partial v'_x}{\partial x}-\frac{v_\infty v'_y}{c_\infty^2+2c_\infty c'}\left(\frac{\partial v'_x}{\partial y}+\frac{\partial v'_y}{\partial x}\right)+\frac{\partial v'_y}{\partial y}=0$$

由于 $v_\infty$ 和 $c_\infty$ 远大于 $v'_x,v'_y$ 和 $c'$，所以上式左侧第二项系数是个微量，可以略去。第一项系数中 $2v_\infty v'_x$ 和 $2c_\infty c'$ 亦可略去。于是，上式进一步简化为

$$\left(1-\frac{v_\infty^2}{c_\infty^2}\right)\frac{\partial v'_x}{\partial x}+\frac{\partial v'_y}{\partial y}=0$$

或写为

$$(1-Ma_\infty^2)\frac{\partial v'_x}{\partial x}+\frac{\partial v'_y}{\partial y}=0 \tag{13-28}$$

这就是在小扰动条件下扰动速度应满足的微分方程。

下面分析扰动速度是否有势。设受扰动的气流是有势的，即

$$\omega_z=\frac{1}{2}\left(\frac{\partial v_y}{\partial x}-\frac{\partial v_x}{\partial y}\right)=0$$

根据小扰动的特点，上式变为

$$\frac{\partial v'_y}{\partial x}-\frac{\partial(v_\infty+v'_x)}{\partial y}=0$$

即

$$\frac{\partial v'_y}{\partial x}-\frac{\partial v'_x}{\partial y}=0 \tag{13-29}$$

上式说明，在小扰动条件下，速度的扰动分量 $v'_x$ 和 $v'_y$ 也满足有势运动条件，因此同样存在速度扰动量的速度势函数 $\varphi'(x,y)$，有

$$v'_x=\frac{\partial\varphi'}{\partial x},\quad v'_y=\frac{\partial\varphi'}{\partial y} \tag{13-30}$$

将上式代入式(13-28)，得到

$$(1-Ma_\infty^2)\frac{\partial^2\varphi'}{\partial x^2}+\frac{\partial^2\varphi'}{\partial y^2}=0 \tag{13-31}$$

这就是小扰动条件下扰动速度势的微分方程，由于方程的二阶导数的系数是已知常数，所以式(13-31)是线性的。当无穷远处为亚声速流时，$Ma_\infty<1$，式(13-31)是椭圆型偏微分方程；当无穷远处为超声速流时，$Ma_\infty>1$，式(13-31)是双曲型偏微分方程。

显然，当由速度势微分方程解出 $\varphi'$ 后，就可由式(13-30)求得扰动速度 $v'_x$ 和 $v'_y$，从而得到 $v_x$，$v_y$，再由伯努利方程求出压强 $p$。

## §13-5 特征线法

在超声速流场中，扰动沿着马赫线的方向传播，在某点产生的扰动，将在由该点发出的扰动波所限定的区域内传播，其间的马赫角将随气流 $Ma$ 的不同而改变，该区域称为该点的扰动影响区域，而马赫线就是超声速流场中的特征线。对均匀气流，左伸波和右伸波是直线；对非均匀气流，左伸波和右伸波则是曲线。

前面(式(13-18)和式(13-21))已经导出了气流方向偏转的角度与量纲一的速度 $M_{cr}$ 之间的关系为：

$$\theta=-\sqrt{\frac{\gamma+1}{\gamma-1}}\arctan\sqrt{\frac{M_{cr}^2-1}{\frac{\gamma+1}{\gamma-1}-M_{cr}^2}}+\arctan\left(\sqrt{\frac{\gamma+1}{\gamma-1}}\sqrt{\frac{M_{cr}^2-1}{\frac{\gamma+1}{\gamma-1}-M_{cr}^2}}\right)+\theta_0(\text{左伸波}) \quad (13-32)$$

$$\theta=\sqrt{\frac{\gamma+1}{\gamma-1}}\arctan\sqrt{\frac{M_{cr}^2-1}{\frac{\gamma+1}{\gamma-1}-M_{cr}^2}}-\arctan\left(\sqrt{\frac{\gamma+1}{\gamma-1}}\sqrt{\frac{M_{cr}^2-1}{\frac{\gamma+1}{\gamma-1}-M_{cr}^2}}\right)+\theta'_0(\text{右伸波}) \quad (13-33)$$

在图 13-6 上取极坐标系。$M_{cr}$ 和 $\theta$ 分别为矢径和辐角。对于任意给定的 $\theta_0$ 和 $\theta'_0$，可以将式(13-32)和式(13-33)的函数关系表示在 $M_{cr}-\theta$ 平面内，得到曲线Ⅰ和Ⅱ，显然，由式(13-32)和式(13-33)所确定的曲线是外摆线。

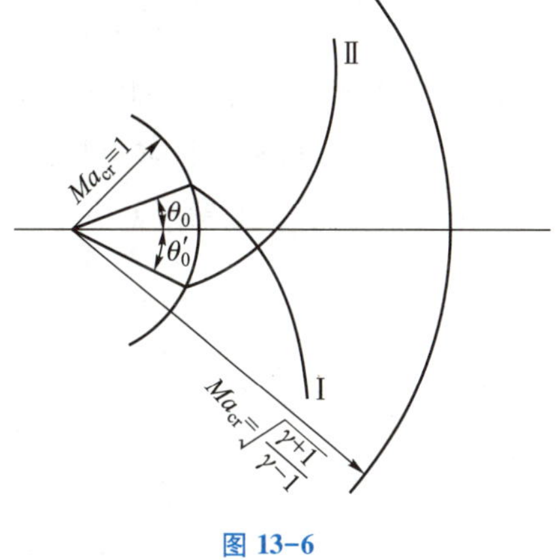

图 13-6

曲线Ⅰ和Ⅱ分别表示超声速气流通过左伸波和右伸波膨胀时在速度平面中的速端曲线，称为速度平面上的特征线。这一速度平面上的外摆线，实际上就是直径为 $\sqrt{\frac{\gamma+1}{\gamma-1}}-1$ 的圆周在半径 $M_{cr}=1$ 的圆上滚动时，其圆周上任意点的轨迹。所有的外摆线都被限制在 $M_{cr}=1$(对应 $v_{cr}$)和 $M_{cr}=\sqrt{\frac{\gamma+1}{\gamma-1}}$(对应 $v_{max}$)为半径的环形区域内，即意味着气流速度应大于声速，而小于极限速度。如果给定一系列不同的 $\theta_0$ 和 $\theta'_0$，就可得到对应的两族外摆线形成特征线网。

根据上述讨论得到，对于物理平面上任意一条马赫波（如图 13-7a 中的 $AB_1$），在速度平面上的特征线 Ⅰ 上就有与之对应的唯一确定的点（如图 13-7b 中的 1 点）。反过来，对于速度平面上的某一点，因为通过该点有两条特征线，所以这一点对应着物理平面上的左伸和右伸两条马赫波。

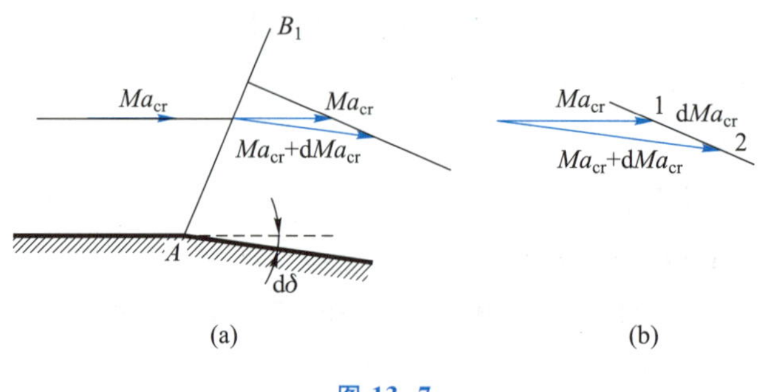


图 13-7

在物理平面上，气流穿过马赫波时的速度变化是由垂直于马赫波方向的分速度的变化引起的。图 13-7b 中 1 点和 2 点之间的线段表示气流经过马赫波 $AB_1$ 时，垂直于 $AB_1$ 的分速度的增量 $dM_{cr}$，即$\overline{12}$线段垂直于马赫波 $AB_1$。当 $dM_{cr}\to 0$ 时，速度平面上特征线的割线$\overline{12}$逐渐变为特征线的切线。由此得出结论：物理平面上的左伸马赫波（特征线Ⅰ）方向与速度平面上通过对应点的右伸特征线Ⅱ垂直；而在物理平面上的右伸马赫波（特征线Ⅱ）方向又与速度平面上的左伸特征线Ⅰ相垂直（图 13-8），这是特征线的两个非常重要的性质。

这两个性质说明速度平面上的特征线与物理平面上的流动之间存在着确定的关系。由于式（13-32）和式（13-33）只取决于气体的物理性质 $\gamma$ 和气流速度 $M_{cr}$，而不依赖于平面上的边界条件，所以速端曲线对超声速气流的膨胀流动具有普遍的意义，可以利用速度平面上的特征线进行平面定常超声速流的计算。根据特征线的性质，可以用作图法或解析法，由速度平面上 $A'$点的特征线方向 $A'B'$和 $A'C'$定出物理平面上 $A$ 点的特征线方向 $AB$ 和 $AC$，并由此解出平面超声速势流问题。因此用特征线法解决气体动力学的问题，主要是寻找气流平面内的特征线。

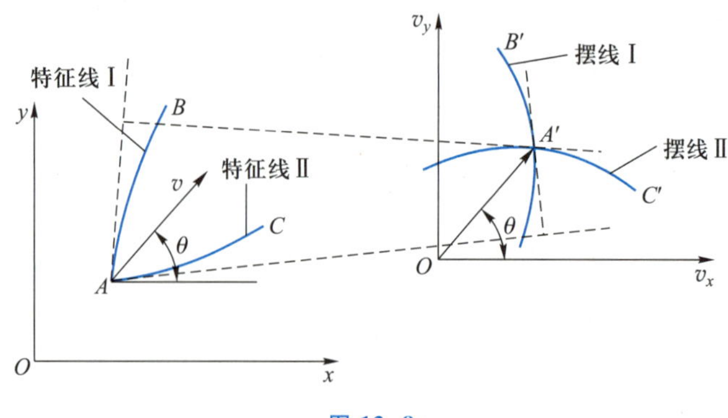


图 13-8

现在用特征线法求解超声速喷管中的气体流动问题。

如图 13-9 所示，超声速喷管中，喉部之前收缩管中气流作亚声速运动，逐渐加速至喉部达到声速，且亚声速入口段的设计使喉部处为均匀声速流动。

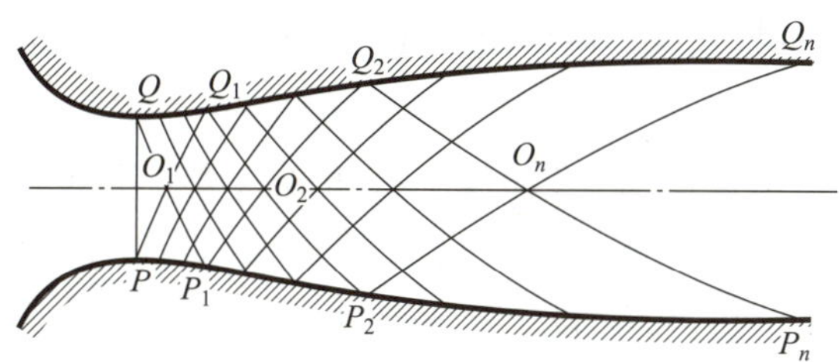


图 13-9

喷管的作用是使气流从 $Ma=1$ 加速到最终所希望的 $Ma$，因此超声速气流在扩展通道中作膨胀运动。气流在扩展通道内运动时，壁面上的每一点都是一个扰动源，由此产生一系列膨胀波。当气流沿喷管扩展通道流动时，穿过膨胀波系，实现气流的膨胀。对轴对称的喷管而言，在轴平面内喷管中的扰动来自对称的壁面，形成两族膨胀波系 $PQ_1$，$P_1Q_2$，$P_2Q_n$，…和 $QP_1$，$Q_1P_2$，$Q_2P_n$，…。膨胀波在扩展通道中相互干涉（波的相交），形成复合的波系。

在喷管喉部之前气流运动已知的情况下，喷管超声速扩展通道的设计可以分解逐步进行。首先解出区域 $PQO_1$ 中的流动；然后根据已解出的特征线 $PO_1$ 和 $QO_1$ 上的气流参数，以及所给出的 $PP_1$ 和 $QQ_1$ 的形状，分别求解区域 $PP_1O_1$ 和 $QQ_1O_1$ 中的流动；再根据所解出的 $P_1O_1$ 和 $Q_1O_1$ 上的气流参数，求解区域 $O_1P_1O_2Q_1$ 中的流动。如此逐步解出 $Q_1O_2Q_2$，$P_1O_2P_2$，$P_2O_2Q_2O_n$，$P_2O_nP_n$，$Q_2O_nQ_n$，…各区域中的流动。因此，从喷管喉部至出口的设计和计算可以归结为下列四种基元的边界条件问题。

### 1. 第一种边界条件问题

假设在$(x,y)$平面上已知任意曲线 $AB$（非特征线）上的气流参数（图 13-10），要求确定由曲线 $AB$ 和自 $A$，$B$ 发出的两族特征线所包围区域内所有点上的流动。

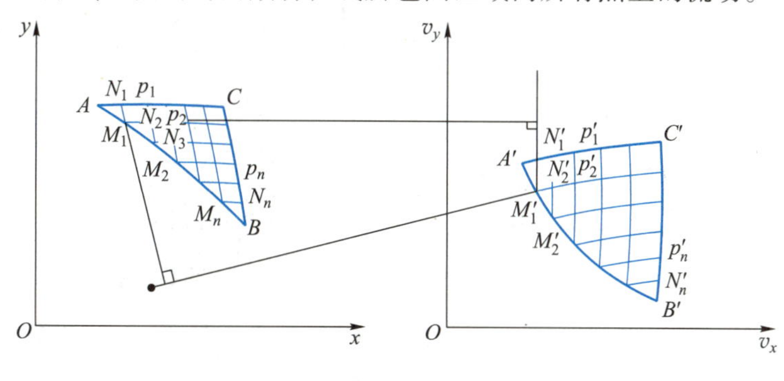


图 13-10

根据物理平面上已知曲线 $AB$ 上 $A$，$M_1$，$M_2$，…，$B$ 各点的速度，在速度平面上绘制得到对应各点 $A'$，$M'_1$，$M'_2$，…，$B'$的位置。

速度平面上各点的特征线方向就是沿着通过 $A'$，$M'_1$，$M'_2$，…，$B'$点已知的外摆线[由式(13-32)和(13-33)得到]的方向,即 $M'_1$ 点的特征线方向分别是不同族外摆线 $M'_1N'_1$ 和 $M'_1N'_2$ 的方向。因此,根据物理平面上和速度平面上特征线间相互垂直的重要性质,就可以由速度平面上各点的特征线方向作图得到物理平面上对应 $A,M_1,M_2,\cdots,B$ 各点的特征线方向。

于是,就可以定出物理平面上 $AB$ 曲线上各相邻点所作不同族特征线间的交点 $N_1$,$N_2,\cdots,N_n$。例如 $N_1$ 点就是 $A$ 和 $M_1$ 相邻两点上所作的不同族外摆线(与对应速度平面上对应点的特征线垂直)$AN_1$ 和 $M_1N_1$ 的交点,依此类推。

由于 $A'B'$ 上各点的外摆线都是已知的,因此其相邻各点所作的不同族外摆线的交点 $N'_1,N'_2,\cdots,N'_n$,就是物理平面上 $N_1,N_2,\cdots,N_n$ 的对应点,它们在速度平面上的坐标值,就是 $N_1,N_2,\cdots,N_n$ 点的速度值。

通过上述图解步骤,求得了与 $AB$ 曲线邻近的 $N_1N_n$ 曲线上各点的速度,如果重复上述图解的过程,又可以求得与 $N_1N_n$ 曲线相邻的 $p_1p_n$ 上各点速度及其他气流参数。可以看出,每计算一次,曲线上的格点就少了一个,因此,最终可以将由曲线 $AB$ 和由 $A,B$ 两点出发的两条不同族的特征线 $AC$ 与 $BC$ 所围成的 $ABC$ 区域中的气流参数解出。显然,起始时 $AB$ 曲线的点取得越密,所得的结果也越为精确。

解出了上述 $ABC$ 区域中稠密网点上的速度,就可作出流线,它是两族特征线间夹角的二等分线,然后根据伯努利方程求得压强。

### 2. 第二种边界条件问题

假设在物理平面上已知从 $A$ 点出发的两条不同族的特征线 $AB$ 和 $AC$(图 13-11),特征线上气流参数已知,要求确定特征线四边形 $ABDC$ 区域内的气流运动。

根据物理平面上特征线 $AB$ 上 $A,M_1,M_2,\cdots,B$ 各点和特征线 $AC$ 上 $A,N_1,N_2,\cdots,C$ 各点上的速度,绘出速度平面上对应的 $A',M'_1,M'_2,\cdots,B'$ 和 $A',N'_1,N'_2,\cdots,C'$ 各点的位置,按照特征线的性质可知,这些点将分别处于过 $A'$ 点的两条不同族的摆线上。

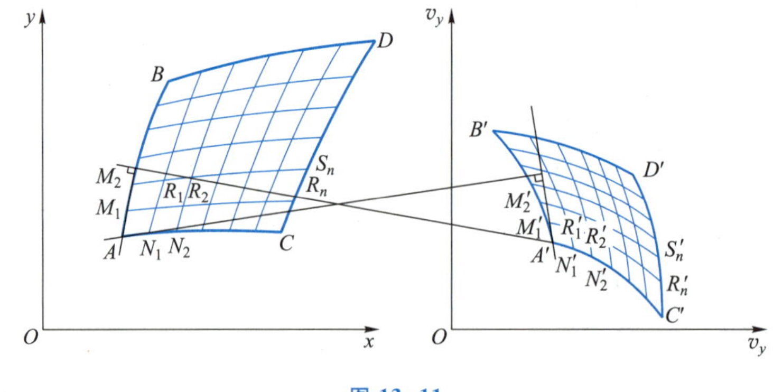


图 13-11

由于过 $M_1$ 点的第二族特征线垂直于过 $M'_1$ 点的第一族外摆线;过 $N_1$ 点的第一族特征线垂直于过 $N'_1$ 点的第二族外摆线,因此在物理平面上得到这两族特征线的交点 $R_1$。而与 $R_1$ 对应的 $R'_1$ 点的位置,就是过 $M'_1$ 点的第二族摆线与过 $N'_1$ 点的第一族摆线的交点。

然后，用同样的方法由 $R_1$ 和 $N_2$ 点的特征线确定 $R_2$，并由 $R'_1$ 和 $N'_2$ 点的外摆线确定 $R'_2$ 点的位置。依次类推，可以得到特征线 $M_1R_n$ 和与其对应的外摆线 $M'_1R'_n$。

根据速度平面上 $M'_1, R'_1, \cdots, R'_n$ 点的坐标值 $v_x$ 和 $v_y$，确定物理平面上沿特征线对应各点 $M_1, R_1, R_2, \cdots, R_n$ 上的气流参数。

重复上述图解的过程，先后确定特征线 $M_2S_n, \cdots, BD$，及其对应的外摆线 $M'_2S'_n, \cdots, B'D'$，并最终解出区域 $ABDC$ 中的全部气流参数。

### 3. 第三种边界条件问题

假设在物理平面上已知某壁面形状 $AC$（图 13-12），和从 $A$ 点出发的第一族特征线 $AB$ 上的气流参数，要求解出从 $B$ 点出发的第二族特征线 $BC$，以及曲线三角形 $ABC$ 内气流的参数。

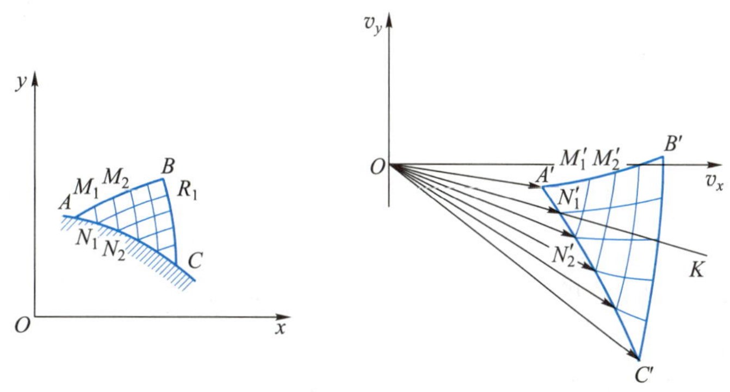


图 13-12

根据已知的物理平面上特征线 $AB$ 上 $A, M_1, M_2, \cdots, B$ 各点的速度，绘出速度平面上对应的外摆线 $A'B'$ 上 $A', M'_1, M'_2, \cdots, B'$ 各点。

在 $M'_1$ 点的位置已定的情况下，根据特征线的性质，作过 $M_1$ 点的第二族特征线垂直于过 $M'_1$ 点的第一族外摆线，与壁面 $AC$ 交于 $N_1$ 点。

由于 $N_1$ 是在壁面上，该点速度与壁面相切。因此，在速度平面上，若作射线 $OK$，$OK$ 的方向与 $N_1$ 点处的速度方向一致，则由 $M'_1$ 点作第二族摆线与 $OK$ 的交点 $N'_1$ 就是 $N_1$ 的对应点。

速度平面上 $N'_1$ 点的坐标值，就是对应点 $N_1$ 处的气流速度。

然后在已知特征线 $M_1N_1$ 和 $M_1, M_2, \cdots, B$ 上参数的情况下，用上述第二种边界条件问题的求解方法，可以确定区域 $M_1N_1R_1B$ 中的气流参数。

于是，问题又变为已知壁面形状 $N_1C$ 和特征线 $N_1R_1$ 的情况下，求解从 $R_1$ 点出发的特征线 $R_1C$，以及曲线三角形 $N_1R_1C$ 中的气流参数。重复上述的求解过程，就可以逐步解出区域 $ABC$ 中的气流参数。

### 4. 第四种边界条件问题

已知物理平面上一条特征线 $AB$ 及其上的速度，且 $A$ 点位于自由面上（图 13-13），要求作出自由面的形状，即作出曲线 $AC$，并求解曲线三角形 $ABC$ 中的气流参数。

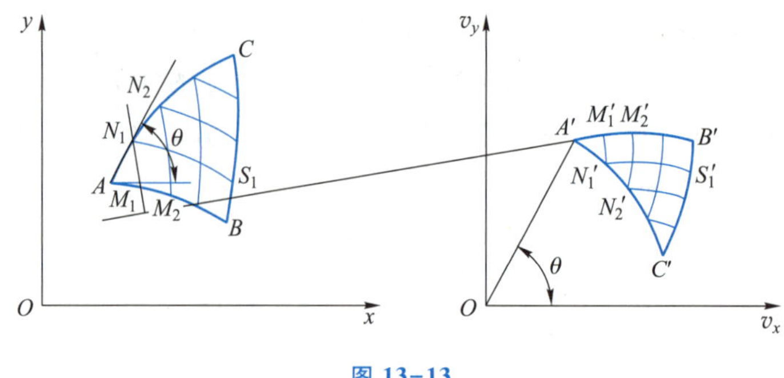


图 13-13

首先根据特征线 $AB$ 及其上的速度，在速度平面上绘出与之对应的摆线$A'B'$，以及对应点 $M'_1, M'_2, \cdots$ 的位置。

虽然物理平面上自由面的形状 $AC$ 未知，但沿自由面上的气流速度值应为常数（等于 $A$ 点处的速度值 $\bar{v}$）。因此，速度平面上与自由面对应的曲线必然为一条以 $\bar{v}$ 为半径的圆弧$\widehat{A'C'}$。

根据特征线的性质，速度平面上过 $M'_1$ 点的第二族外摆线（与$\widehat{A'C'}$交于 $N'_1$ 点）与物理平面上过对应点 $M_1$ 的第一族特征线相垂直，作图得到过 $M_1$ 点的线段，同时过 $A$ 点作平行于 $ON'_1$ 的直线与过 $M_1$ 点的第一族特征线交于 $N_1$ 点，于是 $AN_1$ 就是所要求的自由面的形状。

这样，在已知特征线 $M_1N_1$ 和 $M_1, M_2, \cdots, B$ 的情况下，利用上述第二种边界问题的求解方法，可以确定 $M_1N_1S_1B$ 区域上的气流参数。

求出了特征线 $N_1S_1$ 上的参数，且 $N_1$ 是自由面上的点，问题又回到了初始的情况。重复上述过程，最终将曲线三角形 $ABC$ 中的气流参数全部解出。

在上述求解四种边界条件问题的基础上，可以求解任何平面定常无激波的超声速流场问题。图 13-14 所示管道中及其出口外的流动，若已经给定了非特征线的 $AB$ 线上各点的流动参数（$M_{cr}, \theta$），则解第一种边界条件问题，就可以确定三角形 $ABC$ 区域内的流动；而在已知 $AC$ 和 $BC$ 特征线上流动参数的情况下，且已知固体边壁 $AD$ 和 $BE$ 时，解第三种边界条件问题，可以分别确定曲线三角形 $ACD$ 和 $BCE$ 区域内的流动；然后在已知 $CD$ 和 $CE$ 特征线上流动参数的情况下，解第二种边界条件问题，可以确定 $CDFE$ 区域内的流动；再从已知 $DF$ 和 $EF$ 特征线上各点流动参数出发，在管道外周边压强已知和自由面的边界条件的配合下，解第四种边界条件问题，就可以确定 $DFG$ 和 $EFH$ 区域内的流动。按上述方法继续求解下去，可以将整个流场内的流动情况确定下来。

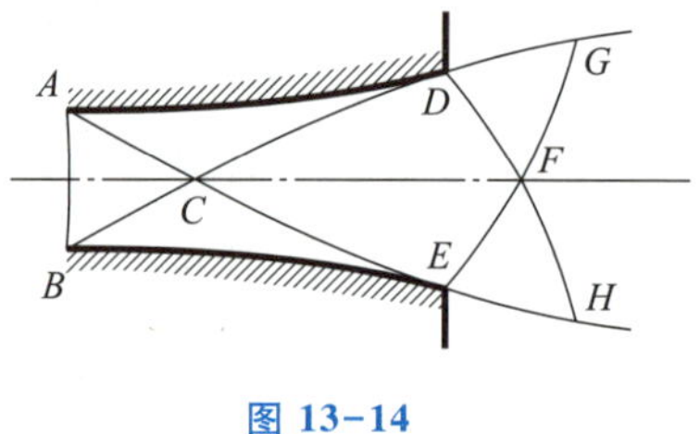


图 13-14

# §13-6 激波及其形成

当超声速气流通过马赫波时，一般有两种情况，一种是气流的膨胀问题，气流通过膨胀波时，速度连续地增加，而压强则连续地减小，这时扰动源是一个低压源；另一种是气流的压缩问题，气流通过强压缩波时，气流参数将发生显著的突跃变化，气流的压强、密度和温度在一个面上发生突跃式的升高，而速度出现突跃式的降低，这种扰动源是一个高压源，使流动参数发生突跃式变化的扰动压缩波称为激波。例如当超声速气流流过障碍物（超声速飞行的炮弹、火箭、飞机等）时，气流在障碍物前受到急剧压缩，压强、密度和温度突然显著增加，气流中就产生激波，激波是超声速气流中经常出现的重要物理现象。

气流通过激波的压缩过程，实际上是在一个很短的距离内完成的，由于在很短的距离内实现一个很强的压缩，所以气体的黏性和热传导对激波有十分重大的影响。而在无黏性又不导热的理想气体中，激波成为数学上的一种间断面，激波的厚度等于零。在实际气体中，必须考虑黏性和热传导对激波的影响。由于黏性的存在，激波中必然出现一个极薄的过渡区，在该区域中气流参数发生较大的连续的变化。对激波进行的理论和实验研究得出，激波的厚度与激波前的气流马赫数有很大关系，被压缩前的气流马赫数越高，激波的厚度就越薄。但一般说来，激波的厚度与气体分子的平均自由行程（$\approx 10^{-5}$ mm）同一数量级，这一厚度很薄，因此从工程实际应用角度看，可以不考虑这一压缩过程所占的空间距离，也就是将它处理为一个面，即把激波看作一个不连续的间断面。

激波常分为三种类型，一种是正激波，气流来流方向与激波面垂直，气流经过正激波被压缩时只有速度大小的变化而不改变流动的方向（图 13-15a）；第二种是斜激波，激波面与气流来流方向不垂直，气流经过激波面被压缩时不仅速度大小变化，而且方向也发生突跃改变（图 13-15b）；第三种称为脱体激波（图 13-15c）。

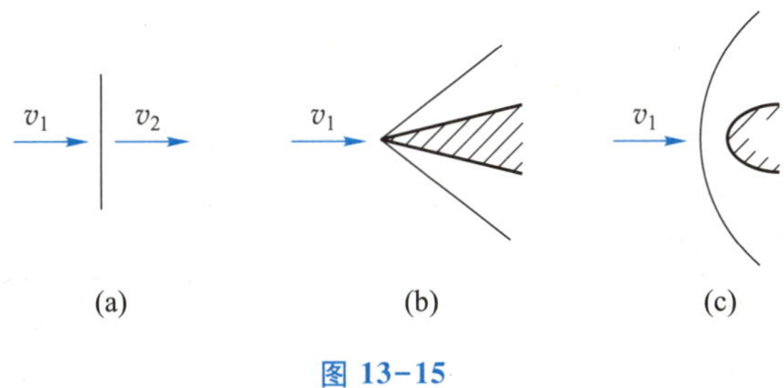


图 13-15

下面说明斜激波的形成过程。假设均匀的超声速气流以速度 $v_1$ 平行于壁面 $OA$ 作定常流动，在 $A$ 点有一内凹的微小折转角 $\mathrm{d}\delta$（图 13-16），壁面在 $A$ 点将对气流产生一微弱扰动波 $AB$，气流流经 $AB$ 后向上折转 $\mathrm{d}\delta$ 角平行于 $AC$ 壁面，这时气流的截面面积减小，气流受到压缩，流速略有降低，而压强、密度和温度略有增加，因此 $AB$ 波称为微弱压缩波。$AB$ 波的马赫角为

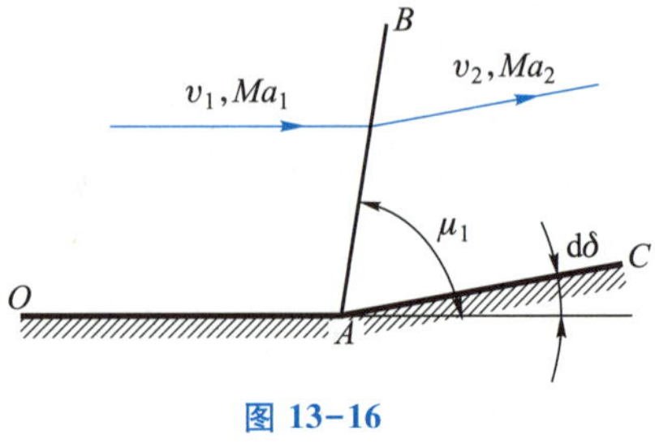

图 13-16

$$\mu_1 = \arcsin\left(\frac{1}{Ma_1}\right)$$

当超声速气流流过凹曲面时，通道面积逐渐减小，速度逐渐减小。实际上若有很多个微小凹钝角的折面，当折面数目趋近于无穷多个时，就变成了凹曲面。因此先研究超声速气流流过多个微小凹钝角折面的情况。

设超声速气流流过凹折面 $ABCDE$，如图 13-17 所示。从 $A$ 点起在每个折点处都向上折转一微小角度 $\mathrm{d}\delta$。壁面折点 $A$ 对气流产生一个扰动压缩波 $AA_1$，气流穿过 $AA_1$ 波后，速度略有降低，流动方向向上折转 $\mathrm{d}\delta$ 角，气流变成平行于 $AB$ 壁面。同理在 $B$ 点处也产生一微弱压缩波 $BA_1$。因为 $Ma_1>Ma_2$，所以 $BA_1$ 波的马赫角 $\mu_2$ 大于 $AA_1$ 波的马赫角 $\mu_1$，这样两波相交于 $A_1$，相交后 $AA_1$ 波和 $BA_1$ 波合并成 $A_1B_1$ 波，其强度大于 $AA_1$ 波和 $BA_1$ 波。随后，在壁面的折转点处依次产生许多条微弱压缩波，依次相交合成形成一条折线形的波 $A_1B_1C_1D_1E_1$。当在一段壁面上折转点无限增多而折转角极小时，就变成图 13-18中的凹曲面，气流沿整个凹曲面流动，产生无穷多的马赫线，组成连续的等熵压缩波区，这些马赫线相交叠加，形成一个强烈扰动的间断曲面（强压缩波），这个强间断面就是激波。气流经过这个间断面时，流动参数将发生突跃式的变化，气流速度突跃地减小，方向突变，而压强、密度和温度则发生突跃式的增大。

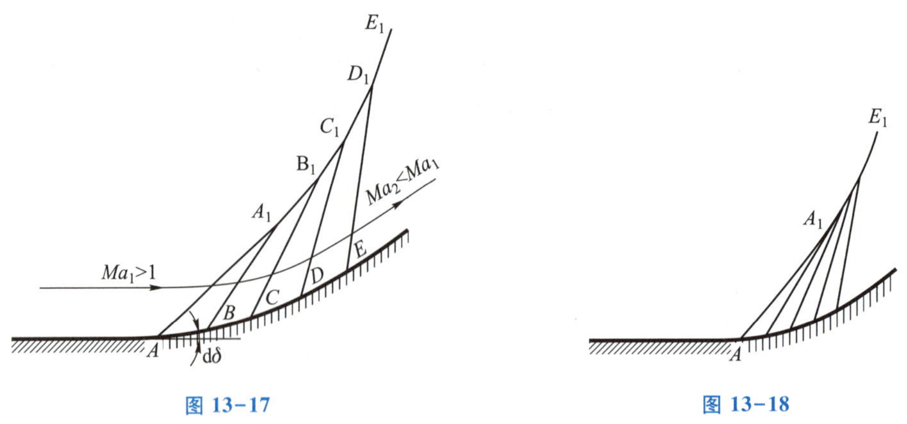

图 13-17　　图 13-18

如果类似于膨胀波的讨论，将图 13-17 中的凹折面中各折点和微小折转角集中于 $A$ 点，集中一次折转一个有限角 $\delta$（图 13-19），则同样可以认为在 $A$ 点产生无穷多条马赫

线，这些马赫线重合叠加在一起，形成一个强间断面 $AB$，这个间断面就是斜激波，它与来流方向成 $\beta$ 角，称为斜激波角。气流经过斜激波时，速度大小突跃减小，方向平行于折转后的壁面 $AC$，压强、温度和密度等参数突跃地增大。

当超声速气流流过楔形物体时，在物体的尖端将产生两条斜激波，斜激波后的气流方向平行于楔形物体的壁面，如图 13-20 所示。

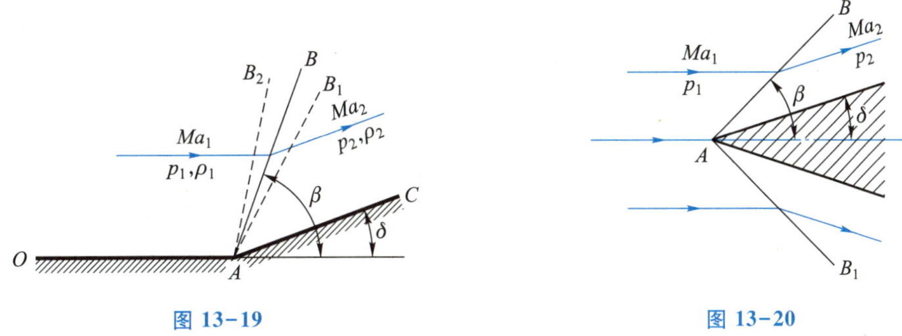


图 13-19　　图 13-20

下面以直圆管中一系列微弱压缩波的传播情形来说明正激波（推进激波）形成的物理过程。

如图 13-21 所示，假设直圆管在活塞右侧是无限延伸的，初始时，活塞和管中气体均为静止状态。活塞向右突然作加速运动，在一段时间内由静止状态加速到 $v$，然后作等速运动。假设将活塞从静止到 $v$ 的加速所需时间分成许多相等的时间间隔，并以每个时间

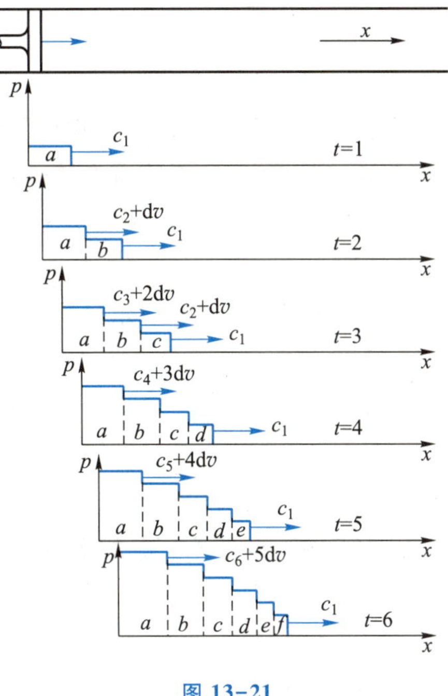


图 13-21

间隔中瞬时微小加速之和近似代替活塞从0→$v$ 的突然加速，且在每两个微小加速之间活塞作等速运动。在活塞作第一次瞬时的微小加速(0→d$v$)时，使紧靠活塞的气体 $a$ 的压强增加微量 d$p$，第一个微弱压缩波以声速 $c_1$ 向右传播，气体 $a$ 则以活塞的速度 d$v$ 向右运动。在 $t=1$ 和 $t=2$ 之间，由于活塞作第二次瞬时微小加速，就在第一个微弱压缩波后的气流中产生第二个微弱压缩波，以速度 $c_2$+d$v$ 向右传播，使气体 $a$ 的压强和速度再增加一个微量(d$p$→2d$p$，d$v$→2d$v$)。这时第一个微弱压缩波已传播到气体 $b$，使其压强增加 d$p$，并以声速 $c_1$ 继续向右传播。然后活塞又作第三、第四……瞬时微小加速(一直加速到 $v$ 为止)，活塞的逐次加速都要产生新的微弱压缩波，且都以当地声速相对于它所通过的气流向右传播。由于靠近活塞的气体受压缩最严重，压强和温度也越高，且由于压缩过程是等熵的，所以这部分气体中的当地声速也越大，即 $c_6>c_5>\cdots>c_2>c_1$。因此，靠近活塞的微弱压缩波的传播速度，即 $c_6+v>\cdots>c_2+2\mathrm{d}v>c_1+\mathrm{d}v$，可以看出靠近活塞处的压缩波，力图追上那些远离活塞处的压缩波。于是，随着时间的推移，后面的波逐个地追上前面的波，使压缩波叠加，压强分布曲线不断改变形状，波的形状变得越来越陡，最后压强梯度变成无穷大，形成一个垂直的压缩波(图13-22a)，这就是**正激波**。因此，正激波是由许多微弱压缩波叠加而成的、有一定强度的、以超声速传播的压缩波，它以大于声速的某一等速向右传播。

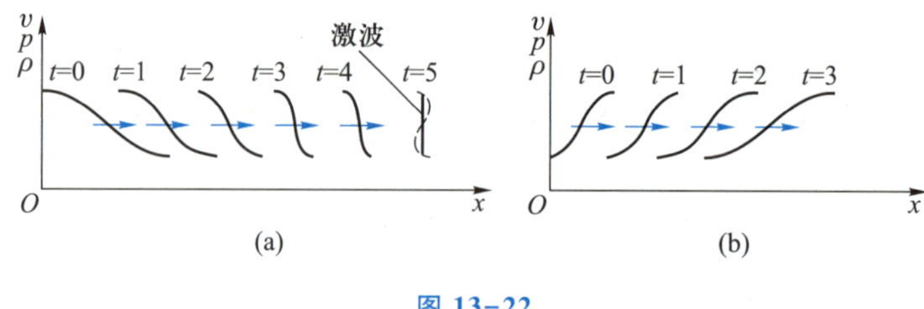


图 13-22

从图 13-22a 还可以看到，在接近激波形成时，不能再按等熵分析而忽略黏性和热效应的作用，否则将出现虚线所示的逆曲波形，它意味着在同一瞬时和同一位置处，流体同时有三个不同的压强、速度和密度值。这在物理上显然是不合理的，因此只有黏性和热效应发生作用，形成激波。

如果令活塞向左加速运动，将出现图 13-22b 所示的微弱膨胀波向右传播，由于活塞的运动使气体膨胀和温度降低，先产生的波比后产生的波传播得快，波面之间距离拉大，变得越来越平坦，因而不能形成激波。

## § 13-7 正激波前后气流参数间的关系

上一节对激波类型及其形成的物理过程作了分析，本节将定量地分析气流穿过激波时流动参数的变化。气流经过激波时要受到激烈的压缩，由于压缩过程十分迅速，所以假定是理想完全气体作绝热流动。

气流在圆管中的推进是非恒定流动。为研究方便，在激波作等速运动时，可以将坐标系取在激波上，这样相对于该坐标系激波不动，气流作恒定运动。

超声速气流通过激波面时发生突然压缩，气流速度突然由 $v_1$ 降为 $v_2$，压强、密度和温度则突然由 $p_1$，$\rho_1$ 和 $T_1$ 增至 $p_2$，$\rho_2$ 和 $T_2$。如图 13-23 所示，在激波面两侧取控制体 $ABCD$，$AB$ 和 $CD$ 平行于波面，并设波前的气流参数为已知，利用气体运动的基本方程来求激波前后气流参数间的关系。

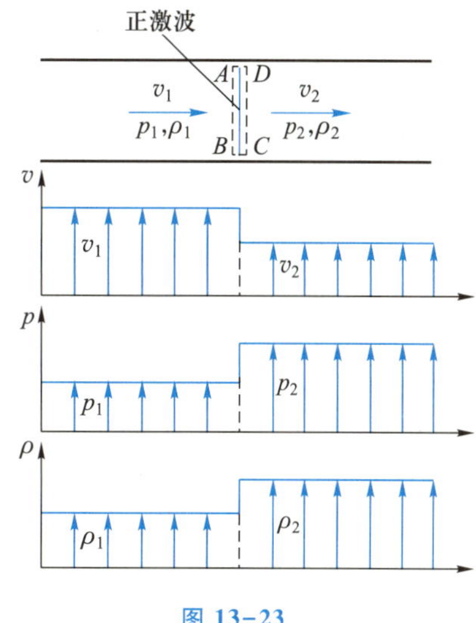

图 13-23

对于截面不变的圆管，激波前后的基本方程为

（1）连续性方程

$$\rho_1 v_1=\rho_2 v_2 \tag{13-34}$$

（2）动量方程

$$\rho_1 v_1^2-\rho_2 v_2^2=p_2-p_1 \quad \text{或} \quad p_1+\rho_1 v_1^2=p_2+\rho_2 v_2^2 \tag{13-35}$$

（3）能量方程

气流通过激波是绝热压缩过程，所以对完全气体，激波前后的总能量保持不变，即

$$\frac{\gamma}{\gamma-1}\cdot\frac{p_1}{\rho_1}+\frac{v_1^2}{2}=\frac{\gamma}{\gamma-1}\cdot\frac{p_2}{\rho_2}+\frac{v_2^2}{2}=\frac{\gamma+1}{\gamma-1}\cdot\frac{c_{cr}^2}{2}=\mathrm{C} \tag{13-36}$$

（4）状态方程

对于激波前后完全气体的绝热压缩，有

$$\frac{p_1}{\rho_1 T_1}=\frac{p_2}{\rho_2 T_2} \tag{13-37}$$

（5）普朗特方程

由能量方程式(13-36)可以得到

$$p_1=\rho_1\frac{\gamma-1}{2\gamma}\left(\frac{\gamma+1}{\gamma-1}c_{cr}^2-v_1^2\right),p_2=\rho_2\frac{\gamma-1}{2\gamma}\left(\frac{\gamma+1}{\gamma-1}c_{cr}^2-v_2^2\right)$$

将所得到的 $p_1$ 和 $p_2$ 的关系式代入动量方程式(13-35)，有

$$\rho_1\left(\frac{\gamma+1}{\gamma-1}c_{cr}^2-v_1^2+\frac{2\gamma}{\gamma-1}v_1^2\right)=\rho_2\left(\frac{\gamma+1}{\gamma-1}c_{cr}^2-v_2^2+\frac{2\gamma}{\gamma-1}v_2^2\right)$$

再将连续性方程式(13-34)代入上式，经简化后得

$$c_{cr}^2\left(\frac{v_2}{v_1}-1\right)=v_2(v_2-v_1)$$

最后得到

$$v_1 v_2 = c_{cr}^2 \tag{13-38}$$

这就是普朗特关系式。写成量纲一的形式有

$$M_{cr1} \cdot M_{cr2} = 1 \tag{13-39}$$

由式(13-38)显然可见,超声速气流通过正激波后一定变成亚声速气流,即当 $v_1 > c_{cr}$ 时,正激波后的速度 $v_2(v_2 < v_{cr})$ 必然是亚声速的,而激波前的速度 $v_1$ 越大,激波后的速度 $v_2$ 就越小,这是正激波的一个重要物理特性。

将式(13-38)两边同除以 $v_1^2$,有

$$\frac{v_2}{v_1} = \frac{c_{cr}^2}{v_1^2} = \frac{1}{M_{cr1}^2}$$

再将式(12-31)代入上式得

$$\frac{v_2}{v_1} = \frac{1}{M_{cr1}^2} = \frac{2+(\gamma-1)Ma_1^2}{(\gamma+1)Ma_1^2} = \frac{2}{(\gamma+1)Ma_1^2} + \frac{\gamma-1}{\gamma+1} \tag{13-40}$$

由连续性方程式(13-34)得

$$\frac{\rho_2}{\rho_1} = \frac{v_1}{v_2} = \frac{(\gamma+1)Ma_1^2}{2+(\gamma-1)Ma_1^2} = \frac{\dfrac{\gamma+1}{\gamma-1}Ma_1^2}{\dfrac{2}{\gamma-1}+Ma_1^2} \tag{13-41}$$

由动量方程式(13-35)和连续性方程式(13-34)得

$$p_2 - p_1 = \rho_1 v_1^2 \left(1 - \frac{v_2}{v_1}\right)$$

将式(13-40)代入上式,并由声速公式(12-6)可得

$$p_2 - p_1 = \gamma p_1 \left[\frac{2(Ma_1^2-1)}{\gamma+1}\right]$$

于是

$$\frac{p_2}{p_1} = 1 + \frac{2\gamma}{\gamma+1}(Ma_1^2-1) = \frac{2\gamma}{\gamma+1}Ma_1^2 - \frac{\gamma-1}{\gamma+1} \tag{13-42}$$

利用状态方程,可以导出温度比的关系式。状态方程为

$$\frac{T_2}{T_1} = \left(\frac{\rho_1}{\rho_2}\right)\left(\frac{p_2}{p_1}\right)$$

将式(13-41)和式(13-42)代入上式,得

$$\frac{T_2}{T_1} = \frac{\left(\dfrac{2\gamma}{\gamma+1}Ma_1^2 - \dfrac{\gamma-1}{\gamma+1}\right)\left(1+\dfrac{\gamma-1}{2}Ma_1^2\right)}{\dfrac{\gamma+1}{2}Ma_1^2}$$

$$=\left[\frac{2+(\gamma-1)Ma_1^2}{(\gamma+1)Ma_1^2}\right]\left[\frac{2\gamma Ma_1^2-(\gamma-1)}{\gamma+1}\right]=\left(\frac{c_2}{c_1}\right)^2 \tag{13-43}$$

利用绝热定常流动的特点和式(13-40)与式(13-43),同样可以导出激波前后马赫数之间的关系:

$$\frac{Ma_2^2}{Ma_1^2}=\frac{v_2^2}{v_1^2}\frac{c_1^2}{c_2^2}=\frac{v_2^2}{v_1^2}\frac{T_1}{T_2}=\frac{1}{Ma_1^2}\cdot\frac{2+(\gamma-1)Ma_1^2}{2\gamma Ma_1^2-(\gamma-1)} \tag{13-44}$$

上述式(13-40)~式(13-44)表示了正激波前后气流各对应参数之比,它们都是等熵指数 $\gamma$ 和波前马赫数的函数,所以当已知波前的气流参数时,可以通过这些公式求得波后的各气流参数。

## § 13-8　斜激波前后气流参数间的关系

如图 13-24 所示,超声速气流流过凹钝角时引起斜激波。图中壁面折转角为 $\delta$,下标 1 和 2 分别表示波前和波后,n 和 t 则分别表示速度与激波面垂直和平行的分量,$\beta$ 是激波角。激波前的气流参数为 $v_1,p_1,\rho_1$ 和 $T_1$,激波后的气流参数为 $v_2,p_2,\rho_2$ 和 $T_2$。这里将激波前后的气流速度分别分解为与波面垂直的分速度 $v_{1n}$ 和 $v_{2n}$,及与波面平行的分速度 $v_{1t}$ 和 $v_{2t}$。

在波面两侧取控制体,可以写出气流通过激波时的基本方程。

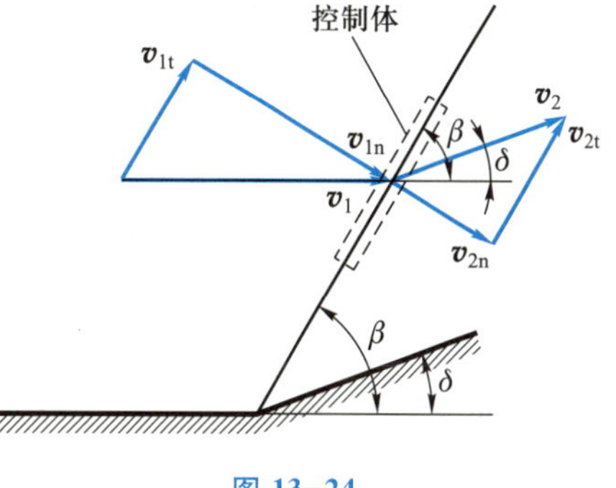

图 13-24

通过激波面的流量只与垂直波面的分速度有关,因此连续性方程为

$$\rho_1 v_{1n}=\rho_2 v_{2n} \tag{13-45}$$

垂直于波面方向的动量方程为

$$p_1-p_2=\rho_2 v_{2n}^2-\rho_1 v_{1n}^2 \quad 或 \quad p_1+\rho_1 v_{1n}^2=p_2+\rho_2 v_{2n}^2 \tag{13-46}$$

因为 $p_2>p_1$,所以由上式可知,经过斜激波后气流法向速度必然减小。由于沿波面方向压强没有变化,所以沿平行于波面方向上的动量方程为

$$\rho_1 v_{1n} v_{1t}-\rho_2 v_{2n} v_{2t}=0$$

所以

$$v_{1t}=v_{2t}=v_t \tag{13-47}$$

由上述可知,气流通过斜激波时只有法向分速度发生变化,而切向分速度没有变化。

因此,斜激波可以看作相当于法向分速度的正激波与切向分速度的叠加。于是,前面所得到的正激波的有关方程可应用于斜激波,并由此求出斜激波前后各气流参数间的关系。

因为 $v_{1n}=v_1\sin\beta$,于是

$$\frac{v_{1n}}{c_1}=\frac{v_1\sin\beta}{c_1}=Ma_1\sin\beta=Ma_{1n}$$

将 $Ma_{1n}$ 代入正激波前后气流参数的关系式(13-40)~式(13-43),得到斜激波前后气流相应参数之比:

$$\frac{v_{2n}}{v_{1n}}=\frac{2+(\gamma-1)Ma_1^2\sin^2\beta}{(\gamma+1)Ma_1^2\sin^2\beta}=\frac{2}{(\gamma+1)Ma_1^2\sin^2\beta}+\frac{\gamma-1}{\gamma+1}\tag{13-48}$$

$$\frac{\rho_2}{\rho_1}=\frac{(\gamma+1)Ma_1^2\sin^2\beta}{2+(\gamma-1)Ma_1^2\sin^2\beta}=\frac{\dfrac{\gamma+1}{\gamma-1}Ma_1^2\sin^2\beta}{\dfrac{2}{\gamma-1}+Ma_1^2\sin^2\beta}\tag{13-49}$$

$$\frac{p_2}{p_1}=\frac{2\gamma}{\gamma+1}Ma_1^2\sin^2\beta-\frac{\gamma-1}{\gamma+1}\tag{13-50}$$

由上式可见,当斜激波前的参数给定时,斜激波后的压强随激波角的增大而增大。

$$\frac{T_2}{T_1}=\left[\frac{2+(\gamma-1)Ma_1^2\sin^2\beta}{(\gamma+1)Ma_1^2\sin^2\beta}\right]\left[\frac{2\gamma Ma_1^2\sin^2\beta-(\gamma-1)}{\gamma+1}\right]$$
$$=\frac{\left(\dfrac{2\gamma}{\gamma+1}Ma_1^2\sin^2\beta-\dfrac{\gamma-1}{\gamma+1}\right)\left(1+\dfrac{\gamma-1}{2}Ma_1^2\sin^2\beta\right)}{\dfrac{\gamma+1}{2}Ma_1^2\sin^2\beta}\tag{13-51}$$

同样,由于 $\dfrac{v_{2n}}{c_2}=\dfrac{v_2\sin(\beta-\delta)}{c_2}=Ma_2\sin(\beta-\delta)$,则由式(13-44)得

$$Ma_2^2\sin^2(\beta-\delta)=\frac{2+(\gamma-1)Ma_1^2\sin^2\beta}{2\gamma Ma_1^2\sin^2\beta-(\gamma-1)}\tag{13-52}$$

根据上式,若气流的 $Ma_1$ 给定,对于斜激波而言,当激波角 $\beta$ 增大时,波后的马赫数 $Ma_2$ 降低。但当 $\beta$ 较小时,波后马赫数 $Ma_2$ 仍然可以大于 1,即斜激波后的气流仍然可以为超声速流。

显然,只有在激波角 $\beta$ 和 $Ma_1$ 已知的情况下,才能利用上述斜激波的公式进行计算。但对于由壁面折转引起的斜激波,通常只知道波前的气流参数和气流通过激波时的折转角,激波角并不知道。因此需要推导气流折转角 $\delta$ 与 $\beta$ 和 $Ma_1$ 间的关系式,以使能方便地计算任意情况下产生的激波。

由图 13-24 中的几何关系有

$$\frac{v_{2n}}{v_{1n}}=\frac{v_{2t}\tan\ (\beta-\delta)}{v_{1t}\tan\beta}=\frac{\tan\ (\beta-\delta)}{\tan\beta}$$

将上式代入式(13-48)得

$$\frac{\tan\ (\beta-\delta)}{\tan\beta}=\frac{2}{(\gamma+1)}\frac{1}{Ma_1^2\sin^2\beta}\left(1+\frac{\gamma-1}{2}Ma_1^2\sin^2\beta\right)$$

经整理得到

$$\tan\delta=\cot\beta\frac{Ma_1^2\sin^2\beta-1}{1+Ma_1^2\left(\frac{\gamma+1}{2}-\sin^2\beta\right)} \tag{13-53}$$

式(13-53)表明,气流经过斜激波时的折转角 $\delta$ 与波前马赫数 $Ma_1$ 有关。对应于不同的 $Ma_1(\gamma=1.4)$下,$\delta$ 随 $\beta$ 的变化关系曲线表示在图 13-25 中。

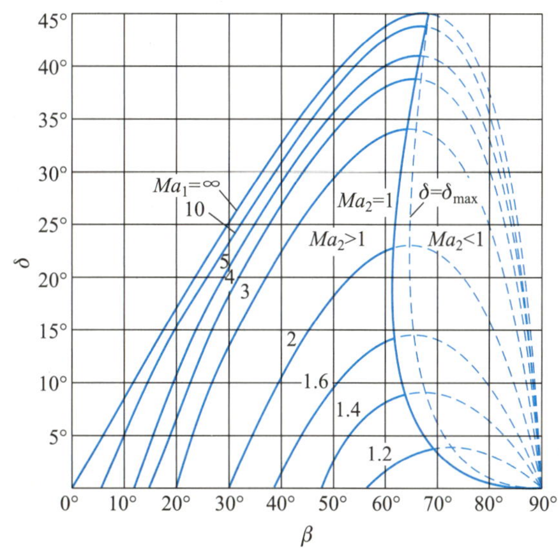


图 13-25

从对式(13-53)和对图中曲线的分析,可以得到斜激波的一些特征:

(1) 在下面两种情况下,气流的折转角 $\delta$ 等于零。

(a) 当 $Ma_1^2\sin^2\beta-1=0$ 时,即 $\sin\beta=\dfrac{1}{Ma_1}=\sin\mu$,斜激波角等于马赫角,激波退化为微弱扰动波。

(b) 当 $\cot\beta=0$ 时,即 $\beta=\dfrac{\pi}{2}$,这是正激波的情况。

(2) 对应于每一个给定的 $Ma_1$,折转角都有一个极大值 $\delta_{max}$,这是超声速气流通过斜激波时所能折转的最大角度。

(3) 对于任意给定的 $Ma_1$,当 $\delta<\delta_{max}$时,每一个折转角 $\delta$ 都对应着两个激波角 $\beta$ 值,大 $\beta$ 角对应的是强激波,而小 $\beta$ 角对应的是弱激波。

(4) 超声速气流流过楔形物体，当半楔角 $\delta$ 较小时，从它的尖端产生两条斜激波(图 13-20)，激波后的气流速度还是超声速。但随着 $\delta$ 角逐渐增加至某一值时，气流速度变为亚声速，这可以从图13-25上见到，图中有一条 $Ma_2=1$ 的曲线，曲线右面波后流速为亚声速，曲线左面波后流速为超声速，而且 $Ma_2=1$ 的曲线和 $\delta_{max}$ 的曲线非常接近，因此，对于任意超声速来流，当波后速度 $Ma_2=1$ 时，气流折转角达到最大值 $\delta_{max}$。对于每一个 $Ma_1$，当 $\delta>\delta_{max}$ 时，这相当于式(13-53)无解。实际上，这时激波离开了楔形物体，斜激波已经变成曲线形的脱体激波(图 13-26)。这种情况下，波面的中间部分垂直于气流方向，形成正激波，因此在脱体激波与楔形物体之间出现一亚声速区，显然，气流通过激波时压强突跃地增大，随 $\delta$ 角增大到 $\delta>\delta_{max}$ 时，激波后面的压强增大将导致激波向前推移，形成脱体激波。

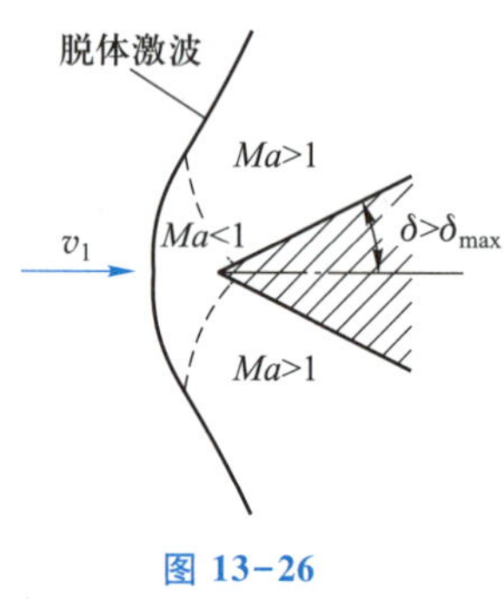

图 13-26

对于头部为圆钝形的物体，实际上由于 $\delta$ 角的增大，超声速气流流过该类物体时将产生脱体激波(图 13-27)，因此，对于超声速进气的叶片，其头部应做成尖角形，而不能做成亚声速气流下的圆钝形头部，否则，将会产生脱体激波，引起很大的不可逆激波损失。

同样，超声速气流流过凹钝角(当 $\delta>\delta_{max}$ 时)也会产生脱体激波(图13-28)。

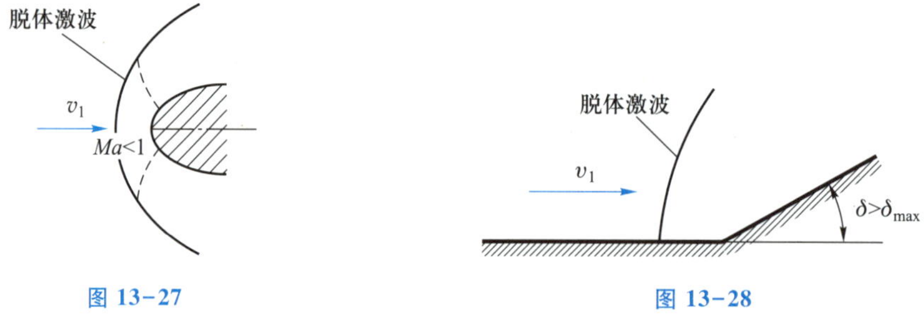

图 13-27　　图 13-28

## § 13-9　突跃压缩与等熵压缩的比较(兰金-于戈尼奥关系式)

本节主要研究超声速气流通过激波时熵的变化。

对于完全气体的等熵过程，压强、密度和温度间的关系为

$$\frac{p_2}{p_1}=\left(\frac{\rho_2}{\rho_1}\right)^{\gamma} \tag{13-54}$$

$$\frac{p_2}{p_1}=\left(\frac{T_2}{T_1}\right)^{\frac{\gamma}{\gamma-1}} \tag{13-55}$$

对于激波的突跃压缩过程,由式(13-49)有

$$Ma_1^2\sin^2\beta=\frac{\rho_2/\rho_1}{\left(\frac{\gamma+1}{2}-\frac{\gamma-1}{2}\frac{\rho_2}{\rho_1}\right)}$$

将上式代入式(13-50),经整理后得到

$$\frac{p_2}{p_1}=\frac{\frac{\gamma+1}{\gamma-1}\frac{\rho_2}{\rho_1}-1}{\frac{\gamma+1}{\gamma-1}-\frac{\rho_2}{\rho_1}}\tag{13-56}$$

式(13-56)称为兰金-于戈尼奥(Rankine-Hugoniot)关系式。从这一关系式可见,压强比与密度比之间的关系和激波角无关,这表明,超声速气流在绝热条件下产生不连续变化时,无论是正激波还是斜激波,只要已知密度变化(密度比),就可计算得到对应的压强比。

利用激波前后的气体状态方程和式(13-56),得到激波前后气体的温度比为

$$\frac{T_2}{T_1}=\frac{p_2}{p_1}\cdot\frac{\rho_1}{\rho_2}=\frac{\frac{\gamma+1}{\gamma-1}-\frac{\rho_1}{\rho_2}}{\frac{\gamma+1}{\gamma-1}-\frac{\rho_2}{\rho_1}}\tag{13-57}$$

或

$$\frac{T_2}{T_1}=\frac{\frac{\gamma+1}{\gamma-1}\frac{p_2}{p_1}+\left(\frac{p_2}{p_1}\right)^2}{\frac{\gamma+1}{\gamma-1}\frac{p_2}{p_1}+1}\tag{13-58}$$

由式(13-56)、式(13-57)和式(13-58)可以明显地看到,通过激波的突跃式压缩,其压强、密度和温度的变化与等熵压缩过程的相应变化有较大差别。图 13-29a 给出了式(13-56)所表示的变化曲线,图 13-29b 给出了式(13-58)所表示的变化曲线。由图中可以看到,在同一压强比下,突跃压缩的密度比低于等熵压缩的密度比,而温度比则较高。当压强比 $p_2/p_1\to\infty$ 时,突跃压缩曲线有一渐近线,得到

$$\lim_{Ma_1\to\infty}\frac{\rho_2}{\rho_1}=\frac{\gamma+1}{\gamma-1}$$

这说明,超声速气流通过激波时,$\rho_2/\rho_1$ 不可能超过 $\gamma+1/(\gamma-1)$。如对于空气 $\gamma=1.4$,$\rho_2/\rho_1\leqslant 6$。实际上,气流通过激波时,部分动能不可逆地变为热能,由于气流温度升高而使密度减小,从而使密度增大受到了限制。突跃压缩是一个不可逆的绝热过程,是一

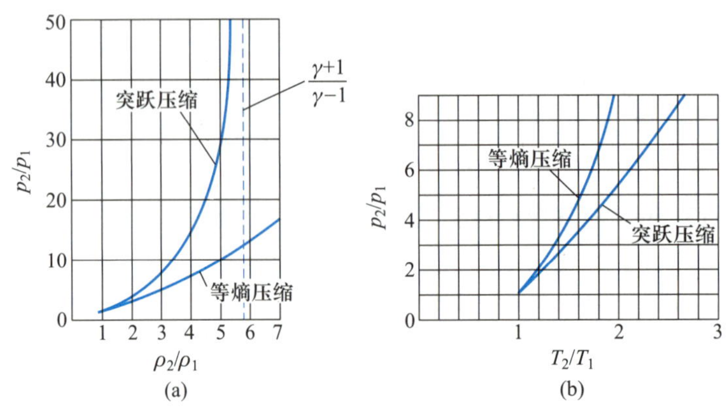


图 13-29

个增熵过程。

在不可逆绝热过程中熵的增加,意味着过程中工质做功能力的降低,存在着可用能量的损失,即一部分能量不可逆地转变为热能,使熵增加。

这种由于激波而引起的可用能量的减小又称为激波损失。实际上,当超声速气流绕流物体时,将产生激波,引起熵的增加,速度降低,动量减小。若取一个包括物体在内的非常大的控制体,由于产生激波前的控制面上速度大于激波后控制面上的平均速度,出现激波后气流动量减小,这意味着必有作用在气流上而与来流方向相反的力,或者对于引起激波的物体而言,必然受到与物体运动方向相反而与来流方向相同的反作用力,称为阻力。因为这一阻力的产生是由激波引起的,所以称为波阻。波阻的大小取决于激波的强度,激波越强,激波损失或波阻也越大。

## § 13-10　激波的相交与反射

前面已经讨论了超声速气流沿不同形状的固体壁面(凹面或凸面)流动时产生马赫波(膨胀波或微弱压缩波)或激波的问题,研究了气流通过这些单向波时速度等参数的变化及其计算方法。但是在工程实际问题中,所遇到的波系计算并不都是单向的左伸波或右伸波,特别是在流道内部流动中,单向波会在固体壁面或自由边界面(两不同流体的界面)发生反射,形成反射波,发生两波相交,互相作用,引起气流速度等参数的变化。

### 1. 同侧激波的相交

图 13-30 给出了超声速气流沿壁面先后两次折转流动,产生了同向折转的两条斜激波 $AC$ 和 $BC$ 相交的情况。气流经过第一条激波 $AC$ 后折转 $\delta_1$ 角,经过第二条激波 $BC$ 后共折转 $\delta_1+\delta_2$ 角。在 $A$ 点和 $B$ 点产生的两条斜激波相交于 $C$ 点,在 $C$ 点以后合为一道较

强的斜激波 $CD$。在 $C$ 点以下，气流由①区域经激波 $AC$ 减速（$Ma_2<Ma_1$）后进入②区域，然后再经过 $BC$ 激波减速（$Ma_3<Ma_2$）后进入③区域，压强升高为 $p_3$。在 $C$ 点上面，气流经过激波 $CD$ 后进入⑤区域，气流压强升高为 $p_5$，方向折转了 $\delta$ 角。在 $C$ 点上下侧的气流，在激波后应当具有相同的流动方向和相等的压强，但通常 $\delta\neq\delta_1+\delta_2$，$p_5\neq p_3$，因而常诱发反射波 $CE$，以达到④，⑤区的压强相等，流向一致。在一般情况下，或者根据 $Ma_1$ 和 $\delta=\delta_1+\delta_2$ 的条件得出的⑤区域内的压强不等于 $p_3$（$p_3$ 是根据 $Ma_1$ 和 $\delta_1$ 以及 $\delta_2$ 确定的）；或者改变 $CD$ 激波的强度使 $p_5$ 等于 $p_3$，这时⑤区域将不能得到平行于③区域中的气流方向。这一矛盾的情况表明，在⑤区域和③区域之间还应该存在一个④区域，即在激波 $AC$ 和 $BC$ 相交之后，不仅是两道激波在交点 $C$ 合并成一条强激波 $CD$，同时在 $C$ 点还将发生一组弱压缩波（或弱膨胀波）$CE$，使得④区域中的流动方向和压强 $p_4$，均与⑤区域中的相同。但流速一般都不相等，因此汇合一起形成流向一致但流速不等的滑流线 $CH$，这是速度不连续线。一般称 $CE$ 波为激波 $AC$ 和 $BC$ 在相交点 $C$ 的反射波。由于反射波 $CE$ 比较弱，因此当激波 $AC$ 和 $BC$ 不是很强时，为了简单起见，计算中可以忽略反射波。

### 2. 平面管道两侧激波的相交

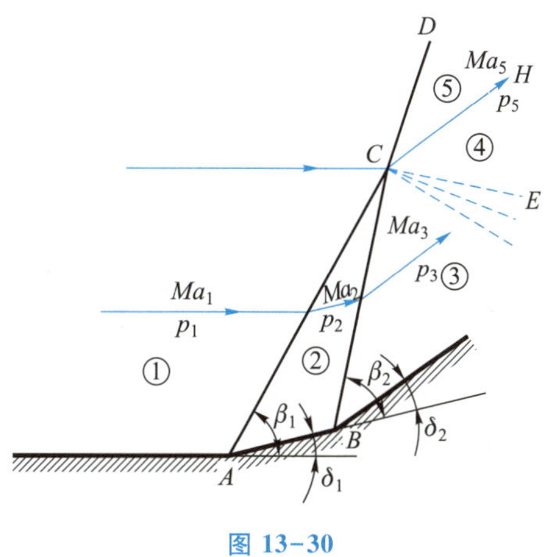


图 13-30

如图 13-31a 所示，超声速气流在平面管道的两对壁分别折转 $-\delta_1$ 和 $\delta_2$ 角，产生异向折转的两条斜激波 $AC$ 和 $BC$ 在 $C$ 点相交，气流经过这两条斜激波，折转角分别为 $-\delta_1$ 和 $\delta_2$。由于经过 $AC$ 波和 $BC$ 波的两部分气流在 $C$ 点相互干扰的结果，在 $C$ 点又产生斜激波 $CD$ 和 $CE$。经过激波 $CD$ 和 $CE$ 的两部分气流应具有相同的流动方向和相等的压强，即在④区域和⑤区域中应有 $v_4$ 平行于 $v_5$，$p_4=p_5$。但两区域交汇处流速不相等，交汇处是速度的滑移线，称为滑流线。若经过 $C$ 点的气流折转 $\delta_3$ 角，则经过激波 $CD$ 的气流折转了 $\delta_1+\delta_3$ 角，而经过激波 $CE$ 的气流折转了 $\delta_2-\delta_3$ 角。只有当 $\delta_1=\delta_2$ 时，才不会产生滑流线。

根据①区域的已知气流参数和折转角 $-\delta_1$ 和 $\delta_2$，可以求得②区域和③区域中的气流参数。然后根据②区域的气流参数，给定不同的 $\delta_3$，按折转角 $\delta_1+\delta_3$ 求得④区域中与之对应的压强 $p_4$；同时根据③区域的气流参数，按折转角 $\delta_2-\delta_3$ 求得⑤区域中与之相对应的压强 $p_5$。显然，与 $p_4=p_5$ 对应的 $\delta_3$ 就是所要求的 $\delta_3$。$\delta_3$ 确定之后，就很容易确定④和⑤区域中的速度。

如果 $-\delta_1=\delta_2$，这时产生的激波形状对称，则 $\delta_3=0$，④区域和⑤区域具有相同的气流参数，其图形如图 13-31b 所示。

如图 13-32a 所示，超声速气流从缩放喷管流入背压为 $p'_2$ 的气体中，而 $p'_2$ 高于喷管的出口压强，则在喷管的出口边缘 $A$ 和 $B$ 上产生两条相同的斜激波，相交于管道中心线

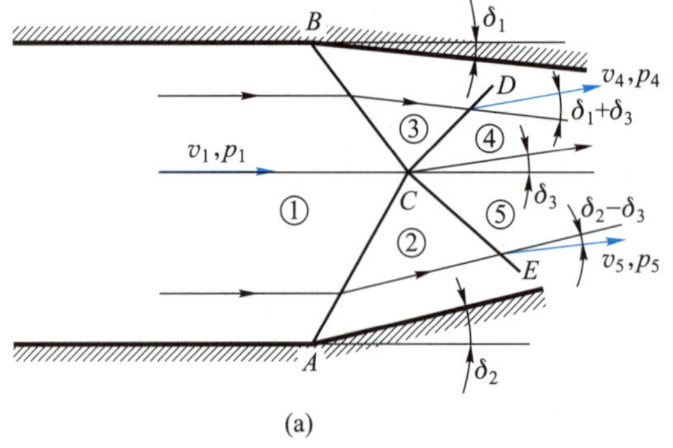


(a)

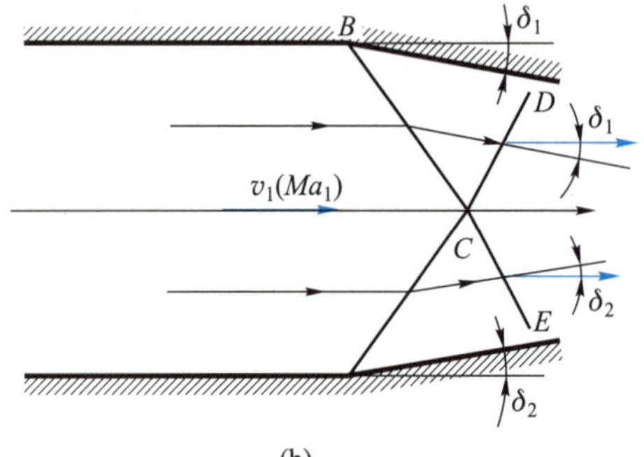


(b)

图 13-31

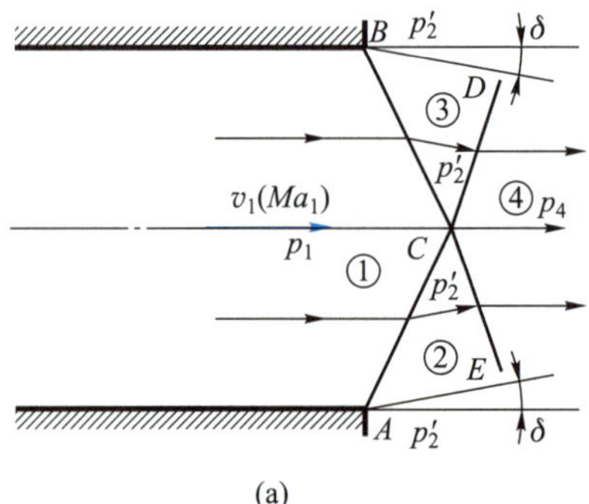


(a)

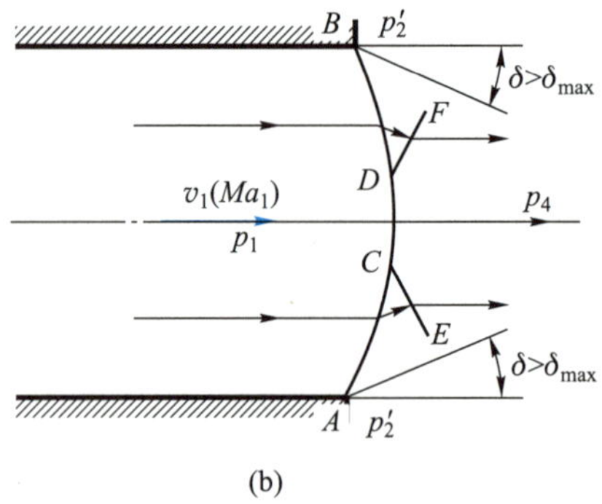


(b)

图 13-32

上，气流经激波 $AC$ 和 $BC$ 后各向内折转 $\delta$ 角。显然，在②区域和③区域内的压强为 $p'_2$。气流经过激波 $CD$ 和 $CE$ 后各向外折转 $\delta$ 角，使气流与中心线平行，④区域内的压强升高为 $p_4$，$p_4>p'_2$。

向内折转角 $\delta$ 的大小与喷管出口背压 $p'_2$ 有关。对某一给定的 $Ma_1$，随 $p'_2$ 不断提高，与之对应的折转角也不断增加，当 $\delta>\delta_{max}$ 时，在 $A$ 和 $B$ 处产生的两条斜激波，其中间部位变成曲线激波，成为拱桥形，且在 $C$ 和 $D$ 处产生两条斜激波 $CE$ 和 $DF$（图 13-32b），压强 $p_4$ 大于 $p'_2$。

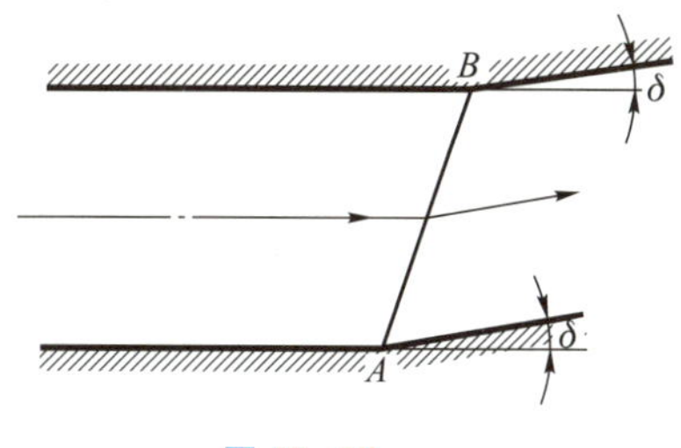


图 13-33

### 3. 激波在固体平壁上的反射

如图 13-33 所示，超声速气流在平面管道中流动。由于下壁面 $A$ 点处向内折转 $\delta$ 角，在 $A$ 点产生一斜激波，这一斜激波落在上壁面的 $B$ 点处。如果上壁面在 $B$ 点处向外折转 $\delta$ 角，则激波到达 $B$ 点后不会产生反射波，气流穿过激波后将不再受到扰动而平行于壁面流动。

如果管道的上部是平直壁面（图 13-34），则 $A$ 点处产生的斜激波 $AB$，使气流通过 $AB$ 后向上折转 $\delta$ 角与 $AC$ 平行。但是上部是平直壁面，接近固体壁面处的气流应当平行于壁面，因此对于斜激波 $AB$ 后面的气流而言，必须再向下折转 $\delta$ 角，这相当于在上壁面 $B$ 点处遇到一向下折转 $\delta$ 角的壁面，产生一道新的斜激波 $BF$（若 $AB$ 波后气流 $Ma_2>1$），气流通过 $BF$ 后，向下折转 $\delta$ 角，重新与上壁面平行。由于 $BF$ 斜激波是因斜激波 $AB$ 的存在而产生的，且 $BF$ 波产生在 $AB$ 波与上壁面的交会处 $B$ 点，$BF$ 波相当于是 $AB$ 波在壁面 $B$ 点处的反射波。

但是应当指出，气流经过 $AB$ 波和 $BF$ 波时，虽然折转角都等于 $\delta$，但由于 $AB$ 波和 $BF$ 波前的气流马赫数不同，所以两条斜激波的激波角 $\beta$ 不相等。

如图 13-35 所示，当壁面折转角 $\delta>\delta_{max}$ 时，$AC$ 为斜激波，而反射激波 $BC$ 为曲线激波。因为在 $B$ 处反射激波后的气流不可能折转这么大的角度，因此 $B$ 点的反射激波成为与壁面垂直的正激波，在正激波 $BC$ 后的气流是亚声速流。但气流通过激波 $AC$ 和 $BC$ 之后，Ⅱ区和Ⅲ区的压强不等，因此在 $C$ 点将发出一条激波 $CD$，使Ⅱ区的气流再通过 $CD$ 减速增压后进入Ⅲ区，使之压强与Ⅲ区相同，而气流的速度不同，因此过 $C$ 点的流线 $CE$ 是一条不连续的滑流线，这条线的两侧压强相等，但速度、密度和温度都不相等，上述这种不规则的激波反射称为马赫反射。

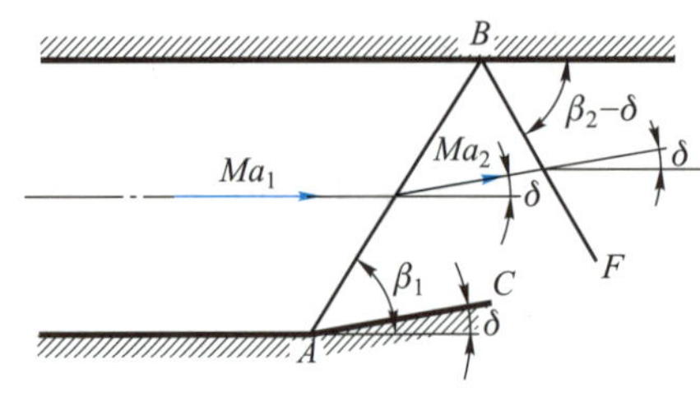


图 13-34

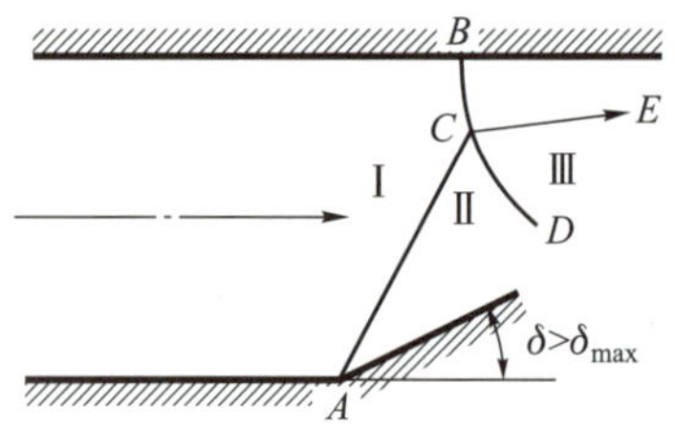


图 13-35

### 4. 激波在自由边界上的反射

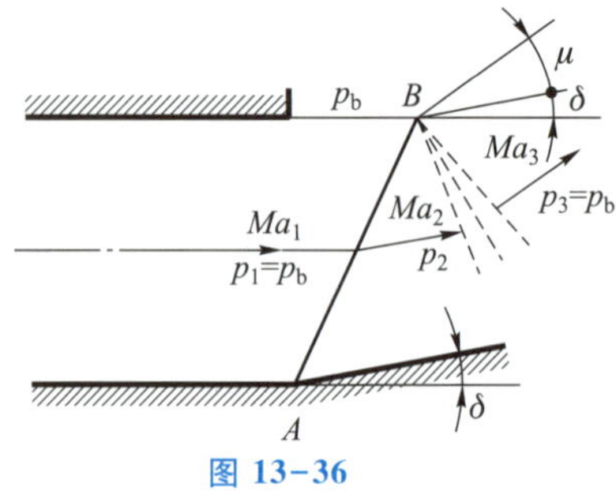


图 13-36

如图 13-36 所示为一超声速气流从平面管道出流到静止的大气中，管道的下壁面 $A$ 点处向上折转 $\delta$ 角，因而在 $A$ 点产生一条斜激波 $AB$，与自由边界交于 $B$ 点。激波 $AB$ 前气流的压强 $p_1$ 等于背压 $p_b$，气流经激波后压强升高为 $p_2$，并向上折转 $\delta$ 角。自由边界上的气流经过 $B$ 点后，压强也升高为 $p_2$，因而气流在自由边界 $B$ 点处受到外界低压 $p_b$ 的扰动，必然产生一束膨胀波，这就是斜激波在自由边界上的反射波。气流通过这一膨胀波组后，压强又由 $p_2$ 降到 $p_b$，使之满足自由边界的条件，流动方向则继续偏转 $\mu$ 角，因此经膨胀波后，气流方向与气流原方向成 $\delta+\mu$ 角。

由于经膨胀波后气流的压强等于背压 $p_b$，因此根据膨胀前气流的速度 $Ma_2$ 和膨胀波前后的压强比 $p_2/p_b$，可以计算出膨胀波后的偏转角 $\mu$ 和气流其他参数。

## §13-11 缩放喷管在变工况下的流动分析

在设计工况下设计得到的喷管，工作中喷管前后的气流参数将随外界负荷的变化而改变，本节将讨论工况变动情况下喷管中气流参数和流量的变化情况。

假设理想气体在喷管中作无摩擦绝热流动。如图 13-37 所示，在设计工况下，气流在缩放喷管中将按压强变化曲线 $AOB$ 工作。设喷管进口压强为 $p_1$，出口处压强为 $p_2$。入口的亚声速气流在收缩管中随截面面积减小，不断降压、加速，在喷管喉部的最小截面处气流达到声速，然后在渐扩管中气流继续膨胀加速达到超声速，压强不断降低，直至出口截面处压强降为设计压强 $p_2$。

这里讨论在进口压强保持不变的情况下，背压变化为不同值时的四种流动情况。

(1) $p'_2<p_2$，即出口背压 $p'_2$ 低于设计工况下的出口压强 $p_2$。当超声速气流从出口截面流入低压空间时，喷管出口边缘 $C$ 和 $D$ 处将突然降压膨胀，产生两族膨胀波组，气流经

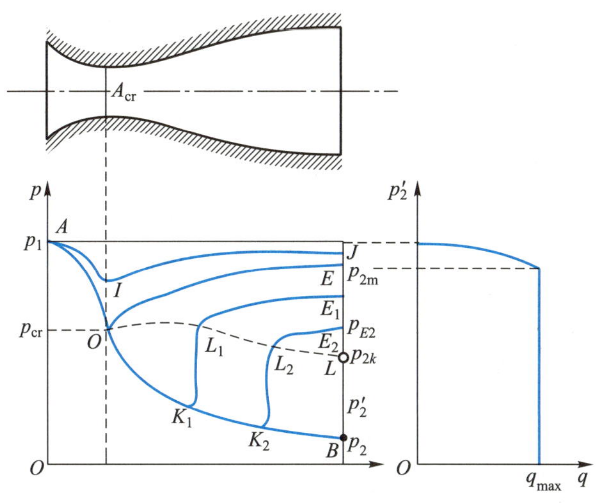


图 13-37

过膨胀波组后向外折转 $\delta$ 角(图 13-38a)。由于超声速气流在 $C$ 和 $D$ 处产生的微弱扰动波不可能逆流向上传播,因此喷管的出口截面上仍保持设计工况压强 $p_2$,气流在整个喷管内仍按 $AOB$ 曲线降压膨胀。这种喷管的设计出口压强 $p_2$ 高于背压 $p'_2$ 的情况,通常称为气流的膨胀不足。气流在喷管出口外部膨胀程度取决于背压 $p'_2$的情况,$p'_2$越低,膨胀越强。

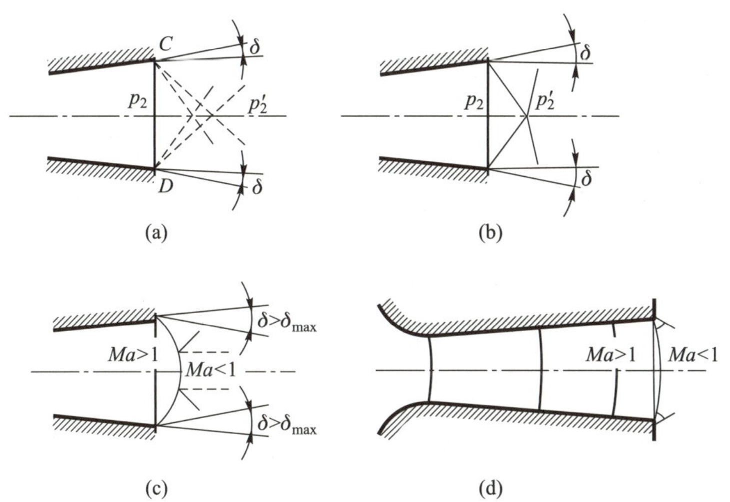


图 13-38

(2) $p_2<p'_2<p_{2k}$,即背压 $p'_2$ 高于设计工况下的出口压强 $p_2$,而低于在出口截面处形成正激波时的背压 $p_{2k}$。如图 13-38b 所示,当背压 $p'_2$ 略高于 $p_2$ 时,超声速气流在出口受到压缩,在出口边缘 $C$ 和 $D$ 处形成两条斜激波。气流经过斜激波后速度降低,压强升高,气流向内折转 $\delta$ 角。当背压 $p'_2$ 继续升高时,对超声速气流的压缩逐渐加剧,气流的折转角也随之逐渐增大,当背压 $p'_2$升高逐渐接近 $p_{2k}$时,出现折转角 $\delta>\delta_{max}$,于是在出口处形成拱桥形激波系（图 13-38c），随 $p'_2$继续升高，拱桥形激波系将逐渐靠近出口截面，而当 $p'_2=p_{2k}$时，在喷管出口截面处形成正激波。在所有上述情况下，超声速气流在 $C$ 和 $D$ 处产生的压缩扰动波均不能逆流向上传播，因此喷管中气流的降压膨胀仍按 $AOB$ 曲线进行。

（3）$p_{2k}<p'_2<p_{2m}$，即背压 $p'_2$ 高于在出口截面形成正激波的背压 $p_{2k}$，但低于激波逆流向上传播到喷管喉部的出口压强 $p_{2m}$。

当背压高于 $p_{2k}$时，为了适应正激波后背压的升高，正激波就要向喷管内移动（图 13-38d）。正激波越向前移，激波前气流的速度逐渐减小，于是激波强度减弱。气流经过正激波后变为亚声速流，在渐扩管中亚声速流将逐渐减速，压强逐渐升高到出口处的背压（$p_{E2}$），喷管中气流的压强按图 13-37 中 $AOK_2L_2E_2$ 变化。这种喷管的设计出口压强低于出口背压 $p'_2$ 的情况，从物理上说是气流在喷管中膨胀已经过度了，称为气流的膨胀过度，激波的内移实际上是减弱这种过度的膨胀。当背压继续升高时，激波向喷管内移逐渐靠近喉部，激波强度进一步减弱。当背压达到 $p_{2m}$时，激波移到了喷管的喉部，因为气流 $Ma_1=1$，所以激波消失了，气流参数达到了临界值。又由于喷管出口背压高于喉部的压强，所以气流在渐扩管中逐渐减速增压，直至达到出口背压 $p_{2m}$，气流在整个渐扩管中为亚声速流，喷管中气流压强按图 13-37 中曲线 $AOE$ 变化。

（4）$p_{2m}<p'_2<p_1$，即背压 $p'_2$ 高于激波内移到喷管喉部时的出口压强 $p_{2m}$，而低于设计工况下的进口压强 $p_1$。这种条件下，气流在渐缩管中增速减压，在喉部速度达到最大值（小于声速），而压强达到最小值（高于临界压强）。气流在渐扩管中则逐渐减速增压，这时缩放管的作用完全等同于文丘里管，喷管中气流压强按图 13-37 中 $AIJ$ 曲线变化。

当 $p'_2=p_1$ 时，气体将完全停止流动。

通过喷管的流量如图 13-37 中的右面曲线所示。在 $p'_2<p_{2m}$的情况下，无论背压 $p'_2$ 怎样变化，由于喷管喉部的临界参数不变，所以喷管中气体流量保持不变。而当 $p'_2>p_{2m}$时，流量将减小，当 $p'_2=p_1$ 时，流量减为零。

## 例　题

**例 13-1** 已知有一均匀空气来流 $Ma_1=2$，绕外钝角折转 10°。求气流膨胀后的马赫数。

**解：** 因为气流绕外钝角的折转角为正，因此膨胀波为右伸波。由式（13-19）有

$$\delta(M_{cr2})=\theta_2-\theta_1+\delta(M_{cr1})$$

已知 $\theta_2-\theta_1=10°$，且根据 $Ma_1=2$，查有关书籍中平面超声速气流绕外钝角膨胀气流函数表（$\gamma=1.4$），有 $\delta(M_{cr1})=26°$。代入上式得

$$\delta(M_{cr2})=10°+26°=36°$$

再由 $\delta(M_{cr2})$ 查表得到气流膨胀后 $Ma_2=2.36$。

**例 13-2** 一个马赫数为 2.0 的均匀空气流绕外凸壁膨胀,气流的最终方向相对于其最初方向转折了 $-10^\circ$(即顺时针方向转折),膨胀波系前的压强和温度分别为 $p_1=1.013\ 3\times10^5\ \mathrm{N/m^2}$,$T_1=290\ \mathrm{K}$。试确定:(1) 最终的马赫数 $Ma_2$;(2) 最终的静压 $p_2$ 和静温 $T_2$。

**解:** (1) 对于 $Ma_1=2.0$,查表得 $\delta(Ma_1)=26.38^\circ$。

因为气流穿过膨胀波系为顺时针方向转折,故为左伸膨胀波系,有

$$\theta_2-\theta_1=\delta(Ma_1)-\delta(Ma_2)$$

即

$$\delta(Ma_2)=\delta(Ma_1)-(\theta_2-\theta_1)=26.38^\circ-(-10^\circ)=36.38^\circ$$

查表得

$$Ma_2=2.383$$

(2) 因为流动过程是绝能等熵过程,即气流总压、总温为常数。由气动函数表查得

对于 $Ma_1=2.0,\dfrac{p_1}{p^*}=0.127\ 8,\dfrac{T_1}{T^*}=0.555\ 6$;

对于 $Ma_2=2.383,\dfrac{p_2}{p^*}=0.069\ 9,\dfrac{T_2}{T^*}=0.467\ 6$。

因此

$$p_2=p_1\left(\frac{p^*}{p_1}\right)\left(\frac{p_2}{p^*}\right)=\frac{1.013\ 3\times10^5\times0.069\ 9}{0.127\ 8}\ \mathrm{N/m^2}=0.554\times10^5\ \mathrm{N/m^2}$$

$$T_2=T_1\left(\frac{T^*}{T_1}\right)\left(\frac{T_2}{T^*}\right)=\frac{290\times0.467\ 6}{0.555\ 6}\ \mathrm{K}=244.1\ \mathrm{K}$$

**例 13-3** 已知空气流中正激波前的压强 $p_1=80\ \mathrm{N/m^2}$,$t_1=10\ ^\circ\mathrm{C}$,$v_1=500\ \mathrm{m/s}$,空气 $\gamma=1.4$,试求激波后的气流参数 $v_2,p_2,\rho_2$ 和 $t_2$。

**解:** 激波前的声速、马赫数和密度分别为

$$c_1=\sqrt{\gamma RT_1}=337\ \mathrm{m/s}$$

$$Ma_1=\frac{v_1}{c_1}=1.48$$

$$\rho_1=\frac{p_1}{RT_1}=9.9\times10^{-4}\ \mathrm{kg/m^3}$$

激波后的气流参数分别由式(13-40)、式(13-41)和式(13-42)求得

$$v_2 = v_1\left[\frac{2}{(\gamma+1)Ma_1^2}+\frac{\gamma-1}{\gamma+1}\right] = 273\ \text{m/s}$$

$$\rho_2 = \rho_1\frac{v_1}{v_2} = 1.81\times10^{-3}\ \text{kg/m}^3$$

$$p_2 = p_1\left(\frac{2\gamma}{\gamma+1}Ma_1^2-\frac{\gamma-1}{\gamma+1}\right) = 189\ \text{N/m}^2$$

$$t_2 = \frac{p_2}{\rho_2 R_2} = 91\ ℃$$

**例 13-4** 已知有一空气流以 $Ma_1 = 2.0$ 流过一折转角 $\delta = 10°40'$ 的凹钝角，空气的 $\gamma = 1.4$。求激波前后各参数比值和 $Ma_2$。

**解：** 应用图 13-25 的曲线可以查得当 $Ma_1 = 2.0$，$\delta = 10°40'$ 时，有 $\beta = 40°$。

因为斜激波相当于法向分速的正激波，因此可以应用有关书籍手册中的正激波表来求气流在激波前后各参数的比值。

$$Ma_{1n} = Ma_1 \sin\beta = 1.286$$

在 $Ma_{1n} = 1.286$ 情况下，查正激波表得各参数比值为

$$\frac{p_2}{p_1} = 1.765,\ \frac{\rho_2}{\rho_1} = 1.489,\ \frac{T_2}{T_1} = 1.181$$

$$Ma_{2n} = 0.793$$

所以

$$Ma_2 = \frac{Ma_{2n}}{\sin(\beta-\delta)} = 1.617$$

第 13 章

电子作业本

# 第 14 章 流体要素测量

随着计算机技术的发展，数值计算方法已广泛应用于流体流动问题的求解。对于无黏流动，及在低速、恒定，分离区不大的情况下，数值计算结果已与实验结果相当吻合，因此甚至可以用数值计算代替实验。但是，对于大量黏性流体的流动问题，以及边界条件复杂的大型工程问题，特别是对于不规则流域的非恒定流动和高速的可压缩湍流流动等，虽然在各种前提假设条件下，不少流动已经可以用数值方法求解，但其计算结果必须由实验验证。而上述流动问题中至今仍有一些无法建立完善的数学模型加以描述，只能依靠模型和实物的反复实验，不断修正才能得到最终的满意结果。因此，当今在涉及流体力学的工程实际问题的研究、发展和应用中，实验研究几乎是必不可少的，而这些问题的大量实验研究与设备运行的监视，乃至如航天飞机飞行姿态的校正等，关键都在于流体压强、速度和流量等流体要素的测量。

通常通过各种测量仪表实现流体要素的测量，而被测量的大小、测定的部位、需要的量测精度以及测量的实时性要求，决定着应当选用的测量仪表和方法。本章将主要介绍压强、流速和流量测量的基本原理、测量的方法、测量的仪表及其使用特点。

## §14-1 压强的测量

在进行流体力学研究和涉及流体力学的工程实际应用中，压强的测量技术是流体要素测量的基础，用皮托管测速和用某些阻尼器测量流量参数，通常都通过压强测量的转换来实现。

压强通常不能直接显示，必须将它变换为位移、角位移、力或各种电量参数进行测量。压强的测量有压强感受、传输和指示三部分组成。在常规测量中，压强感受常用测压孔和各种形状的压强探针，感受到的压强通过各种液体测压管或金属压力表指示被测的压强。在测量动态压强时常采用压力传感器，将所感受到的动态压强转换为电信号输入相应的仪表指示或输入计算机实时打印输出。显然，测量的精度主要取决于压强感受和压强指示两个环节的误差大小。

## 一、 静压的测量

无论流体处于静止状态或流动，用固定壁面开孔感受到的压强或用对流场干扰很小的探针周壁小孔感受到的流体压强都可称为流场中某点的静压。

通常认为，只要壁面上开设的静压孔足够小，孔的轴线垂直壁面，孔的边缘没有毛刺或凹凸不平，静压孔中感受到的就是测点上流体压强的真实值。而当孔的边缘处有毛刺或凹凸不平时，将会产生局部旋涡，使测量值不准确。在对静压孔周围的流动情况进行深入研究分析后得到，静压孔内外流体的相互影响使测量结果产生误差。

壁面没有开设测压孔时，近壁处是很薄的边界层，壁面处流速为零。这时沿壁面法线方向上没有压强梯度，各点的压强等于边界层外边界上的压强，这时，因为流体的黏性，在法线方向上存在速度梯度而使流体对壁面作用有切应力。

当壁面开设静压孔后，在黏性切应力作用下，静压孔内流体产生流动，近孔处的流线向孔内稍许弯曲，使边界层内法线方向的静压不再保持不变，并导致静压孔内感受到的压强偏离流体中静压的真实值，其偏差的程度主要取决于静压孔的几何参数和加工情况。图 14-1 给出了孔径和流速对静压测量的影响。在一定的流速下，孔径越大，流经静压孔时流线弯曲越大，静压测量误差越大；而在一定孔径下，流速越大，边界层内与孔壁垂直方向上速度梯度越大，黏性力的影响随之增大，静压测量误差也增大。所以通常静压孔的直径为 0.5~1.0 mm，孔深为孔径的 3~10 倍，要求测压孔的周围无毛刺，其周围管道壁面光滑，不应有凹凸不平。

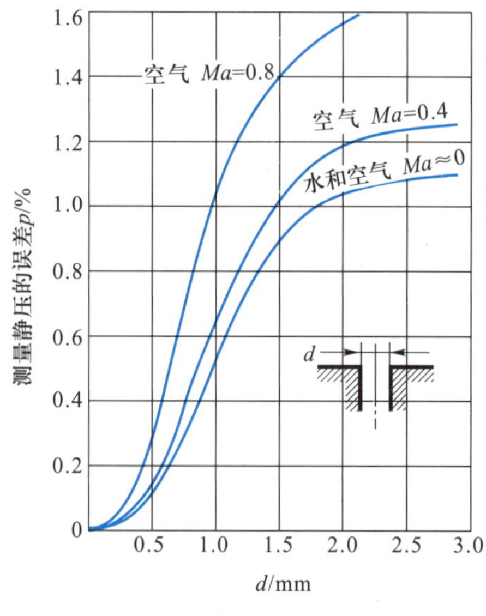


图 14-1

壁面开口的静压测量方法简便，感受孔的位置选在流体流线平直的地方，对气流的干扰小，可得到较高的测量精度，如图 14-2 所示。

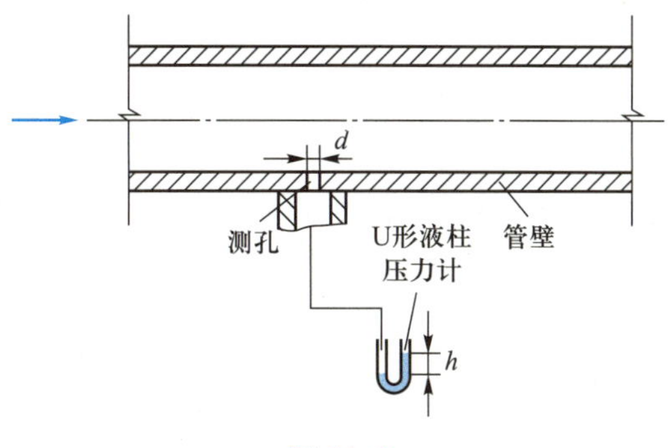


图 14-2

静压孔的几何形状和孔轴方向所能引起的静压测量误差如图 14-3 所示。虽然垂直壁面的静压孔测量得到的数据存在一定误差，但因对于小于 1 mm 的小孔，误差很小，且与壁面垂直时容易加工，所以静压孔常加工成与壁面垂直。

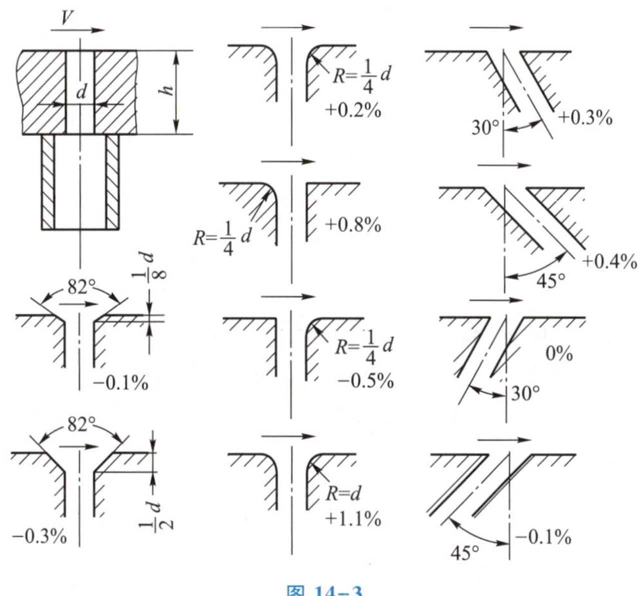


图 14-3

除了壁面开孔感受静压外，利用轴线平行于来流方向的直径很小的探针也可以感受到流场中某点的静压强。

将探针放在流场中，被绕流探针上任意点的压强和未受扰动的无限远来流压强之差与未受扰动来流速度头的比值定义为该点的压强因数：

$$C_p = \frac{p_i - p_\infty}{\frac{1}{2}\rho V_\infty^2} \tag{14-1}$$

## 二、 压强测量仪表

测量压强的方法很多,通常根据被测压强的大小和测量精度要求选用不同的压强测量仪表。

### 1. 液体测压计

液体测压计是根据流体静力学原理设计的利用液柱高来测量压强的仪表。在静力学中曾学过,对于静止且连通的均质液体,在重力场中等压面是水平面,因此连通的均质静止流体中,任意两点的压强差只与两点间的垂直高度有关,而与容器的形状无关。这样,若在被测液体的容器壁上所要测量压强处开孔并接透明(如玻璃)管子,即可测出液体中的压强。

(1) 单管测压计

这是一种最简单的测压计(图 14-4)。将一根玻璃管与液体中所要测量压强处容器壁上的压力感受孔相连接,管子的另一端开口与大气相通,利用量测被测液体在管中上升的液柱高度来测定容器中液体的压强。为减小因毛细现象所带来的测量误差,管子内径不能小于 3 mm,通常取5~10 mm。

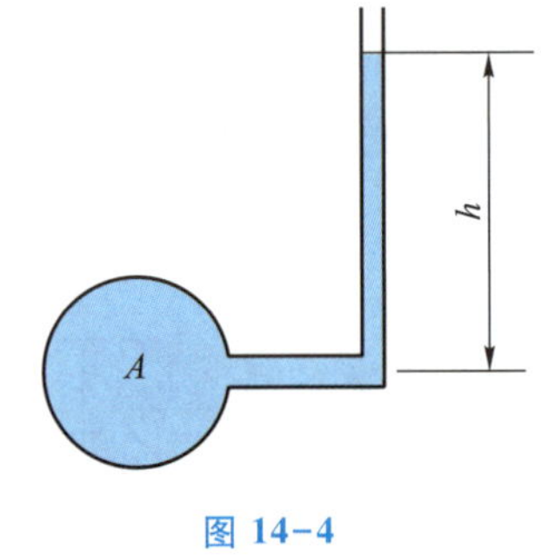

图 14-4

在容器内压强的作用下,液体在测压管中上升高度为 $h$,若液体的密度为 $\rho$,则由流体静压强基本公式得出容器液体中 $A$ 点的计示压强为

$$p_A=\rho g h$$

因此,由液体上升的高度可以直接得到 $A$ 点的压强。若在有液体流动的管道边壁上开孔,将测压管接在该孔上,测量在测压管中液体上升的高度 $h$,即可得到流体在管内流动时的静压强。这种测压计的优点是结构简单,测量精度较高,但因测压管中的流体就是被测流体本身,受测压管高度限制,被测的压强不能太高。

(2) U 形管测压计

图 14-5 所示为 U 形管测压计,它一端与大气相通,另一端连接到所要测量压强的 $A$ 点处。根据 U 形管内量得的液柱高度差计算出 $A$ 点的压强。

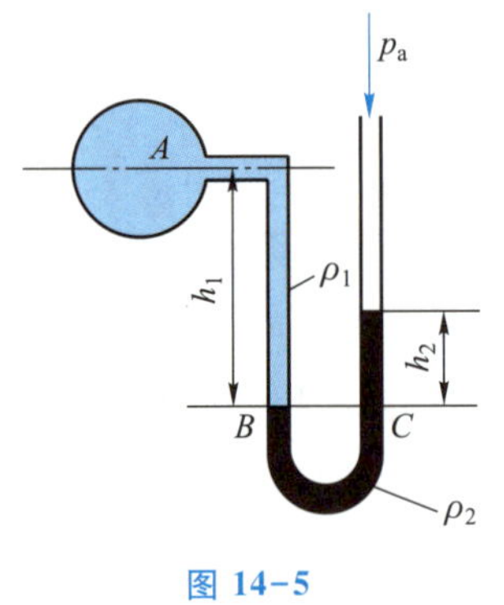

图 14-5

通常根据被测点的压强大小和被测流体的性质,选用 U 形管中的工作介质。当被测压强较大时,可以采用密度较大的水银等作为工作介质。当测量气体压强且被测点压强不大时,可以采用酒精、水、四氯化碳等液体作为工作介质。在容器中被测液体静止不动时,读数误差在 0.5 mm 左右;若被测液体处于流动状态时,因 U 形测

压管内工作介质液面波动将使读数误差增大至 1~3 mm。

U 形管测压计是一个连通器，同一种液体中的 $B$，$C$ 处为等压面，所以 $A$ 点的压强：

$$p_A+\rho_1 gh_1=\rho_2 gh_2 \quad 或 \quad p_A=\rho_2 gh_2-\rho_1 gh_1 \tag{14-2}$$

在测量气体压强时，由于气体的密度远小于液体的密度，可以略去 $\rho_1$ 的影响，故可得

$$p_A=\rho_2 gh_2 \tag{14-3}$$

（3）U 形管液体差压计

U 形管液体差压计可用于测量两点间的压强差。对于如图 14-6 所示的 U 形管差压计，U 形管的两端分别连接在 $A$，$B$ 两容器的测点 1，2 上，容器 $A$，$B$ 中液体的压强分别为 $p_A$，$p_B$，密度分别为 $\rho_A$，$\rho_B$，U 形管中密度为 $\rho$ 的工作介质在被测点 1，2 的压强作用下产生液面高差 $h$，$C$-$D$ 为等压面，则有

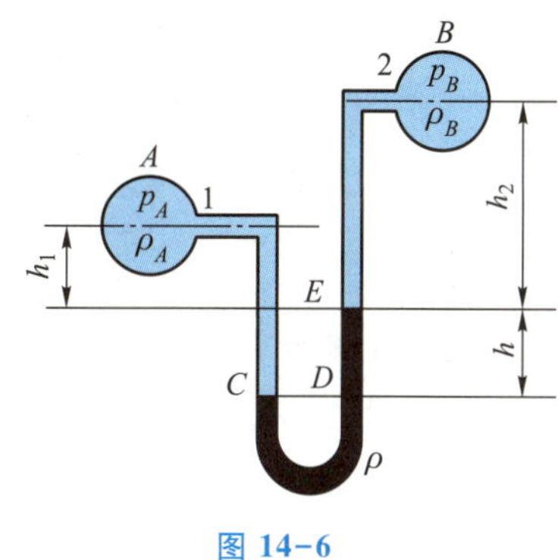


图 14-6

$$p_C=p_A+\rho_A g(h_1+h)=p_D=p_B+\rho_B gh_2+\rho gh$$

因此压差为

$$\begin{aligned}\Delta p&=p_A-p_B=\rho_B gh_2+\rho gh-\rho_A gh_1-\rho_A gh\\&=(\rho-\rho_A)gh+\rho_B gh_2-\rho_A gh_1\end{aligned} \tag{14-4}$$

所以，在 $h_1$，$h_2$ 已知的情况下，通过测量 U 形管中工作介质的高差 $h$ 可以计算 1，2 点间的压差。有时为了测得较大的压强，可以作成有多根 U 形管串接而成的测压管组。

（4）倾斜式微压计

在测量很微小的压强或压差时，常将测压计的测压管倾斜放置，用以提高测量精度。这时测压管中通常都采用密度较小的工作介质。

对于如图 14-7 所示的微压计，当压强 $p_1=p_2$ 时，调整微压计容器中液面高度为标尺零点，$l_0$ 为倾斜测压管的起始零位。当有压差时，倾斜测压管中液面相对于零点上升 $h_1$ 高度，容器中液面下降 $h_2$，则压强差

$$p_2-p_1=\rho g(h_1+h_2)=\rho g\Delta l\left(\sin\alpha+\frac{A_1}{A_2}\right) \tag{14-5}$$

式中 $A_1$——测压管的横截面面积；

$A_2$——容器的横截面面积；

$\alpha$——测压管倾角；

$\Delta l$——倾斜管上升的液柱读数。

一般情况下，$A_1$ 远小于 $A_2$，故 $A_1/A_2$ 可忽略不计，于是

$$\Delta p=p_2-p_1=\rho g\Delta l\sin\alpha \tag{14-6}$$

显然，减小测压管的倾角，可以提高测压精度，但 $\alpha$ 太小时，会使 $\Delta l$ 的读数不够准确，一般 $\alpha$ 不应小于 6°~7°。

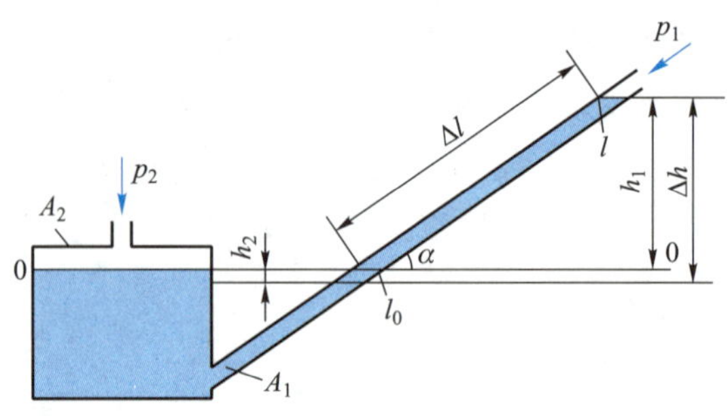


图 14-7

对于上述单管测压计、U 形管测压计、多管测压计或倾斜式微压计，为减小读数误差提高测量精度，常可附加光学精读装置。

## 2. 弹性式压力计

(1) 金属弹簧管式压力计

当测量较高的压强，或对于各种流体系统检测压强时，常采用金属弹簧管式压力表。图 14-8 是金属弹簧管式压力表的基本结构示意图。当有压强的被测流体通入时，具有扁椭圆形截面的金属弹簧管 1(图中 $AB$ 段)，在内外压差的作用下产生弹性变形，由管末端处的拉杆 2 拉动扇形齿轮 3 使与其啮合的齿轮 4 转动，带动指针 5 指示压强值。游丝 7 用以消除齿轮间的间隙，提高测量精度。调节螺钉 9 的位置可以改变传动放大系数，调节压力表量程。6 为表盘，8 为连接螺柱。弹簧管的变形随压强上升而增大，通常根据不同的压强测量范围和测量精度要求选用适合量程和精度的金属弹簧压力表。

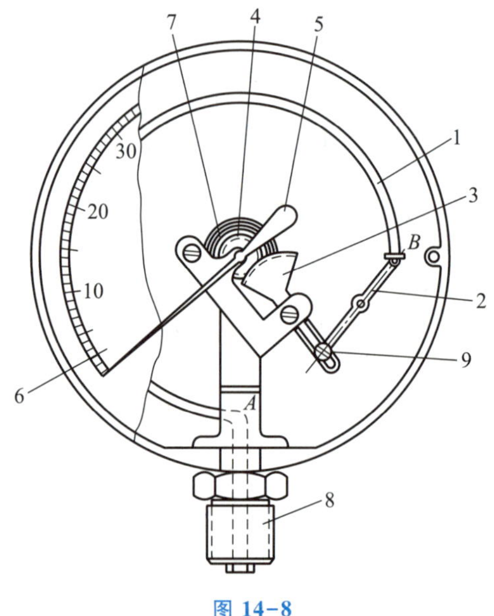


图 14-8

金属弹簧压力表使用一定时间后，应该用压力表校正装置进行校正，以保证其测量精度。金属弹簧压力表还包括真空表、电接点压力表和测量压差的差压表等。金属弹簧压力表由于结构紧凑、易于携带、安装简便、测读容易而在工业上和实验室得到广泛应用。

(2) 膜式压力计

膜式压力计分为膜片压力计和膜盒压力计两种。前者主要用于测量腐蚀性介质或非凝固、非结晶的黏性介质的压力;后者常用于测量气体的微压或负压。它们的敏感元件分别是膜片和膜盒。

膜片压力计的膜片可分为弹性膜片和挠性膜片两种(图 14-9)。膜片呈圆形,一般由金属制成,常用的弹性波纹膜片是一种压有环状同心波纹的圆形薄片,它的四周被固定起来。通入压力后,膜片将向压力低的一面弯曲,其中心产生一定的位移(即挠度),通过传动机构带动指针转动,指示出被测压力。

图 14-9

为了增大膜片的位移量以提高灵敏度,可以把两片金属膜片的周边焊接在一起,形成膜盒,如图 14-10 所示。

膜盒式微压计常用于火电厂锅炉风烟系统的风、烟压力测量及锅炉炉膛负压测量。当几个膜盒敏感元件叠放在一起后可用于量测极微小的压力(毫巴级)。

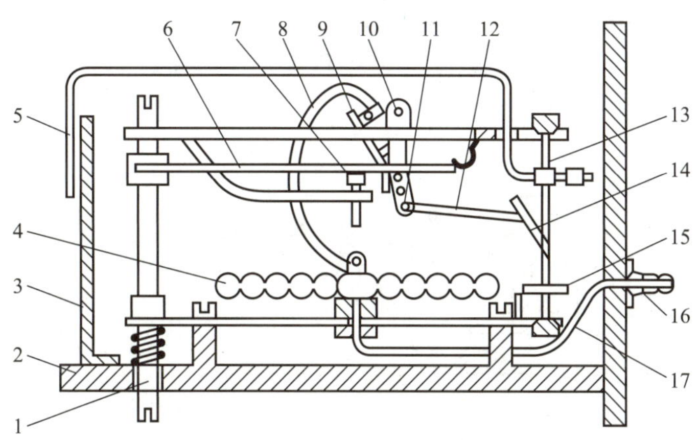

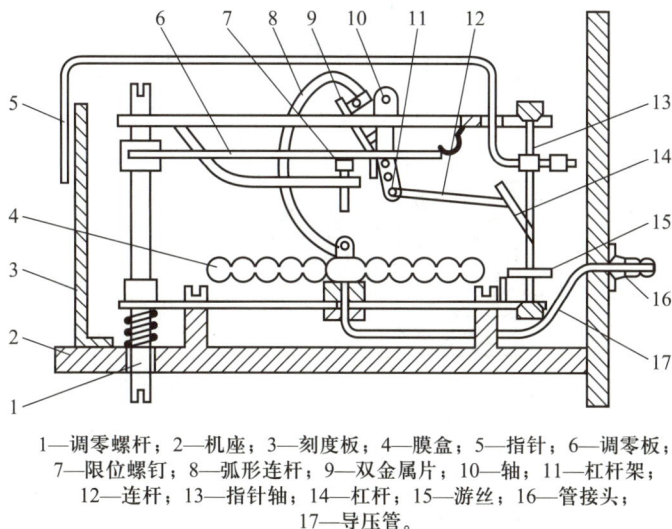

1—调零螺杆;2—机座;3—刻度板;4—膜盒;5—指针;6—调零板;7—限位螺钉;8—弧形连杆;9—双金属片;10—轴;11—杠杆架;12—连杆;13—指针轴;14—杠杆;15—游丝;16—管接头;17—导压管。

图 14-10

## 三、 动态压强的测量

对流动过程的实验研究和对工业生产中的流体系统进行动态监测,以及对流体机械的流动特性进行数据采集时,经常会遇到动态压强的测量和压强的远距离传送、显示、记录以及控制等问题。为了实现压强信号的远传显示，通常将压强用波纹管、膜片等弹性敏感元件转变为位移、力和其他应变信号，然后通过电阻式、电感式或电容式等电动变换器转换为电信号，放大后远传至显示或记录仪表。这种压强变送器因动态响应较慢，主要适用于测量静态压强或变化缓慢的压强。

为了测量快速变化的脉动压强，必须采用灵敏度高且惯性小的传感器，压强传感器将瞬间变化的动态压强转换成电信号，然后通过电信号的放大转换，输入计算机分析处理后打印输出。

目前广泛应用于动态压强测量的传感器主要有电阻式、应变式、电容式、电感式、压电式、压阻式等压强传感器。电阻式压强传感器由于非线性误差大，频率响应低而主要在测量精度和动态响应要求不高的场合使用。应变式压强传感器由压强敏感元件和贴在它上面的电阻应变片组成，前者将被测压强转换为应变量，然后由电阻应变片将应变量变换为电阻的变化量，并通过电桥将变化的电阻量以电压输出。压强敏感元件有膜片式、应变筒式、应变梁式等多种，而电阻应变片则有箔式、丝式和半导体应变片三类。应变式压强传感器测量范围为0~1 000 MPa，动态频响达到120 kHz，测量误差为0.1%~0.5%。由于其结构简单，体积小，测量精度高，价格适中而得到广泛应用。

近年来压强传感器出现了集成化的趋向，即将压强敏感元件和机械-电阻应变桥路集成在一起。最近甚至出现了压强传感器的智能化，它将硅敏感元件技术与微处理器计算结合在一起组成传感器，这种传感器具有自补偿、自诊断、双向数字通信、信息存储、记忆等功能，其测量精度≤0.1%，重复精度达到0.005%，因而将有很好的发展应用前景。图14-11是这种传感器的原理框图。

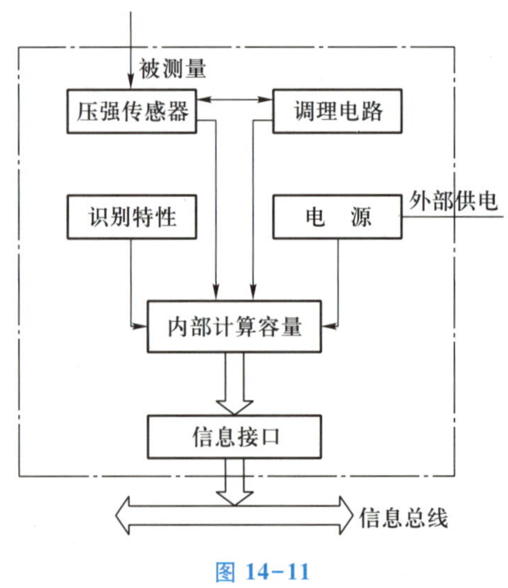


图 14-11

下面介绍结构比较简单，应用最为广泛的电阻应变式压强传感器。

图14-12a是电阻应变式压强传感器的原理示意图，其工作原理是利用金属电阻丝受

力变形时电阻发生变化的特性。将电阻应变片贴在敏感元件弹性梁或膜片上，压强 $p$ 通过传力杆作用在弹性梁上或直接作用在膜片上，使弹性梁或膜片弯曲变形，电阻应变片随之变形，其电阻值发生微小变化。借助于图 14-12b 的电桥电路，将应变片的待测电阻 $R_1$ 作为桥式电路的一个臂，$R_2$ 为温度补偿电阻，$R_3$ 和 $R_4$ 是设在应变仪中的固定电阻，在桥路的 $AC$ 两端输入电压 $U_0$，利用电桥电路的基本工作原理，对于某一被测压强 $p$，电阻应变片的变形引起电阻值的微小变化，转换成模拟电压输出。

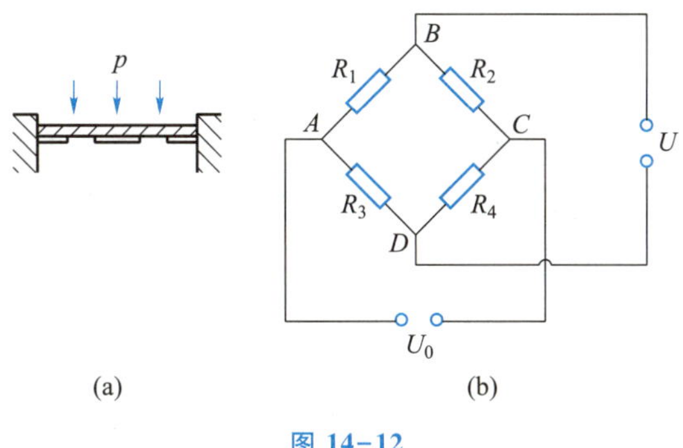


图 14-12

图 14-13 是量测系统原理框图。由桥路测得的微弱电阻变化经前置放大器放大输出模拟电压信号，输入信号调理端子经滤波后送入 A/D 转换板，经转换后得到电平数字量信号，输入计算机分析处理形成实时图形数据文件，最后由打印机打印输出数据、曲线和图形，从而能实时了解实验或工业生产的进程，并进而控制参数输入和整个过程。

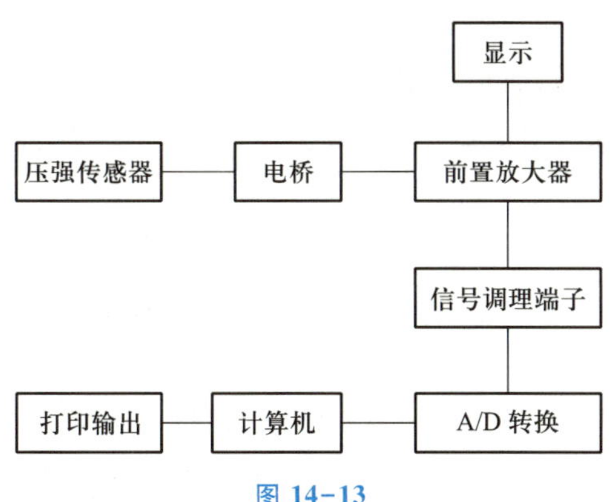


图 14-13

其他各种形式的压强传感器尽管有着不同的工作原理和结构，但它们都具有将输入的压强信号变成电信号输出的共同特点。

## §14-2 流速的测量

通常在流体工程的研究过程中，以及飞行器在飞行中，经常要进行流速的测量，使用最多的是总压管和皮托管（又称探针）。

### 一、总压管

图14-14所示是一种用于测速的总压管，它是一种两端开孔成L形的管子。若要测量流体中$A$点的流速，可以将总压管置于$A$点对准流动方向，$A$点处形成流速为零的滞止点，则总压管中液体将上升$h+\Delta h$高度，即在$A$点处有

$$\frac{p_0}{\rho g}=\frac{p_A}{\rho g}+\frac{u_A^2}{2g}=h+\Delta h$$

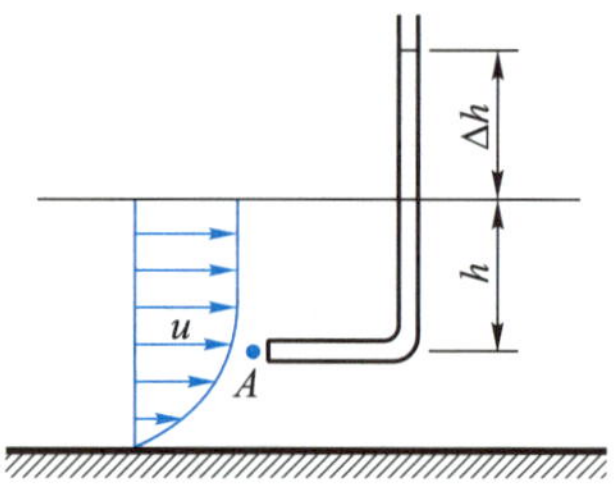

式中$p_0$为$A$点处的总压强，显然$A$点处的静压强$p_A=\rho gh$，所以得到

$$\Delta h=\frac{p_0-p_A}{\rho g}=\frac{u_A^2}{2g}$$



图14-14

即

$$u_A=\sqrt{2g\Delta h} \tag{14-7}$$

因此，只要利用总压管测出被测点处的液柱高（压强），就可以计算得到该点处的流速。

实验得到，在感压孔直径与外径之比为$d_1/d=0.6$下，头部为平头时，总压管轴心相对于来流方向的偏转最不敏感，而头部做成半球形时对方向性较敏感，且$d_1/d$越小，对方向性越敏感。测量时应将探头对准流动方向。

### 二、皮托管

很多情况下，例如在管路中，流动流体中某点的压强并不知道，只用总压管无法测得流体中的流速，这时常用总压管与静压管组合在一起的探针测速，称为测速管或皮托（Pitot）管。图14-15为具有半球形头部的皮托管结构示意图。前端是皮托管的迎流总压孔，孔径通常为$(0.1\sim0.3)d$。侧面均布的静压孔常采用沿圆周对称均布的8个。如图所示若将总压孔和静压孔连接到一个U形管压力计上，总压和静压之差，就是用于计算流速的动压，即

$$u=\sqrt{\frac{2}{\rho}(p_0-p)}=\sqrt{\frac{\rho_1}{\rho}2g\Delta h}$$

式中　$\rho$——被测流速的流体密度；

$\rho_1$——U 形管压力计中工作介质的密度。

探针头部的半球形会使流经该处的流速加大，静压减小，因此静压孔的位置过于紧靠头部时会影响测量精度。为减小头部对流场干扰所引起的静压测量误差，静压孔一般开在距头端 $3d$ 处。皮托管的尾部垂直引出管会阻碍它前面的流动，使之流速减慢压强增高，因此垂直引出管距离静压孔应大于 $8d$。为减小头部、尾部和加工等因素的影响对测量结果造成偏差，通常用皮托管的流速因数 $C_v$ 进行修正，即

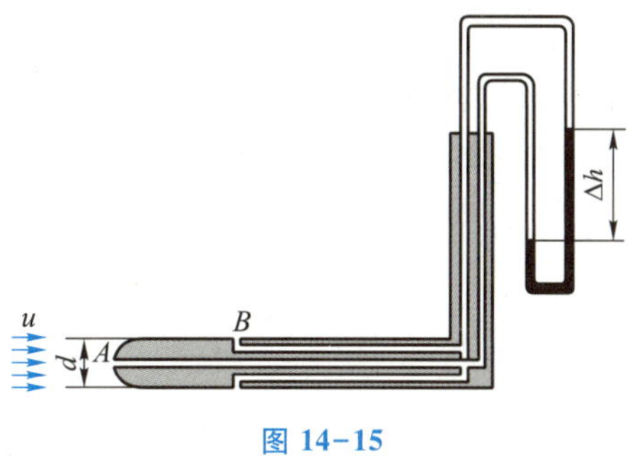

图 14-15

$$u=C_v\sqrt{\frac{\rho_1}{\rho}2g\Delta h} \tag{14-8}$$

$C_v$ 值由率定实验确定，通常为 1~1.04。

皮托管结构简单，制造和使用方便，价格便宜，坚固可靠，精度高。根据所测量的流体性质，将皮托管设计成不同的形状，常用的有 L 形和 T 形。由于皮托管测量的是空间某点处的平均速度，它的头部尺寸决定了它的空间分辨率。并且，探针头部的形状对探针的性能影响很大，因此在选用测速探针时，应特别加以注意。头部为半球形的探针，来流对探针偏斜的不敏感角度约为±10°。对于头部为锥状的探针，尽管测得的总压对来流偏斜角不敏感，但这时所测的静压却对来流的偏斜角非常敏感，它将影响速度测量的结果，所以探针头部通常选用半球形。

最后，在使用前需要标定皮托管的校正系数，以及在不同流速时皮托管对流动偏斜角的不灵敏性。在校正风洞中用比较法进行标定，它将被标定的仪表测得的数据与标准仪表测得的数据相比较，就可得出被标定的仪表的修正系数或特性曲线。标准风洞有吸入式、射流式、吸入-射流复合式以及正压式等多种类型，其中最常用的是射流式风洞。校正基本步骤如下：

(1) 安装被标定皮托管，保证皮托管总压孔的轴线对准校准风洞的轴线。

(2) 合理选择标定流速范围，记录各稳定气流流速下校准风洞的标准动压值 $\Delta h$ 和被标定皮托管的动压值 $\Delta h_1$。

(3) 整理记录数据，或拟合成标定方程，或绘制成标定曲线，以备查用。

## 三、 三孔圆柱形探针

三孔圆柱形探针测量原理如图 14-16 所示。探针为圆柱形（直径为 $d$），头部呈半球形。距头部大于 $2d$ 处的同一横截面上开 3 个测压孔（孔径为0.5 mm），1，3 孔对称于 2 孔，与 2 孔间隔 45°。3 个小孔在流场中感受的压强 $p_1,p_2,p_3$ 分别按图示引接到 3 根 U 形管测压计中。在三孔探针尾端引出孔处装有指示探针转动角度的分度盘。将三孔探针垂直放入平面流场后，缓慢转动探针，当连接 1，3 孔的差压计中液面相等时，2 孔就是绕流

圆柱体时的前驻点，孔 2 的轴心线与来流方向重合，这时从刻度盘就可以读得来流方向与基准线 $x$ 轴夹角 $\alpha$，这就是来流方向角。同时，由另两个 U 形管测压计测得 $p_2$ 和 $p_2-p_1$ 值，利用这两个压强值和三孔探针的校正系数，可以计算流动的总压、静压和速度值。

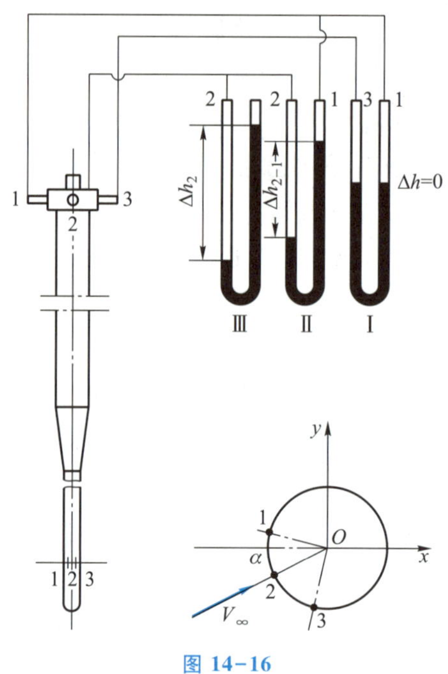


图 14-16

为测定空间流动中某点处的总压、静压、速度值和流动的方向，可以采用五孔球形探针，它与三孔圆柱形探针的测量原理类似，五孔球形探针根据流体绕球体流动的特性做成，需要采用时，读者可查阅相关资料。

## 四、 热线（膜）风速仪

利用探针测量流动速度，是基于测量流场的压强来间接测定流动速度，但当流动的速度和方向脉动时，即使脉动频率只有几赫兹，由于响应速度较慢，也难以得到满意的结果。

在流体力学动态测试中，流速的脉动频率从几赫兹到上万赫兹，一般的测速探针已无法测得流动速度的瞬时值和脉动频率。热线风速仪和热膜风速仪是为测量流体脉动速度而发展起来的流速量测仪器。将装有金属丝的金属热敏探头置于欲测流速的流场中，将金属丝加热，流体与金属丝发生热交换带走部分热量，流动速度的变化将改变金属丝冷却的速率，利用在不同流速下散热率不同的原理，通过量测热敏探头的散热率来确定流场的流速。热线(膜)探头的结构见图 14-17。图 14-17a 的热线探针是将一根抗氧化性能好且有足够机械强度的很细的镀铂钨丝悬挂在叉形不锈钢支架的尖端处做成，金属丝直径在1~3 μm 左右，铂金丝探针工作温度在 300~800 ℃时具有较高的灵敏度。由于热线探针的金属丝很细且在高温下工作，一般适宜测量杂质含量少的气体流速。液体在高温下会产生氧化，故一般不能用于量测液体的流速。

图 14-17b 是热膜探针。为提高探针金属丝的强度和量测的稳定性，利用在石英或玻璃杆上沉积一层很薄的铂膜做成热膜探针。一般热膜探针的直径为 25~50 μm。热膜探针在工作温度 30~60 ℃下具有较高的灵敏度，故可用于液体和气体流场的测速。若将两个热线(膜)元件做成 X 形或 V 形探针，可以测量二维、三维流场的流速。

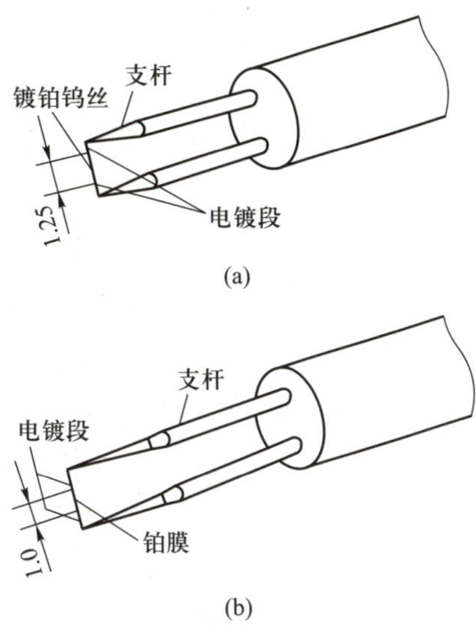

图 14-17

图 14-18 是热线(膜)风速仪的电桥电路原理图。将热敏元件的两端接在电桥的一个臂上，当流速为零时，电桥处于平衡状态。这是采用一个反馈回路的等温补偿电路，量测时保持热敏元件的温度不变。当流过热敏探针的流速增加时，热交换使热线(膜)降温，电阻减小，$A$ 端的电位降低，使输入放大器的电压增加，因而反馈电流和通过热线(膜)电阻的电流增加，使热敏元件保持原来的温度。

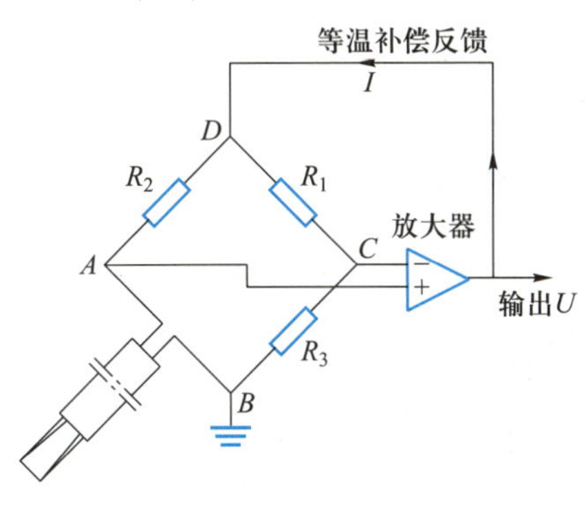

图 14-18

热线上散失的热流量与流速间的关系可以用下式表示：

$$\Phi = A + B\sqrt{v} \tag{14-9}$$

式中 $\Phi$——热线散失的热流量；

$A$,$B$——常数，由实验确定；

$v$——流体流速。

若热线的电阻为 $R$，通过的电流为 $I$，则上式可变为

$$I^2 R = A + B\sqrt{v} \tag{14-10}$$

对于恒温式热线风速仪，当热线温度(或电阻 $R$)保持不变时，上式得到电流与流速的函数关系。

热线风速仪的频率响应可以达到 1.2 MHz，热膜探针也能达到 1 kHz 以上，所以用它们可以测量脉动频率很高的流动。热线(膜)风速仪还具有很宽的测速范围，特别适合高速测量。热线探针可用于测量 0.2~500.0 m/s 的气流速度，而热膜探针则可用来测量

0.01 ~ 25 m/s 的气流或液体流速。其缺点是整台流速仪价格昂贵，且由于热敏探针细而较脆，因此对被测流场流体的杂质含量有较严格的要求，探针容易损坏耗费较高。又因热线探针尺寸各不相同，所以使用前需要逐个校准，而且动态校准比较困难。

## 五、 激光测速仪（LDA）

当激光的光线照射到跟随流体运动的固体微粒上时，固定的光接收器接收到运动微粒的散射光的频率是变化的，当散射光与光接收器的相对运动使两者距离减小时，频率增高，距离增大时，频率减小，频率的变化量与相对运动速度的大小和方向有关，也与激光的波长有关。接收器接收运动物体散射光的这种现象称为激光多普勒效应，又称为多普勒频移，即当固定接收器接收运动微粒散射光的频率时，由于运动微粒与接收器间有相对运动，接收到的频率已不是运动物体散射光的频率，两者间产生了频移。激光测速仪就是利用激光多普勒效应做成的，应用电测测定频移大小，并由此确定流场中某点上的流体运动速度。图 14-19 是激光测速仪的光路和处理系统框图。用半透膜镜分光器 $M_1$ 将激光单束分成两束强度基本相等的光束，经聚焦透镜 $L_1$ 聚焦到玻璃管内流场中被测点 $P$ 处，与流体一起运动的固体微粒的散射光经透镜 $L_2$ 聚焦到针孔光阑后进入光电接收器，通过光电倍增管将光的信号变成电的信号，由信号处理器的频率跟踪器跟踪流速的多普勒信号，并由数据处理器的频率计数器显示。

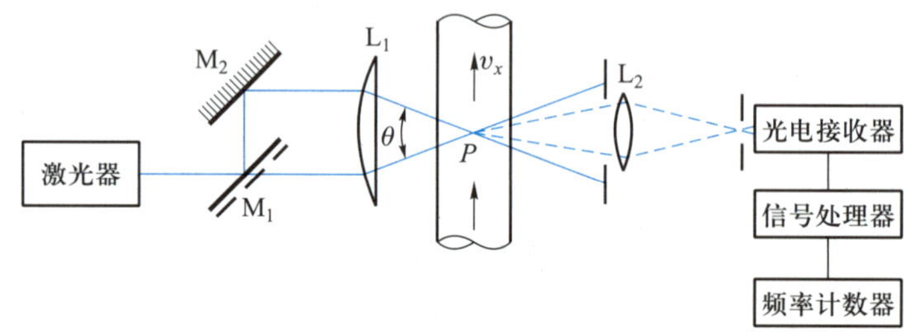


图 14-19

光电接收器接收到的激光与散射光的多普勒频移量

$$f_d = \frac{2\sin\dfrac{\theta}{2}}{\lambda} v_x \tag{14-11}$$

式中 $f_d$——多普勒频移；

$\lambda$——激光的波长；

$\theta$——透射光与散射光之间的夹角；

$v_x$——$x$ 轴向的速度分量。

上式中 $\lambda$ 和 $\theta$ 是常数，因此，测出光的频移 $f_d$，就可以得到流体运动速度 $v_x$。

氦氖气体激光器是用得较多的激光光源。激光照射在流体中的固体微粒上时才能产生多普勒频移的散射光，因此被测流场中必须有固体微粒。天然的气体和水中含有杂质微粒，但测定纯净的水或气体的速度时，流体中应人工掺入微粒，微粒的尺寸应能保证其运动速度大小与流体的速度相当。

多普勒测量系统只能测量流体速度分量 $v_x$ 的大小，而不能同时判断其流动方向，通常利用光混合干涉条纹的移动特性来判断流速方向，读者可以自行翻阅资料。

激光测速仪与各种测速探针不同，它是一种无接触测量，测量的过程对流场没有干扰；测点的空间分辨率很高（测点体积小于 $10^{-4}$ mm$^3$）；测速范围很宽，可以测量小于1 mm/s的低速到每秒几千米的高速；能够对高频脉动的流体进行实时测量，且测量精度高于其他测量方法。激光测速仪的缺点是价格昂贵，仪器及其辅助设备比较笨重。

## § 14-3 流量的测量

最常见的流量计有文丘里流量计、孔板流量计、喷嘴流量计、薄壁堰流量计等，它们都是压差式流量计，即在流道上安装一个节流元件，利用流体流过节流元件时产生压强差来测定流量，其基本原理都是利用了总流机械能守恒方程（伯努利方程）。在实验室中还常用体积（或质量）流量计。在工业上应用最多的是转子流量计、涡轮式流量计、电磁式流量计、超声波流量计、旋涡流量计和多种容积式流量计。

### 一、体积（质量）流量计

利用经过标定的容器测定某一时间段内流出某一过流断面的流体体积或质量，这种流量测定设备称为体积（质量）流量计。这是一种十分简易的方法，但测量的结果具有很高的精度，因此它常被用作节流式流量计和容积式流量计的率定装置。

### 二、文丘里流量计

典型的文丘里流量计如图 14-20 所示，它由收缩段、喉管和扩散段三部分构成。它常用于测量有压管道中的流量。收缩段前的进口断面 1-1 和喉管断面 2-2 为缓变断面，在该处开设测压孔，并与测压管连接。由于收缩段处的喉管直径较小，流体流经该处时将一部分压强能转化为动能，通过测量两个断面间的测压管水头差，就可以计算流经管道的流量。

以 0-0 为基准面，对 1-1 和 2-2 断面列总流能量方程，若忽略两断面间的能量损失，则有

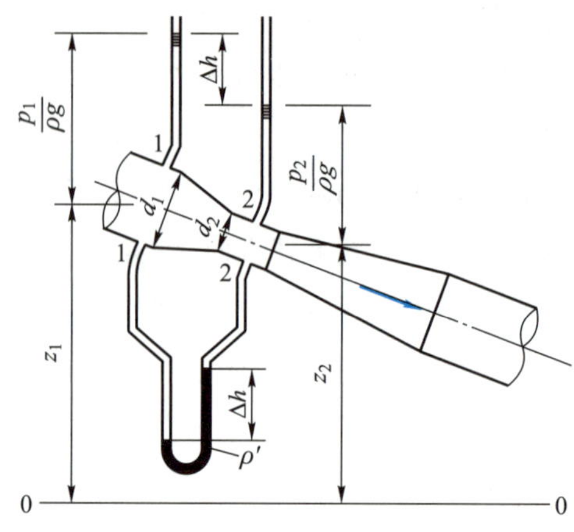


图 14-20

$$z_1+\frac{p_1}{\rho g}+\frac{V_1^2}{2g}=z_2+\frac{p_2}{\rho g}+\frac{V_2^2}{2g}$$

式中$\left(z_1+\frac{p_1}{\rho g}\right)-\left(z_2+\frac{p_2}{\rho g}\right)=\Delta h$ 为测压管水头差。

由总流的连续性方程得

$$V_2=V_1\left(\frac{d_1}{d_2}\right)^2$$

将 $\Delta h$ 和 $V_2$ 代入能量方程，得到

$$V_1=\frac{1}{\sqrt{\left(\frac{d_1}{d_2}\right)^4-1}}\sqrt{2g\Delta h} \tag{14-12}$$

所以，通过流量计的理论流量为

$$q_T=V_1\frac{\pi}{4}d_1^2=\frac{\pi d_1^2}{4}\sqrt{\frac{2g}{\left(\frac{d_1}{d_2}\right)^4-1}}\cdot\Delta h=C\sqrt{\Delta h} \tag{14-13}$$

式中 $C=\frac{\pi d_1^2}{4}\sqrt{\frac{2g}{\left(\frac{d_1}{d_2}\right)^4-1}}$是取决于文丘里管几何尺寸的流量计常数。

实际流体流过流量计时存在能量损失，而且推导中假定动能修正因数$\alpha_1=\alpha_2=1$，有一定误差，所以实际流量

$$q=\mu C\sqrt{\Delta h} \tag{14-14}$$

式中 $\mu$ 称为文丘里管的流量因数，一般 $\mu=0.98$ 左右，$\mu$ 通常用体积流量计或其他标准流量计进行率定，还可以通过实验绘制 $q=f(\Delta h)$ 关系曲线供使用流量计时查用。

## 三、喷嘴流量计和孔板流量计

图 14-21 是喷嘴流量计，图 14-22 所示为孔板流量计，它们与文丘里流量计一起又称为**节流式流量计**。喷嘴出口处流动平行于轴线，为缓变流，故可以在喷嘴进口前断面 1-1 和出口断面 2-2 处开设测压管孔。对于孔板流量计，流体流经孔口时将发生收缩流动，但收缩的最小断面处液流为平行流动，故可以在最小断面 2-2 和孔板前 1-1 断面处设立测压管孔。对 1-1 和 2-2 断面列伯努利方程，且 $\Delta h$ 仍采用 1-1 和 2-2 断面间的测压管高差，则与文丘里流量计类同可以得到

$$V_2=\frac{1}{\sqrt{1-\left(\frac{d_2}{d_1}\right)^4}}\sqrt{2g\Delta h} \tag{14-15}$$

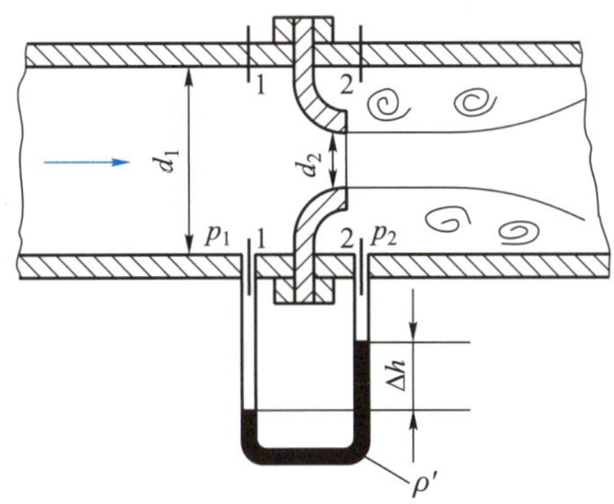


图 14-21

于是，喷嘴流量计和孔板流量计的理论体积流量（不计能量损失）为

$$\begin{aligned} q_T &=\frac{\pi d_2^2}{4}\cdot\sqrt{\frac{2g}{1-\left(\frac{d_2}{d_1}\right)^4}}\cdot\sqrt{\Delta h} \\ &=C\sqrt{\Delta h} \end{aligned} \tag{14-16}$$

式中 $C=\frac{\pi d_2^2}{4}\sqrt{\frac{2g}{1-\left(\frac{d_2}{d_1}\right)^4}}$——取决于喷嘴和孔板流量计几何尺寸的流量计常数。

在考虑了能量损失等因素后，通过流量计的实际流量为

$$q=\mu C\sqrt{\Delta h} \tag{14-17}$$

式中流量因数 $\mu$ 由实验确定。流体的黏度，节流元件前后的 $d_2/d_1$，以及流速等都将影响流量因数，通常实验率定时绘成图表，供流量测量时根据 $d_2/d_1$ 和 $Re$ 查用。

当流量计中采用如图 14-20、图 14-21 和图 14-22 所示的 U 形管测压计测量压强时，

若测压计中工作介质密度为 $\rho'$，则不难推导，上式将变为

$$q=\mu C\sqrt{\frac{(\rho'-\rho)}{\rho}\Delta h} \tag{14-18}$$

对于孔板流量计，液流收缩断面直径 $d_2=C_0d_0$，$d_0$ 为孔板孔口的直径，$C_0$ 为孔口的液流收缩因数，可以求得 $d_2$。

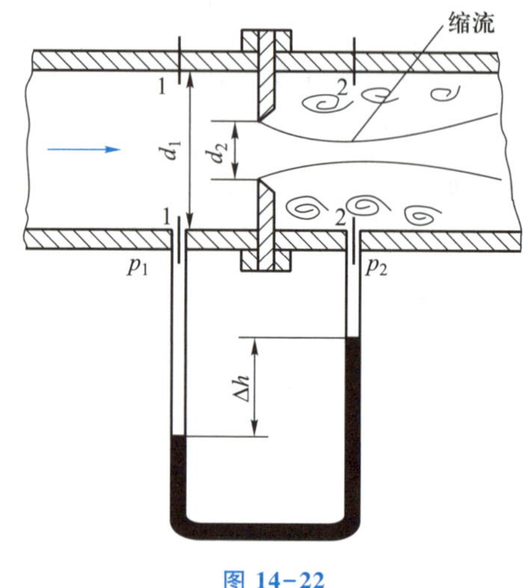

图 14-22

节流式流量计结构简单、安装简便、测量方便，而且产品已系列化，因此在工业上和实验室应用十分广泛。但节流式流量计不能用于实时测量瞬时流量，且随流量增大，$p_2$ 逐渐接近并达到液体工作温度下的气化压强时，液体产生汽化而使测量无法进行，因此限制了一定规格节流式流量计的测量范围。

## 四、 薄壁堰流量计

若在渠道中设置障壁（堰），流体流经障壁顶部溢流的流动现象称为堰流。由于堰对来流的约束，使堰前水面壅高，形成一定水头 $H$，在重力作用下溢过堰顶泄流，其流量取决于水头 $H$。因此，只要测得距堰壁（3~5）$H$ 处的堰顶到水面的高度 $H$，即可计算得到流量。显然薄壁堰流量计是一种节流式流量计。

常用薄壁堰如图 14-23 所示，有三角形和矩形两种，前者用于测量较小的流量，后者用于测量较大的流量。

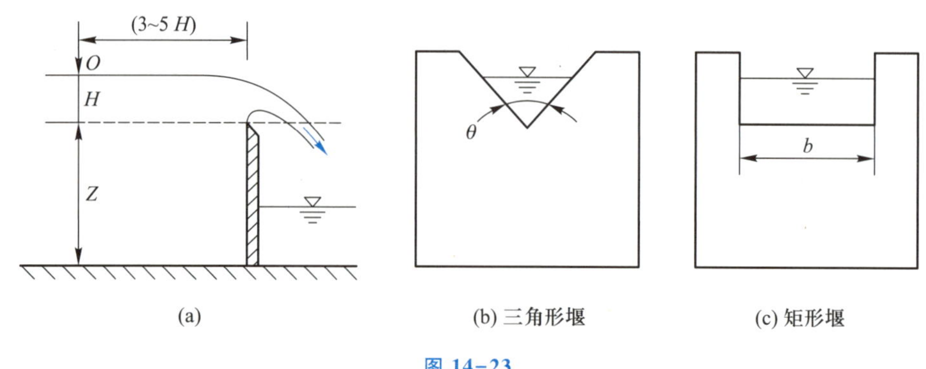

图 14-23

利用伯努利方程可以推得矩形薄壁堰的流量为

$$q_V=m_0b\sqrt{2g}H^{3/2} \tag{14-19}$$

式中 $m_0$ 为流量因数，它考虑了堰壁前流速水头的影响，$m_0$ 由实验确定，$b$ 为堰顶溢流宽度。1898 年法国工程师巴赞（Bazin）在实验基础上提出了计算 $m_0$ 的经验公式：

$$m_0=\left(0.405+\frac{0.0027}{H}\right)\left[1+0.55\left(\frac{H}{H+Z}\right)^2\right] \tag{14-20}$$

式中水头 $H$ 和堰高 $Z$ 均以 m 计，公式适用范围为 $0.05\ \text{m}<H<1.24\ \text{m}$，$0.24\ \text{m}<Z<1.13\ \text{m}$，$0.2\ \text{m}<b<2.0\ \text{m}$。

三角形堰的溢流量公式为

$$q_V=\frac{4}{5}m_0\tan\frac{\theta}{2}\sqrt{2g}H^{5/2} \tag{14-21}$$

式中 $\theta$ 为三角形堰的夹角，$H$ 为水头。$m_0$ 为流量因数，由实验得到。三角形堰常用 $\theta=90°$，当 $H=0.05\sim0.25$ m 时，实验得到 $m_0=0.395$，因此夹角为直角的三角形薄壁堰流量公式变为

$$q_V=1.4H^{5/2} \tag{14-22}$$

薄壁堰流量计结构简单，测量方便，因此除广泛用于渠道中的流量测量外，也常用作实验室中流量测量。

## 五、转子（浮子）流量计

图 14-24 所示的转子流量计由一个垂直安置的锥形扩散玻璃管和置于管中的浮子组成。当一定流量的流体从管子的下端流入时，由于浮子与管壁间的节流作用，在浮子上下产生压差，形成对浮子的向上作用力，此力与浮子本身的浮力之和，与浮子自身重量平衡，使浮子悬浮平衡在管中某一高度位置，这时可从锥管外壁刻度读取流量。转子流量计的流量与浮子在管中浮起的高度 $H$ 呈线性关系，即

$$q_V=kH \tag{14-23}$$

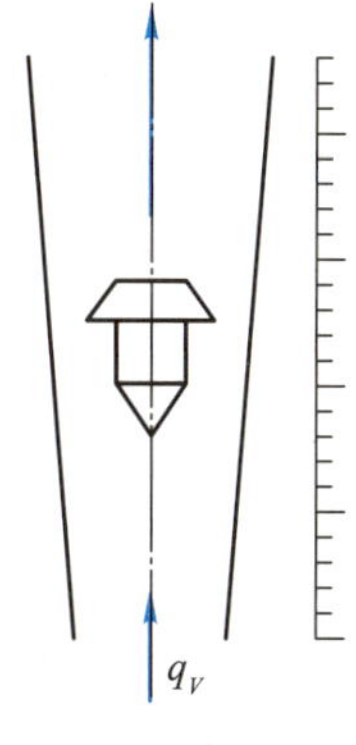

图 14-24

式中 $k$ 为比例常数，通常根据浮子形状、尺寸和材料以及玻璃锥管的形状和尺寸由实验确定，应用时从浮子上表面对应的玻璃管刻度直接读取流量。

转子流量计可用于液体或气体的流量测量。为使测量中浮子与玻璃管壁不发生碰撞，在浮子上部边缘处开设斜槽，流体通过时与之相互作用，使浮子绕轴线旋转，因此浮子流量计又名转子流量计。转子流量计可以在较大雷诺数范围内保持 $k$ 为常数，测量精度在 2%以内，且结构简单，价格便宜，安装方便，因而得到广泛采用。若配以电子测读，更可以远程监测流量。在液压元件测试系统中，转子流量计可用以测量外泄漏流量，若配以电子测读，数据输入计算机，能够完成对液压件实验的实时测试，由计算机实时计算效率和绘制曲线。

转子流量计上的刻度是在出厂前用某种流体进行标定的。一般液体流量计用 20 ℃ 的水（密度为 1 000 $\text{kg/m}^3$）标定，而气体流量计则用 20 ℃ 和 101.3 kPa 下的空气（密度为 1.2 $\text{kg/m}^3$）标定。当被测流体与上述条件不符时，应进行刻度换算。

## 六、涡轮式流量计

图 14-25 是涡轮式流量计的示意图，测量时涡轮式流量计沿水流方向放置。当涡轮式流量计置于一定直径的管道中时，涡轮的旋转速度与流速亦即与流量成正比，通常可以通过某些标准流量计（如体积流量计）来率定涡轮式流量计，建立流量与涡轮转速（或频率）的关系。流量计的壳体 6 为不导磁的不锈钢，在其上装有非接触式磁电转速传感器 2，涡轮则由导磁的不锈钢做成。一定流速的流体带动涡轮 1 转动，涡轮转动时叶片切割传感器 2 的磁力线产生脉冲信号，其频率与转速成正比，即通过测定频率，就可以得到对应的流量。

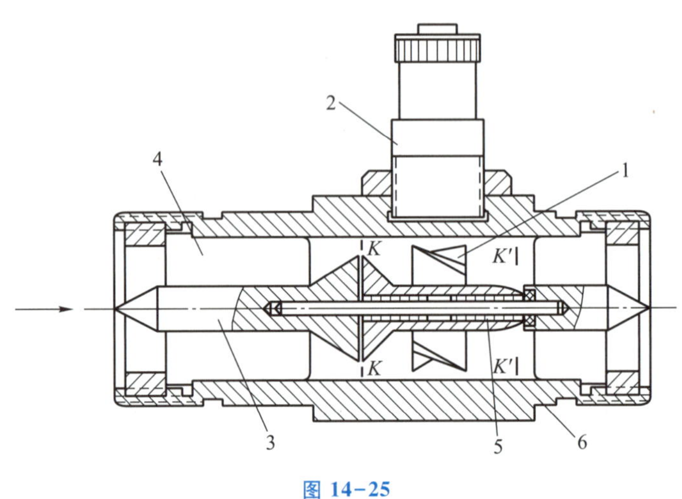


图 14-25

$Q=\dfrac{f}{K}$，其中 $K$ 为仪表常数，在层流区，当流量大于传感器流量下限时为层流流动状态，仪表系数 $K$ 将随流量 $Q$ 的增加而增大。在湍流流动状态下，仪表系数 $K$ 仅与仪表本身结构参数有关，而与流量 $Q$、流体黏度等参数无关，可近似为一常数。只有在这种状态下，仪表系数 $K$ 才真正显示了常数的性质。仪表系数 $K$ 为常数的这个区间，也就是该流量计的流量测量范围（图 14-26）。

为提高测试精度，在流体进口处设有带导叶 4 的导流器 3，5 为密封，涡轮流量计的测量误差一般小于 1%。流体黏度的变化将对测量精度有较大影响，因此，对于温度的变化应有相应的校正补偿。

## 七、电磁式流量计

电磁式流量计的原理如图 14-27 所示，这是一种测量导电流体体积流量的仪表。流体在管壁为绝缘材料的管道中流动，管道外安装一对磁极，导电流体通过磁极时，根据法拉第定律，导电流体所产生的感应电动势为

$$E=DBV \tag{14-24}$$

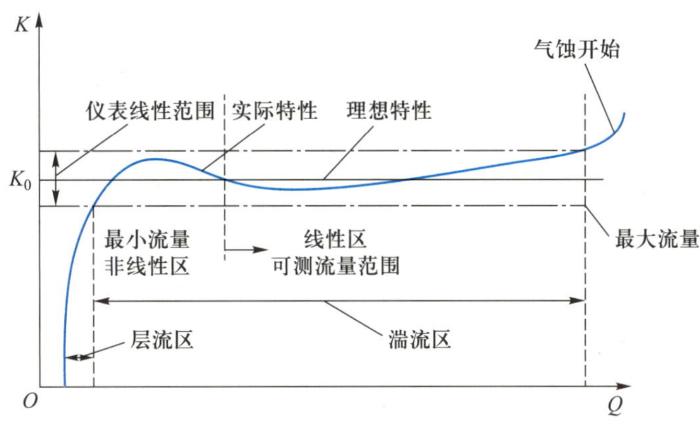

图 14-26

式中 $E$——导电流体通过磁极时感生的电压；

$D$——管子内径；

$B$——磁感应强度；

$V$——流体的平均流速。

只要测出感生电压，就可由式(14-24)得到平均流速 $V$，进而得到流量。

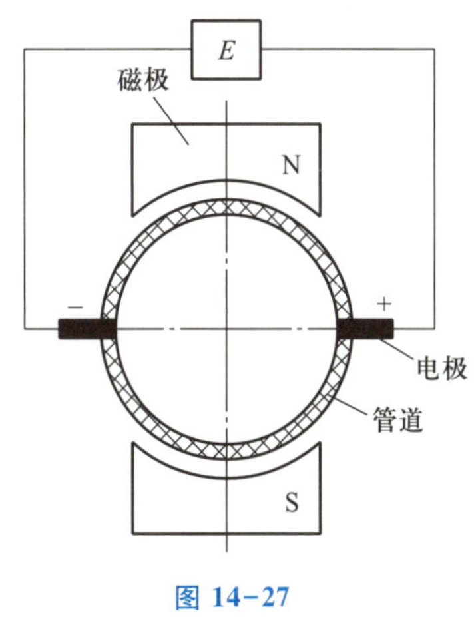

图 14-27

电磁式流量计可以测量管道中的瞬时流量。这种流量计不存在磨损的影响，但测量精度受被测流体导电性能的影响，因此对流体的温度变化和流体中的杂质含量比较敏感。

## 八、 容积式流量计

容积式流量计利用通过容积式马达的流量与转速成正比的原理做成，按其结构形式有椭圆齿轮流量计、齿轮马达流量计、柱塞式马达流量计等多种。容积式流量计通常直接安装在被测流量的管道中。

图 14-28 是椭圆齿轮流量计的工作原理图，在壳体内有一对互相啮合的椭圆齿轮，流体如图示方向流动，通过流量计时存在压强损失，所以 $p_1>p_2$。在图 14-28a 位置时，$p_1$ 和 $p_2$ 作用在 $A$ 齿轮上的合力矩使齿轮 $A$ 逆时针向转动，将壳体和轮 $A$ 间月牙形空腔中流体排入出口(图 14-28b)，同时带动齿轮 $B$ 作顺时针向转动。图 14-28c 所示位置时，$p_1$ 和 $p_2$ 作用在 $B$ 轮上的合力矩使其顺时针向转动，将齿轮 $B$ 与壳体间月牙形腔体内的流体排入出口，同时带动 $A$ 轮逆时针向转动，如此循环，将入口处流体不断排入出口。图示为在转动 1/4 周下，排出一个月牙形中流体，齿轮每转一周，所排出的容积为月牙空腔容积的 4 倍，因此，只要测量椭圆齿轮的转速，就可以得到通过流量计的流量。椭圆齿轮流量计既可由机械式计数器的表针显示，也可以用光电传感器转换成脉冲信号的频率显示。

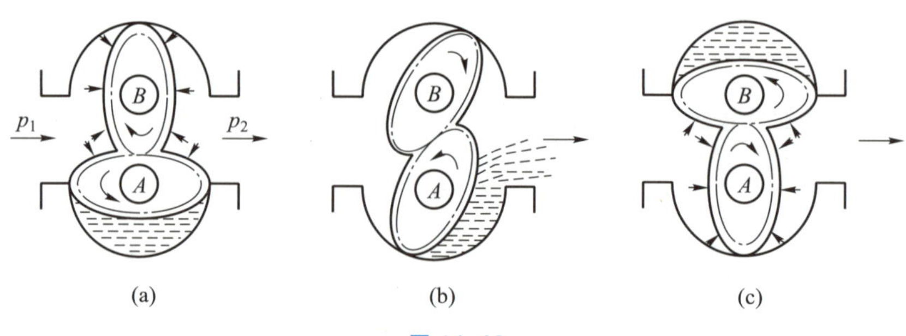


图 14-28

柱塞式马达流量计实际上就是制造精度高的斜盘式柱塞液压马达，其工作原理与柱塞式液压马达相同。在液压力作用下，柱塞在斜盘上作旋转运动，同时在柱塞腔中作往复运动，流体进入逐渐增大的柱塞腔，然后又从容积逐渐缩小的柱塞腔中排出。显然，通过的流量与容积式流量计的转速成正比，由于柱塞与柱塞腔间可以作成很小的间隙，且进出口的压差很小，工作中只有很小的内外泄漏量，因此某些柱塞式流量计具有很高的精度。容积式流量计进出口间很小的压降主要用于克服流体流动的压强损失和流量计运动部件间的摩擦损失。容积式流量计的测量精度一般在±0.5%以内。

## 九、 直接式质量流量计

在工业生产中，由于物料平衡、热平衡以及储存、经济核算等所需要的都是质量，并非体积；在测量工作中，常需将测出的体积流量，乘以密度换算成质量流量，设备复杂，测量耗时；密度随温度、压力而变化，在温度、压力变化比较频繁的情况下，难以达到测量的目的。用质量流量计来直接测量质量流量，则无须再进行上述人工换算。质量流量计精度高、量程比大、动态特性好。可测量流体范围广泛，包括高黏度的各种液体、含有固形物的浆液等。流体密度变化对测量值得值的影响微小。其中典型的为科里奥利质量流量计，如图 14-29 所示，其中流体在振动管中流动导致科里奥利力，此二力与质量流量成正比，因此可以建立质量流量和科里奥利力的函数关系，通过测量力获得流量。

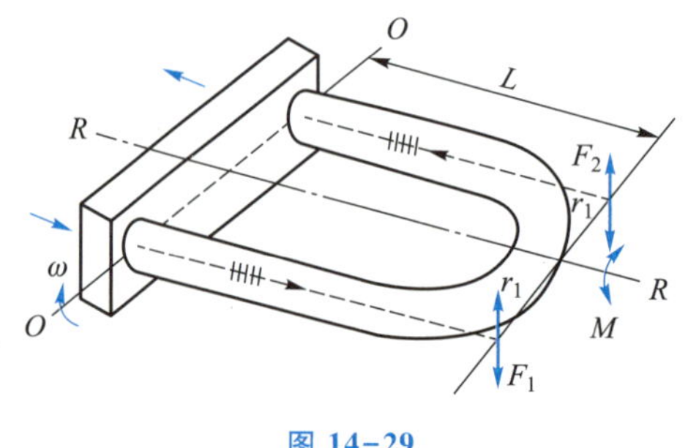


图 14-29

对外界振动干扰较为敏感，为防止管道振动影响，大部分型号的流量传感器安装固定要求较高，不能用于较大管径，目前尚局限于 150 mm 以下，且质量和体积较大，价格昂贵，约为同口径电磁流量计的 2~8 倍。

## 十、粒子图像测速技术(PIV)

利用粒子的图像来测量流体速度的方法都可以称为粒子图像测速技术(particle image velocimetry，PIV)。PIV 是 20 世纪 70 年代末发展起来的一种瞬态、多点、无接触式的流体力学测速方法。PIV 技术的特点是超出了单点测速技术(LDV)的局限性，能在同一瞬态记录下大量空间点上的速度分布信息，并可提供丰富的流场空间结构以及流动特性。PIV 技术除向流场散布示踪粒子外，所有测量装置并不介入流场。另外 PIV 技术具有较高的测量精度。系统由作为光源的激光器、形成片光的柱面镜、用来拍摄粒子图像的照相机或者 CCD(charge coupled device，是一种半导体装置，能够把光学影像转化为数字信号)、进行数据保存和处理的计算机、控制激光脉冲与照相机快门同步的电子控制器等组成，如图 14-30 所示。

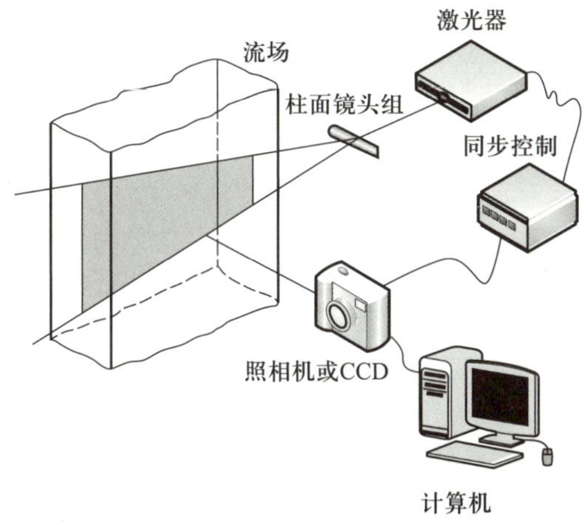


图 14-30

常用的激光器有红宝石激光器和钇-钕石榴石(Nd:Yag)激光器(镭射)。红宝石激光器的优点是脉冲光能量大；缺点是脉冲间隔调整范围有限，难以适用于低速流动测量，再次充电时间长，不能连续产生光脉冲。同步控制器则控制激光脉冲与照相机快门同步具有影像即时处理功能。

PIV 的基本原理是通过测量流场中示踪粒子在某一时间微元 $\Delta t$ 内的位移来计算流体速度，其中作为粒子位移信息载体的是 $t$ 和 $t+\Delta t$ 时刻的粒子图像(图 14-31)。拍摄粒子图像时，通常采用激光器发射的脉冲光照明流场，利用流场中示踪粒子的散射光成像。

$$v_x=\frac{\mathrm{d}x(t)}{\mathrm{d}t}\approx\frac{x(t+\Delta t)-x(t)}{\Delta t}=\frac{\Delta x}{\Delta t}$$

$$v_y=\frac{\mathrm{d}y(t)}{\mathrm{d}t}\approx\frac{y(t+\Delta t)-y(t)}{\Delta t}=\frac{\Delta y}{\Delta t}$$

图 14-31

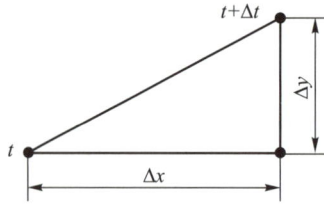

目前 PIV 测速方法有多种分类，无论何种形式的 PIV，其速度测量都依赖于散布在流场中的示踪粒子，PIV 法测速都是通过测量示踪粒子在已知很短时间间隔内的位移来间接测量流场的瞬态速度分布。更加详细的使用方法，感兴趣的读者可自行查阅。

第 14 章

电子作业本

# 第 15 章 计算流体力学基础

流体流动与传热现象广泛存在于自然界及工程领域中，并遵循质量守恒、动量守恒和能量守恒等基本物理定律。实际工程中的绝大多数流体流动是非线性的力学问题，不可能求得精确解。只有在各种简化和假设的基础上（如圆管内和平板间等有限的几种层流流动）才有可能获得流动的精确解，而这样的研究方法无法分析复杂的流动现象。

理论分析、实验研究和数值计算构成了研究流体流动与传热问题的完整体系。理论分析方法所获得的结果具有普遍性，且各种影响因素清晰可见，但它需要对所分析的问题进行抽象和简化，建立理论模型，才有可能获得理论解。长期以来理论分析方法只能用于估算，因此理论分析方法越来越不能满足实际问题的需要。于是实验研究受到了高度关注并飞速发展。从 20 世纪 50 年代起世界各国都十分重视实验设备的研制和实验技术的发展，如风洞和水洞实验平台、激光测速技术、新型传感器、流场显示技术等。实验结果真实可信，与实际结果较为接近，但实验研究也存在不足之处：（1）实际模型尺寸的限制和流场的干扰（如洞壁、测量支架等）；（2）复杂实验不易实现，如存在高温、有化学反应等；（3）实验次数有限，实验条件的改变较为困难，且周期长；（4）实验经费、人力和物力耗费较大。因此单凭实验研究也无法完全满足实际问题的需要。

随着研究的不断深入和问题本身的复杂化，理论分析和实验研究受到了限制。电子计算机的产生和发展，使数值计算（也称为**计算流体力学**或**计算流体动力学**，computational fluid dynamics，简称 CFD）这种研究方法应运而生。CFD 分析方法恰好克服了理论分析和实验研究这两种方法的缺陷，如 CFD 可以分析激波的运动和强度、旋涡的生成与传播、流动的分离、表面的压力分布、受力大小及其随时间的变化等。计算结果可以很形象地再现流动情况，如圆柱绕流的卡门涡街（图 15-1 为数值结果，图 15-2 为实验结果），顶盖驱动流动（图 15-3 为数值结果，图 15-4 为实验结果）。CFD 分析与实验研究相比，具有以下优点：（1）计算出的流场不受测试器械干扰；（2）可单个控制影响流场的各物理因素，从而分析其影响的程度；（3）CFD 分析可以实现无黏假设。

随着计算机和数值计算技术的飞速发展，CFD 分析方法得到越来越广泛的应用。从宇宙飞船在太空中飞行过程的数值模拟、大气运动及降雨等过程的气象预报、海洋环流及其水质变化趋势的仿真、江河洪水演变过程及其水环境特性，到室内空气温度与品质模拟、燃气机内燃料的燃烧、叶轮机械内流动的模拟等，这些复杂流动均可通过 CFD 手段进行分析研究。图 15-5 为汽车外流场及表面压力分布 CFD 模拟结果，图 15-6 为水轮机转轮内部流线及表面压力分布 CFD 模拟结果。

CFD属于多领域交叉的学科，涉及计算机科学、流体力学、偏微分方程的数学理论、计算几何、数值分析等学科。这些学科的发展将推动CFD的高速发展；反过来，CFD也将促进这些学科的不断发展。

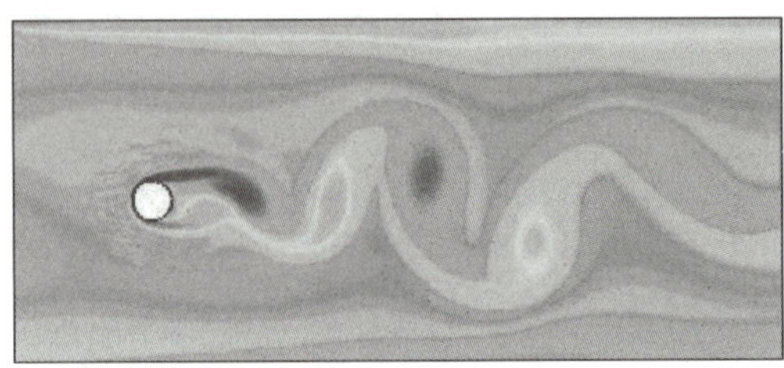

图 15-1

图 15-2

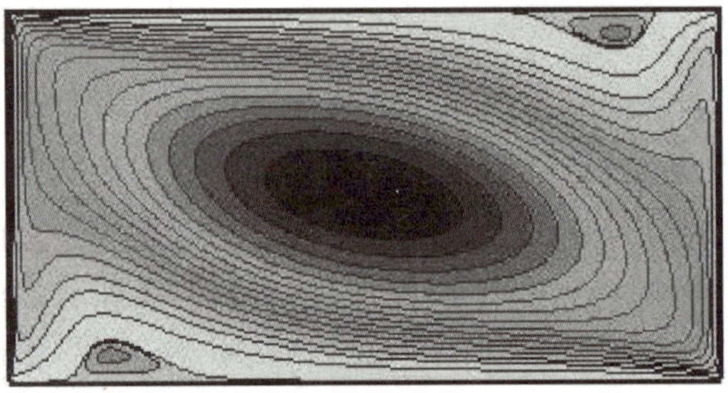

图 15-3

图 15-4

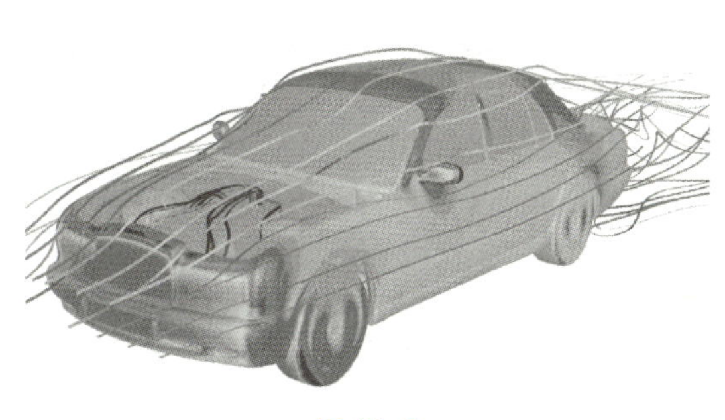

图 15-5

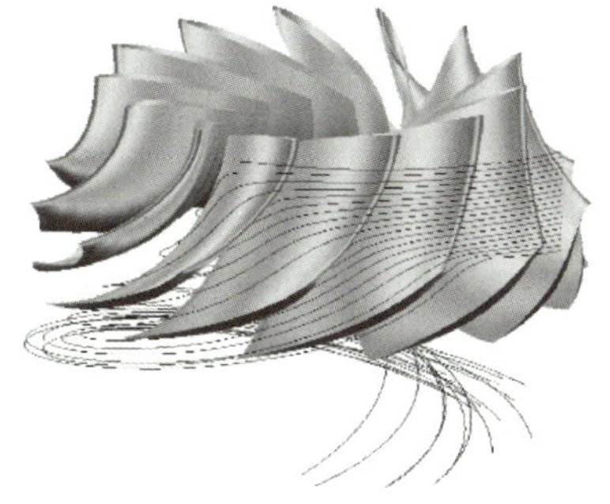

图 15-6

## § 15-1 CFD 基本思想及数值算法

CFD 是基于流体流动与传热基本方程对所研究问题进行数值模拟的方法，通过这种数值模拟，可得到极其复杂问题的流场内各个位置上的基本物理量（如速度、压强、温度等）的分布，以及这些物理量随时间的变化情况。**CFD 模拟的基本思想**可以归纳为：把原来在时间域及空间域上连续的物理量的场，如速度场、压强场和温度场等，用一系列有限个离散点上的变量值的集合来代替，通过一定的原则和方式建立起关于这些离散点上场变量之间关系的代数方程组，然后求解代数方程组从而获得场变量的近似值。简单地讲，CFD 模拟首先要建立反映问题本质的数学模型，也就是说要建立反映问题各量之间的微分方程及相应的定解条件。这就是 CFD 模拟的基本出发点。

当对所研究问题建立数学模型之后，CFD 模拟的下一步工作是如何数值求解上述方程。目前有多种离散处理方式和流动变量近似处理的数值算法，如有限差分法、有限元法、有限体积法、有限分析法、谱方法、特征线法等。在工程问题中应用较广泛、较成熟的算法主要为有限差分法、有限元法和有限体积法。这三种方法已成为 CFD 模拟的主要数值算法。

**有限差分法**是应用最早、最经典的数值算法，它将在求解域中划分差分网格，用有限个网格点代替连续的求解域，然后将微分方程的导数用差商代替，推导出含有离散点上有限个未知数的差分方程组。求出差分方程组的解，就是微分方程定解问题的数值近似解。它是一种直接将微分问题变为代数问题的近似数值解法。

**有限元法**是 20 世纪 60 年代出现的一种数值计算方法，是在单元内用简单分段曲线函数（如线性或二次函数）在节点的值描述未知的流动物理变量的局部变化。精确解应准确满足控制方程，但简单分段曲线函数代入方程后并不能准确成立，于是通过定义余量的方式来度量这一误差。然后用一组权函数与余量项相乘并积分，为了消除余项而令此积分为零,最终得到表征近似方程的一组系数未知的代数方程。

有限体积法,也称控制容积积分法,是 20 世纪六七十年代逐步发展起来的一种主要用于求解流体流动与传热问题的数值计算方法。它从描述流动与传热问题的守恒型控制方程出发,对其在控制容积上进行积分。在积分过程中需要对界面上被求函数本身(对流通量)及其一阶导数(扩散通量)的构成方式作出假设,这就形成了不同的离散格式。一般对扩散通量项采用相当于二阶精度的线性插值,因此有限体积法离散格式的区别主要表现在对流通量项上。

## §15-2 流体流动控制方程

在 CFD 模拟计算中,首先要建立反映研究问题本质的数学模型,即给出流体流动与传热的控制方程。本书仅涉及流体流动问题,并未考虑传热问题,因此这里只简要给出前面章节已推导出的质量守恒方程和动量守恒方程。

### 1. 质量守恒方程

任何流动问题都必须满足质量守恒定律。该定律可表述为:单位质量流体微元体中质量的增加,等于同一时间间隔内流入该微元体的净质量。在 §3-3中,已详细推导了质量守恒方程(也常称作连续性方程),其表达形式为

$$\frac{\partial\rho}{\partial t}+\frac{\partial(\rho v_x)}{\partial x}+\frac{\partial(\rho v_y)}{\partial y}+\frac{\partial(\rho v_z)}{\partial z}=0 \tag{15-1}$$

本章重点分析不可压缩流体流动问题,因此连续性方程(15-1)可简化为

$$\frac{\partial v_x}{\partial x}+\frac{\partial v_y}{\partial y}+\frac{\partial v_z}{\partial z}=0 \tag{15-2}$$

其向量表达形式为

$$\nabla\cdot\boldsymbol{v}=0 \tag{15-3}$$

### 2. 动量守恒方程

动量守恒定律也是任何流动都必须满足的基本定律。该定律可表述为:微元体中流体的动量对时间的变化率等于外界作用在该微元体上的各种力之和。该定律实质是牛顿第二定律。在 §6-1 中,已详细推导了动量守恒方程,其表达形式为

$$\left.\begin{aligned}f_x-\frac{1}{\rho}\frac{\partial p}{\partial x}+\nu\nabla^2 v_x=\frac{\mathrm{d}v_x}{\mathrm{d}t}\\ f_y-\frac{1}{\rho}\frac{\partial p}{\partial y}+\nu\nabla^2 v_y=\frac{\mathrm{d}v_y}{\mathrm{d}t}\\ f_z-\frac{1}{\rho}\frac{\partial p}{\partial z}+\nu\nabla^2 v_z=\frac{\mathrm{d}v_z}{\mathrm{d}t}\end{aligned}\right\} \tag{15-4}$$

式(15-4)为不可压缩黏性流体流动的微分方程,又称纳维-斯托克斯方程(简称 N-S 方程)。其向量表达形式为

$$\boldsymbol{f}-\frac{1}{\rho}\nabla p+\nu\nabla^2 v=\frac{\mathrm{d}\boldsymbol{v}}{\mathrm{d}t}=\frac{\partial\boldsymbol{v}}{\partial t}+\boldsymbol{v}\cdot\nabla v \tag{15-5}$$

式中$\frac{\partial\boldsymbol{v}}{\partial t}$为非稳态项,表征流体作非定常流动;$v\cdot\nabla v$ 为对流项;$\nu\nabla^2 v$ 为扩散项;$-\frac{1}{\rho}\nabla p$ 为压强梯度项;$\boldsymbol{f}$ 为流体所受的质量力。

在不可压缩流体流动问题数值计算中,需要联立求解连续性方程(15-3)和 N-S 方程(15-5)。对于上述方程,若给定初始和边界条件,理论上可获得流动物理量的精确解或解析解,但 N-S 方程中对流项 $v\cdot\nabla v$ 具有高度的非线性,很难求得其精确解。因此需要通过数值方法把计算域内有限数量位置(网格点或节点)上的因变量值当作基本未知量来处理,建立一组关于这些未知量的代数方程组,然后通过求解代数方程组来获得这些网格点位置上的值,而计算域内其他位置上的值则根据网格点位置上的值来确定。

由于所引入的因变量在网格点之间的分布假设及推导离散化方程的方法不同,这就形成了有限差分法、有限元法和有限体积法等不同类型的离散化方法。

## §15-3 有限差分法

有限差分法形式简单,对任意复杂的偏微分方程均可写出其对应的差分方程。因此有限差分法受到了众多学者的广泛关注,并被应用于大量的数值计算中。下面将给出基于有限差分法构造偏微分方程对应的差分方程的基础知识。

### 1. 有限差分近似

(1) 差分网格

对流动问题进行数值计算的第一步是区域离散化,即对空间上连续的计算区域进行剖分,把它划分成许多子区域,并确定每个区域中的节点,这一过程称为网格生成。对于不同的研究问题,求解区域也不相同。

下面以二维情形为例,来说明差分网格的建立。

考虑平面有界矩形域 $\Omega(0\leqslant x\leqslant X,0\leqslant y\leqslant Y)$,$x,y\in\Omega$,$t>0$。用两组平行线将 $\Omega$ 划分为 $I\times J$ 个矩形子区域。平行线称作网格线,其交点称作网格点或节点,如图 15-7 所示。网格线交点的坐标为

$$x_i=i\Delta x(i=0,1,\cdots,I),y_j=j\Delta y\quad(j=0,1,\cdots,J)$$

式中,$\Delta x$ 和 $\Delta y$ 分别为沿 $x$ 和 $y$ 方向的空间网格步长,$\Delta x=X/I$,$\Delta y=Y/J$。这里为简单起见,认为网格是等间距的,局部网格如图 15-7 所示。

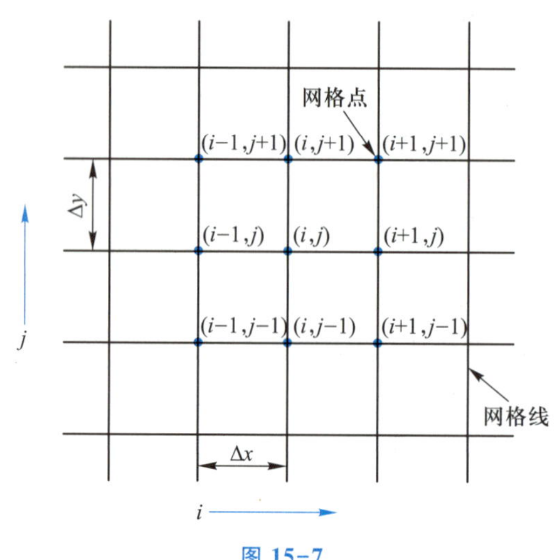


图 15-7

在数值计算中需作时间推进过程，因此需对时间求解域 $0 \leqslant t \leqslant T$ 进行网格划分。同样为简单起见，考虑采用等间距时间间隔，即 $t_n = n\Delta t(n=0,1,\cdots,N)$，其中 $\Delta t$ 称为时间网格步长。

对于二维情形，网格线 $x, y, t_n$ 的交点称为网格点或节点，节点坐标可用其序号$(i,j,n)$表示。一般把空间坐标写成下标，时间坐标写成上标，如在第 $n$ 时间层上，第 $i$ 条线和第 $j$ 条线交点的坐标为$(x_i^n, y_j^n)$，其 $x$ 方向上的速度 $v_x(x_i, y_j, t_n)$ 可简写为 $v_x(i,j,n)$ 或 $(v_x)_{i,j}^n$，同理 $y$ 方向和 $z$ 方向上的速度可分别简写为 $v_y(i,j,n)$ 或 $(v_y)_{i,j}^n$，$v_z(i,j,n)$ 或 $(v_z)_{i,j}^n$。对于一维问题，差分网格分布可略去一个下标 $x$ 或 $y$ 得到，如在第 $n$ 时间层上，第 $n$ 条线和第 $i$ 条线交点的坐标为$(x_i^n)$，其 $x$ 方向上的速度 $v_x(x_i, t_n)$ 可简写为 $v_x(i,n)$ 或 $(v_x)_i^n$。对于三维问题，需同样在 $z$ 方向进行网格划分($0 \leqslant z \leqslant Z, z_k = k\Delta z(k=0,1,\cdots,K), \Delta z = Z/K$)，因此在第 $n$ 时间层上，第 $i$ 条线、第 $j$ 条线和第 $k$ 条线交点的坐标为$(x_i^n, y_j^n, z_k^n)$，其 $x$ 方向上的速度 $v_x(x_i, y_j, z_k, t_n)$ 可简写为 $v_x(i,j,k,n)$ 或 $(v_x)_{i,j,k}^n$。

至此，已完成了差分网格的建立。

偏微分方程离散为差分方程时，各项偏导数离散为差商。差商的形式称为偏导数的差分格式。由各差商项组成的差分方程的形式，称为偏微分方程的差分格式。目前，有多种方法构造偏导数的有限差分格式，如泰勒级数展开法、多项式拟合法、积分法和控制体积法等。这里只介绍基于泰勒级数展开法构造偏导数的有限差分方法。

(2) 基于泰勒级数展开法构造偏导数差分法

(a) 一阶偏导数差分格式

从 N-S 方程(15-4)可知，该方程中存在空间一阶偏导数，如 $\partial v_y/\partial x$ 和 $\partial v_z/\partial y$ 等，因此数值计算时需构造一阶偏导数的差分格式。以均匀网格为例，$x$ 方向的空间步长为 $\Delta x$，用 $f$ 表示任意变量。

为了获得变量 $f$ 对 $x$ 的偏导数的差商，在图 15-7 所示的均匀网格中，第 $n$ 时间层上，将位置$(i+1,j)$和$(i-1,j)$处的变量 $f^n$ 对位置$(i,j)$作泰勒级数展开，有

$$f_{i+1,j}^{n}=f_{i,j}^{n}+\frac{\partial f}{\partial x}\bigg|_{i,j}^{n}\Delta x+\frac{\partial^2 f}{\partial x^2}\bigg|_{i,j}^{n}\frac{\Delta x^2}{2}+\cdots \tag{15-6}$$

$$f_{i-1,j}^{n}=f_{i,j}^{n}-\frac{\partial f}{\partial x}\bigg|_{i,j}^{n}\Delta x+\frac{\partial^2 f}{\partial x^2}\bigg|_{i,j}^{n}\frac{\Delta x^2}{2}-\cdots \tag{15-7}$$

由式(15-6)可得

$$\frac{\partial f}{\partial x}\bigg|_{i,j}^{n}=\frac{f_{i+1,j}^{n}-f_{i,j}^{n}}{\Delta x}+O(\Delta x) \tag{15-8}$$

式中 $O(\Delta x)=-\frac{\partial^2 f}{\partial x^2}\big|_{i,j}^{n}\frac{\Delta x}{2}+\cdots$ 为二阶及更高阶导数项之和，称为**截断误差**，即当截断级数为某些项时得到近似值所引起的误差。$O(\Delta x)$表示当 $\Delta x\to 0$，用差商$\frac{f_{i+1,j}^{n}-f_{i,j}^{n}}{\Delta x}$来代替偏导数$\frac{\partial f}{\partial x}\big|_{i,j}^{n}$的截断误差小于等于 $K'|\Delta x|$，这里 $K'$是与 $\Delta x$ 无关的正实数。注意 $O(\Delta x)$并未给出截断误差的准确值，只是用来说明截断误差是如何随 $\Delta x\to 0$ 而变小的。$O(\Delta x)$是空间步长 $\Delta x$ 的一次方，因此称式(15-8)差分格式为一阶精度。如果某一差分格式的截断误差为$O(\Delta x^2)$，则称为二阶精度，以此类推。显然，阶数越高，且步长 $\Delta x$ 越小，得到的近似值越精确。在数值计算中，时间步长 $\Delta t$ 和空间步长 $\Delta x$ 取值都较小，因而截断误差$O(\Delta x)$，$O(\Delta x^2)$等也较小，这样就可确保用差商替代微商具有足够的精度。

式(15-8)中采用$f_{i+1,j}^{n}$和$f_{i,j}^{n}$作差商，因此该式为向前差分格式。若忽略截断误差$O(\Delta x)$，则可得一阶精度向前差分格式：

$$\frac{\partial f}{\partial x}\bigg|_{i,j}^{n}\simeq\frac{f_{i+1,j}^{n}-f_{i,j}^{n}}{\Delta x} \tag{15-9}$$

同样的，基于泰勒级数展开式(15-7)，可得一阶精度向后差分格式：

$$\frac{\partial f}{\partial x}\bigg|_{i,j}^{n}\simeq\frac{f_{i,j}^{n}-f_{i-1,j}^{n}}{\Delta x} \tag{15-10}$$

若将两个泰勒级数展开式(15-6)和(15-7)相减，可得一阶偏导数的中心差分格式：

$$\begin{cases}\dfrac{\partial f}{\partial x}\bigg|_{i,j}^{n}=\dfrac{f_{i+1,j}^{n}-f_{i-1,j}^{n}}{2\Delta x}+O(\Delta x^2)\\[2ex]\dfrac{\partial f}{\partial x}\bigg|_{i,j}^{n}\simeq\dfrac{f_{i+1,j}^{n}-f_{i-1,j}^{n}}{2\Delta x}\end{cases} \tag{15-11}$$

式中 $O(\Delta x^2)=-\frac{\partial^3 f}{\partial x^3}\big|_{i,j}^{n}\frac{\Delta x^2}{6}+\cdots$，因此式(15-11)具有二阶精度。

式(15-9)~式(15-11)为一阶偏导数的常用差分格式。很显然，中心差分格式比向前或向后差分格式离散精度要高。在数值计算中，一味追求差分格式的精度是不科学

的；在选择差分格式时，还需要考虑差分格式的稳定性问题。某些情况下，采用中心差分格式会得不到数值计算结果，此时必须牺牲差分格式的精度来获取格式的稳定性。此外，在求解区域边界处，相邻网格点数较少，因此中心差分格式并不适用。通常在边界处采用一阶精度的差分格式。

在黏性流体流动计算中，壁面处的切应力具有特殊的重要性，因此需考虑采用更高精度的差分格式。下面将给出边界处一阶偏导数的二阶精度差分格式。

在第 $n$ 时间层上，将位置 $(i+1,j)$ 和 $(i+2,j)$ 处的变量 $f^n$ 对位置 $(i,j)$ 作泰勒级数展开，消去 $\left.\dfrac{\partial^2 f}{\partial x^2}\right|_{i,j}^n$，可得一阶偏导数的一侧差分格式：

$$\begin{cases}\left.\dfrac{\partial f}{\partial x}\right|_{i,j}^n=\dfrac{-3f_{i,j}^n+4f_{i+1,j}^n-f_{i+2,j}^n}{2\Delta x}+O(\Delta x^2)\\[2ex]\left.\dfrac{\partial f}{\partial x}\right|_{i,j}^n\simeq\dfrac{-3f_{i,j}^n+4f_{i+1,j}^n-f_{i+2,j}^n}{2\Delta x}\end{cases}\tag{15-12}$$

式中 $O(\Delta x^2)=-\left.\dfrac{\partial^3 f}{\partial x^3}\right|_{i,j}^n\dfrac{2\Delta x^2}{3}+\cdots$，因此式（15-12）具有二阶精度，且此差分格式为向前差分，适用于左边界。

同样的，在第 $n$ 时间层上，将位置 $(i-1,j)$ 和 $(i-2,j)$ 处的变量 $f^n$ 对位置 $(i,j)$ 作泰勒级数展开，消去 $\left.\dfrac{\partial^2 f}{\partial x^2}\right|_{i,j}^n$，可得一阶偏导数的一侧差分格式：

$$\begin{cases}\left.\dfrac{\partial f}{\partial x}\right|_{i,j}^n=\dfrac{3f_{i,j}^n-4f_{i-1,j}^n+f_{i-2,j}^n}{2\Delta x}+O(\Delta x^2)\\[2ex]\left.\dfrac{\partial f}{\partial x}\right|_{i,j}^n\simeq\dfrac{3f_{i,j}^n-4f_{i-1,j}^n+f_{i-2,j}^n}{2\Delta x}\end{cases}\tag{15-13}$$

式中 $O(\Delta x^2)=\left.\dfrac{\partial^3 f}{\partial x^3}\right|_{i,j}^n\dfrac{2\Delta x^2}{3}+\cdots$，因此式（15-13）具有二阶精度，且此差分格式为向后差分，适用于右边界。

目前，在 CFD 模拟计算中，为了在边界处获得更高精度的一阶偏导数，还经常使用四点或五点单侧差分格式。

对于时间偏导数而言（如 $\partial v_x/\partial t$），将位置 $(i,j)$ 处 $n+1$ 时间层上的变量 $f_{i,j}^{n+1}$ 基于第 $n$ 时间层的变量 $f_{i,j}^n$ 进行泰勒级数展开；并采取与上述相同的处理思想即可获得 $\partial f/\partial t$ 不同精度的有限差分格式，其表达形式与 $\partial f/\partial x$ 相似。

（b）二阶偏导数差分格式

从 N-S 方程（15-4）可知，该方程中存在二阶偏导数，如 $\partial^2 v_x/\partial x^2$，$\partial^2 v_y/\partial x^2$ 和 $\partial^2 v_z/\partial y^2$ 等，因此数值计算时需构造二阶偏导数的差分格式。同样地，以均匀网格为例，$x$ 方向的空间步长为 $\Delta x$，用 $f$ 表示任意变量。

以 $\partial^2 f/\partial x^2$ 为例来说明二阶偏导数差分格式的详细推导过程。将两个泰勒级数展开式(15-6)和式(15-7)相加,可得二阶偏导数的中心差分格式:

$$\begin{cases}\left.\dfrac{\partial^2 f}{\partial x^2}\right|_{i,j}^{n}=\dfrac{f_{i+1,j}^{n}-2f_{i,j}^{n}+f_{i-1,j}^{n}}{\Delta x^2}+O(\Delta x^2)\\ \left.\dfrac{\partial^2 f}{\partial x^2}\right|_{i,j}^{n}\simeq\dfrac{f_{i+1,j}^{n}-2f_{i,j}^{n}+f_{i-1,j}^{n}}{\Delta x^2}\end{cases}\tag{15-14}$$

式中 $O(\Delta x^2)=-\left.\dfrac{\partial^4 f}{\partial x^4}\right|_{i,j}^{n}\dfrac{\Delta x^2}{12}+\cdots$,因此式(15-14)具有二阶精度。

式(15-14)具有较高的差分精度,因此在数值计算中常被使用。对于中心差分格式,二阶偏导数需涉及左右两个网格点上的流动参数值,从而导致在流动边界上无法使用该格式。如在左边界 $i=1$ 处二阶偏导数的中心差分格式需涉及 $i=0,1$ 和 2 这三个网格点上的流动参数值,而节点 $i=0$ 不在求解域内,并不存在。这时边界上的二阶偏导数需采用一侧差分格式。

在第 $n$ 时间层上,将位置$(i+1,j)$和$(i+2,j)$处的变量 $f^n$ 对位置$(i,j)$作泰勒级数展开,消去$\left.\dfrac{\partial f}{\partial x}\right|_{i,j}^{n}$,可得二阶偏导数的一侧差分格式:

$$\begin{cases}\left.\dfrac{\partial^2 f}{\partial x^2}\right|_{i,j}^{n}=\dfrac{f_{i+2,j}^{n}-2f_{i+1,j}^{n}+f_{i,j}^{n}}{\Delta x^2}+O(\Delta x)\\ \left.\dfrac{\partial^2 f}{\partial x^2}\right|_{i,j}^{n}\simeq\dfrac{f_{i+2,j}^{n}-2f_{i+1,j}^{n}+f_{i,j}^{n}}{\Delta x^2}\end{cases}\tag{15-15}$$

式中 $O(\Delta x)=-\left.\dfrac{\partial^3 f}{\partial x^3}\right|_{i,j}^{n}\Delta x+\cdots$,因此式(15-15)具有一阶精度,且此差分格式为向前差分,适用于左边界。

同样地在第 $n$ 时间层上,将位置$(i-1,j)$和$(i-2,j)$处的变量 $f^n$ 对位置$(i,j)$作泰勒级数展开,消去$\left.\dfrac{\partial f}{\partial x}\right|_{i,j}^{n}$,可得二阶偏导数的一侧差分格式:

$$\begin{cases}\left.\dfrac{\partial^2 f}{\partial x^2}\right|_{i,j}^{n}=\dfrac{f_{i,j}^{n}-2f_{i-1,j}^{n}+f_{i-2,j}^{n}}{\Delta x^2}+O(\Delta x)\\ \left.\dfrac{\partial^2 f}{\partial x^2}\right|_{i,j}^{n}\simeq\dfrac{f_{i,j}^{n}-2f_{i-1,j}^{n}+f_{i-2,j}^{n}}{\Delta x^2}\end{cases}\tag{15-16}$$

式中 $O(\Delta x)=\left.\dfrac{\partial^3 f}{\partial x^3}\right|_{i,j}^{n}\Delta x+\cdots$,因此式(15-16)具有一阶精度,且此差分格式为向后差分,适用于右边界。

(c) 二阶混合偏导数差分格式

在数值计算中,也经常碰到二阶混合偏导数,如 $\partial^2 v_x/(\partial x\partial y)$ 等。下面将给出二阶混合偏导数的有限差分形式。

将式(15-6)和式(15-7)分别对 $y$ 求导,可得

$$\left.\frac{\partial f}{\partial y}\right|_{i+1,j}^{n}=\left.\frac{\partial f}{\partial y}\right|_{i,j}^{n}+\left.\frac{\partial^{2} f}{\partial x \partial y}\right|_{i,j}^{n} \Delta x+\left.\frac{\partial^{3} f}{\partial x^{2} \partial y}\right|_{i,j}^{n} \frac{\Delta x^{2}}{2}+\cdots \tag{15-17}$$

$$\left.\frac{\partial f}{\partial y}\right|_{i-1,j}^{n}=\left.\frac{\partial f}{\partial y}\right|_{i,j}^{n}-\left.\frac{\partial^{2} f}{\partial x \partial y}\right|_{i,j}^{n} \Delta x+\left.\frac{\partial^{3} f}{\partial x^{2} \partial y}\right|_{i,j}^{n} \frac{\Delta x^{2}}{2}-\cdots \tag{15-18}$$

将式(15-17)减去式(15-18),可得

$$\left.\frac{\partial^{2} f}{\partial x \partial y}\right|_{i,j}^{n}=\frac{\left.\frac{\partial f}{\partial y}\right|_{i+1,j}^{n}-\left.\frac{\partial f}{\partial y}\right|_{i-1,j}^{n}}{2 \Delta x}-\left.\frac{\partial^{4} f}{\partial x^{3} \partial y}\right|_{i,j}^{n} \frac{\Delta x^{3}}{12}+\cdots \tag{15-19}$$

从式(15-19)可见,二阶混合偏导数表述形式中还包含有 $\partial f/\partial y$。因此,可以用上述推导出的一阶偏导数的差分格式来代替,若采用具有二阶精度差分格式(15-11),则最终获得二阶混合偏导数的差分格式为

$$\left.\frac{\partial^{2} f}{\partial x \partial y}\right|_{i,j}^{n}=\frac{f_{i+1,j+1}^{n}-f_{i+1,j-1}^{n}-f_{i-1,j+1}^{n}+f_{i-1,j-1}^{n}}{4 \Delta x \Delta y}+O\left(\Delta x^{2}, \Delta y^{2}\right) \tag{15-20}$$

可见式(15-20)具有二阶精度。

最后需要指出,偏导数差分表达式的量纲必须与偏导数的量纲一致,因而一阶偏导数的差分表达式的分母均为 $\Delta x$,而二阶偏导数的差分表达式分母均为 $\Delta x^2$。当给出一个差分表达式时必须指明是基于哪个网格点建立的,对同一网格点建立不同的差分格式将产生不同的截断误差和精度,$y$ 和 $z$ 方向上偏导数的差分格式与 $x$ 方向上的相同。需要说明,基于泰勒级数展开可用于建立任意阶精度的有限差分格式。

(3) 差分方程的建立

对于一个给定的偏微分方程,如果将其中所有的偏导数都用有限差分来代替,所获得的代数方程称为差分方程,它是偏微分方程的代数表达形式。CFD 中有限差分方法的基础,就是用上述导出的(或其他类似的)差分格式代替流体流动控制方程中的偏导数,从而获得关于未知因变量在每一网格点处的值的差分代数方程组。为简单起见,这里选取比 N-S 方程简单的偏微分方程来说明如何建立其差分方程。例如,考虑一维非定常扩散方程,即

$$\frac{\partial f}{\partial t}=\alpha \frac{\partial^{2} f}{\partial x^{2}} \tag{15-21}$$

式中 $\alpha$ 为扩散系数。

建立如图 15-8 所示的差分网格。用有限差分来代替式(15-21)中的各项偏导数。对于式(15-21)中的时间偏导数 $\frac{\partial f}{\partial t}$,采用向前差分格式,即

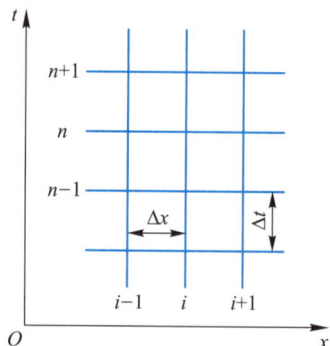

图 15-8

$$\left.\frac{\partial f}{\partial t}\right|_i^n=\frac{f_i^{n+1}-f_i^n}{\Delta t}-\left.\frac{\partial^2 f}{\partial t^2}\right|_i^n\frac{\Delta t}{2}+\cdots \tag{15-22}$$

式(15-22)中的截断误差与式(15-8)中的截断误差相同,因此式(15-22)具有一阶精度。

用中心差分格式(15-14)代替式(15-21)中的空间偏导数,得

$$\left.\frac{\partial^2 f}{\partial x^2}\right|_i^n=\frac{f_{i+1}^n-2f_i^n+f_{i-1}^n}{\Delta x^2}-\left.\frac{\partial^4 f}{\partial x^4}\right|_i^n\frac{\Delta x^2}{12}+\cdots \tag{15-23}$$

将式(15-22)和式(15-23)代入式(15-21),可得

$$\overbrace{\frac{\partial f}{\partial t}-\alpha\frac{\partial^2 f}{\partial x^2}}^{\text{偏微分方程}}=0=\underbrace{\frac{f_i^{n+1}-f_i^n}{\Delta t}-\alpha\frac{f_{i+1}^n-2f_i^n+f_{i-1}^n}{\Delta x^2}}_{\text{差分方程}}+\underbrace{\left[-\left.\frac{\partial^2 f}{\partial t^2}\right|_i^n\frac{\Delta t}{2}+\alpha\left.\frac{\partial^4 f}{\partial x^4}\right|_i^n\frac{\Delta x^2}{12}+\cdots\right]}_{\text{截断误差}} \tag{15-24}$$

从式(15-24)可见,由于截断误差的存在,差分方程不能完全等价于偏微分方程,且每一个偏导数的有限差分都带有截断误差,因此式(15-24)本身具有截断误差,它是每一个有限差分的截断误差的总和。式(15-24)的截断误差为$O(\Delta t,\Delta x^2)$,说明了该差分方程具有时间一阶精度、空间二阶精度。这里需注意的是,有限差分方程与偏微分方程不同,它是代数方程,所获得的解是所有网格点上的精确解,该精确解是在截断误差之内的近似解。当网格点趋于无穷多时,$\Delta t$ 和 $\Delta x$ 均趋于 0,差分方程的截断误差 $O(\Delta t,\Delta x^2)$也趋于 0,因此差分方程的精确解就越接近于偏微分方程的精确解。

略去截断误差,可得一维非定常扩散方程的差分方程为

$$\frac{f_i^{n+1}-f_i^n}{\Delta t}=\alpha\frac{f_{i+1}^n-2f_i^n+f_{i-1}^n}{\Delta x^2} \tag{15-25}$$

(4) 显式和隐式差分格式

从式(15-25)可见,对于时间项的离散,采用第 $n+1$ 和第 $n$ 时间层上的变量进行离散;而对于扩散项,仅采用第 $n$ 时间层上的变量,因此将式(15-25)整理可得

$$f_i^{n+1}=f_i^n+\alpha\frac{\Delta t}{\Delta x^2}(f_{i+1}^n-2f_i^n+f_{i-1}^n) \tag{15-26}$$

假设第 $n$ 时间层上所有网格点上的变量值均为已知,从式(15-26)可知,在第 $n+1$ 时间层上位置 $i$ 处的变量 $f_i^{n+1}$ 均由第 $n$ 时间层上位置 $i$ 处及相邻两个网格点的变量计算获得。对所有网格点采取与上述相同的计算方式,可获得第 $n+1$ 时间层上所有网格点的计算值。然后,再用同样的计算方式获得第 $n+2$ 时间层上所有网格点上的计算值,如图 15-9所示。以此类推,用这种沿着时间方向逐步推进的方式,可依次获得整个解。

式(15-26)把第 $n+1$ 时间层上的未知值 $f_i^{n+1}$ 放在方程的左边,而把第 $n$ 时间层上的已知值放在方程的右边,且方程只包含一个未知值 $f_i^{n+1}$,利用这种差分方程进行求解是最

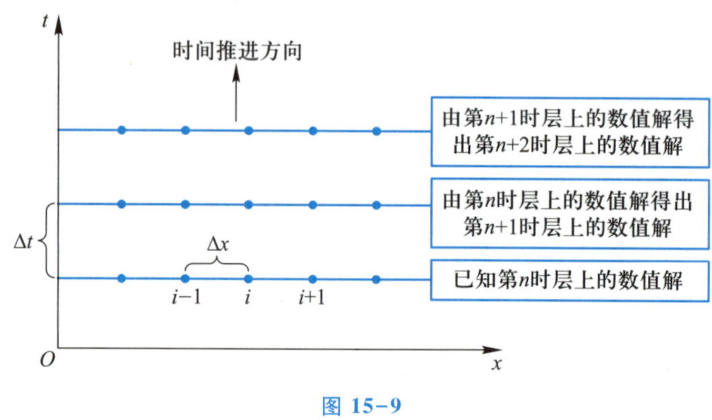


图 15-9

简单的形式。将这种差分格式定义为显式差分格式，即显式差分格式方法中每一个差分方程中只包含一个未知值，而这个未知值可用直接计算的方法显式地进行求解。

很显然，式(15-26)并不是偏微分方程(15-21)的唯一差分方程表达形式。对于时间和扩散项，可以采用不同的差分格式，从而导出具有不同精度和形式的差分方程。如果将式(15-21)右边的空间差分写成第 $n+1$ 时间层上的量与第 $n$ 时间层上的量的平均值，则可得另一种表达形式：

$$\frac{f_i^{n+1}-f_i^n}{\Delta t}=\alpha\frac{\dfrac{f_{i+1}^{n+1}+f_{i+1}^n}{2}-2\left(\dfrac{f_i^{n+1}+f_i^n}{2}\right)+\dfrac{f_{i-1}^{n+1}+f_{i-1}^n}{2}}{\Delta x^2} \tag{15-27}$$

式(15-27)中所采用的空间差分格式称为克兰克-尼科尔森(Crank-Nicolson)格式，简称 C-N 格式。在 CFD 数值计算中，C-N 格式及其改进格式经常被使用。从式(15-27)可知，未知量 $f_i^{n+1}$ 的求解中不仅包含第 $n$ 时间层上的已知量 $f_{i-1}^n$，$f_i^n$ 和 $f_{i+1}^n$，还包含第 $n+1$ 时间层上的未知量 $f_{i-1}^{n+1}$ 和 $f_{i+1}^{n+1}$。因此，网格点 $i$ 处的差分方程并不是独立的，仅通过式(15-27)无法直接求解未知量 $f_i^{n+1}$，必须对所有内部网格点列出与式(15-27)相类似的差分方程，从而获得一个代数方程组，最后通过联立求解才能获得未知数 $f_i^{n+1}$(对所有的 $i$)。上述差分格式被定义为隐式差分格式，即在同一时间层上，所有网格点上未知变量的值，必须将它们同时联立起来求解才能获得。C-N 格式仅仅是隐式差分格式中的一种。

从上面的例子非常直观地发现，隐式差分格式的求解比显式差分格式的求解复杂得多。既然隐式差分格式求解比较复杂，那为什么还要用该格式呢？能否在数值计算中一律采用显式差分格式来构造差分方程呢？这一系列的问题只有在理解了差分方程的稳定性之后才能更为准确地回答。

### 2. 差分方程的相容性，收敛性和稳定性

利用有限差分法数值求解流体流动问题时，首先在计算区域中划分差分网格，然后选择合适的差分格式对偏导数进行离散。这里需探讨以下几个问题：

(a) 是否任意差分格式所构造出的差分方程均能代表与之相应的偏微分方程?

(b) 是否任意差分方程均能获得合理解或收敛解?

(c) 是否时间步长 $\Delta t$ 和空间步长 $\Delta x$ 可任意选取?

(d) 这些参数取值的大小是否会影响差分方程的稳定性?

要解答这些问题,需详细讨论差分方程的相容性、收敛性和稳定性。

(1) 相容性

差分方程的**相容性**指的是差分方程能否代表与之相对应的偏微分方程。当 $\Delta t \to 0$, $\Delta x \to 0$ 时,如果差分方程的截断误差趋于 0,此时差分方程趋近于偏微分方程,称差分方程与之相对应的偏微分方程是相容的。

下面仍以一维非定常扩散方程(15-21)为例来说明差分方程的相容性。采用显式差分方程(15-26),并将 $f_i^{n+1}$ 在 $t_n$ 处进行泰勒级数展开,$f_{i-1}^n$ 和 $f_{i+1}^n$ 在位置 $i$ 处进行泰勒级数展开,将这些展开表达式代入式(15-26),可得

$$\left(\frac{\partial f}{\partial t}-\alpha\frac{\partial^2 f}{\partial x^2}\right)_i^n=\left[\left(-\frac{\partial^2 f}{\partial t^2}\bigg|_i^n\frac{\Delta t}{2}-\frac{\partial^3 f}{\partial t^3}\bigg|_i^n\frac{\Delta t^2}{6}-\cdots\right)+\alpha\left(\frac{\partial^4 f}{\partial x^4}\bigg|_i^n\frac{\Delta x^2}{12}+\frac{\partial^6 f}{\partial x^6}\bigg|_i^n\frac{\Delta x^4}{360}+\cdots\right)\right] \tag{15-28}$$

从式(15-28)可见,截断误差为 $O(\Delta t,\Delta x^2)$。当 $\Delta t\to 0$ 且 $\Delta x\to 0$ 时,截断误差趋近于 0,因此显式差分方程(15-26)与微分方程(15-21)是相容的。

如果对方程(15-21)中偏导数的离散采用**杜福特-弗兰克尔**(Dufort-Frankel)格式,即

$$\frac{f_i^{n+1}-f_i^{n-1}}{2\Delta t}=\alpha\frac{f_{i+1}^n-(f_i^{n+1}+f_i^{n-1})+f_{i-1}^n}{\Delta x^2} \tag{15-29}$$

同样地,对式(15-29)中各项进行泰勒级数展开,可得

$$\left(\frac{\partial f}{\partial t}-\alpha\frac{\partial^2 f}{\partial x^2}\right)_i^n=\left[\left(-\frac{\partial^3 f}{\partial t^3}\bigg|_i^n\frac{\Delta t^2}{6}-\frac{\partial^5 f}{\partial t^5}\bigg|_i^n\frac{\Delta t^4}{120}-\cdots\right)+\alpha\left(\frac{\partial^4 f}{\partial x^4}\bigg|_i^n\frac{\Delta x^2}{12}+\frac{\partial^6 f}{\partial x^6}\bigg|_i^n\frac{\Delta x^4}{360}+\cdots\right)+\alpha\left(-\frac{\partial^2 f}{\partial t^2}\bigg|_i^n\frac{\Delta t^2}{\Delta x^2}-\frac{1}{12}\frac{\partial^4 f}{\partial t^4}\bigg|_i^n\frac{\Delta t^4}{\Delta x^4}-\cdots\right)\right] \tag{15-30}$$

从式(15-30)可见,截断误差为 $O(\Delta t^2,\Delta x^2,\Delta t^2/\Delta x^2)$。如果 $\Delta t/\Delta x$ 等于常数,当 $\Delta t\to 0$, $\Delta x\to 0$ 时,截断误差并不趋于 0。因此基于杜福特-弗兰克尔格式所构造出的差分方程(15-29)与微分方程(15-21)是不相容的。

因此,并不是所有差分方程都与相对应的偏微分方程是相容的。若时间步长 $\Delta t$ 和空间步长 $\Delta x$ 无论以怎样的方式趋近于 0 时,差分方程的截断误差总是趋近于 0,则称差分方程与相对应的偏微分方程是无条件相容的。很显然,当差分方程的截断误差呈 $O(\Delta t^m$,

$\Delta x^n$)的形式时($m,n$ 均大于 0),该差分方程具有无条件相容性;当差分方程的截断误差中含有 $\Delta t/\Delta x$ 时,差分方程的相容性仅在一定条件下才能成立。

(2) 收敛性

差分方程的收敛性是指当 $\Delta t\to0,\Delta x\to0$ 时,差分方程的解趋近于微分方程的解。

差分方程的数值误差由离散误差和舍入误差两部分组成。离散误差是差分方程的截断误差再加上对初始和边界条件进行数值处理时引入的误差,因此离散误差不能等同于截断误差。差分方程的截断误差与相容性有关,差分方程满足相容性,并不一定满足收敛性,相容性只是收敛性的必要条件之一。分析差分方程的收敛性,还需分析差分方程的离散误差。

在网格点$(i,n)$上差分方程的精确解 $f_i^n$ 偏离该点上相应的偏微分方程的精确解 $f(i,n)$的值,称为该网格点上的离散误差,记为$\varsigma_i^n$,即

$$\varsigma_i^n=f_i^n-f(i,n) \tag{15-31}$$

离散误差的大小同差分方程的截断误差有关。一般地说,在相同的 $\Delta t$ 和 $\Delta x$ 下,若提高截断误差的阶数,离散误差将随之减小;对同一差分格式,网格加密,离散误差也会减小。当 $\Delta t\to0,\Delta x\to0$ 时,如果每个网格点上的离散误差也趋近于 0,则称差分方程是收敛的。直接证明差分方程的收敛性比较困难,差分方程的收敛性可以通过稳定性的证明间接确定。

拉克斯(Lax)定理指出,对于适定的线性偏微分方程的初值问题,若逼近它的差分方程与它相容,则差分方程的稳定性是保证差分方程收敛性的充分必要条件。即根据拉克斯定理,对于适定的线性偏微分方程,只要相应的差分方程满足稳定性和相容性的要求,收敛性就能得到满足。

(3) 稳定性

通过上述分析可知,差分方程的稳定性具有重要的地位,而稳定性取决于数值误差的传递。

数值误差是在数值计算过程中所产生的误差。数值误差传递指的是数值误差从 $t_1$ 时刻传递至 $t_1+\Delta t$ 时刻时,如果某个特定的数值误差在传递的过程中被放大了,那么数值计算通常就变得不稳定。如果数值误差在传递的过程中不增长,甚至不断衰减,那么数值计算通常就是稳定的。

在上述差分方程收敛性的讨论中,已明确指出了差分方程数值误差的来源,并详细给出了离散误差的定义及其表达式。差分方程的计算是按时层进行推进的,并在同一时层中进行多次重复计算。因此在差分方程的实际求解过程中不可避免地会引入舍入误差。

在网格点$(i,n)$上差分方程的数值解$\tilde{f}_i^n$ 偏离该点上差分方程的精确解$f_i^n$ 的值,称为该网格点上的舍入误差,记为 $e_i^n$,即

$$e_i^n=\tilde{f}_i^n-f_i^n \tag{15-32}$$

对于给定的物理问题,其数值解的舍入误差大小取决于所采用的计算方法及所用计算机的字长。

根据式(15-31)和式(15-32)可知,在网格点$(i,n)$上差分方程的数值解$\tilde{f}_i^n$偏离该点上相应的偏微分方程的精确解$f(i,n)$的值,称为网格节点上的**数值误差**,记为$\zeta_i^n$,即

$$\zeta_i^n=\tilde{f}_i^n-f(i,n)=f_i^n-f(i,n)+\tilde{f}_i^n-f_i^n=\varsigma_i^n+e_i^n \tag{15-33}$$

式(15-33)表明:数值误差是由离散误差和舍入误差两部分组成。但计算实践表明,数值误差的主要来源是离散误差。

因此,对于一个初值问题的差分方程,如果可以确保在任意时层计算中所引入的数值误差都不会在以后各时层的计算中被不断地放大,甚至变得无界,则称差分方程是稳定的。但这里需指出:稳定或不稳定是差分方程的一个固有属性。凡是稳定的方程,任意扰动在数值计算过程中被放大的程度总是有限的;凡是不稳定的方程,无论什么误差都会在数值计算中被不断地放大,以致当计算的时间层足够多时,所得解将变得毫无意义。

下面将以一维非定常扩散方程的差分方程为例来说明差分方程的稳定性。根据式(15-32)可知,差分方程的数值解可表示为$\tilde{f}_i^n=f_i^n+e_i^n$,将该数值解代入差分方程(15-25),可得

$$\frac{f_i^{n+1}+e_i^{n+1}-f_i^n-e_i^n}{\Delta t}=\alpha\frac{f_{i+1}^n+e_{i+1}^n-2f_i^n-2e_i^n+f_{i-1}^n+e_{i-1}^n}{\Delta x^2} \tag{15-34}$$

根据定义可知,$f_i^n$是差分方程的精确解,应精确地满足差分方程(15-25)。因此式(15-34)减去式(15-25)可得

$$\frac{e_i^{n+1}-e_i^n}{\Delta t}=\alpha\frac{e_{i+1}^n-2e_i^n+e_{i-1}^n}{\Delta x^2} \tag{15-35}$$

由式(15-35)可知,误差$e_i^n$也满足差分方程。在从第$n$时层向第$n+1$时层推进时,如果误差$e_i^n$逐渐增大,则差分方程是不稳定的;如果$e_i^n$不增大或逐渐衰减,则差分方程是稳定的。因此差分方程的稳定性条件为

$$\left|e_i^{n+1}/e_i^n\right|\leqslant 1 \tag{15-36}$$

目前对线性初值问题差分方程的稳定性已进行了深入研究,并提出了多种分析方法,如**冯·诺依曼**(von Neumann)方法、矩阵分析法、分离变量法等。这里只简要给出冯·诺依曼方法的基本思想及基于冯·诺依曼方法所得到的差分方程的稳定性条件。

冯·诺依曼方法的基本思想可以从小扰动传递的角度来理解。假定所计算的线性初值问题的边界值是准确的,而在某时层的计算中引入一个误差矢量,误差其实就是一个小扰动。如果这一小扰动的强度(或振幅)是随时间的推移而不断增大的,则这一差分方程就是不稳定的;如果扰动的振幅随时间的推移保持不变或不断衰减,则这一差分方程就是稳定的。

这里需说明的是:由有限个离散点上的误差所组成的误差矢量可以用有限项不同波

长的分量叠加来表示，这种分量称为谐波分量。

利用冯·诺依曼方法分析某一差分方程稳定性，是将误差矢量的一个谐波分量表达式代入差分方程中，以得出相邻两个时层的该谐波分量振幅之比。因此差分方程的稳定性条件可由式(15-36)转化为

$$\left|\mathfrak{R}(t+\Delta t)/\mathfrak{R}(t)\right|\leqslant 1 \tag{15-37}$$

式中$\mathfrak{R}(t)$表示$t$时层谐波分量振幅。

下面将直接给出基于式(15-37)判别准则所获得的两类典型差分方程的稳定性条件。

(a) 一维非定常扩散方程的稳定性条件

对于一维非定常扩散方程(15-21)的显式差分方程(15-25)，利用冯·诺依曼方法可得该差分方程的稳定性条件为

$$\frac{\alpha\Delta t}{\Delta x^2}\leqslant\frac{1}{2} \tag{15-38}$$

由式(15-38)可知，显式差分方程(15-25)中$\Delta t$和$\Delta x$并非各自任意选取的，而需满足式(15-38)的限制条件。也就是说，当对所计算区域离散化之后，即$\Delta x$随之确定后，$\Delta t$的允许值必须足够小以满足式(15-38)的要求。如果$\Delta t$和$\Delta x$的取值满足$\frac{\alpha\Delta t}{\Delta x^2}\leqslant\frac{1}{2}$，误差就不会随着时间的推进而增大，其数值解也会表现出稳定的形式；如果$\Delta t$和$\Delta x$的取值使得$\frac{\alpha\Delta t}{\Delta x^2}>\frac{1}{2}$，则误差就会不断地增大，最终使数值推进解在计算过程中发生溢出。

(b) 一维非定常波动方程的稳定性条件

在CFD模拟计算中，波动方程对差分格式的要求是非常严格的。下面将给出波动方程的稳定性条件。以一维非定常波动方程为例：

$$\frac{\partial v_x}{\partial t}+c\frac{\partial v_x}{\partial x}=0 \tag{15-39}$$

将式(15-39)中的时间偏导数项用简单的一阶向前差分格式代替，空间偏导数项用二阶中心差分格式代替，可得差分方程为

$$\frac{(v_x)_i^{n+1}-(v_x)_i^n}{\Delta t}+c\frac{(v_x)_{i+1}^n-(v_x)_{i-1}^n}{2\Delta x}=0 \tag{15-40}$$

方程(15-40)也常被称为欧拉显式方程，是波动方程(15-39)最简单的差分方程。基于冯·诺依曼方法分析差分方程(15-40)发现，无论$\Delta t$如何取值，差分方程(15-40)总是给出不稳定的数值解。因此，差分方程(15-40)被称为无条件不稳定的。

如果时间导数项还是用一阶向前差分格式，但用第$n$时层上两个网格点$i-1$和$i+1$处数值之和的平均值来代表$(v_x)_i^n$，即

$$(v_x)_i^n=\frac{1}{2}\left[(v_x)_{i-1}^n+(v_x)_{i+1}^n\right] \tag{15-41}$$

于是

$$\frac{\partial v_x}{\partial t} \simeq \frac{(v_x)_i^{n+1} - \frac{1}{2}[(v_x)_{i-1}^n + (v_x)_{i+1}^n]}{\Delta t} \tag{15-42}$$

式(15-42)表示时间导数项的差分格式,也称为拉克斯-弗里德里希斯(Lax-Friedrichs)差分格式。

因此,一维非定常波动方程(15-39)的另一种差分方程为

$$\frac{(v_x)_i^{n+1} - \frac{1}{2}[(v_x)_{i-1}^n + (v_x)_{i+1}^n]}{\Delta t} + c\frac{(v_x)_{i+1}^n - (v_x)_{i-1}^n}{2\Delta x} = 0 \tag{15-43}$$

同样地,基于冯·诺依曼方法分析差分方程(15-43),结果表明,差分方程(15-43)的稳定性条件为

$$Cr = |c|\frac{\Delta t}{\Delta x} \leqslant 1 \tag{15-44}$$

式中 $Cr$ 称为柯朗(Courant)数。此式表明,要使差分方程(15-43)的数值解是稳定的,必须满足 $\Delta t \leqslant \frac{\Delta x}{|c|}$。式(15-44)也称为柯朗-弗里德里希斯-列维(Courant-Friedrichs-Lewy)条件,简称 CFL 条件。

通过上述两个典型方程的稳定性分析结果发现,稳定性条件的具体形式取决于差分方程的形式;换句话说,不同的差分方程具有不同的稳定性条件。

## § 15-4 泊松方程的有限差分解法

目前求解不可压缩黏性流体流动问题主要有速度-压力法、流函数-涡量法。然而在这两种解法中均需求解泊松方程。如在速度-压力法中,求解压力泊松方程;在流函数-涡量法中,求解流函数泊松方程。因此泊松方程的数值求解至关重要。此外,对于不可压缩流体无黏、无旋流动,其流函数泊松方程就变为拉普拉斯方程。实际上,拉普拉斯方程是泊松方程的一个特例。此处将以泊松方程为例来阐述其有限差分解法。

泊松方程:

$$\frac{\partial^2 f}{\partial x^2} + \frac{\partial^2 f}{\partial y^2} = q \tag{15-45}$$

式中 $f$ 为流场中待求解变量;$q$ 为已知函数。建立如图 15-7 所示的差分网格,对式(15-45)中的偏导数项采用二阶精度中心差分格式进行离散,可得

$$\left(\frac{\partial^2 f}{\partial x^2}\right)_{i,j}=\frac{f_{i+1,j}-2f_{i,j}+f_{i-1,j}}{\Delta x^2} \tag{15-46}$$

$$\left(\frac{\partial^2 f}{\partial y^2}\right)_{i,j}=\frac{f_{i,j+1}-2f_{i,j}+f_{i,j-1}}{\Delta y^2} \tag{15-47}$$

将式(15-46)和式(15-47)代入式(15-45),有

$$\frac{f_{i+1,j}-2f_{i,j}+f_{i-1,j}}{\Delta x^2}+\frac{f_{i,j+1}-2f_{i,j}+f_{i,j-1}}{\Delta y^2}=q_{i,j} \tag{15-48}$$

假设采用正方形网格,即 $\Delta x=\Delta y=h$,则式(15-48)可化为

$$f_{i,j}=\frac{1}{4}(f_{i+1,j}+f_{i-1,j}+f_{i,j+1}+f_{i,j-1})-\frac{1}{4}h^2 q_{i,j} \tag{15-49}$$

对于拉普拉斯方程而言,$q_{i,j}=0$,于是(15-49)可化为

$$f_{i,j}=\frac{1}{4}(f_{i+1,j}+f_{i-1,j}+f_{i,j+1}+f_{i,j-1}) \tag{15-50}$$

式(15-50)表示计算域内任意网格点上的变量值等于它四周相邻网格点上变量值的几何平均。

边界网格点上的变量值给定之后,将式(15-48)或式(15-49)或式(15-50)应用到图15-7中所有内部网格点上,将获得 $(I-2)\times(J-2)$ 个代数方程,这样就可解出 $(I-2)\times(J-2)$ 个内部网格点上的变量值 $f$。

关于上述代数方程组的求解,可用常规的求解方法,如高斯消元法等。但用这种直接方法进行求解,如果网格点数比较多,也就是说代数方程个数比较多时,将会耗费大量的计算机内存和机时,而且计算方法也较为复杂。因此目前通常采用迭代法进行求解,如黎曼方法、点松弛法和线松弛法等。有兴趣的读者可参阅文献[48]。

## §15-5 不可压缩黏性流体流动流函数-涡量方程有限差分解法

### 1. 连续性方程和N-S方程的流函数-涡量形式

目前求解不可压缩黏性流体流动问题常用速度-压力法和流函数-涡量法。在速度-压力法中,用速度和压力作为基本变量求解流动问题时,压力项的存在给计算带来了不少困难。为此,引入交错网格的思想,且设计了一些特殊的算法来解决速度与压力的耦合问题。因此在CFD发展历程中,学者们提出了不直接以压力为原始变量的流函数-涡量法。在三维流动中并不存在流函数,因此流函数-涡量法不能直接推广到三维流动问题,需要引入矢量势的方程才能进行求解,且需求解6个方程,而采用速度-压力法时仅需求解4个方程。因此流函数-涡量法数值求解三维流动问题的优势并不明显。本节将给出基于

流函数-涡量法数值求解二维不可压缩黏性流体流动问题的过程。

在§3-4节和§7-1节已分别给出了涡矢量(或旋转角速度)和流函数的物理意义及表达形式。

三维涡矢量(或旋转角速度)$\boldsymbol{\omega}$表达形式为

$$\boldsymbol{\omega}=\frac{1}{2}\nabla\times\boldsymbol{v} \tag{15-51}$$

对于二维不可压缩黏性流体流动而言,涡量$\omega$其实就是涡矢量在$z$轴上的分量,即$\omega=\omega_z$。因此涡量$\omega$为

$$\omega=\omega_z=\frac{1}{2}\left(\frac{\partial v_y}{\partial x}-\frac{\partial v_x}{\partial y}\right) \tag{15-52}$$

流函数的表达形式为

$$v_x=\frac{\partial\psi}{\partial y},v_y=-\frac{\partial\psi}{\partial x} \tag{15-53}$$

二维不可压缩黏性流体流动的连续性方程为

$$\frac{\partial v_x}{\partial x}+\frac{\partial v_y}{\partial y}=0 \tag{15-54}$$

将式(15-53)代入式(15-54)可知,流函数$\psi$永远满足连续性方程。

忽略质量力,二维不可压缩黏性流体流动方程为

$$\begin{cases}\dfrac{\partial v_x}{\partial t}+v_x\dfrac{\partial v_x}{\partial x}+v_y\dfrac{\partial v_x}{\partial y}=-\dfrac{1}{\rho}\dfrac{\partial p}{\partial x}+\nu\left(\dfrac{\partial^2 v_x}{\partial x^2}+\dfrac{\partial^2 v_x}{\partial y^2}\right) & \text{(a)}\\ \dfrac{\partial v_y}{\partial t}+v_x\dfrac{\partial v_y}{\partial x}+v_y\dfrac{\partial v_y}{\partial y}=-\dfrac{1}{\rho}\dfrac{\partial p}{\partial y}+\nu\left(\dfrac{\partial^2 v_y}{\partial x^2}+\dfrac{\partial^2 v_y}{\partial y^2}\right) & \text{(b)}\end{cases} \tag{15-55}$$

为消去压强梯度项,将式(15-55)中式(b)对$x$求导,式(a)对$y$求导,然后将求导后的两式相减,并根据上述涡量的定义,可得涡量方程为

$$\frac{\partial\omega}{\partial t}+\frac{\partial\psi}{\partial y}\frac{\partial\omega}{\partial x}-\frac{\partial\psi}{\partial x}\frac{\partial\omega}{\partial y}=\nu\left(\frac{\partial^2\omega}{\partial x^2}+\frac{\partial^2\omega}{\partial y^2}\right) \tag{15-56}$$

将流函数的定义式(15-53)代入涡量的定义式(15-52)可得流函数的控制方程:

$$\frac{\partial^2\psi}{\partial x^2}+\frac{\partial^2\psi}{\partial y^2}=-2\omega \tag{15-57}$$

至此,已完成了二维不可压缩黏性流体流动问题的流函数和涡量方程的建立。通过联立方程(15-56)和(15-57)解出$\psi$和$\omega$,进而根据式(15-53)求出速度分量$v_x$和$v_y$。这就是流函数-涡量法的基本思路。从流函数方程(15-57)和涡量方程(15-56)可见,两者是相互耦合的,涡量以源项形式出现在流函数方程中,而涡量方程中对流项的系数则由流函数所决定。

### 2. 二维不可压缩黏性流体非恒定流动的流函数和涡量方程的有限差分解法

对涡量方程(15-56)进行离散时,时间项采用向前差分格式,空间偏导数项采用二阶

中心差分格式,可得

$$\omega_{i,j}^{n+1}=\omega_{i,j}^{n}+\Delta t\left[\left(\frac{\psi_{i,j+1}^{n}-\psi_{i,j-1}^{n}}{2\Delta y}\right)\left(\frac{\omega_{i+1,j}^{n}-\omega_{i-1,j}^{n}}{2\Delta x}\right)-\left(\frac{\psi_{i+1,j}^{n}-\psi_{i-1,j}^{n}}{2\Delta x}\right)\left(\frac{\omega_{i,j+1}^{n}-\omega_{i,j-1}^{n}}{2\Delta y}\right)\right]+\nu\Delta t\left[\left(\frac{\omega_{i+1,j}^{n}-2\omega_{i,j}^{n}+\omega_{i-1,j}^{n}}{\Delta x^{2}}\right)+\left(\frac{\omega_{i,j+1}^{n}-2\omega_{i,j}^{n}+\omega_{i,j-1}^{n}}{\Delta y^{2}}\right)\right] \tag{15-58}$$

当 $t_n$ 时刻的 $\psi^n$ 和 $\omega^n$ 值已知时,就可以通过式(15-58)求解出 $t_n+\Delta t$ 时刻的 $\omega^{n+1}$ 值。但求解式(15-58)需要知道边界上的涡量条件。

对流函数方程(15-57)进行离散时,空间偏导数项采用二阶中心差分格式,可得

$$\frac{\psi_{i+1,j}^{n+1}-2\psi_{i,j}^{n+1}+\psi_{i-1,j}^{n+1}}{\Delta x^{2}}+\frac{\psi_{i,j+1}^{n+1}-2\psi_{i,j}^{n+1}+\psi_{i,j-1}^{n+1}}{\Delta y^{2}}=-2\omega_{i,j}^{n+1} \tag{15-59}$$

式(15-59)为流函数泊松方程,可采用上节中提到的迭代法进行数值求解。这里需指出的是,式(15-59)右端涡量值取 $\omega_{i,j}^{n+1}$ 而并非 $\omega_{i,j}^{n}$。这是因为 $\omega_{i,j}^{n+1}$ 已通过式(15-58)求解出。求解式(15-59)需要知道边界上的流函数条件。

从上述分析可知,无论求解涡量方程还是流函数方程均需要知道边界上的各自因变量的值。关于涡量和流函数边界条件的处理,可参阅文献[45]。

根据上述得到的流函数值及其定义,可计算出 $t_n+\Delta t$ 时刻的速度场:

$$\begin{cases}(v_x)_{i,j}^{n+1}=\dfrac{1}{2\Delta y}(\psi_{i,j+1}^{n+1}-\psi_{i,j-1}^{n+1})\\[2ex](v_y)_{i,j}^{n+1}=\dfrac{1}{2\Delta x}(\psi_{i-1,j}^{n+1}-\psi_{i+1,j}^{n+1})\end{cases} \tag{15-60}$$

利用流函数表示形式的压强泊松方程来求解流动中的压强分布,即

$$\frac{\partial^2 p}{\partial x^2}+\frac{\partial^2 p}{\partial y^2}=2\rho\left[\left(\frac{\partial^2\psi}{\partial x^2}\right)\left(\frac{\partial^2\psi}{\partial y^2}\right)-\left(\frac{\partial^2\psi}{\partial x\partial y}\right)^2\right] \tag{15-61}$$

在获得了流函数的收敛解 $\psi_{i,j}^{n+1}$ 之后,式(15-61)右端(即压强泊松方程的源项)可用已获得的各网格点上的 $\psi_{i,j}^{n+1}$ 进行离散处理,即

$$S_{i,j}=2\rho\left[\left(\frac{\psi_{i+1,j}^{n+1}-2\psi_{i,j}^{n+1}+\psi_{i-1,j}^{n+1}}{\Delta x^{2}}\right)\left(\frac{\psi_{i,j+1}^{n+1}-2\psi_{i,j}^{n+1}+\psi_{i,j-1}^{n+1}}{\Delta y^{2}}\right)-\left(\frac{\psi_{i+1,j+1}^{n+1}-\psi_{i+1,j-1}^{n+1}-\psi_{i-1,j+1}^{n+1}+\psi_{i-1,j-1}^{n+1}}{4\Delta x\Delta y}\right)^{2}\right] \tag{15-62}$$

对式(15-61)中压强的空间导数项采用二阶中心差分格式进行离散,可获得关于压强的五点差分方程。但需注意式(15-61)规定的是内部网格点上的压强应满足的关系,为了使式(15-61)离散得到的差分方程组封闭,还必须规定边界上的压强应满足的关系。对于不可压缩黏性流体流动而言,可任取流场中某网格点的压强为已知,并按动量方程推

出边界上的压强应满足的梯度要求,然后离散边界上的压强梯度方程。这样就可以获得边界及内部网格点上压强的封闭方程组。最后用超松弛迭代法求解上述压强的封闭方程组。若只需要稳态时的压强分布,则只需当 $\psi$ 和 $\omega$ 达到稳定值以后,求解一次上述压强的封闭方程组即可。

若研究的是二维不可压缩黏性流体恒定流动问题,则流函数-涡量方程为

$$\begin{cases}\dfrac{\partial\psi}{\partial y}\dfrac{\partial\omega}{\partial x}-\dfrac{\partial\psi}{\partial x}\dfrac{\partial\omega}{\partial y}=\nu\left(\dfrac{\partial^2\omega}{\partial x^2}+\dfrac{\partial^2\omega}{\partial y^2}\right)\\ \dfrac{\partial^2\psi}{\partial x^2}+\dfrac{\partial^2\psi}{\partial y^2}=-2\omega\end{cases}\tag{15-63}$$

恒定流动问题同样可用时间相关法求解,即求解非恒定流动方程(15-56)和(15-57),直到时间充分长,涡量的时间偏导数为 0 时,其涡量解达到稳定状态,从而获得恒定解。当然也可直接离散方程(15-63),采用迭代法进行求解。

## § 15-6　不可压缩黏性流体平板层流边界层的有限差分解法

当雷诺数足够大时,物体边界附近存在一薄区域,此处黏性力与惯性力的作用同样重要,称为边界层。边界层概念的引入,将流动分为边界层内黏性流动和边界层外势流,从而对研究问题进行了简化。边界层内流体流动特性关系到流动阻力、热交换及绕流稳定性等问题,因此边界层的研究具有非常重要的地位。1904 年普朗特利用量纲分析简化 N-S方程,获得边界层微分方程,但边界层微分方程仍为非线性方程,即使对于形状很简单的绕流问题,求解也非常困难,只有对极少数的简单流动才能精确求解。

边界层问题计算方法主要有积分法和数值解法。积分法是冯・卡门提出的动量积分方法。近年来,对于边界层流动问题,学者们更多采用数值解法,如有限差分法、有限元法等。下面将以二维不可压缩黏性流体平板层流边界层恒定流动为例阐述其有限差分解法。

二维不可压缩黏性流体层流边界层恒定流动,如图 15-10a 所示。普朗特基于量纲分析推导出该流动的偏微分方程(详细推导过程见 § 11-2):

$$\left.\begin{aligned}-\frac{1}{\rho}\frac{\partial p}{\partial x}+\nu\frac{\partial^2 v_x}{\partial y^2}=v_x\frac{\partial v_x}{\partial x}+v_y\frac{\partial v_x}{\partial y}\\ \frac{\partial p}{\partial y}=0\\ \frac{\partial v_x}{\partial x}+\frac{\partial v_y}{\partial y}=0\end{aligned}\right\}\tag{15-64}$$

从式(15-64)可见,边界层中沿物体表面法线方向的压强不变,即边界层内压强等于边界层外边界上的压强。

根据势流伯努利方程

$$p+\frac{1}{2}\rho V^{*2}=C,\frac{\partial p}{\partial x}=-\rho V^{*}\frac{\partial V^{*}}{\partial x} \tag{15-65}$$

式中 $V^{*}$ 为势流区中的速度,$V^{*}=V_{\infty}$,$V_{\infty}$ 为无穷远来流速度。

因为边界层中$\frac{\partial p}{\partial y}=0$,所以在边界层内部有

$$\frac{\mathrm{d}p}{\mathrm{d}x}=-\rho V^{*}\frac{\mathrm{d}V^{*}}{\mathrm{d}x} \tag{15-66}$$

因此,边界层流动偏微分方程组可简化为

$$\left.\begin{aligned}&V^{*}\frac{\mathrm{d}V^{*}}{\mathrm{d}x}+\nu\frac{\partial^{2}v_{x}}{\partial y^{2}}=v_{x}\frac{\partial v_{x}}{\partial x}+v_{y}\frac{\partial v_{x}}{\partial y}\\&\frac{\partial v_{x}}{\partial x}+\frac{\partial v_{y}}{\partial y}=0\end{aligned}\right\} \tag{15-67}$$

从式(15-67)可知,方程组中只含有两个未知量。采用空间步进方法,取 $x$ 方向为步进方向,并建立差分网格,如图 15-10b 所示。采用简单的显式格式,可以得到如下差分方程。

$x$ 方向动量偏微分方程的显式差分方程:

$$\begin{aligned}&V_{i}^{*}\frac{V_{i+1}^{*}-V_{i}^{*}}{\Delta x}+\frac{\nu}{(\Delta y)^{2}}[(v_{x})_{i,j+1}-2(v_{x})_{i,j}+(v_{x})_{i,j-1}]\\&=(v_{x})_{i,j}\frac{(v_{x})_{i+1,j}-(v_{x})_{i,j}}{\Delta x}+(v_{y})_{i,j}\frac{(v_{x})_{i,j+1}-(v_{x})_{i,j-1}}{2\Delta y}\end{aligned} \tag{15-68}$$

连续性偏微分方程的差分方程:

$$\frac{(v_{x})_{i+1,j}+(v_{x})_{i+1,j-1}-(v_{x})_{i,j}-(v_{x})_{i,j-1}}{2\Delta x}+\frac{(v_{y})_{i+1,j}-(v_{y})_{i+1,j-1}}{\Delta y}=0 \tag{15-69}$$

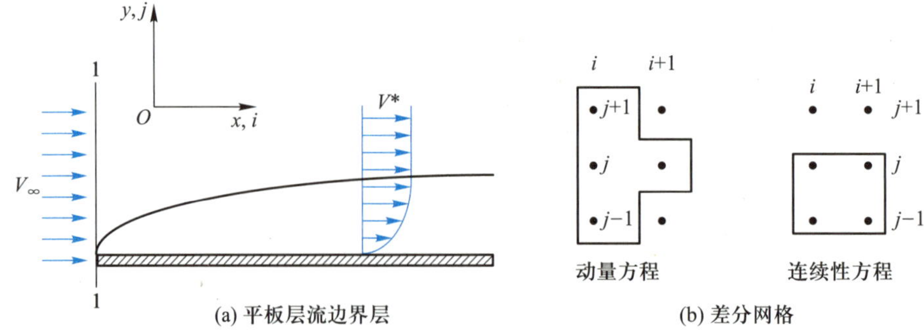


(a) 平板层流边界层　　(b) 差分网格

图 15-10

计算过程如下：假定$(v_x)_{0,j}=V^*$，$(v_y)_{0,j}=0$，在平板壁面处$(v_x)_{0,1}=0$和$(v_y)_{0,1}=0$。这样从平板边缘 1-1 断面开始计算，当第 $i$ 层的$(v_x)_{i,j}(v_y)_{i,j}$已知，可用式(15-68)计算$(v_x)_{i+1,j}$，沿 $y$ 方向从壁面开始向外计算，直到$(v_x)_{i+1,j}/V^*_{i+1}\simeq 0.999\,5$。在求解过程中，同时获得外边界的位置。然后用式(15-69)计算$(v_y)_{i+1,j}$，从平板壁面开始向外计算直到外边界的位置为止。最后在 $x$ 方向上向前推进一步，并重复上述计算过程。

通过冯·诺依曼方法分析发现上述 $x$ 方向动量偏微分方程的显式差分方程的稳定性条件为

$$\frac{2\nu\Delta x}{(v_x)_{i,j}(\Delta y)^2}\leqslant 1,\frac{(v_y)^2_{i,j}\Delta x}{(v_x)_{i,j}\nu}\leqslant 2 \tag{15-70}$$

为了保证上述显式差分方法的稳定性，可采用以下格式来处理式(15-64)第一式中右边第二项，即 $v_y\dfrac{\partial v_x}{\partial y}$的差分表达可采用如下格式：

$$\begin{cases}(v_y)_{i,j}\dfrac{(v_x)_{i,j}-(v_x)_{i,j-1}}{\Delta y},\text{当}(v_y)_{i,j}>0\text{ 时}\\(v_y)_{i,j}\dfrac{(v_x)_{i,j+1}-(v_x)_{i,j}}{\Delta y},\text{当}(v_y)_{i,j}<0\text{ 时}\end{cases} \tag{15-71}$$

以式(15-71)所表示的差分格式代替式(15-68)中右边第二项的差分格式。同样的，基于冯·诺依曼方法分析发现，此时差分方程的稳定性条件为

$$\Delta x\leqslant\frac{1}{2\nu/[(v_x)_{i,j}(\Delta y)^2]+|(v_y)_{i,j}|/[(v_x)_{i,j}\Delta y]} \tag{15-72}$$

但需指出的是，采用该差分格式之后，式(15-68)差分方程的截断误差由原来的$O(\Delta x,\Delta y^2)$变为$O(\Delta x,\Delta y)$，即差分方程的精度降低了，但差分方程的稳定性却提高了。换句话说，牺牲差分方程的精度来换取其稳定性。

此外，这两种不同差分方程的稳定性条件均与 $v_x$ 和 $v_y$ 的局部值有关。实际上，上述差分方程为变系数方程，在利用冯·诺依曼分析方法时，对变系数 $v_x$ 和 $v_y$ 作了局部常数处理，因此冯·诺依曼分析所得到的条件只是该变系数方程稳定性的一个合理条件。很显然，显式差分方程具有严格的稳定性条件限制，所以在数值计算中经常采用隐式差分格式来解决边界层问题，如 C-N 格式、全隐格式等。

## § 15-7 有限元法简介

有限元法是数值计算中又一重要的离散化方法。与有限差分法相比，有限元法是将需要求解的偏微分方程转化成一个积分方程，然后在求解区域中分单元积分，再叠加起

来;其最大的优势是特别适合于求解具有复杂几何形状和边界条件的问题。有限元法的构造较为灵活,因此对实际物体的边界逼近以及边界条件的处理更加精确和简便。

有限元法的基本思想为:

(a) 假想连续系统分割成数目有限的单元,在单元之间只在数目有限的指定点(称为节点)处相互连接,构成一个单元集合体来代替原来的连续系统。在节点上引进等效荷载(或边界条件),代替实际作用于系统上的边界条件;

(b) 对每个单元由分块近似的思想,按照一定的规则(由力学关系或选择一个简单函数)建立求解未知量与节点相互作用(力)之间的关系;

(c) 把所有单元的这种特性关系按一定的条件(变形协调条件、连续性条件或变分原理及能量原理)集合起来,并引入边界条件,然后构成一组以节点变量为未知量的代数方程组,最终求解获得有限个节点处的待求变量。

因此,实现有限元法最为关键的一步是如何推导出所研究问题的有限元离散方程。目前有限元法离散方程主要基于直接刚度法、虚功原理、泛函变分原理和加权余量法进行推导。直接刚度法是直接从问题的物理定律、公式中得到有限元离散方程,它只适用于比较简单的问题。虚功原理一般只用于推导弹性力学中物体受力和变形问题的计算过程。泛函变分原理是将微分方程求解问题转换为某泛函求极值问题,再对泛函的表达式进行一定的运算得到有限元离散方程。它可以用于各类场问题的有限元离散方程的推导,但首先需找到与所求问题的微分方程对应的泛函。然而在许多情况下所要求解的微分方程并没有对应的泛函,例如流体流动和传热的偏微分方程就没有对应的泛函,因此泛函变分原理推导法并不能应用于 CFD 有限元计算中。目前,一般采用加权余量法来推导流体流动与传热的有限元离散方程。

考虑某物理问题的控制微分方程:

$$L(v)=f_1\text{(在域 }\Omega\text{ 内)} \tag{15-73}$$

边界条件:

$$B(v)=f_2\text{(在域 }\Omega\text{ 边界上)} \tag{15-74}$$

式中 $B(v)$ 是定义在边界上的函数;$f_2$ 为已知函数。

由于微分方程(15-73)无法或不易求解,为了求解该方程,假设存在一个满足边界条件和具有一定连续程度的试探函数 $\tilde{v}$,即

$$\tilde{v}=\sum_{i=1}^{n}c_iN_i \tag{15-75}$$

式中 $c_i$ 为待定系数;$N_i$ 为基函数。

如果该试探函数 $\tilde{v}$ 不能恰好满足微分方程(15-73),将会产生一余量$\mathbb{R}$:

$$\mathbb{R}=L(\tilde{v})-f_1 \tag{15-76}$$

此余量$\mathbb{R}$随试探函数而变。加权余量法的核心思想是在域 $\Omega$ 内寻找 $n$ 个线性无关的权函数 $W_i$,使余量在加权平均意义上等于0,即令余量$\mathbb{R}$分别与权函数 $W_i(i=1,2,\cdots,n)$

的内积为 0,其表达式为

$$<\mathbb{R}, W_i> = \int \mathbb{R} \cdot W_i \mathrm{d}\Omega = 0 \quad (i = 1,2,\cdots,n) \tag{15-77}$$

或

$$\int (L(\tilde{v}) - f_1) \cdot W_i \mathrm{d}\Omega = 0 \quad (i = 1,2,\cdots,n) \tag{15-78}$$

这种在加权平均意义上迫使误差为 0 的方法称为加权余量法。

加权余量法是从微分方程出发的,因此试探函数 $\tilde{v}$ 要求满足所有的边界条件。若把加权余量法应用到自然边界条件,得到的解将在加权平均意义上使自然边界条件得到满足。对式(15-78)进行分部积分可以降低对试探函数 $\tilde{v}$ 中基函数 $N_i$ 的连续性要求,把这样的解称为广义解或弱解。

从式(15-75)~式(15-78)可知,尽管试探函数 $\tilde{v}$ 本身不能满足微分方程(15-73),但是当其余量与许多线性无关的权函数 $W_i$ 相乘并积分时,这个余量在总体上接近于 0,也就是说 $\tilde{v}$ 在积分的意义上满足微分方程(15-73)。当 $n$ 足够大时,$\tilde{v}$ 就趋近于真解 $v$。

选取不同的权函数就构成了不同的加权余量法。目前主要有最小二乘法、伽辽金(Galerkin)法和配置法等多种方法。这里仅介绍最小二乘法和伽辽金法。

(1) 最小二乘法

最小二乘法是把余量$\mathbb{R}$本身作为权函数,则余量与权函数的内积为

$$<\mathbb{R},\mathbb{R}> = \int \mathbb{R}^2 \mathrm{d}\Omega \tag{15-79}$$

这相当于所有点余量平方之和。

取试探函数 $\tilde{v} = \sum_{i=1}^{n} c_i N_i$ 代入式(15-73),希望余量$\mathbb{R}$在最小二乘的意义下为最小(使$\mathbb{R}$的平方和为最小),因此令内积式(15-79)为最小,取极值,则对每一个系数 $c_i$ 都必须满足:

$$\frac{\partial <\mathbb{R},\mathbb{R}>}{\partial c_i} = 0 \quad (i=1,2,\cdots,n) \tag{15-80}$$

式(15-80)代表 $n$ 个方程,因此可确定 $n$ 个待定的未知量。将式(15-80)展开,可得

$$\frac{\partial <\mathbb{R},\mathbb{R}>}{\partial c_i} = \frac{\partial}{\partial c_i}\int \mathbb{R}^2 \mathrm{d}\Omega = \int 2\,\mathbb{R}\frac{\partial \mathbb{R}}{\partial c_i}\mathrm{d}\Omega = 0 \tag{15-81}$$

与式(15-77)相比可知,权函数 $W_i$ 为

$$W_i = \frac{\partial \mathbb{R}}{\partial c_i} \tag{15-82}$$

因此,通过求解

$$\int (L(\tilde{v}) - f_1) \frac{\partial (L(\tilde{v}) - f_1)}{\partial c_i}\mathrm{d}\Omega = 0 \tag{15-83}$$

可求出 $c_i$，进而得到试探函数 $\tilde{v}$。

（2）伽辽金法

伽辽金法是把基函数本身 $N_i$ 作为权函数，则余量与权函数的内积为

$$\langle \mathbb{R}, N_i \rangle = 0 \qquad (i=1,2,\cdots,n) \tag{15-84}$$

或

$$\int (L(\tilde{v}) - f_1) N_i \mathrm{d}\Omega = 0 \tag{15-85}$$

目前在许多物理问题控制微分方程的有限元法求解过程中，均采用伽辽金加权余量法来推导其有限元离散方程。利用伽辽金加权余量法可以导出不可压缩无黏流体势流和二维不可压缩黏性流体流动等流场的有限元离散方程。

## §15-8 CFD 模拟的局限性

CFD 能计算理论研究所不能求解的、复杂几何模型下的流动，且可解决实验研究周期长、费用大等问题。主要研究如何描述各种流动现象，其目标是在工程上尽可能用数值试验代替真实物理实验，或探求流体力学偏微分方程初值问题和边值问题的各种数值解法，其实质是要在物理直观和力学实验的基础上建立各种流体运动的有限数值模型。

然而，CFD 模拟也有一定的局限性，并面临着不少问题。对这些局限性和问题的深入剖析，将有助于 CFD 工作者更好地分析和评估数值模拟结果，同时也会为 CFD 工作者遇到类似问题时提供思路。

### 1. CFD 模拟要有准确的数学模型和初边值条件

CFD 模拟本质在于用数值试验来表征真实物理实验。这就要求 CFD 模拟所建立的数学模型和初边值条件能够准确地反映所要研究问题的本质。然而，如果没有对流动现象的机理完全分析清楚，所建立的数学模型将是不准确的或者说有可能是错误的。在 CFD 模拟中经常碰到对所研究的问题很难精确地给出其流动的边界条件，有时只能给出较为合理的等价边界条件。这就提出疑问：采取等价边界条件能否真实地反映问题本质？所模拟出来的结果是否合理及是否与实验较为接近？此外，初值条件对 CFD 模拟也起着重要的作用。以槽道湍流为例，计算雷诺数等于3 000 时的湍流场，给出抛物线速度分布加上某种三维线性扰动模态的组合，希望由于扰动非线性相互作用而导致湍流。然而实际计算过程可能扰动经初始的短时间衰减后，由于非线性相互作用而急剧增长，经过相当长的时间推进后，从速度分布和扰动强度分布来看，似乎快要到达湍流状态；但是，扰动又突然开始衰减，最后又回到层流状态。这充分说明了所给定的初场并不合理。因此，准确的数学模型和初边值条件是获得准确 CFD 模拟结果的前提。

### 2. CFD 数值模拟方法的选择

湍流流动是一种高度非线性的复杂流动，流动中包含大量不同尺度的旋涡。目前湍

流数值模拟方法主要有直接数值模拟(DNS)、大涡数值模拟(LES)和雷诺时均模拟(RANS)。DNS 方法直接利用瞬时 N-S 方程对湍流进行计算。其最大优势在于无须对湍流流动作任何简化或近似,从理论上来讲可以获得相对准确的模拟结果。但在高雷诺数流动中,一个 0.1×0.1 $m^2$ 区域包含有尺度为 10~100 μm 的旋涡,因此要描述所有尺度的旋涡,DNS 所需的网格数将高达 $10^9$~$10^{12}$;同时,湍流脉动的频率约为 10 kHz,因此时间步长将在100 μs以下。综上,DNS 只能求解低雷诺数的简单湍流问题,这就导致 DNS 无法适用于实际工程问题(高雷诺数流动)计算。为了解决 DNS 存在的问题,研究学者提出了 RANS 方法用于模拟实际工程问题。这是因为,DNS 结果虽能获得流动中旋涡结构的详细信息,但对于解决实际工程问题没有太大的意义。从工程应用角度上讲,比较关心湍流引起的平均流场的变化,即比较关心整体的效果。RANS 方法的核心思想就是不直接求解瞬时 N-S 方程,而是求解时均化的雷诺方程,从而获得流动物理量的平均值。这样,RANS 方法所需的网格数和计算时间较少,且计算结果也能满足实际工程的要求。因此 RANS 方法最受工程领域的青睐。但 RANS 方法需引入湍流模型,如零方程、一方程和两方程等模型,且这些湍流模型缺乏普适性。随着实际研究问题本身的复杂性和分析问题的不断深入,人们需要了解流动中所出现的各种奇异现象,因此需要更为详细的流动信息。很显然 RANS 仅获得平均流动信息,无法满足要求;DNS 可以解决,但由于计算量等问题,目前尚无法实现。因此迫切需要一种数值方法能很好地解决上述出现的矛盾。LES 方法弥补了 RANS 和 DNS 存在的缺陷。LES 的基本思想是对流场进行空间过滤,将流动分为大尺度脉动和小尺度脉动;直接计算大尺度脉动,而小尺度脉动对大尺度脉动的影响通过亚格子模型来表征,这样可获得瞬时流场中更详细的流动细节。LES 方法可降低计算网格数(计算相同雷诺数时,LES 网格数比 DNS 少一个数量级),并增大时间步长。由于流动中小尺度结构近似认为是各向同性的,这样所建立起来的亚格子模型更具有普适性(解决了 RANS 模型缺乏普适性问题)。当然 LES 方法仍具有较大的计算量,但随着计算机技术的飞速发展,LES 应用于实际工程是可行的,如基于 LES 分析流体机械内部非恒定流动等问题。LES 方法是当前 CFD 研究和应用的热点之一。

### 3. CFD 模拟要选择合理的计算方法和高精度且稳定的离散格式

一旦采用 DNS,LES 和 RANS 中的任何一种数值模拟方法之后,就要考虑如何对所建立的偏微分方程进行数值求解的问题。由于流动控制方程具有高度的非线性,目前主要存在有限差分法、有限元法、有限体积法和谱方法等计算方法。在 CFD 模拟中,要根据实际研究问题来选择合理的计算方法。如对于具有简单几何模型的流动问题(槽道、管道或边界层不可压缩流动),采取谱方法更为合适。这是因为谱方法具有精度高计算速度快等优点。但如果流场中存在间断的情况(如激波问题)时,谱方法并不合适,因为谱方程很难捕捉激波前后跳跃关系的流动参数,只能采用有限差分方法。对于边界条件较为复杂的问题,采用有限元法或有限体积法更为方便。因此,一定要慎重选取计算方法。当确定完计算方法之后,就要考虑如何离散偏微分方程的问题。很显然,偏导数的离散格式至关重要。离散格式的精度决定了模拟结果的准确性。但这里需注意的是，不要盲目地追求高精度的离散格式。这是因为，高精度的离散格式可能会导致离散方程发散以及获得错误的结果。因此，要衡量离散格式的精度、稳定性和收敛性之间的关系。可见，合理的计算方法和高精度且稳定的离散格式保证了 CFD 数值结果的可靠性。

#### 4. CFD 数值试验不能代替真实物理实验或理论分析

完成一次 CFD 模拟计算就好像进行了一次真实物理实验。从这个意义上来讲，CFD 数值模拟更接近于实验流体力学。如在 CFD 数值试验中首先发现了亚声速斜坡的分离现象，之后这一现象在风洞实验中得到了证实。虽然在 CFD 数值试验中可对试验参数进行控制，但 CFD 数值试验与真实物理实验存在同样的缺陷，那就是它们不能给出任何函数关系，因此 CFD 数值试验不能代替理论分析。

从理论上来讲，CFD 数值模拟只能在网格尺度为 0 的极限情况下才能精确地模拟连续介质，而这种极限根本无法实现。因此离散化的结果不仅在数量上可能会影响计算的精度，而且在性质上还可能会改变流动的特征（产生伪物理效应，如数值黏性与色散；在非线性问题中的反常能谱转移效应等）。因此即使获得了可靠的理论模型方程，其可靠性仍需得到实践的验证。此外，在前面已谈到，边界条件对 CFD 模拟结果影响较大。有时为了获得更详细的边界条件，必须在一定范围内做出实验数据以提供边界条件。但有时实验环境较为恶劣，无法进行实验时，边界条件就要依赖于以往的经验或理论分析值，或文献中密切相关问题中的实验数据。

CFD 方法在各相关学科中得到了广泛应用并取得了可喜的成果；反过来，应用成果也会促进 CFD 自身的发展。相信未来在 CFD 工作者的大力努力下，CFD 必将蓬勃发展。

# 参考文献


[1] 陈卓如．工程流体力学[M].3 版．北京:高等教育出版社,2013.

[2] 普朗特 L,等．流体力学概论[M]. 郭永怀,等,译．北京:科学出版社,1984.

[3] 巴特勒雪夫 A H. 流体力学:上、下册[M]. 戴昌晖,等,译．北京:高等教育出版社,1959.

[4] 郑洽余,鲁钟琪．流体力学[M]. 北京:机械工业出版社,1979.

[5] 董曾南．水力学:上册[M]. 北京:高等教育出版社,1995.

[6] 盛敬超．工程流体力学[M]. 北京:机械工业出版社,1988.

[7] 孔珑．工程流体力学[M].3 版．北京:中国电力出版社,2020.

[8] 张也影．流体力学[M].2 版．北京:高等教育出版社,1998.

[9] 李玉柱,苑明顺．流体力学[M].3 版．北京:高等教育出版社,2020.

[10] 刘鹤年．流体力学[M].2 版．北京:中国建筑工业出版社,2004.

[11] 丁祖荣．流体力学:上、下册[M].3 版．北京:高等教育出版社,2018.

[12] 罗惕乾．流体力学[M].2 版．北京:机械工业出版社,2003.

[13] 江宏俊．流体力学:上、下册[M]. 北京:高等教育出版社,1987.

[14] 苏尔皇．液压流体力学[M]. 北京:国防工业出版社,1979.

[15] 夏震寰．现代水力学:(一)(二)[M]. 北京:高等教育出版社,1990.

[16] 吴望一．流体力学:上、下册[M]. 北京:北京大学出版社,1982.

[17] 窦国仁．紊流力学:上册[M]. 北京:人民教育出版社,1982.

[18] SHAMES I H. 流体力学[M]. 苏金佳,译．台湾:美商麦格罗·希尔公司,1995.

[19] STREETER V L,Wylie E B. 流体力学[M]. 周均长,等,译．北京:高等教育出版社,1988.

[20] Альтщуль АД. Гидравлические сопритивления. Изд. 2-е, перераб. идоп. МоскВа: Недра, 1982.

[21] 阿尔然尼科夫 H C,马尔采夫 B H. 空气动力学[M]. 张炳暄,等,译．北京:高等教育出版社,1959.

[22] 夏皮罗 A H. 可压缩流的动力学与热力学:上册[M]. 陈立子,等,译．北京:科学出版社,1977.

[23] 孔珑．可压缩流体动力学[M]. 北京:水利电力出版社,1991.

[24] LIEPMANN H W,Roshko A. 气体动力学基础[M]. 时爱民,等,译．北京:机械工

业出版社,1982.

[25] 潘锦珊,等. 气体动力学基础[M]. 北京:国防工业出版社,1989.

[26] 周光坰,严宗毅,许世雄,等. 流体力学:上、下册[M]. 2 版. 北京:高等教育出版社,2000.

[27] 徐华舫. 空气动力学基础[M]. 北京:北京航空学院出版社,1987.

[28] 林兆福. 气体动力学[M]. 北京:北京航空航天大学出版社,1988.

[29] 童秉纲,孔祥言,邓国华. 气体动力学[M]. 北京:高等教育出版社,1990.

[30] PRASUHN A L. Fundamentals of Fluid Mechanics. Brookings[M]. South Dakota:Prentice-Hall,Inc. ,Englewood Cliffs, New Jersey,1980.

[31] DAUGHERTY R L,Franzini J B,Finnemore E J. Fluid Mechanics with Engineering Applications[M]. 8th ed. New York:McGraw-Hill Book Company,1985.

[32] BLEVINS R D. Applied Fluid Dynamics Handbook[M]. New York:Van Nostrand Reinhold,1984.

[33] MUNSON B R,Young D F,Oldishi T H. Fundamentals of Fluid Mechanics[M]. New York:Wiley,1999.

[34] POTTER M C,Wiggert D C. Mechanics of Fluid[M]. 2nd ed. London:Prentice-Hall International,Inc. ,1997.

[35] 库科列夫斯基. 水力学习题集[M]. 北京:高等教育出版社,1958.

[36] 苏尔皇. 工程流体力学习题集[M]. 哈尔滨:哈尔滨工业大学出版社,1985.

[37] 谢水曜,等. 工程流体力学水力学题解[M]. 成都:四川科学技术出版社,1984.

[38] 陈克诚. 流体力学实验技术[M]. 北京:机械工业出版社,1983.

[39] 路甬祥. 液压气动技术手册[M]. 北京:机械工业出版社,2002.

[40] 熊诗波. 液压测试技术[M]. 北京:机械工业出版社,1982.

[41] 戴昌辉. 流体流动测量[M]. 北京:航空工业出版社,1991.

[42] 安德森 J D. 计算流体力学基础及其应用[M]. 吴颂平,刘赵淼,译. 北京:机械工业出版社,2007.

[43] 江春波,张永良,丁则平. 计算流体力学[M]. 北京:中国电力出版社,2007.

[44] 陶文铨. 数值传热学[M]. 2 版. 西安:西安交通大学出版社,2001.

[45] 李万平. 计算流体力学[M]. 武汉:华中科技大学出版社,2004.

[46] 陆金甫,关治. 偏微分方程数值解法[M]. 2 版. 北京:清华大学出版社,2004.

[47] 周正贵. 计算流体力学—基础理论与实际应用[M]. 南京:东南大学出版社,2008.

[48] 陈材侃. 计算流体力学[M]. 重庆:重庆出版社,1992.

[49] 李人宪. 有限元法基础[M]. 2 版. 北京:国防工业出版社,2010.

# 名词术语中英文对照表

# （按汉语拼音排列）

## A

阿基米德原理 Archimedes principle（§2-7）

凹钝角 concave obtuse angle（§13-6）

奥辛解 Oseen solution（§11-11）

## B

本构方程 constitutive equation（§7-1）

比热 specific heat（§12-1）

比定压热容 specific heat capacity at constant pressure（§12-1）

比定容热容 specific heat capacity at constant volume（§12-1）

比内能 specific internal energy（§12-1）

比热容比 ratio of specific heat capacities（§12-1）

比体积 specific volume（§1-5）

边界层 boundary layer（§11-1）

边界层方程 boundary layer equation（§11-2）

边界层的外边界 outer boundary of boundary layer（§11-1）

边界层位移厚度 displacement thickness of boundary layer（§11-4）

边界层动量积分关系式 momentum integral equation for boundary layer（§11-5）

边界层动量损失厚度 momentum loss thickness of boundary layer（§11-4）

边界层分离 boundary layer separation（§11-8）

边界层厚度 boundary layer thickness（§11-1）

边界层控制 boundary layer control（§11-9）

边界层 boundary layer theory（§11-1）

边界层转捩 boundary layer transition（§11-1）

边界层流动 boundary layer flow（§11-2）

边界条件 boundary condition( § 11-2)
变分原理 variation principle( § 15-7)
变形协调 compatibility of deformation( § 15-7)
变形运动 deformed movement( § 3-5)
表面力 surface force( § 1-4)
表面张力 surface tension( § 1-6)
表面张力系数 factor of surface tension( § 1-6)
并联管路 parallel pipe system( § 10-1)
波速 wave speed( § 10-7)
波相 wave phase( § 10-7)
波阻 wave drag( § 13-9)
伯努利方程 Bernoulli s equation( § 1-2)
伯努利积分 Bernoulli s integral( § 4-3)
泊肃叶流动 Poiseuille flow( § 9-3)
不可压缩流体 incompressible fluid( § 1-5)
不良流线型体 non-streamline body( § 11-9)
布拉休斯公式 Blasius equation( § 9-7)

## C

测速探针 tachometer probe( § 14-2)
测压孔 pressure tap( § 14-1)
测压管水头 piezometric head( § 4-6)
层流 laminar flow( § 9-2)
层流区 laminar zone( § 9-7)
层流边界层 laminar boundary layer( § 11-1)
层流入口段 laminar entrance( § 11-10)
层流射流 laminar jet( § 11-12)
层流运动 laminar flow( § 9-3)
超声速 supersonic speed( § 12-2)
超声速流动 supersonic flow( § 12-2)
超松弛迭代法 super-relaxation iterative method( § 15-5)
沉降 sedimentation( § 11-11)
自由沉降速度 free settling velocity( § 11-11)
充分发展管流流动 fully developed pipe flow( § 11-10)
冲角 attack angle( § 7-11)

冲击波(激波)shock wave(§12-1)
出口 outlet,exit(§12-7)
出口压强 exit pressure(§12-6)
出口速度 exit velocity(§12-6)
串联管路 tandem pipe zone(§10-1)
垂直分力 vertical component of force(§2-7)
粗糙度 roughness(§9-5)
传感器 transducer(§14-1)

## D

大气压强 atmospheric pressure(§2-4)
大涡数值模拟 large-eddy numerical simulation(§15-8)
达朗贝尔佯谬 d′Alembert paradox(§1-2)
达西公式 Darcy equation(§9-3)
单位质量力 unit body force(§2-2)
单位重力流体 unit gravity fluid(§4-6)
当量直径 equivalent diameter(§3-2)
等容比热 specific heat capacity at constant volume(§12-1)
等熵流动 isentropic flow(§12-1)
等熵膨胀 isentropic expansion(§13-3)
等熵势流 isentropic potential flow(§13-2)
等熵压缩 isentropic compression(§12-1)
等熵指数 isentropic exponent(§12-1)
等势面 equipotential surface(§2-2)
等势线 equipotential line(§7-2)
等势线族 equipotential line cluster(§7-1)
等温流动 isothermal flow(§12-7)
等温过程 isothermal process(§12-1)
等效荷载 equivalent load(§15-7)
等压比热 isobaric specific heat capacity(§12-1)
等压面 isobaric surface(§2-2)
低雷诺数流动 low Reynolds number flow(§11-11)
点涡 point vortex(§7-2)
点源 point source(§7-2)
点汇 point sink(§7-2)

点松弛法 point relaxation method(§15-4)
电磁流体力学 magneto fluid mechanics(§1-2)
迭代法 iterative method(§15-4)
叠加原理 superposition principle(§7-3)
定常流动 steady flow(§3-2)
动力相似 dynamic similarity(§8-1)
动力黏度 dynamic viscosity(§1-5)
动量定理 theorem of momentum(§6-8)
动量方程 momentum equation(§6-8)
动量交换 momentum transfer(§9-5)
动量矩方程 equation of moment of momentum(§6-8)
动量修正因数 correction coefficient of momentum(§6-6)
动能 kinetic energy(§4-3)
动能修正因数 correction coefficient of kinetic energy(§6-6)
断面平均流速 average flow velocity of section(§3-2)
断面收缩因数 contracting coefficient of section(§9-10)
对流通量 convective flux(§15-1)
对数螺旋线族 logarithmic spiral cluster(§7-3)
多管压强计 multiple manometer(§14-1)
多普勒频移 Doppler shift(§14-2)
多普勒效应 Doppler effect(§14-2)
多相流体力学 multiphase fluid mechanics(§1-2)

## E

恩氏黏度 Engler degree(§1-5)
二次流 secondary flow(§9-9)
二元流动 two dimensional flow(§3-2)
二元旋涡 two dimensional vortex(§5-5)

## F

法向应力 normal stress(§1-4)
反射波 reflected wave(§13-10)
泛函变分原理 functional variation principle(§15-7)
非恒定流动 non-steady flow(§3-2)
非牛顿流体 non-Newtonian fluid(§1-5)

非线性 non-linear( §15-2)
分离点 separation point( §11-8)
分力 component force( §2-7)
风速管 pitot-static tube( §14-2)
浮力 buoyancy( §2-7)
附着力 adhesive force( §1-6)
弗劳德数 Froude number( §8-2)

## G

高速气体动力学 high speed gas dynamics( §1-2)
葛罗米柯-兰姆方程 Gromeco-Lamb equation( §4-2)
葛罗米柯-斯托克斯方程 Gromeco-Stokes equation( §6-2)
工程流体力学 engineering fluid mechanics( §1-1)
共振频率 resonant frequency( §11-9)
拐点 point of inflexion( §11-8)
管道入口起始段 pipe starting entrance( §11-10)
惯性矩 moment of inertia( §2-6)
惯性力 inertia force( §4-8)( §2-5)
惯性项 inertial item( §11-2)
广义牛顿内摩擦定律 generalized Newton internal friction law( §6-1)
过渡区(黏性底层到对数区)buffer zone( §9-7)
过渡区(水力光滑到完全粗糙)transition region( §9-7)
过流断面 cross section of flow( §3-2)

## H

哈根-泊肃叶公式 Hagen-Poiseuille equation( §9-3)
哈密顿算子 Hamilton operator( §3-1)
亥姆霍兹定理 Helmholtz theorem( §5-4)
恒定流动(定常流动)steady flow( §3-2)
恒定有势流动 steady potential flow( §4-4)
横断面 cross section( §3-2)
后缘 trailing edge( §7-6)
后驻点 backward stagnation point( §7-5)
滑流线 slip stream( §13-10)
环量 circulation( §7-5)

环形间隙流动 circulation clearance flow( §9-4)
缓变断面 cross section of subcritical flow( §6-5)
缓变流动 subcritical flow( §6-5)
汇 sink( §7-2)
汇环流 sink-circulation flow( §7-3)
混合边界层 mixing boundary layer( §11-7)
混合长度 mixing length( §9-5)

## J

伽辽金法 Galerkin method( §15-7)
机械能 mechanical energy( §4-6)
机翼 wing( §7-6)
迹线 path line( §3-2)
基函数 basis function( §15-7)
激波 shock wave( §12-1)
激波的反射 shock reflection( §13-10)
激波的相交 shock interaction( §13-10)
激波角 shock angle( §13-6)
激波强度 shock strength( §12-1)
激波损失 shock loss( §13-8)
激光多普勒测速仪 Laser Doppler Anemometer(LDA)( §14-3)
几何相似 geometric similarity( §8-1)
计算流体动力学 computational fluid dynamics( §15-1)
加权余量法 weighted residual approach( §15-7)
加速度 acceleration( §3-1)
间断面 discontinuous section( §13-6)
间接水击 indirect water hammer( §10-7)
间隙流动 clearance flow( §9-4)
剪力 shear force( §1-5)
剪切流动 shear flow( §9-4)
简单管路 simple pipe line( §10-1)
角变形速度 angle deformed velocity( §3-4)
角变形运动 angle deformed motion( §3-4)
截断误差 truncation erro( §15-3)
介质 medium( §1-3)

经验公式 emperical equation(§9-7)
静力矩 static moment(§2-6)
静力矩定理 theorem of static moment(§2-6)
静力学 statics(第 2 章)
静压强 static pressure(§2-1)
静止流体 static fluid(§2-6)(第 2 章)
局部损失 local loss(§9-9)
局部损失因数 local loss coefficient(§9-9)
局部阻力 local resistance(§9-9)
决定性相似准数 decisive similarity criterion(§8-3)
绝对静止 absolute static(§2-1)
绝对压强 absolute pressure(§2-4)
绝热流动 adiabatic flow(§12-7)
绝热状态 adiabatic state(§2-3)
均匀流 uniform flow(§7-2)
均匀平行流 uniform parallel flow(§7-2)
均匀泄流 well-distributed let out flow(§10-4)
均质流体 homogeneous fluid(§2-3)
奇点 singularity(§7-2)
切应力 shear stress(§1-4)

## K

卡门动量积分关系式 Karman momentum integral relation(§11-3)
卡门-普朗特方程 Karman-Prandtl equation(§9-6)
卡门涡街 Karman vortex street(§11-9)
可压缩流体 compressible fluid(§1-5)
克拉珀龙方程 Clapeyron equation(§12-1)
空间流动 space flow(§7-7)
空间偶极流 space doublet flow(§7-7)
孔板流量计 orifice meter(§14-3)
孔口 orifice(§9-10)
孔口出流 orifice outlet flow(§9-10)
控制面 control surface(§6-8)
控制体 control volume(§6-8)
库塔-茹科夫斯基定理 Kutta-Zhoukowski theorem(§7-10)

库塔-茹科夫斯基升力公式 Kutta-Zhoukowski lift formula( §7-6)
科尔布鲁克公式 Colebrook equation( §9-7)
扩散通量 diffusion flux( §15-1)

## L

拉瓦尔喷管 Laval nozzle( §12-6)
拉格朗日变数 Lagrangian variable( §3-1)
拉格朗日法 Lagrangian method( §3-1)
拉格朗日积分 Lagrangian integral( §4-4)
拉力 tensile force( §1-3)
拉普拉斯方程 Laplace's equation( §7-1)
拉普拉斯算子 Laplacian operator( §7-1)
来流 incoming flow( §7-6)
雷诺数 Reynolds number( §9-2)
雷诺时均模拟 Reynolds average simulation( §15-8)
离心力 centrifugal force( §4-7)
离散 discretization( §15-1)
理论流体力学 theoretic fluid mechanics( §1-1)
理想流体 iedal fluid( §1-5)
理想流体运动微分方程式 ideal fluid motion differential equation( §4-1)
力矩 moment of force( §6-1)
力学 mechanics( §1-1)
力平衡方程式 balance equation of force( §2-1)
力势函数 force potential function( §4-5)
力学相似准数 mechanical similarity criterion( §8-2)
连续介质模型 continuous medium model( §1-3)
连续性 continuity( §3-3)
连续性方程 continuity equation( §3-3)
连续性微分方程 continuity differential equation( §3-3)
量纲 dimension( §8-4)
量纲的齐次性条件 dimensional homogeneous condition( §9-2)
量纲分析 dimensional analysis( §8-4)
量纲分析方法 dimensional analytical method( §8-4)
量纲的齐次性 dimensional homogeneity( §8-4)
临界参数 critical parameters( §12-4)

临界雷诺数 critical Reynolds number( § 9-2)
临界声速 critical sound speed( § 12-4)
临界速度 critical speed( § 12-4)
临界状态 critical state( § 12-4)
零流线 zero stream line( § 7-5)
零流面 zero stream surface( § 7-7)
流场 flow field( § 3-1)
流动 flow( § 3-2)
流动损失 loss of flow(第 6 章)
流动相似原理 flow similarity principle(第 8 章)
流动状态 flow state( § 9-1)
流管 stream tube( § 3-2)
流函数 stream function( § 7-1)
流量 flow rate( § 3-2)
流量计 flow meter( § 14-3)
流量模数 flowrate modulus( § 10-2)
流量因数 flowrate factor( § 9-10)
流量修正因数 flowrate corrective factor( § 11-10)
流束 stream filament( § 3-2)
流速因数 current velocity factor( § 9-10)
流速仪 anemometer( § 14-2)
流体 fluid( § 1-1)
流体要素测量 fluid parameters measurement(第 14 章)
流体的相对密度 relative density of fluid( § 1-5)
流体动力学 fluid dynamics(第 4 章)
流体运动学 fluid kinematics(第 3 章)
流体动压强 fluid dynamic pressure( § 6-1)
流体静力学 hydrostatics(第 2 章)
流体静压强 fluid static pressure( § 2-1)
流体力学 fluid mechanics( § 1-1)
流体平衡基本方程式 fluid equilibrium fundamental equation( § 2-3)
流体的平衡微分方程式 fluid equilibrium differential equation( § 2-2)
流体微元(质点)fluid particle( § 1-3)
流体压力计 hydromanometer( § 14-1)
流体运动(流动)fluid motion( § 3-1)

流体质点系统 fluid particle system( §6-8)

流网 stream net( §7-1)

流线 stream line( §3-2)

流线族 streamline cluster( §7-1)

流线方程 stream line equation( §3-2)

流线的微分方程式 stream line differential equation( §3-2)

流线型体 well-streamlined body( §11-9)

螺旋流 spiral flow( §7-3)

## M

马格努斯效应 Magnus effect( §7-6)

马赫角 Mach angle( §12-2)

马赫数 Mach number( §8-2)

马赫线 Mach line( §13-1)

马赫锥 Mach cone( §12-2)

马赫波 Mach wave( §13-1)

脉动速度 pulsation velocity( §9-5)

脉动压强 pulsation pressure( §9-5)

毛细管 capillary tube( §1-6)

毛细现象 capillarity( §1-6)

密度 density( §1-5)

穆迪曲线 Moody curve( §9-7)

## N

纳维-斯托克斯方程 Navier-Stokes equation( §6-1)

内能 internal energy( §12-1)

内摩擦力 internal friction force( §1-5)

能量守恒定律 law of conservation of energy( §4-6)

尼古拉兹曲线 Nikuradse curve( §9-7)

尼古拉兹公式 Nikuradse equation( §9-7)

尼古拉兹实验 Nikuradse experiment( §9-7)

尼古拉兹图 Nikuradse figure( §9-7)

拟塑性流体 pseudoplastic fluid( §1-5)

黏度 viscosity( §1-5)

黏性 viscous( §1-5)

黏性流体 viscous fluid(§6-1)
黏性力 viscous force(§1-5)
黏性流体动力学 viscous fluid dynamics(第 6 章)
黏性切应力 viscous shear stress(§6-3)
黏性内摩擦力 viscous internal friction force(§1-5)
黏性项 viscous item(§11-2)
黏性阻力 viscous resistance(§1-5)
牛顿定律 Newton's law(§8-1)
牛顿流体 Newtonian fluid(§1-5)
牛顿内摩擦定律 Newton's internal friction law(§1-5)
牛顿数 Newton number(§8-1)

## O

欧拉法 Eulerian method(§3-1)
欧拉平衡微分方程 Euler equilibrium differential equation(§2-2)
欧拉数 Euler number(§8-2)
欧拉运动微分方程 Euler motion differential equation(§4-1)
偶极矩 doublet moment(§7-4)
偶极流 doublet flow(§7-4)
偶极轴 doublet axis(§7-4)

## P

$\pi$ 定理 $\pi$ theorem(§8-4)
抛物线规律 parabola law(§9-4)
抛物线速度分布规律 parabola velocity distribution law(§9-3)
配置法 collocation method(§15-7)
喷嘴 nozzle(§11-12)
喷嘴流量计 nozzle flow meter(§14-3)
膨胀 expansion(§1-5)
膨胀波 expansion wave(§13-3)
皮托管 Pitot tube(§14-2)
偏心圆柱环形间隙流动 eccentricity cylinder circulation clearance flow(§9-4)
平板层流边界层 flat plate laminar boundary layer(§11-5)
平板混合边界层 flat plate combined boundary layer(§11-7)
平板间隙流动 plate clearance flow(§9-4)

平板湍流边界层 flat plate turbulent boundary layer( § 11-6)

平衡状态 equilibrium condition( § 2-1)

平面马赫波 plane Mach wave( § 13-1)

平面射流 plane jet( § 11-12)

平面有势流动 plane potential flow( § 7-1)

平顺绕流 smooth round flow( § 7-11)

平行平板间隙运动 parallel plate clearance flow( § 9-4)

平行移轴定理 parallel axis theorem( § 2-6)

泊松方程 Poisson equation( § 15-4)

谱方法 special method( § 15-1)

普朗特边界层方程 Prandtl boundary layer differential equation( § 11-2)

普朗特混合长理论 Prandtl mixing length theory( § 9-5)

普朗特-迈耶流动 Prandtl-Meyer flow( § 13-3)

## Q

奇点 singularity( § 7-2)

气流参数 gas flow parameter( § 13-8)

气体常数 gas constant( § 12-1)

气体的内能 internal energy of gas( § 12-1)

气体动力学 gas dynamics(第 12 章)

气体状态方程 gas state equation( § 12-1)

迁移加速度 convective acceleration( § 3-1)

牵连速度 convected velocity( § 4-7)

前缘 leading edge( § 7-11)

切应力 tangential stress( § 1-4)

倾斜式微压计 tilting micromanometer( § 14-1)

球坐标系 spherical coordinate system( § 3-3)

曲面边界层 boundary layer of camber( § 11-8)

全微分 total differential( § 2-2)

权函数 weight function( § 15-1)

## R

扰动 perturbation,distubance( § 12-2)

扰动波 perturbation wave( § 12-2)

扰动圆 perturbation circle( § 13-1)

扰动源 perturbation source( § 12-2)

绕流 round flow(§7-5)

绕流阻力 drag of round flow(§11-8)

热交换 heat exchange(§12-1)

热力学第二定律 second law of thermodynamics(§12-1)

热力学第一定律 first law of thermodynamics(§12-1)

热膜流速计 hot-film anemometer(§14-2)

热线流速计 hot-wire anemometer(§14-2)

容积式流量计 volumetric flowmeter(§14-3)

茹科夫斯基公式 Zhoukowski equation(§10-7)

茹科夫斯基-恰普雷金假定 Zhoukowski-Chaplygin hypothesis(§7-11)

入口段长度 entrance length(§11-10)

弱激波 weak shock(§13-8)

雷诺数 Reynolds number(§8-2)

## S

三维(元)流动 three dimensional flow(§3-2)

熵 entropy(§12-1)

上临界雷诺数 upper critical Reynolds number(§9-2)

上临界速度 upper critical velocity(§9-2)

射流 jet(§11-12)

射流核心区 jet nucleus region(§11-12)

射流极点 jet pole(§11-12)

射流极角 jet pole angle(§11-12)

射流宽度 jet width(§11-12)

射流扩散角 jet spread angle(§11-12)

生物流体力学 biological fluid mechanics(§1-2)

声速 sound velocity(§12-1)

湿周 wet circum(§3-2)

施里希廷公式 Schlichting equation(§11-6)

时变加速度 time-changing acceleration(§3-1)

时间平均流速 temporal average velocity(§9-5)

时间平均压强 temporal average pressure(§9-5)

实际流体流动规律 real fluid flow law(§1-5)

实时测量 real-time measurement(§14-1)

实物 substance(第 8 章)

试探函数 tentative function( §15-7)
势函数 potential function( §2-2)
势流 potential flow( §7-3)
势流叠加原理 pile up principle of potential flow( §7-3)
势能 potential energy( §4-3)
施特鲁哈尔数 Strouhal number( §8-2)
收缩断面 contraction section( §9-10)
收敛性 astringency( §15-3)
舒尔茨-格鲁诺公式 Schultz-Grunow equation( §11-6)
数学模型 mathematic model( §1-1)
水泵工况 hydraulic pump working condition( §4-7)
水锤 water hammer( §10-7)
水击波 water hammer wave( §10-7)
水击波的周期 period of water hammer wave( §10-7)
水力长管 hydraulic long pipe line( §10-1)
水力(湍流)粗糙管 hydraulic roughness tube( §9-5)
水力短管 hydraulic short pipe line( §10-1)
水力(湍流)光滑管 hydraulic smooth tube( §9-5)
水力半径 hydraulic radius( §3-2)
水力学 hydraulics( §1-2)
水轮机工况 hydraulic turbine working condition( §4-7)
水头 head( §4-6)
水头损失 head loss(第 9 章)
瞬时速度 instantaneous velocity( §9-5)
瞬时压强 instantaneous pressure( §9-5)
瞬态力 transient force( §6-8)
斯托克斯定理 Stokes theorem( §5-2)
斯托克斯公式 Stokes equation( §11-11)
斯托克斯解 Stokes solution( §11-11)
微小四面体 small tetrahedral volumetric( §2-1)
速度环量 velocity circulation( §5-2)
速度势函数 velocity potential function( §7-1)
速度水头(测速管高度)velocity head( §4-6)
速度梯度 velocity gradient( §1-5)
塑性流体 plastic fluid( §1-5)

(拉瓦尔)缩放喷管 de Laval nozzle(§12-6)

## T

泰勒级数 Taylor series(§2-2)

汤姆逊定理 Thomson theorem(§5-3)

特征线 characteristics(§13-5)

特征线法 method of characteristics(§13-5)

体积流量 volumetric flowrate(§3-2)

体积模量 volume modulus(§1-5)

体胀系数 cubic expansion coefficient(§1-5)

凸钝角 protruding obtuse angle(§13-3)

突然扩大 sudden expansion(§9-9)

突然缩小 sudden contraction(§9-9)

突跃压缩 abrupt compression(§13-9)

湍流 trbulent flow,turbulence(§9-5)

湍流边界层 turbulent boundary layer(§11-6)

湍流入口段 turbulent entrance(§11-10)

脱体激波 detached shock wave(§13-6)

(涡流)脱落频率 detachment frequency(§11-9)

椭圆形偏微分方程 elliptic partial differential equation(§13-4)

同心环形间隙流动 concentric circulation clearance flow(§9-4)

## W

完全气体 perfect gas(§12-1)

网格点 grid point(§15-1)

网状管路 networks pipe line(§10-1)

外流 external flow(§11-1)

微压计 micromanometer(§14-1)

微弱压缩波 weak compression wave(§13-1)

微弱扰动波 weak perturbation wave(§13-1)

微小流束 tiny stream filament(§3-2)

微小扰动 small perturbation(§12-2)

尾迹 wake(§11-8)

位变加速度 location changing acceleration(§3-1)

位移厚度 displacement thickness(§11-4)

位置水头 elevating head(§4-6)

文丘里流量计 Venturi flow meter( § 14-3)
稳定性 stability( § 15-3)
涡对 vortex pair( § 11-9)
涡管 vortex tube( § 5-1)
涡核 vortex core( § 5-5)
涡街 vortex street( § 11-9)
涡流 eddy current( § 11-9)
涡旋脱落 vortex shedding( § 11-9)
涡轮流量计 turbo flow meter( § 14-3)
涡束 vortex filament( § 5-1)
涡线 vortex line( § 5-1)
涡线微分方程 vortex line differential equation( § 5-1)
无环量绕流 non-circulation round flow( § 7-5)
无接触测量 non-contact measurement( § 14-3)
物体运动阻力 drag of body kinetic( § 11-9)

## X

稀薄气体动力学 rarified gas dynamics( § 1-2)
下临界速度 lower critical velocity( § 9-2)
线变形速度 line deformed speed( § 3-4)
线变形运动 line deformed motion( § 3-4)
线松弛法 line relaxation method( § 15-4)
显式差分格式 explicit difference schemes( § 15-3)
相对密度 relative density( § 1-5)
相对黏度 relative viscosity( § 1-5)
相对偏心率 relative eccentricity ratio( § 9-4)
相对压强(relative) gage pressure( § 2-4)
相对速度 relative velocity( § 4-7)
相对运动 relative motion( § 4-7)
相似判据 similarity criterion( § 8-2)
相似原理 similar principle(第 8 章)
相容性 compatibility( § 15-3)
小扰动线化法 small perturbation linearized method( § 13-4)
小扰动线化理论 small perturbation linearized theory( § 13-4)
楔 wedge( § 13-6)

斜激波 oblique shock( §13-6)

斜激波角 angle of oblique shock wave( §13-6)

谐振 harmonic( §11-9)

谢齐公式 Chezy formula( §10-2)

形心 centroid of area( §2-6)

形状因素 shape factor( §11-4)

旋涡强度 intensity of vortex( §5-1)

旋涡区 vortex region( §11-9)

旋涡脱落 vortex shedding( §11-9)

旋转角速度 revolving angle speed( §3-4)

虚功原理 principle of virtual work( §15-7)

## Y

压差 differential pressure( §9-3)

压差流动 differential pressure flow( §9-4)

压差阻力 pressure drag( §11-8)

压力能 pressure energy( §4-3)

压力体 pressure body( §2-7)

压力中心 center of pressure( §2-6)

压强 pressure( §1-4)

压强表 pressure gage( §14-1)

压强传感器 pressure transducer( §14-1)

压强计 manometer( §14-1)

压强降 pressure drop( §9-4)

压强梯度 pressure gradient( §13-6)

压缩 compression( §1-5)

压缩波 compression wave( §13-3)

亚声速 subsonic speed( §12-2)

亚声速流动 subsonic flow( §12-2)

沿程损失 energy loss along the length( §9-1)

沿程损失因数 loss factor along the length( §9-3)

沿程阻力 resistance along the length( §9-1)

液体测压计 piezometer( §14-1)

一元流动 one dimensional flow( §3-2)

应力 stress( §1-4)

应变片 strain gage(§14-1)
隐式差分格式 implicit difference schemes(§15-3)
壅塞现象 choking phenomenon(§12-6)
U 型管差压计 u-tube differential manometer(§14-1)
U 形管测压计 u-tube manometer(§14-1)
有环量绕流 circulation round flow(§7-6)
有势力 potential force(§2-2)
有势流动 potential flow(§3-5)
有势质量力 potential body force(§2-2)
有限体积法 finite volume method(§15-1)
有限元法 finite element method(§15-1)
有限差分法 finite different method(§15-1)
有旋运动 rotational flow(§3-5)
右伸膨胀波 right extended expansion wave(§13-3)
右伸马赫波 right extended Mach wave(§13-1)
圆形断面射流 round section jet(§11-12)
圆柱坐标系 cylindrical coordinate system(§3-3)
圆柱环形间隙流动 cylindrical circulation clearance flow(§9-4)
源 source(§7-2)
源环流 source-circulation flow(§7-3)
余量 margin(§15-1)
运动黏度 kinematical viscosity(§1-5)
运动相似 kinematic similarity(§8-1)
叶栅 cascade(§7-12)
翼型 airfoil(§7-11)
堰流 weirflow(§14-3)

## Z

胀流型流体 dilatant fluid(§1-5)
折转角 deflection angle(§13-3)
真空度 vacuum(§2-4)
正激波 normal shock wave(§12-1)
正压流体 barotropic fluid(§4-1)
枝状管路 branching pipe line(§10-5)
直角坐标系 rectangular coordinate system(§3-3)

直接水击 direct water hammer( §10-7)
直接刚度法 direct stiffness method( §15-7)
直接数值模拟 direct numerical simulation( §15-8)
质点系 particle system( §6-8)
质量 mass( §1-5)
质量力(体积力)body force( §2-1)
质量流量 mass flowrate( §3-2)
滞止参数 stagnation parameters( §12-4)
滞止焓 stagnation enthalpy( §12-4)
滞止熵 stagnation entropy( §13-2)
滞止声速 stagnation sound speed( §12-4)
滞止压强 stagnation pressure( §12-6)
滞止状态 stagnation state( §12-4)
中心差分 centered difference( §15-3)
重力 gravity( §2-3)
重力场 gravity field( §1-4)
轴对称流动 axisymmetric flow( §7-7)
驻点 stagnation point( §7-5)
驻涡 stagnation vortex( §11-9)
转捩区 transition region( §11-1)
转子流量计 rotameter( §14-3)
状态参数 state parameter( §12-1)
状态方程 equation of state( §12-1)
自模化 self-modeling( §8-3)
自由表面 free surface( §2-4)
自由出流 free outlet( §9-10)
自由湍流射流 free turbulent jet( §11-12)
自由淹没射流 free submerged jet( §11-12)
总机械能 total mechanical energy( §4-6)
总流 total flow( §6-7)
总能量损失 total energy loss( §9-1)
最大速度状态 maximum velocity state( §12-4)
最小二乘法 least square method( §15-7)
左伸膨胀波 left extended expansion wave( §13-3)
左伸马赫波 left extended Mach wave( §13-1)

# 中英文人名对照表

## （按汉语拼音排列）

### A

阿基米德　Archimedes
奥辛　Oseen C. W.

### B

巴甫洛夫斯基　Baplovski N. N.
巴特勒雪夫　Batlascheff A. N.
巴赞　Bazin
白金汉　Buckingham E.
包达　Borda
伯努利　Bernoulli D.
泊松　Poisson S. D.
泊肃叶　Poisuile J. L. M.
布拉休斯　Blasius H.
布西内斯克　Boussinnesq J. V.

### D

达·芬奇　Da Vinci L.
达朗贝尔　D'Alembert J. R.
达西　Darcy H. P. G.
杜福特　Dufort
多普勒　Doppler C.

### F

弗兰克尔　Frankel
弗劳德　Froude W.

弗里德里希斯 Friedrichs
傅里叶 Fourier J. B.

## G

格鲁诺 Grunow
葛罗米柯 Gromeco

## H

哈迪 Hardy
哈根 Hagen G. H. L.
哈密顿 Hamilton W. R.
亥姆霍兹 von Helmholtz H. L. F.
怀特 White F. M.

## J

伽利略 Galileo G.
迦辽金 Galerkin B.
焦耳 Joule J. P.

## K

卡门 Von Karman T.
卡诺 Carnot
开尔文 Kelvin T. W.
柯朗 Courant
柯西 Cauchy A. L.
科尔布鲁克 Colebrook C. F.
科希霍夫 Kirchhoff
克拉珀龙 Clapeyron B. R. E.
克兰克 Crank J.
克劳斯 Cross
库塔 Kutta W. M.

## L

拉格朗日 Lagrange J. L.

拉克斯　Lax P. D.
拉普拉斯　Laplace P. S. M.
拉瓦尔　de Laval C. G. P.
兰彻斯特　Lanchester F. W.
兰哈尔　Langhaar
兰金　Rankine W. J. M.
兰姆　Lamb H.
雷诺　Reynolds O.
列维　Lewy
罗朗　Laurent P. M. H.

## M

马格努斯　Magnus G.
马赫　Mach E.
迈耶　Meyer J. R.
曼宁　Manning R.
穆迪　Moody L. F.

## N

纳维　Navier C. L. M. H.
尼古拉兹　Nikuradse J.
尼科尔森　Nicolson P.
牛顿　Newton I.
诺依曼　von Neumann

## O

欧拉　Euler L.

## P

帕斯卡　Pascal B.
皮托　Pitot H.
普朗特　Prandtl L.

## Q

齐奥尔科夫斯基　Zhiourkowski K. A.

恰普雷金　Chaplygin S. A.

## R

黎曼　Riemann G. F. B.

茹科夫斯基　Zhoukowski N. E.

瑞利　Reyleigh L.

## S

施里希廷　Schlichting H.

施米特　Schmitt E.

斯特劳哈尔　Strouhal V.

舒尔茨　Schultz F.

斯蒂芬　Stevin S.

斯托克斯　Stokes G. G.

## T

泰勒　Taylor G. I.

汤姆逊　Thomson J.

托里拆利　Torricelli E.

## W

文丘里　Venturi G. B.

## X

希累尔　Schiller

席勒　Schile

谢齐　de Chezy A.

## Y

于戈尼奥　Hugoniot P. H.

# 作者简介

**陈卓如** 1937年6月出生于上海市。1961年7月毕业于哈尔滨工业大学动力工程系。教授、博士生导师。曾任哈尔滨工业大学动力系系主任，能源科学与工程学院院长等职。曾任高等学校工科力学课程教学指导委员会副主任委员，高等学校工科水力学、流体力学课程教学指导组组长，流体传动及控制国家重点实验室学术委员会委员，《节能技术》杂志编委会主任、《液压气动与密封》杂志编委等职。享受国务院政府特殊津贴。

长期从事工程流体力学和流体传动及控制教学与科研工作。先后完成国家自然科学基金和部委等科研课题20项，获国防科工委、国务院国防工办和航天工业部等科技进步奖4项，获专利3项。出版专著和主编或参编教材6本，参编手册1本，其中主编的教材《工程流体力学》（高等教育出版社）1995年获国家教委优秀教材一等奖，专著《低速大扭矩液压马达理论、计算与设计》（机械工业出版社）受到同行专家、教授的高度评价，参编手册《液压气动技术手册》获国家图书二等奖。获黑龙江省优秀教学成果一等奖2项，二等奖1项。在国内外发表学术论文近80篇。